보통법

서양편 · 782

보통법

올리버 웬들 홈스 2세 지음
박상수, 다니엘 김 옮김

한국문화사

한국연구재단 학술명저번역총서 서양편·782

보통법

1판 1쇄 발행 2019년 6월 20일
원　제 | The Common Law
지은이 | 올리버 웬들 홈스 2세(Oliver Wendell Holmes, Jr.)
옮긴이 | 박상수·다니엘 김
펴낸이 | 김진수
펴낸곳 | 한국문화사
등　록 | 1991년 11월 9일 제2-1276호
주　소 | 서울특별시 성동구 광나루로 130 서울숲 IT캐슬 1310호
전　화 | 02-464-7708
팩　스 | 02-499-0846
이메일 | hkm7708@hanmail.net
웹사이트 | www.hankookmunhwasa.co.kr

ISBN 978-89-6817-777-4　93360

・이 책의 내용은 저작권법에 따라 보호받고 있습니다.
・잘못된 책은 구매처에서 바꾸어 드립니다.
・책값은 뒤표지에 있습니다.

・이 도서의 국립중앙도서관 출판예정도서목록(CIP)은 서지정보유통지원시스템 홈페이지 (http://seoji.nl.go.kr)와 국가자료종합목록 구축시스템(http://kolis-net.nl.go.kr)에서 이용하실 수 있습니다. (CIP제어번호 : CIP2019022528)
・'한국연구재단 학술명저번역총서'는 우리 시대 기초학문의 부흥을 위해 한국연구재단과 한국문화사가 공동으로 펼치는 서양고전 번역간행사업입니다.

머리말

이 책은 내가 오랫동안 마음속에 품어 왔던 계획에 따라 쓰였다. 나는 『미국 법학 평론지』(American Law Review)에 여러 편의 논문을 게재하면서 첫 발걸음을 내디뎠지만 보스턴에 있는 Lowell Institute에서 일련의 강의를 해달라는 초청 때문에 연관성이 있는 이 저술을 감히 시도할 수 있었다. 그 초청 덕에 소망을 성취하기 위한 내 잠재력을 다 발휘할 수 있었다. 강의 준비의 필요성으로 저서 발간을 더 용이하게 준비할 수 있었고, 그에 따라 저서를 실제로 발간할 수 있었다. 나는 『미국 법학 평론지』에 있는 나의 논문 중 적합하다고 생각한 것을 사용했지만, 거기서 발췌한 내용의 많은 부분을 재배치하고 다시 쓰고 확장했으며 더 많이 새로 썼다. 실제로 행한 강의는 상당히 간결했고 12번에 걸쳐 진행했지만, 12번째 강의는 먼저 11번에 걸친 강의를 요약했으므로 책을 읽는 독자에게는 필요가 없어서 생략했다.

현재와 같은 저술 작업의 한계는 필연적으로 다소간 임의적인 것임이 틀림없다. 내 스스로 정한 한계들은 강의 원고가 저술된 과정의 한계에 따라 부분적으로 정해졌다. 따라서 나는 형평법을 다루려고 시도하지 않았고, 별도로 다룰 필요가 있지만 일반이론에 대한 밝은 희망을 약속하지 못하는 어음, 채권 및 회사와 같은 주제는 자연스럽게 제외했다. 내 스스로 설정한 한계 내에서 어떤 학자가 더 상세한 내용이 부족하다고 나를 나무랄 마음이 생긴다면, "우리는 이론을 만들려는 것이지 스크랩북을 만들려는 것이 아니다"라는 Lehuërou의 말을 인용할 수 있을 뿐이다.

O. W. 홈스 2세
1881년 2월 8일 보스턴에서

┃일러두기┃

1. 저자의 의도를 옮긴이가 자의적으로 해석할 가능성을 갖는 의역을 되도록 삼가고, 저자의 의도를 제대로 전달하기 위하여 직역에 초점을 맞추었다. 직역으로 의사 전달이 잘 안 되는 부분은 옮긴이 주에서 해설을 시도했다.

2. 본문에 있는 라틴어 문장은 물론 원주에 있는 라틴어 문장까지 완역하여 독자들의 이해에 도움을 주려고 노력했다.

3. 인터넷으로 검색 가능한 본문과 원주에 있는 판례는 옮긴이 주에 요약하여 독자들의 이해에 도움이 되도록 만들었다. 또한 판례 색인을 만들어 쉽게 찾아볼 수 있게 했다.

4. 국내법과 영미법의 법률용어가 상이하게 사용되고 있으므로, 혼란을 피하고자 주요 법률용어는 옮긴이 주에 해설했고, 본문에는 영어를 병기했다. 또한 한글과 영어 법률용어 색인을 만들어서 독자들의 이해에 도움이 되도록 했다.

| 차례 |

머리말 ·· v
일러두기 ·· vi

제1강. 책임론의 초기 형태 ··· 1
제2강. 형법 ·· 57
제3강. 불법행위: 불법침해와 과실 ································· 103
제4강. 사기, 악의, 고의 및 불법행위이론 ······················ 181
제5강. 보통법상 보관수탁자 ·· 225
제6강. 점유 ·· 293
제7강. 계약의 역사 ··· 361
제8강. 계약의 요소 ··· 415
제9강. 계약: 무효인 계약과 무효화 가능한 계약 ·········· 441
제10강. 승계: 사후 승계와 생전 승계(1) ························ 483
제11강. 승계: 생전 승계(2) ·· 527

옮긴이 해제: 올리버 웬들 홈스 2세의 생애와 보통법 ············ 587

판례 색인 ·· 598
한글 용어 색인 ··· 606
영문 용어 색인 ··· 613
인명 색인 ·· 622

제1강
책임론의 초기 형태

이 책의 목적
복수에 대한 배상금의 법적 소송절차의 기원
이 강의 주제: 피고용인, 동물 등에 대한 간접적 책임
A. 모세의 법
B. 그리스법
C. 로마법: (a) 가해자 인도, (b) 개인적 책임
D. 초기 게르만법
E. 앵글로-색슨법
F. 보통법: (a) 주인과 종, (b) 동물, (c) 무생물-속죄물, 선박과 해사법
G. 결론

이 책의 목적은 보통법(common law)¹의 전반적 내용을 알리는 것이다. 이 과제를 수행하기 위해서는 논리 이외에 다른 도구들도 필요하다. 어떤 체계가 일관성이 있다면 특정한 결과를 가져와야 한다는 것을 보여주는 것은 부분적으로 중요하지만, 그것이 전부는 아니다. 법²의 생명은 논리가 아니라 경험이었다. 그 시대의 당위적인 필요성, 지배적인 도덕 및 정치 이론들, 공서양속(public policy)³에 대한 의식적 및 무의식적 직관, 심지

---

1 (옮긴이 주) 보통법(common law)은 다양한 의미를 가지고 있으나 현재 대표적인 두 가지 의미를 갖는 것으로 이해될 수 있다. 첫째로, 잉글랜드 중세 시대에 왕립법원에서 관리되고 전체 왕국에 적어도 원칙적으로는 보편적으로 공통적인 법을 의미하며, 반면에 이에 반대되는 법은 지역, 주 혹은 영주의 법정에서 혹은 특정한 계급에게만 한정적으로 적용된다. 둘째로, 보통법은 법정의 판결에서 구체화되고 명시화되며 그리고 법정의 판결로부터 법률적인 효력을 유도한다. 특히 보통법은 국가의 최고법원의 판례를 반영하는 관습에서 유도되는 원칙들의 집합체 혹은 판례에 의해 수정되고 보완되는 단편적인 법률에 포함된 원칙들의 집합체라고 볼 수 있고, 대체로 영미 계열의 법체계를 추종하는 법들을 의미한다. 반면에 보통법에 대비되는 성문법(statute)은 국회나 의회 같은 입법부의 의지의 발산이고, 입법이나 법의 조문화를 통해서 다소간 항구적인 문서 및 조직으로 환원되는 법체계이며, 유럽대륙 계열의 성문화된 시민법이 여기에 속한다.
2 (옮긴이 주) 법(law)은 본서에서 두 가지 의미로 사용되고 있다. 첫째로 인간의 행동을 규제하기 위해 사회제도를 통해 창조되고 강제되는 규칙들의 체계를 의미하며, 보통법이나 성문법에서 구체적인 모습을 갖춘 형법, 민법, 형사소송법 등을 지칭한다. 둘째로 원인과 결과 간의 인과관계를 나타내며 예외를 인정하지 않는 엄격한 법칙을 지칭할 수도 있다. 본서에서는 이 개념으로도 많이 쓰였다. 통상적으로 진리라고 할 수 있으며, 모든 학문이 추구하고자 하는 이상적인 이론이다. 홈스도 사회제도인 법에 관한 일반적인 이론, 즉 법 이론을 궁극적으로 시도하고 있으며, 그는 본문에서 종종 '(법의) 규칙'이란 표현을 쓰기도 하고, '(법의) 원칙'이라고 표현하며, 때에 따라서는 그냥 '법'이라고 쓰기도 한다. 특히 보통법의 판례에서는 구체적인 모습을 갖춘 법이 존재하지 않으므로 여기서의 '법'은 '관련 판례에서 정립된 법의 원칙이나 규칙'을 의미한다. 물론 홈스는 완벽한 법 이론을 발견하지 못했지만, 아마 누구도 그런 법 이론, 진리, 즉 법을 발견하지 못할 것이다.
3 (옮긴이 주) 공서양속(public policy)은 통상적으로 국가에 의해 표방되는 공공정책을 의미하며, 특히 법과 관련된 공공정책은 공공복지를 저해하는 행위를 금지한다. 그에 따라 공공질서를 형성할 수 있고 미풍양속을 보존할 수 있기 때문에 공서양속이라고 지칭한다.

어 판사가 자신의 동료들과 공유하는 편견 등은 사람들을 통치하는 규칙을 결정하는 데 삼단논법(syllogism)[4]이 할 수 있는 것보다 더 큰 영향을 끼쳤다. 법은 여러 세기를 거쳐서 발전해온 한 국가의 역사를 담고 있어서, 마치 수학의 공리나 추론만을 담고 있는 것처럼 그렇게 다룰 수는 없다. 법이 무엇인지를 알기 위해, 우리는 법의 과거와 그 경향을 알아야 한다. 우리는 입법의 역사와 현존하는 입법 이론들을 번갈아가며 참고해야 한다. 그러나 가장 어려운 작업은 이 둘의 조합이 매 단계에서 어떻게 새로운 산물로 거듭났는지를 이해하는 것이다. 법에 관한 한, 어떤 주어진 시기에 법의 실체는 그 당시에 편리하다고 여겨지는 것과 거의 부합하지만, 법의 형식과 절차, 바라는 결과를 얻어낼 수 있는 정도 등은 법의 역사에 아주 많이 의존한다.

한편으론, 명백하게 건전한 상식(good sense)으로 충분히 설명할 수 있는 규칙들은 오늘날 매사추세츠주에 아주 많으며, 다른 한편, 게르만족의 초창기 소송절차(procedure)[5]나 고대 로마 10인 위원회(Decemvirs)[6]의 사회조

---

[4] (옮긴이 주) 삼단논법(syllogism)은 대전제, 소전제를 결합하여 연역의 과정을 거쳐 결론을 유도하는 논리학의 한 방법이다. 이를테면 '인간은 모두 죽는다'라는 대전제와 '케인스는 인간이다'라는 소전제를 결합하여 '케인스는 죽는다'라는 결론을 유도한다. 전제들이 '참'이면 연역이 올바를 경우 결론도 '참'이다. 그렇지만 전제 중 어느 하나가 '거짓'이면 결론도 '거짓'이 된다. 여기서는 두 가지 전제만을 언급했으나 여러 전제를 설정하고 연역의 과정을 거쳐서 결론을 유도하기도 한다. 본서에서 언급하는 '공리'들은 전제에 속하며, '추론'들은 공리들을 결합하고 연역하여 얻어낸 결론을 의미한다. 그리고 추론은 연역의 과정 자체를 의미하기도 한다.

[5] (옮긴이 주) 소송절차(procedure, process, proceeding) 혹은 절차법(procedural law)은 법적 소송의 방법이나 기구를 지칭한다. 실체법(substantive law)에 대비되는 절차법은 실체법에서 규정된 범죄와 처벌, 권리와 의무 등을 강제하는 기구를 의미하며, 그 법은 법정이 소송과정에서 발생하는 것들을 듣고 결정하는 규칙들을 포괄하고, 또한 실체법이 만들어지고 관리되는 방법과 수단 등도 포괄한다.

[6] (옮긴이 주) 고대 로마 10인 위원회(Decemvirs, Decemviri)는 로마 공화정 시대(BC 509~BC 27)에 존재한 위원회이며, 로마 통치의 원칙을 규정하는 법을 만들도록 임무를 부여받았다. BC 451년에 구성된 최초의 위원회는 전부 귀족으로만 구

건을 참고해야만 이해할 수 있는 규칙들도 일부 있다.

나는 개념을 설명하거나 규칙을 해석해야 할 필요가 있을 때만 영미법의 역사를 사용하고 그 외에는 사용하지 않으려 한다. 이 과정에서 나와 독자 모두가 동일하게 피해야 할 두 가지 오류가 있다. 어떤 개념이 우리에게 너무 친숙하고 자연스러워서 항상 그래왔다고 받아들이는 것이 한 가지 오류이다. 우리가 지금은 당연시하는 많은 것들이 과거에는 힘들게 싸워왔고 많이 숙고한 것들이다. 다른 오류는 그와 반대로 너무 많은 역사적 자료를 요구하는 것이다.[7] 영미법의 역사에서 우리는 유아기가 아니라 성인의 위치에 있다. 초기 야만인의 관행을 고려할 때 그들도 우리와 똑같은 감정과 열정이 많았다고 전제할 수 있다.

논의하고자 하는 첫째 주제는 민사 및 형사 책임에 관한 일반이론이다. 일련의 판례들이 기술되기 시작한 이래로 보통법은 상당히 많이 변화했으며, 지금 널리 알려졌다고 할 수 있는 이론에 대한 탐구도 상당 부분 법의 경향에 관한 연구이다. 나는 초기 형태의 책임론으로 돌아가 거기서 시작하는 것이 유익하다고 믿는다.

초기 형태의 법적 소송절차는 그 근거를 복수에 두고 있다고 일반적으

성되었다. 이듬해에 2인이 추가되어 만들어진 두 번째 위원회는 그 이후 몇 세기에 걸쳐서 로마법의 중심축을 구성하는 로마 최초의 성문법인 12표법(the Twelve Tables)을 제정했다.

[7] (옮긴이 주) 법 이론이 경험에 많이 근거하지만 귀납법에 과도하게 의존해서는 안 된다는 것이다. 귀납법(induction)은 삼단논법 즉 연역법에 대비되는 논리적 추론의 한 방법으로서 구체적인 것, 즉 경험적인 것으로부터 일반적인 것을 이끌어 낸다. 자연과학에서 많이 활용되는 방법론으로서 이를테면 "고니 a는 하얗다." "고니 b는 하얗다." ... 따라서 "모든 고니는 하얗다." 앞의 모든 전제가 옳아도 일반적인 결론은 틀릴 수 있다. 왜냐하면 일반적인 결론은 앞의 전제를 넘어서 확장적으로 적용할 수 있어야 하기 때문이다. 호주에서는 까만 고니가 발견되었다. 사회과학에서는 귀납법이 유용할 수는 있으나 과도한 귀납법의 활용은 바람직하지 않다는 것이 보편적인 견해이다.

로 알려져 있다. 현대 이론가들은 로마법이 유혈 불화에서 시작했다고 생각했고, 모든 법정 판결들도 게르만법이 그런 식으로 시작되었다는 데 동의한다. 불화는 처음에는 선택적으로 그 이후로는 의무적으로 배상금을 내도록 함으로써 금전적으로 해결되었다. 배상금제도가 점진적으로 확대된 것은 앵글로-색슨법(the Anglo-Saxon laws)[8]에서 그 흔적을 찾을 수 있고, 정복왕 윌리엄(William the Conqueror)[9] 시대에는 불화는 소멸되지는 않았지만 상당히 잦아들었다. 초기 시대의 살인과 가옥 방화는 중상해(mayhem)[10]와 방화(arson)[11]로 제소(appeal)[12]하는 것으로 전환되었다. **평화와 상해**의 제소(appeals de pace et plagis)[13] 및 중상해의 제소는 실질적으로 법학자들에게는

---

[8] 예컨대, 아인법(Ine) 74조; 알프레드(Alfred) 대왕 법 42조; 에설레드(Ethelred)법 IV. 4, 1.
(옮긴이 주) 북유럽에서 기원한 게르만족의 일족인 앵글로-색슨족(Anglo-Saxon)은 앵글족, 색슨족 및 주트족으로 구분되지만 서로 뒤섞여 살았으므로 구분되지 않는다. 이들 민족은 300년경부터 잉글랜드 해안을 침략하고 약탈하기 시작했고, 대략 450년경부터는 내지로 진출하여 잉글랜드를 사실상 정복했으며, 1066년까지 잉글랜드를 지배했다.

[9] (옮긴이 주) 정복왕 윌리엄(William the Conqueror, 재위 1066~1087)은 1066년 왕위를 주장하는 해럴드를 헤이스팅스 전투에서 패배시킴으로써 잉글랜드에 노르만 왕조를 탄생시켰고, 이때부터 사실상 중세 봉건시대가 시작되었다.

[10] (옮긴이 주) 중상해(mayhem)는 고의적으로 혹은 싸우다가 신체의 일부, 특히 다리, 발, 손, 팔, 눈 등을 불구로 만들거나 손상시키거나 쓸모없게 만드는 범죄행위를 지칭하며, 심각한 부상은 중상해를 중범죄(felony)로 처벌하게 만든다.

[11] (옮긴이 주) 방화 혹은 방화죄(arson)는 주택이나 다른 건물을 고의적으로 불태우는 행위나 그런 중범죄를 지칭하며, 방화로 죽음을 유발하면 모살(murder)이 된다.

[12] (옮긴이 주) appeal은 당사자가 공식적인 판결에 대한 번복을 요청하는 '항소'를 의미하며, 항소를 다루는 항소법원(appellate court)은 오류 수정 과정은 물론 법의 명확한 해석 과정 등을 다루기 때문에 독립적인 사실관계를 밝히려고 하지 않고 주로 법을 새로이 재검토하려는 경향을 보인다. 초기 법에서는 진정한 의미의 항소가 그렇게 용이하지 않기 때문에, appeal이 초기 소송과정에서도 바로 허용되는 경우가 빈번했다. 따라서 본서에서는 앞뒤 문맥을 고려하여 초기 법 적용으로 보일 경우에는 '제소'라고 번역했다.

[13] (옮긴이 주) 평화와 상해의 제소(Appeals de pace et plagis)는, 초기 잉글랜드법에

여전히 친숙한 불법침해(trespass)소송[14]이 되었다.[15] 그러나 제소로 회수된 보상금은 복수의 대안이었으므로, 우리는 그 배상 범위가 복수의 범위로 한정되었을 것으로 예상할 수 있다. 아무리 이성을 잃을 정도로 흥분했다 해도, 복수는 부당행위(wrong)[16]가 행해졌다는 비난의 감정과 의견을 전달한다. 복수는 고의적으로 가한 상해의 범주를 아주 크게 벗어날 수는 없다. 즉 심지어 개조차도 걷어차였는지 걸려 넘어졌는지를 구분한다.

이런 이유이든 다른 이유이든, 신체적으로 난폭한 행위에 대한 초기 잉글랜드법의 제소는 고의적인 부당행위에 국한한 것으로 보인다. 글랜

서 범죄에 의해 상해를 입은 사람들의 제소로 알려진, 배상을 위한 사적인 소송절차를 지칭한다. 혐의가 평화(pax)를 위반하고 상해(plaga)를 저질렀을 때, 그 제소는 "de pace et plagis"(평화와 상해)의 제소로 알려졌다.

[14] (옮긴이 주) 불법침해(trespass)는 사람, 동산 및 부동산에 대한 불법침해로 나뉘며, 불법행위(tort)와 구분되는 것은 오로지 범죄에 대해서만 적용된다는 것, 그에 따라 범죄조건이 충족될 경우에 형사소송이 가능하다는 것이다. 사람에 대한 불법침해는 위협, 폭행, 상해, 중상해 등이 있고, 동산에 대한 불법침해는 개인적 재산에 대한 간섭이고 주로 타인의 동산을 무단으로 사용하는 경우에 해당하며, 부동산에 대한 불법침해는 타인의 토지를 무단으로 점유하거나, 침입하거나, 부동산에 부속되어 있는 물건을 가져오거나 하는 행위 등을 지칭한다.

[15] 브랙턴(Bracton)의 『잉글랜드의 법과 관습에 관한 연구』(*De Legibus et Consuetudinibus Angliae*) 원문 페이지 144, 145; 『플레타』 1부 40, 41장; 코크(Coke)의 『리틀턴에 관한 주석』(Coke on Littleton) 126 b: 호킨스(W. Hawkins)의 『왕의 소송에 관한 논문』(*Treatise of Pleas of the Crown*, 1716) 2권 23장 15절.

[16] (옮긴이 주) 부당행위(wrong, wrongful act, wrong-doing)는 부도덕하거나 불법적인 행위를 지칭한다. 도덕적인 부당행위(moral wrong)는 법적인 부당행위를 함축하며, 그에 따라 일부의 도덕적인 부당행위, 예컨대 강도나 살인 등은 법적인 처벌을 받을 수 있지만, 많은 도덕적인 부당행위는 법적으로는 아무런 제재가 이루어지지 않으면서 그 행위자에게 도덕적 비난이 가해질 수 있다. 반면에 법적인 부당행위(legal wrong)는 법적인 권리의 침해로부터 발생하는 손해가 야기될 때, 어떤 행위가 법이나 정의의 원칙에 어긋날 때 등을 지칭할 수 있다. 손해가 심각할 때는 당연히 법적인 처벌이 가해지거나 손해를 배상해야 하지만, 미미한 경우에는 무시할 수도 있다. 따라서 법적인 부당행위는 형사에 해당하는 불법침해, 민사에 해당하는 불법행위, 그 외의 미미한 손해를 야기하는 것까지 모든 것을 망라하는 넓은 의미의 개념이라고 볼 수 있다.

빌(Glanvill)[17]은 난투, 구타, 상처 등 모든 형태의 고의적인 난폭한 행위를 언급한다. 브랙턴(Bracton)[18]은 그런 제소들을 아주 상세히 설명하면서, 제소가 고의적인 폭력(assault)[19]에 근간을 둔다고 분명히 밝혔다.[20] 고의적인 폭력에 근거하는 **평화와 상해**의 제소는 사용된 무기의 특성, 상처의 길이 및 깊이 등을 묘사했다. 또한 제소한 사람은 즉각 항의했다는 것을 보여주어야 했다. 따라서 브랙턴은, 제소의 방법으로 소송을 제기하지 않았던 경범죄에 관해 언급할 때는, 주먹 구타, 채찍질, 상처, 모욕 등 고의적인 부당행위만을 예시했다.[21] 초기 『연감』(the earlier Year Books)[22]이나 상급법원

---

[17] 글랜빌의 『잉글랜드 왕국의 법과 관습에 관한 연구』 1권 2장, 마지막까지. (옮긴이 주) Ranulf de Glanvill(1112~1190)은 헨리 2세(재위 1154~1189) 때 왕립법원의 판사(1176~1180) 및 재판장(1180~1189)을 역임했으며, 그의 도움으로 헨리 2세는 사법적인 개혁을 완성했다고 한다. 당시의 실제 소송절차, 초기 법정의 형식, 관습 및 법에 관한 정보를 풍부하게 담고 있는 『잉글랜드 왕국의 법과 관습에 관한 연구』(Tractatus de Legibus et Consuetudinibus Regni Angliae)는 잉글랜드 보통법에 관한 최초의 논문이다.

[18] (옮긴이 주) Henry de Bracton(1210~1268)은 잉글랜드의 성직자이면서 법학자였고, 순회재판의 판사(1245~1268)로 일했으며, 로마법을 활용해 왕립법원의 법을 확립하려고 일관되게 시도했다. 법에 관한 대표적인 저술로 『잉글랜드의 법과 관습에 관한 연구』(De Legibus et Consuetudinibus Angliae)가 있고, 특히 행위와 의도의 동시적 조사를 통해서만 고의적인 범행을 확증할 수 있다고 주장했다.

[19] (옮긴이 주) 폭력(assault)은 어떤 사람에게 해롭거나 공격적인 접촉을 하겠다는 시도 혹은 그렇게 하겠다는 위협을 의미하며, 그런 접촉의 실제적인 실행을 의미하는 폭행(battery)과는 상이하다. 폭력은 손해를 유발할 수 있는 명백한 능력과 더불어 신체적인 손해의 위협에 의해 수행된다. 그것은 범죄이고 부당행위이며, 그에 따라 형사 및 민사적인 책임으로 결과할 수도 있다. 그리고 이 개념은 물리적인 접촉을 포함하는 폭행과 혼동되어 사용되기도 한다.

[20] 브랙턴(Bracton)의 『잉글랜드의 법과 관습에 관한 연구』 원문 페이지 144 a, "**나는 고의적으로 폭력을 휘두른다.**"

[21] 브랙턴(Bracton)의 『잉글랜드의 법과 관습에 관한 연구』 원문 페이지 155; 또한 130 b도 참고하라.

[22] (옮긴이 주) 『연감』(the Year Books: Y. B.)은 잉글랜드의 초기 판례집에 붙은 이름이며, 그 실질적인 내용들은 보통법의 초기 판례들로 구성되어 있지만, 판사들 앞에서 이루어진 소송 내용들도 포함하고 있으며, 그 원고들은 당시의 공식적인

에서 결정된 『판결 모음집』(the Abbreviatio Placitorum)[23]에 기록된 불법침해의 경우, 소송의 소인(cause)[24]은 항상 고의적인 부당행위였다. 단지 훗날 법정의 논쟁이 있은 후에야, 불법침해는 예측 가능한 손해를 포함하도록 확장되었고 피고 행동의 고의적인 결과가 아닌 손해까지도 포함하도록 확대되었다.[25] 그 이후 다시 불법침해는 예상치 못한 부상으로까지 확대되었다.[26]

이런 발전 순서는 그 당시 지배적인 의견과 그다지 부합하지 않는 것처럼 보일 것이다. 즉 외부적으로 보이는 사실관계, 곧 **신체에 의해 신체에 주어지는 손상**을 넘어서지 않으려는 것이 초기 법의 특징인 것처럼 보인다. 피고의 내적 상태, 즉 그의 유죄(culpability)[27] 및 무죄에 대한 연구는, 아퀼리아법(Lex Aquilia)[28] 제정 이전의 로마와 불법침해가 틀을 잡아가

법원 서기들보다는 법학도들이 수집한 것으로 추정된다. 에드워드 1세(재위 1272~1307)부터 헨리 8세(재위 1509~1547)까지 1268년부터 1535년에 이르는 방대한 분량이 현존하며, 사용된 언어는 라틴어와 프랑스어이다.

[23] (옮긴이 주) 『판결 모음집』(the Abbreviatio Placitorum)은 리처드 1세 시대(1189년)부터 『연감』이 발간되기(1268년)까지 법정 판례 모음집이다.

[24] (옮긴이 주) 소인(cause)은 소송의 원인을 지칭한다. 형사사건에서는 범죄의 사실관계, 채무에 관련된 민사사건에서는 채무를 입증할 수 있는 사실관계 등과 같이 기소하거나 소송을 제기할 수 있게 만드는 소송의 핵심적인 심판 대상을 말하고, 소인이 없으면 소송 자체가 성립하지 않는다.

[25] 에드워드 4세 『연감』 6권 7, 판결문 18.

[26] 앞의 책, 그리고 헨리 7세 『연감』 21권 27, 판결문 5.

[27] (옮긴이 주) 유죄(culpability)는 어떤 사람이 범죄를 저지르거나 부주의한 과실로 인하여 비난 가능성(blameworthiness)이 있는 정도, 그에 따른 책임의 정도를 지칭한다.

[28] (옮긴이 주) 아퀼리아법(Lex Aquilia, Aquilian law)은 12표법이 제정된 이후 거의 2세기 이후인 BC 286년경에 제정된 것으로 추정되며, 어떤 사람의 과실로 다른 사람의 노예나 가축을 죽이거나 다치게 하는 손해를 입히면, 그 소유자에게 노예나 가축의 과거 가장 높은 가격으로 보상하도록 하는 로마법이다. 신체에 대한 상해를 금전적으로 보상할 수 있는 범위를 넓혀 주었기 때문에 아퀼리아법은 12표법보다 더 진보된 법으로 간주할 수 있다.

던 잉글랜드, 두 지역 모두에 똑같이 생소했던 법적 개념의 세련화를 의미하는 것으로 생각되었다. 나는 어떤 사람이 로마[29]나 잉글랜드에서 자신의 행동의 우발적인 결과에 대해 일반적으로 책임져야 했던 매우 만족스러운 증거를 알지 못한다. 그러나 초기 법이 무엇이었든, 앞서 언급한 설명은 우리가 다루어야 할 법체계의 출발점을 보여준다. 어떤 사람의 행동의 결과, 즉 불법침해의 개인적 책임에 대한 영미법 제도는 실질적인 고의(intent)[30]와 실질적인 개인적 유죄 개념에서 출발한다.

다른 사람이나 사물이 끼친 손해에 대한 원래의 책임 원칙들은 지금까지 불법침해를 다루는 원칙들보다 덜 신중하게 고려되어 왔다. 그러므로 나는 이 강의의 나머지 부분을 그 문제를 논의하는 데 할애할 것이다. 나는 이 책임론 역시 복수에 대한 열망에 그 뿌리를 가지고 있음을 보여주고, 그것이 현재의 형태를 갖추기까지 겪은 변화들을 지적할 것이다. 그러나 이 목적에 필요한 것에만 엄격하게 제한을 두지는 않을 것이다. 왜냐하면 전 과정에서 일어난 변화를 추적해 나가는 것이 가장 흥미로울 뿐 아니라, 그 이야기는 또한 야만에서 문명으로 법이 끊임없이 성장해온 양상을 교훈적으로 예시하기 때문이다. 더 나아가서 이것은 나중에 다시 다루지 못할 중요하고도 독특한 몇몇 원칙을 설명하는 데 많은 도움이 될 것이다.

역사학도에게 매우 일반적이면서도 매우 친숙한 현상은 바로 이것이다. 원시시대의 관습, 신념 혹은 필요성이 어떤 규칙이나 방식을 세운다.

---

[29] 로마법 대전의 『법률논평집』(*Digesta*) 47권 9장 9절.
[30] (옮긴이 주) 고의(intent)는 특정한 방향으로 행동하겠다는 정신적인 열망과 의지를 지칭하며, 특정한 행동이 범죄인가를 결정하는 핵심적인 요소이다. 본서에서는 범죄와 관련된 의미로 쓰일 때는 intent를 '고의'로 번역하고, 범죄와는 무관한 일반적인 열망과 의지를 표현할 경우에는 '의도'로 번역했다.

수 세기에 걸쳐서 그런 관습, 신념 혹은 필요성은 사라지지만 규칙은 남는다. 규칙을 발생시킨 이유는 망각되지만, 천재적인 지성인들은 이를 어떻게 설명해야 할 것인가를 연구하기 시작했다. 규칙을 설명하면서 그 규칙을 현재 상태와 부합하도록 만드는 어떤 공서양속적 근거가 창안된다. 그런 다음에 그 규칙은 그것을 필요로 하는 새로운 이유에 적응해 가고, 새로운 진전을 이룩한다. 옛 형태는 새로운 내용을 받아들이고, 시간이 지남에 따라 그 형태는 자기가 받아들인 의미에 맞도록 스스로 교정해 간다. 고찰 중인 주제는 이런 사건의 과정을 매우 명확하게 보여준다.

나는 각각의 규칙이 그럴듯하면서도 피상적으로는 충분한 공서양속적 근거를 동반하는 수많은 별개의 규칙들로 구체화한 여러 혼합된 사례들을 예시하면서 시작하겠다.

어떤 사람이 사나운 습성의 동물을 가지고 있고, 그 동물이 탈출하여 이웃에 피해를 입혔다. 그는 동물의 탈출이 자신의 과실(negligence)[31]이 아님을 증명할 수 있지만, 여전히 그는 그 책임을 지게 된다. 왜? 왜냐하면 분석법학자[32]에 따르면, 그는 동물이 탈출하는 순간에 태만하지 않았어도 그 동물을 소유하고 있었다는 데에서 약간의 부주의나 과실 혹은 잘못을 저질렀기 때문이다. 그리고 누구든지 자신의 잘못으로 손해를 입히

---

[31] (옮긴이 주) 과실(negligence)은 합리적이거나 신중한 사람이 특정한 상황에서 다른 사람에게 기울여야 할 보호를 실행하지 않거나 그런 사람이 하지 말아야 할 행동을 실행하는 것을 지칭한다. 폭력, 불법침해와 같은 '고의적인 불법행위'(intentional tort)나 범죄와는 달리 과실은 고의적이지 않다.

[32] (옮긴이 주) 분석법학(analytical jurisprudence)은 법 형식주의(legal formalism: 법학은 기계적으로 적용 가능한 유일하면서도 확정적인 원칙 혹은 시스템을 형식화해야 하고, 그에 따라 판결은 그런 명백한 원칙을 사실관계에 적용해야 한다는 견해)가 잘못된 법 이론이라고 지적했고 분석철학에 의거해 법의 본질을 이해하려는 법 이론이다. 분석법학자들은 법체계를 언급할 때 방법론적으로 중립적인 언어관을 가진다. 따라서 그들은 실증적 법학과 규범적 법학을 한데 묶으려는 자연법 사상에 반대하면서 중립적인 가치관에 따라 법학 이론을 확립하려 시도한다.

면 배상금을 치러야 한다.

빵 가게 종업원이 아침에 갓 구운 빵을 배달하기 위해 주인의 수레를 끌다가 다른 사람을 치었다. 주인은 이를 배상해야 한다. 그리고 주인이 독립적이면서도 책임감이 있는 사람의 부당행위에 대해 왜 자신이 배상해야 하는지를 물었을 때, 울피아누스(Ulpian)[33] 시대부터 오스틴(Austin)[34] 시대까지 일관적으로, 그는 부적절한 사람을 채용한 책임을 피할 수 없기 때문이라는 답변을 들어야 했다. 그가 수레꾼을 채용할 때 최대한 조심했다고 대답하면, 그것은 변명이 되지 못한다는 말을 듣게 된다. 그리고 세월이 지난 후에는 아마도 그 이유가 변하여, 배상은 손해배상금을 낼 수 있는 사람에게 전가해야 한다거나 일반 사람들의 법에 따르면 서비스를 제공하는 과정에서 발행할 가능성이 있는 그런 부당행위는 그 서비스 업자에게로 그 원인을 돌려야 한다고 하게 되었다.

다음으로, 이전에는 무제한이었던 책임에 어떤 제한이 설정된 판례를 들어보자. 1851년 의회는 현재도 시행 중에 있는 법과 더 흔한 해양 손실의 경우 선주들이 손실을 입은 사람들에게 선박과 그 당시 보유 중인 운임을 넘겨주어야 한다는 법을 통과시켰고, 그에 따라 선주들에 대한

---

[33] (옮긴이 주) Gnaeus Domitius Annius Ulpianus(170?~223)는 로마 법률가이며, 시민권에 관한 주석으로 「사비니 사람들에 관하여」(*Ad Sabinum*), 칙령에 관한 주석으로 「칙령에 관하여」(*Ad edictum*), 규칙과 제도에 관한 저서, 형법에 관한 저술로 『집정관 대리의 직책에 관하여』(*De officio proconsulis libri x*), 유언에 관한 저술 등 방대한 저작을 남겼다.

[34] (옮긴이 주) John Austin(1790~1859)은 잉글랜드의 저명한 법실증주의 법학자이고, 특히 도덕과 법의 연결을 강조하는 자연법사상에 반대하여 경험적 측면에서 법 개념들을 정의하고자 노력했던 최초의 법실증주의 법철학자이다. 행동공리주의자인 벤담(Jeremy Bentham, 1747~1832)과 밀(J. S. Mill, 1806~1873)의 영향으로 법이 사회복지를 증진시켜야 한다는 견해도 가졌다. 그의 대표적인 저술로 『판결된 법체계』(*The Province of Jurisprudence Determined*, 1832), 사후에 발간된 『법학 강의』(*Lectures on Jurisprudence*, 1863)가 있다.

추가적 소송절차가 중지될 것이라고 규정했다. 이 법을 만든 입법자들은 상인이 자신의 재산 일부를 위험한 투자에 투입한다면 그의 지분이 자신의 위험을 책임진 부분으로만 제한되는 것이 합리적이라고 주장했다. 이와 유사한 원칙에 따라 지난 50년 동안 미국에서 주식회사가 엄청나게 많이 창업되었다.

19세기까지 살인(homicide)[35]의 기소(indictment)[36]에는 죽음의 원인인 도구의 가치를 설명해야 한다는 것이 잉글랜드에서 형사 변론 진술(pleading)[37]의 규칙이었다. 그것은 왕이나 왕의 대리인이 속죄물(deodand),[38] 블랙스톤(Blackstone)[39]의 표현에 따르면 '저주받은 물건'의 몰수를 요구하기 위한 것이었다.

---

[35] (옮긴이 주) 살인(homicide)은 다른 사람의 행동이나 부작위에 의해서 어떤 사람을 죽이는 행동을 지칭하며, 고의적 살인인 모살(murder)과 우발적인 살인인 고살(manslaughter)을 포함하는 광의의 개념이다.

[36] (옮긴이 주) 기소(indictment)는 형사사건에서 추정되는 범죄, 증인의 증언, 다른 객관적인 증거 등에 의거해 검사가 소송을 제기하는 '공소의 제기'를 의미하며, 영미법에서는 배심이 각종 증거에 입각해 투표로 기소를 결정한다. 검사가 기소하기 위해서는 배심이 피의자가 범죄를 저질렀을 개연성이 있고 그가 재판에 회부되어야 한다고 결정해야 한다.

[37] (옮긴이 주) 변론 진술(pleading)은 민사소송에서 판결될 쟁점으로 정의되고, 소송 당사자의 주장, 다른 당사자의 반론 등에 관한 공식적으로 문서화된 진술이다. 소인(소송의 원인)보다는 소송의 형식을 너무 강조함으로써 보통법의 진보를 심각하게 제약한 것으로 평가되었고, 영국에서 1875년에 폐지되었으며, 미국 연방정부에서는 1938년에 폐지되었다.

[38] (옮긴이 주) 속죄물(deodand)은 어떤 사물이 죽음을 유발했기 때문에 법으로 왕이나 신에게 몰수되는 대상을 지칭한다.

[39] (옮긴이 주) William Blackstone(1723~1780)은 잉글랜드 법학자, 판사 및 정치인이며, 민사법원의 판사(1770~1780), 왕립법원의 판사(1770)를 역임했다. 잉글랜드법을 완전히 개관할 목적으로 저술된 『잉글랜드법에 대한 주석』(*Commentaries on the Laws of England*, 1766~1778)은 의회의 주권을 강조하여 잉글랜드 계몽주의의 진수로 묘사된다. 그 외에 대표적인 저술로는 『잉글랜드법의 분석』(*An Analysis of the Laws of England*, 1756), 『법 연구에 관한 강의』(*A Discourse on the Study of the Law*, 1758) 등이 있다.

나는 계속해서 수없이 많은 예시를 더 들 수 있지만, 거리감 있는 핵심 사항들을 한데 모으기에는 이 예시들만으로도 충분하다. 일반화를 향한 첫 단계로 고대의 독립적인 법체계에서 발견되는 예시들을 고려할 필요가 있다.

나중에 우리가 상기해야 할 잘 알려진 구절이 구약 출애굽기(Exodus)[40]에 있다. "소가 남자나 여자를 뿔로 받아서 죽였다면, 그때 그 소는 확실히 돌에 맞아 죽을 것이고 그 고기는 먹어서는 안 될 것이지만, 소 임자는 벌을 받지 않을 것이다."[41] 유대인에서 그리스인에게로 화제를 돌리면 방금 인용된 문구의 원칙이 법체계로 세워진 것을 볼 수 있다. 플루타르코스(Plutarchus)[42]는 솔론(Solon)[43]에 관한 저서에서 사람을 문 개는 네 규비트 길이의 막대기에 묶어서 넘겨주어야 한다고 했다. 플라톤(Plato)[44]은 자신의 법전에 이런 많은 사건에 관한 조항을 자세하게 규정했다. 어떤 노예가 사람을 죽였다면, 그 노예는 고인의 친족에게 넘겨야 한다.[45] 노예가

---

[40] xii. 28.
[41] (옮긴이 주) 21장 28절.
[42] (옮긴이 주) Lucius Mestrius Plutarchus(그리스어로 Πλούταρχος, Ploútarkhos, AD 46~AD 120)는 그리스 출신의 로마 역사학자이고, 그리스와 로마의 장군들을 비교한 『인물비교평전』(*Parallel Lives*)과 로마와 그리스 사람들의 올바른 삶을 묘사한 『도덕』(*Moralia*)을 저술한 것으로 유명하다.
[43] (옮긴이 주) Solon(BC 638~556)은 아테네의 정치인이면서 입법자이고, 아테네의 정치적, 경제적 및 도덕적 퇴락을 막으려고 시도했다. 그의 개혁은 실패했지만, 아테네에 민주주의의 기초를 확고하게 다져 놓았다.
[44] (옮긴이 주) Plato(Platon, BC 428/427 혹은 424/423~BC 348/347)는 소크라테스의 제자이고 아리스토텔레스의 스승이며, 서양철학과 과학에 기초를 마련한 고대 그리스 철학자이고, 아테네에 고등교육기관인 아카데미아(Academy)를 창립했다. 그는 이성을 중시하는 이상주의적 철학인 관념론을 추구했다. 대표적인 저서로 『소크라테스의 변명』(*dialectic*), 『국가론』(*The Republic*), 『법률론』(*Laws*) 등이 있다.
[45] 플라톤의 『법률론』 9부, Jowett의 영역본 p. 437; 앞의 책 Bohn의 영역본 pp. 378, 379.

사람에게 상처를 입혔다면, 그 노예는 부상당한 사람에게 넘겨져서 부상당한 사람이 마음대로 사용하도록 한다.[46] 부상당한 사람이 공동의 원인을 제공하지 않았는데 그 노예가 피해를 입혔어도 마찬가지다. 어느 경우에도 주인이 노예를 넘기지 않으면 그는 손해를 보상할 책임을 지게 된다.[47] 짐승이 사람을 죽이면, 짐승을 죽여서 마을 경계선 밖에 버릴 것이다. 사물이 죽음의 원인이 되었다면, 마찬가지로 마을 경계선 밖에 가져다 버릴 것이고, 이로써 속죄가 될 것이다.[48] 이 모든 것은 단지 상상 속의 법을 이상적으로 창조한 것이 아니다. 왜냐하면 아에스키네스(Aeschines)[49]의 연설 중에 "가축, 돌멩이 및 쇠막대기 같이 소리도 생각도 없는 사물이 사람을 죽게 한다면, 그런 사물을 마을 경계선 밖으로 가져다 버린다. 그리고 사람이 자살을 하면, 그런 타격을 입힌 손을 몸에서 떼어내어 묻어야 한다"고 했기 때문이다. 이것은 상당히 일상적인 일처럼 언급되었고, 아에스키네스는 데모스테네스(Demosthenes)[50]가 쌓은 명예에 오직 반대하고자 그 자살 사건을 특이한 일로는 전혀 생각하지 않은 것 같다.[51]

---

[46] 플라톤의 『법률론』 15부, Jowett의 영역본 449; Bohn의 영역본 397.
[47] 플라톤의 『법률론』 14부, Jowett의 영역본 509; Bohn의 영역본 495.
[48] 플라톤의 『법률론』 15부, Jowett의 영역본 443, 444; Bohn의 영역본 388.
[49] (옮긴이 주) Aeschines(BC 389~314)는 그리스 정치인이고 아테네 10대 웅변가 중 한 사람이다. 그는 마케도니아의 필리포스 2세에 대항하기 위해 단결할 것을 주장했으나, 마케도니아에 사절단으로 다녀온 이후 평화조약 조건과 관련한 견해 차이로 인하여 티마르쿠스(Timarchus)와 데모스테네스 등이 그를 반역자라고 비판했다. 티마르쿠스와의 논쟁(그 논쟁을 정리한 「티마르쿠스에 대한 반론」(Against Timarchus)에는 아테네 법이 많이 인용된다)에서 승리하여 반역 혐의를 벗었지만, 그 이후 데모스테네스와의 여러 번에 걸친 논쟁 끝에 최종적으로 패배를 인정하여 자발적으로 로도스로 유배를 간다.
[50] (옮긴이 주) Demosthenes(BC 384~322)는 저명한 정치인이고 아테네의 웅변가이다. 그는 아테네의 패권을 회복시키길 열망했고, 당시 팽창하고 있던 마케도니아의 필리포스 2세와 그의 아들 알렉산더 대왕에 대항하려 했으나 실패했고 체포를 면하려 자살했다.

기원후 2세기경에 여행자 파우사니아스(Pausanias)[52]는 프리타네움(Prytaneum)[53]에서 무생물을 여전히 판결하는 것을 보고 놀라워했다.[54] 플루타르코스는 이런 제도가 드라콘(Draco)법[55]에서 기인한다고 했다.

우리는 로마법에서 **가해자 인도**(noxae deditio)[56]와 유사한 원칙들이 점진적으로 더 많은 결과를 이끌어내는 것을 볼 수 있다. 12표법(the Twelve Tables, BC 451)[57]은 동물이 손해를 끼쳤다면 동물을 넘기거나 손해를 배상해

---

[51] 아에스키네스의 「티마르쿠스에 대한 반론」 244, 245.
(옮긴이 주) 아에스키네스는 데모스테네스와의 논쟁에 패배하여 자발적으로 유배를 갔으나 나중에 데모스테네스가 자살하자 복수하기 위해 그의 손을 몸에서 분리하려 했고, 이를 뒷받침하기 위해 내놓은 논리가 바로 앞의 인용문이다.

[52] (옮긴이 주) Pausanias(AD 110~180)는 그리스 지리학자이면서 여행가이고, 안티오키아, 예루살렘, 요르단강, 이집트, 마케도니아, 그리스, 이탈리아 등을 여행했다. 트로이, 알렉산드리아 및 미케네 등의 파괴 목격담을 쓴 최초의 인물이기도 하며, 고대 그리스를 묘사한 『그리스 기행문』(Description of Greece)으로도 유명하다.

[53] (옮긴이 주) Prytaneum은 도시국가의 종교적, 정치적 중심지이고, 성화가 모셔져 있는 곳을 지칭한다.

[54] 파우사니아스의 『그리스 기행문』(Description of Greece) 1권 28(11).

[55] 플루타르코스의 『인물비교평전』 중 솔론.
(옮긴이 주) Draco(그리스어로 Δράκων, Drakōn)는 BC 7세기에 활동했던 아테네의 정치가이며 최초의 입법자이다. 그가 BC 621년경에 제정한 아테네 최초의 성문헌법은 구전으로 전해오는 법체계와 혈투를 법정에서 판결하도록 만든 법이었으며, 나무판자에 새겨져 거의 2세기 동안 보존되었다고 한다.

[56] (옮긴이 주) 가해자 인도(noxae deditio, surrender)는 '가해자(noxa)를 인도하는 것(deditio)'을 의미하고, 로마법의 형사소송, 즉 가해자 인도 소송(Noxales Actiones, noxal, noxal action)에서 다른 사람의 노예나 다른 사람의 아들에 의해 피해를 입은 사람에게 가능하게 되었다. 소송절차는 소유자 혹은 아버지를 상대로 진행되었으며, 성공한다면 손해 본 사람에게 노예나 아들을 양도하거나 모든 손해를 지급함으로써 결말지었다. 손해가 동물에 의해 저질러졌을 때는, 다른 유형의 형사소송이 허용되었다.

[57] (옮긴이 주) 12표법(the Twelve Tables, Leges Duodecim Tabularum, Duodecim Tabulae)은 고대 로마 10인 위원회(Decemvirs)에 의해 제정된 로마 최초의 성문법이며, BC 451년에 작업을 시작하여 BC 450년에 10개 조항으로 구성된 법전을 만들었으나 BC 449년에 2개 조항이 추가되어 12개 조항으로 완성되었다. 12표법은 당시의 기존 관행을 성문화한 것이며, 주로 귀족계급의 기득권을 옹호하려는

야 한다고 규정했다.[58] 우리는 가이우스(Gaius)[59]에게서 그런 규칙이 아이들이나 노예의 불법행위(tort)[60]로 인한 손해에 적용되었고,[61] 무생물에 대해서도 그 규칙이 적용된 흔적이 남아있음을 알게 되었다.

로마 법률가들은 자신들의 법체계나 시대를 뛰어넘지 않으면서 자신들이 적절하다고 생각한 법을 설명하는 데 기지를 발휘했다. 가이우스는 아이나 노예의 잘못에 대해 그들 자신의 신체 이상으로 그 부모나 그 소유자가 그 손실을 부담하는 것이 부당하다고 말했고, 울피아누스는 **더욱 유력한 이유로** 생명이 없는 사물들에 대해서도 이것이 진실이며, 그에 따라 소유자에게 잘못을 물을 수 없다고 추론했다.[62]

그 문제에 접근하는 이런 방법은 자연스럽게 재량적으로 할 수 있는 양도에 의해 부모나 소유자의 책임을 제한하는 것처럼 양도권을 다루는 것으로 평가되고 있다.

[58] "네 발 달린 동물이 손해를 끼쳤다고 주장된다면, 12표법에 따라 소송이 성립한다. 법은 손해를 끼쳤던 그것, 즉 범죄를 저지른 그 동물을 인도하길 원하거나 손해의 가치를 배상하길 원한다." 로마법 대전의 『법률논평집』 9권 1장 1절 서언; 로마법 대전의 『법학개요』 4부 9절; 12표법 8조 6항.

[59] (옮긴이 주) Gaius(130~180경)는 로마의 저명한 법률가이고, 로마법의 핵심 요소들을 완전히 개진한 『법학개요』(Institutes)를 저술했으며 또한 『12표법에 대한 주석』(Commentaries on the Twelve Tables) 등도 저술했다.

[60] (옮긴이 주) 불법행위(tort)는 다른 사람에게 부당하게 손실이나 손해를 유발하는 권리침해(civil wrong)이며, 이런 권리침해는 법적 책임을 통해서 보상받을 수 있다. 불법행위는 범죄일 수 있으나 반드시 범죄여야 하는 것은 아니며, 피해 당사자가 불법행위자의 작위 혹은 부작위로부터 손해를 입었을 때 나타난다. 이때 손해는 육체적이나 물질적인 것뿐 아니라 정신적인 것, 이를테면 프라이버시, 명예 등의 침해도 포함할 정도로 광범위하다. 반면에 불법침해는 범죄에 적용되는 불법행위이고 범죄요건이 충족되면 형사소송이 가능하다.

[61] 가이우스(Gaius)의 『법학개요』 4부 75절과 76절; 로마법 대전의 『법률논평집』 9권 4장 2절 1항. "노예가 절도를 저지르거나 손해를 끼친다면." 12표법 12조 2항. 또한 로마법 대전의 『법학개요』 4부 8절 7항도 참고하라.

[62] 로마법 대전의 『법률논평집』 39권 2장 7절 1, 2항; 가이우스(Gaius)의 『법학개요』 4부 75절.

듯하다. 그러나 그것이 그런 의미였다면, 마치 말 앞에 수레를 두는 것과 같다. 양도권은 책임을 제한하는 의미로 도입되지는 않았지만, 돈을 지급하는 것은 로마와 그리스에서 모두 똑같이 양도를 하지 않는 것에 대한 대안으로서 도입되었다.

오늘날과는 달리 그 소송은 부모나 소유자의 잘못에 근거하지 않았다. 그 소송이 그들의 잘못에 근거했다면, 문제의 손해가 발생한 순간 노예나 동물을 관리할 책임이 있는 사람이나 부상을 방지하지 못해서 비난받아야 하는 사람에게 소송이 항상 제기되었을 것이다. 지금까지의 논의 과정과는 전혀 다르게, 소송당하는 사람은 소송 시점의 소유자였다. 소송은 가해 사물이 누구 소유든 그 가해 사물에게 제기되었다.[63] 이 원칙을 뒤집으면 그 원칙은 기이하게 대조를 이루면서 공서양속의 더 현대적인 관점을 충족시킨다. 동물이 야생성이 있었다면, 즉 아주 사나운 동물의 사건이라면, 주인은 동물이 도망친 순간 책임을 면하게 되었다. 왜냐하면 도망친 순간 그는 더 이상 주인이 아니기 때문이다.[64] 노예가 주인 수중

---

[63] "형벌은 그 원천을 추적한다." 로마법 대전의 『법률논평집』 9권 1장 1절 12항; 로마법 대전의 『법학개요』 4부 8절 5항.

[64] "야생동물이 도망치는 순간 그는 그것의 주인이 아니기 때문이다." 로마법 대전의 『법률논평집』 9권 1장 1절 10항; 로마법 대전의 『법학개요』 4부 9절 서언. *May v. Burdett*(『잉글랜드 판례집』(*English Reports*, 1220~)「여왕의 법원」(Q. B.) 9권 101, 113) 사건과 비교해보라.
(옮긴이 주) *May v. Burdett*(1846): 원고 진술서에 따르면, 피고는 원숭이를 키우고 있고, 그 원숭이가 사나운 성질을 갖고 있어서 사람을 곧잘 물곤 하는 습관이 있다는 것을 알고 있으며, 또한 자유롭게 방치하는 것이 위험하고 부적절하다는 것도 알고 있다. 피고가 그 원숭이를 제어하지 않아서 그 원숭이가 원고의 아내를 공격하여 부상을 입혔고 정신적으로도 충격을 주었다. 피고는 원숭이가 사나운 동물이라는 것을 인정하면서도, 그 원숭이가 도망가서 자신의 통제 하에 있지 않았기 때문에 책임이 없다고 항변했다. 왕립법원은 피고의 항변을 받아들이지 않았다. 원고 진술서에는 원숭이가 도망갔다는 언급이 전혀 없고, 피고가 원숭이를 관리하는 동안 상해가 발생했다고 명백하게 주장했기 때문이다. 그 외에 법정은 피고가 원숭이를 키우고 있다면 그것을 어떤 경우에도 안전하게 관리할 의무가 있다는

에 있는 단순한 도구가 아닌 이상, 주인이 알고 있는 상황에서 죄를 범한 경우에도, 옛날 법에 의해서는 다른 혹은 더 확장된 책임은 없었던 듯하다.[65] 부당행위가 소유자가 모르는 가운데 저질러진 경우 가이우스와 울피아누스는 가해자를 넘김으로써 책임을 면하려는 **가해자 인도**를 소유자의 특권으로 제한하려는 성향을 보였다. 그러나 노예가 심지어 주인이 알고 있는 상황에서 죄를 범했을 때도, 울피아누스는 고대법에 따라 가해자를 인도하는 손해배상소송이 행해졌다는 켈수스(Celsus)[66]의 견해를 인정해야 했다.[67]

이 모든 것은 소유자 책임이란 범죄의 직접적 원인인 노예나 동물들에게 책임을 부여하는 방법일 뿐이라는 것을 매우 극명하게 보여준다. 다시 말하면, 그리스나 초기 로마 소송절차의 목적은 범죄자에 대한 직접적인 복수이고, 주인이나 소유자에게서 배상받는 것이 아니었다. 소유자의 책임은 단순히 부당한 행위를 한 사물의 책임이었다. 그리스의 초기적 관습에서, 그 책임은 생명이 있건 없건 범죄 객체에게 명백하게 가해지는 사법 소송절차에 의해 강제되었다. 로마의 12표법은 범죄 객체 자체보다는 소유자를 피고로 만들었지만, 책임의 근거를 어떤 식으로든 변경하지도 않았고 책임의 한계에 영향을 주지도 않았다. 그런 변화도 단순히 소유자

견해를 피력했다.

[65] 로마법 대전의 『법률논평집』 19권 5장 14절 3항; 플리니우스(Gaius Plinius Secundus)의 『자연사』(*Naturalis Historia*), 18장 3절.

[66] (옮긴이 주) Celsus는 2세경에 활동했던 그리스 철학자이고, 초기 기독교에 적대적인 견해를 가졌으며, 이런 견해가 반영된 『진정한 말씀』(*The True Word*)을 저술했지만 소실되었다. 켈수스에 반대했고 금욕주의자이며 기독교 신학자인 알렉산드리아 태생 오리게네스(Origen, 185~254)의 『켈수스에 대한 반론』(*Contra Celsum*)에서 그 내용이 전해지고 있다.

[67] "고대법에서 노예가 주인에게 알려진 상태에서 절도를 저지르거나 다른 손해를 끼친다면, 주인의 이름으로 소송이 유지되는 것이 아니라 노예의 이름으로 손해배상소송이 있게 된다."

가 자신의 이익을 보호할 수 있도록 하는 장치일 뿐이었다.[68]

그러나 그 소송절차의 목적이 복수하고자 하는 열망을 채우기 위한 것이었다면, 어떻게 무생물을 이런 식으로 추적하게 되었는가 하는 의문이 생길 수 있다. 법학자들은 야만인과 아이들에게서 공통적인 무생물적 성향을 의인화함으로써 그 이유를 쉽게 찾았고, 이런 관점을 확증해 줄 수 있는 많은 것들이 있다. 이처럼 의인화하지 않으면, 생명이 없는 사물을 향한 분노는 기껏해야 일시적이었을 것이다. 가장 초기적인 관습과 법률에서 가장 흔한 사례는 나무가 사람을 덮치거나 사람이 나무에서 떨어져 죽게 되는 상황이다. 우리는 나무가 어떻게 동물과 같은 범주에 들어가게 되었는지를 비교적 쉽게 상상할 수 있다. 나무도 동물처럼 취급하여 피해자의 친족들에게 전달되거나 조각내어 실질적이거나 유사한 열망을 만족시킬 수 있었다.[69]

아테네 소송절차에서도 다른 사상의 흔적을 분명히 찾아볼 수 있다. 속죄는 플라톤이 강력히 주장한 목적 중 하나이고, 그 속죄는 아에스키네스가 언급한 소송절차의 목적이었던 것처럼 보인다. 다시 언급하게 될 로마 역사학자들의 일부 문구는 이와 같은 방향을 가리키는 듯하다.[70]

---

[68] 가이우스(Gaius)의 『법학개요』 4부 77절에서 가이우스는 가해자를 인도하는 손해배상소송이 가해자에 대한 직접적인 소송으로 바뀔 수 있고, 역으로 그런 직접적인 소송이 그런 손해배상소송으로 바뀔 수도 있다고 언급한다. **가장**(paterfamilias)이 불법행위를 저지르고 그때 그가 피해자 측에 양도되거나 혹은 노예가 된다면, 손해배상소송은 이제 불법행위를 한 자신에 대한 직접적인 소송 대신에 그의 주인을 상대로 제기된다. 로마법 대전의 『법학개요』 4부 8절 5항.

[69] 알프레드(Alfred) 대왕 법 13조; 타일러(E. B. Tylor)의 『원시문화』(*Primitive Culture*, 미국 판본, 1871) 1권 p. 285 이하; 베인(Bain), 『정신 및 도덕과학』(*Mental and Moral Science*, 1868), 3권 8장, p. 261.

[70] 플로루스(Lucius Annaeus Florus)의 『로마역사개요』(*Epitome of Roman History*), 2장 18절. 리비우스(Livius)의 『도시 건설로부터』, 9장 1절 8항, 8장 39절; 조나라스(Zonaras)의 『역사개요』(*Epitome Historiarum*, Niebuhr ed.) 43권 7부 26장, pp. 98,

책임이 가해자의 신체에 물리적으로 부착되었다고 생각하는 것은 주목할 만한 또 다른 특색이다. 법률가들이 책임 소재를 인과관계의 출발점으로 되돌리려는 분석은 훈련받지 않은 머리로는 불완전할 수밖에 없다. 우리에게 고통을 주는 명백한 원인에 대해 분노를 터트리는 증오심, 심지어 문명인조차도 손가락이 문에 끼었을 때 문을 발로 걷어차게 만드는 증오심은 **가해자 인도**나 다른 초기 로마법의 유사한 원칙으로 구체화된다. 가이우스의 불완전한 문장에 따르면 가해자의 시체조차도 인도함으로써 책임이 때로는 회피될 수 있다고 언급하는 것처럼 보인다.[71] 마찬가지로 리비우스[72]도 브루툴루스 파피우스(Brutulus Papius)[73]가 로마와의 휴전협정을 위반했으므로,[74] 삼니움족(Samnites)[75]은 그를 양도하기로 결정했고,

---

99 등을 참고하라.
[71] 가이우스(Gaius)의 『법학개요』 4부 81절. Huschke의 글을 인용하면: "그렇지만 그가 죽는다면, 당신들은 그의 시신을 넘겨줄 수도 있다. 왜냐하면 우리는 범죄자들을 인도하는 것뿐 아니라 죽은 사람들도 인도한다고 언급했지만, 어떤 사람이 운명적으로 죽게 될 사람을 인도한다면 그도 마찬가지로 그 범죄로부터 자유로워지기 때문이다." 동물이 **소송에서 증인으로 소환하기 전에** 죽으면 소송은 소멸된다는 울피아누스의 진술(『법률논평집』 9권 1장 1절 13항)은 책임이 물건의 점유에 근거한다는 점에만 관심을 집중한다.
[72] (옮긴이 주) Titus Livius Patavinus(BC 64 혹은 59~AD 17)는 Livy로 알려져 있으며 로마와 로마 사람들에 관한 기념비적인 역사를 서술한 로마 역사학자이다. 그의 『도시 건설로부터』(Ab Urbe Condita)는 로마 초기의 전설시대부터 그의 생존시기인 아우구스투스(Augustus, 로마 초대 황제 BC 63~AD 14, 재위 BC 27~AD 14)의 통치 시기까지를 서술하고 있다.
[73] (옮긴이 주) Brutulus Papius(BC ?~322)는 이탈리아 고대민족인 삼니움(Samnite)족의 족장으로 나폴리와 동맹을 맺고 로마에 대항하는 제2차 전쟁을 일으켜 로마 식민지인 프레겔(Fregelles: 로마 남동부에 있는 지명)을 병합하려고 시도했다. BC 322년 대패한 이후 삼니움족은 평화를 갈구했고, 그 조건은 브루툴루스를 로마로 넘기는 것이었다. 브루툴루스는 자살했고 그의 시체와 재산은 로마로 넘겨졌다.
[74] "체결된 협정을 위반한 전쟁."
[75] (옮긴이 주) 삼니움족(Samnites)은 이탈리아 남-중부에 있는 삼니움(Samnium)에 거주했던 고대 이탈리아 부족이고, 사비니(Sabines)족의 한 분파라고 추정된다.

그가 치욕과 처벌을 회피하려고 자살하자마자 그들은 그의 시체를 로마로 보냈다고 언급한다.[76] 사체 인도가 협정 위반에 대한 당연한 속죄로 여겨지고, 부당행위자가 죽었을 때 시체를 보내는 것도 그와 동등한 조치로 간주된다는 것은 주목할 만하다.

이런 종류의 가장 흥미로운 사례들은 우리가 지금 계약이라고 부르는 영역에서 발생한다. 먼저 든 사례가 정말 흥미롭지 않다면, 리비우스가 드는 다른 사례를 살펴보자. 로마 집정관 포스투미우스(Postumius)[77]는 삼니움족과 수치스러운 카우디네 평화협약(리비우스는 그 협약이 **국제협약**이었다는 일반적인 이야기를 거부하면서 **엄숙한 약속**이라고 언급한다)을 체결했고, 그는 시민들의 승인을 얻기 위해 로마로 보내졌다. 그러나 그곳에 도착했을 때, 그는 자신을 포함하여 협약을 체결했던 사람들이 그

---

[76] 리비우스(Livius)의 『도시 건설로부터』, 8장 39절: "그 사람, … 확실한 최근의 휴전협정 위반자. 그 사람 때문에 로마 집정관들은 '어떤 방식으로든 브루툴루스 파피우스(Brutulus Papius)가 로마사람들에게 인도될 것이다'라고 하면서 그 협정이 입증되기를 강요했다. … 로마 사제들은 어떻든 브루툴루스의 시체를 로마사람들에게 보내야 한다는 의견을 표명했다. 그는 자살함으로써 스스로 치욕은 물론 형벌까지도 회피하려 했다. (그러나 로마에) 그의 시체와 함께 그의 재산도 기꺼이 인도되었다." 조나라스(Zonaras)의 『역사개요』 43권 p. 97을 참고하라. (그리스 문자 생략) 추가로 "그리고 로마 씨족의 정의를 위해 파비우스(Fabius)족(옮긴이 주: 고대 로마의 가장 오래된 씨족 중의 하나)의 법 위반에 대해 그들이 인도되어야 한다는 요구."(리비우스(Livius)의 『도시 건설로부터』, 5장 36절) 그리고 앞의 책 1장 32절도 참고하라.

[77] (옮긴이 주) Spurius Postumius Albinus는 BC 4세기 고대 로마의 정치인이다. BC 321년에 집정관에 취임하여 삼니움족과의 제2차 전쟁에 참전했고, 카우디움 근처의 카우디네 포르크스 전투에서 대패하여 적에게 항복한다는 '멍에를 지는' 의식을 치르고 그와 군대를 석방하는 대가로 로마의 이름을 걸고 굴욕적인 평화를 선서한다. 그는 로마로 복귀하여 집정관직, 원로원 의원직을 사임하고, 평화를 선서한 모든 사람을 발가벗겨서 삼니움족에게 넘겨줄 것을 제안한다. 그 제안은 수용되었고, 포스투미우스와 다른 사람들의 신병이 삼니움족에게 인도되었지만, 삼니움족은 신병 인수가 카우디네 포르크스 전투를 결말짓는 조약을 무효화하는 구실로 이용될 수 있다는 근거에서 그들의 신병 인수를 거부했다.

협약에 대한 배상을 위해 삼니움족에게 양도되어야 한다고 제안했다. 로마 시민들이 그 협약을 승인하지 않은 것에 대해, 그는 '우리의 신병을 인도함으로써 로마 시민들이 그 합의서의 의무로부터 면책되리라는 것을 모를 정도로 누가 **로마 사제들의 국제법**에 대해 그렇게 무지한가?' 라고 언급했다. 인도의 형식은 이 경우를 **가해자 인도**의 범주로 보는 것 같다.[78] 키케로(Cicero)[79]는 **파테르 파트라투스**(pater patratus)[80]가 만키누스(Mancinus)[81]를 누만티네스족에게 인도하는 비슷한 사례에 관해 서술하고 있고, 앞의 사례에서 삼니움족처럼 누만티네스족도 만키누스를 인도받기를 거부했다.[82]

---

[78] 리비우스(Livius)의 『도시 건설로부터』, 9장 5, 8, 9, 10절, "사실상 그들은 우리의 신병을 인도함으로써 로마 시민들이 의무감에서 자유로워지는 것을 거부하고 있으므로, 당신들은, 그런 상태에 있는 우리를 더욱 인도하지 않을 정도로, 누가 로마 사제들의 국제법에 대해 그렇게 무지한가? 어떤 사람들이 모른 체하는가? 라고 언급한다." 인도의 형식은 다음과 같다. "로마 사람들 전체의 명령도 없이 이 사람들이 체결된 협정이 잘 이행될 것을 보증했을 때는 언제나, 그들은 역시 그 협정 때문에 범죄를 저지른 것이다. 그 협정 때문에, 결과적으로 로마 사람들이 매국적인 범죄에서 자유로워지고자 이 사람들을 당신들에게 인도한다." 조나라스(Zonaras)의 『역사개요』 43권 pp. 98, 99를 참고하라.

[79] (옮긴이 주) Marcus Tullius Cicero(BC 106~43)는 로마의 철학자, 정치가, 법률가, 웅변가 및 집정관이면서 법치주의자이다. 고대 정치철학의 발전과 형성에 크게 기여한 것으로 평가되고 있으며, 특히 로마의 공화정을 지키려고 노력했던 공화주의자이기도 하다. 연설문, 각종 논문, 편지들을 남겼으며, 대표적인 저서로 『공화정에 관하여』(De republica, BC 51), 『법률에 관하여』(De legibus), 『의무에 관하여』(De officiis, BC 44), 『변론에 관하여』(De Oratore, BC 55) 등이 있다.

[80] (옮긴이 주) 파테르 파트라투스(pater patratus)는 원래의 의미는 불분명하지만, '아버지(pater) 중의 아버지'를 뜻하며, 평화협정을 비준하거나 전쟁을 선포하는 로마의 사제(fetialis), 환언하면 로마의 성직자이면서 외교관의 역할을 하는 사람(들)을 지칭한다.

[81] (옮긴이 주) Gaius Hostilius Mancinus는 BC 137년 로마의 집정관이다. 북부 스페인의 누만티네스(Numantines)족과의 전투에서 대패했으며, 비겁하게도 포위되기 전에 야반도주했고 강제로 평화조약이 맺어졌다. 만키누스도 발가벗겨진 채로 누만티네스족에게 인도되었으나 누만티네스족은 신병 인수를 거부했다.

복수에 대한 열망을 자극하는 부당행위와 계약 위반 사이에 어떤 유사점이 있느냐고 물을지도 모른다. 그러나 불법행위와 계약 위반의 구분, 특히 둘에 대한 구제책 사이의 구분은 쉽사리 찾을 수 없음을 상기해야 한다. 난폭한 행위에 대한 배상에 적용되는 소송절차가 다른 경우로 확장되었다고 생각해 볼 수도 있다. 노예들은 폭력뿐만 아니라 절도의 경우에도 인도되었다.[83] 빚을 갚지 않은 채무자나 돈을 받고 물건을 배달하지 않은 판매자도 도둑과 마찬가지로 다루어졌다.[84] 방금 주목했던 범법자 신체를 구속하는 법적 의무의 준물질적 개념과 더불어 이런 사고의 흐름은 유명한 12표법이 부실 채무자를 어떻게 처리했는지를 설명할 것이다. 이 법에 따르면, 어떤 사람이 여러 채권자에게 빚을 지고 갚지 못하면, 어떤 공식적인 절차를 거친 후 채권자들은 그의 몸을 잘라 자기들끼리 분할한다. 채권자가 한 명이라면 그는 채무자를 죽이거나 노예로 팔 수

---

[82] 키케로의 『변론에 관하여』 1장 40절 및 다른 곳에서. 플로루스(Florus)가 만키누스가 속죄되었다라고 말한 것을 알 수 있다. 플로루스의 『로마역사개요』 2장 18절. 리비우스가 언급한 사례에서 볼 수 있듯이 인도는 속죄의 방법이면서 마찬가지로 계약조건을 만족시키는 효과가 있는 듯하다. 조나라스(Zonaras)의 『역사개요』 43권 7부 26장 pp. 98, 99도 참고하라. 『베르길리우스의 전원시에 대한 세르비우스의 주석』(Servius ad Virgil Eclogue, 1471) 4장 43절에 언급된 "누마(옮긴이 주: Numa Pompilius(BC 753~673, 재위 BC 715~673)는 로마의 건국자 로물루스를 승계한 전설상의 로마의 두 번째 왕이며, 그로부터 로마의 정치 및 종교 제도가 기원했다고 전해진다)의 법전에, 어떤 사람이 부주의하여 사람을 죽였다면, 대중 집회에서 죽은 사람의 가장과 그의 아이들(Huschke에 따르면 '친족들')을 위해 그가 양을 바칠 의무가 있다"를 비교하라. 앞의 책, 「전원시」 III, 387, 그리고 페스투스(Festus)의 『로마역사개요』(Summary of the history of Rome, 370년경) 「정복, 피정복」. 그러나 12표법 12조 2항, p. 538의 주)에 있는 초기 라틴어에 관한 워즈워스(Wordsworth, 옮긴이 주: 영문학에서 낭만시대를 주도했던 낭만파 시인, 1770~1850)의 『초기 라틴어의 단편적인 내용과 사례들』 p. 538에 있는 "12표법 12조 2항에 대한 주석을 참고하라.

[83] 로마법 대전의 『법률논평집』 9권 4장 2절.

[84] 티소(Tissot)의 『형법』(Le Droit Penal, 1860) 2권 615; 예링(Ihering)의 『로마법의 정신』(Der Geist des römischen Rechts) 1권 14항; 4권 63항.

있다.[85]

　채무자를 노예로 만드는 것 외에 다른 권리가 주어지지 않았다면, 법은 보상받는 것에만 집착한다고 볼 수 있고, 그 법은 자기 구제책의 자연스러운 작용에 근거해 설계된 것으로 볼 수 있다.[86] 한 시간도 채 구금하지 않고 빚진 사람을 사형하여 그 시신을 얻음으로써 채무를 해결하는 우리의 법 원칙은 그런 방식으로 설명 가능한 것처럼 보인다. 그러나 사람을 죽일 수 있는 권리는 복수처럼 보이고, 사체를 나누는 행위는 글자 그대로 채무가 신체에 내재해 있거나 신체가 **법의 족쇄**에 묶인 것으로 인식한다.

　계약과 관련해 가해자 인도에 관한 진정한 설명이 무엇이든, 현재의 목적을 위해, 우리는 부당행위에 대한 **가해자 인도**의 보편적인 사례 이상 설명을 더 진척시킬 필요는 없다. 손해를 가한 신체에 책임을 피상적으로 고집하는 것은 그다지 중요하지 않다. 로마법은 주로 생명체(동물과 노예)를 다루었다. 어떤 사람이 마차에 치였다면, 로마법은 그를 짓누른 마차를 인도하는 것이 아니라, 마차를 끈 소를 인도한다.[87] 이 단계에서 그 개념은 쉽게 이해된다. 복수에 대한 열망은 자유인만이 아니라 노예에 대해서도 강하게 느낄 수 있으며, 이 같은 열망을 동물에 대해서도 느껴야 했던 사례는 오늘날에도 없지 않다. 노예나 짐승의 인도는 피해자에게

---

[85] 겔리우스(Aulus Gellius)의 『아티카의 밤』(*Noctes Atticae*, 177년 이후) 20. 1; 퀸틸리아누스(Marcus Fabius Quintilianus)의 『변론의 개요』(*Institutio Oratoria*, 95년경) 3. 6. 84; 테르툴리아누스(Quintus Septimius Florens Tertullianus)의 『변명』(*Apologetics*) c, 4.
[86] 다음을 참고하라. 배로(Marcus Terentius Varro)의 『라틴어』(*De Lingua Latina*, 1535) VI.; "빚진 돈 때문에 스스로를 노예 상태로 전락시킨 자유인은 채무를 변제할 때까지 채무계약에 의한 노예라고 불린다."
[87] 로마법 대전의 『법률논평집』 9권 1장 1절 9항. 그러나 헤일(Hale)의 『왕국의 민사법원의 역사』(*Historia Placitirum Coronæ*) 1권 420도 참고하라.

자신의 뜻대로 할 권한을 부여한다. 소유자가 금전을 지급하는 것은 복수를 단지 돈으로 매수하고 싶은 경우에 사용하는 특권이었다.

위에 설명한 그런 법체계는 문명이 어느 정도 상당한 수준으로 진전했을 때는 더 이상 지속될 수 없다는 것을 쉽게 상상할 수 있다. 합의서에 의해 복수를 매수하는 특권이나 가해자의 신체 인도 대신에 피해를 보상하는 특권은 확실히 일반적인 관습이 되었다. 12표법 시대보다 2세기 정도 나중에 통과된 아퀼리아법은 신체 상해에 대한 보상 영역을 확대했다. 보상 영역을 확대하려는 그런 해석은 아퀼리아법의 적용 범위를 확대시켰다. 주인들은 자신들이 알고 있는 가운데 노예들이 저지른 부당행위에 대해 개인적으로 책임을 지게 되었지만, 그 이전에는 노예를 넘기기만 하면 되는 일이었다.[88] 노새가 짐을 과적하여 그 짐을 통행인에게 내던진다거나 묶여있던 개가 주인을 떠나 누군가를 문다면, 옛날의 가해자 인도 소송은 이제 일반적인 개인적 책임을 강제하는 새로운 법에 그 자리를 내주게 되었다.[89]

이후에도 여전히 선주와 숙박업자는 자신들이 당연히 모르는 가운데 피고용인이 배나 숙박업소에서 저지른 부당행위에 대해 **마치** 자신들이 부당행위자인 것**처럼** 책임지게 되었다. 이런 예외적인 책임을 지도록 한 진짜 이유는 운송업자나 숙박업자에게 필연적으로 귀속되는 엄청난 신뢰감 때문이다.[90] 그러나 아이와 노예의 인도를 책임 제한의 특권으로 간주하던 일부 법학자들은 숙박업자나 선주가 질 떨어진 사람들을 고용한 것에 대한 과실에 대해 어느 정도까지는 유죄라는 근거에서 이런 새로운 책임을 설명한다.[91] 이것이 피고용인이 저지른 부당행위에 대해 고

---

[88] 로마법 대전의 『법률논평집』 9권 4장 2절 1항.
[89] 로마법 대전의 『법률논평집』 9권 1장 1절 4, 5항.
[90] 로마법 대전의 『법률논평집』 4권 9장 1절 1항; 앞의 책 4권 9장 7절 4항.

용주가 무조건 책임져야 하는 첫째 사례이다. 그것에 대해 제시된 이유는 책임의 일반적 적용이고, 그 원칙은 그 이유가 합당한 범위로 확대되었다.

선주와 숙박업자에 관한 법은 다른 더 놀라운 혁신을 가져왔다. 그 법은 고용된 사람들이 노예였을 때뿐만 아니라 자유인이었을 때도 선주와 숙박업자에게 책임을 부여했다.[92] 처음으로, 고용주는 스스로 책임을 질 수 있고 또한 법 앞에서 독립적인 지위를 가진 다른 사람의 부당행위까지도 책임지게 되었다. 이것은 소유자의 특권으로 노예의 몸값을 지급하도록 허용하던 방식에 큰 변화를 일으켰다. 하지만 여기서 우리는 고용주와 피고용인, 주인(principal)과 대리인(agent)[93]의 관계를 다룬 현대 학설의 역사 전체를 보게 된다. 모든 피고용인은 그들 고용주들처럼 이제는 자유인이고, 소송에 대한 책임을 질 수 있다. 그럼에도 피고용인들이 노예였을 때 특별한 경우에 특별한 근거로 도입된 원칙은 지금 미국과 잉글랜드의 일반법이고, 그 법 아래에서 사람들은 자신들이 가담하지도 않았고 또한 비난받을 이유도 없는 타인의 행동에 대해 거액을 매일 지급해야 한다. 그리고 그 예외적인 규칙에 대해 로마 법학자들이 제시한 이유는 오늘날까지도 이런 보편적이고도 무제한적인 책임을 정당화한다.[94]

보통법의 조상들 중 하나에 대해 충분히 알아보았다. 이제 우리는 튜턴족(Teuton)[95]의 법을 잠시 살펴보자. 살리카법(Salic Law)[96]은 로마법이나

---

[91] 로마법 대전의 『법률논평집』 44권 7장 5절 6항에서 가이우스(Gaius)의 진술; 로마법 대전의 『법학개요』 4부 5절 3항.
[92] 로마법 대전의 『법률논평집』 4권 9장 7절 서언.
[93] (옮긴이 주) 대리인(agent)은 제삼자와의 법률적인 관계를 발생시키기 위해 주인(principal) 대신에 일을 하도록 위임받은 사람이며, 대리인의 행동은 곧 주인의 행동과 법률적으로 동일하다.
[94] 오스틴의 『판결된 법체계』(3d ed.) 513; 『박사와 학생』 대화록 2, 42장 등을 살펴보라.
[95] (옮긴이 주) 튜턴족(Teuton)은 그리스와 로마의 저술가들에 의해 언급된 명칭으로

구약 성경에 영향을 받았다고 보기에는 분명히 시간상으로 너무 이른 관습들을 성문화했다. 고대 살리카법 제36장은 어떤 사람이 가축에 의해 살해되었다면 동물의 소유자가 (자신이 그 사람을 죽였다면 유혈 불화의 값을 지급했어야 했던) 보상금의 절반을 지급하고, 나머지 절반은 피해자 친족에게 짐승을 양도함으로써 치른다고 규정했다.[97] 또한 제35장은 어떤 노예가 자유인을 죽였다면 그 노예 자신이 그 보상금의 절반에 해당하며, 그 노예를 피해자 친족들에게 인도해야 하고, 그 주인은 나머지 절반을 지급해야 한다고 규정했다. 그러나 살리카법의 해석에 따르면, 노예나 주인이 살해당한 사람이나 그 친족들에 의해 부당한 대우를 받았다면 주인은 노예만 넘겨주면 된다.[98] 좀 더 초기적인 단계의 게르만법을 소개하기 위해 빌다(Wilda)[99]가 인용한 북부 지역의 법 자료에서는, 동물에

게르만족을 지칭하고, 통상적으로 독일어 계열의 언어를 사용하는 민족을 말한다.

[96] (옮긴이 주) 살리카법(Salic Law, Lex Salica)은 독일 북부 리푸아리이 지역에 살다가 지금의 벨기에, 네덜란드 지역으로 이주한 살리이(Salian, 라틴어 Salii)족의 법전이다. 이 법전은 살리이족을 통치했던 프랑크족 최초의 왕 클로비스 1세(Clovis I, 466~511)에 의해 추진되었고, 암기 형태로 구전으로 전해 왔으나, 더 효율적인 통치를 위해 라틴어로 문서화되었으며, 상속법과 형법과 같은 시민법 형태의 성문법화가 이루어졌고, 현재 중부 유럽 중심의 대륙법에 지대한 영향을 미쳤다.

[97] 부르고뉴 공국의 법 XVIII; 리푸아리아법(Lex Ripuaria) 66장 (다른 곳 68장) 등을 참고하라.

[98] 메르켈(Merkel)의 살리카법(Lex Salica) p. 103에 있는 *Lege*(법)라는 단어를 보라. 빌다(Wilda)의 『게르만 형법』(*Das Strafrecht der Germanen*), 660, 주 1을 참고하라. 살리카법 60장; 킬트(Child)와 클로타리우스(Chlotharius)의 평화 지속을 위한 협정 5항; 클로타리우스의 포고령(Decretio Chlotharius) 5조; 힐페리키의 칙령(Edictus Hilperichi) 5조와 7조; 그리고 좀(Sohm)의 『살리카법의 소송절차』(Der Prozess der Lex Salica) 20, 22, 27항, Thèvenin의 프랑스어 번역본, pp. 83 주, 93, 94, 101~103, 130에 있는 그의 주장 등을 추가로 보라.

[99] (옮긴이 주) Wilhelm Eduard Wilda(1800~1856)는 상이한 나라의 법 간의 차이점과 유사점을 연구하는 비교법학(comparative law)의 창시자로 알려져 있으며, 독일 형법학자이다. 대표적인 저서로 『게르만 형법』(*Das Strafrecht der Germanen*, 1842)이 있다.

대한 책임을 동물 인도로만 제한했는데 이는 흥미롭다.[100] 아주 나중의 몇몇 사례에서는 노예가 더 이상 자신의 소유가 아님을 보여줌으로써 주인이 자신의 책임을 면제할 수 있었던 흔적이 역시 있다.[101] 그 이후의 조항들은 주인의 명령으로 노예가 저지른 부당행위에 대해서는 주인이 책임지도록 만들었다.[102] 더 초기 법 자료에 따르면 튀링겐족(Thuringians)[103]의 법에는 주인이 노예에 의해 행해진 모든 손해를 배상해야 한다는 조항이 규정되어 있다.[104]

간단히 말하면, 지금까지 게르만족 관습이 발전되어온 순서를 추적해 볼 때, 그 순서는 우리가 이미 로마법의 발전에서 발견했던 것과 아주 흡사하다. 노예와 동물에 대한 초기의 책임은 주로 가해자 인도로 제한되었다가, 그 이후에 로마법처럼 주인이 개인적으로 책임지게 되었다.

독자는 이 모든 것이 오늘날 영미법과 어떤 관계가 있는지 증거를 보여 달라고 요청할 수도 있다. 지금까지 로마법, 특히 주인과 종에 관한 로마법이 영미법에 어떻게 영향을 끼쳤는가에 관한 증거는 지난 500년간

---

[100] 빌다(Wilda)의 『게르만의 형법』, 590.
[101] 빌다(Wilda)의 『게르만의 형법』, 660, 주 1; 메르켈(Merkel)의 살리카법, p. 103을 참고하라. 색슨법 XI. 3: "노예가 범죄를 저지르고 도망가서 그 결과 주인이 더 이상 찾을 수 없다면, 아무것도 배상하지 않는다." 또한 앞의 책 II. 5를 참고하라. 리푸아리아법 보완 장 5조: "어떤 사람은 누군가에게 입힌 상해 때문에 그 누군가의 노예가 되도록 허락되지 않고 방면된다. 그러나 그 주인은 손해의 속성에 따라서 그 노예 대신에 그 손해를 조정하는 것으로 대응하거나, 원고에게 그 배상으로 그를 넘겨준다. 반면에 노예가 범죄를 저지르고 도망가서 그 결과 주인이 유감스럽게도 찾을 수 없다면, 그의 노예가 그런 범죄를 저지르게 하려는 주인의 의지도 양심의 가책도 없었다는 사실 때문에, 주인은 노예의 범죄행위를 그의 공탁금으로 면제받을 수 있다."
[102] 색슨법 XI. 1.
[103] (옮긴이 주) 튀링겐족(Thuringians)은 독일 튀링겐 지역에 살았던 게르만족.
[104] 앵글로-웨리노법(Lex Angliorum et Werinorum, 혹은 튀링겐법) XVI.; "주인은 노예가 끼친 손해 전부를 배상한다."

기록된 모든 책에서 찾을 수 있다. 우리는 아직도 로마 법률가의 공허한 논리를 현재까지도 반복하고 있다고 이미 언급했다. 게르만 민속법 또한 잉글랜드로 흘러들어갔는지 여부를 직접 보게 될 것이다.

호로드헤어 왕(Hlothhere)[105]과 이드릭 왕(Eadric)[106]의 켄트법(Kentish Law, AD 680)[107]은 "어떤 사람의 노예가 자유인을 살해하면 그 노예가 누구이든, 주인은 100실링을 지급하고 살인자를 양도하라"고 규정했다.[108] 여러 다른 유사한 규정들이 있다. 거의 동시대의 아인법(laws of Ine)[109]에는 인도와 배상금 지급이 간단한 대안이었다. "웨식스 출신 노예가 잉글랜드인을 살해하면, 그 주인이 그를 죽은 사람의 가장과 친족들에게 넘기거나 죽은 사람의 생명에 대한 대가로 60실링을 지급해야 한다."[110] 알프레드 대왕 법[111](Alfred's Law, AD 871~901)에는 가축에 관해 비슷한 규정이 있다. "가축이

---

[105] (옮긴이 주) 호로드헤어(Hlothhere)는 그의 형 에그베르트(Ecgberht) 1세(재위 664~673)를 승계하여 673년부터 685년까지 켄트 왕국을 통치했다.
[106] (옮긴이 주) 이드릭(Eadric)은 에그베르트(Ecgberht) 1세의 아들이며 685년부터 686년까지 켄트 왕국을 통치했다.
[107] (옮긴이 주) 켄트법은 세 종류가 있다. 첫 번째 켄트법(Kentish Law)은 켄트 왕국에서 기원했고, 애설버트(Æthelberht, 재위 590~616)에 의해 추진되었으며, 7세기 초 고대 영어로 쓰인 애설버트법(Law of Æthelberht)을 말한다. 이 법전은 602년 혹은 603년에 발표된 것으로 추정되는 앵글로-색슨법전 중 가장 오래된 것이고, 개인적 손해에 대한 보상과 처벌에 주로 초점을 맞춘다. 두 번째 켄트법은 670년대와 680년대에 켄트 왕 호로드헤어(Hlothhere)와 이드릭(Eadric)의 이름으로 발표되었다. 세 번째 켄트법은 켄트 왕 위트레드(Wihtred, 재위 691~725)의 이름으로 발표되었고, 종교적인 문제에 초점을 맞춘다.
[108] 3조; 소프(B. Thorpe)의 『잉글랜드의 고대법과 개요』(Ancient Laws and Institutes of England, 1840) 1권 pp. 27, 29.
[109] (옮긴이 주) 아인법(laws of Ine)은 웨식스(Wessex)의 왕 아인(Ine, 재위 688~726)의 이름으로 발표된 법이고, 위트레드의 켄트법과 대단히 유사하여 두 왕이 협력한 것으로 추정된다.
[110] 알프레드 대왕 법 74조; 소프(B. Thorpe)의 『잉글랜드의 고대법과 개요』 1권 p. 149; 또한 p. 118, 주 a도 참고하라. 또한 헨리 1세 법 LXX. 5항을 보라.
[111] (옮긴이 주) 알프레드 대왕 법(Alfred's Law)은 웨식스(Wessex)의 알프레드 대왕

사람에게 부상을 입히면, 가축을 넘겨주거나 돈으로 보상해야 한다."[112] 비록 앞에서 인용된 최초의 잉글랜드 입법자들보다 200년 이상 더 나중일지라도, 알프레드 대왕 법은 알프레드 대왕 시대 이전보다도 더 초기적인 개념으로 돌아간 듯 보인다. 왜냐하면 동일한 원칙은 사람을 죽게 만든 나무의 사례로 확장되었기 때문이다. "벌목장에서 어떤 사람이 나무를 베다가 악의 없이 다른 사람을 죽였다면, 그 나무가 친족에게 양도되도록 하고, 그 친족들이 30일 이내에 그 지역에서 그 나무를 제거하도록 한다. 그렇지 않으면 그 숲을 소유하고 있는 사람이 그 나무를 소유하도록 한다."[113]

남아시아 지역의 야만적인 쿠키족(Kukis)[114]에 관해 타일러(Mr. Tylor)[115]가 언급한 것을 비교하는 것도 부적절하지는 않다. "호랑이가 쿠키인을 죽였다면, 그의 가족은 그 호랑이나 다른 호랑이를 죽여서 먹음으로써 보복할 때까지는 치욕을 면치 못할 것이다. 더 나아가 어떤 사람이 나무에서 떨어져 죽었다면, 그의 친족들은 나무를 절단하여 조각내어 뿌려서 복수할 것이다."[116]

(Alfred the Great, 재위 871~899)이 880년대 말에 선왕인 아인의 법을 계승하여 만든 법전이다.

[112] 알프레드 대왕 법 24조; 소프(B. Thorpe)의 『잉글랜드의 고대법과 개요』 1권 p. 79. 또한 아인법(Ine) 42조; 소프(B. Thorpe)의 『잉글랜드의 고대법과 개요』 1권 p. 129 등도 참고하라.

[113] 알프레드 대왕 법 13조; 소프(B. Thorpe)의 『잉글랜드의 고대법과 개요』 1권 p. 71.

[114] (옮긴이 주) Kuki족은 인도의 북동부, 미얀마의 북서부 및 방글라데시의 치타공 지역에 거주하는 부족이다.

[115] (옮긴이 주) Edward Burnett Tylor(1832~1917)는 문화적 진화론을 주장하는 잉글랜드의 인류학자이며, 대표적인 저서로 『원시문화』(Primitive Culture, 1871)가 있다.

[116] 타일러의 『원시문화』 1권 p. 286.

잉글랜드법으로 돌아가서, 알프레드 대왕 법 이후 100년이 지난 때부터 대정복[117] 이후 오랜 기간에 걸쳐 편찬된 헨리 1세(Henry I)[118] 법으로 알려진 법전에 이르기까지, 이후의 법들은 자기 집안에 대한 주인의 책임을 늘리고, 주인에게 종들이 선한 행위를 하도록 보증하게 했다. 자신의 종들이 왕에게 벌금을 내야 하는데 도망가면, 주인은 자신이 공모에 가담하지 않았음을 밝히지 않는 한 벌금을 내야 한다. 대륙에서 게르만족이나 로마에서 규정된 종에 대한 주인의 무제한적 책임은 후대에 이르러서는 찾을 수 없었다. 확립된 원칙이 잉글랜드 내부에서 성장한 것인지 혹은 그 원칙이 브랙턴이 많이 활용했던 로마법의 영향을 최종적으로 받은 것인지는 알 수 없다. 잉글랜드의 풍토가 로마법을 받아들일 준비가 되어 있었고, 로마법이 일찍이 뿌리를 내렸다는 것만으로도 충분하다.[119] 종들의 악행에 대한 주인의 책임과 관련하여 여기서 이 정도면 충분히 언급했다고 본다.

다음은 동물에게 적용된 원칙이 어떻게 발전했는지를 밝히겠다. 오늘

---

[117] (옮긴이 주) 1066년 정복왕 윌리엄(1028~1087, 잉글랜드 왕 재위 1066~1087)에 의한 잉글랜드 침입 및 점령을 지칭한다.

[118] (옮긴이 주) Henry I(1608~1135, 재위 1100~1135)는 정복왕 윌리엄의 넷째아들이고, 잉글랜드의 행정관료제도를 정비했으며, 순회법정제도를 시행했다.

[119] 몰로이(C. Molloy)의 『해사법』(*De Jure Maritimo et Navali*) 2권 3장 16절, 에드워드 3세 24년에 있는 판결문, "자신의 선박에서 자신의 선원들에 의해 저질러진 어떤 범죄에 대해서도, 법정은 배의 선장이 책임져야 한다고 본 것 같다"를 참고하라. 올레론(Oleron) 법전은 이 판례를 바탕으로 한다. '주요 상품에 관한 성문법' (에드워드 3세 27년) 법규 2, 19조를 참고하라. 나중에 로마법의 영향을 받은 것이 분명하다.
(옮긴이 주) Rolls of Oleron(올레론 법전)은 북서유럽의 최초 해사법이며, 1160년 경 아키텐의 엘레오노르(Eleanor of Aquitaine, 1122~1204, 프랑스 루이 7세와 이혼 후 잉글랜드 헨리 2세와 결혼한 여공작)에 의해 편찬되었다. 이 법전은 유스티니아누스 법전의 영향을 받았고 7세기 이래 지중해 무역을 관장하고 있던 로디아 법전(Lex Rhodia)에 기초하고 있다.

날 주인은 자신의 책임 하에 자신의 가축이 불법으로 침입하지 못하도록 막을 의무가 있으며, 어떤 동물이 문제의 손해를 끼치는 성향이 있음을 알고 있었다면, 그는 자신의 개나 사나운 동물이 끼친 손해를 책임져야 한다. 이처럼 매우 분별력 있고 이해할 수 있는 현대법의 규칙과 알프레드 대왕 법의 가해자 인도 사이에 어떤 연관성이 있는지를 찾아내는 것이 관건이다.

기존의 원칙이 여전히 강력하게 시행되고 있고, 또한 그 당시 받아들여졌던 이유들이 적혀 있는 오래된 스코틀랜드 법전 중 하나를 살펴보자.[120]

"거칠거나 고집 센 말이 사람의 의지에 역행하여 절벽을 넘어가거나 물가로 달려가서 사람을 익사시키면, 그 말은 왕에게 몰수된다."

"그러나 그 말이 잘 길들어 있었는데, 어떤 사람이 어리석게 말을 타다가 갑자기 말을 거칠게 몰아 물가로 가다가 익사하면, 말은 몰수 대상이 아니다. 왜냐하면 이것은 사람이 불법침해를 한 것이지 말이 원인이 아니기 때문이다. 사람은 죽음으로써 자신의 벌을 받은 것이다. 말은 잘못을 저지르지 않았으므로 몰수 대상이 되지 않는다."

"동일한 이유가 사람을 죽인 다른 모든 짐승에게 적용된다. (나중의 법령집에는 "그 짐승이 사람을 죽인 데에 책임이 있는 경우"[121]라고 추가된다.) 왜냐하면 모든 짐승은 몰수 대상이 되어야 하기 때문이다."

"영주 법정(Baron Court)[122]의 재판 형식과 방법"은 다음과 같이 계속해서

---

[120] Quoniam Attachiamenta(옮긴이 주: 14세기부터 스코틀랜드 지역의 장원에서 적용되었던 절차법) 48조, 판결문 10 이하. 영주 법정의 재판 형식과 방법(The Forme and Maner of Baron Courts) 62조 이하.

[121] 영주 법정의 재판 형식과 방법 63조.

[122] (옮긴이 주) 영주 법정(Baron Court)은 왕에게서 영지를 수여받은 영주가 장원 내에서 설치한 법정이며, 장원 내의 분쟁을 해결한다.

서술한다.

"어떤 지주가 물방앗간을 가지고 있고 어떤 사람이 저수지에 떨어져서 떠내려오다가 물방앗간에 걸려 죽게 되었다는 것이 법에서 판결을 요구하는 쟁점이다. 여기서 물방앗간은 몰수되어야 하는가? 법은 아니라고 규정하고 있으며 그 이유는 이렇다. 그것은 죽은 것이고, 죽은 것은 범죄를 저지를 수 없으며, 또한 그것은 그 죄로 몰수 대상이 될 수 없기 때문이다. 이 경우 물방앗간은 죄가 없다. 영지를 소유한 지주는 자기가 원하는 대로 물가에 물방앗간을 소유하는 것이 적법한 일이다."[123]

로마법에 대해 이미 언급한 것처럼 독자는 이 문구에서 죄책감을 느낄 수 있는 것과 그렇지 못한 것, 즉 산 자와 죽은 것 사이를 구별해야 한다는 것을 알게 되지만, 동물이 유죄라고 간주하는 데에 어떤 어려움도 없다는 것도 역시 알게 된다.

다음으로 잉글랜드법의 초기 문구, 즉 잉글랜드 판사들 중 한 명이 규정한 판례문의 내용을 살펴보자. 1333년 이 법에 대해 언급한 내용에 따르면, "나의 개가 당신의 양을 죽이고 내가 그 일 직후 바로 당신에게 개를 변제로 제공하면, 당신은 나에게 보상금을 요구하지 못한다."[124] 3세기가 더 지난 1676년에 튀스덴 판사(Twisden)는 "어떤 사람이 길들인 여우를 기르고 있었는데 여우가 도망가서 야생화했다. 여우 주인은 여우를 잃은 후 여우가 야생성을 회복한 후 손해를 끼친 것에 대해 책임질 필요가 없다"고 언급했다.[125] 소유자 책임의 근거가 잘못을 저지른 주체를 소

---

[123] 64조. 이것은 Quoniam Attachiamenta 48조, 판결문 13을 많이 따르고 있으나, 좀 더 명확하다. *Contra*, 피츠허버트(Fitzherbert)의 『판례 요약문』(*La Graunde Abridgement*, 1514) 「왕립법원(*Corone*)」 판결문 389, 에드워드 2세 8년.

[124] 피츠허버트(Fitzherbert)의 『판례 요약문』, 「변호인(*Barre*)」, 판결문 290.

[125] *Mitchil v. Alestree*, 벤트리스(P. Ventris)의 『왕립법원의 판례집』(*Reports of Cases in the Court of King's Bench*, 1726) 1권 295; 앞의 사건, 레빈츠(C. Levinz)의 『판례

유하고 있으나 인도하지 못한 것이라는 개념이 남아 있어서 그 개념이 영향을 미치지 않았더라면, 그런 판결이 과연 가능했는지 여부는 적어도 논란의 여지가 있다. 법의 또 다른 원칙에 의하면 여우가 도망쳤을 때 소유권은 사라진다고 본다. 사실, 바로 그 개념은 원숭이가 탈출하여 원고를 문 사건과 관련해 1846년 말 잉글랜드에서 심각하게 강조되었다.[126] 따라서 18세기 초에 이런 사고방식의 영향으로 인해, 어떤 사람이 자신의 책임 하에 자기 소유의 가축이 타인의 소유지에 불법으로 침입하지 못하도록 막을 의무가 있다는 근거로서, 가축은 상당한 재산적 가치가 있으나 개는 그만한 가치가 없어서 소유권의 책임이 약하다는 것을 홀트 경(Lord Holt)[127]이 제안했다는 것은 합리적인 추론처럼 보인다.[128] 사실상

집』(*Reports The Reports of Sir Creswell Levinz*, 2 vols., 1722) 2권 172; 앞의 사건, 케블(Keble)의 『왕립법원의 판례집』(*Reports in the Court of King's Bench*, 1671~1689) 3권 650. 다음을 참고하라: *May v. Burdett*, 『잉글랜드 판례집』, 「여왕의 법원」 9권 101, 113.

(옮긴이 주) *Mitchil v. Alestree*(1676): 피고가 말을 길들일 목적으로 공공장소(길들일 목적으로는 부적절한 장소)로 말을 몰고 갔으나 통제 불능 상태가 되어서 원고에게 돌진하여 원고에게 심각한 부상을 입혔다. 손해가 저질러질 수 있는 장소로 야생의 말을 데리고 간 것은 피고의 잘못이라고 판결되었다. 나중에 본 법정에서 마구간에서 소가 탈출하여 원고를 들이받게 만든 정육점 주인에 대한 소송이 제기되었고, 원고는 소를 가두지 못한 피고의 잘못이라고 진술했다. 와일드(Wilde) 판사는 "어떤 사람이 마구간에 길들이지 못한 말을 갖고 있고, 마구간 문을 열어놓아서 말이 달아나서 손해를 유발한다면, 주인에 대한 소송은 성립한다"고 언급했고, 튀스덴(Twisden) 판사는 본문에 있는 대로 "어떤 사람이 길들인 여우를 … 책임질 필요가 없다"고 언급했다. 원고 승소 판결.

[126] *May v. Burdett*, 『잉글랜드 판례집』, 「여왕의 법원」 9권 101.

(옮긴이 주) *May v. Burdett*(1846)의 핵심 쟁점은 피고의 원숭이가 도망가서 야생화되었느냐 하는 것이다. 피고는 원숭이가 도망가서 자신의 통제 하에 있지 않았다고 주장했으나, 원고 진술서에는 원숭이가 도망갔다는 언급이 전혀 없고, 피고가 원숭이를 관리하는 동안 상해가 발생했다고 명백하게 주장했기 때문에, 법정은 원숭이가 야생화되었다고 보지 않았고, 소유권도 사라지지 않았으므로 피고에게 책임이 있다고 판결했다.

[127] (옮긴이 주) John Holt(1642~1710)는 1685~1686년에 런던의 기록원으로 임명되었

지금도 신중한 판사들은 가축에 관한 법률에 대해 "어떤 법률로 재산권을 행사할 수 있는 동물의 소유자는 이웃의 땅으로 동물이 들어가 배회하지 않도록 주의해야 한다"[129]고 명시한다.

고 동시에 왕의 변호사로 임명되었으며, 왕립법원의 재판장(1689~1710)을 역임했다. 그는 잉글랜드법에서 마녀 기소를 종식시키는 데 중요한 역할을 한 것으로 평가받는다.

[128] *Mason v. Keeling*, 『현대 판례집』(*Modern Reports*, 1796) 12권 332, 335; 앞의 사건, 로버트 레이먼드(R. Raymond)의 『왕립법원과 민사법원의 판례집』(*Reports of Cases Argued and Adjudged in the Courts of King's Bench and Common Pleas*, 1792) 1권 606, 608
(옮긴이 주) *Mason v. Keeling*(1699): 개가 길들여지지 않았고 개 주인이 그 사실을 안다는 것을 원고 진술서가 보여주지 않았다는 근거에서, 개 주인은 거리를 걷고 있는 원고를 개가 물어버린 것에 대해 책임이 없다고 판결되었다. 홀트(Holt) 재판장은 "재산적 가치를 갖는 말과 소 그리고 그렇지 않은 개 간에는 커다란 차이가 있다. 말과 소에 대해서는 주인은 그것들이 해를 끼치지 않도록 하고 또한 모든 합당한 주의를 기울여야 하며, 그렇게 하지 못했다면 그에 대한 소송이 성립할 것이다. 그러나 그가 그 개가 다소 해롭다는 성질을 알아차리기 전까지는 개에 대해서는 그렇지 않다. … 그리고 법은 주인이 그 개를 집안에 가두도록 의무를 부여하지 않는다. 왜냐하면 개가 이웃의 토지를 침범했다면, 주인은 개에 대한 소송에 휘말리지 않을 것이기 때문이다. 그러나 종업원이 마구간의 문을 열었고 말이 달려나가서 해를 끼쳤다면, 소송이 성립할 것이다"라고 진술했다.

[129] *Cox v. Burbidge*, 『보통법원 판례집(뉴 시리즈)』(*Common Bench Reports, new series*) 13권 430, 438에 있는 윌리엄스(Williams) 판사와 *Read v. Edwards*, 『보통법원 판례집(뉴 시리즈)』 17권 245, 261에 있는 윌스(Willes) 판사의 견해를 참고하라.
(옮긴이 주) *Cox v. Burbidge*(1863): 피고의 말이 큰길에서 놀고 있는 아이(원고)를 걷어찼다. 말이 어떻게 그 장소로 왔는지, 무엇이 말로 하여금 아이를 걷어차게 만들었는지 혹은 그 말이 걷어차는 습성이 있는지 등을 보여줄 아무런 증거도 없다. 그 행위는 해로운 것으로 입증되지 않은 말의 통상적인 본능과 부합하지 않으므로, 피고는 책임이 없다고 판결되었다. 윌리엄스(Williams) 판사는 "어떤 법률로 재산권을 행사할 수 있는 동물의 소유자는 이웃의 땅으로 동물이 들어가 배회하지 않도록 주의해야 하며, 그는 그 동물이 저지를 수 있는 어떤 불법침해와 그 불법침해의 통상적인 결과에 대해 책임이 있다. 그 동물의 탈출이 그의 과실인지 여부는 전적으로 중요하지 않다"라고 언급했다.
(옮긴이 주) *Read v. Edwards*(1864): 피고의 개들이 원고의 임야에 진입하여 거기서 자란 수많은 꿩을 죽이거나 쫓아버린 사건. 원고는 개들이 사냥에 익숙하다는

나는 이 문제에 관한 현대법이 단순히 옛 법의 잔재에 불과하다고 주장하거나 이런 초기적인 개념에서 유일한 변화가 손해를 입히는 동물을 소유자로 대체한 것이라고 주장하는 것이 아니다. 왜냐하면 비록 초기의 법이 현대적인 원칙을 이끌어내는 원인 중 하나라는 개연성은 있다 해도, 현대법 발전의 매 단계에는 건전한 상식이 상당히 많이 영향을 미치므로 우리는 책임에 관한 전면적인 전환으로부터 나오는 결과들을 일괄적으로 채택할 수는 없기 때문이다.[130] 소유자는 자신의 책임 하에 자신의 가축이 이웃 사람을 해치지 않도록 돌볼 의무는 없다.[131] 그리고 개인적 책임에 관한 초기 여러 판례에서 보면, 이웃의 토지에 대한 불법침해에서 책임의 근거는 소유자의 과실로 보았다.[132]

것을 알고 있는 피고가 개들을 부주의하게 관리했다고 주장했다. 윌스(Willes) 판사는 "개의 주인이 소의 사건처럼 타인의 토지로 동물이 무단 침입한 데에 불법침해의 책임이 있는가에 대한 쟁점에 대해, ... 소와 개 간의 차이에 대한 이유가 첫째 개를 통제하기가 어렵거나 불가능하다는 것, 둘째 개가 돌아다님으로써 발생하는 손해가 미미하다는 것, 셋째 개에게 더 많은 자유를 주는 인류의 일반적인 관습, 마지막으로 법에서는 절도의 대상물이 될 정도로 개를 절대적인 동산으로 간주하지 않는다는 것 등으로 제시되었다. 그렇지만, ... 심리과정에서 손해를 끼친 개가 스스로 사냥감을 추적하고 죽이는 특별히 해로운 습성을 가졌다는 것, 그 해악이 피고에게 알려졌다는 것, 그럼에도 피고는 개가 사냥감이 있는 이웃의 임야에 들어가도록 방치했고 그 결과 임야에의 진입과 사냥감의 죽임은 그 소유자가 알고 있고 통제하지 않은 그 동물의 특별히 해로운 습성의 자연적이면서도 즉각적인 결과라는 것 등이 입증되었다"라고 언급했다. 특별히 해로운 동물의 불법침해에 대해 피고에게 책임이 있다고 판결되었다.

[130] (옮긴이 주) 동물이 손해를 끼친 것에 대한 책임은 예컨대 '소유자의 책임이다'와 같은 일괄적인 결론으로 귀결해서는 안 된다는 것이다.

[131] *Mason v. Keeling*, 로버트 레이먼드(R. Raymond)의 『왕립법원과 민사법원의 판례집』 1권 606, 608.
(옮긴이 주) *Mason v. Keeling* 사건은 개가 이웃을 해치지 않도록 돌볼 의무가 없다고 판결했다.

[132] 아인법(42조, 소프(B. Thorpe)의 『잉글랜드의 고대법과 개요』 1권 p. 129)에서, 개인적 책임은, 막지 못했을 경우, 지게 되는 듯하다. 그러나 동물이 울타리를 헐어서 뛰어넘어 손해를 끼쳤다면, 유일한 보상은 동물을 죽이는 것이고, 주인은 고기와

보통법은 소유권의 대상인 동물들의 본성이 배회하는 것으로, 그리고 배회할 때는 농작물을 밟거나 먹음으로써 손해를 입히는 것으로 인식한다. 동시에 동물들을 제어하는 것은 일상적인 일이고 쉬운 일이라고 인식한다. 반면에 재산의 대상이 아닌 개는 소유자가 아닌 다른 사람의 땅을 단순히 지나간다고 해서 손해를 끼치지는 않는다. 따라서 이런 범위까지는 새로운 법이 옛 법을 따랐다고 할 수 있다. 책임의 오래된 근거였던 손해를 입히는 동물에 대한 재산권은 소유자의 잘못에 근거하는 책임의 판단 기준으로 충분히 안전하게 채택될 수 있었다. 그러나 이런 동물에서 예상할 수 없는 종류의 손해에 대한 책임은 전통에 의해서는 비교적 거의 영향을 받지 않는 공서양속에 근거하여 결정된다. 지금까지 로마법에서 사나운 야생 동물에 대한 개인 책임이 어떻게 발전해 왔는지를 설명했다. 영미법도 로마법을 따른 듯하다.

이제 살아남을 가능성이 거의 없는 초기 개념의 분야, 즉 무생물의 책임론의 역사를 살펴보자.

알프레드 대왕 법은 나무를 인도하라고 명령했지만, 그 이후 스코틀랜드법은 죽은 사물은 죄가 없기 때문에 거부했던 것을 기억할 것이다. 또한 스코틀랜드법으로 몰수한 동물들은 왕에게 귀속되었음도 상기할 것이다. 무생물과 관련해 그와 같은 일이 금세기에 이르기까지 잉글랜드에서도 유효했다. 오래전 브랙턴[133] 시대[134]에도 어떤 사람이 살해된 경우

가죽을 가지고, 나머지는 잃게 된다. 『순회재판 연감』 27권 판결문 56, 원문 페이지 141, 1353년 또는 1354년에서 피고에게 "동물들을 잘 다스리지 못한 잘못이 있으므로 책임져야 한다"라고 판결이 내려졌다. 오랜 훗날에 그 이유는 "법에 따라 나의 동물이 타인을 해치지 않도록 막을 책임이 있다"라는 절대적 형태로 명시되었다. 케일웨이(R. Keilway)의 『판례집』(*Reports D'Ascuns Cases*, 1688), 헨리 7세 12년, 3b, 판결문 7. 『레기암 마제스타템』 4권 24조에서 말이 사람을 죽인 경우와 비교해 보라.

[133] 브랙턴의 『잉글랜드의 법과 관습에 관한 연구』 원문 페이지 128.

검시관은 사망 원인이 되는 개체의 가치를 정했고, 그것은 속죄물로서 **"왕을 위해"** 몰수되었다. 즉 왕의 영혼을 이롭게 하기 위해 신을 대변하는 교회에 바쳤다. 사람의 죽음은 야만적인 민속법 시대에는 친구들 사이의 사적인 사건으로 간주되었으나, 이제는 더 이상 그렇지 않다. 법정이라는 제도를 마련한 왕은 처벌을 요구하고 소송을 제기했다. 왕은 유죄를 주장하는 가족을 대신했고, 교회는 왕을 대신했다.

에드워드 1세(Edward I)[135] 때 몇몇 사건들은 아주 미개한 단계의 야만적 법률을 상기시킨다. 어떤 사람이 나무에서 떨어진다면 나무는 속죄물이 된다.[136] 그가 우물에서 익사한다면 그 우물은 폐쇄되었다.[137] 몰수된 도구가 무고한 사람에게 속한 것이었는지는 상관없다. "어떤 사람이 존이라는 사람의 검으로 다른 사람을 죽이면 그 검은 속죄물로 몰수당하게 되지만, 소유자에게는 여전히 책임이 없다."[138] 이것은 1530년경 헨리 8세(Henry VIII)[139] 때 쓰인 책에서 나온 말이다. 그리고 엘리자베스 여왕

---

[134] (옮긴이 주) Bracton(1210~1268)이 순회재판의 판사(1245~1268)로 일했던 13세기 중엽.

[135] (옮긴이 주) Edward I(1239~1307, 재위 1272~1307)는 헨리 3세(재위 1216~1272)의 장남이고, 잉글랜드 의회를 창설했으며, 잉글랜드의 행정체계와 보통법의 개혁에 공헌한 것으로 평가된다. 특히 그는 형법과 재산법을 규제하는 일련의 성문법(statute)을 통해서 보통법의 개혁을 추구했다.

[136] 『브리턴』(Britton, Nichol 편집) 1권, 6 a, b, 19(p. 15, 39의 상단); 브랙턴(Bracton)의 『잉글랜드의 법과 관습에 관한 연구』 원문 페이지 136 b; 알프레드(Alfred) 대왕 법 13조 (소프(B. Thorpe)의 『잉글랜드의 고대법과 개요』 1권 p. 71); 색슨법 13편; 알라마니아법(Leg. Alamannia, 옮긴이 주: 알라마니아(알레마니)족은 게르만족의 한 부류이다) 103편 24 등을 참고하라.

[137] 『플레타』 1부 26조 10항; 피츠허버트(Fitzherbert)의 『판례 요약문』, 「왕립법원(Corone)」, 판결문 416. 스타운드포드(G. Staundforde)의 『왕의 소송』(Les Plees del Coron, 1574), I. c. 2, 원문 페이지 20, 이하; 헤일(Hale)의 『왕국의 민사법원의 역사』 1권 419 이하 등을 일반적으로 참고하라.

[138] 『박사와 학생』 대화록 2, 51장.

[139] (옮긴이 주) Henry VIII(1491~1547, 재위 1509~1547)는 헨리 7세(재위 1485~

(Elizabeth I)[140] 때[141]부터 100년 이내까지 비슷한 말이 반복적으로 인용되었다. 즉 나의 말이 사람을 치고 그런 후 내가 그 말을 팔아버리고, 그 후 그 사람이 죽으면, 말은 몰수될 것이다.[142] 따라서 아주 최근까지 살인에 대한 모든 기소에는, 찌른 도구는 주머니칼이고 가치는 6펜스라고 진술하듯이, 몰수물을 확보하기 위해 죽음의 원인이 된 도구와 그것의 가치를 진술할 필요가 있었다. 증기기관도 이런 식으로 몰수되었다고 전해진다.

나는 이제 이런 원칙의 가장 놀라운 변화이면서 오늘날 영미법에서 가장 중요한 요소 중 하나라고 생각하는 주제를 다룰 것이다. 이제 잠시 보통법의 주제에서 벗어나 해사법(Admiralty)[143]의 원칙을 다루어야 하겠다. 이제까지 인용한 초기 책들은 물론 그 후 오랜 세월이 경과한 후에, **움직임**에 관한 사실관계가 아주 중요한 것으로 언급되었다. 에드워드 1세 때 헨리 스피거넬(Henry Spigurnel)[144] 판사의 격언에 따르면 "어떤 사람이 수레에 치여 죽거나 말에서 떨어져 죽거나 유사한 방식으로 죽어서 그와 같

1509)의 차남으로 튜더 왕조의 두 번째 왕이고, 본인의 이혼 문제로 로마 교황청과 갈등을 겪은 후 영국의 국교를 로마 가톨릭으로부터 분리했으며, 중앙집권체제를 강화하여 절대왕정을 확립했다.

[140] (옮긴이 주) Elizabeth I(1533~1603, 재위 1558~1603)는 헨리 8세와 둘째 왕비 사이에 태어난 딸로서 튜더 왕조의 다섯 번째이자 마지막 왕이다. 그녀는 종교분쟁을 지혜롭게 해결했고, 스페인의 무적함대를 격파하여 제해권을 획득했으며, 셰익스피어의 문학과 베이컨의 경험주의 철학이 이 시기의 대표적인 르네상스 성과였다. 또한 아메리카 대륙에 식민지를 개척했을 뿐만 아니라, 동인도회사를 창립하여 훗날 대영제국의 발판을 확고하게 다졌다.

[141] 플로우든(Plowden)의 『주석』(*Commentaries*, 1816) 260.

[142] 야콥(G. Jacob)의 『법학사전』(*Law Dictionary*), 「속죄물(*Deodand*)」.

[143] (옮긴이 주) 해사법(Admiralty, Admiralty law, maritime law)은 바다에서 선박을 운항하는 과정에서 발생하는 사적인 주체들 간의 분쟁을 해결하는 법이며, 해상에서 교역, 항해, 구조, 선적 및 하역, 선원, 여객, 화물 등과 관련된 문제들을 다룬다.

[144] (옮긴이 주) Henry Spigurnel(1263?~1328)은 에드워드 1세와 2세 때 왕립법원의 판사(1301~1323)로 봉직했다.

이 움직이는 사물이 죽음의 원인이 된다면, 그것은 속죄물이 될 것이다."[145] 그리고 다음 왕[146]의 재위 때는 "사람들을 죽인 것과 함께 움직이는 모든 것들은 속죄물로 왕에게 귀속되거나 성직자에게 인도될 것이다"[147]라는 판결이 전해진다. 독자는 어떻게 움직이는 사물이 몰수물에 생명을 불어넣게 되는지 보게 된다.

이런 종류의 가장 놀라운 사례는 선박이다. 따라서 기존의 책들은 어떤 사람이 배에서 떨어져 익사한다면 선박의 움직임이 죽음의 원인이 되었다고 간주해야 하고 선박은 몰수된다고 기술한다. 그러나 이것은 바다가 아닌 곳, 즉 민물에서 일어날 것을 조건으로 한다.[148] 왜냐하면 파도가 높은 바다에서 사망 사건이 발생하면 그것은 통상적인 재판관할권 밖의 일이기 때문이다. 이 단서는 바다의 선박은 몰수되지 않는다는 의미였다고 추정된다.[149] 이런 몰수가 폐지될 수 있었던 것은 의회에서 국왕에게 올린 일련의 긴 청원 때문이지만, 앞에서 나온 단서는 실제로는 다른 이야기를 전달한다.[150] 사실상 몰수가 다른 법정[151]에서 발생한 것 같

---

[145] 에드워드 1세 『연감』 30 & 31권 pp. 524, 525. 브랙턴(Bracton)의 『잉글랜드의 법과 관습에 관한 연구』 원문 페이지 136 b도 참고하라.

[146] (옮긴이 주) 에드워드 2세(Edward II, 1284~1327, 재위 1307~1327)를 말하며, 그는 에드워드 1세의 넷째아들이고, 귀족과 왕비로부터 탄핵되어 왕위에서 쫓겨났으며, 감옥에서 폭행당해 숨졌다.

[147] 피츠허버트(Fitzherbert)의 『판례 요약문』, 「왕립법원(*Corone*)」, 판결문 403.

[148] 브랙턴(Bracton)의 『잉글랜드의 법과 관습에 관한 연구』 122; 『브리턴』(Britton, Nichol 편집) 1권 p. 16 상단; 『플레타』 1부 25장 9항, 원문 페이지 37.

[149] 헤일(Hale)의 『왕국의 민사법원의 역사』 1권 423.

[150] 『의회의 회의록』(*Rotuli Parliamentorum*, J. Starchey ed., 1767~1777) 1권 372; 『의회의 회의록』 2권 345, 372 a, b; 『의회의 회의록』 3권 94 a, 120 a, 121; 『의회의 회의록』 4권 12 a, b, 492 b, 493. 그러나 헤일(Hale)의 『왕국의 민사법원의 역사』 1권 423을 살펴보라.

[151] (옮긴이 주) 잉글랜드의 해사법원은 에드워드 3세 때인 1360년경 잉글랜드의 북부, 서부, 남부 해역을 관장하는 각각의 제독에 의해 판사들이 임명되는 세 해사법원

다. 즉 헨리 6세(Henry VI)[152] 때 인쇄된 문서가 밝힌 사실에 따르면, 어떤 사람이 선박의 운항 중 바다에서 죽거나 익사한다면, 해사법원의 소송절차에 따라 그 선박은 제독에게 몰수되지만, 제독이나 왕의 선처에 따라 그 몰수가 해제되기도 했다.[153]

배는 생명이 없는 사물 중 가장 활동적인 사물이다. 하인들은 가끔 시계를 '그녀'라는 여성적 호칭으로 부르기도 하지만, 모든 사람은 선박에 성을 부여한다. 그러므로 형법을 집행하는 데 놀라운 활력을 보여준 방식이 해사법 집행에는 더욱 철저하게 적용되었다는 것은 놀라워할 필요도 없다. 선박을 인성을 부여받은 것처럼 다룬다고 전제함으로써 임의적인 것처럼 보이는 해사법의 특수성은 이해 가능할 수 있고, 또한 그 전제 위에서 그 특수성은 동시에 일관적이고 논리적이 된다.

그 특수성이 무엇인지를 알아보기 위해, 해상 충돌 사건을 첫 사례로 들겠다. 그 충돌은 두 선박 타이콘데로가 호와 멜람푸스 호 사이에서 일어났으며, 타이콘데로가 호의 잘못이었다. 당시 그 배는 임차된 것이었고, 임차인이 그 배를 책임지고 있었으며, 배의 소유자는 어떤 권한도

으로 구성되어 있고, 이들 세 법원은 1483년 잉글랜드 최고위 제독에 의해 관장되는 해사고등법원으로 통합되었다.

[152] (옮긴이 주) Henry VI(1422~1471)는 헨리 5세(1413~1422)의 아들로 1422년부터 1461년까지 그리고 다시 1470년부터 1471년까지 잉글랜드를 통치했다. 그의 치세기에는 프랑스와의 백년전쟁이 종식되고 랭커스터가와 요크가 간의 장미전쟁이 시작되었으며, 최종적으로 요크가의 에드워드 4세(Edward IV, 재위 1461~1470, 1471~1473)가 왕위를 찬탈했다.

[153] 『해사법 편람』 1권 242.
(옮긴이 주) 『해사법 편람』(*Black Book of the Admiralty*)은 해사고등법원(High Court of Admiralty)의 중요한 판결을 포함하는 잉글랜드 해사법의 편찬물이며, 올레론 법전(Rolls of Oleron)의 영향을 받은 것으로 알려지고 있다. 본 편람은 해사법원이 에드워드 1세 재위(1272~1307) 때 설립되었다고 언급하지만 최근에는 에드워드 3세 재위(1327~1377) 때 설립된 것으로 보고 있다. 본 편람은 프랑스 고어로 쓰여 있고, 현존하는 가장 오래된 사본은 1450년에 발간되었다.

없었다. 따라서 그 손상이 피고용인들에 의해 이루어졌다는 근거로, 소유자는 비난받을 일도 없었고 심지어 기소되지도 않았다. 그는 기본 원칙에 따라 개인적 책임도 질 필요가 없다. 그럼에도 선박의 손실 부분에 대해 유치권(lien)[154]이 잡혀 있어서 분쟁이 완벽하게 해결되었다.[155] 이것은 그 사건을 맡은 해사법원이 선박을 압류하여 매각하고 그 손실을 보상했다는 것을 의미한다. 말과 마차의 대여업자가 말과 마차를 어떤 고객에게 빌려주었고 그 고객이 부주의한 운행으로 사람을 치었다면, 누구도 말과 마차를 압류할 권리를 주장할 수 없다. 팔아서 부당행위를 배상할 수 있는 유일한 재산은 부당행위자의 재산이라고 생각할 것이다.

그러나 선박이 임차되는 대신에 그 선박이 드나드는 항만의 법률에 의해 의무적으로 선장을 고용하여 선장이 선박을 책임지게 되었다고 전제하자. 미국 연방대법원은 이런 경우에도 역시 선박에 책임이 있다고 판결한다.[156] 잉글랜드 법정은 아마 달리 판결했을 것이고, 그 문제는 잉

---

[154] (옮긴이 주) 유치권(lien)은 채무의 지급이나 다른 의무의 이행을 확보하기 위해 특정한 재산에 대해 양여된 선취특권(security interest)의 한 형태이고, 채권자는 채무자(혹은 의무이행자)가 채무를 변제하거나 의무를 이행할 때까지 특정한 재산을 점유할 권리를 갖는다. 선취특권은 채무자의 재산에 대해 채무자가 채권자에게 양도한 법적 권리이고, 채무자가 채무를 지급하지 않거나 의무를 이행하지 않으면 채권자는 그 재산에 대한 상환청구권을 갖는다.

[155] Ticonderoga, 스워베이(Swabey)의 『잉글랜드의 해사판례집』(*Reports Reports of Cases Decided in the High Court of Admiralty of England*, 1855~1859), 215, 217을 참고하라.
(옮긴이 주) *Ticonderoga*(1857): 타이콘데로가 호가 용선계약에 따라 용선된 증기선에 의해 견인되는 과정에 멜람푸스 호에 손상을 입혔다. 용선계약에 따라 증기선의 명령에 복종했고 또한 증기선에 선박을 맡겼기 때문에 타이콘데로가 호는 그 손상에 책임이 없다고 진술했다. 법정은, 증기선 용선계약에 따른 의무가 소유자 간에 체결된 자발적인 약정(stipulation)인 용선계약에서 발생하므로, 그 의무가 가해진 손상에 대한 책임을 면책시킬 정도로 강제적이지 않다고 판결했다.

[156] *China*, 월리스(J. W. Wallace)의 『미국 대법원의 판례집』(*Cases Argued and Adjudged in the Supreme Court of the United States*, 1863~) 7권 53.

글랜드에서는 법률에 의해 해결한다. 그러나 항소법원, 즉 추밀원(Privy Council)[157]은 대부분 보통법 법률가들로 구성되어 있고, 보통법 학설에 동화하려는 경향을 분명히 보인다. 보통법에서는 소유자에게 개인적 책임을 부과할 수 없는 사람은 손해를 끼친 수단에게 책임을 묻기 위해 그 특정 동산을 압류할 수 없다. 그러나 미국 연방대법원에서는, 어떤 사람이 선박의 소유자들을 개인적으로 구속할 수 없을 때, 그는 그 소유자들의 대리인이 아니기 때문에 그는 선박을 압류할 수 있다고 오래전부터 인정해 왔다.

이 학설이 건전한 상식에 의해 지지받지 못했다면, 이 학설은 살아남지 못했을 것이다. 선박은 외국인과 거래하는 데 사용할 수 있는 유일한 담보물이고, 해결책을 강구하기 위해 해외의 낯선 법정에 자국민을 보낼 것이 아니라, 외국 소유자들이 능력껏 보상받도록 내버려 두면서 선박을 압류하여 그 청구액을 국내에서 해결하는 것이 용이하다. 나는 그런 생각이 관행을 살아 유지되게 하는 데 도움이 되었다고 용감하게 말할 수 있지만, 진정한 역사적 근거는 다른 곳에 있다고 생각한다. 도검과 같이 선박도 누구의 소유이든 그것이 죽음의 원인이라면 분명히 몰수당할 것이다.[158] 따라서 선장과 선원들이 강제나포 면허장을 제시하고 왕의 친구

(옮긴이 주) *China*(1868): 증기선 차이나 호가 뉴욕항을 벗어나는 도중에 차이나 호의 잘못으로 켄터키 호를 침몰시킨 사건. 선박에 의해 저질러진 불법행위의 책임은, 비록 그 불법행위가 전적으로 선장의 과실의 결과라고 해도, 선박에 대한 해상 유치권(maritime lien)을 규정한 해사법에 따라 선박에게 부여된다고 판결되었다.

[157] (옮긴이 주) 추밀원(Privy Council)은 잉글랜드 국왕에게 자문하는 자문위원들의 공식적인 조직이고, 교회의 지도자, 판사, 외교관 및 군대 상급지휘관과 더불어 하원과 상원에서 의원직을 보유한 원로 정치인들로 구성된다. 추밀원은 국왕의 특권 행사와 국왕의 면허 발급에 대해 국왕에게 자문하는 권력기관이고, 행정명령을 발표하기도 하고 또한 특히 상고심에 대한 사법적인 기능을 갖기도 한다.

[158] 『박사와 학생』 대화록 2, 51장.

에 대적하여 해적 행위를 감행했다면, 선박 소유자는 비록 그 범죄를 자신이 몰랐거나 동의하지 않았다 해도 해사법에 의해 자신의 배를 잃게 된다.[159] 죽음의 원인이 되거나 해적 행위로 인해 선박이 왕에게 몰수된다는 원칙은 그 선박이 손해를 끼쳤을 때 그것이 누구의 것이든 그것이 상해로 인해 고통받는 개인들에게 귀속되어야 한다는 원칙과 아주 유사한 원칙인 것처럼 보인다.

오늘날 우리가 어떤 무지한 사람에게 "그 배가 그 일을 했으니 대가를 지급해야 한다"[160]고 말하면, 그가 그 말에 오류를 발견하거나 선박이 유일한 재산이라고 쉽사리 설명할 수 있을지는 단언할 수 없다. 즉 "선박이 지급해야 한다"는 말은 누군가의 재산을 매각하여 그 대금을 누군가에 의해 저질러진 부당행위를 배상하는 데 사용했다는 말을 극적으로 말한 것이다.

이와 유사한 형태의 표현들이 위대한 법률가들의 지성을 만족시키기에 충분했을 것으로 보인다. 다음은 대법원장 마셜(Marshall)[161]의 판결문에서 나온 문구로, 스토리(Story)[162] 판사가 동감을 표시하면서 미국 연방대

---

[159] 헨리 롤(H. Rolle)의 『요약문』(*Abridgment*) 1권 530 (C) 1.
[160] 『해사법 편람』 3권 103.
[161] (옮긴이 주) John Marshall(1755~1835)은 미국 연방대법원의 네 번째 대법원장으로 재직했고(1801~1835), 그의 사법적 견해는 미국 헌법의 기초를 다지는 데 도움을 주었으며, 연방대법원을 의회 및 행정부와 동등한 위치로 올려놓았다. 또한 연방정부와 주정부 간의 힘의 균형에 영향을 미치는 중요한 판결을 내려서 주법에 대한 연방법의 우위를 확신시켰다. 특히 그는 전 부통령 버의 반역죄 재판(*the Burr Trial*, 1807)과 관련하여 반역죄의 성립요건을 까다롭게 만들어 정적을 반역죄로 고발할 수도 있는 비열한 정치행태를 방지하는 중요한 선례를 만들었다.
[162] (옮긴이 주) Joseph Story(1779~1845)는 미국 연방대법원의 판사(1811~1845)로 재직했고, 모든 사람(특히 지주와 농민들)이 정치에 참여할 것을 주장하는 토머스 잭슨(Thomas Jackson) 대통령(1801~1809)의 민주주의에 반대하여, 상공인을 지지하는 초대 재무장관 해밀턴(Hamilton)의 보수적인 공화주의에 동조하여, 재산권을 보호하는 보수적인 방향으로 영미법을 발전시켰다고 평가된다. 그는 또한 민사

법원의 의견을 개진하는 데 인용했다. "이것은 소유자에 대한 소송이 아니라, 선박이 저지른 범죄에 대해 선박에 대한 소송이다. 이것은 소유자의 권한과 의지 없이 일어난 범죄라고 보아서 죄가 경미하다거나 몰수 대상에서 벗어날 것이라고 생각하면 안 된다. 생명 없는 사물이 어떤 범죄도 저지를 수 없다는 것은 사실이다. 그러나 이 선체는 선장의 명령에 따라 선원에 의해 생명을 받아 움직인다. 선박은 선장에 의해 행하고 말한다. 선박은 선장을 통해 스스로를 나타낸다. 따라서 선박이 이런 기록에 의해 영향을 받는다는 것은 불합리하지는 않다." 그리고 또 다른 판례에서 스토리 판사의 말을 인용하면, "여기서 사물은 본래 범죄자로 간주되거나, 오히려 범죄행위가 본래 사물에 귀속되어 있다."[163]

달리 말하면, 그 위대한 판사들은 선박이 방앗간과 마찬가지로 살아있다고 생각하지는 않지만, 법은 마치 선박이 실제로 살아있는 것처럼 다루어야 할 뿐만 아니라, 법이 그렇게 해야 하는 것이 합리적이라고 생각했다. 그들은 공서양속의 근거로 다른 사람의 권리를 보호하기 위해 소유자에 대한 정의를 희생시키는 것이 합리적이라고 단순히 주장하는 것이

문제에 관련해 연방법에서 주법원에 대한 연방대법원의 우위를 판결한 최초 사례인 *Martin v. Hunter's Lessee*(1816) 그리고 불법으로 납치된 아프리카 노예들의 방면을 판결한 *the Amistad case*(1841)로 유명하다. 대표적인 저서로 미국의 초기 법체계의 이정표라고 할 수 있는 『미국 헌법에 대한 주석』(*Commentaries on the Constitution of the United States*, 1833)이 있다.

[163] *Malek Adhel*, 하워드(B. C. Howard)의 『미국 대법원 판례집』(*Reports of Cases Argued and Adjudged in the Supreme Court of the United States*) 2권 210, 234.
(옮긴이 주) *Malek Adhel*(1844): 대포와 총 등으로 무장한 Malek Adhel 호가 뉴욕을 떠나 캘리포니아로 가는 도중에 몇몇 선박들을 정지시키고 약탈한 후에 브라질 바이아 항구에 도착하자 미국 군함에 붙잡혀서 재판을 받기 위해 볼티모어로 보내졌다. 불법행위에 대한 소유자들의 결백은 확실히 드러났으며, 선박은 유죄 판결을 받았고, 화물을 제외하고 선박을 매각한 대금은 체포한 군함의 비용을 충당하는 데 사용되었다.

아니라, 다만 선박을 피해를 입히는 주체로서 다루는 것이 합리적이라고 말한다. 공서양속의 숨겨진 근거가 무엇이든, 판사들의 생각은 의인화한 문구로 포장되고 있다.

이제 해사법의 특수성으로 방향을 돌려보자. 언급된 사안들은 보다 큰 전체의 일부에 불과하다.

중세의 해사법에 따르면, 선박은 책임의 근거였을 뿐만 아니라 책임의 한계이기도 했다.[164] 이미 널리 적용되고 있는 그 규칙은 잉글랜드 성문법(statute)[165]과 1851년 미국 의회의 조례가 차용하고 채택했다. 그 규칙에 따르면 소유자는 자기가 임명한 선장의 부당행위로 인한 책임을 선박에 대한 이권과 선박이 벌어들인 운송료를 인도함으로써 면제받게 된다. 대리인의 학설에 따르면 그는 전체 손해에 대해 개인적으로 책임져야 했을 것이다. 현대 상거래에 매우 중요하게 여겨지는 유한책임제도의 기원이 공서양속적 고려에서 기인한다면, 그 제도는 해상충돌의 법과는 아무런 관련이 없다. 그러나 여기서 책임의 한계가 **가해자 인도**와 같은 근거에 서 있다면, 그것은 소유자의 권한 밖에서 선박에 의해 일어난 부당행위에 대한 책임에 관해 이미 설명한 바를 확실히 해주며, 오히려 역으로 그런 책임의 존재는 여기의 논증을 확인한다.

항상 그렇듯이 공서양속을 그럴듯하게 설명하는 또 다른 규칙을 살펴

---

[164] 켄트의 『미국법에 대한 주석』 3권 218; 『해사법 편람』 3권, 103, 243, 345에 있는 『해양의 관습법』(*Customs of the Sea*) 27장 141, 182.

[165] (옮긴이 주) 성문법은 『해사법 편람』(*Black Book of the Admiralty*: 앞의 주 153 참조)을 지칭한다. 성문법(statute)은 국가 혹은 주 등을 통치하고 있는 입법당국에 의해 제정된 공식적인 법령을 의미한다. 성문법은 입법부에 의해 제정된 규칙이고, 법정에 의해 판결된 판례 혹은 선례와는 구별되며, 그리고 보편적으로 입법부에 의해 성문화되고 행정부에 의해 인준된다. 잉글랜드법은 판례 중심이기는 하지만, 예컨대 마그나 카르타 같은 헌법 유형의 성문법, 헨리 8세, 엘리자베스 1세 시대에 제정된 토지 관련 여러 성문법이 존재한다.

보자. 운임은 임금의 원천이라고 일컬어진다. 왜냐하면 "선박이 침몰해도 선원들이 임금을 받기로 되어 있다면, 그들은 선박의 안전을 위해 노력하지 않거나 생명의 위험을 무릅쓰지 않을 것이기"[166] 때문이다. 이런 추론에 대한 최고의 논평은 그 법이 성문법에 의해 최근 변경되었다는 것이다. 그러나 심지어 이전 법에 비추어 보더라도, 추정되는 이유에 모순되는 예외사항이 있다. 운임을 벌지 못하게 되는 일반적인 상황이라고 할 수 있는 선박 난파의 경우에도, 선박 일부가 남아있는 한 선원들의 유치권은 남아있다. 이것은 선원들이 건져낼 수 있는 것은 모두 건져내도록 격려하는 것이 올바른 공서양속이기 때문이라고 생각한다. 선원들이 배에 고용되었다는 것을 고려하면, 우리는 규칙과 예외 모두를 매우 쉽게 이해할 것이다. 윌리엄 3세(William III)[167] 시대에 판결된 사례를 논의할 때 언급된 것처럼 "선박은 채무자이다." 채무자가 사망하면 그 사건은 종결된다.[168] 선체 일부가 해안가에 떠밀려오면, 그것에 대한 소송이 진행될

---

[166] 켄트의 『미국법에 대한 주석』 3권 188.

[167] (옮긴이 주) 윌리엄 3세(William III, 1650~1702, 재위 1688~1702)는 제임스 2세(James II, 재위 1685~1688)를 피 한 방울 흘리지 않고 축출한 1688년 명예혁명을 통해서 스튜어트 왕조의 마지막 왕 메리 2세(Marry II, 1689~1694, 재위 1688~1694)와 잉글랜드를 공동 통치했다.

[168] *Clay v. Snelgrave*, 토머스 레이먼드(T. Raymond)의 『왕립법원, 민사법원 및 재정법원의 판례집』 1권 576, 577; 앞의 사건, 살켈드(W. Salkeld)의 『왕립법원의 판례집』(*Reports of Cases Adjudged in the King's Bench*, 1822) 1권 33. 또한 몰로이(C. Molloy)의 『해사법』 2권 3장 8절 p. 355도 참고하라.
(옮긴이 주) *Clay v. Snelgrave*(1699): 선장의 유산관리인은 계약이 육지에서 체결되었다는 이유로 선장에 대한 임금 지급이 금지되자 선장에게 임금을 지급해야 한다는 문제로 선박을 상대로 제소했다. 임금 지급과 관련해 오직 선원들의 임금에 대한 소송의 경우에는 전혀 문제가 없지만, 선장의 임금 지급에 대해서는 의문이 제기된다는 것이다. 왜냐하면 특권에 의해 선원들은 해사법에서 그들의 임금 문제로 제소할 수 있지만, 그 특권은 선장에게까지는 확대될 수 없기 때문이다. 또한 선장은 제1피고용인이며, 선주와 계약을 맺고, 선장은 선원들과 계약을 맺기 때문이다. 지급 금지는 약간의 제약을 갖는 권리의 문제이며, 대부분의 경우 금지

것이다.

운임이 임금의 원천이라는 현대적 형태의 원칙마저도 선박이 분실되었는가 안전하게 도착했는가 여부를 일반적으로 참조하면서 설명된다. 이 문제와 관련하여 현존하는 해사법의 가장 오래된 법 자료에서 내가 찾아낼 수 있었던 것은 선박이 상실된 경우 선원들도 임금을 잃게 된다는 진술이다.[169] 잉글랜드 편집자 트래버스 트위스(Travers Twiss)[170]에 의해 언급된 것으로서 해사관습법(Consulate of the Sea)[171]의 가장 오래된 부분에서 유사한 방식으로 "화주가 누구이든 그가 도망가거나 죽으면, 선박이 선원들에게 임금을 지급할 의무가 있다"고 쓰여 있다.[172] 우리는 선박이 선원들과의 계약관계에 매여 있다고 추정할 수 있다. 고대 로마법에 따라

의 근거는 계약이 육지에서 체결되었다는 계약 환경 문제이다. 해사법처럼 지역 관할권의 경우에, 날인계약과 말에 의한 계약 간에는 아무런 차이도 없다. 결국 선장에 대한 임금 지급 금지의 제소 결과 법정은 지급 금지를 허용했다.

[169] "선박이 상실되었을 때, 선원들은 임금을 상실할 것이다."『해사법 편람』2권 213. 이것은 해사법의 판결문에서 나왔다. 편집자에 의하면(2권 pp. xliv., xliv.) 트라니 판례(옮긴이 주: 이탈리아 남부 아드리아해에 위치한 항구도시 Trani에서 1063년에 공표된「해양 조례 및 관습」(Ordinamenta et consuetudo maris)이란 해사법에 등장하는 판례)만 제외하고는 가장 오래된 광대한 현대 해사법의 원천이 된다. 역시 몰로이(C. Molloy)의『해사법』2권 3장 7절 p. 354: "배가 바다에서 침몰하면, 그들은 임금을 잃게 된다." 역시 동일한 내용이 시더핀(T. Siderfin)의『왕립법원, 민사법원 및 재정법원의 판례집』(Reports des divers Special Cases en le Court del Bank le Roy, et auxy en le Co. Ba. et l'Exchequer) 1권 236, 판결문 2에 있다.

[170] (옮긴이 주) Travers Twiss(1809~1897)는 잉글랜드의 법학자이고 국제법에 많은 기여를 했으며, 빅토리아(Victoria) 여왕(재위 1837~1901)의 고문변호사이기도 했다.

[171]『해사법 편람』pp. lix., lxxiv.
(옮긴이 주) 해사관습법(Consulate of the Sea, Customs of the Sea)은 스페인 남동부 카탈루냐의 아라곤 왕조에서 14세기와 15세기에 걸쳐 적용된 해사관습과 법령들의 모음집이다.

[172]『해사법 편람』3권 263. 그러나 선박이 지방 관리에 의해 항구에서 억류되면, "선장은 운임을 전혀 벌 수 없으므로," 임금을 지급할 책임이 없다는 것이 동일한 편람에 규정되었다.

채무자의 신체가 채무나 범죄에 책임져야 하듯이, 마찬가지로 선박도 부당행위에 대해 책임을 져야 한다.

계약에 의하든 다른 방식에 의하든 선박과의 다른 해양거래에 대해서도 이는 마찬가지로 진실이다. 해난구조 작업이 조난 선박에 대해 진행되었고 그 소유자가 소송을 당했다면, 비록 그 계약에 대한 소송의 적절성이 의심된다 해도, 해사법원은 선박을 압류해야 한다.[173] 따라서 선박이 그때 임대되었다 해도, 해상충돌의 경우와 마찬가지로 선박은 화물을 운송할 선장과의 계약에 의해 구속받는다. 그 경우 미국 연방대법원에 따르면, 선장은 일반 소유자들을 구속할 수 없을 때 선박을 구속할 수 있다.[174] "관습에 따라, 선박은 상품에 구속되고 상품은 선박에 구속된다."[175] "해사법에 의해 선장의 모든 계약은 담보계약(hypothecation)[176]을 의미한다."[177]

---

[173] Lipson v. Harrison, 『주간 판례집』(Weekly Reports) 2권 10. Louisa Jane, 로웰(Lowell)의 『미국 매사추세츠 하급법원 판례집』(Judgments Delivered in the Courts of the United States for the District of Massachusetts) 2권 295를 참고하라.

(옮긴이 주) Lipson v. Harrison(1854): 본 소송에서 선원은 그의 선장으로부터 그의 선박에서 이탈하라고 명령받았고, 좌초된 다른 선박을 돕기 위해 작은 보트로 14마일 떨어진 곳까지 갔으며, 그리고 좌초된 선박의 선장의 지휘·통제를 받았다. 이런 상황에서는, 자신의 구조 서비스에 대해서, 그는 구조된 선박의 소유자를 상대로 소송을 유지할 수 없다고 판결되었다. 왜냐하면 지급에 대한 약속이 전혀 내재될 수 없었기 때문이다. 이 판결은 계약이 입증될 수 있는 극소수의 사례를 제외하면 보통법의 관할권을 사실상 박탈한 것으로 평가된다. 즉 본건은 해사법의 관할이라는 판결이다.

(옮긴이 주) Louisa Jane(1873): Louisa Jane 호가 보스톤 인근 항구에서 좌초되었다. 보상에 대한 어떤 계약도 없이 조난당한 배의 선장이나 소유자의 요청에 따라 구조에 나선 사람들은 노동자나 계약자로서가 아니라 해난구조자로서 통상 보상받아야 하고, 조난 구조에 대한 보상은 양 당사자에게 잘 알려진 항구의 관습법에 잘 확립되어 있다면 그런 관습법에 영향받거나 통제받을 수 있다고 판결되었다.

[174] 켄트의 『미국법에 대한 주석』 3권(12th ed.) 218; 앞의 책 138, 주 1.

[175] 켄트의 『미국법에 대한 주석』 3권 218.

[176] (옮긴이 주) 담보계약(hypothecation)은, 담보계약 문서를 통해서, 채무자가 채무를 보증하기 위해 혹은 채무의 선행조건으로 담보물을 담보로 제공하거나, 혹은 재삼

지금까지, 일반적인 해상계약에 관한 한, 많은 경우에 선박이나 상품을 담보로 거래가 이루어져야 하고, 그에 따라 모든 경우 이런 담보를 제공하는 것이 공서양속이며, 선박 소유자가 감당하는 위험이 계산 가능하고 또한 선박을 임차할 때 그런 것들을 고려해야 한다고, 확실히, 강력하게 주장할 수 있다. 다시 말하면, 많은 경우에 어떤 당사자가 계약의 방식으로 해상 유치권을 요구할 때, 그는 유치권으로 요구되는 그 물건의 조건을 개선했으며, 이 조건은 일부 법 제도에서 그런 유치권에 대한 근거로 인정되었다.[178] 그러나 이것은 보편적으로 진실이 아니고 또한 가장 중요한 판례들에서도 진실이 아니다. 선박의 부당행위에 관해 자연적으로 발생하는 개념적 혼란이 선박계약에 관한 사고방식에 영향을 미쳤다고 믿을 만한 근거가 제시되었는지 여부는 독자들의 판단에 맡겨야 한다. 선박을 다루는 전반적인 방법은 처음 언급한 판례들[179]에서 지배적이었던 형태를 분명히 취했다. 이 분야의 최고 권위자인 파르데수스(Pardessus)[180]는

자가 채무자를 위해 담보물을 담보로 제공하는 관행을 의미한다.

[177] *Justin v. Ballam*, 살켈드(W. Salkeld)의 『왕립법원의 판례집』 1권 34; 앞의 사건, 로버트 레이먼드(R. Raymond)의 『왕립법원과 민사법원의 판례집』 2권 805.
(옮긴이 주) *Justin v. Ballam*(1702): 템스 강에서 배가 조난당했고, 상인들이 조난당한 배에 닻과 케이블을 공급하는 계약을 맺고 그 물건들을 공급했으나 대금을 받지 못한 상인들에 의해 소송이 제기되었다. 본 소송에서 법정은 "배가 조난당했을 때 그 배가 (바다에서) 항해 중인" 것처럼 보이지 않는다고 언급하면서, "해사법에 의해 선장과의 모든 계약은 담보계약을 의미한다는 것은 진실이지만, 잉글랜드법에 의해서는 달라진다. 따라서 이 계약은 육상에서 선장과 체결된 계약이므로, 그것은 보통법의 사건이다. 해사법은 그런 소송에 대한 관할권(cognisance)을 가질 수 없다"라고 판결했다.

[178] 로마법 대전의 『법률논평집』 20권 4장 5 & 6절. 리비우스(Livius)의 『도시 건설로부터』, 30장 38절도 참고하라.

[179] (옮긴이 주) 41쪽에 있는 해상충돌 사건과 그 이후의 사건들.

[180] (옮긴이 주) Jean Marie Pardessus(1772~1853)는 상법과 해사법을 저술한 프랑스의 저명한 법학자이며, 대표적인 저서로 『어음배서이론』(*Traité du contrat et des lettres de change*, 1809), 『상법 강의』(*Cours de droit commercial*, 1813~1817), 『19

"선장은 사람보다는 물건을 더 많이 다루므로"[181] 운임에 대한 유치권이 심지어 분실한 화물의 소유자보다 더 우위에 있다고 말한다. 따라서 잉글랜드의 유명한 판례에 관한 논의에서 언급되었듯이 "선박은 소유자를 대신하고, 그에 따라 책임 부담이 가능하다."[182] 계약이나 불법행위 등 많은 경우에, 선박은 채무에 대한 보증일 뿐 아니라 소유자의 책임 한계였다.

해사법의 원칙은 소송절차 형식에서도 구체화되었다. 소송은 선박을 상대로 제기될 수 있고, 소송에 관련된 모든 사람이 자유롭게 와서 변론할 수 있지만, 그 소송은, 성공하면, 선박을 판매하여 그 대금으로 원고의 청구를 지급하는 것으로 끝난다. 따라서 오래전 제임스 1세(James I)[183] 때부터 "문서에 의한 명예훼손(libel)[184]은 당사자가 아니라 오로지 선박과 화물에 대한 것이어야 한다"라고 판결되었다.[185] 사망을 초래한 선박들의 몰수를 해군 총사령관이 청구했던 때와 같은, 헨리 6세 때부터 이 진술서

세기 해사법 모음집』(*Collection des lois maritimes antérieures au XVIIIème siècle*, 1828~1845) 등이 있다.
[181] 파르데수스(Pardessus)의 『상법 강의』 주 961.
[182] 헨리 롤(H. Rolle)의 『요약문』 1권 530을 인용하는 케블(Keble)의 『왕립법원의 판례집』 3권 112, 114.
[183] (옮긴이 주) 제임스 1세(1566~1625)는 헨리 7세(Henry VII, 재위 1485~1509)의 고손자이고, 태어난 지 1년만에 스코틀랜드의 제임스 6세로 왕위(1567)에 올랐으며, 엘리자베스 1세 사망 후 잉글랜드의 제임스 1세로 스코틀랜드와 잉글랜드 연합 왕국의 왕위(1603~1625)에 올라 스튜어트 왕조를 열었다. 제임스 1세의 사치스러운 생활은 의회와의 충돌을 낳았고, 또한 왕권신수설 신봉에 따른 국교에 대한 직접적인 간섭은 청교도와의 갈등을 야기하여, 그의 사후에 청교도혁명의 빌미를 제공하게 된다.
[184] (옮긴이 주) 문서에 의한 명예훼손(libel)은 인쇄물이나 서류 혹은 방송매체를 통해서 다른 사람에 대한 허위사실, 즉 그 사람에게 해를 가하거나 명예를 훼손시킬 수 있는 거짓정보를 공표하는 것을 지칭한다.
[185] 가드볼트(J. Godbolt)의 『판례집』(*Reports of Certain Cases in the Several Courts of Record at Westminster*, 1652) 260.

가 담긴 판결이 인용되었다. 그러나 나는 불행하게도 그 당시의 판결문을 찾을 수 없었다.

우리는 지금까지 한 사람의 행동에 대한 즉각적이면서도 명백한 법적 결과 이외의 어떤 다른 부분에 대한 책임론의 주요 형태들이 현대법에서 어떻게 발전되어왔는지 살펴보았다. 우리는 두 조상인 로마법과 게르만 관습법 및 이 둘의 후대 법들에서 피고용인, 동물 및 무생물에 관련된 사건들이 잉글랜드 토양에서 나란히 진행되는 과정을 살펴보았다. 우리는 뿌리에서 다양한 꽃들이 나오는 것처럼 세포 하나하나가 번식하고 가지를 쳐서 서로가 상이한 결과물들을 만들어내는 것을 살펴보았다. 이제는 그 세포가 무엇이었는지를 물어볼 만한 것도 거의 없다. 우리는 그 세포가 가해물 자체에 대한 보복의 열망이었음을 보여주었다. 언급한 많은 규칙은, 확실히, 아마도 처음에는 법망을 피하면서 복수하려고 가해물을 취득하려는 데서 파생했다고 주장할 수 있다.[186] 그런 설명과 여기에 제시한 설명은 사물의 소유자가 잘못을 저지른 당사자가 아니기 때문에 현대적 관점의 책임론이 아직 확립되지 않았음을 보여주었다. 그러나 그 설명은 가장 유능한 사람들이 판단하던 관점은 아니었다. 초기 사례들은 예상할 수 있는 것처럼 보상이 아닌 가해물에 대한 복수가 원래 목적이었음을 보여준다. 출애굽기에서는 소를 돌로 쳐 죽였다. 아테네법에서는 도끼는 마을 밖으로 내던져졌다. 타일러의 사례에서는 나무를 찍어서 조각을 내었다. 모든 체제 하에서 노예는 죽임을 당한 사람의 친족에게 넘겨져서 그들이 원하는 대로 할 수 있었다. 속죄물은 저주받은 것이었다.[187] 쟁점이 소유자 재산의 책임이 아니라 소유자의 책임이라고 한다면,

---

[186] 콜쿼흔(P. M. de Colquhoun)의 『로마 민법의 요약』(*A Summary of the Roman Civil Laws*, 1849) 3권 2196항.
[187] 메르켈(Merkel)의 살리카법 77장; 힐페리키의 칙령(Edictus Hilperichi) 5조.

소유자가 법정에 섰을 때 인도에 관한 원래의 책임제한제도는 설명 불가능하게 된다. 심지어 몇 가지 사례에서 보았듯이 복수보다는 속죄가 의도된 듯 보이는 경우에도, 그 목적은 마찬가지로 법정 밖에서의 동산압류(distress)[188]와는 거리가 멀다.

법에 주어진 목적과는 별도로, 앞서 말한 역사는 법의 발전에서 형식과 실체의 역설을 잘 보여준다. 법의 성장은 형식에 있어서 논리적이다. 공식적인 이론에 따르면, 각각의 새로운 판례는 삼단논법에 의해 각각의 기존 판례에서 유도된다. 그러나 고양이의 쇄골이 과거에 유용하게 사용되었던 일부 초기 생물체의 흔적이라고 언급되는 것처럼, 한때 유용하게 사용됐던 선례들의 용도가 끝이 나고 그 선례에 대한 이유가 망각된 이후에도 그 선례들은 법 속에 오랫동안 살아남는다. 그 선례를 따르던 결과는 순수 논리적 관점에서 보면 이제는 종종 실패와 혼란을 가져오기도 한다.

다른 한편, 실체적 측면에서 보면 법은 입법에 의해 성장한다. 그리고 이것은 법정들이 언제나 법이라고 선언했던 것들이 사실상 새로운 법이라는 것보다도 더 깊은 의미를 갖는다. 법은 근본적으로 입법적 기초 위에 서 있다. 판사들이 항상 변명하면서도 거의 언급하지 않는 이런 고려사항들은 사실상 법을 지탱하는 생명의 원천이 되는 비밀스러운 뿌리이다. 물론, 내가 의미하는 바는 관련 공동체에 적합한 것이 무엇인지를 숙고한다는 것이다. 소송에 의해 발전된 모든 중요한 원칙은, 사실상 그리고 근본적으로, 공서양속을 다소간 명확하게 이해하는 관점의 결과이

---

[188] (옮긴이 주) 동산압류(distress, distraint)는 보통법에서 임대료 혹은 빚진 다른 돈을 회수하려고 어떤 사람의 재산(동산)을 압류하는 행위이며, 이런 행위를 통해서 압류인(distrainor)은, 의무 이행(부역 혹은 임대료 지급 등)에 대한 보증으로 혹은 상해에 대한 보상으로, 통상적으로 사전에 법정의 승인 없이 압류인의 토지에 있는 다른 사람의 개인적 재산(동산)을 압류할 수 있다.

다. 그리고 가장 일반적으로 볼 때, 확실히, 각각의 원칙은 우리의 관행과 전통 하에서 본능적인 선호와 불확실한 신념의 무의식적인 결과이지만, 그럼에도 최종적인 분석에서는 공서양속의 관점으로 추적 가능한 결과이다. 여기서 보여주듯이, 법은 삼단논법을 고집하여 건전한 상식을 희생시키지 않을 만큼 많은 지식을 소유하고 또한 풍부한 경험과 능력을 갖춘 사람들에 의해 관리되고 있으므로, 고대의 규칙들이 이 책에서 보여주었고 또한 보여주게 될 방식으로 스스로를 유지할 때, 그 규칙들은 그 시대에 더 적합한 새로운 이유들을 찾아내고, 점진적으로 새로운 내용을 수용한다. 그리고 최종적으로 그 규칙들은 이식된 토양에서 새로운 형태의 규칙들로 뿌리를 내린다.

그러나 지금까지 이 과정은 대체로 무의식적으로 이루어졌다. 그런 연유로 인해 사건들의 실제 과정이 어떠했는지를 염두에 두는 것은 중요하다. 방금 설명했듯이 그것이 법정의 입법 기능을 좀 더 의식적으로 인지해야 한다고 고집하는 것만을 의미한다면, 우리가 더 명확하게 추가로 살펴보게 되듯이 그것은 유용할 것이다.[189]

모든 이론이 **선험적** 명제에서 **실체**를 연역하려고 시도하든, 법과학이 **세련된 법학**의 경지에 있다고 생각하든, 혹은 부분과 부분 간의 논리적 일관성을 가정하는 보다 비천한 오류에 빠지든, 지금까지 언급한 것은 형식적 측면에서만 법을 검토하는 모든 이론의 실패를 설명해 줄 것이다. 법이 항상 일관성에 접근하고자 하나 결코 도달하지 못한다는 것은 진실이다. 법은 한쪽 끝에서는 끊임없이 삶에서 새로운 원칙들을 채택하고,

---

[189] 제3강 끝부분을 보라.
(옮긴이 주) 제3강 끝부분에서는, 불법행위법은 일상적인 경험에서 유도되는데, 법정은 특히 모호한 영역에서 원칙을 명쾌하게 규정할 만큼의 실무 경험을 갖고 있지 못하므로 실생활 부문에서 데려온 12명의 배심의 의견을 수용하여 법정의 판결과 원칙의 정립에 도움을 받는다는 등의 내용이 언급된다.

다른 끝에서는 새로운 원칙으로 아직 흡수되지 않았거나 아직 탈피하지도 못한 오래된 원칙들을 역사로부터 언제나 유지한다. 그 법은 성장을 멈추어야만 전적으로 일관성을 가지게 될 것이다.

우리가 참여하고 있는 연구는 지식을 위해서도 또한 법률 개정을 위해서도 필요하다.

비록 우리가 피상적으로 자명한 일련의 명제들로 법을 아무리 성문화하려 해도, 그 명제들은 지속적으로 성장하는 한 단계일 뿐이다. 명제들의 범위를 완전히 이해하기 위해 그리고 법이 구체화된 과거 법에서 훈련받은 판사들이 그 명제들을 어떻게 다루었는지를 알기 위해, 우리는 그 과거에 대해 알고 있어야 한다. 현재 법이 어떤지를 알려면, 과거 법의 역사가 무엇이었는지를 알 필요가 있다.

환언하면, 이제까지 내가 설명한 소송절차는 선례의 발자취를 따르려는 시도, 그 선례에 대한 타당한 이유를 제공하기 위한 시도 등을 포괄하고 있다. 법의 여러 중요한 분야에서 다양한 규칙들을 정당화하는 다양한 공서양속적 근거가 초기 시대부터 살아남은 것들을 설명하기 위한 사후적인 창작물임을 알았을 때, 우리는 통속적인 이유들을 재고해보고 그 분야에 대한 폭넓은 관점을 택하여 그런 이유들이 만족스러운지를 새로이 판단할 권리가 있다. 겉으로 보이는 방식에도 불구하고 그럴 수 있다. 진실이 오류를 통해서 종종 암시되지 않았고 또한 오래된 도구들이 새로운 용도로 사용되도록 조정될 수 없었다면, 인류의 진보 속도는 느려졌을 것이다. 어떻든 세밀한 조사와 개정은 정당화된다.

그러나 여기서 즉각적인 목적은 앞서 말한 고려사항 중 어느 것도 아니고, 법 역사에 담겨있는 인류학적 자료를 보여주려는 것도 아니다. 나의 목표와 목적은 현대법에서 알려진 다양한 형태의 책임이 복수라는 공통적인 근거에서 유래한다는 것을 보여주는 데 있다. 이 강의에서 언급되는 경우를 제외하면, 계약의 영역에서 사실관계는 거의 중요하지 않을 것이다. 그러나 형법 및 불법행위법에서 사실관계는 아주 중요하다. 그것은 누군가가 비난받아야 한다는 도덕적 기초에서 법이 시작되었음을 보여준다.

도덕 용어가 여전히 사용되고 있고 또한 법이 어떤 의미에서는 여전히 항상 도덕적 기준에 의해 법적 책임을 측정하려 하지만, 그럼에도 바로 그런 법의 본질적인 필요성에 의해 법이 그 도덕적 기준을, 관련 당사자의 실질적인 죄를 전적으로 제거하는, 외형적이거나 객관적인 기준[190]으로 끊임없이 변형시키고 있다는 것을 입증해야 하는 과제는 여전히 남아있다.

---

[190] (옮긴이 주) 도덕적 기준으로 범죄를 판단한다면, 궁극적으로 법은 '주관적으로' 행위자의 심리를 분석해야 하며, 그에 따라 사악한 생각, 악의 혹은 범죄 의도를 가진 모든 사람을 범죄자로 판단해야 한다. 이런 의도를 가진 사람들이 사실상 도덕적 관점에서 진정한 범죄자라고 할 수 있으나, 그들은 실제로 범죄를 저지르지 않았으므로, 법은 이들을 범죄자의 명단에서 제거한다. 그렇지만 우리는 그들의 심리를 객관적으로 파악할 수 없고, 오로지 행위의 결과로부터 역으로 범죄의 의도를 파악해야 한다. 제2강부터 제4강까지의 최종적인 결론은 법이 주관적이면서 도덕적인 기준에서 출발했으나 그 기준에서 벗어나 외형적이면서도 객관적인 기준에 따라 범죄 여부를 판단해야 한다는 것이다. 그 결과 우리는 어떤 사람이 악의적인 의도를 갖고 있으나 객관적인 기준을 충족시키지 못하면 역시 악의적 의도를 가진 사람을 범죄자의 명단에서 제거할 것이다.

제2강

형법

A. 복수: (a) 형법의 근원으로서 복수, (b) 여전한 목표로서 복수
B. 형벌이론: (a) 교화이론, (b) 응보이론, (c) 예방이론
C. 예방이론은 형사적 책임이 실제적 비난 가능성에 의해서만 판단되는 것이 아니라, 일반인들의 관점에서 부당행위가 무엇인지에 의거하는 외적인 기준에의 불일치에 의해 판단된다는 것을 보여준다.
D. 모살
   악의 = 행위를 위험하게 만드는 사실관계에 대한 인식
   자신이 책임져야 하는 예외적인 사례들
   모살과 고살
E. 고살
   도발적 자극
F. 악의적 손해: 왜 실제적 악의인가
G. 방화죄
H. 미수
   보통 해롭지 않은 행위에서 해로운 결과를 가능하게 만드는 고의
   책임에 대한 한계
I. 어떤 사람의 재산을 영구히 빼앗으려 시도하는 절도죄
K. 주거침입죄
결론

제1강의 시작은 초기 법이 고의적인 부당행위만을 제소했음을 보여주었다. 제소는 형법상의 기소보다도 훨씬 오래된 소송절차였고 형사뿐만 아니라 민사 측면도 있다. 제소는 당사자 개인의 손실을 보상할 뿐 아니라 평화의 교란에 대해 왕에게 보상해 주는 이중적인 목적이 있었다. 제소는 민사 측면에서는 복수에 근거를 두고 있었다. 제소는 속죄배상금을 받아내는 소송절차로서 처음에는 선택사항이었지만 나중에는 의무사항이 되었고, 이 방법에 의해 부당행위자는 가해물을 돈으로 사들였다. 왕에 대한 보상에 관한 한, 그것이 복수라는 유사한 목적을 갖든 특별히 국가수입을 올리는 것이든 상관없었다. 왜냐하면 왕의 청구가 피해자의 권리영역을 확장하지 않았기 때문이다.

적절한 추론에 따르면, 기소 가능한 범죄는 제소를 야기하는 범죄와 동일한 방식으로 원래 제한받았던 것 같다. 왜냐하면 기소가 제소가 나뉘면서 생겼든 아니면 다른 방법으로 생겼든, 두 가지는 밀접하게 연관되어 있었기 때문이다.

시비 판단에 따라 피제소인에 대한 소송기각은 기소에 장애가 되었다. 다른 한편, 제소가 공정하게 시작되었을 때는, 비록 제소인이 기소에 실패했거나 항변으로 패소했다 해도, 그 소송사건은 왕을 대신하여 여전히 진행될 수 있었다.[1]

형사소송절차의 또 다른 모체인 고소(presentment)[2]는 제소와는 기원이

---

[1] 호킨스(W. Hawkins)의 『왕의 소송에 관한 논문』 2권 303 이하; 『순회재판 연감』 27권 25 등을 참고하라.
(옮긴이 주) 형사소송은 피해자나 그 친족이 제기할 수 있으나 (왕이나 국가를 대신하여) 검사가 일반적으로 제기하고 진행하기 때문이다.

[2] (옮긴이 주) 고소(presentment)는 특히 형사사건과 관련된 진술서, 혹은 기소장 혹은 환어음 등과 같은 문제에 대해 형식을 갖춘 문서의 제출을 의미하며, 법정 혹은 배심은 이 문서를 근거로 어떤 사람이 범죄가 있는지를 심사한다.

다르다. 이제까지 그렇게 여겨져 왔듯이, 고소가 단순히 새로운 소송과 린치[3]법(lynch law)[4]의 뒤를 이은 것이라면, 이 고소 역시 제소보다 더 확실한 복수의 소산이다.

복수에 대한 열망은 그 대상이 실질적으로 또한 개별적으로 손해에 대해 책임져야 한다는 의견을 함축한다. 복수는 객관적이거나 외형적인 기준이 아니라, 내적인 기준을 취하고 그 기준에 따라 복수의 희생물을 처단한다. 형법이 개선되는 속도가 상대적으로 느린 점을 감안하면, 통상적으로 추정되고 또한 불가능해 보이지는 않듯이, 그런 내부적인 기준이 이런 초기적인 형식이나 약간 더 세련되게 발전된 형태로 여전히 받아들여졌는가 하는 것이 복수의 내부 기준에 관한 쟁점이다.

복수에 대한 열망을 충족시키는 것이 처벌의 목적 중 하나였다고 우리는 강력하게 또한 확실히 주장할 수 있다. 이런 주장은 이런저런 이유로 부당행위에 대한 보상이 불가능한 여러 사례를 생각해보면 명백해진다.

따라서 모살(murder)[5]이나 고살(manslaughter)[6]처럼, 주요 피해자의 목숨을 앗아가는 유형의 행동은 보상을 불가능하게 만든다.

---

[3] (옮긴이 주) 린치(lynch)는 법정 밖에서 집단에 의한 비공식적 처벌을 지칭한다. 이는 공식적인 법적 절차 없이 폭력을 가하는 행위이며, 예컨대 잠재적 범죄자들이나 어떤 집단에게 겁을 주기 위해 행하는, 대중 집회에 의한 비공식적인 공개처형이 여기에 해당한다.

[4] 팔그레이브(F. Palgrave)의 『영연방의 융기와 진보』(*The Rise and Progress of the English Commonwealth*, 1832) 2권 cxxx,, cxxxi.

[5] (옮긴이 주) 모살(murder)은 온전한 정신을 가진 사람(sane person)이 특정한 희생자를 사전에 죽이겠다는 의도(intent)를 가지고 그를 살해하는 것을 말하고, '사전에 모의해서 살인했다'는 의미의 고의적인 살인을 지칭한다.

[6] (옮긴이 주) 고살(manslaughter)은 사전에 모의하지 않거나 죽이겠다는 악의적인 의도 없이 우발적으로 다른 사람을 죽이는 것을 말하고, '사고로 살인했다'는 의미를 갖는다. 흥분된 감정 때문에 혹은 중범죄를 저지르는 과정에서 살인을 하는 우발적 살인(voluntary manslaughter)과 자동차를 모는 과정처럼 경범죄를 저지르는 과정에서 발생하는 과실치사(involuntary manslaughter)가 여기에 속한다.

또한 위조와 같은 범죄들은 한 개인에게 피해를 입히지만, 다른 사람들을 불안하게 만들고 이런 일반적 불안은 돈으로 배상하는 것을 인정하지 않는다.

또한 보상을 강제할 수단이 없는 경우들도 있다. 매콜리(Macaulay)[7]가 작성한 『인도 형법』 초안은 여행객 운송에 관한 계약 위반을 형사상 범죄로 규정했다. 인도의 가마꾼들은 너무 가난해서 손해배상금을 지급할 수 없었지만, 그럼에도 연약한 여성과 아이들은 황량하고 황폐한 길을 통과하여 움직이도록 그들에게 맡겨져야 했고, 그들 책임 하에 맡겨진 사람들은 큰 위험에 노출될 수도 있었다.

이런 모든 경우에 처벌은 하나의 대안으로 남는다. 고통이 부당행위자에게 가해질 수 있고, 이런 유형의 고통은 피해자를 이전 상태나 그에 상응하는 상태로 되돌릴 수는 없지만 고통을 주겠다는 바로 그 목적을 위해 가해진다. 부당행위로 사람이 죽었기 때문이거나 수많은 사람들이 영향을 받기 때문이거나 고통의 가치를 돈으로 환산할 수 없기 때문이거나 범죄자가 가난하기 때문이거나, 이런 처벌이 보상을 대신하는 한, 처벌의 목적 중 하나는 복수에 대한 열망을 만족시키는 것이라고 할 수 있다.

법이 복수의 충족을 목적으로 하고 있고 또한 당연히 그래야 한다는 진술은 여전히 좀 더 강력하게 표현되고 또한 그렇게 언급될 수 있다. 어떻든 이것은 다른 관점들에서는 서로 의견이 정반대인 위대한 권위자 버틀러 주교(Bishop Butler)[8]와 제러미 벤담(Jeremy Bentham)[9] 두 사람이 의견을

---

[7] (옮긴이 주) T. B. Macaulay(1800~1859)는 잉글랜드의 역사학자이면서 휘그당 정치인이다. 1834년에 만들어진 인도 법률위원회의 위원장으로 재직하면서 형법의 모든 핵심적인 내용을 포괄하는 『인도 형법』(*Indian Penal Code*) 초안을 1860년 완성하는 데 기여했다. 『인도 형법』은 1862년 이후 잉글랜드 식민지 인도에서 잠시 시행되었다.

같이한다. 제임스 스티븐 경(Sir James Stephen)[10]은 "형법과 복수 욕망의 관계는 결혼과 성적 욕망의 관계와 아주 흡사하다"[11]고 말한다.

건전한 법체제의 첫째 요건은 법이 옳든 그르든 사회공동체의 실제 감정 및 요구와 부합해야 한다는 것이다. 사람들이 초법적으로 복수의 열망을 만족시키려 하고 법이 그런 초법적인 복수를 허용하지 않는다면, 법은 스스로 그런 열망을 충족시킬 수밖에 없고 그에 따라 사적인 보복이라는 더 큰 해악을 회피할 수 있다. 동시에 이런 열망은 우리가 개인으로서 혹은 입법자로서 권장하는 열망은 아니다. 더군다나 그 열망은 모든 영역을 다 포함하지 않는다. 복수의 열망을 부추기지 않는 범죄들이 있

---

[8] (옮긴이 주) Joseph Butler(1692~1752)는 잉글랜드의 성공회 주교, 신학자, 철학자이고, 이성적 종교적 지식체계를 강조하는 자연종교관인 이신론(deism)의 비판자로 유명하며, 또한 T. Hobbes의 폭력적이고 이기적이며 권력 지향적인 인간에 대한 견해를 비판하면서 인간이 자기애와 박애를 동시에 보유하며 또한 공공선을 추구한다는 도덕철학을 제시했다. 그는 많은 『설교집』을 남겼다.

[9] 버틀러(Butler)의 『설교집』(Sermons) VIII. 벤담(Bentham)의 『민법이론 및 형법이론』(형법의 원리, 2부 16장, Hildreth의 영역본), p. 309.
(옮긴이 주) Jeremy Bentham(1748~1832)은 잉글랜드의 철학자, 법학자 및 사회개혁가이며, '최대다수의 최대행복'을 주창한 목적론적 윤리학인 행동공리주의의 창시자로 널리 알려져 있다. 특히 사법개혁을 통해서 모든 보통법의 내용을 성문법으로 법조문화할 것을 주창했다. 대표적인 저서로 공리주의의 내용을 담고 있는 『도덕 및 입법의 원칙 입문』(An Introduction to the Principles of Morals and Legislation, 1789), 『민법이론 및 형법이론』(Traité de législation civile et pénale, 1802) 등이 있다.

[10] (옮긴이 주) James Fitzjames Stephen(1829~1894)은 잉글랜드 고등법원의 판사(1879~1891)를 역임했으며, 잉글랜드 형법의 성문화를 꾸준히 시도했으나 실패했다. 대표적인 저서로 윌리엄 블랙스톤(William Blackstone, 1723~1780) 이래로 잉글랜드법의 원칙들을 설명하려는 최초의 시도라고 평가할 수 있는 『잉글랜드 형법에 관한 일반이론』(A General View of the Criminal Law of England, 1863), 카스트, 사회적 지위, 종교와는 무관하게 모든 사람에게 증거를 균일하게 적용하는 규칙을 성문화한 『인도 증거법』(The Indian evidence act, 1872), 『잉글랜드 형법의 역사』(A History of the Criminal Law of England, 1883), 『형법 논평집』(A Digest of the Criminal Law, 1887) 등이 있다.

[11] 스티븐(Stephen)의 『잉글랜드 형법에 관한 일반이론』 p. 99.

고, 우리는 처벌의 가장 중요한 목적들이 모든 범위에 걸쳐서 광범위하게 적용될 것이라고 당연히 기대해야 한다. 그런 일반적인 목적이 존재하는지를 알아내야 하고, 또 존재한다면 그 목적이 무엇인지를 알아내는 것은 과제로 남는다. 서로 다른 이론들이 여전히 그 주제에 관해 의견이 분분하다.

처벌의 목적은 첫째 범죄자를 개화시키는 것, 둘째 범죄자와 다른 사람들이 유사한 범죄를 저지르지 못하게 막는 것, 셋째 응보 등이라고 생각되어 왔다. 이중 첫째 목적이 유일한 것이라고 생각하는 사람은 이제 거의 없다. 범죄자의 교화가 유일한 목적이라면 모든 죄수가 재범의 가능성이 전혀 없어 보이는 즉시 석방해야 하고, 전혀 고쳐질 가능성이 없다면 벌을 전혀 받아서는 안 된다. 물론 사형과 이 원칙의 조화는 어려울 것이다.

다른 두 목적 사이에 주요 쟁점이 놓여 있다. 한편은 부당행위와 처벌 간에 기묘한 유대관계가 있다는 개념이고, 다른 한편은 고통이라는 처벌이 어떤 목적에 대한 유일한 수단이라는 개념이다. 첫째 견해를 피력한 위대한 주창자 중 한 사람인 헤겔(Hegel)[12]은 반(反)이 정(正)의 반대이고 처벌이 그 반대의 반대[13]인 응보라고 자신의 준수학적 공식을 빌어 설명한다. 따라서 처벌은 범죄에 비례한다는 의미에서 범죄에 상응해야만 한다. 왜냐하면 처벌의 유일한 기능은 범죄를 근절하는 것이기 때문이다.

---

[12] (옮긴이 주) G. W. F. Hegel(1770~1831)은 칸트 철학을 계승하여 독일의 관념론을 완성했다고 평가되며, 특히 자연과 정신이 모두 정, 반, 합의 변증법적 발전과정을 거쳐서 최종적으로는 절대정신에 도달한다는 관념변증법을 창안했다. 대표적인 저서로 『심리현상학』(*Phänomenologie des Geistes*, 1807), 『논리과학』(*Wissenschaft der Logik*, 1812) 등이 있다.

[13] (옮긴이 주) 이것은 처벌의 반대가 포상이고, 포상의 반대가 대가를 치르는 것, 즉 응보라는 논리로 해석할 수 있다.

다른 사람들은 이런 논리적 장치 없이 부당행위에는 고통이 따라야 한다는 당위적 필요에 의존하는 것으로 만족한다.

예방이론은 부당행위가 처벌받아 마땅하다는 것을 간과하고 또한 예방적 고통의 크기가 충분한가에 관해서는 입법자의 주관적 견해 이외에는 처벌 강도에 대한 척도를 전혀 제시하지 않기 때문에, 예방이론은 비도덕적이라는 반대 견해가 있다.[14] 칸트(Kant)[15]의 견해에 의하면 예방이론은 사람을 인격체가 아닌 사물로 취급하고, 사람을 목적 자체가 아닌 수단으로 다룬다고 보았다. 이 이론은 정의감과 갈등을 일으키며, 또한 공동체 구성원들이 생명, 자유 및 개인적 안전에 대해 동등한 권리를 갖는다는 명제, 즉 모든 자유 공동체의 근본적인 원칙을 위반한다고 칸트는 보고 있다.[16]

이 모든 것에도 불구하고 대부분의 영어권 법률가들은 주저 없이 예방이론을 아마 받아들일 것이다. 예방이론은 비판받고 있는 평등권 침해에 대해 개인과 공동체 간의 평등이 아니라, 개인들 간의 평등을 조성하는 것이라고 응답할 것이다. 어떤 사회도 그 사회의 존립을 위해서는 개인의 복지를 희생시킬 수 있음을 인정한다. 사회는 군대에 징집이 필요하면 사람들을 잡아다가 등에 총칼을 메게 하고 죽음에 이를 정도로 행군을

---

[14] 와튼(F. Wharton)의 『미국 형법에 관한 논문』(*A Treatise on the Criminal Law of the United States*, 8th ed., 1846) 8절 주 1.

[15] (옮긴이 주) I. Kant(1724~1804)는 독일 철학자이다. 잉글랜드의 경험주의 철학자이면서 경제학자인 흄(D. Hume, 1711~1776)의 '인간오성론'을 읽고서 이성의 독단론에서 깨어나 이성의 한계를 지적한 3대 비판서, 즉 『순수이성비판』(*Kritik der reinen Vernunft*, 1781), 『실천이성비판』(*Kritik der praktischen Vernunft*, 1788), 『판단력비판』(*Kritik der Urteilskraft*, 1790)을 저술하여 근대철학의 아버지로 불리며, 특히 벤담류의 공리주의와 같은 목적론적 윤리학에 반대하여, 인간을 수단이 아닌 목적 그 자체로 다루어야 한다는 의무론적 윤리학을 주장했다.

[16] 앞의 책, 7절.

시킨다. 사회는 소유자들의 반대에도 불구하고 오래된 생활터전들을 뚫어서 고속도로나 기찻길을 만들고, 그 대신에 당연히 시장가격으로 보상한다. 왜냐하면 어떤 문명화된 정부도 그 정부가 도울 수 있는 능력 이상으로 시민들을 희생시키지 않지만, 개인의 의지와 복지를 사회 전체를 위해 여전히 희생시키기 때문이다.[17]

좀 더 도덕철학의 관점에서 접근해야 한다면, 우리는 동등의 학설(the dogma of equality)[18]이 일상적인 일들에서 개인들을 정상적으로 다룬다는 한계 내에서만 개인들에게 적용된다고 가정할 수 있다. 비록 이웃이 나만큼 지혜롭다는 것을 결코 믿을 수 없다 해도, 당신은 이웃이 나만큼 지혜롭다고 잠시라도 인정하지 않고서는 이웃과 논쟁할 수 없다. 마찬가지로 양측에게 선택의 자유가 있고 또한 동일한 법칙이 양측에 적용되는 경우, 당신은 동등한 대우의 기반 위에서가 아니라면 이웃과 거래할 수 없다. 지속적으로 성장하는 가치는 평화에 기반을 두고 있고, 사회적 관계는 사회적 존재에 관한 법을 통해서 모든 존재에 관한 법의 출현을 가능하게 만드는 경향을 보인다. 그러나 **왕들**과 일반 사람들의 **최후 수단**이 물리적 힘이라는 것, 아무리 동정심과 모든 사회적 감정들에 의해 조정된다

---

[17] 심지어 법조차도 이것이 희생이라고 인정한다. *Commonwealth v. Sawin*, 『매사추세츠주 판례집』 19권 (2 Pick.) 547, 549.
(옮긴이 주) *Commonwealth v. Sawin*(1824): 민원인이 시에 도로 개설을 요청한 경우, 공적인 편의가 시가 비용을 전적으로 부담하면서 도로를 개설하도록 보장하는 데 충분하지 않다면, 시의 부담을 경감시키기 위해 도로 개설을 요청한 일부 개인이나 다른 사람에게 비용을 부담시키면서 도로를 개설하는 것은 적절하지 않다고 판결되었다. 공적인 편의가 발생하지 않는 도로의 개설 때문에 어떤 시민도 그 도로로 인해 토지를 수용당하는 고통을 받아선 안 된다는 판결이다.

[18] (옮긴이 주) 동등의 학설(dogma of equality)은 평등주의(egalitarianism)를 지칭하며, 모든 사람이 기본적인 도덕적 가치나 사회적 지위에서 동등하다고 주장한다. 따라서 이 학설에 따르면 모든 사람은 동등하게 다루어져야 하고 또한 동등한 정치적, 경제적, 사회적 및 시민적 권리를 가져야 한다.

해도 모든 개인적 관계의 바탕에는 정당한 자기 선호가 존재한다는 것 등이 나에게는 분명한 것처럼 보인다. 깊은 바다에서 한 사람만 탈 수 있는 널빤지 위에 어떤 사람이 있고 낯선 사람이 널빤지를 잡으려고 한다면, 그는 가능한 한 그를 밀쳐내려 할 것이다. 어떤 국가가 유사한 상황에 처하게 되었을 때 그 국가도 똑같은 행동을 한다.

동등한 권리의 논리에 부합하는 고려사항들은 사람을 사물이나 그와 유사한 것으로 취급하는 데에 대한 반대 논리에도 역시 부합한다. 어떤 사람이 어떤 사회에 살고 있다면, 그는 그 사회에서 그에 맞게 대우받을 수밖에 없다. 어떤 민족이 이루어낸 문명의 정도는 확실히 자신들이 대접받기 원하는 대로 상대를 대접하고자 하는 열망으로 특징지어진다. 사회적 본능이 성장하면 심지어 반사회적 상황에서도 자신의 행동을 그에 맞게 절대적으로 통제해야 하는 것은 인간의 운명일 수 있다.[19] 그러나 사회적 본능은 아직 그렇게까지 성장하지 못했고, 법 규칙(the rules of law)[20]들은 일반적으로 받아들인 도덕성에 근거하고 또한 근거해야 하므로, 절대적 박애[21] 이론에 근거한 어떤 규칙도 법과 현존하는 신념을 파기하지

---

[19] (옮긴이 주) 인간이 사회적 동물로 길들여진다면 어떤 상황에서도 인간은 사회의 규범에 맞게 행동해야 하며, 그렇지 않으면 그 사회에서 생존하기 곤란하다는 것이다.

[20] (옮긴이 주) 법 규칙들(the rules of law)은 법을 구성하는 규칙들을 의미하고, 법의 지배(the rule of law), 즉 법에 의한 통치를 의미하지 않는다. 보통법이나 성문법이나 궁극적으로는 법의 지배를 목적으로 하지만 문제는 완전한 법을 발견하기 불가능하기 때문에 사실상 완전한 법의 지배는 불가능할 것이다. 그렇지만 보통법 전통은 관습법의 점진적인 수정과 보완을 통해서 완전한 법이라고 할 수 있는 자연법을 지향한다고 볼 수 있다. 따라서 법을 구성하는 규칙들이 얼마만큼 올바른 방향으로 갈 수 있는가는 판례에 의한 점진적인 보완이 얼마만큼 이루어지는가에 달려 있다고 본다.

[21] (옮긴이 주) 절대적 박애(absolute unselfishness)는 윤리학에서 인간의 이기적인 성향, 즉 이기주의(egoism)에서 벗어나 이타주의(altruism)에 이를 때, 즉 인간이 지고의 선(good)을 얻을 때를 말한다. 모든 인간이 이런 이타적인 성향을 갖는다면

않고서는 정립될 수 없다.

내가 곧 보여주게 되듯이 형사적 및 민사적 책임론의 일반원칙이 동일하다는 것이 진실이라면, 어떤 도덕적 부당행위를 저지르지 않았고 또한 당사자들의 사적인 특수성을 공공연하게 무시하지 않은 어떤 기준으로도 비난받아서는 안 됨에도 불구하고, 이론과 실제는 그 일반원칙에 의해 그런 사람들을 자주 처벌하는 데 의견 일치를 보인다. 처벌이 그 처벌을 위해 제안된 도덕적 근거에 의거한다면, 범죄자들에게 가장 두드러지게 나타나는 비정상적 본능, 교육 부족, 지성 결핍 및 다른 모든 결점 등에서 기인하는 올바른 선택 능력의 한계들을 처벌할 때 제일 먼저 고려해야 한다. 나는 그런 한계들을 고려해서는 안 된다거나 적어도 나의 논지를 위해서는 그럴 필요가 없다고 주장하지는 않는다. 나는 형법이 손실보다는 더 많은 선을 행한다고 주장하지 않는다. 나는 단지 형법이 예방이론에 근거해 정립되지 않거나 시행되지 않는다고 언급할 뿐이다.

부당행위에 따른 처벌의 적절성이 자명하고 또한 정상적인 사람들이 본능적으로 받아들인다는 의미에서, 응보이론(retribution theory)[22]을 옹호하는 찬성 논리를 언급할 일이 남아있다. 내성[23]의 방식에 따르면, 나는 이처럼 처벌이 적절하다고 느끼는 감정이 이웃들이 저지른 사건에서 특히 절대적이고 무조건적일 것이라고 생각한다. 비록 제삼자가 있을 때 현명

이런 사회에서는 부도덕, 범죄 등과 같은 사회문제는 아마도 존재하지 않을 것이다.

[22] (옮긴이 주) 응보이론(retribution theory)은 피해자가 손해를 받은 만큼의 피해를 범죄자에게 가함으로써 정확히 동일한 크기의 보복을 요구하는 이론이다.

[23] (옮긴이 주) 내성(self-inspection 혹은 introspection)은 심리철학에서 제삼자의 심리를 분석하는 1인칭 설명방식이다. 즉 제삼자가 처한 상황에 자신이 처했다고 생각하고 그 사람의 심리를 이해하는 주관적인 방식, 즉 주관주의(subjectivism)이다. 이에 대응하는 방법은 3인칭 설명으로 제삼자의 행동을 보고 그의 심리를 유추하는 객관적인 방식으로 흔히 행동주의(behaviorism)라고 불린다.

한 사람으로서 그를 겁주기 위해 자신을 고통스럽게 할 필요성을 인정한다 해도, 자신의 행동이 부당하다고 인정하고 다시는 그와 같은 행동을 하지 않으리라고 스스로 깨달은 사람은 자신의 양심과 세속적 처벌 권력 사이에서 자신이 행한 것에 대해 스스로를 고통스럽게 할 최소한의 필요성이나 적절성을 느낄 것 같지는 않다. 그러나 이웃들이 부당행위를 저지르면, 우리는 그들이 회개하든 말든 그들의 잘못을 엄하게 처벌하는 것이 적절하다고 때때로 느낀다. 이런 처벌이 적정하다는 감정은 나에게는 단지 복수를 위장한 것처럼 여겨지며, 또한 나는 복수가 처벌의 주요 요소는 아니지만 처벌의 한 요소라고 이미 인정했다.

그러나 또다시 위에 가정한 처벌의 적절성에 관한 직감은 책임져야 하는 객체와 공존하지 않는 듯 보인다. 경범죄에는 좀 더 가벼운 처벌이, 중범죄에는 좀 더 중한 벌이 적절하다. 따라서 범죄를 처벌해야 한다는 요구는 두 경우 모두에 공평하고 절대적이어야 한다. 또한 **금지적 악**(malum prohibitum)도 **원천적 악**(malum in se)[24]과 마찬가지로 범죄다. 처벌에 대한 일반적인 근거가 있다면 그 근거는 두 범죄 모두에 적용되어야 한다. 그러나 방금 가정한 경우 부당행위가 조세법 위반이고 정부가 그 손해를 보상받았다면, 자신의 잘못을 완전히 회개한 사람의 행동이 다른 사람들에게 알려졌다는 근거를 제외하면, 우리는 그가 처벌받아야만 한다는 내적 필요를 거의 느끼지 않을 것이다. 그 행동이 다른 사람들에게 알려졌

---

[24] (옮긴이 주) malum in se는 '그 자체로서(in se) 악(malum)'으로 번역된다. 원천적 악(malum in se)은 '원천적인 부당행위 혹은 악'(wrong or evil in itself)을 의미하고, 그 행위를 정부가 규제하는 것과는 무관하게 대부분의 사람들이 부당한 행위(wrong)라고 믿는 것들이며, 이를테면 살인, 강도 등과 같은 범죄들이 여기에 속한다. 반면에 malum prohibitum는 '금지된(prohibitum) 악'으로 번역되며, 금지적 악(malum prohibitum)은 쓰레기 투기 금지, 금연 등과 같이 원래 나쁜 짓이라고 볼 수 없지만 법으로 금지하는 행위이기 때문에 범죄로 분류될 수 있는 행위들이다.

다면, 다른 사람들이 믿고 두려움을 느끼게 하려면 법은 처벌의 위협을 보여주어야 한다. 그 사실이 정부와 그 시민 간의 비밀이고 또한 정부가 처벌 의도에서 전적으로 자유롭다면, 정부는 그 경우 처벌이 전적으로 정당하지 못하다는 것을 분명히 알 것이다.

다른 한편, 입법자가 어떤 행위를 방지하려는 바람이나 목적을 보여주지 않으면서 그 행위를 범죄행위로 만드는 경우는 전혀 있을 수 없다. 따라서 예방은 처벌의 주요하고 유일한 보편적 목적인 듯하다. 당신이 어떤 일을 한다면, 법은 어떤 고통을 가하겠다고 위협하면서 그런 일들을 하지 못하도록 만드는 새로운 동기를 부여하려고 의도한다. 당신이 그래도 그 일을 계속한다면, 법은 그 위협이 지속적으로 신뢰를 얻도록 만들기 위해 고통을 가해야 한다.

이것이 있는 그대로 법의 진정한 설명이라면, 법은 분명히 개인을 목적을 성취하기 위한 수단으로 다루고 또한 개인을 희생시키면서 일반 복지를 증대시키려는 도구로서 개인을 사용한다. 이런 과정은 아주 적절하다고 위에 제시했다. 그러나 비록 그 과정이 잘못되었다 해도 우리의 형법은 그 과정을 따르고 있고 그에 따라 형법 이론은 그 형태를 갖추게 되었다.

보통법이 응보의 한계를 넘어서고 있고 또한 개인보다는 공공복지에 대한 고려가 우선하고 있다는 추가적인 증거는 어떤 다른 근거로는 만족스럽게 설명될 수 없는 몇몇 학설에서 찾아볼 수 있을 것이다.

이들 학설 중 첫 번째는 고의적으로 사람의 생명을 빼앗는 것도 자신의 목숨을 구하는 유일한 방법이라면 처벌받지 않는다는 것이다. 이 원칙은 다음에 언급될 원칙처럼 그렇게 확실하게 정립되지는 않았지만 매우 유력한 판례의 지원을 받고 있다.[25] 그 판례가 법으로 정립된다면 그 원칙은 위에서 가정된 경우 자기 이익을 우선하는 것이 적절하다는 근거 혹은 비록 자기 이익을 우선하는 것이 부적절할지라도 법이 처벌로서 그것을 막을 수 없다는 근거, 이 두 가지 근거 중 하나를 적용해야 한다. 왜냐하면 어떤 미래 시점에 죽이겠다는 죽음의 위협은 그 위협을 피하기 위해 지금 당장 상대방을 살해하도록 만들 만큼 그렇게 충분히 강력한 동기가 결코 될 수 없기 때문이다. 전자의 근거가 채택된다면, 그 근거는 한 개인이 자신을 위해 다른 사람을 희생시킬 수 있고, **더욱 유력한 이유로** 한 국민이 다른 국민을 그렇게 할 수 있다는 것을 인정한다. 후자의 견해를 받아들이면, 행동을 더 이상 막을 수 없다고 생각될 때 처벌을 포기함으로써 법은 응보이론을 버리고 예방이론을 채택하게 된다.

다음 학설은 더 분명한 결론을 도출한다. 법에 대한 무지는 법 위반에 대한 변명이 되지 않는다. 이런 실체적 원칙은 모든 사람이 법을 알고 있어야 한다는 증거주의 원칙의 형태로 자주 표현된다. 따라서 오스틴 외 여러 사람은 증명이 어렵다는 근거로 이를 변호했다. 사법적 정의가 사실관계 확인을 요구하면 사실관계 확인이 어렵다는 것은 사실관계를 확인하려는 시도를 거부하는 것에 대한 근거가 될 수 없다. 하지만 모든 사건에서 보고 듣는 것만으로도 사실관계가 증명될 수 있다 해도, 모든

---

[25] 이스트(E. H. East)의 『형사소송』(*Pleas of the Crown*, 1803) 1권 294; *United States v. Holmes*, 월리스(J. W. Wallace)의 『미국 순회법원의 판례집』(*Cases in the Circuit Court of the United States*, 1849) p. 1; 비숍(Bishop)의 『형법 주석』 1권 347~349, 845항(6th ed.); 블랙스톤(W. Blackstone)의 『잉글랜드법에 대한 주석』 (*Commentaries on the Laws of England*, 1766~1778) 4권 31 등을 참고하라.
(옮긴이 주) *United States v. Holmes*(1842): 리버풀을 떠나 필라델피아로 향하던 여객선이 빙산에 부딪혀 가라앉았고, 두 보트에 선장과 선원 전부와 일부의 승객이 옮겨 타서 두 보트가 따로 떨어져서 구조를 기다리는 중에 한 보트에서 누수 현상으로 가라앉을 위기에 처하자 선원들이 남자 승객들을 바다에 강제로 빠뜨렸다. 구조된 이후 구조된 승객들은 한 선원(Holmes)을 살인 혐의로 고발했고, 피고는 혐의가 인정되어 6개월 형과 20달러의 벌금을 선고받았다. 다른 선원들은 아무도 재판에 회부되지 않았다.

사람은 법에 대한 무지가 결코 변명으로 인정될 수 없다고 느껴야 한다. 더 나아가, 양측은 증언할 수 있기 때문에, 어떤 사람의 법 지식에 대한 조사가 그에게 던져진 수많은 질문을 조사하는 것보다 더 어려울는지는 확실치 않다. 법 지식에 대한 조사의 어려움은 범법자에게 자신의 무지를 증명하도록 부담을 지움으로써 대처할 수 있다.

우리가 어떤 행동을 금지하도록 명령받았거나 명령받은 것을 알도록 명령받았다고 말함으로써, 우리는 그 원칙을 설명할 수는 없다. 왜냐하면 그런 두 번째 명령이 있었다면, 그 명령을 몰라서 복종하지 않은 죄가 주요 명령을 알고도 복종하지 않은 죄와 비교되지 않는다는 것은 너무나도 분명하지만, 그럼에도 그런 무지는 주요 법을 복종하지 않은 것과 동일한 처벌을 받기 때문이다.

그 규칙에 대한 진정한 설명은 사람의 특별한 성질, 능력과 같은 것들에 대해 법이 중립적이라는 설명과 동일하다. 공서양속은 공익을 위해 개인을 희생시킨다. 모든 사람의 책임은 공평해야 하는 것이 바람직하나, 강도나 살인을 방지하는 것은 더욱더 바람직하다. 범죄자가 자신이 법을 어기고 있다는 것을 모르는 경우가 많다는 것은 확실히 진실이지만, 어떻든 변명을 수용한다는 것은 사람들이 알고 지키도록 결정했던 곳에서 입법자가 무지를 장려하는 꼴이 되고, 개인에 대한 사법적 정의는 저울의 반대쪽에 있는 더 큰 이해관계에 의해 정당하게 압도당하게 된다.

앞서 언급한 논지들이 건전하다면, 처벌 가능성이 범죄자 개인의 실제적 부도덕성만을 고려함으로써 최종적으로 또한 절대적으로 결정될 수 없다는 것은 이미 자명하다. 그런 고려사항은 공공복지가 허용하고 요구하는 한도에서만 설득력을 가진다. 그리고 우리가 형법이 성취하고자 하는 일반적 결과를 고려하면, 범죄행위에 수반하는 실제 심리 상태는 보통 추정되는 것과는 상이한 역할을 수행한다는 것을 우리는 알게 될 것이다.

대체로 형법의 목적은 규율에 대한 외형적인 부합만을 유도하는 데 있다. 모든 법은 감각기관으로 쉽게 인식되는 사물의 조건들을 만들고자 한다. 그리고 법이 군인들에 의해 폭도로부터 가정을 보호하려 하거나 사유지를 공적으로 사용하도록 공유화하려 하거나 사법적 판결에 따라 어떤 사람을 교수형 시키려 할 때, 법이 물리적인 힘의 사용으로 그런 조건들을 즉각적으로 조성하든 사람들에 대한 공포를 통해 법이 간접적으로 그런 조건들을 만들든, 법의 목적은 똑같이 외형적인 결과이다. 예컨대, 강도나 살인을 방지하려는 법의 목적은 타인의 물건을 물리적 힘으로 강탈하여 보유하는 것을 막거나 독살, 저격, 칼로 찌르거나 다른 방법으로 타인의 생명을 빼앗는 것을 막는 데 있다. 그런 행동들이 생기지 않는다면, 그 동기가 무엇이든 이를 금지하는 법의 목적은 마찬가지로 충족된다.

이처럼 전적으로 외형적인 법의 목적과 그 목적을 이루기 위해 필요하다면 언제든 개인을 희생시킬 수 있다는 사실을 함께 고려할 때, 어떤 특정 범죄에 관여한 개인의 실제적 유죄 정도가 어떻든 초래된 책임의 한 요소라고 한다면, 우리는 그 유죄 정도가 책임의 유일한 요소일 수 없다는 것을 전보다 더 손쉽게 알 수 있다. 사람의 심리나 양심 상태가 민사상 책임보다는 형사상 책임에서 더 고려되어야 한다는 명제는 종종 당연시되는 것처럼 진실이기는 고사하고, 실상은 그와 정반대라고 말할 수 있겠다. 왜냐하면 민사상 책임은 현재 즉각 적용하는 데 있어 단지 두 개인 사이에 발생한 손해를 재분배하는 것이고, 건전한 공서양속은 특별히 개입해야 할 이유가 없는 한 손해가 발생한 대로 내버려 두는 것이기 때문이라고 나는 다음 강의에서 주장하려 한다. 가장 빈번히 발생하는 그런 개입 이유 중 하나는 혐의가 있는 당사자가 비난받아야 한다는 데 있다.

형사상 책임이 민사상 책임과 마찬가지로 비난 가능성(blameworthiness)[26]을 근거로 한다는 명제를 부인할 의도는 없다. 그 명제를 부인하는 것은 모든 문명 공동체의 도덕성에 충격을 주게 될 것이다. 달리 말하면, 공동체의 평범한 구성원이 비난받지 않아도 되는 행위를 벌하는 법은 그 공동체가 감당하기에 너무 혹독할 것이다. 다른 무엇보다도 행위 기준의 확립을 직접적 목표로 삼는 법률 분야를 다룰 때, 다른 어디에서보다 바로 여기서 책임의 기준은 외형적이고, 그 기준은 특정한 사람의 동기나 의도에서 나타난 죄악의 정도와는 무관하다는 것을 발견할 수 있다. 준수해야 하는 기준의 성격에서 그 결론은 바로 나오게 된다. 위에서 살펴본 대로 그 기준은 외형적일 뿐 아니라, 일반적 적용의 기준이다. 그 기준은 모든 사람 각자가 가능한 한 최상의 행위에 근접해야 한다고 단순하게 요구하지는 않는다. 그 기준은 각자가 자신의 책임 하에 어떤 수준에 도달해야 한다고 요구한다. 약점이 너무도 두드러져서 유소년이나 정신병처럼 잘 알려진 예외 상황에 해당되지 않는 한, 그 기준은 무능력을 전혀 고려하지 않는다. 그 기준은 모든 사람 각자가 다른 사람들과 마찬가지로 명령을 받은 대로 행동할 수 있다고 가정한다. 그 기준을 어느 특정 계급에 좀 더 엄격하게 적용한다면, 그 기준은 가장 약한 사람들에게 더 가혹하다. 왜냐하면 과격한 성질, 무식, 어리석음으로 잘못을 저지를 가능성이 가장 큰 사람들에게 바로 법의 위협은 가장 가혹하기 때문이다.

비난 가능성을 근거로 한 책임론과 비난 가능성이 없음에도 책임이 존재한다는 이론 간의 조화는 다음 강의에서 좀 더 자세히 다룰 것이다. 그것은 일반인의 개념, 즉 일반적 지성과 합리적 신중함을 지닌 사람의

---

[26] (옮긴이 주) 비난 가능성(blameworthiness)은 행동주체가 어떤 작위나 부작위에 대해 도덕적으로 혹은 법적으로 책임이 있거나 혹은 비난받을 수 있는 정도를 나타내며, 유죄(culpability)와 동의어로 사용된다.

개념에서 찾을 수 있다. 우리는 책임이 그런 사람에게서 비난할 만한 행위가 있을 때 발생한다고 말한다. 그러나 일반인은 제소당할 때 배심원에 의해 대표되는 이상적인 존재이고, 그의 행위는 어떤 특정한 개인에게 적용될 때 외형적이고 객관적인 기준이 된다. 어떤 개인은 일반적 지성이나 신중함이 부족하므로 도덕적으로 비난받지 않을 수도 있다. 그렇지만 그는 자신의 책임 하에 일반적 지성이나 신중함과 같은 그런 특성들을 가지고 있어야 한다. 그가 그런 특성들을 가지고 있다면, 그는 일반적으로 비난 가능성이 없으면 책임지지 않을 것이다.

다음 단계는 몇 가지 범죄행위들을 자세히 다루고 그에 대한 분석이 어떤 교훈을 얻을 수 있는지를 알아보겠다.

먼저 모살을 살펴보자. 제임스 스티븐 경은 자신의 『형법 논평집』[27]에서 모살이란 계획적 악의(malice)[28]를 갖는 비합법적 살인이라고 정의했다. 자신의 초기 저술에서[29] 악의는 사악함을 의미하고, 법은 어떤 심리 상태가 모살이 될 정도로 사악한지를 결정했다고 설명한다. 그는 단도직입적으로 자신의 해설서에 다음과 같이 서술했다.

"계획적 악의는 다음과 같은 심리 상태 중 하나 또는 그 이상을 의미한다."

"(a) 어떤 사람이 실제로 죽든 그렇지 않든, 그 사람을 죽이거나 신체적으로 심각한 상해를 일으키려는 의도." "(b) 비록 그런 인식이 죽음이나 심각한 신체적 상해가 유발되는지 여부에 대한 무관심을 동반하거나 혹

---

[27] 223항.
[28] (옮긴이 주) 악의(malice)는 폭력이나 모살 같은 범죄를 통해서 다른 사람에게 손해를 가할 의도(intention)를 지칭하며, '범죄를 저지를 의도가 있다'는 의미이다. 이런 의도는 나쁜 의지, 증오 혹은 다른 사람의 복지에 대한 전적인 무시 등을 포함한다.
[29] 스티븐(Stephen)의 『잉글랜드 형법에 관한 일반이론』 p. 116.

은 그런 것이 유발되지 않을 것이란 바람을 동반한다 해도, 어떤 사람이 실제로 죽든 그렇지 않든, 죽음의 원인이 되는 행동이 그 사람의 죽음이나 심각한 신체적 상해를 아마도 일으킬 것이라고 인식하는 것." "(c) 어떤 중범죄(felony)[30]를 저지르려는 고의." "(d) 범죄자가 피살자가 근무 중인 경관이라는 것을 알고 있다는 조건 하에서, 그 경관이 법적으로 체포·구속수감·감금할 권한이 있어서 어떤 사람을 체포·구속수감·감금하는 의무, 혹은 평화유지 혹은 불법 집회를 해산하려는 의무 등을 수행하려고 오거나 수행하고 돌아가는 것을 물리적인 힘으로 막으려는 고의."

일상 언어에서 사용되는 악의는 고의 그 이상의 것을 포함한다. 어떤 행동이 손해를 끼칠 의도로 행해졌을 때, 손해를 끼치려는 욕망이 행동의 동기가 된다는 것을 의미한다. 그러나 고의는 유감스러운 결과를 낳는 그런 손해, 어떤 다른 것을 성취하기 위한 수단으로서만 여겨지는 손해와 완전히 부합한다. 그렇지만 행동이 악의적으로 행해졌다고 말할 때, 그것은 해로운 결과에 대한 욕망이 동기일 뿐만 아니라 손해 그 자체가 목적으로 요구된다는 것을 의미하거나, 오스틴이 좀 더 정확하게 말했듯이 행동에 의해 유발되는 고통에 대한 인식에서 촉발되는 쾌감을 위해 손해가 요구된다는 것을 의미한다. 이제 제임스 스티븐 경이 열거한 것에서 분명히 나타나는 것은 악의의 두 가지 요소 중에 고의만이 모살에 중요하다는 것이다. 친구를 탈출시키기 위해 보초를 쏴 죽이는 것은 그가 미워서 살인을 하는 것과 마찬가지로 모살이 된다. 모살을 정의함에 있어, 악의는 일반적인 언어에서의 악의와 같은 의미를 가지지 않고, 위에 언급한 고려사항을 검토해보면 범죄 의도를 의미한다고 생각된다.[31]

---

[30] (옮긴이 주) 중범죄(felony)는 경범죄(misdemeanor)와는 달리 사형에 처하거나 감옥에 오랫동안 수감하기에 충분할 정도로 심각한 범죄를 지칭한다.
[31] 해리스(S. F. Harris)의 『형법원리』(*Principles of the Criminal Law*, 1885) p. 13.

그러나 다시 고의는 두 가지 요소로 나뉘게 되는 것을 보게 될 것이다. 두 가지 요소란 행동이 특정한 결과를 수반한다는 '예견'과 그 행동을 유발한 동기로 작용한 그런 결과에 대한 '욕구'이다. 그때 문제는 고의가 또한 더 낮은 단계의 용어로 변환될 수는 없는가 하는 것이다. 제임스 스티븐 경의 언급에 따르면, 고의는 더 낮은 단계의 용어로 변환될 수 있고, 아마도 그 행동이 죽음의 원인이 될 것이라는 인식, 즉 행동 결과에 대한 '예견'은 불법행위와 마찬가지로 모살에 관한 판단에 충분하다고 본다.

이를테면, 신생아가 문밖에 벌거벗은 채로 누워 있고, 그 결과 당연히 죽게 된다. 누군가가 아이를 발견하여 생명을 구한다면, 그 신생아를 유기한 사람은 무척 기뻐했을 것임에도 불구하고 이것은 모살이다.[32]

그러나 다시 돌아가서, 무엇이 결과에 대한 예견인가? 예견은 현재 사물의 상태를 인식하여 사물의 미래 상태를 그려보는 것으로, 결과에 대한 원인의 관계에 입각하여 미래를 현재에 대비시켜 바라보는 것이다. 환언하면, 우리는 더 낮은 단계의 용어로의 변환을 시도해야 한다. 알려진 사물의 현재 상태가 그러하기 때문에 저질러진 행동이 아주 확실히 죽음을 유도할 것이라면, 또한 그 죽음의 개연성이 상식적으로 알 수 있는 일이라면, 행위자는 사물의 현재 상태를 알기 때문에 모살죄가 있고, 법은 그 사람이 실제로 결과를 예지했는지를 심문하지 않을 것이다. 예견에 대한 평가는 바로 이 범죄자가 실제로 무엇을 예견했는가가 아니라, 합리적이면서 신중한 사람이 무엇을 예견했을 것인가이다.

다른 한편, 행위자는 행동을 위험스럽게 만드는 현재 사실관계를 실질적으로 인식하고 있어야 한다. 행동 자체만으로는 충분하지 않다. 어떤

---

[32] 스티븐(Stephen)의 『형법 논평집』 223항 예시 6 또한 주 1.

의미에서는 행동이 의도를 드러낸다는 것은 사실이다. 그것은 근육의 단순 수축 그 이상이다. 경련은 행동이 아니다. 근육의 수축은 의지가 들어가야 한다. 그리고 스스로가 주인인 성인은 내적인 노력을 수반하는 외적인 적응을 신비로울 정도로 정확히 예견하기 때문에, 그런 적응은 의도된 것이라고 말할 수 있다. 그러나 그 행동에 반드시 동반되는 고의는 거기서 끝난다. 환경을 제외한 어떤 것도 행동에서 따라오지 않을 것이다. 주변 상황을 별도로 하면, 모든 행동은 법에 중립적이다. 예컨대, 물리적인 힘을 가하여 검지를 구부리는 것은 권총의 방아쇠가 옆에 있든 없든 상관없이 똑같은 행동이다. 행동을 부당행위로 만드는 것은, 오로지, 총에 탄약을 넣고 장전했다는 주변 상황과 또 그와 관련하여 분명히 사람이 총에 맞게 될 가능성이 크다는 주변 상황뿐이다. 따라서 행동이 손실의 가장 근접한 원인이었다는 것은 어떤 건전한 원칙에 비춰보더라도 책임의 충분한 근거가 되지 못한다.

행동이 필요한 이유는 행동이 선택을 암시하기 때문이고, 또한 어떤 사람이 달리 선택할 수 없다면 그에게 손해에 대해 책임지도록 하는 것은 분별없고 부당하게 느껴지기 때문이다. 그러나 그 선택은 문제의 결과에 대해 숙고할 기회가 주어진 상태에서 실행되어야 하고, 그렇지 않으면 그 선택은 그 결과에 대한 책임과는 아무런 관련이 없다. 이 논리가 진실이 아니라면, 어떤 사람은 과거에 자신이 선택하지 않았더라면 발생하지 않았을 모든 일에 대해 책임지게 될 것이다. 이를테면, 어떤 사람이 자신이 병들게 된 도시로 오는 것을 선택하지 않았더라면 그에게 나타나지도 않았을 갑작스러운 발작을 예로 들 수 있다.

미래에 대한 모든 예견, 행동의 어떤 가능한 결과에 연관된 모든 선택 등은 무엇이 선택 순간에 알려져 있느냐에 의존한다. 어떤 행동이 상처를 입힐 수 있는 그런 상황에서 행해졌을 때라고 해도, 그 상황이 알려져 있지 않다면 혹은 알려져야만 하는 경우가 아니라면, 그 행동은 부당행위가 될 수 없다. 손해의 가능성이 예견될 수 없는 한, 손해를 유발한 것에 대한 처벌의 공포는 손해를 방지하는 동기로서 작용할 수 없다. 따라서 형사 책임이 어떤 의미에서 부당행위에 근거를 두고 있고 또한 법의 위협과 처벌이 사람들로 하여금 여러 해로운 결과를 가져오지 못하도록 막으려는 의도가 있는 한, 그 위협과 처벌은 행위를 위험하게 만드는 상황이 알려진 경우로만 제한되어야 한다.

더욱이 예견에 적용되는 동일한 원칙은 더욱 제한된 방식으로 인식에도 적용된다. 보통의 이해력을 가진 사람이 현재 상황들에서 사물의 현재 상태를 구성하는 나머지 상황들을 유추하도록 유도하는 그런 상황들이 실제로 알려진다면 그것으로 충분하다. 예컨대, 대낮에 지붕 위에서 어떤 노동자가 자기 밑의 공간이 큰 도시의 거리라는 것을 알고 있다면, 그는 보통의 이해력을 가진 사람이라면 아래에 사람들이 지나가고 있다고 유추할 수 있는 그런 사실관계를 알고 있다. 그러므로 그는 그런 유추를 유도해야 하므로 혹은 환언하면 그런 유추를 하든 말든 그는 그런 사실관계를 알고 있으므로 책임 추궁을 받을 수 있다. 그때 그가 무거운 대들보를 거리로 던진다면, 일반적 신중함을 가진 사람이라면 예견할 수 있듯이, 그는 죽음에 이르게 하거나 심하게 상해를 입힐 수 있는 그런 행동을 실행한 것이고, 그는 사실상 사람을 죽이거나 심하게 상해를 입히든 말든 마치 그것을 예견했던 것처럼 취급받게 된다. 그 행동으로 사람이 죽으면 그는 모살을 저지른 것이다.[33] 그러나 그 노동자가 아래의 공간이 모든 사람의 출입을 통제하고 쓰레기를 쌓는 곳으로 사용되는 개인 야적장이라고 믿을 만한 합리적인 이유를 갖는다면, 그의 행동은 비난받지 않으며

---

[33] 블랙스톤(W. Blackstone)의 『잉글랜드법에 대한 주석』 4권 192.

살인은 단순한 사고사(misadventure)[34]일 뿐이다.

그때 죽음을 유발한 행동이 모살이 되려면, 그 행위자는 원칙적으로 그 행동이 위험할 수 있다는 사실을 알고 있거나 어느 정도 눈치채고 있어야 한다. 지금 언급한 이 원칙에는 어떤 예외사항이 있으나, 이 예외사항은 모살보다는 다른 경미한 성문법 범죄(statutory crime)[35]에 더 많이 적용된다. 일반규칙은 대부분 모살에 널리 적용된다.

그러나 더 나아가 사실상 알려진 상황에서 존재하는 위험은 동일한 원칙에서 합리적이면서 신중한 사람이 예견할 수 있는 종류여야 한다. 사실관계에 대한 무지와 결과를 예견할 수 없는 무능력, 두 가지 모두는 비난 가능성에 대해 동일한 효과를 갖는다. 결과가 예견될 수 없다면, 그 결과는 피할 수 없다. 그러나 대부분의 경우 인식에 대한 문제는 피고 의식의 실제 조건의 문제인 반면, 예견 가능성의 문제는 신중한 사람의 기준에 의해, 즉 일반적 경험에 의해 결정되어야 한다는 데에 실무적인 차이가 존재한다. 왜냐하면 우리는 법의 목적이 사람이 위험에 처하거나 죽게 되는 것을 막는 데 있음을 상기해야 하기 때문이다. 또한 비록 일부 예외적 전문가 외에는 누구도 예견할 수 없는 결과에 대해 책임 지우지 않기 위해 법이 지금까지 처벌에서 비난 가능성을 고려한다 해도, 아직도 이런 제한을 두는 이유는 공동체의 평균적인 구성원에게 지나치게 가혹하지 않은 규칙을 단순히 확립하는 데 있음을 상기해야 하기 때문이다. 법의 목적이 사람들로 하여금 위험한 행위를 삼가도록 강제하는 데 있고, 사람들의 사악한 성향을 단순히 억제하는 데만 있지 않기 때문에, 법은

---

[34] (옮긴이 주) 사고사(misadventure)는 법을 위반하지 않거나 범죄적인 태만이 없는 상태에서 의도하지 않은 사고로 인하여 죽음에 이르는 것을 말한다.

[35] (옮긴이 주) 성문법 범죄(statutory crime, statutory offence)는 성문법에서 범죄로 규정한 범죄를 지칭한다.

사람들이 법을 알아야 한다고 요구하듯이 사람들이 자신의 책임 하에 공동의 경험의 교훈을 알아야 한다고 요구한다. 이런 설명들에 따르면, 모살의 판단은 그 사건의 알려진 상황에서 그 행위에 수반하는 생명에 대한 위험이 어느 정도인지에 따른다고 할 수 있다.[36]

합리적이면서 신중한 보통 사람이 예견하지 못하는 것을 특정한 피고가 어떤 이유로 인해 예견했을 때, 면책의 근거가 더 이상 적용되지 않는다는 것은 더 이상 설명할 필요도 없다. 해로운 행동은 당사자가 예견하지 못했거나 적절한 주의를 기울여도 손해를 예견할 수 없었으리라는 근거에서만 면책된다.

언뜻 보기에 위의 분석은 모살이라는 전체 주제를 빠짐없이 다룬 것처럼 보인다. 그러나 몇 가지 부연 설명 없이는 다 다룬 것이 아니다. 어떤 사람이 합법적으로 체포하려는 경찰이 경찰임을 알면서도 무력으로 저항하다가 그를 죽이면, 비록 경찰이라는 그의 공적 기능이 없었다면 범죄로 성립될 만한 어떤 행동도 전혀 하지 않았다 해도, 그 행동은 모살이 될 것이다. 따라서 어떤 사람이 중범죄를 저지를 의도로 행동을 하다가 다른 사람을 사고로 죽이게 된다면, 예컨대 훔칠 목적으로 닭들에게 총을 쏘다가 미처 보지 못한 주인을 사고로 죽이게 된다면, 그것은 모살이다. 바로 위의 것과 같은 사건은 확립된 일반원칙과 거의 양립하지 않는 듯하다. 다음과 같은 것들이 다소 논쟁거리이다. 유일하게 비난받아야 하는 행동은 닭들이 다른 사람의 소유인 것을 알면서 거기에 총을 쏜 것이다. 사고가 그 후에 일어났기 때문에 그 이상도 그 이하도 아닌 것이다. 사람이 있으리라고 생각하지 않았던 상태에서 사람을 맞히면 사고이다. 총을 발사하는 것이 중범죄라는 사실 자체가 사람을 죽이기 더 쉽게 만들지도

---

[36] 블랙스톤(W. Blackstone)의 『잉글랜드법에 대한 주석』 4권 197을 참고하라.

않는다. 규칙의 목적이 그런 사고를 예방하는 것이라면, 법은 도둑질하려다 발생한 우발적인 살인을 모살로 만들 것이 아니라, 총기에 의한 우발적인 살인을 모살로 만들어야 한다. 그러나 목적이 도둑질을 방지하는 것이라면, 법은 천 명의 도둑 중에 한 명을 제비뽑아 교수형을 시키는 것이 나을 것이다.

현재 상태의 법은 여전히 명료하다. 모살에 대한 일반적인 판단은 사실들이 알려진 상태에서 저질러진 행동에 수반되는 위험의 정도이다. 특정한 행동이 특정한 상황에서 특히 위험하다고 간주된다면, 입법자는 이런 상황에서 행해진 행동은, 비록 일반적으로 위험이 알려져 있지 않다 해도, 처벌받도록 할 수 있다. 비록 그런 사건들에 대해 이제는 사형 선고가 자주 나오지 않는다 해도, 법은 이런 처벌을 자주 채택한다. 법은 때때로 심지어 더 나아가고 있고, 또한 비록 알려진 사실에서 반드시 유추해야 하는 것은 아닐지라도, 법은 사람들로 하여금 자신의 책임 하에 현재 사실을 알고 미래의 손해를 예견하도록 요구한다.

따라서 잉글랜드에서 16세 이하 소녀를 법적으로 책임지고 있는 사람에게서 그 소녀를 유인하는 것은 성문법 범죄이다. 어떤 사람이 16세 이하 소녀를 부모에게서 떠나도록 유인하는 행동을 하고 또한 그 소녀가 법적으로 부모의 보호 하에 있다는 사실을 알아야 할 이유가 전혀 없다면, 그는 무죄가 된다.[37] 그가 그 소녀를 남자아이로 생각할 합리적인 이

---

[37] *Reg. v. Hibbert*, 『잉글랜드 판례집』(*English Reports*, 1220~) 형사 1권 184.
(옮긴이 주) *Reg. v. Hibbert*(1869): 피고는 거리에서 14세 소녀를 만났고 조금 먼 장소로 그 소녀를 유인했으며, 그곳에서 농락했고 몇 시간 억류했다. 그는 그 다음에 그 소녀를 만났던 장소로 돌려보냈고, 그 소녀는 아버지에게로 돌아갔다. 그는 1861년 상해법(Offences Against the Person, 1861)의 55조를 위반한 죄로 기소되었다. 그러나 그 소녀가 아버지 보호 하에 있다는 것을 피고가 알고 있거나 알고 있을 이유를 갖거나 그가 그것을 믿고 있다는 어떤 증거가 없는 상태에서 배심의 유죄 평결은 유지될 수 없다고 판결되었다.

유가 있다면, 그는 유죄가 되지 않으리라고 추정할 수 있다. 그러나 그가 공공연히 그 소녀를 부모에게서 유인한다면, 그는 자신의 책임 하에 그 소녀의 나이를 알아야 한다. 모든 상황을 고려해 볼 때 그 소녀가 16세 이상이라고 생각할 수밖에 없었다는 것은 변명이 되지 않는다.[38] 따라서 주류 금지법 하에서 어떤 사람이 사제 술을 판다면, 그가 그것이 취하게 한다는 것을 모른다는 것은 전혀 변명이 되지 않는다.[39] 그리고 유사한 다른 종류의 사례들이 있다.

이제 경험이 보여주거나 입법자들이 보여주는 것에 따르면, 증거에 따라 사고라고 판명된 이런저런 죽음이 다른 중범죄나 경찰에 대한 저항과 관련하여 지나치게 자주 발생한다면, 혹은 다른 공서양속적 근거에 따라 그런 죽음을 방지하려는 특별한 노력이 바람직하다고 생각된다면, 입법자들은 알려진 상황에서 중범죄인의 행동이나 경찰에 대한 저항 행위를 특별히 금지할 만큼 충분히 위험한 성향을 가진 행동으로 일관되게 처리할 수 있다. 그러므로 법은 스스로 예견한 결과에 대한 책임뿐만 아니라, 일반 경험을 통해서는 예측할 수 없다 해도 입법자가 염려하는 결과에

---

[38] *Reg. v. Prince*,『잉글랜드 판례집』형사 2권 154.
(옮긴이 주) *Reg. v. Prince*(1875): 피고는 16세 이하의 소녀와 도피했다. 피고는 부모 보호 하에 있는 16세 이하의 소녀를 유괴한 죄로 기소되었다. 피고는 그 소녀가 부모의 보호 하에 있다는 것을 알았지만, 합리적인 근거에서 그 소녀가 18살이라고 믿었다. 이 재판에서는 소녀가 16살 이하라는 지식 없이도 그 범죄는 성립한다고 판결되었다. 피고가 소녀의 아버지의 보호로부터 그 소녀를 유인하려고 의도했다는 것을 보여주는 것으로도 유죄 평결에 충분하다고 보았다.

[39] *Commonwealth v. Hallett*,『매사추세츠주 판례집』103권 452.
(옮긴이 주) *Commonwealth v. Hallett*(1869): 피고는 '농장에서 만든 맥주'(plantation bitters)를 팔았고 그 물건이 '취하지' 않는다고 선의로 믿었다고 주장한다. 법정은, '마치 피고가 선의로 그것을 의약품으로 판매한다 해도, 피고는 취하는 음료를 팔 권리가 없다'고 진술하면서 쟁점을 단호하게 거부했으며, 그리고 피고의 선의와 연관된 증거를 심리 법정이 거부한 것을 확정한다고 판결했다.

대한 책임을 행위자에게 부담시킨다. 그러나 나는 논의 중인 규칙들이 위에서 언급한 논리에 따라 생겨났다고 주장하려는 것은 아니며, 그 규칙들이 옳다는 것 이상을 주장하려는 것도 아니며, 혹은 이 나라에 일반적으로 적용될 것이라고 주장하려는 것도 아니다.

주요 논점으로 되돌아가서, 고살과 모살의 관계를 고려하는 것은 교훈적일 것이다. 사실관계에 관해 주어진 상태에서 행동에 수반하는 위험의 정도에 차이가 있다는 것이 둘 사이의 큰 차이점이다. 어떤 사람이 치명적이지 않은 작은 막대로 다른 사람을 때렸고 가벼운 신체적 상해 이상을 끼칠 이유가 없었지만 그 사람을 죽이고 말았다면, 그는 고살을 저지른 것이지 모살을 저지른 것은 아니다.[40] 그러나 1인치 두께의 철 막대로 가능한 한 힘껏 타격을 가한다면 모살이 된다.[41] 따라서 그 사람이 회초리로 칠 때 약간의 타격 결과로 사람이 죽을 수도 있음을 예견할 수 있는 추가적 사실을 가지고 있다면, 이를테면 상대가 심장병을 앓고 있다면, 그 죄는 마찬가지로 모살이 된다.[42] 사람들로 북적거리는 거리에서 화약통을 폭파해 사람들을 죽이는 것은 비록 그런 손해를 끼칠 의도가 없었다 해도 모살이다.[43] 그러나 북적거리는 거리에서 부주의하게 말을 달리다가 사람을 죽이면, 일반적으로 고살이다.[44] 그러나 아마 그 경우에도

---

[40] 스티븐(Stephen)의 『형법 논평집』 223항 예시 5; 포스터(M. Foster)의 『왕의 법』(*Crown Law*, 1746) 294, 295.
[41] 스트레인지(Strange)의 『고등법원, 왕립법원, 민사법원 및 재정법원의 판례집』(*Reports of Adjudged Cases in the Courts of Chancery, King's Bench, Common Pleas and Exchequer*, 1716~1742) 2권 774를 인용하는 *Gray's case*를 참고하라.
[42] 스티븐(Stephen)의 『형법 논평집』 223항 예시 1.
[43] 스티븐(Stephen)의 『형법 논평집』 223항 예시 8.
[44] *Rex v. Mastin*, 캐링턴(F. A. Carrington)과 페인(J. Payne)의 『임석재판 판례집』(*Reports of Cases at Nisi Prius, in the Queen's Bench, Common Pleas and Exchequer*, 1823~1841) 6권 396. *Reg. v. Swindall*, 캐링턴(Carrington)과 커윈

말 달리는 것이 명백히 위험한 것이라면 모살이 될 수도 있다.

다른 목적으로 이미 사용된 사례로 다시 돌아가 보자. "노동자가 거리에서 돌이나 목재 조각을 던져서 사람을 죽이면, 그 행동이 일어난 상황에 따라 사고사, 고살, 혹은 모살이 될 것이다. 시골에서 보행자가 거의 없는 경우 그가 사람들에게 조심하라고 알려주었다면, 그것은 사고사에 불과하다. 그러나 런던이나 다른 인구가 많은 도시에서 사람들이 끊임없이 지나간다면, 큰 소리로 주의를 주었다 해도, 그것은 고살이 된다. 그러나 사람들이 지나가는 것을 알면서도 주의를 전혀 주지 않았다면 모살이 된다."[45]

고살에 관한 법은 형법의 일반원칙을 완전히 이해하기 위해 참조해야 하는 또 다른 학설을 포함한다. 이 학설에 따르면, 도발적 자극은 그렇지 않았더라면 모살이었을 범죄를 고살로 경감할 수 있다. 현재 도덕성에 따르면, 자신에게 행해진 부당행위로 인해 크게 흥분하여 평정심을 잃은 상태로 행동하는 것은 어떤 사람이 평온한 상태에서 행동하는 것만큼

(Kirwan)의 『임석재판 판례집』(*Nisi Prius Reports*, 1843~1853) 2권 230을 참고하라.

(옮긴이 주) *Rex v. Mastin*(1834): A와 B가 마치 경주하는 것처럼 큰길을 빠른 속도로 말을 달리고 있고, A가 C의 곁을 부딪치지 않으면서 말을 달렸지만, B가 말을 달리면서 C의 말과 부딪치면서, 그에 따라 B와 C가 내동댕이쳐졌고 그 때문에 C가 죽었다면, 본 사건에서 A는 고살에 해당하지 않는다. 판사의 요약에 따르면, "A와 B가 부적절하고 난폭한 방식으로 말을 몰았고 C를 가로질러 달렸다고 생각한다면 B에 대해서는 고살죄가 성립하지만, C의 말이 길들여지지 않았고 A가 길을 가로질러 갔다면, A에 대해 무죄를 선고해야 한다." A의 무죄 판결.

(옮긴이 주) *Reg. v. Swindall*(1846): 두 사람 각자가 큰길에서 위험하면서도 격렬하게 마차를 몰았고 마차 중 하나가 사람을 덮쳐서 죽였다면, 두 사람 각자가 고살에 대해 유죄이고, 사망한 사람의 과실이 죽음의 원인이거나 그가 귀가 먹었거나 술에 취했다는 것 등의 변명은 아무런 근거도 없다고 판결되었다. 자신의 과실에 의해 다른 사람의 죽음이 유발되었다면 그가 고살에 대해 유죄라는 판결이다.

[45] 블랙스톤(W. Blackstone)의 『잉글랜드법에 대한 주석』 4권 192.

비난받지 않는다. 법은 사람들의 동기를 통해 다스리려고 만들었으므로 그들의 심리 상태를 고려해야 한다.

다른 한편, 처벌의 목적이 예방이라면, 억제해야 할 가장 강력한 동기가 필요한 경우, 가장 무거운 처벌로 위협해야만 한다고 주장할 수 있고, 초기 입법은 때때로 그런 원칙 위에서 진행된 것 같다. 그러나 어떤 위협이 흥분한 사람을 억제한다면, 죽음보다 낮은 수위의 위협만으로도 충분할 것이고, 따라서 극형은 지나치다고 여겨졌다.

그렇지만 법적 기준의 객관적 성격은 심지어 여기서도 나타난다. 형벌의 경감은 피고가 분노로 제정신이 아니었다는 사실관계에서 나오지 않는다. 그 자신과 유사한 사회적 위치와 교육수준을 가진 모든 사람이 똑같은 결과를 발생시킨다는 근거도 그것만으로는 형벌의 경감 사유로 충분하지 않다. 오늘날까지 더구나 법이 확립되었을 때는 더더욱 그렇지만, 비록 많은 사람이 가장 모욕적인 언사를 인내하면서 참는 것보다는 차라리 죽음을 선택한다 해도, 그런 언사는 도발적 자극이 아니다. 흥분을 정당화하기에 충분한 도발적 자극은 반드시 있어야 하고, 법은 일반적인 고려사항을 근거로 하여 어떤 도발적 자극이 충분조건인지를 결정한다.

"도발적 자극으로 격앙된 사람의 행동이 그 자극으로 자제력을 잃지 않는 한," 법이 인정하는 "그 자극조차도 살인죄를 경감시키지는 않는다."[46] 피고의 실제 의식 상태를 이런 정도까지 고려하는 명백한 이유들이 있다. 일반원칙을 적용하지 않는 유일한 근거는 피고가 그런 상태에 있었기 때문에 그가 처벌의 위협을 기억하리라고 기대될 수 없거나 그 위협에 영향을 받으리라고 기대할 수 없다는 데에 있다. 처벌의 위협을 기억하거나 그 위협에 영향을 받으리라고 기대될 수 있었다면, 예외의

---

[46] 스티븐(Stephen)의 『형법 논평집』 225항.

근거는 사라진다. 그러나 심지어 여기서도 법은 옳든 그르든 외형적 판단들을 적용하는 방향으로 멀리 나아갔다. 법정은 모살과 고살 간의 차이를 사용한 무기의 성격[47] 혹은 도발적 자극과 행동 사이의 시간 경과[48] 등을 근거로 구분하는 듯하다. 그러나 다른 사례들에서는 죄수가 흥분하여 자제력을 잃었는지의 문제는 배심에 맡겨졌다.[49]

이 강의의 목적은 형법의 개요를 제공하는 것이 아니라 일반적 이론을 설명하는 것이므로, 나는 본 주제를 특별히 설명해줄 범죄들만을 고려할

---

[47] *Rex v. Shaw*, 케링턴(F. A. Carrington)과 페인(J. Payne)의 『임석재판 판례집』 6권 372.
(옮긴이 주) *Rex v. Shaw*(1835): A는 모살 혐의로 구금 상태에 있다. 동료 죄수인 B는 그에게 "당신이 그 소년을 어떻게 살해했는지를 제발 솔직하게 나에게 말해주기를 바란다"고 말했다. A는 "내가 당신에게 말한 것을 발설하지 않겠다는 선서를 하겠는가?"라고 응답했다. B는 이어서 말하지 않을 것이라고 선서했다. 그 다음에 A는 그 상황에 관해 진술했다. 이 진술은 그에 불리하게 작용하는 증거로서 인정될 수 있다고 판결되었다. 또한 판사는 "두 사람이 결투했고 한 사람이 다른 사람을 압도했으며 그를 쓰러뜨리고 밧줄로 목을 졸라서 질식시켰다면, 이것은 모살일 것이다"라고 언급했다.

[48] *Rex v. Oneby*, 스트레인지(Strange)의 『고등법원, 왕립법원, 민사법원 및 재정법원의 판례집』 2권 766, 773.
(옮긴이 주) *Rex v. Oneby*(1727): A와 B가 다투었고, 결투하기를 제안했으나 방해받았다. 사람들 앞에서 1시간 머물렀고 B가 화해를 제안했고, A가 그것을 거부했다. 나머지 사람들과 떠나려는 B를 A가 다시 돌려세웠고, 그들이 결투를 했으며, B가 죽임을 당했다. 화해가 없었다는 것이 발견되고 또한 B가 A에게 세 군데 상처를 주었고 또한 그가 공정하게 상처를 받았다 해도, 그것은 A에게 모살이라고 판결되었다.

[49] *Rex v. Hayward*, 케링턴(F. A. Carrington)과 페인(J. Payne)의 『임석재판 판례집』 6권 157.
(옮긴이 주) *Rex v. Hayward*(1833): A는 다툰 장소에서 200~300야드 떨어진 집으로 가고, 정육점 주인으로서 사용하던 칼을 들어서 특정한 신체 부위에 숨기고, 다시 돌아와서는 B를 만나고, 그를 칼로 찔러서 죽이고 다시 돌아가서는 그 칼을 동일한 장소에 다시 놓았다. 재판장은 그가 최근의 도발적 자극 하에서 격렬하면서도 통제 불가능한 흥분 상태에 있었는지(고살) 혹은 오히려 그가 판단과 이성을 찾을 수 있었던 생각, 계획 혹은 의도를 보여주었는지(모살)를 판단하는 것을 배심에 위임했다. 배심은 A에게 모살에 대해 유죄를 평결했다.

것이고, 그 목적에 가장 적합한 범죄들을 순서대로 다룰 예정이다. 이제 악의적 해악을 예로 들면서 그 범죄를 성립시키는 데 필요한 악의와 모살에서 계획적 악의, 두 가지를 비교하는 것은 유용할 것이다.

모살의 기소에서 계획적 악의에 대한 기소장(charge)[50]은 종종 생각하는 것처럼 피고의 심리 상태를 밝히는 것이 아니라, 피고가 자신의 행위를 사실상 정말로 위험하게 만드는 상황들을 알았다는 것을 밝히고자 한다. 과실에 관한 진술과 유사하게, 사실상, 그 기소장은 피고가 그에게 주어진 상황에서 행위의 법적 기준을 충족시키지 못했다고 주장하며 또한 그 경우를 일반적 규칙에서 제외할 만한 어떤 사실이나 변명도 존재하지 않는다고 주장한다. 그 기소장은 법의 판단을 이끌어내는 데 있어서 근거하는 (긍정적이고 부정적인) 사실관계들을 요약하도록 허용된 진술이다.

어떤 성문법이 "고의적으로 또한 악의적으로" 타인의 재산에 손해를 끼친 것을 처벌할 때, 더 많은 어떤 것이 함축되어 있다는 주장이 분명하지 않으면 논란의 여지가 있다. '악의적으로'라는 단어가 아무 의미 없이 추가되진 않았으리라는 추측은 모든 고의적인 불법침해를 범죄로 만들려는 비합리성에 의해서도 지원받고 있다.[51] 이런 논리가 우세하다면, **악**

---

[50] (옮긴이 주) 기소장(charge)은 기소할 때 피의자가 어떤 범죄를 저질렀는지를 상세히 밝히는 진술서이다.

[51] *Commonwealth v. Walden*, 『매사추세츠주 판례집』 57권 (3 Cush.) 558. 스티븐(Stephen)의 『잉글랜드 형법에 관한 일반이론』 p. 84를 참고하라.
(옮긴이 주) *Commonwealth v. Walden*(1849)은 '아무리 손해가 사소할지라도' 다른 사람의 재산을 고의적이고 악의적으로 파괴하거나 손해 입히는 것을 금지하는 성문법에 따라 피고가 기소된 사건. 법정은 "'피고에 의해 어떤 합법적인 변명도 제시할 수 없는 법에 의해 금지된 행위이면서 또한 심리의 도덕적인 간악함을 보여줄 필요도 없는 어떤 행위를 고의적으로 실행하는 것'을 "악의적으로(maliciously)"라는 용어'로 정의하는 배심에 대한 지침을 명백히 거부했다. 성문법에 대한 이런 해석은 사소한 손해를 포함하는 고의적인 사소한 불법침해 행위에 범죄적 책임을 부당하게 부과할 가능성을 높임으로써 악의와 고의를 구분하는 데

의적으로라는 단어는 여기서 대중적인 의미로 사용된 것이고, 피고의 행동의 동기는 재산의 소유자나 재산 자체에 손해를 가하고자 하는 욕구를 의미한다. 이런 의미에서 악의는 모살과 아무런 관련이 없다.

성문법 법률은 그 자체 내에서 일관성을 가질 필요가 없고 또한 사법적 결정으로 채택된 이론과도 일관성을 가질 필요가 없다. 따라서 그런 성문법을 지금까지 설명한 원칙들과 엄격하게 조화시킬 필요도 없다. 그러나 비일관성은 전혀 존재하지 않는다. 비록 처벌이 행위 규칙에 외형적 부합을 강제해야 하고 그에 따라 어떤 고의로든 어떤 동기로든 의무적인 어떤 행동을 하거나 그런 행동을 회피함으로써 그 처벌을 항상 회피할 수 있다 해도, 금지된 행위는 여전히 특정한 감정 상태를 동반하지 않는 한 해롭지 않을 수도 있다.

재산에 관한 일반적 분쟁은 보상으로 만족스럽게 해결된다. 그러나 때로는 은밀한 손해가 순수한 악의와 앙심에서 이웃에 의해 이웃에게 저질러질 수 있다는 것은 모두들 알고 있다. 손해는 보상받을 수 있다. 하지만 원한은 복수를 부르며, 항상 은밀하게 저질러진 그런 부당행위의 장본인을 찾아내는 데에 따르는 어려움은 설령 복수가 불충분하다고 생각되어도 형사적 처벌의 근거를 제공한다.

법이 얼마나 더 이런 방향으로 나아갈지는 말하기 어렵다. 방화죄는 타인의 집을 악의적이고 고의적으로 불태우는 것으로 정의되고, 일반적으로 악의적 손해와 밀접하게 연관 지어 논의한다. 죄수가 건물을 태우려는 의도가 아니라 오로지 탈출하기 위해 교도소에 불 지르는 것은 악의

실패했다고 평가된다. 법정은 '손해가 잔인한 냉혹성이나 사악한 보복을 의도하여 저질러졌다는 데 배심이 만족스럽게 평가할 때 피고가 유죄라고 평결하도록 지침이 배심에 주어졌어야 한다. ... 우리는 그런 것이 범죄의 진정한 정의라는 데 아무런 의심도 없다'고 판결했다.

적이 아니라고 간주되어 왔다. 하지만 이것을 방화라고 보는 것은 더 타당한 의견인 듯하고, 여기서 고의적인 방화는 규칙이 지정한 의미에서 악의적이다.[52] 방화가 초기 법률[53]로 거슬러 올라가 오래된 제소의 주제였음을 상기할 때, 우리는 고의적인 방화만이 그런 방식으로 배상받았음을 쉽사리 이해할 수 있다.[54] 방화에 대한 제소는 **평화와 상해**의 제소와 형제 격이다. 평화와 상해의 제소는 전투적인 폭력에 근거를 두고 정립되었으므로, 방화에 대한 제소는 아이슬란드 영웅서사시에서 니알[55]이 불에 타죽은 것처럼 강도나 복수 때문에 집에 불 지른 것을 전제로 한다.[56] 이 범죄는 다른 범죄들처럼 유사한 역사를 갖는 것 같다. 고의가 충분한 것으로 인정되자마자, 법은 외형적 기준을 선택하게 된다. 고의적으로 자신의 집에 불 지른 어떤 사람의 행동은 가까이 있는 다른 집들도 화재의 위험에 분명히 노출시킬 것이고, 그 결과 그 집 중 한 집이 불에 타면 그 사람에게 방화죄가 성립한다.[57] 이 경우 직접적인 결과만 고려한다면 방화죄가 아닐 수도 있었던 그 행동은 실제적인 고의성이 있든 없든 명백하게 뒤따라올 좀 더 부차적인 결과를 이유로 방화죄가 된다. 그 사안이 어떤 사람이 불낼 권리가 있는 사물에 불을 질러서 나타난 결과라고 할 수 있다면, 사물 그 자체만 놓고 볼 때, 원칙적으로 그 사안은 주변

---

[52] 비숍(Bishop)의 『형법 주석』 2권 14항(6th ed.).
[53] 글랜빌의 『잉글랜드 왕국의 법과 관습에 관한 연구』 14권 4장.
[54] 브랙턴(Bracton)의 『잉글랜드의 법과 관습에 관한 연구』 원문 페이지 146 b.
[55] (옮긴이 주) 니알(Njal)은 10세기부터 11세기 초까지 씨족 간의 유혈적인 반목을 다룬 13세기의 아이슬란드 영웅서사시(Iceland Saga)에 등장하는 위대한 변호사이다. 그의 아들이 분쟁이 휘말리면서 그의 농장을 수백 명의 사람들이 포위하고 불 질렀을 때 그에게 떠날 기회가 주어졌으나, 그는 그의 가족과 함께 불에 타죽기를 선택했다.
[56] 앞의 책.
[57] 이스트(E. H. East)의 『형사소송』 2권 21장 7, 8절, pp. 1027, 1031.

상황에서 동일한 손해를 똑같이 유발하는 어떤 다른 행동의 결과라고 왜 할 수 없겠는가? 쉽게 떠올릴 수 있는 사례들, 즉 총의 발사, 화학 혼합물의 제조, 기름걸레 쌓아놓기, 혹은 수십 가지 다른 일들도 분명히 고도로 위험할 수 있고, 실제로 대화재의 원인이 될 수도 있다. 그 경우 범죄가 저질러졌다고 주장한다면, 외형적 기준이 성취되고 모살에 대한 분석은 여기서도 적용된다.

악의적 손해에 관한 법을 설명하는 데 사용된 이유들과는 전혀 다른 이유들로 인해, 고의가 중요한 역할을 담당하는 다른 부류의 사례들이 있다. 이 부류의 가장 분명한 사례들은 형사상 미수(attempt)[58]이다. 미수와 고의는 물론 별개의 문제이다. 범죄를 저지르려는 고의 자체가 형사적 범죄는 아니다. 며칠 뒤에 모살을 저지르려고 의도한 사람을 저지할 법은 존재하지 않는다. 법은 오로지 행위만을 다룬다. 미수는 명백한 행동이다. 미수는 어떤 행동이 주요 범죄의 성격을 부여하는 결과를 가져오는 데 실패했다는 점에서 실행된 범죄와는 상이하다. 살인미수가 법이 정하는 1년에서 하루가 더 지난 후 죽음을 가져온다면, 이는 모살이 된다. 절도미수가 소유자의 재물을 탈취하는 결과로 나타나면, 그것은 절도죄(larceny)[59]가 된다.

주어진 상황에서 실행된 어떤 행위의 당연하면서도 개연적인 결과는 실체적 범죄(substantive crime)[60]를 성립시킨다. 그런 범죄를 성립시키는 행동

---

[58] (옮긴이 주) 미수(attempt)는 범죄를 저지를 능력이 있고 실제로 범죄를 저지르려고 했을 때를 지칭하며, 명백한 행동은 없었지만 범죄행위를 생각하거나 계획하는 것 이상의 더 많은 것을 함축한다.

[59] (옮긴이 주) 절도죄(larceny)는 다른 사람의 물건을 자신이 보관하고 가질 의도로 허락 없이 탈취하는 것을 지칭한다.

[60] (옮긴이 주) 실체적 범죄(substantive crime)는 실체법(substantive law)에 따라 결정되는 범죄를 말한다.

이 저질러졌지만 특정 사건에서 그 행동이 그런 결과를 가져오지 않는다면, 형법은 처벌의 강도를 적절하게 충분히 약화시킬 수는 있지만 어떤 이론으로도 전혀 처벌하지 않을 수는 없다. 실제적 고의는 그런 사례들에서 그 행동에 범죄성을 부여할 수 있는 전부라고 주장되어 왔다.[61] 그러나 모살과 고살에 대해 내가 전개해온 관점들이 타당하다면, 동일한 원칙은 논리적으로 일반적인 행동의 범죄성을 결정해야만 한다. 행동들은 알려진 상황에서 그 행동의 성향에 의해 판단해야 하지, 실제적 고의에 의해 판단해서는 안 된다.

다른 어느 영역에서와 마찬가지로 미수 영역에서도, 실제적 고의의 사례들은 가장 명백한 사례들이기 때문에, 미수에 관한 법도 그런 실제적 고의의 사례들로부터 시작했다는 것은 진실이다. 그러나 처벌의 일반원칙보다는 **미수**란 단어의 언어적 의미에 더 큰 중요성을 부여하지 않는 한, 법은 그 사례들에서 멈출 수 없다. 따라서 어떤 행동이 당연하면서도 개연적인 결과를 가져왔다고 전제하면서 그 행동이 실체적 범죄로 성립하면, 그 행동이 미수로서 처벌받을 수 있다는 명제에는 적어도 사법적 권위의 색채가 존재한다.[62]

---

[61] 비숍(Bishop)의 『형법 주석』 1권 735항(6th ed.).

[62] *Reg. v. Dilworth*, 무디(W. Moody)와 로빈슨(F. Robinson)의 『임석재판 판례집』(*Reports of Cases Determined at Nisi Prius, in the King's Bench, Common Pleas and Exchequer*, 1830~1844) 2권 531; *Reg. v. Jones*, 캐링턴(F. A. Carrington)과 페인(J. Payne)의 『임석재판 판례집』 9권 258. 어떤 사람이 자기 행위의 당연한 결과를 의도한다고 추정하는 진술은 진정한 이론을 가장하고 있는 단순한 의제이다. 제4강을 보라.

(옮긴이 주) *Reg. v. Dilworth*(1843): 두 명의 피의자가 가정집에 침입하여 여자에게 독을 먹이고 실신 상태에 빠지게 하고 도둑질을 한 사건. 법정은 그들의 주요 의도가 훔치는 것이었지만, 생명을 빼앗을 다른 의도도 분명한 것으로 드러났고, 독약을 먹이는 것이 죽음을 유발했든 그렇지 않든 그들이 숙고해서 그들 자신의 행위의 개연적인 결과를 의도했다고 판결했다. 두 죄수에게 사형이 선고되었다.

그러나 그 행동들은 처벌받아야 할 유일한 미수행위들이 아니다. 실제적 고의가 분명히 필요한 다른 부류가 있으며, 그 명칭(미수)의 존재뿐만 아니라 이런 부류의 존재는 전체 학설에 분명히 영향을 미치려는 경향을 보인다.

일부 행동들은 범법자의 다른 행동들을 수반하지 않으면 범죄로 성립할 수 없는 미수나 경범죄가 될 것이다. 예컨대, 건초더미에 불낼 의도로 성냥에 불붙인 것은, 비록 피고가 감시당하는 것을 알자마자 성냥을 불어 껐다 해도, 형사적 미수가 성립된다는 주장이 있어왔다.[63] 그런 이유로 인해 위조 동전을 만들기 위해 동전 틀을 사는 것은, 물론 그 틀이 사용되지 않는 한 동전이 위조될 수 없다 해도, 경범죄가 된다.[64]

(옮긴이 주) *Reg. v. Jones*(1841): A가 B 소유의 산림에서 밤 사냥을 하고 있었고, B가 A에게 다가가서 그를 향해 총을 겨누면서 '거기 너, 손들어'라고 말했다. A가 '이제, 네가 손들어'라고 말하고, 공기총을 들어 올리고는 공기총을 발사했고, B에게 부상을 입혔다. B가 죽었다면 그것은 모살의 경우가 아닐 것이다.

[63] *Reg. v. Taylor*, 팔코너(T. Falconer)와 피츠허버트(E. H. Fitzherbert)의 『하원 위원회에서 판결된 논란 많은 사례』(*Cases of Controverted Elections Determined in Committees of the House of Commons*, 1839) 1권 511.

(옮긴이 주) *Reg. v. Taylor*(1859): 일단 범죄를 저지르려고 취한 조치가 충분히 진행되어서 시도하기에 이르렀다면, 그 범죄를 완성하지 못한 것이 피고의 자발적인 포기, 경찰의 간섭 혹은 어떤 다른 이유에 기인하든 그것은 아무런 차이를 만들지 않는다는 것은 논리적이다. 피고가 곡식더미에 불을 지르려는 의도를 갖고서 그것에 접근하고 그 목적을 위해 성냥불을 켰지만 그가 감시당하고 있음을 발견하고는 그의 계획을 포기하는 경우 미수가 저질러졌다고 판결되었다.

[64] *Reg. v. Roberts*, 『치안판사재판소 판례 법학저널』(*Law Journal Reports*, Magistrates' Cases, 1831~1896) 25권 17; 앞의 사건, 디어슬리(Dearsly)의 『잉글랜드의 형사 사례』(*Crown Cases Reserved for Consideration, and Decided by the Judges of England*, 1852~1856) 539.

(옮긴이 주) *Reg. v. Roberts*(1855): 위조 동전을 주조할 의도로 동전 틀을 구입했지만 동전 주조에 필요한 다른 물품들을 구입하지 않은 사람이 위조 동전을 만들려고 했다는 혐의로 기소될 수 있는가 하는 문제에 대해, 법정은 그가 위조 동전을 만들 수 있다고 판결했다. Jervis 재판장은 "동전 틀과 다른 기구를 구입하는 것은 범죄와 필연적으로 연관되고, 범죄의 명백한 목적을 위한 것이며, 다른 목적으로는

위의 사건들에서 법은 대부분 실체적 범죄를 규제하는 것과는 상이한 새로운 원칙을 따른다. 어떤 행동을 처벌하는 이유는 그 행동이 저질러진 상황에서 그 행동에 수반될 가능성이 높은 예견된 손해를 일반적으로 방지하는 데 있다. 대부분의 실체적 범죄에서 손해의 개연적 가능성이 성립하는 근거는 경험이 보여준 바와 같이 자연적 원인들의 공동작용이다. 그러나 주어진 상황에서 자연적 결과가 해롭지 않은 그런 행동이 처벌받을 때, 자연적 결과라는 그 근거 하나만으로는 손해의 개연적 가능성이 성립하기에 충분하지 않을 것이다. 그 행동이 결과적으로 해로운 다른 후속 행동들을 수반한다고 기대할 수 있는 근거가 없는 한, 해로운 결과의 개연성은 존재하지 않는다. 그러나 그 행동이 실제로는 다른 후속 행동들을 수반하지 않았으므로, 어떤 행동이 저질러졌다는 단순한 사실에서 행위자가 방해받지 않았다면 그 행동이 후속 행동들을 수반했을 것이라고 일반적으로 전제할 수도 없다. 행위자가 선택하지 않는다면 다른 후속 행동들이 따라오지 않았을 것이다. 그리고 행위자가 다른 후속 행동들을 선택했다는 것을 일반적으로 보여줄 수 있는 유일한 방법은, 그가 행동을 저질렀을 때, 그 후속 행동들을 하려고 의도했다는 것을 보여주는 것뿐이다. 이런 경우에 수반하는 고의는 그렇지 않으면 무죄한 행동을 해롭게 만든다. 왜냐하면 그 고의는 다 함께 손해를 끼칠 다른 행동들이나 사건들을 수반할 확률을 높이기 때문이다. 고의의 중요성은 행동이 사악했다는 것을 보이는 것이 아니라, 해로운 결과가 따라오기 쉽다는 것을 보여주는 것이다.

이런 종류의 책임에는 제한이 있다는 것은 쉽게 알 수 있다. 법은 범죄를 저지르려는 고의를 지닌 채 행한 모든 행동을 처벌하지는 않는다. 의

사용될 수 없다는 것을 아무도 의심할 수 없다"라고 진술했다.

자에 앉아서 누구를 쏘려고 결심했다가 잘 생각해보고 그 생각을 포기했다면 처벌받을 수 없는 것과 마찬가지로, 어떤 사람이 보스턴에서 출발하여 케임브리지로 가서 거기에 도착하면 모살을 저지르려고 했으나 도개교에 의해 길이 막혀서 집으로 돌아갔다면, 그 사람 역시 처벌받을 수 없다. 한편 백인 여자를 쫓아가다가 그녀를 따라잡기 전에 포기한 노예는 성폭행 미수로 유죄가 선고되었다.[65] 우리는 무엇이 건초더미를 태우려는 행동을 미수로 성립하게 했는지를 살펴보았다. 그러나 동일한 사례에서 피고가 불낼 목적으로 성냥 한 갑을 사는 것에 그쳤다면, 그는 책임지지 않는다.

저명한 판사들은 두 사건 간에 선을 어디에 그어야 하는지 혹은 선을 그어야 한다면 심지어 그 원칙을 어떻게 언급해야 할지에 대해 당혹해했다. 그러나 그 원칙은 모든 다른 선들이 법에서 그어진 원칙과 비슷하다고 생각한다. 공서양속, 즉 입법적 고려사항들은 가장 기본적인 것이다. 이 경우 고려사항들은 위험의 근접, 손해의 크기, 느끼는 불안의 정도 등이다. 한 사람이 건초더미에 불을 지르려고 성냥을 사거나 목적지에 도착하여 사람을 살해하려고 길을 나설 때, 행동으로 옮기기 전에 마음을 바꿀 가능성은 여전히 상당히 높다. 그러나 성냥을 긋거나 권총을 장전하

---

[65] *Lewis v. The State*, 『앨라배마주 판례집』(*Alabama Reports*) 35권 380.
(옮긴이 주) *Lewis v. The State*(1860): 노예인 피고는 성폭행할 의도로 백인 여자를 1마일 이상을 추적했고 그녀를 따라잡는 데 실패했다는 증거에 입각하여 성폭행 미수로 유죄를 선고받았다. 포기에 관한 문제에 대해 스톤(Stone) 판사는 다음과 같이 언급했다. "피고의 의도된 목적의 성취가 개연적으로 혹은 아마도 달성 가능할 때 그가 자발적으로 추적을 포기했다는 것을 증거가 보여준다면, 이것은 기소장에 포함된 혐의의 진실성에 상당히 불리하게 작용하는 상황이다. 그 반면에, 백인 여자를 따라잡을 수 없기 때문에 혹은 더 진행하는 것이 무서웠기 때문에, 다른 방해요인에 봉착하지 않기 위해, 그 추적을 포기했다면, 그때 그가 포기했다는 사실관계는 그에게 유리할 것이 전혀 없다."

여 겨냥했을 때, 끝까지 관철하지 않을 가능성은 아주 적고 위험은 너무 크므로, 법이 개입해야 한다. 동전 주조에 사용되는 동전 틀의 구입 사례처럼 결백하게 사용될 수 없는 물건에는 개입의 시점이 좀 더 일찍 당겨져야 한다.

불안의 정도는 범죄가 뒤따를 확률의 정도와 함께 판결에 영향을 미칠 수 있다. 노예를 소유하는 공동체에 독특하게 나타나는 불안감은 위에 언급한 유죄를 선고하는 데 분명히 한몫을 했다.

간과해서는 안 될 불확실한 점이 한 가지 있다. 나무토막을 사람으로 생각하고 그것을 겨냥하여 총을 쏘는 행동은 살인미수가 아니라고 생각되고,[66] 또한 소매치기할 의도로 빈 주머니에 손을 집어넣는 행동도, 비록 의견의 차이가 있기는 하지만, 절도미수가 아니라고 여겨져 왔다.[67] 왜냐하면 상황의 성격상 행위자가 그 행위가 가져올 모든 결과를 파악할 수 있다면, 범죄로 성립할 수 없는 행동이 방해받았을 때, 그 행동은 범죄미수일 수 없기 때문이다. 응보이론이 아니라 예방이론을 따른다면, 물론 어떤 시점이나 다른 시점에서 법은 이런 결론을 채택해야 한다.

그러나 심지어 손해를 효과적으로 방지하기 위해서는 지나치게 정확

---

[66] *M'Pherson's case*, 디어슬리(Dearsly)와 벨(Bell)의 『잉글랜드 형사 사례』(*Crown Cases Reserved for Consideration and Decided by the Judges of England*, 1856~1858) 197, 201에 있는 브람웰 남작(Bramwell, B.)의 진술을 보라.
(옮긴이 주) *M'Pherson's Case*(1857): 피의자가 주택에 침입하여 물건들을 훔쳤다고 기소되었으나, 주택에 침입한 순간에 그 물건들은 그곳에 없었다. 배심은 중범죄에 대해선 무죄를 평결했으나, 주택에 침입하고 물건을 훔치려 한 데에 대해선 유죄를 평결했다. 법정은 중범죄를 저지르려는 시도가 없었으므로 유죄 판결은 잘못되었다고 판결했다. 브람웰 남작은 "어떤 사람이 남의 빈 주머니에 손을 넣는 것이 절도미수로 유죄 판결을 받을 수 있다는 논리는 처음에는 그럴듯하게 보였지만, 나무토막을 죽이고 싶은 사람이라 생각하고 살인하려는 의도로 그것을 겨냥하여 쐈다면, 그는 살인미수로 유죄일 수 있겠는가?"라고 진술했다.
[67] 비숍(Bishop)의 『형법 주석』 1권 741~745항(6th ed.)를 참고하라.

한 것도 좋지 않을 것이다. 어떤 사람을 죽이려는 의도로 권총을 그 사람을 향해 발사한 것은 총알이 빗나가도 살인미수보다 약한 것이라고 여겨지지 않는다. 그럼에도 거기서 그 행동은 자연의 순리대로 하면 살인이 가능하게 되는 전체적 결과를 발생시킨다. 총알이 빗나간 상황에서 사람을 죽이는 것은 빈 주머니를 소매치기하는 것만큼 불가능하다. 그러나 그런 상황에서 사람이 예견할 수 있는 한, 그 행동은 너무 위험하여 처벌받아야 한다고 말하는 데에 어려움이 없다. 비록 많은 사람들이 확신한다 해도, 정확하게 어디에 총알이 박힐지, 상해를 끼친다면 아주 심한 상해일지는 누구도 확실하게 알 수 없다. 어떤 사람이 벽돌을 향해 총을 발사하면 어떤 손해도 따를 가능성이 없고, 빈 주머니를 터는 것도 절도가 되지 않는다. 게다가 절도의 성공으로 끼치는 손해는 살인보다는 약하다. 그러나 범죄 의지를 충분히 광범위하게 또한 쉽게 단념시키려면 위의 행동들도 처벌해야 한다는 주장은 할 수 있다.

매우 중요한 방식에서 살인 및 그와 유사한 범죄와 상이한 어떤 실체적 범죄를 살펴보는 일이 남아 있다. 그 범죄의 설명을 위해서는 범죄미수 및 그와 유사한 경범죄에서 고의에 대한 앞의 분석이 도움이 될 것이다.

이런 부류가 절도죄이다. 절도죄란 이름에 속하는 행동은 법에 의해 방지하려는 해악을 초래하는 데에는 그 자체만으로는 충분하지 않을 수 있으나, 그 행동은 그런 해악이 성취되든 않든 똑같이 범죄로 취급되고 처벌받는다. 다른 한편 모살, 고살 및 방화는 해악을 초래하지 않고서는 죄가 저질러졌다고 볼 수 없으며, 자연법칙의 단순한 작용에 의해 이들 모두는 주변 상황에서 인명이나 재산을 다치게 하거나 파괴하려는 성향을 가지는 행동들로 구성되어 있다.

절도죄에 속하는 행동에 즉각적으로 수반하는 결과는 일반적으로 소유자에게 경미한 손해 아니면 전혀 손해를 끼치지 않으면서 일반적으로 소멸되어 없어진다. 물건은 불법침해에 의해 소유자에게서 제거되며, 범죄가 완성되었을 때 소유자에게서 제거되는 것 바로 그것이 전부이다. 그러나 법이 방지하려는 손해가 일어나기 전에, 그 물건은 소유자에게서 영원히 분리되어야 한다. 점유의 잠정적인 상실은 그런 엄격한 처벌로 방지할 만한 손해는 아니다. 소유자에게서 재산을 빼앗을 의도 없이 잠시 사용하기 위해 가져가는 것은 절도죄가 아니라는 사실에서 보여주듯이,[68] 법이 방지하고자 하는 것은 완전히 또한 영원히 물건을 잃어버리는 것이다. 그때 법이 물건을 단순히 가져가는 행동을 처벌해야 한다면, 법은 방지하려는 악한 결과를 그 스스로 발생시키지 않는 행동을 처벌하는 것이 되고, 그런 악한 결과가 어떤 방식으로든 나타나기도 전에 그 행동을 처벌하는 것이 된다.

그 이유는 아주 분명하다. 방지하고자 하는 손해가 저질러졌다는 것을 확인하기 위해, 소유자 이외의 다른 사람 손에서 재산이 소모되거나 파괴될 때까지 혹은 소유자가 죽을 때까지 법은 기다릴 수 없다. 그리고 동일한 이유로 인하여, 법은 그런 손해를 끼칠 것 같은 행동에 대해서만 처벌을 제한할 수도 없다. 왜냐하면 재산의 영원한 손실이라는 손해는 재산을 잠시 가져가는 행동에서 나타나는 것이 아니라, 재산을 가져간 후에 그것을 없애거나 점유하는 행동들로 구성된 일련의 행동에서만 나타나기 때문이다. 이들 앞서 언급한 것들을 살펴본 후에야, 범죄에 대해 고의가 가지는 함축적 의미가 쉽게 파악된다.

비숍(Bishop)[69] 씨에 따르면, 절도죄란 "소유자에게서 소유권을 빼앗으

---

[68] (옮긴이 주) 소유자 이외의 사람들에 의한 합법적인 혹은 불법적인 점유가 범죄를 성립시키지 않는다는 내용은 제5~6강을 참조하라.
[69] (옮긴이 주) Joel Prentiss Bishop(1814~1901)은 미국의 법률가이다. 그는 비록 체

려는 의도로 다른 사람에게 일반적으로 혹은 특별히 속해 있음을 알고 있는 개인 재산을 불법침해자가 불법침해에 의해 가져가서 없애버리는 행동이고, 아마도 불법침해자가 약간의 이익을 얻으려 했다는 단서를 추가해야 할 것이다. 이 명제에 대한 판결들은 엇갈리고 있다."[70]

그 소유자에게서 그의 소유권을 빼앗으려는 고의가 존재해야 한다. 그러나 왜? 법이 다른 사람을 죽였을 때 교수형에 처하지 않는 것보다는, 어떤 사람이 실제로 사악하지 않다면 도둑질할 때 교도소에 집어넣지 않는 것을 더 염려하기 때문일까? 그렇지는 않다. 진정한 답은 고의란 일어날 가능성이 있는 외형적 사건에 대한 지표라는 것이고, 법이 어떻든 처벌해야 한다면 이 경우 법은 이미 성취된 사실들이 아니라 나타날 개연성에 의거해야 한다는 것이다. 미수를 다루는 방식에 대한 유사성은 분명하다. 절도는 어떤 사람에게서 그의 재산을 영원히 빼앗으려는 미수라고 칭하며, 그 범죄는 성공하든 못하든 똑같이 엄중하게 벌한다. 절도가 이런 식으로 올바르게 검토될 수 있다면, 고의는 다른 미수행위에서의 역할과 유사한 역할을 해야만 한다. 금지된 결과를 온전히 초래하지 못한 행동은, 약간의 방해가 없었더라면, 그 결과를 성취하기 위해 그 행동과 조직적으로 연결된 다른 행동들이 수반되었을 것이란 증거에 의해 유죄가 될 수 있다. 이것은 고의를 보여줌으로써만 증명될 수 있다. 절도로 소유자에게서 재산을 뺏으려는 고의는 도둑이 훔친 물건을 간직하고 있

계적인 법학 교육은 받지 않았으나 가족법, 형법, 성문법 해석, 계약법 및 불법침해법 등과 관련한 많은 저술을 남겼다. 또한 그는 보통법이 종교적이면서도 도덕적인 원칙의 기반 위에 입각하고 있다고 주장했고, 그의 견해는 항소법원에서 많이 수용되었으며, 실무자들도 많이 참조했다고 평가된다. 대표적인 저서로『결혼과 이혼에 관한 법 주석』(*Commentaries on the Law of Marriage and Divorce*, 1852), 『형법 주석』(*Commentaries on the Criminal Law*, 1856~1858), 『계약법 주석』(*Commentaries on the Law of Contracts*, 1887) 등이 있다.

[70] 비숍(Bishop)의『형법 주석』2권 758항(6th ed.).

거나 되돌려주려 시도하지 않았다는 것으로 입증된다. 차후에 도둑이 마음을 바꿔서 물건을 되돌려 주었다는 것은 중요하지 않다. 미수의 관점에서 범죄는 이미 재산이 떠나갔을 때 성립한다.

이런 관점에 대해, 고의가 단지 실무적인 필요성에서 실제적 박탈을 대신하는 임시변통이라면, 동일한 범죄행위가 전체 결과를 발생시킨다는 조건에서 실제적 박탈이 전적으로 성취된 후에는 고의가 요구되어서는 안 된다는 반론이 제기될 수도 있다. 예컨대, 아주 동일한 행동으로 어떤 사람이 다른 사람의 말을 잡아타고 절벽을 뛰어넘는 것을 가정하자. 법이 방지하려는 전체 해악은 알려진 상황에서 행동의 자연적이면서도 분명히 확실한 결과이다. 그런 사건에서 절도죄에 관한 법이 여기서 주장하는 이론들과 일관성을 갖는다면, 그 행동은 그 행동의 경향에 따라 판단해야 하고, 범법자의 실제적 고의는 어떤 방식으로든 고려되어서는 안 된다. 그러나 심지어 그런 경우에도 간단히 말하면 고의는 커다란 차이를 만들 것이다. 그 행동이 소유자에게서 말을 빼앗으려는 목적으로 행해졌다면, 그 행동은 변명의 여지가 없고 잘못된 것이라고 추정되며 절도죄가 성립될 것이다. 그럼에도 실험을 목적으로 그리고 소유자에 반하는 피해에 대한 실질적인 예상이나 악의적 음모 없이, 그 행동이 실행되었다면 그 불법침해자는 도둑으로 판결될 수 없다.

의견 불일치가 존재한다면 그것은 법이 성장해온 방식으로 설명이 가능한 듯하다. 절도에 관한 보통법의 특성들은 폭넓은 시야의 입법 이론의 특성들이 아니다. 즉 그 특성들은 고도로 전문적이고 그 설명을 위해서는 역사에 아주 많이 의존해야 한다.[71]

절도의 특징은 본인이 사용하기 위해 훔치는 것이다.[72] 훔치는 것은

---

[71] 스티븐(Stephen)의 『잉글랜드 형법에 관한 일반이론』 49 이하를 참고하라.

이득의 동기가 있어야 한다, 즉 도둑에게 약간의 이득이 있어야 한다고 생각되어 왔고, 지금도 종종 그렇게 생각한다. 그런 경우 소유자는 그의 재산이 소멸하는 것이 아니라 도둑의 보관에 의해 자신의 재산을 빼앗기고, 그의 손실의 영구성은 보관하려는 고의에 의해 미리 판단될 수 있다. 그러므로 고의는 항상 필요하고, 그것은 이기적 고의라는 형식으로 자연스럽게 설명된다. 소유자의 재산을 빼앗으려는 고의가 충분하다고 판결되었을 때, 고의는 오래된 판례에서 발전된 것이다. 1815년 말 잉글랜드 판사들은 친구에게 불리한 증거를 오직 없애려는 목적으로 말을 죽일 의도로 말을 훔쳐간 것이 절도죄라는 진술에 겨우 6대 5로 찬성했다.[73] 그러나 심지어 그 사례도 말을 훔쳐가서 죽인 것에 대한 판단 기준으로서 고의의 보편성을 없애지는 못했으며, 그 행동의 범죄성이 훔친 이후가 아니라 훔친 시점에서 사물의 상태에 의해 결정된다는 것은 오래된 규칙이다. 절도죄에 관한 법이 형법의 일반원칙을 추종할 것인지 혹은 전통에 의해 제한받을 것인지는, 동일한 행동이 훔치는 것과 죽이는 것 모두를 완수한 위에서 제시된 사례와 유사한 사례에 의해서만 판결될 수 있다. 이미 제시했듯이, 전통이 어쩌면 아주 우세할 수 있다.

절도죄에서 나타나는 특이성이 더욱 극명하게 드러나면서 동시에 더욱 쉽게 설명되는 또 다른 범죄는 주거침입죄(burglary)[74]이다. 그것은 중범

---

[72] 스티븐(Stephen)의 『잉글랜드 형법에 관한 일반이론』 49~52; 이스트(E. H. East)의 『형사소송』 2권 553 등을 참고하라.

[73] *Rex v. Cabbage*, 러셀(W. O. Russell)과 리안(E. Ryan)의 『형사 사례』(*Crown Cases Reserved for Consideration*, 1799~1824) 292.
(옮긴이 주) *Rex v. Cabbage*(1815): 피고는, 말을 훔친 죄로 기소된 그의 친구를 보호하기 위해, 고발자의 마구간에 들어가서 말을 끌고 나와서는 탄광 갱도로 떨어뜨려서 죽였다. 탈취는 그 말을 탈취자의 용도로 전환할 의도, 즉 도둑질과 이익 추구의 의도를 갖지 않기 때문에 이 행위가 절도죄가 아니라는 주장은 재판에서 거부되었다. 즉 절도죄로 판결되었다.

죄를 저지르려고 고의로 밤에 어떤 주택을 부수고 침입하는 것으로 정의된다.[75] 그렇게 부수고 침입하는 것을 처벌하는 목적은 심지어 밤에 저질렀을 때도 단순히 불법침해를 막으려는 것이 아니라, 강도나 모살과 같은 더 중대한 범죄를 저지르려는 첫 단계로서 그런 불법침해를 막으려는 데 있다.[76] 이런 경우 고의의 기능은 고의가 입증되었을 때 절도보다 더욱 분명하게 드러나지만, 고의는 두 경우 정확히 유사하다. 그 고의는 법이 방지하고자 하는 어떤 미래의 행동이 일어날 개연성에 대한 한 가지 지표다. 그리고 여기서 법은 이것이 진정한 설명이라는 증거를 제공한다. 왜냐하면 부수고 침입하는 행동이 수반된다면, 주거침입이 그런 고의로 행해졌다고 주장할 필요도 없어지기 때문이다. 피고가 주택을 부수고 침입하여 어떤 재물을 훔쳐갔다고 주거침입죄로 기소하는 것은 고의로 도둑질하려고 주택을 부수고 침입했다고 진술하는 것과 마찬가지다.[77]

보통법에서 주장하듯이 형사 책임에 관한 일반이론을 설명하기 위해서는 이제 충분한 것이 언급되었다고 믿는다. 그 결과는 다음과 같이 요약될 수 있다.

---

[74] (옮긴이 주) 주거침입죄(burglary)는 범죄를 저지를 목적으로 건물에 불법적으로 침입하는 것을 말한다.
[75] 블랙스톤(W. Blackstone)의 『잉글랜드법에 대한 주석』 4권 224; 스티븐(Stephen)의 『형법 논평집』 316항과 319항 등을 참고하라.
[76] 블랙스톤(W. Blackstone)의 『잉글랜드법에 대한 주석』 4권 227, 228을 참고하라.
[77] 스타르키(T. Starkie)의 『형법 소송에 관한 논문』(*A Treatise on Criminal Pleading*, 1814), 177. 이 학설은 나의 논지가 요구하는 것보다 더 나가고 있다. 왜냐하면 주거침입을 미수라는 근거 위에서만 다룬다면, 전체 범죄가 주택을 부수고 침입하는 순간에 성립되어야 하기 때문이다. *Rex v. Furnival*, 러셀(W. O. Russell)과 리안(E. Ryan)의 『형사 사례』 445를 참고하라.
(옮긴이 주) *Rex v. Furnival*(1821): 주택을 부수고 침입하여 그곳의 물건을 훔친 혐의로 기소한 것에 대해, 법정은 만약 절도죄로 입증된다면 피의자는 주거침입죄로 기소될 수 있고, 그렇지 않다면 다를(secus) 수 있지만 절도할 의도와 절도를 이런 모든 경우에 주거침입죄로 기소하는 것이 바람직하다고 판결했다.

모든 행동은 **그 자체적으로** 중립적이다.

실체적 범죄의 특징적 유형에서 그 행동들은 법으로 방지하려는 어떤 손해를 개연적으로 유발할 만한 상황에서 실행되므로, 그 행동들은 범죄로 표현된다.

그 경우 범죄성에 대한 판단은 그 상황에서 그 행동에 수반하리라고 경험적으로 인식되는 위험의 정도이다.

그 경우 **범죄자의 의도**나 당사자의 실제적인 사악함은 전적으로 불필요하다. 그리고 그의 의식 상태에 대한 모든 진술이 그의 행동의 성향에 관한 판단에 연관된 상황이 그에게 알려진 상황이라는 것 이상을 의미한다면, 그 진술은 오해를 유발한다. 심지어 인식의 필요성도 어떤 제한을 받고 있다. 어떤 사람이 합리적이면서도 신중한 사람이라면, 그는 실제로 알려진 상황에서 유추했을 사실들을 자신의 책임 하에서 발견해야 한다. 특히 몇몇 성문법 범죄의 경우 그는 한발 더 나아가야 하고, 그가 어떤 사실을 알았을 때 그는 그 행동을 범죄로 만들 수 있는 다른 사실들이 존재하고 있는지를 자신의 책임 하에서 알아봐야 한다. 잉글랜드에서 부모에게서 소녀를 유혹한 사람은 자신의 책임 하에 그녀가 16세 이하인지를 알아야 한다.

행동의 결과가 신중한 사람이 예견하지 못하는 결과라고 한다면, 일부의 경우 그 행동의 결과가 그 상황에서 실제로 예견되어야 한다고 할 수도 있다. 표준으로서 신중한 사람을 언급하는 것은 판단 기준으로서의 유일한 형식이고, 그 형식에서 비난 가능성이 범죄 구성의 요소이며, 그 신중한 사람에게서 비난받을 만한 것은 범죄의 구성요소가 된다. 첫째, 진정한 도덕적 표준의 유물로서 그렇고, 둘째, 공동체의 평균적인 구성원에게서 비난받지 않을 만한 것을 처벌하는 것은 이론적으로는 변호할 수 없는 표준을 강요하고 또한 관행적으로는 그 공동체에 너무 높은 표준을 강요하기 때문이다.

　몇몇 경우 실제적 악의나 고의는 그 단어의 일반적인 의미에서 범죄의 한 요소이다. 그러나 그것이 범죄의 한 요소일 때, 그 이유는 악의적으로 행한 행동은 행동 자체만으로는 따라오지 않았을 손해를 수반하기 때문이거나, 고의는 그 자체로는 무죄한 행동이 법에서 방지하고자 하는 결과를 가져오게 되는 다른 행동들이나 사건들을 수반하게 할 개연성을 높이기 때문이다.

제3강

불법행위: 불법침해와 과실

A. 서론
  논제
  두 가지 이론
   (a) 도덕적 결함에 한정하는 책임
   (b) 인간은 자신의 책임 하에 행동한다
  어느 이론도 타당하지 않다
B. 자기 책임 하에 행동한다는 이론에 대한 검토
  (a) 찬성론: α. 유추, β. 이론, γ. 변론 진술, δ. 선례
  (b) 반대론: α. 유추, β. 원칙과 공서양속, γ. 토지 등에 대한 불법침해,
           δ. 변론 진술, ε. 선례
C. 인격적 혹은 도덕적 기준으로 판단되지 않는 과실
D. 일반인의 비난 가능성에 의해 결정되는 고의적이지 않은 손해에 대한 책임
  더 명확하면서도 구체적인 행위 규칙 형태를 취하는, 개인에 대한 외형적 기준에
  따라 결정되는 고의적이지 않은 손해에 대한 책임
  (a) 구체화 과정의 예시: α. 성문법, β. 판결, γ. 과실 문제를 별도로 하는 공서양속,
           δ. 가축
  (b) 보관관계
  (c) 과실의 증거
  (d) 배심의 기능

다음 두 강의의 목적은 불법행위의 모든 책임의 저변에 공통적인 근거가 있는지, 있다면 그 근거가 무엇인지를 알아보는 데 있다. 그런 시도가 성공한다면, 보통법에서 민사 책임의 일반원칙을 보여줄 수 있을 것이다. 계약으로 발생하는 책임은 당사자들의 합의서에 의해 대체로 명확하게 정해져 있지만, 불법행위에서 발생하는 책임은 법법자가 자신의 행동으로 말미암아 발생한 손실을 책임지겠다는 어떤 사전 동의와는 별개의 책임이다. A라는 사람이 특정한 날 특정 금액을 지급하겠다거나 특정한 저녁에 강의를 하겠다는 법적 구속력이 있는 약속을 한 후에 지키지 못하면, 그가 지급해야 하는 손해배상금은 실행하지 못함으로써 발생할 수 있는 손해의 일부 혹은 전체를 그가 책임진다는 그의 승낙에 따라 회수가 된다. 그러나 A가 이웃에 폭력을 행사하거나 이웃을 비방하거나 이웃의 재산을 횡령한다면, 그가 책임지겠다는 동의를 전혀 하지 않은 손해를 끼친 것이고, 법이 그로 하여금 배상하도록 한다면 그렇게 하는 이유는 상대가 동의하든 말든 모든 사람이 다른 사람에게서 공정하게 기대하거나 요구할 수 있는 행위라는 일반적인 견해에서 찾아야 한다.

그런 일반적인 견해를 찾기는 매우 어렵다. 법은 어떤 이론에서 시작하지 않았다. 법은 어떤 이론을 전혀 만들려고도 하지 않았다. 법이 시작한 지점과 내가 도착점으로 보여주려는 곳은 서로 다른 선상에 놓여 있다. 한 지점에서 다른 지점으로 진행하다 보면, 가는 길이 똑바를 수 없고 방향도 항상 볼 수 없다는 것은 다 예상하는 바이다. 우리가 할 수 있는 전부는 경향을 지적하고 그것을 정당화하는 것이다. 우리의 주요 관심사인 경향은 여러 사례들에서 수집한 사실관계의 문제이다. 그러나 그 경향을 보여주는 데 따르는 어려움은 최근까지도 소송 형식을 통해서만 실체법(substantive law)[78]에 접근할 수 있었던 상황에 의해 많이 가중되었다. 입법원칙에 관한 논의는 불법침해와 특례소송(case)[79] 간의 구별에 관한 논쟁이나 전면부인(general issue)[80]의 영역에 관한 논쟁으로 흐지부지되어 버렸다. 불법행위이론 대신에 불법침해이론이 활용된다. 그리고 더 좁은 한계 내에서조차 순회재판(assize)[81]과 **고대 배심제도**(jurata)[82] 때의 판례들은 오래 전에 잊힌 소송절차에 연관되어 있다는 생각 없이 적용되어 왔다.

고대 소송 형식은 폐기되었으므로 그 주제를 폭넓게 다루는 것이 당연히 가능했다.[83] 무지는 최선의 법률 개혁가이다.[84] 사람들이 전문적인 추

---

[78] (옮긴이 주) 실체법(substantive law)은 사회구성원들의 행위를 규제하는 법들의 집합체이며, 범죄 및 그 처벌과 관련된 형법의 원칙, 민사적 권리 및 책임과 같은 민법의 원칙들을 포괄한다. 실체법은 성문법에서는 대부분 법조문화하고 법안의 발의를 거쳐서 수정되지만, 반면에 보통법에서는 대부분 선례를 통해서 수정된다.

[79] (옮긴이 주) 특례소송(the action on the case, case)은 불법침해소송으로 배상받기 어려운 불법행위(tort)에 대해 손해를 배상받도록 허용하는 소송이다. 범죄 요건을 갖추면 불법침해소송으로 손해를 배상받을 수 있지만 그렇지 못하면 불법침해소송을 제기할 수 없기 때문에 불법행위에 따른 손해를 개인적으로 배상받을 수 있는 소송이 바로 특례소송이며, 13세기부터 런던 왕립법원에서 개인적 배상수단으로 특별히 허용되었다. 손해배상과 관련하여 제기되는 소송은 불법침해소송이거나 특례소송이기 때문에, 특례소송은 본문에서 간단히 'case'로 표기되기도 한다.

[80] (옮긴이 주) 전면부인(general issue)은, 제시된 진술의 법적인 효력을 회피하기 위해, 그 진술의 진실을 용인하지 않으면서 또한 어떤 특별한 문제를 제기하지 않으면서 기소, 진술, 청원, 혐의 등을 전면적으로 반대하거나 부정하는 항변(plea)을 지칭한다. 형사사건에서 전면부인은 '무죄'(not guilty)이며, 민사에서는 매우 다양한 형태를 취한다. 예컨대, 인수소송에서는 '의무불이행이 아니다'(non-assumpsit)이고, 채무소송에서는 '의무 없음'(nil debet), 불법침해에서는 '책임 없음'(non cul.) 혹은 '무죄' 등이다.

[81] (옮긴이 주) 순회재판(assize)은 판사가 정해진 관할 구역을 순회하면서 여는 재판이며, 민사와 형사 사건들을 다루지만 대부분 형사재판에 치중했고, 중세 이후 1972년까지 잉글랜드에 존속했었다.

[82] (옮긴이 주) 고대 배심제도(jurata)는 순회재판(assize)과 동시에 운영되었고, 일정 지역 혹은 다른 법정에서 소집된 다양한 숫자의 이웃에서 배심원을 선출하다가 이후 12명으로 배심원이 고정되었으며, 배심의 평결은 원칙적으로 배심원들의 판단이다.

[83] (옮긴이 주) 영국과 미국에서 19세기 후반과 20세기 초에 보통법의 낡고 경직된 제도들이 입법으로 대체되었다. 따라서 과거의 소송 형식에 구애받지 않고 소송할 수 있으므로, 이제는 형식보다는 쟁점에 대한 논의가 소송에서 중요한 위치를 점

론에 필요한 특수한 지식을 잊어버렸을 때, 그들은 일반원칙에 관한 문제를 기꺼이 논의한다. 그러나 현재 기꺼이 일반화하려는 의지는 단순히 소극적인 근거에 확실히 기초한다. 그 시대 법학자들의 냉정한 습관, 잦은 입법, 그리고 대중의 의견과 바람을 충족시키기 위해 법이 쉽게 바뀔 수 있었던 용이성 등 이 모든 것들 때문에, 다른 사람들뿐만 아니라 판사들도 당연하면서도 필연적으로 그들의 판결에 최종적으로 항상 의존해야 하는 입법원칙을 공공연히 논의해야만 했고, 또한 법정의 전통에 따르면 50년 전에는 거의 참고하지 않았던 폭넓은 공서양속적 고려사항을 판결의 근거로 삼아야만 했다.

불법행위법의 임무는 어떤 사람이 저지른 손해에 대해 책임져야 하는 경우와 그렇지 않은 경우 간의 경계선을 정하는 것이다. 그러나 그 법은 주어진 상황에서 주어진 행동이 그에게 책임지게 만들 것인지를 그로 하여금 확실히 예측 가능하게 만들 수는 없다. 왜냐하면 그 행동은 손해를 수반하지 않으면 그런 결과를 거의 가지지 않기 때문이며, 대부분의 경우 항상 손해를 수반한다면 행동의 결과가 알려져 있는 것이 아니라 다소간 개연적으로 추측되기 때문이다. 법이 미리 정립할 수 있는 모든 규칙은, 어떤 사람이 자신의 책임 하에 추구하는 행위가 손해를 발생시킨다면, 그 책임을 수반하는 행위가 무엇일지를 결정하는 규칙들이다. 불법

유하게 되었다.

[84] (옮긴이 주) 무지(ignorance)는 인식론(epistemology) 혹은 지식론(theory of knowledge)에서 인간의 특성에 대한 결론이다. 인식론에서는 A에 관한 지식의 3요소로, 첫째 'A가 진실이어야 하고', 둘째 '모두가 A가 진실이라고 믿어야 하며,' 셋째로 'A가 진실이라는 것이 사실관계에 의해 입증되어야 한다'를 들고 있으나, 이런 조건을 충족시키는 완전한 지식, 즉 진리는 존재하지 않는다는 것이 인식론의 잠정적인 결론이다. 따라서 신만이 갖는 전지(omniscience)가 아니라면 인간은 무지에 갇혀 있으며, 이런 무지를 타파하려는 노력, 즉 무지의 범위를 축소하려는 노력에서 과학과 지식 및 법이 발전할 수 있다.

행위소송에서 피고에게 불리하게 내려지는 판결에서 이끌어낼 수 있는 미래의 유일한 지침은, 행위의 결과만 제외하면, 피고의 상황과는 다르지 않은 상황에서 유사한 행위들이 행위자의 책임 하에서 행해진다는 것이다. 그가 책임을 면하게 되면, 그것은 단순히 운이 좋아서 그 행위가 그 특별한 경우 손해를 끼치지 않기 때문이다.

따라서 불법행위의 모든 책임을 다룰 공통적인 근거가 있다면, 우리는 실제로 책임이 있는 것으로 드러난 사건을 하나씩 제거함으로써 또한 행동의 위험을 행위자에게 부담시키는 원칙들만 고려함으로써 최선의 근거를 찾아낼 수 있다. 피고의 입장에서 우리는 책임이 가능하기 이전에 전적으로 존재해야 하는 요소들이 무엇인지, 손해가 발생한다면 공통적으로 그에게 책임을 지우게 만드는 요소들이 무엇이 있는지를 질문해야 한다.

불법행위법은 도덕적 어법을 풍부하게 갖추고 있다. 부당행위, 악의, 사기(fraud),[85] 고의, 과실 등에 관해 할 말이 많다. 따라서 어떤 사람의 행위의 위험을 어떤 도덕적 결함의 결과로서 그에게 귀속시키는 것은 당연한 것으로 전제할 수 있다. 그러나 이런 개념이 받아들여지고 있는 반면, 극단적인 반대 개념이 더 대중적인 견해임을 알 수 있다. 그것은 어떤 사람이 자기 행위의 모든 결과에 책임져야 한다는 개념, 환언하면 그는 그 문제에 대해 언제나 자신의 책임 하에 행동하고 또한 자신의 의식 상태와는 전적으로 무관하게 행동한다는 개념을 의미한다.

행위의 책임을 도덕적 결함으로 설명하려는 견해를 검토하기 위해, 도

---

[85] (옮긴이 주) 사기(fraud)는 다른 사람에게서 돈, 재산 혹은 법적 권리 등을 빼앗으려는 고의적인 속임이며, 사기는 사안에 따라서는 사기 범죄자에게 손해를 청구할 수 있는 민사적 부당행위일 수도 있으나 검사에 의해 기소되고 감옥에 수감되는 형사적 부당행위가 될 수도 있다.

덕 용어에서 다양한 심리 상태를 나타내는 **과실**이나 **고의**와 같은 몇 가지 단어들을 차례로 살펴보고 나서, 법에서 그것의 의미를 보여주는 것이 자연스러울 듯하다. 반면에 자신의 책임하에 행동한다는 견해를 검토하기 위해서는 아마도 몇 가지 소송 형식에서 그 개념을 고려하는 것이 아마 더 편리하리라고 본다. 따라서 권위 있는 우리의 많은 판례는 이런저런 소송 형식에서 내려진 판결들이고, 그 결과 적어도 1심에서 그 판결들을 무시하는 것은 안전하지 않을 것이다. 그리고 다음 강의에서 '고의적'이라고 정의할 수 있는 부당행위는 잠시 접어두고, 불법침해소송과 과실 개념을 함께 다루기 시작하면서 그 주제에 접근하는 두 가지 방식 사이에 절충이 이루어질 수 있다.

불법침해는 고의적이지 않은 부당행위뿐만 아니라 고의적인 부당행위에도 해당한다. 어떤 부당한 직접적 힘의 사용은 소송으로 배상받게 된다. 그러므로 보통법에서 고의적이지 않은 부당행위에 대한 일반원칙에 관한 논의는 공정하게 진행할 여지가 있다. 왜냐하면 불법침해와 특례소송을 나누는 미묘한 경계선의 이쪽 아니면 저쪽에 배상이 발생함에 따라, 어떤 사람의 행동의 결과에 대한 책임이 변한다고 거의 전제할 수 없기 때문이다. 불법행위법의 대부분은 그 두 가지 소송 중 어느 하나에서 찾을 수 있을 것이다.

특례소송은 피고의 과실에 근거한다고 성급하게 전제할 수 있다. 하지만 그렇게 전제할 수 있다면, 동일한 학설은 불법침해에도 널리 활용되어야 한다. 불법침해는 과실과는 상관없이 피고의 행동이 손해를 유발했다는 데에 근거한다고 전제할 수 있다. 그러나 그것이 진실이라면, 예컨대 피해를 입은 재산이 피고의 점유 하에 있는 경우처럼, 법은 일부 전문적인 관점에서 불법침해와는 약간 다른 차이점을 보이는 부당행위에도 동일한 기준을 적용해야 한다. 그러나 위에 언급한 전제 중 어느 것도 성급히 받아들일 수 없다. 소송이 계약에 근거할 때를 제외하면, 특례소송은 불법침해에 대해 방금 제시한 엄격한 규칙을 채택한다고 곧잘 주장할 수 있다. 과실은 불법방해(nuisance)[86]에 대한 보통법 책임과 아무 관련이 없다고 말할 수 있으며, 과실이 책임의 근거가 되는 경우 피고 **자신의 인수**(super se assumpsit)[87] 혹은 공적 직업(public calling)[88]에서 특별한 의무가 발견되어야 한다고 부언할 수 있다.[89] 다른 한편 불법침해에서조차도 적어도 과실이 존재해야 한다는 명제에 대해 우리가 무엇을 말할 수 있는지를 보게 될 것이다. 그러나 어떤 논리가 한 가지 소송 형식에서 널리 수용되든 아니든, 그 논리는 다른 소송에서도 수용되어야 한다. 따라서 법의 다른 부분에서 얻게 되는 깨달음을 배제하지 않으면서, 그 논의를 가능한 한 실무적인 범위에서 불법침해로 제한함으로써, 그 논의는 특별히 축소될 수 있다.

---

[86] (옮긴이 주) 불법방해(nuisance)는 불쾌감, 성가심 혹은 상해를 유발하는 불법행위(tort)를 의미하며, 공적인 불법방해와 사적인 불법방해가 있다. 공적인 불법방해는 피고의 행위가 많은 사람들의 "안식향유권"(right of quiet enjoyment)에 심대하게 영향을 미쳤을 때 발생하며, 이것은 범죄로 다룰 수 있다. 사적인 불법방해는 피고의 행위가 원고의 토지 혹은 그 토지의 사용에 중대하면서도 비합리적인 간섭을 유발했을 때 나타난다.

[87] (옮긴이 주) assumpsit는 두 가지 의미를 갖는다. 우선 '그가 일을 떠맡았다' 혹은 '그가 그 일을 인수했다'(he has undertaken)는 '인수'를 의미하고, super se assumpsit는 '자신의 일에 관해서 일을 떠맡았다'로 번역되며, 여기서는 '자신의 인수'로 번역했다. 다른 개념으로는 '일을 떠맡고는 그 일을 이행하지 못한 것에 대해 소송을 제기하는' '인수소송'(assumpsit 혹은 action of assumpsit)을 의미하기도 한다. 이 소송은 불법행위, 계약, 부당한 부대조건에서 발생하는 의무 등의 이행을 강제하려는 보통법상의 소송 형태이고, 14세기에 기원했으며, 영국에서 1875년에 폐지되었다. 본서에서 앞뒤 문맥을 고려하여, 인수 혹은 인수소송으로 번역했으며, 또한 undertaking은 "일을 떠맡는다"는 의미를 가지면 그것도 인수로 번역했다.

[88] (옮긴이 주) 공적 직업(public calling)은 수의사, 의사, 운송업자 등처럼 불특정 다수를 대상으로 상행위를 영위하는 직업을 지칭한다.

[89] 제7강을 보라.

방금 암시했듯이, 고의적이지 않은 손해에 대한 보통법 책임에는 두 가지 이론이 있다. 그 이론 모두 대중적인 교과서들의 암묵적 동의를 받는 듯하고, 그중 어느 이론도 신뢰성이나 권위에서 부족함이 없다.

첫째는 본질적으로 형법 이론인 오스틴의 이론이다. 그 이론에 따라 적절히 언급한다면 법의 특징적 모습은 왕의 명령에 불복종한 데 대해 왕이 위협하고 부과하는 제재나 손실이다. 그 법에서 주장하는 더 많은 부분은 어떤 사람이 법을 어긴 것에 대해 민사적인 책임만을 지게 만들기 때문에, 오스틴은 행동에 대한 책임을 제재로, 환언하면 불복종에 대한 형벌로 간주하지 않을 수 없었다. 형법 이론에 따르면, 오스틴의 견해로부터 그런 책임이 개인적 실수에만 근거해야 한다는 주장이 유도된다. 그리고 오스틴은 그 결론의 부수적인 명제와 함께 그 결론을 수용하며, 그 결론 중의 하나는 과실이 당사자의 심리 상태를 의미한다는 것이다.[90] 이런 원칙들은 필요에 따라 나중에 언급할 것이다.

다른 이론은 앞의 이론을 직접적으로 반대한다. 그 다른 이론은 가장 위대한 일부 보통법 판례들에 의해 채택된 듯하며, 지지받을 수도 있는 제3의 견해를 선호하여 그 다른 이론을 폐기하기 전까지는 그 다른 이론은 심각한 논의가 필요하다. 그 다른 이론은 보통법에서 '어떤 사람은 자신의 책임 하에 **행동한다**'라고 명백히 언급한다. 역설적으로 해석한다면, 그 주장은 자발적으로 실행한 어떤 의무의 결과를 제외하면 부작위(omission)[91]에 대해 결코 책임지지 않는다는 것이다. 그러나 행동하지 않은

---

[90] 오스틴의 『판결된 법체계』(3d ed.), 440 이하, 474, 484, 오스틴의 『법학 강의』 XX., XXIV., XXV.

[91] (옮긴이 주) 작위(act)는 개인에게 부여된 의무가 있을 때 혹은 자신의 이익을 위해 의식적으로 행동을 실행하는 것, 즉 의도적인 행동(intentional action)을 지칭하며, '작정해서 행위한다'는 의미이다. 행동(action)은 의식적이거나 무의식적인 동작 하나하나를 의미하며, 행위(conduct)는 여러 action의 연쇄적인 동작을 의미한다.

것에 따른 책임을 제외하면, 그가 정말로 부담하는 그런 책임의 전체적이고도 충분한 근거는 그가 자발적으로 행동을 했고 그에 따라 손해가 발생했다는 데에 있는 것으로 전제한다. 행동이 자발적이었으면, 그 행동에서 나타나는 손실이 고의적이지도 않고 또한 과실에 기인하지도 않았다는 것은 전적으로 중요하지 않다.

그 문제를 바라보는 이런 방식에 정당성을 부여하기 위해, 우리는 보통법의 변론 진술 형식의 폐지가 실체법의 규칙들을 바꾸지 않았음을 상기해야 한다. 따라서 비록 변론 진술자가 현재 일반적으로 고의나 과실이라고 주장할지라도, 옛날에 불법침해로 피고를 고소하는 데 충분했던 사유들은 옛날의 소송 형식과 진술 형식이 폐지되었음에도 아직도 충분할 것이다.

첫째로, 마지막에 언급된 불법침해소송의 안팎 양측에서 법에 의한 재산 보호를 일반적으로 고려해보자. 어떤 사람이 순수하게 실수로 이웃의 경계를 넘어가거나 그의 가축이 이웃의 밭으로 달아나 들어가면, 그는 **토지**불법침해(trespass quare clausum fregit)[92]에 책임이 있다고 여겨진다. 최선의 신의성실로 일상적인 영업을 하고 있는 경매인이 팔려는 목적으로 자기 사무실에 보내진 물건을 팔았고 제삼자가 그 물건의 주인으로 밝혀진다면, 비록 대금을 지급했고 배상받을 수단이 없다 해도, 그 경매인은 물건

---

act는 동작 하나하나를 의미하는 행동을 나타내기도 하고 연쇄적인 동작 전체인 행위를 지칭하기도 하지만, 여기서는 특별한 경우를 제외하면 conduct와 같이 행위로 번역했다. 반면 부작위(omission)는 통상적으로 무관심, 자기만족, 태만 등의 결과로 인해 의무 혹은 임무를 이행하지 않거나 완성하지 못하는 것을 의미한다.

[92] (옮긴이 주) 토지불법침해(trespass quare, trespass quare clausum 혹은 trespass quare clausum fregit)는 '울타리를 친 곳(clausum)을 그가 침범했다(fregit)는 불법침해'를 의미하고, 다른 사람의 토지에 불법으로 난입하여 손해를 끼치는 불법침해의 한 유형을 지칭하거나 혹은 그런 토지불법침해에 따른 손해를 회복하려는 토지불법침해소송을 지칭하기도 한다.

가치 전부를 주인에게 지급해야만 할 것이다.

이제 원고의 재산을 다루는 것 대신에 피고의 신체가 원고의 신체에 직접적으로 물리적인 힘을 가한 사례를 가정해보자. 법은 그 주제에서 재산보다 사람에 대해 덜 주목할 수 없으므로, 오로지 가능한 변론들은 토지에 대한 불법침해에서 사용된 변론들과 유사하다고 주장한다. 이를테면 피고가 말에서 튕겨 나와서 원고에게로 떨어지거나 제삼자가 피고의 손을 붙잡아서 그 손으로 원고를 때리는 것처럼, 당신은 피고가 아무런 행동도 하지 않았음을 보임으로써 불법침해가 없었다고 주장할 수 있다. 그 경우 피고의 신체는 외부적인 힘의 수동적인 도구이고, 원고의 신체적 움직임은 피고의 행동이 전혀 아니다. 따라서 당신은 원고 자신의 행위에서 피고의 정당성이나 변명을 보여줄 수 있다. 그러나 당신이 그런 변명을 보여주지 않고 피고가 자발적으로 행동했다면, 아무리 그럴 의도가 거의 없었고 예측이 불가능하다 해도, 피고는 그 결과에 대해 책임져야 한다. 이를테면, 제삼자에 의해 폭행당했을 때 피고가 방어하기 위해 막대기를 들어 올리고 그의 뒤에 서 있던 원고를 실수로 때리게 되었다면, 이 의견에 따르면 그는 손해를 입은 당사자에 대한 과실 여부에 상관없이 책임이 있다.

고려 중인 학설[93]을 찬성하는 논리들은 대부분 선례에서 나오지만, 우리는 그 학설이 종종 이론적으로 건전한 것으로 옹호할 수 있다고 전제한다. 모든 사람은 자신의 육체에 대한 절대적 권리를 가지고 있고, 그에 따라 이웃의 힘에 의해 상해를 입지 않아야 한다고 생각한다. 언급된 사건들에서 원고는 아무것도 하지 않았고, 반면에 피고는 행동하기로 선택했다. 둘 사이에 손해를 끼치는 데 아무런 일도 하지 않은 사람보다는,

---

[93] (옮긴이 주) 책임에 관한 보통법 이론.

자발적인 행위로 손해를 유발한 당사자가 고통을 받아야 한다.

불법침해에서 변론 진술과 선례로 관심을 돌리면, 우리는 더욱 다루기 힘든 문제들을 당면하게 된다. 원고 진술서는 과실에 대해 아무것도 말하지 않으며, 분명한 것은 손해가 고의적일 필요도 없다는 것이다. 고의를 암시하는 것처럼 보이는 **무력행사** 및 **평화위반**과 같은 단어들은 중세 왕립법원에 재판권을 주기 위해 단순히 삽입된 것으로 추정된다. 글랜빌은 특권 영주 측에 태만(neglect)[94]이 있는 경우, 고발인이 왕의 평화를 침해한 것에 대한 고발을 추가하지 않는 한, 난투, 타격, 심지어 부상 등에 대한 심리는 주 치안관의 관할이라고 말한다.[95] 리브즈(Reeves)[96]의 주장에 의하면, "주 치안관과 왕의 재판관할 간의 이런 구분에서, 우리는 현대 기소나 **무력행사** 영장(writs, vi et armis)[97]에서 '왕의 권위와 존엄', '왕의 평화' 그리고 '평화'(주 치안관의 평화가 별개의 분리된 재판관할로서 더 이상 구별되지 않게 된 이후에는, '평화'라는 마지막 표현으로도 충분하게 되

---

[94] (옮긴이 주) 태만(neglect)은 스스로를 보호할 수 없는 사람, 동물, 식물 혹은 무생물이 필요로 하는 어떤 것, 이를테면 음식물, 의료, 비료, 관리 등을 제공할 의무를 가진 가해자가 그렇게 하지 못하는 경우에 나타난다. 과실(negligence)은 작위나 부작위와 관련되고 고의적이지 않으면서 상대방에게 손해를 야기하지만, 태만은 주로 부작위와 관련되며 특히 고의적인 부작위에 따른 손해까지 포함한다.

[95] 글랜빌의 『잉글랜드 왕국의 법과 관습에 관한 연구』 1권 2장, 마지막까지.

[96] (옮긴이 주) John Reeves(1752~1829)는 잉글랜드 판사이고 법역사학자이면서, 프랑스혁명과 공화주의 사상 및 수평파에 반대하는 보수주의 운동가이다. 대표적인 저서로 『잉글랜드법의 역사』(*History of English Law*, 4 vols.(1787), 5 vols.(1829)), 『해운업과 항해에 관한 법의 역사』(*A History of the Law of Shipping and Navigation*, 1792) 등이 있다.

[97] (옮긴이 주) 영장(writ)은 행정 혹은 사법당국에 의해 발행되는 공식적인 명령서이며, 구속 영장, 가택수색 영장, 왕의 영장, 소환장 등의 형태를 취한다. 초기 형태의 영장은 특정한 사람이 특정한 일을 수행하라는 잉글랜드 왕의 문서화된 명령서이다. 그리고 writs, vi et armies는 '힘(vis)과 무기(arma)'와 관련된 영장, 즉 무력행사 영장을 의미한다.

었다)에 대한 진술의 이유를 알 수 있다."⁹⁸

그밖에, 피고의 고의나 태만이 그의 책임에 결정적이었다면, 그 두 가지가 결여된 사건은 그의 행동에서 불법침해의 성격을 제거할 것이고, 그에 따라 그 사건은 전면부인에 속하는 것으로 인정되어야 한다고 말할 수 있다. 그러나 "무죄 평결"만이 그 행동의 책임을 부인한다는 것은 보통법에서 완전하게 잘 정착되었다.⁹⁹

---

98 리브즈(Reeves)의 『잉글랜드법의 역사』 1권 113(2nd ed.) 주 b; 앞의 책 (Finlason의 편집본) 1권 178, 주 1. 피츠허버트(Fitzherert, 『잉글랜드법의 새로운 본질』 85, F.)는, 왕립법원으로 회부할 수 없는 불법침해 영장에서, 그 불법침해가 **무력행사에 의한 경우**라고 말할 수 없다고 언급한다. 앞의 책 86, H를 참고하라.

99 *Milman v. Dolwell*, 캠벨(Campbell)의 『임석재판 판례집』(*Nisi Prius Reports, King's Bench and Common Pleas and on the Circuits*, 1811, 1821) 2권 378; *Knapp v. Salsbury*, 캠벨(Campbell)의 『임석재판 판례집』 2권 500; *Pearcy v. Walter*, 케링턴 (F. A. Carrington)과 페인(J. Payne)의 『임석재판 판례집』 6권 232; *Hall v. Fearnley*, 『잉글랜드 판례집』, 「여왕의 법원」 3권 919.

(옮긴이 주) *Milman v. Dolwell*(1810): 원고는 피고가 그의 거룻배의 닻줄을 잘라서 거룻배를 자유롭게 만들어서 손실을 입혔다고 진술했다. 피고는 그가 거룻배를 이동시킨 이유로서 원고의 거룻배가 그가 이동시키려고 하는 다른 거룻배와 결박되어 있다는 증거, 두 거룻배가 템스 강의 얼음으로 인해 위험에 처해 있었다는 증거, 그가 비교적 안전한 위치로 원고의 거룻배를 이동시켰다는 증거 등을 전면부인(general issue)으로 제시하길 원했다. 법정은 닻줄을 자르는 것(증거로 인정되었다)은 불법침해라고 판결했고 또한 피고가 전면부인으로 이런 증거들을 제기할 수 없다고 판결했다.

(옮긴이 주) *Knapp v. Salsbury*(1810): 피고의 마차가 큰길을 따라 운행하고 있는 원고의 마차를 향해서 돌진했고, 피고의 마차 축으로 원고의 말 한 필을 죽게 만든데 대한 불법침해소송. 피고는 두 마차가 반대 방향으로 운행하고 있었고, 두 마차 간의 충돌이, 피고 측의 어떤 잘못도 없이, 원고 측의 과실 때문에 혹은 단순한 사고로 발생했다고 항변했다. 엘렌보로(Ellenborough) 재판장(혹은 에드워드 로, E. Law)은 "일어난 일이 불가피한 사고에서 발생하거나 원고 측의 과실에서 발생했다면, 확실히 피고에게는 책임이 없지만, 사실상 마차를 향해서 돌진했고 말을 죽였으므로, 그는 원고 진술서에 언급된 행위를 저질렀으며, 그렇게 한 것에 대해 어떤 정당화하는 항변을 제시했어야 했다. 이런 행위를 전면부인하는 항변은 명백히 그에게 불리한 것으로 밝혀졌음이 틀림없다"라고 진술했으며, 원고 승소가 평결되었다.

(옮긴이 주) *Pearcy v. Walter*(1834): 원고의 소형마차와 피고의 이륜마차가 동일한

다음으로 논쟁은 선례에서 나타난다. 나는 초기의 중요한 사례를 먼저 들려 한다.[100] 그것은 **토지**불법침해 사건이다. 피고는 가시 울타리가 쳐져 있는 인접한 땅을 소유하고 있고, 그 가시덤불을 자르다가 **자신의 의지와는 반대로** 원고의 토지에 가시덤불이 떨어졌으며, 피고가 그 토지에 급히 가서 그 덤불을 집어왔는데, 이 행동이 불법침해로 고소당했다고 진술했다. 그리고 이 항변에 대해 원고에게 승소 판결이 나왔다. 원고의 변호인은 자주 반복하여 인용되는 사례들을 들었다. 그중 하나를 페어팩스

도로에서 반대 방향으로 가고 있었고, 피고의 이륜마차 축이 어떻든 원고의 말에게 상처를 안겨줬고 그에 따라 말이 죽었다. 원고 측 증인은 흥분한 피고가 원고의 말을 향해 돌진했다고 증언했다. 피고 측은 피고가 원고의 말을 향해 돌진했다고 선서한 증언이 믿을 만한가에 대해 의문을 제기하면서, 그것이 불가피한 사건이라면 전면부인(general issue)에서 그것이 입증될 수 있다고 항변했다. 게이즐리(Gaselee) 판사는 전면부인이라면 피고가 원고를 향해서 돌진했다기보다는 원고가 피고를 향해서 돌진했다는 것을 보여주어야 한다고 진술했다. 피고 측 증인이 소환되었다. 게이즐리 판사는, 유일한 쟁점은 "마차 축이 어떻게 말의 어깨를 찔렀는가? 피고가 마차 축을 원고의 말을 향해서 돌진하도록 몰았는가? 혹은 원고의 말이 마차의 축을 향해서 돌진했는가?"라면서 배심에 그 내용을 결정하도록 지침을 내렸고, 배심은 원고에게 승소를 평결했다.
(옮긴이 주) *Hall v. Fearnley*(1842): 피고의 마차가 원고를 덮친 데 대한 불법침해 소송에서, 피고는 "무죄"로 항변하면서, 원고가 보행자로 혼잡한 보행로의 끝에서 빨리 가려고 피고의 말과 마차 바로 앞으로 미끄러지면서 들어와서 원고의 다리가 부러졌고, 상해는 피고의 과실 없이 불가피하게 발생했으며, 그에 따라 피고는 무죄라고 주장했다. 판사는 상해가 사고 때문인지 아니면 피고의 과실에 의해 발생했는지를 배심이 결정하도록 지침을 내렸고, 그것이 단순한 사고에 의해 발생했다면 피고에게 책임이 없다고 진술했다. 배심은 피고 승소를 평결했다. 피고의 특별한 항변이 필요하다는 근거에서 정식재판이 진행되었다. 덴먼(Denman) 재판장은 "불법침해소송의 전면부인에서 피고는 문제의 행위가 초월적인 매체의 행동이라는 것, 혹은 다른 관점에서 그것이 그의 행위가 아니라는 것을 보여줄 수 있는 것 같다. 그러나 그 행위가 그의 행위라는 것을 용인하고 변명의 문제를 제시하길 원한다면, 그는 특별히 항변해야 한다"고 진술하면서, 배심의 평결을 재확인했다.

[100] 에드워드 4세『연감』6권 7, 판결문 18, 1466년. 암스(J. B. Ames)의『불법행위소송 사례집』(*Select Cases on Torts*, 1874) 69도 참고하라. 해석집이 거의 대부분 이어서 나왔다.

(Fairfax)는 다음과 같이 언급한다. "중범죄가 되는 행동과 불법침해가 되는 행동 간에 한 가지 차이점이 있습니다. … 어떤 사람이 나무를 자르고 있고 가지들이 다른 사람에게 떨어져서 부상을 입히면, 이 경우 그는 불법침해소송을 당하게 될 것입니다. … 그리고 또, 재판장님, 어떤 사람이 과녁을 향해 화살을 쐈고 그 화살이 손에서 흔들려서 **자신의 의지와는 반대로** 사람을 죽였다면, 언급된 것처럼 이것은 중범죄가 아닙니다. … 그러나 화살을 쏘다가 사람에게 부상을 입히면 자신에게 불리한 불법침해소송을 받게 될 것입니다. 그럼에도 화살을 쏘는 행동은 아직도 합법적이며, … 그리고 본인의 뜻과는 상관없이 다른 사람이 상해를 입었습니다. … 여기서도 그러합니다. …" 또 다른 변호사 브라이언(Brian)[101]은 전체 학설을 언급하면서 마찬가지로 유사한 사례를 들었다. "어떤 사람이 어떤 일을 할 때, 그는 자신의 행동으로 어떤 침해나 손해도 발생하지 않도록 그 일을 해야 합니다. … 내가 집을 짓고 있고 목재를 쌓아놓았을 때 목재 하나가 내 이웃집에 떨어져 그 집을 부수면, 그 이웃은 승산 있는 소송을 하게 될 것입니다. … 그러나 집을 짓는 것은 여전히 합법적이고 목재가 **내 의지와는 반대로** 떨어졌습니다. … 그리고 마찬가지로 어떤 사람이 나에게 폭력을 휘둘렀고 나는 피할 수 없었으며 나는 자기방어를 목적으로 나의 지팡이를 들어 그를 내리쳤고 그 지팡이를 들어 올리다가 내 뒤에 있는 사람을 때렸다면, 이 경우 그 사람은 나를 상대로 소송을 제기하겠지만, 자기방어를 목적으로 나의 지팡이를 들어 올리는 것은 여전히 합법적이고, 나는 **내 의지와는 반대로** 그를 때렸습니다. … 여기서도 그렇습니다."

---

[101] (옮긴이 주) Thomas Bryan(혹은 Brian, ?~1500)은 잉글랜드 법률가이고, 민사법원의 재판장(1471~1500)을 역임했다. 본문의 인용문을 언급할 때는 변호사로 활동할 때이다.

"리틀턴 판사(Littleton)[102]는 동일한 고의를 언급하면서, 어떤 사람이 손해를 입었다면, 그는 보상받아야 한다고 했습니다. … 당신의 가축이 내 땅에 들어와 풀을 뜯어 먹는다면, 당신이 바로 와서 가축을 몰아냈음에도, 당신은 당신의 가축이 한 행동에 대해 많든 적든 그에 상응하는 보상을 해야만 합니다. … 그리고 재판장님, 그가 남의 땅에 들어가 가시덤불을 가져갈 수 있는 것이 법이어야 한다면, 동일한 이유로, 그가 큰 나무를 잘라내면 그는 그 나무를 운반하기 위해 마차와 말을 데리고 들어올 수 있지만 이는 이유가 되지 않습니다. 왜냐하면 아마도 다른 사람이 옥수수와 다른 작물을 키우고 있을 것이기 때문입니다. 여기서는 더 이상 논하지 않겠습니다. 왜냐하면 법은 큰 일이든 작은 일이든 모두 한 가지이기 때문입니다. … 초크 재판장(Choke)도 동일한 고의를 언급하면서, 주요한 일이 합법적이 아닐 때, 그것에 의존하는 일도 합법적이 아니라고 했습니다. 왜냐하면 그가 가시덤불을 자르고 그것들이 내 땅에 떨어졌을 때, 이 떨어뜨리는 것은 합법적이 아니며, 그에 따라 그가 가시덤불을 가지러 오는 것도 합법적이 아니기 때문입니다. **자신의 의지와는 반대로** 떨어뜨렸다고 언급하는 것과 관련해 그것은 어떤 항변도 아니지만, 그는 다른 방법으로는 달리 할 수 없었다거나 자기 힘이 닿는 한 가시덤불을 그쪽으로 넘어가지 않게 하려고 모든 것을 다했다는 것을 보여주어야 합니다."

40년 뒤에,[103] 『연감』은 리드 판사(Rede)[104]가 마지막 사건에서 페어팩스

---

[102] (옮긴이 주) Thomas de Littleton(1407~1481)은 잉글랜드 법학자이고, 1453년 순회재판의 판사, 1466년 민사법원 판사로 임명되었다. 그는 순회재판의 판사로 임명된 이후에 잉글랜드 재산법에 관한 최초의 교재로 알려진 『부동산보유권에 관한 논문』(*Treatise on Tenures*, 1453?~1481)을 저술했다.

[103] 헨리 7세 『연감』 21권 27, 판결문 5, 1506년.

[104] (옮긴이 주) Robert Rede(?~1519)는 잉글랜드 왕립법원 판사(1495~1505), 민사법원 재판장(1506~1519)을 역임했고, 헨리 7세의 유언집행자 중 한 사람이기도 했다.

의 논지를 받아들였다고 보고한다. 불법침해에 관해 그가 말하길 "고의는 추론할 수 없다. 그러나 중범죄에서는 추론해야 한다. 어떤 사람이 과녁을 향해 화살을 쏘다가 사람을 죽였을 때 이는 중범죄가 아니다. 그리고 지붕에서 기와공이 돌로 어떤 사람을 자신의 뜻에 반하여 죽이게 되면 이는 중범죄가 아니다.[105] 그러나 어떤 사람이 과녁을 향해 화살을 쏘다가 사람을 다치게 했을 때, 비록 그것이 자기 뜻에 반한다 해도, 그는 고의를 가지지 않은 불법침해자로 불리게 될 것이다."

이후 **위버 대 와드 사건**,[106] **디킨슨 대 왓슨 사건**,[107] **언더우드 대 휴손 사건**,[108] 이후에 뉴욕 항소법원에서 **캐슬 대 듀어리 사건**[109] 등 일련의 사

---

[105] 브랙턴(Bracton)의 『잉글랜드의 법과 관습에 관한 연구』 원문 페이지 136 b를 참고하라. 그러나 에드워드 1세 6년 잉글랜드 의회에 의해 제정된 글로체스터 성문법(Statute of Gloucester) 9조, 헨리 4세 『연감』 2권 18, 판결문 8에 있는 써닝(Thirning)의 진술, 『앵글로-색슨법에 관한 논문』(*Essays in Anglo-Saxon Law*, H. Adams 외 3인, 1876), 276 등도 참고하라.

[106] 호바트(H. Hobart)의 『판례집』(*The Reports of that Reverend and Learned Judge, the Right Honorable Sir Henry Hobart*, 5th ed. edited by P. Jerman, 1724), 134, 1616년.
(옮긴이 주) *Weaver v. Ward*(1616): 원고와 피고가 구식 소총을 가지고 전투훈련을 하고 있고 피고의 소총이 사고로 발사되어 원고에게 상해를 입혔다. 원고는 피고를 상대로 소송을 제기했고, 피고는 그 사고를 의도하지 않았고 또한 그의 잘못도 아니기 때문에 그 상해에 책임이 없다고 주장했다. 원고가 항변했고, 손해배상을 재정받았다. 법정은 피고가 전적으로 잘못이 없음을 입증하는 데 실패했다고 평결하면서, 하급심의 손해배상액을 재확인했다.

[107] 토머스 존스(Sir T. Jones)의 『왕립법원과 민사법원의 판례집』(*Reports of Several Special Cases Adjudged in the Courts of King's Bench and Common Pleas*, 2nd ed. 1729) 205, 1682년.
(옮긴이 주) *Dickenson v. Watson*(1682): 피고는 사고로 원고를 쏘게 되었고, 그 사격이 손해를 의도하여 실행되지 않았으므로 무력행사에 의한 불법침해의 책임이 없다고 주장했다. 원고가 항의했고 법정은 피고에게 책임이 있다고 판결했다. "왜냐하면 불법침해소송에서 보여주지 못한 불가피한 필연성이 없다면, 피고는 면책되지 않기 때문이다."

[108] 스트레인지(Strange)의 『고등법원, 왕립법원, 민사법원 및 재정법원의 판례집』 1권 596, 1723년.
(옮긴이 주) *Underwood v. Hewson*(1723): 피고가 총구의 마개를 벗기고 있었고 원

격 사례들이 있었다. 이들 사례에서는 사고로 또는 운이 없어서 그리고 피고의 의지에 반해서 손해가 발생했다는 취지의 변론은 불충분하다고 판결되었다.

엘리자베스 여왕 때, 어떤 사람이 자기 집 현관에서 총으로 새를 쏘았고 그것 때문에 자기 집에 불을 냈으며 이웃집까지 태웠을 때, "불을 부주의하게 관리한 이유로"라는 진술이 잉글랜드 왕국의 관습이 아니므로, 그는 일반적으로 특례소송에서 책임져야 한다고 판결되었다. "왜냐하면 비록 이런 재난이 일반적인 과실에 의해서가 아니라 불운에 의한 것이라고 해도, 침해는 동일하기 때문이다."[110]

위에 언급한 지팡이와 과녁 사격 같은 사례들은 표준적인 예제들이 되었다. 그 사례들은 **베시 대 올리오트 사건**[111]에서 토머스 레이먼드 경(Sir

---

고가 옆에 서서 그것을 보고 있었는데, 총알이 발사되었고 원고에게 부상을 입혔다. 불법침해로 판결되었다.

[109] 키즈(Keyes)의 『뉴욕 항소법원의 판례 논평집』(*Digest of the New York Court of Appeals Reports*, 4 vols.) 2권 169, 1865년.
(옮긴이 주) Castle v. Duyree(1865): 어떤 연대가 관중을 향해 총을 발사했다. 관중 중의 한 사람은 매우 세심한 주의를 기울였음에도 구식 총에 남아 있던 총알에 맞았다. 총을 발사하도록 명령을 내린 연대장이 불법침해에 책임이 있다고 판결되었다. 재판장은 "과실은, 전체 연대에서 어느 한 구식 총의 탄창에 총알이 들어있었다는 확실한 지식이 없는 상태에서, 군중을 향해서 총을 발사한 데에 있었다"라고 언급했다.

[110] *Anonymous*, 크록(Croke)의 『왕립법원과 민사법원의 판례집』 혹은 『판례집』(*Reports of Select Cases in the Courts of King's Bench and Common Pleas*, 1683) 엘리자베스 1세 10, 1582년.
(옮긴이 주) *Anonymous*(1581~1582): 어떤 사람이 자기 집 현관에서 총으로 새를 쏘았고, 그것 때문에 자기 집과 이웃집을 태웠다. 왕의 변호사가 특례소송을 제기했고, 불을 부주의하게 관리한 이유와 같은 잉글랜드 왕국의 관습을 진술하지는 않았다. 특례소송이 성립하는지에 대해, 모든 판사는 성립한다고 판결했다. 비록 이런 재난이 일반적인 과실에 의해서가 아니라 불운에 의한 것이라고 해도 침해는 동일하기 때문이다.

[111] 토머스 레이먼드(T. Raymond)의 『왕립법원, 민사법원 및 재정법원의 판례집』

Thomas Raymond)[112]에 의해, 유명한 폭죽 사건[113]에서 윌리엄 블랙스톤 경과 다른 판사들에 의해 반복적으로 인용되었고, 교과서를 통해서 친숙한 주제가 되었다. 위의 사건에서 레이먼드 경은 또 인용된 리틀턴 판사의 생각과 그가 사용한 어휘 거의 전부를 반복했고, 더 나아가 "모든 민사소송에서 법은 행위자의 고의를 중요시하기보다는 오히려 고통받는 당사자의 손해와 손실을 중요시한다"고 말했다. 또한 윌리엄 블랙스톤 경은 방금 인용한 **디킨슨 대 왓슨 사건**에서 한 문구, "'오로지 불가피한 필연성만' 변론이 된다'를 채택했다. 마찬가지로 엘렌보로 경(Lord Ellenborough)[114]

467, 1682년.
(옮긴이 주) *Bessey v. Olliot*(1681): 피고가 울타리의 가시를 잘랐고 자신의 의지와는 반대로 그 가시가 원고의 토지에 떨어졌으며 피고는 그 가시들을 가져온 데 대해, 원고가 항변했고 승소했다. 합법적인 일을 하더라도 그것에 의해 어떤 손해가 타인에게 가해지면, 특히 피고가 그것을 회피할 수 있었다면 피고는 그 손해에 책임져야 한다.

[112] (옮긴이 주) Sir Thomas Raymond(1626~1683)는 잉글랜드의 민사법원의 판사(1680), 왕립법원의 판사(1680~1683)를 역임했으며, 『왕립법원, 민사법원 및 재정법원의 판례집』(*Reports of Divers Special Cases adjudged in the Courts of King's Bench, Common Pleas, and Exchequer in the Reign of King Charles II*, 1696)을 저술했다.

[113] *Scott v. Shepherd*, 블랙스톤의 『잉글랜드법에 대한 주석』 2권 892, 1773년.
(옮긴이 주) *Scott v. Shepherd*(1773): 피고가 군중이 모인 거리에 폭죽을 던졌고, 폭죽의 위험을 피하려는 두 사람의 손을 거쳐서 그 폭죽이 원고에게 던져졌으며, 그 폭죽이 터져 그의 한쪽 눈을 실명케 했다. 원고는 피고를 불법침해와 폭력 혐의로 고소했고, 배심은 원고에게 100파운드의 손해를 배상하도록 평결했으며, 피고는 항소했다. 그레이(Gray) 재판장은 "본건은 특례소송과 불법침해소송 사이의 경계에 놓여 있는 사건 중의 하나이다"라고 언급하면서, 판결 이유로 "자유로운 행위자의 간섭은 큰 차이를 만든다고 주장되어 왔다. 그러나 본인은 중간에 있는 두 사람이 현재 사례에서 자유로운 행위자라고 생각하지 않으며, 오히려 그들 자신의 안전과 자신의 보존을 위해 강제적인 필연 속에서 어쩔 수 없이 행동하는 사람들이라고 생각한다"라고 언급하면서 피고에 대한 "현재의 소송은 유지 가능하다"고 판결했다. 소수의견으로 블랙스톤 판사는 피고가 원고에게 직접적인 상해를 가하지 않았으므로 불법침해소송이 성립하지 않는다(즉 특례소송이 성립한다)는 견해를 피력했다.

도 **리아미 대 브레이 사건**[115]에서 "침해가 다른 사람의 개인적인 행동에서 발생했다면, 그것을 불법침해로 규정하는 것은 충분한 것처럼 보인다." 혹은 같은 사건에서 가장 자주 인용되는 그로스 판사(Grose)의 말에 따르면, "헨리 7세(Henry VII)[116] 때 발간된 『연감』 21권부터 최근의 판결까지 그 주제에 관한 모든 사건을 조사해보고 발견한 원칙은, 침해가 그 순간 자신의 행동으로 발생하거나 그가 그 침해의 직접적인 원인이라면, 비록 침해가 사고나 불운에 의해 발생한다 해도, 여전히 그가 불법침해에 책임이 있다는 것이다." 더 이상의 인용은 필요 없어 보인다.

그러나 '인간이 자신의 책임 하에 행동한다'는 규칙을 찬성하는 모든 논리에도 불구하고, 심지어 옛날 소송 형식에서도 아주 저명한 법정들에

---

[114] (옮긴이 주) Baron Ellenborough는 잉글랜드의 귀족 작위 명칭이고, 법률가, 판사 및 정치인이며 1802년부터 1818년까지 왕립법원의 재판장(1802~1818)을 지낸 에드워드 로(Edward Law, 1750~1818)를 위해 만들어졌다.

[115] 이스트(E. H. East)의 『형사소송』 3권 593. 추가로 블랙스톤(W. Blackstone)의 『잉글랜드법에 대한 주석』 3권 123에 대한 콜리지(Coleridge)의 주; 선더스(E. Saunders)의 『왕립법원의 판례집』(*Reports des divers Pleadings et Cases en le Court del Bank le Roy*, 1722), 「과실」, 1장 1절; *Fletcher v. Rylands*, 헐스톤(Hurlstone)과 콜트먼(Coltman)의 『잉글랜드 재정법원 판례집』(*Reports of Cases argued and determined in the Courts of Exchequer and Exchequer Chamber*, 4vols., 1863~1868) 3권 774, 783에 있는 진술; 앞의 사건, 『잉글랜드 판례집』 상원 3권 330, 341에는 Lord Cranworth의 진술 등도 보라.
(옮긴이 주) *Leame v. Bray*(1803): 피고가 (어둠 때문에) 부주의하게 도로의 잘못된 방향으로 그의 마차를 몰다가 원고의 마차를 들이받았다. 원고의 말이 놀라서 뛰었고 원고의 쇄골이 골절되었다. 상해가 피고의 행위에 의해 유발되었다면, 그것이 사고나 불운에 의해 발생할지라도, 그의 행위는 고의적이지 않은 불법침해라고 판결되었다.

[116] (옮긴이 주) 헨리 7세(Henry VII, 1457~1509, 재위 1485~1509)는 보즈워스 전투에서 리처드 3세(Richard III, 1452~1485, 재위 1483~1485)를 제거하고 튜더 왕조를 열었다. 튜더 왕조를 지키기 위해 스페인과의 결혼 동맹을 추진하여 아서 왕자와 스페인의 캐서린을 결혼시켰으나 이듬해에 아서 왕자가 죽자, 캐서린을 동생(헨리 8세)과 다시 결혼시켰다.

의해 그 규칙은 거부되었다. 이런 사실을 고려할 때 또한 옛날 소송 형식들의 폐지로 인해 특례소송에서부터 고의를 주장하지 않는 불법행위의 모든 일반 진술에까지 과실에 대한 진술이 확산된 추가적 상황을 고려할 때, 어떤 사람이 현재의 논의에 참여하는 것이 가치 있다고 생각한다면 많은 법률가들은 아마 놀랄 것이다. 그것은 일상적인 소송실무에서 나온 자연스러운 영향이다. 그러나 비록 검토 중인 학설이 그렇지는 않겠지만 더 이상 추종자들을 갖지 못한다 해도, 그렇게 근본적인 문제에 우리의 관심을 지속시키기 위해서는 일상적인 소송실무 이상의 어떤 것이 있어야 좋을 것이다. 적어도 나에게는 그렇게 보이듯이, 진정한 원칙[117]은 그것에 관심을 가진 모든 사람에 의해 명백하게 파악될 수는 없고, 지금까지 생각해왔던 것에 대한 주의 깊은 분석 이후에만 겨우 도달할 수 있다. 절대적 책임(absolute responsibility)[118]의 규칙에 반대하는 판결들을 인용하는 데 있어서 그리고 그 규칙이 이미 받아들여진 학설들이나 건전한 공서양속과는 일관성을 갖지 않는다는 것을 보이는 데 있어서, 그 원칙은 충분하다고 생각할 수 있다. 그러나 우리는 거기서 더 나아가는 것이 유익하다고 보며, 창조적인 시대와 그것을 파괴하는 철학적 반동의 시기 사이에서 종종 발견되는 무미건조한 판례의 시기가 아니라면, 우리는 보통법이 그런 규칙을 결코 알지 못한다는 생각을 강력히 뒷받침하는 근거가 존재하지 않는지를 질문할 수 있다. 현대의 대부분의 실무자들과는 반대로

---

[117] (옮긴이 주) 형법의 진정한 원칙은 홈스의 견해에 따르면 일관성과 공서양속을 충족시키는 원칙이며, 이하에서 언급하는 외형적인 기준을 의미한다.

[118] (옮긴이 주) 절대적 책임(absolute liability, absolute responsibility)은 불법행위와 형법에서의 법적 책임이고, 범죄행위를 저지르고 또한 의도적인 고의 혹은 범죄심리를 보유할 때 성립한다. 그렇지만 범죄를 저지르려는 고의가 없을지라도 유죄일 수 있다. 무과실책임(strict responsibility)과 절대적 책임 간의 차이는 사실관계에 대한 착오를 변호할 수 있느냐에 달려 있다. 절대적 책임에서는 사실관계에 대한 착오는 변명이 되지 않는다.

엄격한 학설을 여전히 고수하는 사람들에게 그 학설에 반대하는 유력한 판결들이 인용된다는 것을 또다시 환기시킴으로써 그리고 그 판결들이 혁신적인 일에 관여되었다면 쇼 대법원장(Chief Justice Shaw)[119] 같은 판사들이 그런 혁신적 판결을 내렸다는 사실에 의해 그 변화가 공서양속적이었다는 것을 그들에게 또다시 환기시킴으로써, 나는 엄격한 학설을 고수하는 사람들의 관심을 수용하면서 약간만 검토해보면 그 혁신이 공서양속만이 아니라 일관성에 의해서도 필요하게 된다는 것을 보여줄 수 있다. 일관성에 관한 논의부터 시작하겠다.

  과실이나 고의와 상관없이 어떤 사람이 자신의 행동의 직접적 결과인 물리적인 힘으로 다른 사람에 끼친 모든 손해에 관련된 불법침해에 책임져야 한다는 동일한 논리는, 그 사람과의 고용 관계에 있는 피고용인의 행동에서 비슷하게 결과하는 유사한 손해가 발생한 경우에도, 그 사람에게 책임지도록 할 것이다. 따라서 수많은 철도 사례[120]에서 회사의 과실

---

[119] (옮긴이 주) Lemuel Shaw(1781~1861)는 매사추세츠 하원 및 상원 의원을 지냈고, 1830년부터 1860년까지 매사추세츠 대법원의 대법원장으로 봉직했으며, 미국의 상법 및 헌법의 발전에 지대한 공헌을 했다.

[120] 예컨대, *Metropolitan Railway Co. v. Jackson*, 『잉글랜드 판례집』 항소 사건 3권 193. 또한 *M'Manus v. Crickett*, 이스트(E. H. East)의 『형사소송』 1권 106, 108도 보라.
(옮긴이 주) *Metropolitan Railway Co. v. Jackson*(1877): 원고는 너무 많은 승객이 탑승한 기차의 승객이다. 기차가 역에 서기 시작함에 따라, 그는 문을 열고서 탑승하려고 시도하는 다른 사람들을 밀치면서 서 있었다. 그가 그렇게 서 있고 문이 열린 동안, 기차가 움직이기 시작했다. 그가 버티기 위해 그의 손을 문틀에 얹었고, 동일한 순간에 관리인이 다가와서는 들어오려는 사람들을 쫓아버리고 즉시 통상적인 방식으로 문을 닫아버렸다. 원고의 엄지가 문틈에 끼었고 뭉개졌다. 상이한 많은 의견이 있었음에도, 과밀한 승객을 방지하지 못했다는 것을 회사 측의 과실로 인정하면서도, 원고의 상처는 원고가 철도회사에 소송을 걸 원인을 제공할 정도로 거의 혹은 확실히 충분하지 않다고 상원(최종심)에 의해 만장일치로 판결되었다. 왜냐하면 그것은, 승객이 전혀 과밀하지 않다 해도, 확실히 발생할 수 있는 사고였기 때문이다.

에 관한 논의는 전적으로 부적절할 것이다. 왜냐하면 회사가 과실에 책임 지도록 하는 계약이 분명히 있지만, 그 계약은 종업원들 입장에서 그렇지 않았다면 존재했을 불법침해에 대한 종업원의 책임을 축소하는 데 사용되어서는 안 되기 때문이다.

이것 이상으로, 동일한 논리는 아무리 간접적이라고 해도 피고의 행동이 원인이라고 할 수 있는 모든 손해를 피고에게 책임지도록 할 것이다. 적어도 물리적이거나 책임 지울 수 없는 행동이 아무리 예견되지 않는다 해도, 그 행동이 문제의 행동과 결합하여 어떤 손해를 야기하는 한, 필요한 자기방어를 위해 지팡이를 들어 올릴 때 원고를 우연히 때리게 되는 사건에서 피고에게 불리하게 판결한 그 논리는 그의 행동이 문제의 결과의 한 요인이 되는 모든 사건에서 그에게 불리한 판결을 요구할 것이다. 직접적인 물리적 힘의 사용과 어떤 행동의 간접적이거나 더욱더 간접적인 결과로서의 손해 유발 간의 구분은 소송 형식이 불법침해소송이어야 하는지 특례소송이어야 하는지를 결정할 수는 있지만, 그런 구분은 인간이 자신의 책임 하에 행동한다는 책임이론과 아무런 관련을 갖지 않는다. 시작할 때 언급했듯이, 무과실책임(strict liability)[121]이 어떻든 준수되어야 한

(옮긴이 주) *M'Manus v. Crickett*(1800): 피고의 마차꾼인 종업원이 원고가 큰길에서 운행하고 있는 마차를 향해 피고의 마차를 몰아 고의적으로 덮쳤으며, 그 때문에 원고가 마차에서 튕겨 나와 크게 다쳤다. 그러나 피고는 그곳에 있지도 않았고, 어떤 방식으로든 종업원의 행동에 동의하지도 않았다. 쟁점은 종업원의 고의적이면서도 계획된 행동에 대해 그의 주인인 피고에 대해 불법침해소송이 성립하는가 하는 것이다. "종업원이 법의 관점에서 불법침해자인 경우, 주인에 대한 불법침해소송은 성립하지 않지만, 미숙련이거나 태만한 종업원을 고용한 것에서 결과하는 손해를 보상하는 것에 대해서는 주인에게 책임이 있다"고 판결되었다.

[121] (옮긴이 주) 무과실책임 혹은 엄격한 책임(strict liability, strict responsibility)은 형사 혹은 민사상 책임이고, 잘못이나 과실과 같은 유죄 여부와는 상관없이 작위 혹은 부작위에 의해 유발되는 손해 혹은 상해에 대한 법적 책임이다. 무과실책임 하에서는 잘못, 과실 혹은 고의 등을 입증할 필요가 없다.

다면, 그 책임은 철저하게 준수되어야 한다. 불법침해소송에서는 무과실 책임을 준수하고 반면 특례소송에서는 그 책임을 폐기한다면, 그것은 원칙이라고 말할 수 없다. 불법침해에는 행동만 해당되고 특례소송에는 그런 행동의 결과만 해당된다면, 그것도 원칙이라고 말할 수 없다. 모든 불법침해소송은 행동의 결과에 대한 것이지, 그 행동 자체에 대한 것이 아니다. 그리고 일부 불법침해소송은 손해배상소송인 다른 사례들보다도 피고의 행동과는 거리가 더 먼 간접적 결과에 대한 소송이다.

행동은 항상 자발적인 근육의 수축일 뿐이다. 그 행동이 움직임으로 나타나거나 원고에게 손해를 야기하는 물리적 연속의 연쇄는 그 행동의 일부분이 전혀 아니며, 그런 연속의 긴 행렬이 연이어서 나타나는 것이 매우 일반적이다. 한두 가지 사례는 이것을 매우 분명히 할 것이다.

어떤 사람이 권총으로 위협하면서 폭력과 폭행(battery)[122]을 저질렀을 때, 그의 유일한 행동은 팔과 검지를 특별한 방식으로 수축시키는 것이지만, 상해가 일어나기 이전에 아주 긴 일련의 물리적 변화가 어떤 것을 발생시켜야 하는지를 묘사하는 것은 초보 작가들이 즐기는 일거리이다. 총을 발사하는 것 대신에, 그가 길가에서 물을 뿜어내고 있는 호스를 들어서 원고 쪽을 향해 물을 뿌렸다고 가정하자. 그는 폭행을 저지르기 위해 자신의 행동에 협력해야만 하는 물리적인 원인들을 전혀 가동하지 않았다. 자연적 원인들뿐 아니라 살아있는 생물체도 행동과 결과 사이에 개입할 수 있다. 어떤 사람의 말이 사고로 혹은 제삼자에 의해 놀라서 그 사람을 등에 업고 달리다가 원고를 덮쳤을 때 폭행이 전혀 없었다고

---

[122] (옮긴이 주) 폭행(battery)은 불법적인 물리적 행위를 포함하는 범죄적 공격이고, 다른 사람에 대한 무력의 사용이며 그에 따라 해로운 접촉이거나 불쾌한 접촉 혹은 성적인 접촉으로 나타나며, 상황에 따라 경범죄가 되거나 중범죄로 결과할 수 있다. 물리적 접촉 이전 단계의 폭력(assault)과 혼용해 쓰인다.

판결한 **기번즈 대 페퍼 사건**[123]은 말 타는 사람이 박차를 가함으로써 사고의 원인이 되면 그때 그가 유죄라는 판결과 구분했다. **스캇 대 셰퍼드 사건**[124]에서 이미 언급한 것처럼 불법침해는 폭죽을 군중에게 던진 사람에게 불리하게 적용되었다. 그때 그 폭죽은 자기방어를 위해 손에서 손으로 옮겨지다가 원고에게 이르러 터지면서 상처를 입혔다. 여기서는 인간의 행동들을 다소 거의 기계적으로 다루었지만, 그 행동들은 최종 결말에 이르기 위한 피고의 행동과 그 결과 사이의 연쇄의 일부분이었다.

이제 나는 반복적으로 다음을 강조한다. 어떤 사람이 모든 가능한 주의를 기울였음에도 간섭하는 원인들의 비교적 짧은 연쇄 작용을 통해 그의 행동이 물리적인 힘을 타인에게 행사하도록 유발했을 때, 원칙이 불법침해로 그를 고소하도록 요구한다면, 비록 행동과 결과 사이의 사건들이 아무리 많고 예기치 않다 해도, 그 원칙은 동일한 책임을 요구한다. 어떤 사고가 말 타는 사람이 박차를 가하는 행동과 관련될 때 사람을

---

[123] 로버트 레이먼드(R. Raymond)의 『왕립법원과 민사법원의 판례집』 1권 38; 동일한 사건, 살켈드(W. Salkeld)의 『왕립법원의 판례집』 2권 637; 『현대 판례집』(*Modern Reports*) 4권 404; 1695년.
(옮긴이 주) *Gibbons v. Pepper*(1695): 피고가 회초리로 말을 때리자 말이 놀라서 날뛰었고, 피고가 원고에게 조심하라고 소리쳤지만 원고는 움직이지 않았으며, 그 결과 말이 원고에게 상해를 입혔다. 피고가 조심하려고 했다는 사실관계는 부적절하며, 피고가 의도적으로 말을 탔고 결과적으로 나타나는 손해에 대해 무과실책임을 져야 한다고 판결되었다. 왜냐하면 책임은 피고의 의도와 관련되는 것이 아니라 행위의 본질과 관련되기 때문이다. 그러나 지나가던 낯선 사람이 말을 회초리로 때렸다면 책임이 달라질 수 있다.

[124] 블랙스톤의 『잉글랜드법에 대한 주석』 2권 892. *Clark v. Chambers*, 『잉글랜드 판례집』, 「여왕의 법원 자료실」 3권 327, 330, 338도 참고하라.
(옮긴이 주) *Clark v. Chambers*(1878): 피고가 큰길에 큰 못이 박힌 장애물을 설치했고, 다른 사람이 이 장애물을 작은 길 쪽으로 치워버렸다. 어두운 밤에 원고는 그 장애물로 달려가게 되었고 눈을 다치게 되었다. 다른 사람에게 상해를 유발할 것 같은 행위를 한 사람은, 비록 그 상해가 그 행위에 의해 직접적으로 유발되지 않았다 해도, 그 행위로부터 결과하는 상해에 책임이 있다고 판결되었다.

쓰러뜨리는 사고가 불법침해라면, **빈센트 대 스타인아우어 사건**[125]에서 주장되듯이, 그 사고가 말에 올라타 말을 밖으로 데리고 나오는 행동과 더욱더 간접적으로 항상 연관 지을 수 있다고 인정하는 그런 사고는 왜 '모든 경우에 불법행위'가 아닌가?

왜 어떤 사람은 직접적이면서도 분명한 효과에서 무죄한 행동의 결과에 대해 책임을 지지 않는가? 즉 일련의 자연스럽지만 아주 특이한 사건들의 간섭이 없었더라면 따르지 않았을 그런 결과에 대해 책임지지 않는가? 그 이유는, 간섭하는 사건들이 그 결과를 추적하는 데 어떤 예견도 기대될 수 없는 그런 종류의 것이라면, 피고가 그렇게 예견하지 못한 것에 대해 비난을 받아서는 안 되기 때문이다. 잉글랜드 판사들은, 더운 날씨에 철길 옆에 마른 풀 더미를 방치하는 행동과 그 후에 기관차를 철로 위로 지나가게 하는 행동들(즉 이에 따른 화재가 책임의 근거이다)이 과실이라고 봐야 하는가 하는 문제에 대해서조차, 합리적으로 예상할 수 있는 결과는 중요하다고 인정하는 것처럼 보인다.[126] 그러나 이런 것

---

[125] 『버몬트주 대법원의 판례집』(Reports of Cases Argued and Determined in the Supreme Court of the State of Vermont, 1826~) 7권 62.
(옮긴이 주) Vincent v. Stinehour(1835): 원고는 보행로가 아닌 마차가 통상적으로 다니는 길을 걸어가고 있었고, 피고가 그의 마차를 동일한 길로 매우 빠른 속도로 몰고 왔으며, 피고가 원고와 가까워졌을 때 원고가 걸어가는 길로 돌진했다. 그 결과 원고가 마차 바퀴에 깔렸고 크게 상해를 입었다. 배심은 원고가 입은 상해는 불가피한 사건의 결과이고, 피고 측에 주의의 결핍이 존재하지 않는다고 판정해서 피고 승소를 평결했다. 재심에서 법정은, 문제의 상해가 불가피한 사고로부터 결과한 경우에는, 불법침해소송이 유지될 수 없으며, 그 상해를 야기한 사람에게 어떤 책임도 부과되지 않는다고 하면서, 배심의 평결을 재확인했다.

[126] Smith v. London South-Western Railway Co., 『잉글랜드 판례집』 민사 6권 14, 21. 또한 앞의 사건, 앞의 책 5권 98, 103, 106도 참고하라.
(옮긴이 주) Smith v. London South-Western Railway Co.(1870): 어떤 사람이 철로에서 부주의하게 불을 냈고, 그 철로에서 기차가 지나면서 불을 옮겨 200야드 떨어진 건물에 불을 내게 만들었다. "과실의 증거가 존재하는 것으로 일단 결정되었을 때, 그 과실에 대해 유죄인 사람은 그가 그 결과를 예견하든 못하든 그 결과들에

들은 그 상황에서 자연적이면서도 명백한 효과에 있어서 무죄라고 거의 할 수 없는 행동들이다. 동일한 학설은 성문법을 위반한 행동이지만 문제의 결과를 발생시킬 것이라고 합리적으로 기대할 수 없는 그런 행동에도 적용되었다.[127]

그러나 행동 이후에 자연적인 원인이나 물리적인 요인이 예견되지 않은 어떤 방식으로 간섭하여 무죄처럼 보였던 손해를 유발하는 경우와 그 시점에서는 알려지지 않았던 그런 원인이나 요소가 간섭하는 경우 사이에는, 그 문제에 대해 인용된 잉글랜드 사례처럼, 원칙상 아무런 차이도 존재하지 않는다. 어떤 사람이 비난받을 만하지 않기 때문에 그가 어떤 사건에서 면책된다면, 그는 다른 사건에서도 면책되어야 한다. 위에 인용한 **기번즈 대 페퍼 사건**에서 취한 차이는 피고 행동의 결과인 것과 아닌 것 사이의 차이가 아니라, 그가 합리적인 사람으로서 숙고해야 하는

대해 마찬가지로 책임이 있다"고 판결되었다. 당신이 불을 처음 냈고 그 불이 통제를 할 수 없게 되고 당신이 예상했던 것보다 훨씬 많은 것을 태워버렸다면, 불이 통제를 벗어날 수 있다는 것은 예견 가능하기 때문에, 당신은 여전히 모든 결과에 대해 책임이 있다.

[127] *Sharp v. Powell*, 『잉글랜드 판례집』 민사 7권 253. 또한 *Clark v. Chambers*, 『잉글랜드 판례집』, 「여왕의 법원 자료실」 3권 327, 336~338도 참고하라. 그 학설을 추가로 수용하는 수많은 미국 판례들을 인용할 수 있다. 그러나 논쟁의 여지가 있는 어떤 명제도 규정하지 않는 것이 바람직하며, **어떤 사람이 공정한 행위를 했지만 그 후에 그 행위가 불공정하게 된다면, 그것은 불법 없는 손해가 된다는 주장**은 현재 목적들을 충족하는 데 충분하다. 래치(Latch)의 『왕립법원의 판례집』(*Reports of Cases Determined in the King's Bench*, 1661) 13. 나는, 부당행위가 행해졌다는 것이 일단 일단락되는 경우, 침해의 진정한 규칙에 관한 어떤 논의도 생략한다. 그 원문은 부당행위가 행해졌는가를 결정하는 기준만을 참작한다.
(옮긴이 주) *Sharp v. Powell*(1872): 피고의 종업원이 마차를 씻으면서 물이 하수구로 가도록 했으나 하수구가 얼어서 물이 큰길로 흘러가게 되었고, 그 물이 나중에 모여서 얼어 빙판을 만들었다. 그 빙판에 원고의 말이 미끄러져서 다리가 부러졌다. "피고는 사고가 발생한 장소에서 그 물이 모여서 빙판이 될 것이라고 합리적으로 예견할 수 없었다"고 언급하면서, 피고에게 책임이 없다고 판결되었다.

결과와 그렇지 않은 결과 사이의 차이다. 말에게 심하게 박차를 가하는 것은 그저 길에서 단순히 말을 타는 것보다 손해를 가할 가능성이 훨씬 더 크므로, 법정은 피고가 이 사건의 결과를 주목할 의무가 있다고 생각했고, 반면에 법정은 다른 사건에서 단순하게 발생한 결과들에 대해서는 책임을 지우지 않았을 것이다. 왜냐하면 조용히 말을 탈 때 말이 날뛸 가능성은, 물론 있긴 하지만, 상대적으로 약하기 때문이다. 그러나 말이 제어하기 힘들고 또한 말을 길들일 목적으로 사람들이 붐비는 장소로 데려갔다면, 그 주인은 책임이 있을 수 있다. 왜냐하면 "손해가 개연적으로 일어날 가능성이 있는 장소로 야생마를 데려온 것은 그의 잘못이기" 때문이다.[128]

자기방어를 위해 들었던 지팡이로 뜻밖의 타격을 가한 사례로 돌아가서, 그 상황에서 한 사건에서는 가까운 곳에 사람이 있다는 것을 아는 것이 불가능하고, 다른 사건에서는 그것을 예상하는 것이 불가능하다면, 자신의 뒤에 있는 사람을 때리는 것과 지팡이를 들었을 때 지팡이의 범위 내로 말에 의해 밀려온 사람을 때리는 것 사이에는 차이가 전혀 없다. 두 사건 어느 것도 책임의 근거로서 경련성 근육 수축과 자발적 행동을 구분하는 유일한 요소가 결핍되어 있다. 즉, 두 사건 어느 것도 문제의

---

[128] *Mitchil v. Alestree*, 벤트리스(P. Ventris)의 『왕립법원의 판례집』 1권 295; 앞의 사건, 케블(Keble)의 『왕립법원의 판례집』 3권 650; 앞의 사건, 레빈츠(C. Levinz)의 『판례집』 2권 172. 또한 *Hammack v. White*, 『보통법원 판례집(뉴 시리즈)』 11권 588; 아래에 있는 본서의 pp. 217~218 등을 비교하라.
(옮긴이 주) *Hammack v. White*(1862): 피고는 말을 구입하여 그 말의 능력을 시험하고자 원형광장으로 몰고 나왔다. 설명 불가능한 이유로 그 말이 난폭하게 되었고, 그 말을 통제하려는 피고의 노력에도 불구하고 그 말은 도로를 질주했으며 원고의 남편을 사망케 했다. 피고의 과실에 대해 유죄라고 평결하도록 보장할 만한 (과실의) 증거가 전혀 없다는 배심의 의견으로, 소송은 기각되었다. 과실에 기인한 손해에 대한 소송에서 과실 입증의 부담이 원고 측에 주로 의존했던 사례이다.

결과와 관련하여 선택의 기회(발생할 결과에 대비할 기회)가 존재하지 않았다. 감춰진 결과를 수반하는 선택은 그 결과에 대해서는 선택의 여지가 전혀 없는 것이다.

영미법의 일반원칙은 우연적 사고에서 발생한 손실이 그 발생한 곳에 놓여 있어야 한다는 것이고, 이 원칙은 한 인간이 불행의 도구가 되었다는 사실에 의해서도 영향받지 않는다.[129] 그러나 주어진 어떤 사람과 관련하여, 그가 가능하다고 생각하고 그에 따라 회피할 수 있다고 명확하게 기대할 수 없었던 것은 어떤 것이든 우연적 사고이다. 고인이 된 넬슨 뉴욕 주 재판장(Chief Justice Nelson)[130]의 말을 빌리면, "어떤 개인 입장에서 잘못 없이 행해진 행동에 대해 그에게 책임을 부여하는 어떤 판례나 원칙은 전혀 발견될 수 없거나, 발견된다 해도 계속 유지될 수는 없다. ... 불가피한 사고에서 발생하거나 법이나 논리에서 동일한 것이지만 인간의 정상적인 주의와 예견으로는 막을 수 없는 행동에서 발생하는 그런 상해는, 모든 판례가 인정했듯이, 피해자의 불운일 뿐이고 법적 책임에 대한 어떤 근거도 전혀 세우지 못한다."[131] 이것이 그렇지 않다면, 아무리

---

[129] (옮긴이 주) 우연적 사고로 손실을 당한 경우 그 사람이 손실을 감당해야 한다는 내용인데, 가장 현실감이 있는 사례는 시장에서 한 사람이 다른 사람의 고객을 흡수하여 성공하고, 반면 다른 사람은 그에 따라 폐업하는 경우일 것이다.

[130] (옮긴이 주) Samuel Nelson(1792~1873)은 순회재판의 판사(1823~1831), 뉴욕 대법원 판사(1831~1837), 뉴욕 대법원 재판장(1837~1845), 미국 연방 대법원 배석판사(1845~1872)를 역임했다.

[131] *Harvey v. Dunlop*, 힐(Hill)과 데니오(Denio)의 『뉴욕주 판례집』(*Reports of Cases argued and determined in the late Supreme Court of the State of New York*, 1857), (Lalor의 부록) 193.
(옮긴이 주) *Harvey v. Dunlop*(1843): 6살의 피고는 5살의 소녀에게 돌멩이를 던졌고, 소녀는 실명했다. 이 사건에서는 그 상해가 고의 혹은 부주의에 의해 발생한 것으로 드러나지 않았고, 그 반대로 그것은 우연적인 사고였다. 그 소송을 유지하는 데는 상해가 피고에 의해 저질러졌다는 것을 보여주는 증거만으로도 충분하며, 그때 피고가 그 행위를 면책시키거나 정당화하는 것도 인정된다. 이 소송에서, 법

연관성이 멀더라도, 상해로 끝이 나게 되는 일련의 물리적인 연쇄를 작동시키거나 유발하는 행동, 이를테면 다루기 힘든 말의 사건에서 말을 타는 행동 혹은 심지어 어떤 사람이 발작을 일으켜서 무의식적인 발작 상태에서 원고를 때리는 장소로 가는 행동 등과 같은 어떤 행동이든, 책임 지우기에는 충분할 것이다. 아니, 피고는 행동을 해야 할 이유가 있을까? 그리고 그의 존재가 원고에게 손해를 끼치는 데 충분하지 않을 이유가 있을까? 행동의 필요조건은 피고가 선택을 해야 한다는 것이다. 그러나 이런 도덕적 요소를 도입할 수 있게 만드는 유일한 목적은 문제의 손해를 회피할 수 있는 능력을 책임의 조건으로 만드는 데 있다. 손해를 예견할 수 없는 곳에는 그런 능력이 존재하지 않는다.[132] 여기서 우리는 공서양속으로부터 논리에 도달했고, 그에 따라 나는 토지에 대한 불법침해와 횡령(conversion)[133]에 대한 논의를 잠시 연기하고자 하며, 좀 더 나중 단계에서 가축에 대한 책임을 논의할 것이다.

사실 어떤 사람은 이 행동이나 저 행동(**행동**이라는 단어는 선택을 의미한다)을 할 필요는 없지만, 그는 어떻든 행동을 해야만 한다. 더욱이, 대중은 일반적으로 개인적 활동으로 이익을 본다. 행동은 불가피하고 공공의 이익을 낳으려는 경향을 보이므로, 바람직하면서도 불가피한 위험을 행위자에게 부과하는 공서양속은 분명히 전혀 존재하지 않는다.

국가는 생각건대 우연적 사고를 대비한 상호보험회사를 스스로 설립할 수 있고, 시민들의 재난에 대한 부담을 모든 구성원 간에 분배할 수도

정은 부당행위에 대한 진술이 없었고, 그 상해가 사고에 의해 유발되었다고 보고 피고의 책임이 없다고 판결했다. 본 사건에 대한 넬슨(Nelson) 재판장의 견해는 본문에 나와 있다.

[132] 제2강을 보라. pp. 76~78.
[133] (옮긴이 주) 횡령(conversion)은 다른 사람의 동산, 부동산 혹은 권리 등을 고의적으로 자신의 용도로 전환하는 민사적 부당행위이다.

있다. 중풍 환자들을 위한 연금, 폭풍우나 야생동물들에게서 신체나 재산상 고통을 받고 있는 사람들을 위한 정부 보조 등이 있을 수 있다. 국가는 개인들 간에 **능력에 비례하는** 상호보험원칙을 채택할 수 있고, 해사법의 **소박한 판단**처럼 양자가 잘못이 있을 때는 손해를 분담시키거나, 모든 손실을 잘못과 상관없이 행위자에게 떠넘길 수도 있다. 그러나 국가는 이와 같은 일 중 어느 것도 하지 않으며, 지배적인 견해는 약간의 분명한 혜택이 **현상**을 교란함으로써 얻어지지 않는 한 성가시고 비싼 기구가 작동되어서는 안 된다는 것이다. 국가간섭은 공익으로 볼 수 없는 곳에서는 해악이다. 원한다면 전 국민을 포괄하는 보험은 개인 기업이 더 훌륭하게 또한 더 저렴하게 성취할 수 있다. 피고의 행동에서 손실이 비롯되었다는 근거로 단순히 손실을 재분배하려는 노력은 이런 반대에 쉽게 봉착할 뿐 아니라, 앞의 논의에서 보여주었듯이 정의감을 훼손한다는 더욱 심각한 반대에 봉착할 것이다. 나의 행동이 다른 사람들을 위협할 성격을 갖지 않고 또한 그 상황에서 신중한 사람이 침해의 가능성을 예견하지 못하는 한, 내가 그 결과에 대해 이웃에게 손해를 배상하도록 하는 것이 타당하지 않듯이, 내가 발작을 일으켜서 이웃을 갑자기 공격했다면 그에게 마찬가지로 배상하도록 하는 것 혹은 그가 벼락 맞을 것에 대비하여 나로 하여금 보험에 가입하도록 강요하는 것 역시 타당하지 않다.

사람에 대한 불법침해에 관련된 법이 각각 동등한 설득력을 가지면서 서로에 대해 정반대의 결론을 요구하는 두 가지 모순 사이에 놓여 있다고 추정되지 않게 하려면, 이제 나는 토지에 대한 단순한 불법침해, 횡령, 사람에 대한 불법침해 사례들의 가상적인 유추 등에서 이끌어낸 결론들로 되돌아가야 하겠다.

우선 실질적 손해를 수반하는 토지에 대한 불법침해를 들어보자. 어떤 사람이 자기 땅으로 생각하고 이웃 땅에 들어갈 때, 그는 문제의 바로 그 행동이나 그 결과를 고의적으로 의도한다. 그는 특정한 방식으로 특정한 일을 간섭하려고 의도하고, 그 일은 그가 고소당한 바로 그 의도된 간섭이다.[134] 반면에 그가 자기방어를 위해 지팡이를 들었고 사고로 낯선 사람을 때렸다면, 소송의 본질인 그 사실(즉 지팡이와 이웃의 머리 접촉)은 의도된 것도 아니고 예견될 수도 없다. 어떤 사람이 고소당한 이유는 그가 어떤 다른 재산에 간섭한 것이 아니라 원고의 재산에 간섭했기 때문이고, 또한 사고로 때리게 된 경우처럼 가정된 경우에도 피고가 그의 행동을 부당하게 만드는 공존하는 전체 환경을 구성하는 사실 중 하나에 대해 무지했기 때문이라고 확실히 답변할 수 있다. 즉 피고는 진짜 주인이 문제의 재산상의 이득을 가지고 있거나 그 이득을 청구한다는 사실을 모르고 있었으며, 그에 따라 그는 이웃의 재산을 부당하게 처리할 의도가 없었기 때문에 그는 부당한 행위를 고의적으로 의도하지는 않았다. 그렇지만 이것에 대한 답변은 그가 문제의 손해를 끼칠 의도가 정말로 있었다는 것이다. 고의적 손해에 의해 재산 가치를 감소시켜 버린 사람은 그 재산이 타인에게 속한다는 것을 안다. 그가 그것이 자기 것이라 생각하면, 그가 어떤 손해를 끼치든 그는 그 손해를 자기 호주머니에서 배상하려 할 것이다. 그가 그 재산이 이웃에게 속한다는 것을 발견하고는 그 부담에서 벗어난다면 그것은 정말로 이상한 일이 될 것이다. 고의적으로

---

[134] *Hobart v. Hagget*, 페어필드(Fairfield)의 『판례집』(*Reports*) (메인주) 3권 67을 참고하라.
　(옮긴이 주) *Hobart v. Hagget*(1835): A는 B에게서 25.5달러에 소 한 마리를 구입했고, B의 목장에서 그 소를 가져가라고 지시받았다. A는 자신이 구입했다고 생각한 소를 데려갔지만, 그 소는 B가 팔지 않았던 다른 소로 밝혀졌다. 배심은 그런 취득에 대해 불법침해소송이 성립하고 25.5달러를 포함하여 37달러의 손해를 산정한다고 평결했다. 피고가 예외를 제기했고 재심이 이루어졌다. 법정은 예외를 기각했고, 다만 피고가 이미 지급한 25.5달러를 제외한 나머지에 대해서만 손해를 인정해 배심 평결에 대한 수정이 이루어졌다.

손해를 끼친 사람이 그 손해를 책임져야 한다는 명제는, 예견 불가능한 손해를 우연적으로 발생시킨 행위자가 책임져야 한다는 명제와는 매우 다른 것이다.

다음으로, 문제의 행동이 단순히 전문적인 불법침해나 횡령과 같은 원고의 재산에 대한 법적 지배권의 행사라고 가정하자. 피고가 그 재산이 자신의 것이라고 생각했다면, 자신의 재산소유권의 한계를 알도록 요구하는 데에는 어떤 이론적 부정의는 없는 것처럼 보인다. 혹은 그가 그것이 다른 사람에게 속한 것으로 생각했다면, 행동 전에 그가 법적 소유권의 증거를 얻을 의무를 갖도록 판결하는 데에 어떤 이론적 부정의는 없는 것처럼 보인다. 토지의 침입이든 동산의 횡령이든, 그 행동이 재산상 손해를 수반하지 않았고 그 물건이 진짜 주인의 수중으로 되돌아갔다면, 피고의 책임이 어디까지인지를 또한 생각해보자. 배상으로 회복한 금액은 단순히 명목상일 뿐 보잘것없을 수 있고, 그 지급액도 주인의 재산소유권을 공식적으로 인정하는 정도에 불과할 수 있다. 그리고 반복된 법적 지배권 행위에 대한 취득시효(prescription)[135]와 기한제한법(statute of limitation)[136]의 효과를 고려하면, 그 소유권은 권리에 불과할 뿐이다.[137] 피고가 변제

---

[135] (옮긴이 주) 취득시효(prescription)는 보통법에서 소유자의 동의 없이 오랜 기간 점유함으로써 권리 자격을 취득할 수 있다는 것을 의미하며, 취득시효의 대표적인 사례로는 땅을 일정 기간 통행로로 이용한 점유자가 얻을 수 있는 지역권(easement)을 들 수 있다. 반면에 대륙법 계열 국가에서 시효(prescription)는 모든 소송이 제기되어야 하는 법적으로 정해진 기간을 의미하며, 피고를 보호하려는 목적을 갖는다. 특히 형사소송에서는 혐의의 심각성에 따라 시효가 다르다.

[136] (옮긴이 주) 기한제한법(statute of limitation)은 보통법 계열 국가에서 사건이 발생한 이후 소송이 시작되어야 하는 최대한의 기한을 설정한 법을 지칭하며, 피고를 보호하려는 목적을 갖는다.

[137] *Bonomi v. Backhouse*, 엘리스(T. F. Ellis), 블랙번(C. Blackburn) 및 엘리스(F. Ellis)의 『왕립법원과 재정법원의 판례집』(*Reports of Cases argued and determined in the Court of King's Bench, and the Court of Exchequer Chamber*, 1858) 622에서 p. 640에

의 제공이나 다른 방법으로 소송비용을 회피하도록 허용해 주면, 모든 외관상의 부정의는 사라진다.

그러나 그 재산이 진짜 주인의 수중에 돌아가지 않았다고 가정하자. 그 물건이 피고의 수중에 남는다면, 그가 그것을 양도해야 한다는 것은 분명히 옳다. 물건을 양도하도록 강제하는 것이 합리적이듯이, 그가 물건 자체보다 그것의 판매대금을 가지고 있으면 동산횡령회복소송(trover)[138]이나 인수소송을 통해 그가 그 판매대금을 지급하도록 하는 것 역시 합리적이다. 그러나 피고가 그 후 그 판매대금을 제삼자에게 지급했는지에 대한 문제는 그 동산의 진짜 주인의 권리에 영향을 미칠 수 없다. 예컨대, 위에 가정한 경매인 사건에서 그가 진짜 주인에게 지급했더라면, 그것은 그의 보관기탁자[139]의 청구에 대한 응답이 되었을 것이다. 그가 그 대신

실린 콜리지(Coleridge) 판사의 진술을 보라.
(옮긴이 주) *Bonomi v. Backhouse*(1858~1859): A는 B, C 및 D의 토지로 둘러싸인 토지에 세워진 집의 소유자이고, E는 네 사람의 토지 아래에 있는 광산의 소유자이다. 그는 실제적인 과실 없이 광산을 운영했고 그 결과 B, C 및 D의 토지가 내려앉았고, 그 이후 6년이 지나서 그 함몰에 따른 영향으로 A의 집에 심각한 손해를 유발했다. 피고는 자신에게 죄가 없다고 항변했으며, 왕립법원에서 피고의 승소가 판결되었으나, 판결오류심사소송(error)에서 만장일치로 판결이 번복되었고(6년 이내에서 소송의 소인이 발생하는가 하는 핵심쟁점인 기한제한법의 적용에 대해서, '피고의 단순한 굴착이 원고에게 손해를 유발하지 않는 한 그 굴착에 대한 소송의 소인은 발생하지 않으며, 처음으로 현실적인 손해가 나타났을 때 소송의 소인이 발생한다'), 상원과 하원 모두 만장일치로 원고 승소를 확인했다. 불법행위는 굴착하는 것에 있는 것이 아니라, 합법적인 굴착행위가 다른 사람의 토지를 무너뜨렸다는 데에 있다.

[138] (옮긴이 주) 동산횡령회복소송(trover)은 물건의 비강제적인 탈취, 부당한 탈취에 대해 손해를 회복하기 위한 소송이며, 재산 자체의 회복보다는 탈취된 물건의 가치 회복만을 목적으로 하는 특징을 갖는다. 반면에 압류동산회복소송(replevin)은 횡령된 재산 자체를 회복하려는 소송이다.

[139] (옮긴이 주) 보관기탁자(bailor)는 보통법에서 소유권의 변동은 없으나 점유가 변동하는 법률적 관계인 보관관계(bailment)에서 동산의 점유를 제공한 사람을 지칭하고, 반면에 보관수탁자(bailee)는 동산의 점유를 수취한 사람을 지칭한다. 보관관

에 그의 보관기탁자에게 지급했다면, 그는 지급할 의무가 없는 사람에게 지급했고, 어떤 일반원칙도 이것 때문에 원고의 권리가 박탈되도록 판결되어야 한다고 요구하지 않는다.

원고의 권리 자격에 관한 피고의 지식이나 무지가 전적으로 피고의 마음속에만 있는 것 같고 그에 따라 만족스러운 증거로 받아들이기 어렵다는 것은 재산에 대한 불법침해법이 일반원칙을 정립한다는 논리에 영향을 미친 다른 반론이다. 사실상 그 법이 정착될 그 당시 많은 사례에서 소송당사자들이 증언하도록 허락받기 이전에는, 피고의 지식은 증거로서 전혀 받아들일 수 없었다. 따라서 **토지**불법침해소송에 대한 피고의 변론에 따르면 피고가 자기 땅의 잔디를 깎다가 비자발적으로 또한 실수로 원고의 잔디 일부를 깎았다는 **베이즐리 대 클락슨 사건**[140]에서, 원고는 이의 신청에 대해 승소 판결을 받았다. "왜냐하면 사실을 확인해보면 그 행동이 자발적인 것처럼 보이고, 피고의 의도와 지식은 부인 불가능하며, 또한 그 의도와 지식은 확인될 수도 없기 때문이다."

이 진술은 재산에 대한 불법침해법을 정당화하려 시도하지 않으면서 그 법을 역사적으로 설명하는 데 충분하다는 것을 암시한다.[141] 왜냐하면

계에 관한 자세한 내용은 제5강을 참조하라. 본문에 있는 경매인의 보관기탁자는 경매물건의 진정한 소유자가 아니고 진정한 소유자의 보관수탁자이거나 부당한 점유자일 수 있다. 아마 여기서는 보관수탁자보다는 부당한 점유자를 지칭하는 것 같다.

[140] 레빈츠(C. Levinz)의 『판례집』 3권 37, 1681년.
(옮긴이 주) *Basely v. Clarkson*(1681): 피고는 원고의 토지에 인접한 토지를 소유하고 있고, 자신의 토지에서 풀을 베다가 비자발적으로 또한 실수로 원고의 토지에 있는 약간의 풀을 베어서 가져가 버린 데 대한 불법침해소송. 행위는 자발적인 것으로 드러났고, 그 행위가 행해질 때의 지식과 의도는 부인 불가능하며, 또한 확인될 수도 없다는 이유로, 원고 승소가 판결되었다.

[141] (옮긴이 주) 불법침해법에서 중요한 쟁점 중 하나는 피고의 책임에서 그의 지식이나 무지 및 의도를 입증하는 것이며, 상기 사례(*Basely v. Clarkson*)는 드러난 사실

피고의 실수가 증명될 수 있다면 그 실수가 판결에 실질적일 수 있다는 것을 수용하는 것처럼 보이기 때문이다.[142] 더욱이, 토지불법침해법에서부터 사람에 대한 불법침해법에 이르는 어떤 일반적인 논리가 가축에 대한 불법침해법에 의해 잘못된 방향으로 유도되고 있다는 것[143]을 우리는 곧 인식하게 될 것이다. 가축 주인은 자기 책임 하에 가축이 이웃의 토지에 들어가지 못하도록 막을 의무가 있지만, 모든 경우에 있어서 그는 자신의 책임 하에 가축이 이웃 사람들에게 다가가지 못하도록 막을 의무는 없다.

경매인의 사례에서 가정한 것과 같은 그런 판결에 대한 반대 의견들은 일반적인 책임이론에 의거하지는 않지만, 특별한 상업상 위급상황에서 전적으로 나타난다. 긴급히 처리할 실무적인 필요성이 발생하기 이전에는, 허가받지 않고 다른 사람의 재산에 간섭한 것에 대해 어떤 사람에게 책임지도록 판결하는 것은 부당하지 않다. 그러나 긴급한 실무적 필요성이 존재하는 경우 법의 상이한 경향을 발견하는 것은 놀랄 만한 일이 아니고, 우리는 정말로 그 경향을 발견하게 된다. 교환보다는 생산에 더 집중했던 원시공동체에서 아무리 재산권의 절대적 보호가 자연스러웠다 해도, 그런 절대적 보호는 현대 상업적 필요와는 거의 들어맞지 않는다. 지금 검토하고 있는 규칙들이 확립된 당시에도, 대중시장의 매매는 좀 더 자유주의적인 원칙들에 의해 지배되었다. 유럽 대륙에서는 재산소유권을 보호하는 공서양속이 거래를 보호하는 공서양속에 양보해야 한다

관계에 의해 지식과 의도를 확인하는 역사적으로 중요한 판례이다.
[142] 아래 pp. 161~162에 언급된 에드워드 4세『연감』22권 8, 판결문 24에 나와 있는 가축에 관한 규칙을 비교하라.
[143] (옮긴이 주) 개와 같은 애완동물이 이웃 사람에게 다가가지 못하도록 막을 주인의 일반적인 책임이 없다는 내용이 앞으로 전개된다.

는 것은 오래전에 판결되었다. 카사레지스(Casaregis)[144]는 **누구도 자신이 가진 권리보다 더 많은 권리를 다른 사람에게로 이전시킬 수 없다**는 일반원칙이 상거래에서 **점유권은 권리 자격의 가치를 갖는다**는 원칙에 자리를 내주어야 한다고 주장했다.[145] 그 이후 경매시장의 중요성이 상실됨에 따라, 중매인법과 그 이후의 연속적인 법 개정은 더욱더 대륙 학설을 채택하는 방향으로 나아가는 경향을 보였다.

나는 초기 책임 형식과 특별히 제소에 관해 제1강에서 이미 언급한 것을 참조하면서 선례에서 논의를 시작하려 한다. 제1강에서 보여주었듯이, **평화와 상해**의 제소와 중상해의 제소는 불법침해소송이 되었고, 그 제소들과 초기 불법침해소송들은 겉으로 보기에는 항상 고의적인 부당행위에 관한 것이었다.[146]

불법침해소송 영장에서 **평화위반**은 분명히 왕의 영장에 기초를 놓기 위해 삽입되었지만, 종종 언급되는 **무력행사** 혹은 **그의 힘에 의해** 등과 같은 문구에는 유사한 목적을 부여할 이유는 전혀 없는 것 같다. 제소인이 왕의 평화를 위반했다는 혐의를 첨가하지 않는 한, 글랜빌은 상해는 주 치안관의 재판관할에 속한다고 언급했다.[147] 그럼에도 그 상해는 이 경우와 마찬가지로 다른 경우에도 **무력행사**로 가해진 것이다. 브랙턴이 언급한 바에 따르면, "좀 더 경미한 부당행위들은 종종 군주인 왕의 평화

---

[144] (옮긴이 주) Giuseppe Lorenzo Maria Casaregis(1670~1737)는 약속어음, 보험 및 해외무역 등과 관련된 법을 연구하여 상법의 발전에 크게 기여한 이탈리아 법학자이다. 그의 저서로 『해양법』(*Il Consolato del mare*, 1719), 『상법 연구』(*Discursus legales de commercio*, 1707, 1719, 1729) 등이 있다.
[145] 카사레지스의 『상법 연구』 123, 서언; 124, 2항과 3항. 보관관계 규칙의 역사적 기원에 관해서는, 제5강을 비교하라.
[146] 제1강, pp. 4~8.
[147] 글랜빌의 『잉글랜드 왕국의 법과 관습에 관한 연구』 1권 2장, 마지막까지.

를 위반하기 때문에,"148 그에 의해 묘사된 부당행위들은 왕의 관할권에 속하고, 반면에 지금까지 주장했듯이 그 부당행위들은 항상 고의적으로 저질러진 것으로 추정되었다. **평화위반**이란 진술은 원래 판결에 실질적으로 영향을 미친다고 아마 추론될 수도 있고, 또한 과거의 불법침해는 왕에게 벌금을 지급해야 하는 책임을 포함한다는 것도 상기해야 한다.149

불법침해가 원래 고의적인 부당행위로 제한되었다는 것이 진실이라면, 전면부인의 영역에서 이끌어낸 논리를 고려할 필요는 거의 없다. 그 형식에 있어서 불법침해는 **단어 하나하나를 따지면서** 엄격히 거부했던 고대 소송절차의 완화된 형식인데, 이 당시 고대 소송절차에서는 왕의 영장에 의해 주어지는 심문 내용은 현재 알려져 있지 않다.150 잉글랜드에서 승인(recognition)151에 의해 재판의 쟁점을 심리하는 제도가 도입된 이후 얼마간 그 엄격한 형식은 어느 정도 지속되어온 듯하다.152 승인이 허가되었을 때, 그 심문은 물론 위에 언급했듯이 사실관계들을 언급할 자격만을 부여했다.153 전면부인이 도입되었을 당시, 불법침해는 여전히 고의적인

---

148 브랙턴의 『잉글랜드의 법과 관습에 관한 연구』 원문 페이지 155.
149 브룩(Brooke)의 『판례 요약문』, 「불법침해」, 판결문 119; 핀치든(Finchden)의 『판례집』(*Reports*) 198; 블랙스톤(W. Blackstone)의 『잉글랜드법에 대한 주석』 3권 118, 119.
150 브루너(H. Brunner)의 『배심 재판의 기원』(*Die Entstehung der Schwurgerichte*, 1871) p. 171을 보라.
151 (옮긴이 주) 승인(recognition)은 쟁점에 대해 당사자나 대리인이 법정에서 발언하는 것을 재판장이 승인하는 제도이며, 잉글랜드 의회의 회의제도에서 차용했다.
152 1195년의 한 사례는, 『왕립법원의 기록물』(*Rotuli Curiae Regis*, F. Palgrave ed., 1835), 38을 인용하고 있는, 비글로우(Bigelow) 씨의 아주 흥미롭고 귀중한 『앵글로-노르만의 판례』(*Placita Anglo-Normannica*, 1881) p. 285에서 발견될 것이다; 동일한 사건, 『판결 모음집』, 원문 페이지 2, Ebor. 사건 5. 제소를 통한 소송; 소송의 소인, 중범죄인 불법침해. 또한 브랙턴(Bracton)의 『잉글랜드의 법과 관습에 관한 연구』 원문 페이지 144 a를 참고하라.
153 한 가지 사례는 에드워드 1세 『연감』 30 & 31권 (Horwood), p. 106에서 찾을 수

부당행위에만 한정되었다.

우리는 이제 권위 있는 선례들을 다룰 수 있다. 초기의 선례들은 순회재판과 **고대 배심제도**가 현대적 배심제도로 길을 열기 전 시대의 산물임을 상기해야 한다. 이런 순회재판이나 고대 배심제도는 영장에 의해 정의된 쟁점에 관한 그들의 지식, 혹은 소인에 대한 심리에서 발생하는 사실관계들에 관한 어떤 익숙한 문제들에 대한 그들의 지식 등을 근거로 판결했지만, 그 제도는 제시된 증거에 근거하여 전체 사건을 심리하지는 않았다. 그들의 기능은 현대 배심의 기능보다 더 제한되었으며, 피고가 무슨 일을 저질렀는지를 배심이 공언했을 때 판사들은 배심의 동의 없이도 피고의 행동을 평가하는 기준을 정립했다. 따라서 『연감』에 나타나는 현안은 불법침해 혐의자가 배심에 의해 발견된 그런 사실관계에 태만했는지에 관한 배심의 자유롭거나 일반적인 심리가 아니라, 기록으로 명시된 어떤 행동들이 책임의 근거인지를 법정에서 판결해야 하는 잘 정의된 법의 쟁점이다. 판사들은 피고들을 매우 엄격하게 다룰 수 있었으며, 그리고 태만을 언급하지 않아도 피고들이 다양한 행동 때문에 불법침해자로 판정된다는 전제에서 출발하여, 다른 사람에게 손해를 입히는 어떤 행동이 그 행위자를 기소 가능하게 만든다는 결론에 상당히 용이하게 도달했다. 그러나 초기 저서들을 좀 더 면밀히 검토해보면, 책임론은 일반적으로 또한 그 이후에도 마찬가지로 피고가 달리 행동했어야 한다, 달리 말하면 그가 비난받아야 한다는 법정의 의견에 근거한다는 것을 알 수 있다.

『연감』에 있는 가시 울타리 사례로 우선 되돌아가면,[154] 그 결과는 피

있다.
[154] 에드워드 4세 『연감』 6권 7, 판결문 18.

고가 원했던 것은 아니지만, 가시덤불이 원고의 토지경계선 내로 떨어진 것은 달리 생각해봐도 피고의 뜻에 반한다고 볼 수 없다는 것을 알 수 있다. 그가 가시덤불을 자를 때, 그는 명백히 또한 필연적으로 그 결과를 낳을 수 있는 행동을 실행했고, 그 결과를 예견했던 것으로 받아들여야 하고, 그 결과를 방지하지 못했던 것으로 인정해야 했다. 초크 재판장은 "가시덤불이 떨어진 것과 관련해 **자신의 의지와는 반대로**는 항변이 되지 못하지만, 항변이 되려면 그가 어떤 다른 방식으로는 그것을 할 수 없었다는 것을 보이거나, 그가 원고의 울타리 안으로 들어가지 않도록 모든 노력을 다했다는 것을 보여야 한다"고 언급했고, 두 판사 모두 원고의 토지에 들어간 것을 불법으로 보는 이유로는 가시덤불이 그의 땅에 떨어진 것이 불법이라는 데에서 나타나는 결과라고 생각했다. 초크 재판장은, 가시덤불이나 나무가 바람에 날려서 원고의 땅으로 넘어갔다면, 피고가 그것들을 가지러 들어갈 수 있음을 인정한다. **밀렌 대 포드리 사건**[155]에 대해 크루 재판장(Chief Justice Crew)[156]은 "가시덤불이 그곳에 떨어지는 것을

---

[155] 팝햄(Popham)의 『판례집』(*Reports and Cases*, 1592~1597, 1617~1626) 151; 래치(Latch)의 『왕립법원의 판례집』 13, 119, 1605년.
(옮긴이 주) *Millen v. Fawdrye*(1662), 래치(Latch)의 『왕립법원의 판례집』 120: 피고의 소유인 나무 열매가 원고의 토지에 떨어지고 피고가 그것을 가지러 그 토지에 들어갔다면, 불법침해소송은 성립하지 않는다. 왜냐하면 그곳에 열매가 떨어지는 것을 방지할 수 없기 때문이다. 마찬가지로 피고가 그의 농장에서 해를 끼치고 있는 원고의 가축을 원고의 농장으로 쫓아 내보냈다면, 불법침해소송은 성립하지 않을 것이다. 왜냐하면 피고는 이렇게 할 권리가 있기 때문이다. 래치(Latch)의 『왕립법원의 판례집』 119: A가 A의 토지에서 자신의 작은 개와 함께, 그곳에서 해를 끼치고 있는 B의 가축을 쫓아 내보냈고, 자신의 개를 불러들이려 A가 노력했음에도 개는 가축을 쫓아서 C의 토지로 들어갔다면, 이 소송은 성립하지 않을 것이다. 왜냐하면 A가 자신의 토지에서 가축을 쫓아 내보내는 것은 합법적이고, 그 개가 C의 토지로 추적해 들어가는 것을 막는 것은 그의 능력 밖이기 때문이다.

[156] (옮긴이 주) Ranulph(or Randolph or Ranulphe) Crew(or Crewe)(1558~1646)는 잉글랜드의 판사, 왕립법원의 재판장(1625~1626)을 역임했다.

막기 위해 그가 최선을 다했다고 변론하지 않았기 때문에 불법침해소송이 성립한다. 그럼에도 이것은 가혹한 사건이었다"라고 언급했다. 비록 **스캇 대 셰퍼드 사건**에서 윌리엄 블랙스톤 경이 브라이언의 말을 인용하고 있고 그 말을 판사 중 한 명의 말로 오해한다 해도, 법정 논쟁에서 변호사의 법정 진술은 한쪽 편에 치우칠 수 있다.

권위 있는 주요 선례는 총기사격 사례이며, 총기사격은 극도로 위험한 행동이므로 사람들이 공공장소에서 자기 책임 하에 사격행위를 한다고 판결되어야 한다면 그것은 놀랄 만한 일도 아니다. 그러나 필요한 경계선이 그어져야 하는 곳에서는 어디에서나 책임은 일반적 근거로서 잘못에 의거하게 된다. **위버 대 와드 사건**[157]에서, 피고는 원고와 자신이 민병대에서 전투훈련을 하고 있었고, 피고가 그의 총을 발사할 때 사고로 불행하게도 자신의 의지에 반해서 원고에게 상처를 입혔다고 주장했다. 그 항변에 대해 법정은 "잘못이 없다고 명백히 판결할 수 있는 경우를 제외하면 … 누구도 불법침해에서 면책될 수 없다. 마치 어떤 사람이 강제로 내 손을 잡아 당신을 때린다면, 혹은 이 사건에서 피고가 총을 발사할 바로 그때 원고가 피고의 총을 가로질러 갔다면, 혹은 피고가 그 사고가 불가피했다는 것을 법정에 명백히 밝혀주는 정황을 가지고 그 소송을 시작했고 피고가 손해를 야기하는 **어떤 과실도 저지르지 않았다**고 말한다면, 예외를 적용할 수 있다." 나중에 발생한 아래의 사례들은 단순히 **위버 대 와드 사건**을 따르고 있다.

베시 대 올리오트 사건에서 레이먼드 경과 **스캇 대 셰퍼드 사건**에서 윌리엄 블랙스톤 재판장의 엄격한 학설에 찬성하는 위에 언급된 인용문들은 둘 다 다수의견에 반대하는 소수의견들에서 발췌했다. **스캇 대 셰퍼드**

---

[157] 호바트(H. Hobart)의 『판례집』 134, 1616년.

사건에서 아주 명확히 밝히고 있듯이, 대다수 법정은 다른 사람에 의해 어떤 사람의 좌석에 던져진 폭죽을 순간적으로 던져버림으로써 개인적 위험을 회피하는 행동이, 비록 새로운 동작이 폭죽에 가해지고 그에 따라 원고의 눈이 결과적으로 실명했다 해도, 불법침해가 아니라고 생각했다. 절대적 책임에 대한 찬성 논지를 주장하는 앞에서 인용되었던 사례 중 마지막 사례는 **리아미 대 브레이 사건**[158]이었다. 이 사건의 쟁점은, 그 상해가 피고의 태만에 의해 생겼지만 고의적으로 행한 것이 아니라는 근거로 피고는 불법침해에 반대하고 있으므로, (원고를 덮쳐서 상처를 입힌) 소송이 불법침해소송이라기보다는 오히려 특례소송이 되어야 하지 않는가 하는 점이다. 따라서 과실은 책임의 근거로 수용하고 있었으므로, 법정에서 어떤 사람의 절대적 책임에는 의문의 여지가 전혀 없었으며, 사용된 문구도 손해가 고의적으로만 행해질 필요가 없다는 명제에 완전히 기울고 있다.

또 다른 고삐 풀린 말 사건인 **웨이크맨 대 로빈슨 사건**[159]에서 피고가 고삐를 잘못 잡아당겼고 그가 직진했어야 했다는 증거가 있다. 배심은 상해가 피고의 직접적 행동에 의해 발생했다면 그 행동이 고의적이냐 사고냐는 중요하지 않다고 통보받았다. 재판의 재심리 요청에 대해 댈러스 재판장(Dallas)[160]은 "사고가 전적으로 피고의 태만 없이 혹은 그에게

---

[158] 이스트(E. H. East)의 『형사소송』 3권 593.
[159] 빙엄(P. Bingham)의 『민사법원과 기타 법원의 판례집』(*Reports of Cases in the Court of Common Pleas and Other Courts*, 1822~1834) 1권 213, 1823년.
(옮긴이 주) *Wakeman v. Robinson*(1823): 피고가 원고가 걸어가고 있는 좁은 도로의 가장자리로 마차를 몰고 가다가 그를 마차로 친 사건. 피고의 행위는 얼핏 보기에도 정당화될 수 없고 해명해야 한다고 판결되었다. 재심 요청이 있었고, 그에 대한 댈러스(Dallas) 재판장의 견해는 본문에 기술되어 있다.
[160] (옮긴이 주) Robert Dallas(1756~1824)는 유능하고 명확한 진술로 유명한 잉글랜드 변호사 및 판사이고, 의회 의원, 잉글랜드 체스터(Chester) 재판장, 왕실 변호사

비난을 전가할 수 없게 발생했다면, 소송은 성립하지 않는다. … 그 사고는 피고의 잘못에 의해 분명히 발생했다. 증거의 비중이 그 잘못의 전부를 말한다. 배심이 사고가 피할 수 없었는지 혹은 피고의 잘못으로 일어났는지를 검토하도록 요청받지 않았다는 근거에서 피고 측이 재판 결과에 불복하여, 본인은 이제 재심리를 허가해 주도록 요청받았다. 유능한 재판장이 그렇게 하도록 요청받았다면, 그가 그런 근거에서 배심의 의견을 들었을 것이라는 데에는 의심의 여지가 전혀 있을 수 없다"라고 말했다. 이 진술은 피고의 항변(전면부인) 하에서는 부적절할 수 있지만, 그 변론 진술은 주목받지 못했고 그 학설은 건전한 것으로 신뢰된다.

미국에서 그 문제에 대한 몇몇 판결이 있었다. **브라운 대 켄달 사건**[161]에서 쇼 대법원장은 매사추세츠에서 발생한 문제를 해결했다. 그것은 폭력과 폭행에 대한 불법침해소송이었다. 피고는 싸우고 있는 개 두 마리를 갈라놓으려고 개들을 때리려는 목적으로 지팡이를 어깨 위로 올렸고 사고로 원고의 눈을 때렸으며 심각한 상해를 입혔다. 그 사건은 피고가 자기방어로 행동했을 때보다는 원고 쪽에 더 유리했지만, 법정은 피고가 개를 갈라놓을 아무런 의무가 없지만 그럼에도 그가 합법적으로 행동하

로 봉직하기도 했으며, 노예무역 폐지에 앞장서기도 했다.

[161] 『매사추세츠주 판례집』 60권(6 Cush.) 292.
(옮긴이 주) *Brown v. Kendall*(1850): 싸우고 있는 개들을 피고가 자신의 지팡이로 떼어놓는 과정에서 지팡이로 원고의 눈에 상해를 입혔고, 원고는 폭력과 폭행에 대한 불법침해소송을 제기했다. 개를 떼어놓는 행위는 적절하면서도 안전한 수단을 사용해 피고가 할 수 있는 합법적이면서도 적절한 행위이고, 다른 사람에 대한 상해를 피하기 위해 그 상황의 긴급성에 있어서 필요한 적절한 보호와 모든 적절한 주의를 가지고 하는 과정에서 원고에 대한 상해가 일어났다면, 피고는 그것에 대해 책임이 없으며, 피고의 적절한 주의가 부족했다고 입증할 부담은 원고 측에 있다고 판결되었다. 또한 상해 시점에서 원고와 피고 양자가 통상적인 주의 보호를 하고 있지 않았다면, 원고는 그 손해가 피고의 행위에 의해 전적으로 유발되었다는 것을 보여주지 않고서는 손해를 배상받을 수 없다고 판결했다.

고 있다면, 보통의 신중함을 가진 사람이 그런 상황에서 기울여야 할 주의가 부족하지 않는 한, 그가 책임을 지지 않아도 되고 그런 부주의를 입증해야 하는 부담은 원고에게 있다고 판결했다.

그런 문제에 있어서 어떤 판례도 쇼 대법원장의 판례보다 더 존경받지 못한다. 왜냐하면 그 위대한 판사의 강점은 그가 재판장으로 있는 공동체의 요구를 정확하게 이해하는 데 있었기 때문이다. 정확한 전문적 지식에서 그를 능가하는 많은 잉글랜드 판사들의 이름이 거론될 수는 있지만, 모든 법이 궁극적으로 참조해야 하는 공서양속의 근거를 이해하는 데에 있어서 그와 어깨를 겨룰 수 있는 사람은 거의 없다. 돌아가신 커티스 판사(Judge Curtis)[162]의 말을 빌리면, 바로 이런 것이 쇼 대법원장을 미국이 배출한 가장 위대한 **판사**로 만들었다.

코네티컷 주에서 **브라운 대 켄달 사건**과 유사한 사건이 뒤이어 발생했다. 이 사건에서 어떤 사람은 그의 진술에 따르면 합법적인 자기방어를 위해 권총을 발사했고 구경꾼을 쏘게 되었다.[163] 법정은 그 상황에서 피고가 가능한 주의를 기울이는 데 실패하지 않은 이상 그는 불법침해의

---

[162] (옮긴이 주) Benjamin Robbins Curtis(1809~1874)는 사법개혁에 앞장섰던 미국 변호사이고, 미국 연방대법원 배석판사 재직 때 노예 드레드 스코트(Dred Scott)의 노예해방 청구에 대한 다수의 부결에 소수 반대 의견을 표명하여 판사직을 사임한 것으로 유명하다.

[163] *Morris v. Platt*, 『코네티컷 판례집』(*Connecticut Report*, 1814~) 32권 75, 84 이하, 1864년.
(옮긴이 주) *Morris v. Platt*(1864): 공격받고 있는 피고가 자기방어를 위해 총을 발사했고 가해자를 맞추지 못하고 결백한 방관자에게 상해를 입힌 것으로 드러났다. 힘의 사용이 합리적이라면, 즉 자신의 과실이 존재하지 않는다면, 자신의 생명을 구하기 위해 사격하는 피고는 그 과정에서 상해를 입은 죄 없는 제삼자에게 민사상이나 형사상의 책임을 지지 않는다고 판결되었다. 죄 없는 희생자는 피고를 공격한 가해자, 원래의 공격자를 상대로 고소할 수 있다. 왜냐하면 원래의 공격자는 비합리적인 손해 위험을 창조하고 있고, 죄 없는 제삼자에 대한 상해는 예견 가능하기 때문이다.

일반원칙에 따라 책임이 없다는 의견을 강력하게 표명했다. 특례소송뿐만 아니라 불법침해소송에서 책임의 근거는 과실이라고 언급되었다. 미국 연방대법원도 그 동일한 학설을 승인하는 판결을 내렸다.[164] **하비 대 던롭 사건**[165]에서 사용된 문구가 인용되었고, 이와 동일한 방향으로 나아가는 경향을 보이는 사례는 버몬트주에도 하나 있다.[166]

---

[164] *Nitro-glycerine Case*(*Parrot v. Wells*), 월리스(J. W. Wallace)의 『미국 대법원의 판례집』 15권 524, 538.
(옮긴이 주) *Nitro-Glycerine Case*(*Parrot v. Wells*, 1872): 원고의 건물이 니트로글리세린이 들어있는 소포가 폭발해 손상을 입었고, 운송업자인 피고는 소포의 내용물을 몰랐거나 그 소포의 위험한 성질을 의심할 어떤 이유도 갖고 있지 않았다. 피고는 그들이 임차하지 않은 건물 부분(즉 다른 임차인이 임대받고 점유한 부분)의 손해에 책임이 없다고 판결되었고, 항소에 대해 미국 연방대법원은 하급심의 판결을 재확인했다.

[165] 힐(Hill)과 데니오(Denio)의 『뉴욕주 판례집』, (Lalor의 부록) 193; *Losee v. Buchanan*, 『뉴욕 판례 기록물』(*New York Judicial Depository*, 1818~) 51권 476, 489.
(옮긴이 주) *Losee v. Buchanan*(1873): 피고의 증기 보일러가 폭발했고, 원고의 재산에 손해를 유발했다. 원고는 피고가 어떤 방식으로든 부주의했다고 진술하지 않았다. 잘못, 고의 혹은 과실로부터 자유로운 사람은 그 손실에 대해 책임이 없다고 판결되었다. 보일러가 작동하기 전에 구매자가 철저히 조사했고 판매 후 3개월 동안 잘 작동한 경우 과실의 증거가 존재하지 않으므로, 제조업자의 책임도 거부되었다. 뉴욕의 고등법원은 그런 손해에 대한 책임은 과실을 입증해야 한다고 판결했다.

[166] *Vincent v. Stinehour*, 『버몬트주 대법원의 판례집』 7권 62. 추가로 클레이튼(Clayton)의 『순회재판의 판례집』(*Reports and Pleas of Assises at Yorke*, 1651) 22, 판결문 38; *Cole v. Turner*, 『현대 판례집』(*Modern Reports*) 6권 149에서 홀트(Holt) 재판장의 진술; *Williams v. Jones*, 『왕립법원에서 하드윅 시대의 사례』(*Cases Tempore Hardwicke*, 1815) 298에서 하드윅(Hardwicke) 경의 진술; *Hall v. Fearnley*, 『잉글랜드 판례집』, 「여왕의 법원」 3권 919; *Coward v. Baddeley*, 헐스톤(Hurlstone)과 노먼(Norman)의 『잉글랜드 재정법원의 판례집』(*Reports of Cases argued and determined in the Courts of Exchequer and Exchequer Chamber*, 1856~1862) 4권 478에서 마틴(Martin B.)의 진술; *Holmes v. Mather*, 『잉글랜드 판례집』 재정법원 10권 261; *Bizzell v. Booker*, 『아칸소주 대법원의 판례집』(*Reports of the Supreme Court of Arkansas*, 1837~) 16권 308; *Brown v. Collins*, 『뉴햄프셔주 판례집』(*New Hampshire Reports*) 53권 442 등을 보라.

행동에 대한 책임의 근거가 어떤 면에서는 잘못 혹은 비난 가능성이라

(옮긴이 주) *Cole v. Turner*(1705): 사실관계는 확인 불가. 홀트 재판장의 진술에 따르면, ① 화가 난 상태에서 다른 사람을 적어도 건드리는 것은 폭행(battery)이고 ② 둘 이상의 사람이 좁은 통로에서 만나고 어떤 폭력, 열망 혹은 손해 없이 한 사람이 다른 사람을 부드럽게 건드린다면 그것은 폭행이 아닐 것이며, ③ 그들 중 누군가가 무례하고 난폭한 방법으로 그의 길을 가기 위해 다른 사람에게 폭력을 사용한다면 그것은 폭행일 수 있거나, 혹은 상처를 줄 수 있을 정도로 통행에 대한 어떤 다툼이 있었다면 그것은 폭행일 것이다.

(옮긴이 주) *Williams v. Jones*(1735): 사건의 내용과 판결은 검색되지 않음. 본건의 판결에서 하드윅(Hardwicke) 재판장은 "부드러운 완력(molliter manus)을 사용하면서 체포했다고 해서 폭행(battery)을 정당화할 수 있는가 하는 문제에 대해, 레빈츠(Levinz)는 '부드러운 완력'으로 훌륭하게 변론할 수 있다고 여겼고, 루트위치(Lutwyche)는 그렇지 않다고 생각했으며, 법정도 루트위치의 방향으로 기울었지만, 루트위치는 '부드러운 완력'으로 폭행을 변론하는 선례가 있음을 인정했다. 그렇지만 '부드러운 완력'을 사용했거나 저항했다는 것을 보여주지 않으면서 체포했다면 폭행이 정당화될 수 있다는 견해를 누구도 제시하지 않았다"라고 진술했다.

(옮긴이 주) *Coward v. Baddeley*(1859): 원고는 큰길을 걷다가 불이 난 집을 보기 위해 멈추었고, 피고는 소방호스를 불 난 곳으로 옮기고 있었다. 불이 난 다른 부분에도 피고가 주의하게 하려고 원고가 피고의 어깨를 붙들고는 격렬하게 흔들면서 피고를 한 바퀴 돌렸으며, 피고를 위험에 노출시키고 물을 불에서 멀어지게 만들었다고 피고가 선서했다. 피고는 원고를 공격하면서 때렸고 경찰에 인계하여 그를 하루 동안 경찰서에 구금했다. 법정은 원고에게 저지른 불법침해에 피고가 책임이 있다고 판결했다. 어깨를 건드리는 것이 적대적으로 저질러지지 않았다면, 주의를 촉구하고자 어깨에 단순히 손을 얹었다고 그를 구금한 것은 정당화할 수 없다.

(옮긴이 주) *Holmes v. Mather*(1875): 피고의 하인이 마차를 몰고 가는 도중에 말이 개에 놀라서 통제 불가능한 상태로 거리로 질주했고 원고를 덮쳐서 심각한 상해를 입혔다. 법정은 과실이 없는 상태에서 피고에 대한 불법침해소송이 성립하지 않는다고 판결했다. 고의적인 부당행위 혹은 과실의 증거가 불법침해소송을 유지하는 데 필요하다는 판결이다.

(옮긴이 주) *Bizzell v. Booker*(1855): 어떤 사람이 어떤 합법적인 목적으로 또한 어떤 과실도 없이 불을 사용하는 경우, 그 자신의 과실 없이 발생한 사고에 대해선 책임이 없다고 판결되었다.

(옮긴이 주) *Brown v. Collins*(1873): 교차로에서 피고가 마차를 타고 기차가 통과하기를 기다리는 중에, 피고의 말이 기차 소리에 놀라서 피고의 통제를 벗어나서 원고의 토지로 들어가서 돌로 된 말뚝을 무너뜨렸다. 사고가 발생했다는 바로 그 사실관계가 과실을 보여주는 증거로 정당하게 인정될 수 있다고 판결되었다. 본 판결은 *Fletcher v. Rylands*(1868)를 추종하는 판결이다.

는 일반적인 개념을 이제 인정해보자. 그러면 사실상 오스틴의 교훈에서 실제로 결과하듯이, 그 개념이 개인의 도덕적 결함의 관점에서 그렇다는 것인가 하는 문제가 발생한다. 『연감』에서 인용된 리드 판사의 표현은 충분한 대답을 제공한다. "불법침해에서 고의"(우리가 좀 더 광범위하게 말하자면 피고의 심리 상태)는 "추론될 수 없다." 피고가 그 상황에서 신중한 사람의 행위가 무엇이었을까를 행동하기 전에 주의 깊게 고려했고, 그가 할 수 있는 최선의 판단을 한 후에 그에 따라 행동했다고 증언하도록 허용되었다고 전제하자. 그 이야기를 신뢰할 수 있다면, 그의 개인적 특성을 고려하는 도덕적 기준에 따라 판단할 경우 피고의 과실을 부정하도록 결론이 날 것이다. 그러나 그런 증거가 배심에 제시되었다고 전제하면, 법정은 '배심원 여러분, 피고가 피고 자신의 행위가 신중한 사람의 행위라고 생각했느냐가 아니라, 여러분이 그렇게 생각했느냐가 핵심적 문제'라고 매우 분명하게 말할 것이다.[167]

---

[167] Blyth v. Birmingham Waterworks Co., 『잉글랜드 판례집』 재정법원 11권 781, 784; Smith v. London & South-Western Ry. Co., 『잉글랜드 판례집』 민사 5권 98, 102. 오스틴의 관점에 대해서는 캠벨(R. Campbell)의 『과실에 관한 법』(The Law of Negligence, 2d ed., 1878) 1항을 비교하라.
(옮긴이 주) Blyth v. Birmingham Waterworks Co.(1856): 피고는 25년 전에 길을 따라 수도관을 매설하고 여러 지점에 소화전을 설치했다. 원고의 주택 옆에 있는 소화전이 과도한 기온 하강으로 물이 새 그 물이 원고의 집으로 흘러가서 원고의 집에 손해를 야기했다. 사고 발생 전에는 소화전 플러그에 아무런 문제가 없었다. 원고는 과실에 대해 소송을 제기했다. 배심이 피고의 과실 문제를 판결하도록 위임되었으며, 배심은 원고 승소를 평결했다. 항소심에서 앨더슨(Alderson) 판사는 '과실은 ... 합리적인 사람이 해야 할 어떤 것을 하지 않는 것(즉 부작위, omission)이거나 신중하고 합리적인 사람이 하지 않아야 할 어떤 것을 하는 것이다'라는 과실에 대한 유명한 정의를 제시하면서 버밍엄 지역은 오랫동안 그렇게 추운 곳이 아니어서 그런 희소한 사고를 예견하리라 보는 것은 합리적이지 않다고 언급하면서 피고가 과실에 대해 책임이 없다고 판결했다. 마틴(Martin) 판사는 책임이 있다고 판결하는 것은 그 회사를 마치 보험회사처럼 책임지도록 만드는 것이라고 주장했다. 이 사건은 과실이 아니라 불운한 사고였다는 취지로 하급법원으로 되돌아갔

이런 딜레마의 양극단 사이에서 어떤 절충점을 찾아야 한다.

법의 기준은 일반적 적용의 기준이다. 법은 어떤 주어진 행위의 내적 성격을 사람에 따라 그렇게 상이하게 만드는 무한히 다양한 기질, 지성 및 교육 등을 고려하지 않는다. 신이 상당히 많은 충분한 이유를 갖고서 사람들을 바라보듯이 법은 그렇게 사람들을 바라보려고 시도하지 않는다. 우선, 어떤 한 사람의 능력과 그 한계를 정밀하게 측정하는 것이 불가능하다는 것은 법에 대한 그 사람의 지식을 확인하는 것이 불가능하다는 것보다 훨씬 더 분명하다. 여기서 법은 법 지식에 대한 설명으로 소위 '모든 사람이 법을 안다'고 추정한다. 그러나 사회생활에서 어떤 평균적인 행위, 어떤 한계를 넘어서는 개인의 특수성의 거부 등이 일반 복지에 필수적이라는 것이 더 만족스러운 설명이다. 예컨대 어떤 사람이 선천적으로 성격이 급하고 행동이 어색하여 항상 사고를 일으키고 자신이나 이웃을 다치게 한다면, 그의 선천적 결함은 분명히 천국의 법정에서는 허락될 것이지만, 그의 잘못(slip)은 유죄가 되는 태만에서 비롯된 잘못에 못지않게 이웃에게는 귀찮은 일이다. 따라서 그의 이웃들은 그의 적절한 책임 하에 이웃들의 기준에 맞추도록 요구하고, 이웃들이 확립시킨 법정은 그의 개인적인 여러 상황을 고려하길 거부한다.

법이 일반적으로 비난 가능성에 의해 책임을 결정한다는 규칙은 성품의 사소한 차이를 허용하지 않는다는 제약을 받는다. 달리 말하면, 법은 일반인, 즉 보통의 지성과 신중함을 가진 사람이 무엇 때문에 비난받아야 하는가를 고려하고, 그것에 의해 책임을 결정한다. 우리가 그런 능력에서 그 수준 이하로 떨어진다면 그것은 우리의 불운이라고 볼 수 있지만, 사

다. 본건은 배심이 피고가 과실에 대해 유죄인가를 평결하도록 적절하게 위임되었는가 하는 쟁점을 안고 있다.

실상 방금 주어진 이유들로 인해 우리는 자신의 책임 하에 행동해야만 한다. 그러나 법 이론상 지성적이고 신중한 사람은 자신의 책임 하에 행동하지 않는다.[168] 그 반대로 그가 그 결과에 책임지는 것은 오로지 예견이 가능했음에도 예견하지 못했을 때이거나 악한 고의(evil intent)를 가지고 행했을 때이다.[169]

모든 사람은 이웃에게 손해를 끼치는 것을 회피할 수 있는 통상적인 능력을 소유한다고 추정하는 원칙, 즉 규칙과 일반적인 책임의 도덕적 기준을 예시하는 원칙에 대한 예외들이 있다. 어떤 독특한 결점이 주의를 기울이는 것을 불가능하게 만든다고 모두가 인정하는 그런 성격의 결함을 어떤 사람이 소유할 때, 그에게는 주의를 기울이지 못한 것에 대해 책임을 묻지 않게 된다. 시각장애인은 자신의 책임 하에 바라보도록 요구받지 않으며, 그는 자신의 행동을 통제하는 데 자신의 약점을 고려할 의무가 분명히 있으나 그가 어떤 상황에서 스스로 적절하게 행동했다면, 시력이 필요한 일에서 주의를 기울이지 못한 태만은 다른 사람이 자신에게 끼친 손해를 회복하는 데 방해되지 않을 것이고, 또한 그의 태만은

---

[168] (옮긴이 주) 이 부분에 대한 명확한 설명은 pp. 151~154를 참조하라.

[169] (옮긴이 주) '각 개인은 자신의 책임 하에 행동한다'는 명제는 도덕적이면서도 심리적인 진술이다. 법적인 책임은 자신이 책임지겠다고 해서 책임지는 것이 아니다. 그 행동의 법적인 책임 여부는 행동으로 나타난 결과, 달리 말하면 행동과 더불어 나타난 객관적인 사실관계에 의존한다. 소위 (자기 책임 하의) 행동은 중립적이기 때문에, 그 행동이 범죄 혹은 책임을 구성하려면, 객관적인 외형적 행위 기준 (standard of external conduct), 소위 사회의 평균적인 구성원의 입장에서 받을 수 있는 비난 가능성이 판단 기준이다. 이때 비난 가능성은 고의적이거나 과실이 있을 때이며, 과실과 고의에 대한 판단은 사회의 일반인, 소위 신중하고 합리적인 사람들이 고의나 과실이 있다고 판단할 때이다. 그런 판단을 실제로 누가 할 것인가에 대해서 홈스는 그 판단이 완전하지는 않지만, 사회의 평범한 사람들로 구성된 배심의 판단을 중시한다. 홈스는 법이 도덕에서 출발했음을 인정하나 법은 책임의 기준을 어디까지나 객관적인 것으로 판단 기준을 삼아야 하고, '사람은 자신의 책임 하에 외형적인 기준에 순응해야 한다'라고 주장한다.

추측건대 다른 사람에게 끼친 손해에 대해서도 책임지게 하지 않을 것이다. 따라서 아주 어린 아이가 원고인 사건들에서도 그 아이도 아이로서 할 수 있는 주의를 기울일 의무가 있다고 주장한다. 동일한 원칙은 그가 피고일 때도 조심스럽게 적용이 될 수 있다.[170] 정신장애는 다루기가 좀 더 어려운 문제이고, 그것에 관해서는 어떤 일반원칙도 정립할 수 없다. 많은 사건에서 어떤 사람은 분명히 정신장애 상태에 있을 수 있으며, 그럼에도 그는 주의를 완벽하게 기울일 수 있고, 주위 상황이 요구하는 동기에 의해 영향받을 수도 있다. 그러나 환자가 자신이 깨뜨린 규칙을 명백히 따르지 못할 정도로 심각한 정신장애가 있다면, 건전한 상식은 정신장애를 면책의 사유로 받아들이도록 요구한다.

이전에 확립된 일반적인 명제와 관련해 최종적으로 정립된 요건에 비추어볼 때, 명백한 무능력이 입증되지 않는 한, 법은 통상적인 능력을 지닌 사람이 그의 이웃들에게 해악을 끼치는 행동을 회피할 것이라고 추정하거나 그런 행동을 회피하도록 요구한다. 하지만 그런 능력을 지닌 사람이 위험을 예견하거나 예견했어야 하지 않은 한, 법은 고의적이지 않은 행동에 대해 책임을 묻지 않는다. 다시 말해서 통상적인 지능과 예견력을 지닌 사람이 자신이 한 행동에 대해 비난받지 않는 한, 법은 그에

---

[170] 브룩(Brooke)의 『판례 요약문』, 「왕립법원(*Corone*)」, 판결문 6; *Neal v. Gillett*, 『보통법 판례집』(*Common Law Reports*, 1822~) 23권 437, 442; 로마법 대전의 『법률논평집』 9권 2장 5절 2항; 로마법 대전의 『법률논평집』 48권 8장 12절 등을 참고하라.
(옮긴이 주) *Neal v. Gillett*(1855): 원고가 마차를 타고 큰길을 가고 있고, 큰길에서 약간 떨어진 곳에서 각각 13세와 16세의 아이(피고)가 공놀이를 하고 있었다. 공놀이를 하는 피고의 행동에 의해 혹은 공놀이와 관련된 어떤 것에 의해 말이 놀라서 질주했고, 원고가 내동댕이쳐졌고 마차도 파손됐다. 피고의 과실에 근거하여 손해배상소송이 제기되었다. 피고의 낮은 연령은 그들의 과실문제를 결정하는 데 고려되지 말아야 한다고 판결되었다.

게 책임을 지우지 않는다. 다음 문제는 이런 모호한 평가가 그 일에 관해 법이 언급할 수 있는 전부인가이고, 다른 형식의 동일한 문제는 누가 이 평가를 할 것인가이다.

법적 책임의 근거가 위에 설명한 한도까지 도덕적이라는 사실에도 불구하고, 법은 감각의 범주에서만 작용한다는 것을 명심해야 할 것이다. 외부적 현상, 즉 드러난 작위와 부작위가 법이 필요로 하는 그런 것이라면, 법은 양심의 내부적 현상에는 전적으로 중립적이다. 어떤 사람의 행위가 규칙 범주 내에 있다면, 그는 선택에 따라서는 나쁜 마음을 가질 수 있다. 달리 말하면, 법의 기준은 외형적 기준이며, 아무리 많은 도덕적 고려사항을 염두에 둔다 해도 법은 허락된 신체적 동작과 허락되지 않은 신체적 동작 사이에 경계선을 긋기 위해서만 그렇게 고려할 뿐이다. 실제로 법이 금지하는 것, 유일하게 금지하는 것은 경계선의 나쁜 쪽에 속한 행위이며, 그 행위는 비난받을 만한 것이다.

다른 한편, 어떤 법적 기준은 이론적으로 특별한 예외 없이 동일한 상황에서는 모든 사람에게 적용되어야 하는 기준이다. 공권력은 실수로 혹은 누군가의 충동에 의해 개인을 공격할 의도를 갖지 않는다. 즉 그 기준은 고정되어야 한다. 관행적으로 상이한 배심원들의 상이한 기분에 따라, 어떤 사람은 배상을 지급할 수 있고 다른 사람은 그 지급을 회피할 수 있다는 것은 분명하다. 그러나 이것은 법이 법의 목적을 완벽하게 성취하지 못한다는 것을 단순히 보여줄 뿐이다. 법 이론이나 법의 의도는 12명의 특별한 배심원이 가질 수 있는 동감 혹은 비난의 감정이 기준이 되어야 한다는 것은 아니다. 한편, 그들은 자신들의 개성에서 벗어나서 그 공동체의 감정을 대변한다고 전제한다. 평균적으로 신중한 사람은 많은 소송에서 배심원으로 선택되는 이상적인 사람이고, 그 사람의 유죄 혹은 무죄는 추정적인 판단 기준이며, 그는 변하지 않는 사람이므로 그의 행위는 주어진 상황에서 이론적으로는 항상 동일하다.

마지막으로, 어떠한 법적 기준도 이론상 알려져야 한다. 어떤 사람이 손해배상금을 지급해야 할 때, 그가 법을 어겼다는 것을 전제하고 또한 그가 추가로 법이 무엇인지를 알고 있다고 전제한다.

이제 불법행위의 통상적인 책임이, 모든 사람이 안다고 추정하고 또한 알아야 한다고 요구하는, 그런 고정되고 일관된 외형적 행위 기준에 순응하지 못하여 발생한다면, 이런 기준들을 조만간 적어도 어느 정도까지 공식화하는 것은 분명히 가능해야 하고, 그런 공식화는 최종적으로 법정이 해야 할 일이다. 피고가 그 상황에서 신중한 사람이 기울였을 만큼의 주의를 기울일 의무가 있다는 추상적인 일반화는 마찬가지로 이런저런 상황에서 이런저런 주의를 기울일 의무가 분명히 있다는 구체적인 일반화에 계속 자리를 넘겨주어야 한다. 피고가 도달해야 하는 기준은 그가 처한 구체적인 상황을 참고하면서 실행되는 특별한 작위나 부작위의 기준이다. 법정이 고의적이지 않은 부당행위 전체를 과실의 문제로만 다루고 모든 사안을 방향타나 나침반 같은 지침 없이 배심에 위임한다면, 법정은 피고가 알아야 하는 법의 매우 큰 부분을 설명하지 못하는 자신들의 무능력을 단순히 고백할 것이고, 경험에 의해 어떤 것도 배울 수 없다는 것을 함축적으로 주장할 것이다. 그러나 법정도 입법자도 그 수준에서 멈춘 적이 전혀 없다.

알프레드 대왕 때부터 현재에 이르기까지, 성문법과 판결들은 익숙한 특정 사건들에서 기울여야 했던 주의가 무엇인지를 정의하느라 바빴다. 즉, 신중한 사람이 기울였을 주의라는 애매한 판단 기준을 구체적인 작위나 부작위의 정확한 판단 기준으로 대체하느라 바빴다. 규정한 방식이 신중한 사람이 늘 행동하는 습관에 존재하는 방식이거나 그렇지 않으면 신중한 사람이 의문을 품었을 사건에서 행동하는 방식이라는 기본적인 사고는 여전히 동일하다.

곧 언급될 책임의 외형적 판단 기준은 불법행위법이 사법적 판결과 성문법에 의해 점점 더 구체화되는 경향을 예시하지만, 그런 외형적 판단 기준의 존재가 책임의 근거에 관해 견지되고 있는 일반적인 학설에는 간섭하지 않는다는 것을 알 수 있다. 이 강의의 논리는 어떤 사람이 자신의 책임 하에 행동하거나 물리적인 힘을 행사한다는 학설에 반대하지만, 그 논리는 그가 자신의 책임 하에 어떤 특별한 행동을 한다는 학설에는 결코 반대하지 않는다. 반대하는 것은 기준의 느슨함이지 기준의 성격이 아니다. 피고의 과실 문제가 배심에 맡겨질 때 과실이 피고의 현재 심리 상태를 의미하는 것이 아니라, 보통의 지성을 가진 신중한 사람이 해야 했던 행동을 하지 못했을 때를 의미한다면, 피고는 비록 그런 경우에도 자신의 책임 하에 객관적인 기준을 따르도록 요구받는다. 더 정확하고 구체적인 규칙이 만들어졌을 때, 그는 동일한 정도로 자신의 책임 하에 그 규칙에 복종해야 한다. 그러나 더 나아가 법이 전반적으로 외형적 행위 기준이라면, 사람은 항상 자신의 책임 하에 그 기준에 순응해야 한다.

구체화 과정에 대한 몇 가지 사례는 유용할 것이다. 다른 사람이 들고 있던 창에 어떤 사람이 찔린 사건을 제시하고 있는 알프레드 대왕 법전 제36조[171]에서, "창끝이 창 자루 맨 뒷부분보다 세 손가락 길이만큼 더 높게 있으면 책임이 생기고, 창끝과 창 자루 맨 뒷부분이 평행을 이루면 위험이 없다."[172]

---

[171] 소프(B. Thorpe)의 『잉글랜드의 고대법과 개요』 1권 p. 85. 또한 헨리 1세 법 88조 3항도 참고하라.
[172] (옮긴이 주) 책임에 대한 세부적이면서도 구체적인 기준을 제시한 것이다. "창끝이 창 자루 맨 뒷부분보다 세 손가락 길이만큼 더 높으면" 다른 사람의 목이나 가슴 등에 치명상을 입힐 위험이 있으므로 책임이 있다는 것이며, 반면에 "창끝과 창 자루 맨 뒷부분이 평행을 이루면" 치명상을 입힐 위험이 적다는 것이다.

잉글랜드 의회에 의해 채택된 도로 규칙과 항해 규칙은 그런 성문법들의 현대적 사례이다. 이전의 규칙에 의하면 쟁점은 '당사자의 과실이 있었는가?'와 같은 애매한 질문에서 '그가 길의 왼쪽에 있었는가? 오른쪽에 있었는가?'와 같은 구체적인 질문으로 좁혀졌다. 가능한 한 오해를 회피하기 위해, 이 문제는 물론 반드시 모든 상황에서 책임 문제를 결정짓지는 않는다고 주장할 수도 있다. 원고는 부주의할 수 있으므로 그는 도로 반대쪽에 있을 수 있고, 그럼에도 피고의 행위는 정당화될 수 없고 책임의 근거가 될 수도 있다.[173] 따라서 확실히 피고는 어떤 상황에서는 도로 반대쪽에 있는 것을 정당화하거나 변명할 수도 있다. 피고가 도로 반대쪽에 있었다는 진술과 그에게 과실이 있었다는 진술 간의 차이는, 책임의 근거가 되는 것을 방지하는 추가적인 사실들에 관한 반대 진술에 의해 면책에 필요한 사실들에 관한 진술과, 법의 결론을 포함하여 사전에 면책의 존재를 부정하는 진술 간의 차이이다. 전자의 진술이 충분하지 않았는지, 사실관계의 확인이 입증의 부담을 변경시키지는 않는지 등의 문제들은 변론 진술과 증언에 관한 이론에 속하는 문제들이고, 그 문제들은 유추에 의해 어느 쪽으로든 일관되게 답변할 수 있다. 나는 통상적으로 책임의 근거가 되는 사실관계에 관한 진술이, 상대방의 반론이 없으면, 책임의 근거로서 충분하다고 말하는 데 전혀 어려움을 느끼지 않는

---

[173] *Spofford v. Harlow*, 『매사추세츠주 판례집』 85권(3 Allen) 176.
(옮긴이 주) *Spofford v. Harlow*(1861): 원고는 대형마차 운전자이고, 충돌 순간에 마차 외부의 흙받기 위에 혼자 서있었으며, 원고가 마차 외부에 있지 않았다면 그는 다치지 않았을 것이다. 원고의 마차가 동일한 방향으로 가고 있는 마차들을 피할 목적으로 도로 규칙을 위반하여 도로 왼쪽에 있을 때, 피고의 마차가 부주의하고 무모하게 달려들어서 부딪쳤고, 원고의 다리를 부러뜨렸다. 쟁점은 원고의 마차가 반드시 왼쪽에 있어야 하는가이다. 피고가 부주의하고 무모하게 달리다가 원고에게 상해를 입혔다면, 원고가 도로 규칙을 위반하여 운행하고 있음에도 불구하고, 피고는 책임이 있다고 판결되었다.

다. 그러나 법의 형식, 특히 변론 진술의 형식은 법의 실체가 매번 바뀔 때마다 바뀌지 않으며, 신중한 법률가는 좀 더 광범위하고 보다 안전한 어법을 사용할 것이다.

성문법 법령집에 예시된 동일한 구체화 과정은 사법적 판결의 발전과정에서도 역시 나타난다. 그런 발전이 나타나고 있다는 것은 법의 과거 역사와 부합한다. 순회재판과 **고대 배심제도** 때 이미 제시되었듯이 법정은 모든 통상적인 소송에서 사실관계가 책임의 근거를 구성하는지를 결정했다. 과실 문제는 확실히 배심에 위임할 수 있었다. 동물을 제대로 관리했는지, 그것이 누구에게 속한 것인지를 결정하는 것은 일반적인 상식과 지식으로도 종종 충분하다. 처음으로 발생한 사건들은 분석을 제안할 정도는 아니었고, 분석의 필요성이나 그 가능성을 느끼기 전까지 과실은 오랫동안 대체로 단순한 개념으로 사용되었다. 여전히 이런 종류의 문제가 발견되었을 때, 행위 기준보다는 오히려 피고의 작위나 부작위가 무엇이었느냐가 쟁점이었다.[174] 당사자들이 행위 기준에 관해서 이의를 제기하지 않는 한, 법정과 배심의 기능상의 차이는 문제 되지 않았다. 소유권처럼 과실은 복잡한 개념이다. 소유권이 어떤 사실관계들의 존재를 함축하고 또한 법에 의해 그런 사실관계들에 부여하는 결과들(모든 세계에 대항하는 보호)을 함축하고 있듯이, 과실은 어떤 사실관계들의 존재(행위)를 함축하고, 또한 법에 의해 그런 사실관계들에 부여한 결과(책임)를 함축한다. 모든 사건에서 쟁점은 사실관계들에 관한 것이고, 결과에 관한 것은 아주 가끔 나타날 뿐이다.

---

[174] 『순회재판 연감』 27권 판결문 56, 원문 페이지 141; 에드워드 3세 『연감』 43권 33, 판결문 38을 보라. 앞의 에드워드 3세 『연감』 43권 33에 있는 사건에서 피고는, 피고가 주의를 기울였고, 어떻게 할지도 알았으며, 이런 것이 없었다면 자신이 주의를 기울이지 못해서 말이 죽었을 것이라고 항변한다. 적어도, 이런 항변 진술은 과실을 당사자의 현재 심리 상태를 의미하는 것으로 다루려고 유도한다.

판사들이 가시 울타리 사건에서 피고의 행동에 관해 (잘못과 공서양속에 근거하여) 어떻게 판결하는지를 주목할 필요가 있고, **위버 대 와드 사건**[175]에서 면책의 사유를 구성하면서 피고에게 과실 없음을 보여주는 사실관계들이 법정의 판결에 도움이 되도록 기록으로 널리 유포되어야 한다고 언급한 것도 주목해야 한다. 무고(malicious prosecution)[176]를 청구원인으로 하는 소송에서 개연적 근거(probable cause)[177]의 옹호와 관련해 유사한 필요조건이 정립되었다.[178] 그리고 오늘날까지도 개연적 근거의 문제는 항

---

[175] 호바트(H. Hobart)의 『판례집』 134.

[176] (옮긴이 주) 무고(malicious prosecution)는 개연적 근거도 없이, 환언하면 소송에 대한 실체적 근거도 없이 피고에게 금전적 비용이나 정신적 고통을 야기할 목적으로 고의적 및 악의적으로 민사 및 형사 소송을 제기하는 것을 지칭한다.

[177] (옮긴이 주) 개연적 근거(probable cause)는 치안담당기관이 범죄 용의자를 체포할 구속 영장 혹은 범죄증거를 획득할 가택수색 영장을 발부받는 사유의 기준을 나타내며, 통상적으로 다수의 증거와 더불어 범죄가 저질러졌다고 믿을 수 있는 기준을 언급한다. 환언하면 어떤 사람이 범죄를 저지르려 하거나 범죄를 저지르고 있거나 범죄를 저질렀다고 의심할 만한 "합리적인 근거"를 지칭한다.

[178] *Knight v. Jermin*, 크록(Croke)의 『판례집』 엘리자베스 1세 134; *Chambers v. Taylor*, 크록(Croke)의 『판례집』 엘리자베스 1세 900 등을 보라.
(옮긴이 주) *Knight v. Jermin*(1589): 크록(Croke)의 『판례집』에 기술된 내용은 다음과 같다. "기소장이 제출되기 이전에, 비록 기소장이 합법적이라고 해도, 이런 악의적인 의도와 시도는 응징되어야 한다. **여기에 있는 단어들, 음모에 이용된 단어들은 모두 하나같이 똑같으며**, 음모의 영장이 한 사람에 대해 제기되었고 음모는 여기서 악의적으로 행해진 것으로 진술되었다. ... 고디(Gawdy) 판사: 피고가 좋은 의미로 그런 무고를 했다면, 그가 그를 집에서 발견했다는 것으로서 혹은 혐의에 대한 유사한 동기로서 그는 그 무고를 변론해야 한다. 그러나 그런 것들은 변론되지 않았다. 그와는 달리 모든 사람은 그런 악의적인 관행에 의해 생명의 위험에 빠지게 될 것이다."
(옮긴이 주) *Chambers v. Taylor*(1602): 피고는 시계와 다른 물건들을 훔쳤다는 원고의 무고로 감옥에 수감되었다. 피고의 변론 진술에 따르면, 그는 언급한 물건들을 점유하고 있었고 누군가에 의해 자신의 집에서 도둑맞았으며, 그것들을 찾으려고 노력했고 그것들을 원고의 집에서 발견했으며 원고에게 그것을 어떻게 취득했는지를 물었다. 원고가 도둑맞은 물건의 점유에 대해 설명하길 거부했고 또한 치안관에 의해 도둑의 혐의를 받게 된 원고의 집에서 그 물건이 발견되었다는 것은, 무고소송에 대항하여 정당화할 수 있는 훌륭한 **개연적 근거**(probable cause)다. 판

상 법정에서 판결되었다. 무고와 관련된 증거는 나중에 잇따라서 발견될 것이다.

  그러나 아직 언급하지 못한 중요한 고려사항이 있다. 법을 만드는 사람들은 비난 가능성에 대한 실무 관행상 확립된 기준보다 몇몇 사건에서 더 높은 기준을 설정하는 것이 분명히 현명하다고 생각할 수 있다. 예컨대 **모리스 대 플랫 사건**[179]에서, 법정은 과실이 일반적으로 우연적 불법침해에 대한 책임의 근거라고 가장 강력한 어조로 선언한다. 그럼에도 법정은 그 기준의 결정이 필요하다면 대중이 치명적인 무기를 소지하려는 점증하는 경향에 대한 위험을 감안하여, 권총에 의해 상해가 발생한 경우, 법정이 피고에게 더 엄격한 규칙을 적용할 수 있음을 암시한다. 그 반면 비록 소유자의 경계선을 넘는 것이 고의적이어도, 선물을 전달하기 위해 어떤 사람의 집을 방문하거나 그가 아플 때 병문안을 목적으로 그의 집을 방문하는 것은 무해하고 오히려 칭찬받을 만한 행동이다. 피고가 그 집에 출입하는 것을 금지하지 않은 한, 오늘날 그런 이유로는 소송이 성립된다고 생각하지 않는다. 그러나 헨리 8세 때는 허가증 없이 집을 드나드는 것은 "그런 구실로 적이 내 집에 들어올 수 있고 나를 죽일 수도 있기 때문"[180]에 소송이 가능했다고 알려져 있다. 잘못을 전혀 고려하지 않고서 외형적인 행위 기준을 공서양속으로 설정한 사례가 있다. 마찬가지의 방식으로, 나무가 바람에 날려 다른 사람의 토지에 넘어가는

사 모두는 변론 진술이 훌륭했고 피고는 반박할 필요조차도 없다고 판결했다. 왜냐하면 피고가 물건들을 도둑맞았고 그것들이 원고의 집에서 발견되었음을 보여주었으며, 원고가 혐의의 훌륭한 원인인 그것들을 어떤 합법적인 수단으로 취득했는지를 보여주지 않았을 때, 원고가 판사 앞에서 심문받으면서 다양하면서도 불확실한 답변을 제시했을 때, 그것은 혐의를 더욱 짙게 만들었기 때문이다.

[179] 『코네티컷 판례집』 32권 75, 89, 90.
[180] 헨리 8세 『연감』 12권 2 b, 판결문 2.

경우 혹은 고속도로가 통행이 불가하게 되었을 때 혹은 평화를 유지하려는 목적 등과 같은 『연감』에 있는 초크 재판장의 판례처럼, 공서양속은 다른 사람의 토지에 들어가는 것에 대한 일반적 금지에 대해 예외를 확립시켰다.[181]

다른 사례는 동물에 대한 책임에 대해 최근 제시된 구체적인 형식에서 찾을 수 있고, 또한 **라이랜즈 대 플레처 사건**[182]에서 파생된 원칙, 즉 어떤 사람이 도망가면 나쁜 짓을 하기 쉬운 어떤 사물을 토지 안으로 데리고 와서 그곳에 모으고 보살피고 있을 때, 그는 자신의 책임 하에 그것을 보살펴야 하고, 그렇지 못하면 그는 탈주의 당연한 결과인 모든 피해에 대해 **우선적으로** 책임져야 한다는 원칙에서 찾을 수 있다. 사납고 쓸모없는 동물들이 문제가 되었을 때 그 책임의 가능성이 더 크다고 생각될 수 있듯이, 이런 종류의 사건들은 가축을 보살피거나 저수지를 갖는 것이

---

[181] 케일웨이(R. Keilway)의 『판례집』 46 b.
[182] 『잉글랜드 판례집』 상원 3권 330, 339; 『잉글랜드 판례집』 재정법원 1권 265, 279~282; 헐스톤(Hurlstone)과 콜트먼(Coltman)의 『잉글랜드 재정법원 판례집』 4권 263; 3 앞의 책 774.
(옮긴이 주) *Rylands v. Fletcher*(1868): 피고(Fletcher)는 방앗간에 물을 공급하기 위해 그의 토지에 저수지를 건설하기로 전문 건설업자와 계약했다. 건설업자가 저수지를 건설하는 과정에서 이웃에 있는 원고(Rylands)의 광산과 연결된 지하에 지지대, 통로, 건축 자재 잔해 등을 발견했으나, 보완하지 않은 채 공사를 마무리했다. 처음으로 저수지가 물로 채워진 이후에 저수지 둑이 무너지고 원고의 광산으로 물이 흘러들어가서 침수 피해를 입혔다. 순회재판에서 건설업자는 오래된 지지대를 알고 있었으므로 그 과실에 대해 책임이 있으나, 피고는 지지대에 대해 알 수 있는 방법이 없으므로 책임이 없다고 판결되었다. 항소법원에서는, 건설업자의 과실에 대해 피고에게 책임이 없다고 판결되었으나, 건설업자의 과실과는 무관하게 발생한 손해에 대해서는 피고에게 책임이 있느냐에 대해서는 책임이 없다고 판결했고 소수 반대 의견이 있었다. 재정법원에서, 블랙번(Blackburn) 재판장은 "자신의 토지에 자신의 목적을 위해 타인에게 손해를 끼칠 것 같은 사물을 데리고 와서 보호하고 있는 사람은 자신의 책임 하에 그것을 보호해야 한다. 그렇지 않으면 그것의 탈출에 의한 자연적 결과인 모든 손해를 책임져야 한다"고 원고 승소를 판결했다. 최종심에서, 재정법원의 판결이 재확인됐다.

부당하다는 개념에 의존하지 않는다.[183] 위험한 동물에 관한 사례들이 많이 축적되는 것(일부 사건에는 판결에 영향을 미칠 수 있고, 상이한 관할권에서는 판결에 상이하게 영향을 미칠 수 있는 고려사항)은 공공의 이익을 위해 아주 중요할 수 있다. 하지만 재판에서 가능한 심리의 정확성에는 한계가 존재하므로 주의를 확보하는 가장 안전한 방법은 어떤 예방책을 취할 것인가를 결정하는 사람에게 책임을 부담시키는 것이다. 가축의 불법침해에 대한 책임은 잘못과는 상관없이 공서양속에 기초한 규칙과 신중한 사람의 행위를 공식화하려는 필요조건 사이의 경계선에 놓인 것처럼 보인다.

가축에 대한 책임이 초기 법에서 어떻게 생겨났는지, 초기 개념의 영향을 현대법에서 얼마만큼 흔적을 찾아볼 수 있는지는 제1강에서 보여주었다. 거기서 언급된 바에 따르면, 초기의 논의는 소유자가 비난받아야 하는지 그렇지 않은지와 관련된 일반적인 고려사항에 분명히 초점을 맞추고 있다.[184] 그러나 그 논의는 거기서 멈추지 않았다. 그 논의는 일반적인 경험을 토대로 실무적으로 계속 구별하려 했다. 이를테면 피고가 자기 땅에서 개로 양을 몰아낼 때, 양이 밖으로 나가자마자 개를 불러들였지만

---

[183] *Card v. Case*, 『보통법원 판례집(*Common Bench Reports*)』 5권 622, 633, 634를 보라.
(옮긴이 주) *Card v. Case*, *Reports of Cases argued and determined in the English Courts of Common Law*, vol. 57; *Common Bench Reports*, vol. 5; 622, 633(1848): 피고가 자신의 개가 사나우면서도 유해한 성질을 가졌음을 알고 있고 그 사나운 개가 원고의 양을 물어서 상해를 입힌 사건에서, 피고는 "사나운 동물을 기르는 것이 부당행위가 아니라, 부당행위는 태만하게 간수하는 데서 발생하고," 자신은 주의 깊게 관리했으나 사고가 불가피하게 발생했다고 주장하면서 "피고 자신이 무죄"라고 주장했다. 개의 사나운 성질과 그것을 "알고 있음"(scienter)이 소송의 핵심이고, 그런 동물은 자신의 책임하에 키워야 하며, 그에 따라 사고가 발생하면 과실은 주장되거나 입증될 필요도 없다고 하면서, 원고 승소가 판결되었다.
[184] 제1강, p. 36과 주 132를 보라.

개는 양을 쫓아서 인접한 땅으로 들어갔을 때, 피고의 경계선을 넘어 양을 쫓는 것은 불법침해가 아니라고 판결되었다. 왜냐하면 "개의 성질은 원래 그러하기 때문에 갑자기 제지받을 수 없기" 때문이다.185

    땅을 갈 때 말들이 이웃 땅을 밟게 하면서 돌리는 것은 합법적이며, 그렇게 돌리는 동안 그 말들이 몰이꾼의 뜻에 반하여 이웃 땅의 풀을 한입 뜯어먹거나 쟁기로 이웃 땅을 파게 된다면, 그는 변명의 사유를 갖게 된다. 왜냐하면 법은 그가 자기 뜻에 따라 매 순간 가축을 통제할 수 없다는 것을 인정하기 때문이다.186 따라서 어떤 사람이 가축을 시내로 몰고 가고 있고, 그중 한 마리가 다른 사람 집에 들어갔으며, 그가 따라 들어갔다면, 이것에 대해서는 불법침해가 성립하지 않는다고 판결되었다.187 따라서 동일한 사건에서 도드리지 판사(Doderidge)188는 사슴이 숲에

---

185 *Mitten v. Fandrye*, 팝햄(Popham)의 『판례집』 161; 앞의 사건, 윌리엄 존스(William Jones)의 『보관관계법에 관한 논문』(*An essay on the law of bailments*) 1권 136; 앞의 사건의 다른 이름의 *Millen v. Hawery*, 래치(Latch)의 『왕립법원의 판례집』 13; 앞의 책 119. 120쪽에 있는 판례집에서, 판례의 문구와 부합되게 법정의 의견을 언급한 후, 동일한 판례집의 초기 진술과 팝햄(Popham)의 판례집과 윌리엄 존스(W. Jones)의 견해와는 정반대로, 승소판결이 **그럼에도** 원고에게 내려졌다고 한다. 그러나 개와 관련된 그 원칙은 모든 사건에 대해 인정되었다. 그 한계에 대해서는 *Read v. Edwards*, 『보통법원 판례집(뉴 시리즈)』 17권 245를 보라.
(옮긴이 주) *Mitten v. Fandrye*(1626): 피고의 개가 원고의 양들을 쫓아갔으며, 피고는 그 개를 불러들이려고 했다. 소송이 성립하지 않는다고 판결되었다. 피고는 최선을 다했으므로 면책받는다.
(옮긴이 주) *Millen v. Hawery*(1625): 나뭇가지가 바람에 날려 떨어졌다면, 나뭇가지 주인이 그것들이 떨어진 토지로 그것들을 주우러 들어가는 것은 불법침해가 아니다.
186 에드워드 4세 『연감』 22권 8, 판결문 24.
187 팝햄(Popham)의 『판례집』 p. 162; 동일한 사건, 래치(Latch)의 『왕립법원의 판례집』 p. 120. 또한 *Mason v. Keeling*, 로버트 레이먼드(R. Raymond)의 『왕립법원과 민사법원의 판례집』 1권 606, 608을 참고하라. 그러나 에드워드 4세 『연감』 20권 10, 11, 판결문 10도 참고하라.
188 (옮긴이 주) John Doderidge(Doddridge or Dodderidge, 1555~1628)는 잉글랜드의

서 나와 내 땅으로 들어오고 내가 개들과 함께 내쫓는다면 내가 나팔을 불어 개들을 불러 모은 것은 충분히 면책이 된다고 언급했다. 왜냐하면 이렇게 함으로써 숲의 관리자는 사슴이 쫓기고 있다는 소식을 알게 되기 때문이다.[189]

제1강에서 언급되었고 또한 이런 초기적 개념들을 불러일으켰던 바로 그 **메이슨 대 킬링 사건**[190]은 법에서 작용하는 규칙들이 오래전부터 건전한 상식에 근거하고 있다는 것을 보여준다. 주로 야생동물로서 그 당시 재산으로 여겨지지 않았던 동물들과 관련하여, 법은 "그 동물들이 길들여진 성질이라면, 나쁜 성질에 대해서도 주목해야 한다"고 결말지었고, "법은 개가 사나운 성질을 갖는 것이 아니라 오히려 그 반대라고 인식한다."[191] 동물들이 "그 종류에 있어서 천성적으로 유해하다면, 소유자는

법무차관, 의회 의원, 왕립법원의 판사(1612~1616)를 역임했고, 잉글랜드 보통법의 합리성 및 관습과의 관련성에 깊은 신뢰감을 가졌다. 사후에 발간된 유고집으로, 학생들을 위한 『법률가들의 판단』(*The Lawyer's Light*, 1629), 학생과 실무자를 위한 『잉글랜드 법률가』(*The English Lawyer*, 1631) 등이 있다.

[189] 래치(Latch)의 『왕립법원의 판례집』 p. 120. 이것은 불법침해법이 정착된 매우 실무적인 근거를 추가로 예시한다.

[190] 『현대 판례집』(*Modern Reports*) 12권 332, 335; 동일한 사건, 로버트 레이먼드(R. Raymond)의 『왕립법원과 민사법원의 판례집』 1권 606, 608.

[191] 『현대 판례집』(*Modern Reports*) 12권 335; 다이어(Dyer)의 『판례집』(*Reports of Cases*, 3 vols., 1794), 25b, 판결문 162 그리고 여백에 있는 사례; 코크(Coke)의 『판례집』(*Reports*) 4권 18b; *Buxendin v. Sharp*, 살켈드(W. Salkeld)의 『왕립법원의 판례집』 2권 662; 앞의 사건, 살켈드(W. Salkeld)의 『왕립법원의 판례집』 3권 169; 앞의 사건의 다른 이름인 *Bayntine v. Sharp*, 루트위치(E. Lutwyche)의 『판례집』(*Reports: Un Livre des Entries*, 1704) 1권 90; *Smith v. Pelah*, 스트레인지(Strange)의 『고등법원, 왕립법원, 민사법원 및 재정법원의 판례집』 2권 1264; *May v. Burdett*, 『잉글랜드 판례집』, 「여왕의 법원」 9권 101; *Card v. Case*, 『보통법원 판례집』 5권 622.

(옮긴이 주) *Buxendin v. Sharp*(1696): 원고는 피고가 사람에게 달려들곤 하는 황소를 기르고 있다고 진술했지만, '안다는 것 혹은 고의적으로'를 언급하지 않았다. 바로 그 이유로 배심의 원고 승소 평결이 무효화되었다. 왜냐하면 주인이 이런

동물들에 의해 예고 없이 저질러진 손해에 책임이 있다."[192] 그런 책임에 관한 원칙은 곰 사건[193]에 적용되었으며, 비록 보여주었듯이 그 책임이 한때는 그것의 소유권에 기반을 둔 것이라 생각되었다 해도, 그 원칙은 토지불법침해와 관련하여 말과 소 같은 동물의 소유자의 책임에 대해

> 성질을 모르는 한 그 소송은 성립하지 않기 때문이며, 우리는 그 성질이 심리에서 입증되었다고 해석할 수 없기 때문이다. 또한 원고도 그의 진술서에 있는 것보다 더한 것을 입증할 필요가 없기 때문이다.
> (옮긴이 주) *Bayntine v. Sharp*(1696): 피고가 가두어두어야 하는 미친 황소가 원고에게 상해를 입혔다. 배심은 원고 승소를 평결했지만 그 평결은 보류되었다. 왜냐하면 피고가 그 황소가 미쳤다는 것을 정말로 안다는 것을 원고가 진술하지 않았기 때문이다.
> (옮긴이 주) *Smith v. Pelah*(1746): 물어뜯곤 하는 개를 간수하는 것에 대한 소송. 만약 개가 한번 물어뜯은 적이 있고 그것을 알고 있는 주인이 개를 기르고 있고 그 개를 문밖으로 보내거나 그의 문 앞에 방치한다면, 어떤 사람이 개 앞으로 다가가서 개에게 물어뜯기는 일이 발생했다고 해도, 물어뜯긴 사람의 개 주인에 대한 소송은 성립한다고 판결되었다. 왜냐하면 그 사고는 개 주인이 개가 물어뜯는 성질을 주목하지 않는 데에서 기인했기 때문이다. 그리고 왕의 신민들의 안전은 그 이후에 위협받지 말아야 하기 때문이다. "알고 있다"(scienter)는 것이 소송의 "핵심"이다.

[192] 『현대 판례집』(*Modern Reports*) 12권 335. 또한 *Andrew Baker's case*, 헤일(Hale)의 『왕국의 민사법원의 역사』 1권 430을 보라.
(옮긴이 주) *Andrew Baker's case*(17세기): 아이가 사슬을 끊고 자유로워진 원숭이에 의해 상해를 입었다. 원고는 '소유자의 잘못'이라고 언급했으므로 과실을 진술한 것으로 추정되었다. 손해를 끼치는 야생동물의 경우나 황소의 경우, 소유자가 그 성질을 알고 있다면, 그는 자기 책임 하에 손해를 끼치지 않도록 잘 간수해야 한다.

[193] *Besozzi v. Harris*, 팔코너(T. Falconer)와 피츠허버트(E. H. Fitzherbert)의 『하원 위원회에서 판결된 논란 많은 사례』 1권 92.
(옮긴이 주) *Besozzi v. Harris*(1858): 의자에 앉아있는 곰이 곁을 지나가던 원고에게 상처를 입힌 사건에서 Crowder 판사는 "피고가 곰이 흉포한 성질을 갖고 있다는 것을 알고 있다는 원고의 진술에서의 그 언급은, 모든 사람이 사자나 곰과 같은 그런 동물들이 사나운 성질을 갖고 있다는 것을 알고 있으므로, 입증된 것으로 받아들여야 한다. 왜냐하면 그런 성질이 비록 잠시 잠자고 있다 해도 이 사례는 그 성질이 어떨 때는 깨어날 수 있다는 것을 보여주었기 때문이다. 그런 동물을 간수하고 있는 사람은 그 동물이 해를 끼치지 않도록 간수할 의무를 갖는다"고 판결했다.

상세히 설명한다. 가축의 보편적 성질은 길을 잃고 헤매는 것이며, 또한 경작지에서 길을 잃었을 때는 농작물을 짓밟고 그것을 먹어치움으로써 손해를 끼치는 데 있고, 반면에 개는 손해를 전혀 끼치지 않는다고 알려져 있다. 또한 가축들을 제어하는 것은 일상적이면서 쉽다고 알려져 있다.[194] 제시한 것처럼 규칙의 역사적 기원이 다르다 해도, 그것은 중요하지 않다.

동일한 사상에 따르면, 가축의 소유자는 가축이 사람에게 끼칠 수 있는 모든 손해에 대해 절대적으로 책임지지는 않는다. 위의 의견에서 홀트 경에 따르면, 개와 달리 "인류에게 그렇게 친숙하지 않은" 이런 동물들에 대해 "소유자는 그것들이 손해를 끼치지 않도록 가두고, 모든 합리적인 주의를 기울여야 한다. … 그러나 … 소유자가 말이나 소를 도로 옆에

---

[194] *Fletcher v. Rylands*, 『잉글랜드 판례집』 재정법원 1권 265, 281, 282; *Cox v. Burbidge*, 『보통법원 판례집(뉴 시리즈)』 12권 430, 441; *Read v. Edwards*, 『보통법원 판례집(뉴 시리즈)』 17권 245, 260; *Lee v. Riley*, 『보통법원 판례집(뉴 시리즈)』 18권 722; *Ellis v. Loftus Iron Co.*, 『잉글랜드 판례집』 민사 10권 10; 『순회재판 연감』 27권 판결문 56, 원문 페이지 141; 에드워드 4세 『연감』 20권 11, 판결문 10; 헨리 7세 『연감』 13권 15, 판결문 10; 케일웨이(R. Keilway)의 『판례집』 3b, 판결문 7 등을 보라. 또한 켄트의 『미국법에 대한 주석』 4권(12th ed.) 110, 주 1, 마지막까지도 참고하라.
(옮긴이 주) *Lee v. Riley*(1865): 피고가 보수할 의무가 있는 울타리가 부실해서 피고의 암말이 밤 동안에 원고의 말이 방목되고 있는 이웃 목장으로 들어갔으며, 설명 불가능한 원인으로 두 말이 싸웠고, 원고의 말의 다리가 피고의 말의 공격으로 부러졌으며, 그 결과 원고의 말이 죽었다. 피고는 그의 말의 불법침해에 책임이 있고, 그 손해가 그렇게 간접적이지 않다고 판결되었다.
(옮긴이 주) *Ellis v. Loftus Iron Co.*(1874): 피고의 수말이 철조망을 뚫고서 원고의 암말을 때려서 상처를 입혔고, 그렇게 하는 과정에서 원고의 토지에 불법으로 침입했다. 피고에게 책임이 있다고 판결되었다. 콜리지(Coleridge) 재판장은 "불법침해인지 아닌지를 결정하는 데에 있어 법정이 진술된 불법침해의 크기를 측정할 수 없다는 것은 분명하다. 피고가 그의 발의 일부를 원고의 토지에 불법적으로 들여놓았다면, 그것은 법리상 그 토지에 반 마일 정도 들어간 것과 마찬가지로 동일한 불법침해다"라고 진술하여, 고전적인 불법침해의 정의를 제공했다.

있는 자신의 목장에 내놓아 풀을 뜯게 했는데, 그 말이나 소가 울타리를 부수고 도로로 달려가서 몇몇 행인을 발로 차거나 뿔로 받으면, 그 소송은 소유자에게 불리하지 않을 것이다. 그러나 그 동물들이 이전에도 그런 행동을 했었다는 것을 알고 있었다면, 소유자에게 불리하게 될 것이다."

과실의 문제가 일단락되었다 해도 판사의 의무가 끝나지 않았다는 입장을 취한 가장 놀라운 선례는 아마도 보관관계(bailment)[195]법에 관한 논의에서 나타나는 듯하다. 그 주제에 관한 **코그스 대 버나드 사건**[196]의 판결과 윌리엄 존스 경(Sir William Jones)[197]과 스토리의 논문, 그리고 켄트(Kent)[198]의

---

[195] (옮긴이 주) 보관관계(bailment)는 동산의 점유가 한 사람(bailor: 보관기탁자)에게서 다른 사람(bailee; 보관수탁자)에게로 이전하는 보통법에서 존재하는 법률적 관계이다. 물건의 판매나 증여와 같은 재산 소유관계의 이전이 아니며, 동산의 소유권은 변동이 없으나, 점유가 변동하는 현상이다.

[196] 로버트 레이먼드(R. Raymond)의 『왕립법원과 민사법원의 판례집』 2권 909; 『미국 법학 평론지』(*American Law Review*) 13권 609.
(옮긴이 주) *Coggs v. Bernard*(1703): 피고의 과실에 대한 특례소송. 피고가 브랜디가 들어 있는 원고의 통들을 운반하겠다고 제안했고 그는 보수를 안 받겠다고 했다. 부주의로 인해 운반 중 몇 개의 통들을 찌그러뜨렸고 브랜디를 쏟았다. 홀트(Holt) 재판장은 피고가 그 통들을 운반하는 데 부주의했고, 그에 따라 보관수탁자로서 책임이 있다고 판결했다. 홀트 재판장의 견해에 따르면, 원고에 대한 피고의 책임은 피고가 아무런 약인(consideration)도 수취하지 않았기 때문에 본질적으로 계약적인 책임이 아니다. 그 대신에 그의 책임은 통들을 운반하는 데에 피고가 적절한 주의를 기울일 것이라고 보고 원고가 피고에게 맡기는 신탁(trust)과 그 통들을 받아들임으로써 그런 신탁에 대한 피고의 암묵적인 수용 등에 의존한다. 따라서 피고가 적절하게 보관하고 운반할 책임이 있을 때 그가 부주의하게 행동했으므로, 피고는 신탁의 위반에 대해 책임이 있다고 보았다. 본 판례는, 일반적인 보관수탁자가 자신이 점유하고 있는 재화에 대한 어떤 손해에 대해서도 (예컨대, 물건이 완력에 의해 강탈당한다 해도) 무과실책임이 있다고 판결했던, *Southcote's Case*(1601)를 번복시켰다.

[197] (옮긴이 주) Sir William Jones(1746~1794)는 유럽어와 인도어 간의 관계를 밝힌 언어학자로 유명하고, 인도에서 판사로 재직했다. 보관관계 저서로 『보관관계법에 관한 논문』(*An essay on the law of bailments*, 1781)이 있다.

[198] (옮긴이 주) James Kent(1763~1847)는 미국의 컬럼비아 대학교 법학 교수, 뉴욕 대법원의 판사로 재직했고, 저서로는 주법, 연방법 및 국제법, 그리고 개인적 권리

저서를 참고하라. 보관관계의 성격에 따라 또한 위탁되는 대상의 성격에 따라, 보관수탁자(bailee)의 의무를 구체적으로 언급하려는 수많은 시도가 있었다. 그런 시도들은 확실히 성공적이지 못했다. 왜냐하면 부분적으로 그 시도들은 로마법 일부를 자생적으로 축적한 잉글랜드법에 접목하려 했으나 로마법이 너무나 방대하여 그 과정에서 살아남을 수 없었기 때문이지만, 더 특별하게는 그 시도들이 순수하게 질적인 것이었고 그에 따라 배심원이 다루기에는 너무 전문적이어서 그 시도들이 소용없었기 때문이다.[199] 피고가 기소되기 전에 배심원이 피고가 총체적 과실에 대해 죄가 있음을 판결해야 한다고 배심원에게 지침을 내리는 것은 '총체적'이란 단어가 단지 그 배심원들을 골탕 먹일 뿐이라는 비난을 받기 쉽게 한다. 그러나 배심원이 없는 해사법원의 판사에게는 그렇지 않을 것이다. 로마법과 미국의 연방대법원은 '총체적'이라는 단어가 어떤 의미를 갖는다는 데에는 동의한다.[200] 성공적이든 아니든, 그 시도가 이루어졌다는

에 관한 법 및 재산법 등을 다룬 『미국법에 대한 주석』(*Commentaries on American Law*, 4 vols, 1826~1830)이 있다.

[199] *Grill v. General Iron Screw Collier Co.*, 『잉글랜드 판례집』 민사 1권 600, 612, 614를 보라.
(옮긴이 주) *Grill v. General Iron Screw Collier Co.*(1866): 해상충돌이 피고 배의 과실에 의해 발생한 것으로 밝혀진 사건으로 과실의 정의가 쟁점으로 등장한다. 윌스(Willes) 판사는 "총체적 과실(gross negligence)은 … 통상적 과실(ordinary negligence)이다"라고 언급했으며, 총체적 과실은 통상적인 과실보다 더 큰 개념으로 인정됐지만, 나중에 궁극적으로는 주의, 기술, 근면 등을 기울이지 않은 것(적절한 주의와 기술의 부재, 즉 소극적 개념)으로 일단락되었다. 즉 보관수탁자는 통상적 주의를 할 의무가 있으며, 그런 것의 부재는 총체적 과실로 간주되었다.

[200] *Railroad Co. v. Lockwood*, 윌리스(J. W. Wallace)의 『미국 대법원의 판례집』 17권 357, 383.
(옮긴이 주) *Railroad Co. v. Lockwood*(1873): 원고(Lockwood)는 소를 싣고 운송하고 하역하는 과정에서 발생하는 소와 동승자(본인의 운임은 무료)의 모든 상해의 위험을 원고가 부담하도록 하는 계약을 철도회사와 체결했고, 기차 여행 중에 상해를 입었다. 문제의 상해는 피고 혹은 그 피고용인들의 과실로 밝혀졌지만, 피고

것은 현재의 논의를 위해서는 충분하다.

법정에서 확립된 실체법의 원칙들은 증거의 충분성에 의존하는 판결의 형식에 그 원칙들을 너무 자주 사용함으로써 다소 모호해지고 있다고 생각된다. 판사가 과실의 증거가 없다고 판결할 때, 그는 사실관계의 증거가 없다는 일반적인 판결에서 함축하는 것보다 더 많은 어떤 것을 판결하는 것이다. 그는 입증되거나 쟁점이 되는 작위 혹은 부작위가 법적 책임의 근거를 구성하지 않는다고 판결하며, 이런 방식으로 법은 당연히 그래야 하듯이 점차 일상적으로 판례를 풍부하게 늘려갈 것이다. 예컨대 **크래프턴 대 메트로폴리탄 철도회사 사건**[201]에서 원고는 피고의 계단에서 미끄러져서 심하게 다쳤다. 그가 미끄러진 원인은 계단의 놋쇠 디딤판 가장자리가 잦은 출입으로 인해 매끄럽게 닳았기 때문이다. 또한 건축업자는 자기 생각에 계단이 이런 상황 때문에 또한 손잡이가 없기 때문에 안전하지 않다고 증언했다. 수많은 사람이 계단 위를 지나갔고 거기서 사고가 없었다는 것 외에는, 그 증언에 대해 반론을 제기할 만한 것이 없었고, 그에 따라 원고는 승소 평결을 받았다. 법정은 그 평결을 무효화

회사는 계약에 의해 책임이 없다고 주장했다. 그러나 판사는 그 결정을 배심에 위임하면서, 상해가 피고의 과실로부터 유발되었다고 판단된다면 원고 승소를 평결하도록 지침을 내렸다. 최종심에서도 원고가 승소했으며, 판결 요지는 다음과 같다. ① 면책이 법리상 공정하지 못하고 합리적이지 못할 때 일반운송업자는 면책조항을 합법적으로 계약에 명문화할 수 없다. ② 자신이나 피고용인의 과실에 대한 면책 역시 공정하지도 합리적이지도 않다. ③ 이런 규칙은 화물운송과 여객운송 모두에 적용된다. ④ 소를 보호하기 위해 함께 동승한 무료 동승자에게도 적용된다. ⑤ 주의를 기울이는 것과 성실은 피고 직업의 핵심적인 의무이다. ⑥ 이런 의무를 충족하는 데 실패하는 것은 '과실'이며, '**총체적**' 과실과 '**통상적**' 과실의 구분은 불필요하다.

[201] *Crafton v. Metropolitan Railway Co.*, 『잉글랜드 판례집』 민사 1권 300.
 (옮긴이 주) *Crafton v. Metropolitan Railway Co.*(1866): 사건의 내용과 판결은 본문의 내용과 동일.

했고, 소송 취하를 명령했다. 그 판결은 형식상 배심에 가야 할 과실의 증거가 없었다는 것이지만, 그 판결은 원고의 주장처럼 철도회사가 그 계단을 유지하는 데 해야 할 모든 의무를 다했다는 면죄부를 주는 것과 아주 동일하고, 사실상 그것을 정말로 의미한다. 백여 가지의 다른 동일한 구체적 사례들을 판례집에서 찾을 수 있다.

다른 한편, 법정이 손해와 결부된 어떤 작위나 부작위가 해명되지 않은 과실의 결정적 증거라고 판결해야 한다면, 사안에 따라서는 법정은 본질적으로 또한 사실상 그런 작위 혹은 부작위가 책임의 근거가 된다고 판결하거나,[202] 그런 것들이 재산회복을 방해한다고 판결할 것이다. 예컨대 건강에 위험할 정도로 천연두에 감염이 된 것을 알면서도 그것을 숨기고 거주 목적으로 집을 세놓는 것은 소송 가능한 과실이 된다고 알려져 있다.[203] 그런 사건에서 작위 혹은 부작위를 설명하는 것은 판결된 행위가 상이한 행위라고 입증하거나, 사법적인 언어로 말하자면 그 작위나 부작위가 문제의 손해의 원인이 아니라는 것을 보여주는 것이다. 판결은 판결 목적을 위해 증거로 채택된 사실관계들이 사실관계의 전부라고 전제한다.

---

[202] *Gorham v. Gross*, 『매사추세츠주 판례집』 125권 232, 239, 아래를 살펴보라.
(옮긴이 주) *Gorham v. Gross*(1878): 제3의 계약자에 의해 건축된 피고의 경계선 담벼락이 완성된 이후에 무너졌고 원고의 건물에 손해를 입혔다. 담벼락이 건설 과정의 결함에 의해 무너졌다면, 피고는 원고가 입은 손해에 대해 책임이 있다고 판결되었다.

[203] *Minor v. Sharon*, 『매사추세츠주 판례집』 112권 477, 487.
(옮긴이 주) *Minor v. Sharon*(1873): 주택 임대인이 천연두로 오염된 아파트를 세입자에게 빌려주었고, 세입자 가족 모두 천연두에 걸린 사건. 임대인이 최근 위험한 전염병을 앓고 있던 사람이 주택을 임대하여 살았던 것을 알면서도 그 주택을 다른 사람에게 적절한 주의를 주지 않으면서 임대했다면, 임대인은 그 전염병에 대해 책임질 것이라고 판결되었다. 이 사건은 적어도 도덕적 의무가 존재한다는 판결이며, 의무가 없는 경우에는 과실도 존재할 수 없다는 의미를 함축한다.

설명의 필요성을 제기할 만큼 곤란을 야기했던 판례들은 **명백한** 과실의 증거가 있다거나 배심에 가야 할 일부 과실의 증거가 있다고 판결한 사건들이다.

많은 법률가들은 법과 사실관계가 혼합된 문제들을 제시하는 그런 사례들을 언급하는 데 내포된 사상의 혼동에 주목했다. 위에 언급한 대로, 피고가 과실에 대해 유죄라는 주장은 분명히 복합적인 진술이다. 첫째, 그가 어떤 것을 했거나 하지 않았다는 것이고, 둘째, 그가 주장하는 행위가 법적 기준에 못 미쳤다는 것이다. 그리고 논쟁이 단순히 첫째에 한정하는 한, 마치 소유권 문제에서 유일한 논쟁거리가 법적 결론의 근거로 된 사실관계에 관한 것일 경우처럼, 복합적인 전체 주장은 특별한 설시(special instruction)[204]가 없는 한 배심에게는 평범한 문제이다.[205] 그러나 논쟁이 둘째에서 발생할 때, 법정이 피고의 행위를 판결해야 하는가 혹은 배심이 판결해야 하는가에 관한 문제는, 그 행위가 어떤 행위였는가에 관한

---

[204] (옮긴이 주) 특별한 설시(special instruction)는 판사가 사건의 쟁점, 입증 책임 등에 관해서 배심원들에게 제시하는 지침을 지칭한다.

[205] *Winsmore v. Greenbank*, 윌스(Willes)의 『민사법원의 판례집』(*Reports of Adjudged Cases in the Court of Common Pleas*, 1800), 577, 583; *Rex v. Oneby*, 스트레인지(Strange)의 『고등법원, 왕립법원, 민사법원 및 재정법원의 판례집』 2권 766, 773; *Lampleigh v. Brathwait*, 호바트(H. Hobart)의 『판례집』 105, 107; 위그램(Wigram)의 『발견의 법에서 핵심』(*Points in the Law of Discovery*, 1836) 판결문 249; 에반스(H. D. Evans)의 『변론에 관한 논문』(*Essay on Pleading*, 1827) 49, 138, 139, 143 이하; 앞의 책(Miller's ed.) pp. 147, 149 등을 보라.
(옮긴이 주) *Winsmore v. Greenbank*(1745): 원고는 그의 기소장에서 그의 아내가 불법적으로 그를 떠났고 그동안 그녀의 도움과 애정 및 재산 등의 이득을 누릴 수 없었으며, 피고가 아내를 불법적으로 또한 부당하게 설득하고 유혹하여 아내의 도움과 재산상의 이득을 받지 못하도록 방해했다고 진술했다. 아내가 계약 불이행을 하게 된 유혹은 소송의 소인이라고 판결되었다. 그리고 아내의 도움, 애정에 대한 남편의 권리(consortium)를 보호하고 인정하는 이 판결은 남편을 떠나도록 아내를 유혹하는 것도 새로운 불법행위로 인정하게 만들었다. 이후 이 판결은 기술자 혹은 가수 등을 부당하게 빼내는 행위에 적용되었다.

논쟁이 있었든 없었든, 발생한 우연적 사고에 의해 전적으로 영향받지는 않는다. 그런 논쟁이 존재한다면, 배심이 발견하도록 위임된 사실들의 모든 각각의 상태에 적합한 일련의 가상적 지침을 제공하는 것은 전적으로 가능하다. 그런 논쟁이 존재하지 않는다면, 법정은 법적 기준에 관한 배심의 의견을 여전히 수용할 수 있다. 기준에 관한 법정과 배심의 상대적인 기능을 설명하는 것은 어려운 문제이다.

배심에 제시된 순수하면서도 단순한 행위 기준이 적용 가능한 사례가 발생할 때, 그 설명은 간단하다. 법률가들이 상당히 많은 불법행위법이 일상적 경험에서 유도되었다는 데 동의하듯이, 법정은 해당 사안에 적용 가능한 공서양속에 관한 어떤 분명한 견해를 내비치지 않으면서도 일상적 경험에서 적용되는 규칙을 유도한다. 그러나 법정은 그 원칙을 명쾌하게 규정할 만큼 충분한 실무 경험을 갖고 있지 못하다고 느낀다. 법정은 공동체의 실생활 부분에서 데려온 12명의 배심이 법정의 판결에 도움을 줄 수 있다고 생각한다.[206] 그러므로 법정은 배심의 의견을 받아들임으로써 법정의 양심에 도움을 준다.

그러나 사실관계들의 어떤 상태가 종종 실제로 반복된다는 것을 상정

---

[206] *Detroit & Milwaukee R. R. Co. v. Van Steinburg*, 『미시간주 판례집』(*Michigan Reports*) 12권 99, 120.
(옮긴이 주) *Detroit & Milwaukee R. R. Co. v. Van Steinburg*(1868): 원고가 역에 진입하는 기차에 의해 중상을 입은 사건으로, 피고는 원고의 과실이 크다고 주장했으나, 배심은 원고 승소를 평결했다. 이 사건의 중요성은 사건이 배심에 위임되어야 하는가를 규제하는 기준이 본건의 쿨리(Cooley) 재판장에 의해 최초로 결정되었다는 것이다. 그의 언급에 따르면, "사실관계가 분명할 때, 과실의 문제가 법의 문제라고 언급하는 것은 잘못이다. … 상해 시점에서 원고가 실행한 주의가 적절했는지 그리고 피고가 과실이 있었는지가 배심이 판결할 문제라는 것은 어떤 의심도 용납될 수 없다." 즉 사실관계가 논쟁거리가 되거나 그렇지 않을 때 그리고 상이한 사람들이 그 사실관계로부터 상이한 결론을 정직하게 유도할 수 있을 때, 이런 사건은 그 판결에 있어 배심에 맡겨야 한다는 규칙이 확립되었다.

한다면, 법정이 계속해서 그 기준을 배심에 영원히 위임하는 것이 옳지 않을까? 그 반면에, 배심이 묘사되듯이 전반적으로 공정한 재판을 한다면, 많은 교훈을 그런 재판에서 획득 가능하다는 것은 명백하지 않을까? 법정은 경험의 공정한 교훈에 따라 문제의 행위가 보통 비난받을 만하거나 그렇지 않을 수 있고 그에 따라, 변명되지 않는 한, 그 행위가 책임의 근거이거나 아닐 수 있다는 것을 발견할 것이다. 그렇지 않으면 법정은 배심이 이리저리 왔다 갔다 하는 것을 발견할 것이고, 스스로 결정해야 할 필요성을 인식할 것이다. 끝부분이 매끄러우면서도 가늘고 긴 놋쇠 조각이 있는 계단에 대한 책임 문제뿐만 아니라 어떤 다른 그런 문제들이 해결되지 않아야 할 이유는 전혀 없다. 예컨대 그 예외는 의학적 치료와 관련된 일부 문제들처럼 기준이 급격히 바뀌는 곳에서 주로 발견될 것이다.[207]

이것이 평범한 사건에서 적절한 결론이라면, 추가적인 결과들이 따라온다. 사실관계는 현실적으로 종종 똑같이 반복되진 않지만, 상호 간에 상대적으로 적은 변화가 있는 사건들은 반복된다. 배심 재판에 오래 임석한 1심 판사(judge to sit at nisi prius)[208]는 점진적으로 많은 경험을 축적할 것이

---

[207] 천연두 사건인 *Minor v. Sharon*, 『매사추세츠주 판례집』 112권 477에서, 법정은 위에서 언급한 피고의 행동에 대해 판결하면서 원고가 아이들에게 예방접종을 하지 않은 것에 대해 유력한 과실의 죄가 성립하는지는 "사실관계의 문제이고, 당연히 배심에 맡겨야 한다고 판결했다."(p. 488)

[208] (옮긴이 주) 순회재판(assize)에서는 배심과 재판 당사자들이 있는 지역의 순회재판소에 판사가 도착하여 판사 1명과 배심이 재판과 심리를 진행하는데, 판사의 사정으로 순회재판소 도착이 지연되면(nisi prius: unless first, unless sooner, or unless before) 정식재판소가 있는 웨스트민스터에서 재판이 이루어진다. 이때 임석한 순회판사를 임석한 1심 판사(judge to sit at nisi prius, judge at nisi prius)라고 한다. 순회재판에서 판결이 이루어진 후, 판결에 문제가 있으면 그 소송은 정규법원에 항소할 수 있다. 순회재판이 1971년에 폐지되면서 nisi prius란 용어도 역사 속으로 사라진다.

고, 그 경험은 평균적인 배심원보다 일반 사건에서 공동체의 상식을 훨씬 더 잘 인식하게 만든다. 그 판사는 배심의 의견을 받아들이는 것이 전반적으로 바람직하다고 생각하는 경우에도 배심원들을 인도할 수 있어야 하고 사건들을 자세하게 설명할 수 있어야 한다. 더 나아가, 그 판사가 배심들의 의견을 전혀 수렴하지 않고서도 판단할 수 있는 영역도 계속해서 확대될 것이다.

과실이 순수한 사실관계 문제라는 주장이 종종 나오거나, 혹은 법정이 증거로부터 과실이 추정**될 수 있다고** 선언한 후에, 배심이 그런 추정 여부를 항상 결정해야 한다는 주장이 종종 나온다.[209] 그러나 이런 포괄적인 명제를 규정할 때, 법정은 문제의 행위가 직접적으로 입증되지 않는 사건들을 고려하고 있고, 주요하고도 유일한 쟁점은 그 행위가 어떤 행동이었느냐이지, 그 기준이 확정된 이후 어떤 기준이 그 행위에 적용될 것이냐가 아니다.

과실의 근거로서 증거가 존재한다는 판단에 따라 배심에 위임되는 대부분의 사건들은, 원칙적으로, 기준에 대한 의문 때문에 배심에 위임되는 것이 아니라, 그 행위에 관한 의문 때문에 그들에게 위임되는 것이다. 입증해야 할 사실관계로서 고속도로 위에 있는 철도 교량에서 피고가 벽돌을 원고에게 떨어뜨린 사건을 살펴보자. 행위 기준에 관한 문제가 제기되기 전에, 추론되어야 할 사실관계는 피고가 벽돌을 떨어뜨린 것이 갑작스러운 날씨 작용 때문이 아니라 그가 수리를 하다가 떨어뜨린 것이며, 그것은 피고가 물리적으로 방지할 수 있었다는 사실관계이다.[210]

---

[209] *Metropolitan Railway Co. v. Jackson*, 『잉글랜드 판례집』 항소 사건 3권 193, 197.
[210] *Kearney v. London, Brighton, & S. Coast Ry. Co.*, 『잉글랜드 판례집』, 「여왕의 법원」 5권 411, 414, 417; 앞의 사건, 앞의 책 6권 759 등을 보라.
(옮긴이 주) *Kearney v. London, Brighton, & S. Coast Ry. Co.*(1870): 철교가 수직으

그런 이유로 인해 창고 창문에서 큰 통이 떨어진 사건에서, 기준의 문제가 발생하기 이전에, 피고나 그의 피고용인들이 그것에 책임이 있다는 것이 밝혀져야 한다.[211] 잘 알려진 이들 사건 각각에서, 피고의 행위가 증거에 의해 입증하려는 그런 행위라고 한다면, 법정은 피고가 책임지도록 하는 규칙을 수용했다는 것을 알 수 있다. 같은 회사에 소속된 두 기차가 충돌한 사건처럼, 증거로 확인된 행위에 관해 문제가 전혀 없을 때 배심이 그 증거를 믿었다면, 배심은 사실상 피고에게 책임이 있다는 언질을 재판부로부터 적어도 종종 듣게 되었다.[212]

로 된 벽돌 기둥 위에 놓여 있고, 기차가 통과한 후에 벽돌 기둥 꼭대기에서 벽돌 하나가 떨어졌으며, 원고가 큰길로 뻗은 철교 아래를 통과하다가 떨어지는 벽돌에 의해 상해를 입었다. 이런 사실관계들은 피고가 과실이 있었음을 추정 가능케 한다고 판결되었다. 코크번(Cockburn) 재판장의 진술에 따르면, "어떤 종류이든 건물이나 구조물을 적절한 조건으로 유지하는 것은 사람들의 의무이다, … 증거가 아무리 사소하다 해도, 피고의 과실에서 야기된 이런 사건의 일부 증거들은 배심으로 넘겨야 하며, 명백한 사실관계에서 유도되는 결론을 반박할 증거를 제시하는 것은 피고 측의 의무이다."

[211] *Byrne v. Boadle*, 헐스톤(Hurlstone)과 콜트먼(Coltman)의 『잉글랜드 재정법원 판례집』 2권 722.
(옮긴이 주) *Byrne v. Boadle*(1863): 원고가 피고의 2층 가게 앞에 서 있었는데, 2층에서 밀가루 통이 떨어지면서 원고에게 상해를 입혔다. 원고는 통이 떨어지는 것을 보지 못했고, 통이 떨어지는 것을 목격한 사람도 없으며, 그에 따라 어떤 과실이 일어났다는 증거도 없다고 진술했다. 원고는 존재하는 유일한 증거가 일반적으로 수용하기 어려운 상황적 증거라고 진술했다. 부주의한 어떤 것(예컨대, 창문을 열어놓고 통이 굴러가도록 방치하는 것)을 피고의 피고용인들이 했다는 것을 누구도 목격하지 않았다. 예심 법정은 사건이 일어났다는 바로 그 사실관계는 어떤 사람이 어느 곳에서 부주의했다는 증거라고 판결했다. 이 논리는 '사물은 스스로를 말한다'(res ipsa loquitur)는 것으로 알려졌으며, '사고가 일어났다는 단순한 사실관계가 과실의 증거다'라는 논리이기도 하다. 이 논리를 활용하려면 세 가지 조건이 필요하다. ① 어떤 사람의 과실 없이는 손해가 통상적으로 발생하지 않는다. ② 손해의 수단은 부주의한 행동의 순간에 피고의 배타적인 통제 하에 있다. ③ 원고는 자신의 과실로 그 손해에 기여하지 않는다.
[212] *Skinner v. London, Bridghton, & S. Coast Ry. Co.*, 『잉글랜드 판례집』 재정법원 5권 787을 보라. 그러나 *Hammack v. White*, 『보통법원 판례집(뉴 시리즈)』 11권 588,

권리의 문제와 관련해 더 폭넓은 기능이 배심에 속한다는 견해를 찬성하는 주요 논리는 우리의 기준을 경험에 계속적으로 부합시켜야 한다는 필요성에 있다. 일상생활에 부합하도록 때때로 정립할 수 있는 그런 구체적인 규칙들을 사람들이 지키도록 할 목적이라면, 우리는 법적 책임의 일반적 근거가 공동체의 현존하는 일반적 기준에 의해 결정되는 비난가능성에 의거한다는 것을 확실히 언제나 염두에 두어야 한다. 마치 범죄 행위가 일반적으로 죄라는 사실이 어떤 사람이 형법을 알도록 요구하는 것을 실질적으로 정당화하듯이, 일상생활과 규칙 간의 이런 일관성은 그 사람이 민법을 알도록 요구하는 것을 확실히 실질적으로 정당화한다. 그러나 선례들이 현재의 조건들과 부합하지 못할 때, 이런 고려사항은 그 선례들이 파기되어야 한다는 결론에 이르게 할 뿐이고, 이런 일은 날인증서(deed)[213]와 유언장 작성과 관련된 것을 제외하고는 일반적으로 일어난다. 다른 한편, 우리가 주어진 순간에 판단받게 될 기준을 가능한 한 세밀하게 아는 것은 아주 바람직하고, 더구나 대부분의 행위 기준은 몇 세기를 거쳐도 변하지 않는다.

이 강의에서 주장하는 고려사항은 미국에서 특별히 중요하고, 매사추세츠주에서 효력 있는 법과 같은 그런 법이 유효한 주들에서는 적어도

594를 참고하라.

(옮긴이 주) *Skinner v. London, Bridghton, & S. Coast Ry. Co.*(1850): 원고가 타고 있는 기차가 역에서 약간 떨어진 곳에 정차해 있는 다른 기차를 향해 돌진했고, 그 결과 원고가 중상을 입었다. 철로에서 두 열차의 충돌은 과실의 명백한 증거라고 판결되었다. '사물은 스스로를 말한다'(res ipsa loquitur)는 원칙의 적용이고, 달리 말하면 '사고가 일어났다는 단순한 사실관계가 과실의 증거'라는 논리의 적용이다.

[213] (옮긴이 주) 날인증서(deed)는 이자, 권리 등과 같은 재산에 대한 권리 자격을 확인 혹은 입증하거나 이전 혹은 양도하는 것과 보통 관련되는 법적 문서이고, 미국에서는 specialty라고 불리기도 하며, deed와 같은 의미이다. 날인증서는 보통 날인문서(instrument under seal)에 의해 권리 자격의 변동을 확인하거나 확증하게 된다.

특별히 중요하다. 잉글랜드에서 **임석한** 1심 판사들은 증거의 가치와 무게 등에 관해 자유롭게 의견을 표시하고, **전원합의체** 판사들은 당사자들의 승인 하에 꾸준히 추론을 시도한다. 따라서 법정과 배심의 영역에 관한 세심한 구분은 최우선적으로 필요하지는 않다. 그러나 판사가 배심에 사실문제를 맡기는 것이 성문법에 의해 금지되고 또한 **전원합의체**가 사실관계의 유추를 요구하는 사건을 결코 듣고자 하지 않을 때, 행위 기준이 배심원에게 맡겨지는 경우 그것은 사법권 기능이 잠정적으로 양도된 것이며, 법정이 사법적 기능의 잠정적인 양도를 회복하는 것이 적절하다고 느낄 때는 어느 때 어느 사건에서도 그런 양도가 회복 가능함을 이해하는 것도 매우 중요하다. 사법적 기능이 그렇게 회복되지 않는다면, 본 강의의 첫째 명제, 즉 고의적이지 않은 부당행위에 대한 책임의 일반적 근거가 그 상황에서 신중한 사람의 행위와는 상이한 행위라는 명제를 거의 보편적으로 수용하는 것은, 법의 전 부분에 걸쳐, 법정의 모든 권리와 의무를 배심의 필연적이면서도 다소 우발적인 감정에 맡기게 될 것이다.

그 의문이 사실관계에 관련된 것인지 적용된 기준에 관련된 것인지를 잘 구분하지 않은 채, 법정이 아주 천천히 과실의 문제들을 배심으로부터 회수했다는 것은 이 강의에서 견지하는 의견과 아주 부합한다. 법적인 것은, 자연적 경계처럼 아무리 전체 윤곽이 분명할지라도, 정밀하게 심사를 하면 모호한 경계선이나 논쟁의 여지가 있는 영역에 이르게 된다. 이것은 배심에서 나타나는 영역이고, 이런 의심스러운 경계선에 떨어지는 사건들만 법정에서 심도 있게 다룰 것 같다. 아직도 법은 불확실성의 영역을 항상 좁히려는 경향을 보여야 한다. 그런 불확실성의 영역을 좁히는 것은 이 주제에 대한 판결들뿐만 아니라 유추의 방식을 통해 우리가 얻을 것으로 기대하는 일일 것이다.

법은 이런 방식으로 용이하게 성장한다. 아주 상이한 두 가지 사건은 대체로 언급할 때 명백하게 드러나는 일반적인 차이를 보여준다. 그러나 새로운 사례들이 양극단의 주변으로 몰려가고, 각각에 접근하기 시작함에 따라, 그 차이는 추적하기가 점차 어려워진다. 그리고 그 판결은 명확한 이유보다는 감정에 약간 더 무게를 두고 이 방향이나 다른 방향으로 내려진다. 그리고 마침내 수학적 선은 상반되는 판결들이 맞닿는 곳에 이르게 되고, 그 선은 너무 지나치게 자의적이어서 그 결과 그 선도 똑같이 한쪽이나 다른 쪽으로 약간씩 치우쳐서 그려질 수 있지만, 그 선은 양극단이 위치하는 곳에서 어느 정도 벗어나서 그 주변에 그려져 있을 수도 있다.[214]

이런 방식으로 정확한 차이는 고려해야 할 요소들이 거의 없는 문제들에서는 해결되었다. 예컨대, 양도 가능한 증권을 결제하도록 제시하는 합리적인 시간은 언제인가? 혹은 종류의 차이와 질의 차이는 무엇인가? 혹은 영구구속금지규칙(rule against perpetuities)[215]은 무엇인가?

양극단이 서로에게 접근하는 판결들의 사례와 그 가운데 배심의 역할에 관한 사례는 매사추세츠주의 다음 판결들에서 발견된다. 2년 4개월 된 아이가 큰 도시에서 보호자 없이 불필요하게 길을 건너게 되었다면, 그 아이는 과실에 기인한 침해에 대한 보상을 받을 수 없다.[216] 8살 소년

---

[214] 『미국 법학 평론지』(1873년 7월), 654 이하.
[215] (옮긴이 주) 영구구속금지규칙(rule against perpetuities)은 계약이나 유언장과 같은 법률문서가 그것이 작성된 시점에서 생존해 있는 사람의 생존 기간을 넘어서서 너무 오랫동안 재산을 묶어버리는 것을 금지하는 보통법의 원칙을 지칭한다. 이 규칙은 재산을 통제하려는 사망한 사람의 능력을 제한하려 의도한다. 이를테면 태어나지도 않은 고손자에게 재산을 상속하는 유언을 한다면, 자식과 손자 그리고 증손자에게 그 재산을 신탁할 수는 있으나 고손자를 제외하면 누구도 그 재산의 소유를 불가능하게 만들기 때문에, 그런 유언을 금지하는 것이다.
[216] *Callahan v. Bean*, 『매사추세츠주 판례집』 91권(9 Allen) 401.
(옮긴이 주) *Callahan v. Bean*(1864): 아버지가 두 살짜리 아들(원고)을 데리고 길을 건너서 캔디를 사준 후 마차도 없고 위험도 없다고 판단하여 아들을 집으로 돌려

이 혼자 밖으로 나가도록 허락하는 것은 꼭 과실이라고 볼 수 없다.[217] 그리고 10살 소년이 어두워진 후 밖으로 나가도록 허락하는 것에 대한 법률적 효력은 배심에 맡겨진다.[218] 판례도 없이 과감히 제시될 수 있는 진술과 연결해보면, 보통의 지성을 가진 20세 청년에게 그런 허용은 아무런 법률적 효과도 없다.

잉글랜드의 일조권(ancient lights)[219]에 관한 법을 다시 예로 들어보자. 소송 가능한 햇빛 차단은 실질적이어야 한다. 일반적인 상황에서 100야드

보냈는데, 2분 후 그 아들은 부주의하게도 피고의 마차에 치였다. 그런 사실관계는 아버지 측에서 적절한 보호가 부족했음을 보여주고 있고, 재심에서는 배심의 피고 승소 평결에 아무런 문제가 없다고 판결했다. 즉 아버지의 과실 혹은 보호의 부족이 없었더라면, 그런 상해는 발생하지 않았을 것이며, 원고의 상해를 회복할 수단이 없다는 평결이다.

[217] *Carter v. Towne*, 『매사추세츠주 판례집』 98권 567.
(옮긴이 주) *Carter v. Towne*(1868): 원고의 진술에 따르면, 원고는 8살의 미성년이고, 화약을 사용한 경험이 없고 지식도 없으며, 화약을 맡기기에는 부적합한 인물이다. 피고는 이 모든 것을 알면서도 2파운드의 화약을 팔고 그에게 그것을 건넸다. 화약의 효과를 모르고 또한 그것을 다루는 데 무지한 아이가 화약을 폭발시켰고, 그 폭발로 심각하게 상해를 입었다. 8살의 소년에게 화약을 판 상인은 그 손해에 대한 소송에 대해 책임이 있다고 판결되었다. 그레이(Gray) 판사는 "책임은 사람이나 다른 사람의 재산에 손해를 가하지 않도록 그 자신의 재산을 사용하는 모든 사람의 의무에 의존한다"고 언급했다.

[218] *Lovett v. Salem & South Danvers R. R. Co.*, 『매사추세츠주 판례집』 91권(9 Allen) 557.
(옮긴이 주) *Lovett v. Salem & South Danvers R. R. Co.*(1865): 어두워진 후 거리를 배회하다가 부당하게 마차에 올라탄 10살의 소년이 마차를 멈추지 않은 상태에서 마차꾼으로부터 내리라는 명령을 받았고, 지시대로 내리다가 떨어졌으며, 그 결과 마차에 치였다. 법정은 "어두운 밤에 10살 소년을 밖에 나가도록 허락하는 것이 움직이는 마차에서 뛰어내리도록 부당하게 명령함으로 인해 결과하는 상해를 배상받지 못하도록 할 정도로 그렇게 큰 과실인지? 그리고 그 명령은 어린아이에게 그렇게 강제한 것과 동일한지?"를 판단할 수 없다고 하면서, 배심에게 그 결정을 위임했다.

[219] (옮긴이 주) 일조권(ancient lights)은 20년 이상 자연광선을 받아온 창문이 있는 건축물을 소유한 소유자에게 부여되고, 그는 이웃이 그 자연광선을 차단할 건축물을 짓는 것을 금지할 권한을 갖는다.

떨어져 있고 지상에서 1피트 위로 구조물을 세우는 것은 소송 불가능할 것이다. 창문에서 1피트 이내에서 창문을 가리는 구조물은 배심이 이런 사실들 이상의 것을 발견하지 못해도 소송 가능할 것이다. 그 중간에 있는 확실치 않은 사건들에서 그 차단이 실질적이었느냐에 관한 문제는 배심에 맡겨졌다.[220] 그러나 고려되는 요소들은 희소하고 고정적이므로, 통상적 사건들에서는, 고소당한 건물의 높이가 그 건물의 바닥에서 기존의 창문까지의 거리보다 더 높아서는 안 된다는 명확한 규칙이 정립되는 경향을 보인다. 그리고 정확한 한계를 설정하려는 이런 시도에는 상당한 주의가 필요하지만, 그 시도는 그 정신에 있어 전적으로 냉철하다.[221]

---

[220] *Back v. Stacey*, 케링턴(F. A. Carrington)과 페인(J. Payne)의 『임석재판 판례집』 2권 465.
(옮긴이 주) *Back v. Stacey*(1826): 베스트(Best) 재판장은 "건축물에 의한 원고의 일조권의 불법적인 방해를 구성하기 위해서는 원고가 전보다 더 적은 일조량을 갖는다는 것만으로는 충분하지 않다. 주거를 충분히 안락하지 않게 만들 정도로 일조량이 상당히 부족해야 한다. … 그 경계를 긋는 것은 어려울 수는 있지만, 배심은 '부분적인 불편함'과 '원고에 대한 실질적인 피해'를 구분해야 한다"라고 배심에게 지시했다. 이후에 잉글랜드에서는, 통상적인 건물 점유에서 심각한 불편함이 유발되는 경우를 제외하면, 원고가 전보다 더 적은 일조량을 갖는다는 이유만으로는 일조권 방해에 대한 소송이 성립되지 못한다는 것이 법으로 정착되었다.

[221] *Beadel v. Perry*, 『잉글랜드 판례집』, 「형평법원」 3권 465; *City of London Brewery Co. v. Tennant*, 『잉글랜드 판례집』 고등법원 9권 212, 220; *Hackett v. Baiss*, 『잉글랜드 판례집』, 「형평법원」 20권 494; *Theed v. Debenham*, 『잉글랜드 판례집』 고등법원 자료실 2권 165 등을 참고하라.
(옮긴이 주) *Beadel v. Perry*(1866): 45° 규칙으로 알려진 건축물 간 거리에 관한 규칙이 처음으로 선언된 사례이며, "건축물 벽이 그 벽과 일조권 건물 간의 거리보다 더 높게 건축되지 않는 경우, 통상적인 상황에서는, 법정이 공사중지명령을 내려 간섭해야 할 정도로 그런 심각한 일조권 방해는 존재할 수 없다"고 판결되었다.
(옮긴이 주) *City of London Brewery Co. v. Tennant*(1873): 새로운 구조물이 45°보다 더 높지 않다면, 이것은 일조권에 대한 어떤 불법적인 간섭도 없다는 명백한 증거라고 판결되었다.
(옮긴이 주) *Hackett v. Baiss*(1875): 원고의 건물에 빛과 공기의 접근을 방해할 정도로 피고의 건물이 올라가는 것을 억제하려는 소송. 런던의 좁은 거리에 새로운 건물을 짓고 있고 그 건물 높이가 길 건너 원고 주택의 바닥에서 45°의 한계에

동일한 원칙이 과실에도 적용된다. 사건의 전체 증거가 자신의 감정과 지성을 완전히 통제할 수 있는 어떤 당사자가 철로에 서서 기관차가 자신에게 달려올 때까지 그 접근하는 기관차를 바라보는 것이었다면, 어느 판사도 그 행위가 신중했는지를 배심원에게 맡기지 않을 것이다. 전체 증거에 따르면 그 당사자가 양방향으로 각각 0.5마일 정도 볼 수 있는 편편한 철로를 건너려 했고 기관차가 보이지 않았다면, 어느 법정도 배심이 과실을 발견하도록 허가하지 않을 것이다. 배심에 갈 만한 사건들은 양극단 사이에 존재한다. 그러나 추가적 요소들이 존재하지 않는다고 전제하면, 그런 경우 안전의 한계는 수학적 계산으로 거의 1피트까지 분명하게 결정할 수 있다.

과실에 관한 많은 사건과 관련된 어려움은 배심원들과 협력하면서 얻은 오랜 경험으로 규칙을 세울 때 판사에게 도움을 줄 정도로 그 사건들이 자주 반복하여 발생하는 종류의 사건들이 아니라는 것이며, 또한 검토해야 할 요소들이 너무 많아서 법정이 기꺼이 전체 일을 통째로 배심의 판단에 맡겨 버린다는 것이다.

과실과 다른 불법행위 간의 관계는 다음 강의에서 다루겠다.

이미 도달했을 때, 원고는 새로운 건물이 더 높이 올라가지 못하도록 억제할 "법원의 금지명령"(injunction)을 요청할 자격이 있다고 판결되었다.
(옮긴이 주) *Theed v. Debenham*(1876): 원고 건물의 남쪽에 건물을 건축하려는 피고는 조각가인 원고 건물의 중앙의 바닥에서 측정된 45° 각도에 이르는 높이까지 건물을 올릴 수 있는 성문법적 권리를 갖는다고 주장했다. 거리에서 건물의 높이에 대한 성문법적 규칙은 일조권에 대한 규칙으로 그 권리를 제한하는 것이 아니라, 그 권리가 각각의 개별적인 사례에서 어둠의 정도와 양에 의존하는 것으로 인정해야 한다는 판결이다. 즉 조각가인 원고에겐 깨끗하면서도 방해받지 않고 수평적인 일조권이 필요하므로, 원고는 건물을 더 높이 올리지 못하게 하는 "법원의 금지명령"을 요청할 자격을 갖는다는 판결이다.

제4강
사기, 악의, 고의 및 불법행위이론

예비적 분석
A. 고의적 부당행위의 도덕적 요소
  (a) 사기
  (b) 구두에 의한 명예훼손
  (c) 무고
  (d) 공모
  (e) 동산횡령회복소송
B. 가해를 회피할 기회가 주어지는 경우에만 채택되는 도덕적 기준
  (a) 허용 가능한 손해
     고려해야 하는 다른 사람의 위험
     양극단 사이에 있는 대부분의 사례
  (b) 불법행위에서 책임의 공통적 근거: 행동을 위험스럽게 만드는 상황에 대한 인식
  (c) 경험에 의해 결정되는 이런 상황들이란 무엇인가
  (d) 배심의 기능
C. 인식되어야 하는 상황들이 밝혀진 사례들
   재산에 대한 불법침해
   사나운 동물들
   가축 등
   구두에 의한 명예훼손 등
D. 문제의 손해에 대한 선택의 근접성
E. 불법행위법의 요약

고려해야 할 다음 주제는 사기, 악의 및 고의이다. 고의적이지 않은 부당행위를 논의하는 데 있어 극복해야 할 가장 큰 어려움은 사람이 항상 자신의 책임 하에 행동한다는 학설에서 발견된다. 다른 한편, 다음에 이어지는 내용에서 어려움은 방금 언급한 세 단어로 묘사된 실질적인 사악함이 민사적 부당행위의 핵심요소가 아니라는 것을 입증하는 데 있다.

우리가 일상적 언어로 어떤 행동을 악의적이라고 부르려면, 그것은 타인에게 손해를 끼칠 의도가 있었고 또한 그 손해 자체가 목적이어야 한다는 것을 앞서 형법을 다루면서 보여주었다. 그러나 형법의 목적을 위해서는 고의만이 중요하고, 그 고의는 악의가 덧붙여진 고의와도 유사한 결과를 가져온다는 것도 알게 되었다. 분석을 해나가는 과정에서 고의는 손해를 끼치려는 욕망과 그 결과로서의 손해 예견, 두 가지로 구성되어 있고, 욕망은 쟁점이 되는 행동에 대한 동기로 여겨진다는 것도 알게 되었다. 다시 말하면 이들 중에서 예견만이 중요한 것처럼 보였다. 마지막 단계로, 예견은 가장 낮은 수준의 용어로 한정되었고, 설명한 예외조건 하에서 형사 책임의 일반적 기초는, 결론적으로, 일반적 경험에 비추어 보면 행동 시점에서 어떤 해로운 결과가 따라올 것이라는 사실관계의 인식이었다.

유사한 한정이 법의 민사 측면에서도 가능한지, 그에 따라서 사기적인, 악의적인, 고의적인 부당행위 및 과실에 의한 부당행위를 냉철하게 또한 일관성 있게 다룰 수 있는지를 살펴볼 일이 남아있다.

예비적인 설명이 유용할 것이다. 방금 언급한 앞의 강의에서 행동은 항상 고의를 내포하고 있어도 **그 자체로는** 법에서 중립적이라는 것을 보여주었다. 그 행동은 의지가 담겨 있고, 그에 따라 의도적인 근육 수축의 공동 작업이다. 그러나 행동에 의해 필연적으로 내포된 고의는 거기서 끝난다. 그리고 모든 근육 동작이나 그 동작의 공동 작업은 공존하는 상황을 별도로 하면 무해하고, 그 공존하는 상황의 존재는 행동 자체에 반드시 내포되어 있지 않다. 주먹으로 치는 것은 사막에서 치든 사람이 많은 곳에서 치든 동일한 행동이다.

행동 그 자체만으로는 민사적 혹은 형사적 책임을 지우지도 않고 또한 지워서도 안 된다고 주장했던 동일한 이유들은, 비록 일련의 행동들이 더 많은 공동 작업과 더 많은 의도를 보여준다 해도, 일련의 행동들 혹은 통합된 행위에 적어도 자주 적용된다. 예컨대, 어떤 통에 1등급 고등어가 담겨있다고 거짓으로 말하는 것은, 그 말을 비밀스러운 장소에서 말하든 상거래 과정에서 타인에게 말하든, 동일한 일련의 행동들이다. 어떤 통에 어떤 내용물이 있다고 주장하는 추가적인 고의(단어들의 순서에 의해 필연적으로 보여주는 고의)는 한목소리를 내기 위한 근육의 공동 작업을 넘어서서 어느 경우에도 분명히 존재한다. 그러나 일련의 행동들과 그 고의는 **그 자체로는** 중립적이다. 그 행위들은 혼자 있을 때 말하면 무죄이고, 어떤 공존하는 상황이 나타나면 유일한 책임의 근거가 된다.

법적 책임의 한 요소로서 언급될 때 의미하는 고의는 문제의 손해를 끼치거나 손해를 끼치려고 적어도 작정한 의도이다. 모든 경우에 행위의 과정을 구성하는 단순 근육 수축으로 되돌리면서 분석할 필요는 없다. 어떤 사람에게 책임을 지우기 위해서는 손해를 수반하는 행동 이외에도 더 많은 어떤 것이 필요하다는 동일한 원칙에 따르면, 문제의 행위가 행위자의 책임 하에 실행되기 이전에 어떤 추가적인 상황이나 어떤 사실관계가 존재해야 하는지를 고려할 때, 우리는 일련의 조정된 행동들이 **그 자체로** 대개 중립적인 단순 요소라고 꾸준히 또한 자유로이 전제한다. 다음의 논의에서 이것을 염두에 둔다면 혼동과 반복의 필요성도 피할 수 있다.

사기, 악의 및 고의가 필수 요소라고 알려진 책임의 주요 형태들은 사기, 구두에 의한 명예훼손(slander),[1] 문서에 의한 명예훼손, 무고, 공모(conspiracy)[2] 등이고, 아마도 여기에 동산횡령회복소송도 덧붙일 수 있을 것이다.

사기는 도덕세계에서 이끌어낸 개념이고, 대중적인 의미로는 특별히 사악함을 내포한다. 보통법 학설은 실제적 범죄 및 실제 범죄적 고의와 일관성을 갖는 용어로 사기를 일반적으로 언급한다. 어떤 사람이 거짓인 것을 알지만 타인이 믿고 그에 따라 행하게 하려는 의도로 타인에게 거짓 주장을 하고 또한 그 말을 들은 사람이 그것을 믿고 스스로 손해가 되는 행동을 하도록 설득된다면, 그 사람은 사기 행위의 책임이 있다. 이것은 분명히 전형적인 경우이고, 고의적인 도덕적 부당행위의 경우이다. 자 여기서 무엇이 당사자의 행위인가? 당사자의 행위는 어떤 단어들을 그렇게 조리 있게 언급하는 데 있고, 그에 따라 그 단어들의 언급은 그 말을 들으면 전달되는 그런 의미의 인식을 내포한다. 그러나 그런 인식만을 갖춘 그런 행위는 도덕적이지도 비도덕적이지도 않다. 한 걸음 더 나아가, 말이 들리는 거리 내에 다른 사람의 존재를 인식하고 있다는 조건을 추가하자. 그래도 여전히 그 행동은 어떤 결정적인 성격을 띠지 않는다. 그 행동을 비도덕적으로 만드는 요소들은 그 주장이 거짓이라는 인식, 또한 그 주장에 따라 행동이 일어나도록 만드는 고의 두 가지이다.

그때 주요 쟁점은 이런 고의가 다른 경우와 마찬가지로 동일한 용어로 한정될 수 있는가 하는 것이다. 그 대답에는 어려움이 전혀 없다. 거짓

---

[1] (옮긴이 주) 구두에 의한 명예훼손(slander)은 어떤 사람이 한 사람이나 여러 사람에게 다른 사람에 관한 거짓을 말하는 것을 지칭하며, 이때 그 거짓은 그 다른 사람의 명예를 훼손시킨다.

[2] (옮긴이 주) 공모(conspiracy)는 여러 사람이 불법적인 행위를 저지르기로 비밀스럽게 합의하고 함께 그 부당한 일을 실행에 옮기는 것을 지칭한다.

주장에 따라 행해지도록 하려는 고의는 상대방이 거짓 주장에 따라 행할 의도가 있다는 것을 피고가 알고 있었다는 증거에 의해 아주 명백하게 결정적으로 확립된다. 피고가 자신의 행동의 결과를 예견했다면, 그의 동기가 상대의 행동을 이끌어내려는 욕망에서 비롯되었든 혹은 단순히 개인적 이유에서 진실을 말하기를 꺼렸든, 그는 책임져야 한다. 피고가 일반적 경험에 따라 자신의 행동이 해로운 결과를 가져오게 할 현재의 사실관계(상대방의 의도)를 알았다면, 그는 실제로 결과를 예견했든 예견하지 않았든 책임을 져야 한다.

이 문제에서 일반적 결론은 단일 사례에서 도출되었다. 어떤 사건에서 거짓 주장에 따라 행하려는 다른 당사자의 의도와 같은 현재의 사실관계에 대한 인식이 그를 거짓 주장에 따라 행동하도록 유인하려는 고의의 입증을 불필요하게 만든다는 것이 받아들여지는 순간, 더 적은 요소가 더 큰 영역에서 필요한 전부라는 것도 받아들여진다. 왜냐하면 지금까지 보았듯이 고의는 예견을 충족시킬 수 있는 인식을 포함하기 때문이다. 따라서 당신이 고의를 입증할 때, 당신은 인식을 입증하는 것이고, 고의는 종종 둘 중에서 입증하기 더 쉬운 것일 수 있다. 그렇지만 당신이 인식을 입증할 때 당신은 고의를 입증하지는 않는다.[3]

그러나 위에 가정된 것과 같은 그런 경우 고의는 내포되거나 추정된다

---

[3] (옮긴이 주) 더 적은 요소는 '인식'을 지칭하고, 더 큰 요소 혹은 영역은 '고의'를 지칭한다. 고의는 앞에서 언급한 것처럼 손해를 끼치려는 욕망과 그 손해에 대한 예견(즉 어떤 해로운 결과가 따라올 것이란 사실관계의 인식)으로 구성되어 있으므로, 사실관계에 대한 인식보다는 더 큰 영역이다. '다른 당사자의 의도와 같은 현재의 사실관계에 대한 인식이 ... 고의의 입증을 불필요하게 만든다'는 것을 받아들인다면, 현재 사실관계에 대한 인식이 고의에서 중요한 전부가 된다는 오류를 범하게 된다. 왜냐하면 '당신이 인식을 입증할 때 당신은 고의를 입증하지 않기' 때문이다. 조금 아래에서 언급되듯이 고의는 행동에 대한 예견(인식)만으로는 충분하지 않고 어디까지나 알려진 상황에서 행위의 외형적 기준으로 판단된다.

고 말할 수 있다. 그러나 이것은 의제(fiction)[4]에 의해 거짓 이론을 도와줄 뿐이다. 그것은 약인(consideration)[5]을 마치 날인문서(instrument under seal)[6]로 추정한다고 말하는 것과 상당히 유사하다. 이것은 모든 계약에 약인이 있어야 한다는 공식적 이론을, 날인문서가 약인을 요구하지 않는다는 명백한 사실과 조화시키려는 방법에 불과할 뿐이다. 어떤 것이 책임에 필수적이지만 그것이 다른 어떤 것으로부터 결정적으로 추정된다고 말할 때에는 언제나, 필수적인 요소를 그 다른 어떤 것에서 찾을 수 있어야 한다는 근거는 언제나 존재하지만, 그 다른 어떤 것에서 추정된다고 말해지는 것에서는 그 근거가 발견될 것 같지는 않다.

사기에 필수적인 고의와 관련해, 방금 주어진 단일 사례에서 멈출 필요는 없다. 법은 고의의 증거나 당사자가 그런 의도를 암시했음을 정당화하는 증거만을 요구할 뿐이다. 따라서 그런 증거 요구의 전반적인 의미에

---

[4] (옮긴이 주) fiction은 원래 역사나 사실관계에 의거하지 않고 상상에 의지해 만들어낸 구성물이며, 통상적으로 문학의 한 장르인 소설을 지칭한다. 과학철학에서는 이론이 현실을 있는 그대로 설명한다고 주장하는 실재론(realism)에 대해, 도구주의(instrumentalism)는 이론이란 현실을 설명하기 위한 허구(fiction)나 도구에 불과하다고 말한다. 법학에서는 사실관계로는 입증이 불가능하지만, 사실관계의 개연성이 높은 경우 사실관계가 존재하는 경우와 동일한 효과를 발생시키는 방법을 의제(fiction)라 한다.

[5] (옮긴이 주) 약인(consideration)은 보통법상 법적 구속력을 갖는 계약에서 각 당사자가 교환하기로 동의해야 하는 화폐, 물건이나 서비스, 약속된 행동 혹은 부작위 등 다양한 형태의 가치를 의미할 수 있고, 쌍방의 약속이 각자에 대한 약인을 구성한다. 이를테면 'A가 x를 하겠다'고 A가 B에게 약속하는 약인으로, 'B가 y를 하겠다'고 B가 A에게 약속하는 경우이다. 그렇지만 이런 교환이 경제에서 의미하는 동등한 가치의 교환을 반드시 의미하지는 않는다.

[6] (옮긴이 주) 날인문서(instrument under seal)는 법적인 실행 및 효력 확인을 위해 문서에 서명·날인된 법적인 문서를 의미하고, 약인과는 무관하게 소송이 일방적으로 진행될 수 있다. 그리고 날인문서는 날인증서(deed)를 의미한다. 최근 많은 국가에서 법적인 효력이 있으려면 반드시 날인해야 한다는 날인의 의무가 폐지되는 경향을 보이고 있다.

따르면, 알려진 상황에서 그 표현은 어떤 행동에 대한 기대를 갖도록 만들어졌다는 의견을 유인하고, 그 결과 그 표현을 신뢰하여 그 행동이 실제로 유도된다는 것이다. 따라서 소위 고의의 기준은 사실상 알려진 상황에서 행위의 외형적 기준이고, 형법의 분석은 여기서도 유효하다.

또한 이것이 전부는 아니다. 이를테면 말이 매매 시점에서는 건강하다고 말하는 경우 혹은 일반적으로는 다른 당사자가 의존하려고 의도한다고 알려진 어떤 사실관계의 진술 등과 같은 경우처럼, 앞의 강의에서 설명한 대로 구체화 과정을 추구하는 법은 발언의 경향이 무엇인지를 판단한다. 이런 구체적인 규칙 너머에는 배심에 맡겨지는 모호한 영역이 놓여 있다.

사기의 다른 도덕적 요소는 그 진술이 거짓이라는 인식이다. 나는 이 점을 크게 걱정하지 않는다. 왜냐하면 우리가 책임의 요소를 행위와 인식으로 한정할 때 필요한 모든 것은 성취되기 때문이다. 그러나 이런 거짓에 대한 인식은 물론 일반적으로 사실상 범죄를 수반하지만, 그런 인식이 범죄를 반드시 포함할 필요가 없는 방식으로 변형될 수 있다면 그런 인식은 법이 어디에서든 도덕적 기준을 넘어서서 외형적 기준에 도달하려는 경향을 갖는다는 것을 보여주려는 일반적 목적에 도움을 준다. 우리가 법을 비판적으로 바라보는 순간, 도덕적 측면이 사라지는 것을 목격하게 된다.[7]

---

[7] (옮긴이 주) 거짓 진술에 대한 인식은 범죄의 필요조건이지만 반드시 범죄로 귀결하지는 않으며, 범죄의 충분조건은 객관적으로 다른 사람을 그 거짓 진술에 따라 행동하도록 유도하는 것이다. 여기서 '우리가 법을 비판적으로 바라본다'는 것은 범죄를 외형적 기준, 즉 객관적인 기준에 따라 판단한다는 것이며, 바로 그 순간 법은 도덕철학, 즉 윤리학의 범주를 벗어나는 것이다. 따라서 고의가 없는 거짓 진술이나 진실인 줄 알고 한 거짓 진술(이 진술들은 도덕적으로 비난받지 않을 수도 있다) 어느 것이든 객관적인 기준을 충족시키면 범죄로 판결될 수 있다.

쟁점은, 어떤 진술이 다른 사람으로 하여금 행위를 하도록 유인하고 그 주장이 거짓으로 드러나면, 알려진 어떤 상황이 그 진술을 한 사람에게 그 책임을 지울 만큼 충분한가 하는 것이다. 이제 명백한 동의에 의해 혹은 그에 덧붙여 법이 지시하는 암묵적 동의에 의해 어떤 사람이 자신의 진술에 대해 책임져야 한다는 것은 명백하다. 법률 용어로 그는 그 진술의 진실을 보장할 수 있으며, 또한 그가 사실이 아닌 것을 알면서도 속이려는 의도가 있을 때처럼 그가 완전히 믿고 주장했을 때도 마찬가지로, 그 주장이 진실이 아니라면 법은 그것을 사기로 본다. 말을 판매할 때 판매자가 말의 나이가 겨우 5살이라고 보증을 했지만 사실은 13살이었다면, 그는 말이 겨우 5살이라고 믿었다 해도 보통법에서 사기로 소송당할 수 있다.[8] 따라서 주장의 진실성에 대한 보통법 책임은 실제 도덕적 사기의 영역보다 더 광범위하다.

그러나 환언하면 발언이 사실인지 거짓인지 알지 못한 채 무모하게 발언했다면 그것은 사기로서 일반적으로 충분하다. 그러면 '무모하게'(recklessly)가 무엇을 의미하는가? 그것은 그 진술의 진실성에 대해 실제적인 개인적 무관심을 의미하는 것이 아니다. 그것은 그 진술에 대한 자료가 너무도 불충분해서 신중한 사람이 자신이 무관심했다는 추론을 하지 않고서는 진술할 수 없었을 것임을 의미할 뿐이다. 즉 이전에 이미 했던 분석을 반복하자면, 그것은 그의 심리 상태가 그 무엇이었든 또한

---

[8] *Williamson v. Allison*, 이스트(E. H. East)의 『형사소송』 2권 446.
(옮긴이 주) *Williamson v. Allison*(1802): 판매에 부적합한 물건을 팔아서 물건보증을 위반한 불법행위 특례소송에서, 원고는 피고가 물건이 부적합한 상태에 있다는 것을 알았고 피고의 고의성이 있었다고 진술했으나 고의성에 대한 사실관계 증거는 재판 중에 제시하지 못했다. 법정은 그런 입증이 불필요하고, 물건보증 위반이 소송의 핵심이며, 고의성은 단순히 심각성의 문제이고 중요하지 않은 진술로 간주된다고 판결했다.

비록 그가 개인적으로 주장하는 데 있어서 사악함이 전혀 없었을지라도 일반적인 객관적 기준을 적용하는 법이 그 사람이 그런 불충분한 자료를 근거로 그런 주장을 했다면 그가 책임져야 한다고 결정한다는 것을 의미한다.

따라서 이미 고의에 적용된 것과 비슷한 논리는 허위의 인식에도 적용될 수 있다. 실제적 인식에 의해 우리는 증거가 그 주장을 보장하기에 불충분했다는 것을 종종 더 쉽게 입증할 수 있고, 증명되었을 때 그 실제적 인식은 더 적은 요소를 포함한다.[9] 그러나 더 적은 요소가 충분하다고 알려지는 순간, 법은 여기서 또한 외형적인 혹은 객관적인 기준을 적용할 준비가 되어 있음을 알 수 있다.

형평법원(court of equity)[10]은 피고의 실제적인 도덕적 조건과는 전혀 무관하게 정반대의 극단으로 갈 정도의 학설을 세웠다. "어떤 사람이 타인의 행위가 그의 주장에 따라오도록 유인할 계획으로 타인에게 사업문제에 관한 주장을 했을 때, 그 주장이 사실상 거짓이라면, 그 주장이 거짓인 것을 알고 했는지 혹은 그 주장이 진실이라고 믿고 했는지는 완전히 중요하지 않다."[11]

---

[9] (옮긴이 주) 더 적은 요소는 '허위에 대한 인식', 더 큰 요소는 '실제적 인식'을 지칭한다.

[10] (옮긴이 주) 형평법원(court of equity, equity court, chancery court)은 보통법 혹은 판례의 적용이 아니라 형평의 원칙을 적용하도록 권한을 위임받은 법정이고, 잉글랜드의 대법관에게 직접 청원함으로써 열린다. 형평법원은, 예컨대, 영장, 강제명령 및 특별한 변제 등과 같은 손해 이외의 다른 구제책을 요구하는 소송이나 청원을 취급한다. 점진적으로 형평법원은 법의 법정, 즉 일반법원과 통합되는 경향을 보인다.

[11] *Leather v. Simpson*, 『잉글랜드 판례집』, 「형평법원」 11권 398, 406. 다른 한편, 극단적인 도덕적 견해는 *Weir v. Bell*, 『잉글랜드 판례집』, 「재정법원」 자료실 3권 238, 243에 언급되어 있다.
(옮긴이 주) *Leather v. Simpson*(1871): 은행이 선하증권을 근거로 발행된 환어음의

아마도 실제 판결은 보다 한정적인 원칙에서 조정될 수는 있겠지만, 방금 언급된 규칙은 심지어 사업과 관련된 일에서는 어떤 사람이 자기 책임 하에 어떤 주장(그에 따라 행위를 할 가능성이 큰)도 할 수 있다고 까지 말하고 있다. 이것은 공서양속에서는 거의 정당화하기 힘들다. 일반적으로 책임의 도덕적 출발점은 결코 망각되지 말아야 하지만, 이런 출발점을 무시하지 않고서는 법은 현명하고 신중한 사람에게 진실이라고 확신시킬 수 있는 사실관계에 의거한 주장에 대해 책임 지울 수 없다. 제삼자에 대한 명예훼손조차도 면책시키고 있는 자유로운 정보 전달의 공적

대금을 징수할 때, 은행은 선하증권의 진실성을 보장하지 않는다. 환어음은 선하증권을 근거로 해외에 있는 거래선에 의해 어떤 상인을 지급인으로 하여 발행되며, 그 상인에게 제시하고 대금을 징수하도록 은행에 보내게 된다. 은행은 '은행이 면화 일정량에 대한 선하증권과 보험증권을 보관한다'는 내용의 비망록과 함께 그 상인에게 어음을 제시했다. 상인은 그에 의거해 어음을 인수하고 만기가 되기 전에 어음의 대금을 지급했다. 그 다음에 그는 선하증권을 수령했고, 그 증권은 위조인 것으로 드러났다. 그 비망록은 선하증권이 진짜라는 은행의 보증서가 아니며, 상인은 선하증권의 대금을 되돌려 받을 자격이 없다고 판결되었다. 말린스(Malins) 판사는 "당사자들은 똑같이 거래에서 결백하며, 그들 모두가 사기를 당했지만, 거래 과정에서 그들 중 하나는 돈을 점유하고 있다는 데에 차이가 있으며, 본인은 돈을 되돌려 주어야 한다고 판결하는 데에서 본인이 정당화할 수 있는 근거를 발견하지 못해서 당혹스럽다"고 언급했다.

(옮긴이 주) *Weir v. Bell*(1878): 이사들이 채무증서를 발행하기 위해 금융중개업자를 채용하도록 비서에게 위임했다. 금융중개업자는 B와 다른 사람을 이사로 하는 투자안내서를 준비하고 발행했다. 원고가 투자안내서의 진술을 믿고서 채무증서를 구입했으나 채무증서가 무가치한 것으로 드러나자 원고는 투자안내서의 거짓 진술에 관련해 B와 다른 사람들을 상대로 손해배상소송을 제기했다. B는 도덕적 사기에 대해 죄가 없다고, 금융중개업자는 투자안내서의 거짓 진술에 대해 책임이 있다고 판결되었다. 브람웰(Bramwell) 판사는 "사기에 대해 어떤 사람에게 책임을 지우려면, 도덕적인 사기가 그에 대해 입증되어야 한다"고 언급했고, 항소법원은, 비록 피고가 거짓 진술을 사실상 정직하게 진실이라고 믿고 있다 해도, 그것이 진실이라고 믿을 만한 합리적인 근거 없이 피고가 거짓 진술을 언급한다면, 사기에 관한 소송이 성립한다고 판결했다. 합리적인 근거의 결핍은 사기의 증거가 될 수 있지만, 그것은 사기와 유사한 것은 아니다. 이 언급은 이것이 법이라면 부주의하거나 장래를 대비하지 못하거나 사리에 어두운 사람은 사기 치는 사람이 된다는 문제를 안고 있다.

인 이득과 그 필요성은, 내 생각으론, 당사자의 요청에 의한 진술에 대해 당사자가 불만을 제기해도 **더욱 더 유력한 이유로** 그 진술도 면책시켜야 한다.[12]

어쨌든 보통법은 사기를 그 법의 집행 근거로 만듦으로써 도덕성에 대한 기준을 보존하고 있다. 보통법은 어떤 사람이 항상 자기 책임 하에 말을 한다고 주장하지는 않는다. 그러나 도덕적 근거에서 출발하면서 보통법은 평균적인 신중한 사회구성원에게서 무엇이 사기가 되는가 하는 외형적 기준을 확정 지었고, 모든 구성원이 자기 책임 하에 그것을 피하도록 요구한다. 다른 경우와 마찬가지로, 어떤 상황에서 어떤 진술이 그 진술을 한 당사자의 책임 하에 있는지를 결정하는 선례들을 보통법은 점진적으로 축적하고 있다.

행위의 책임을 당사자에게 부담시키는 사기의 요소들은 이런 것들이다. 첫째, 진실이라고 주장하려는 사실관계에 관한 진술. 둘째, 들리는 범위 내에 다른 사람의 존재가 알려져 있음. 셋째, 상대방이 그 진술에 따라 행할 것이라는 기대를 확신하거나 그럴 개연성을 제시하기에 충분할 정도로 알려진 사실관계. (어떤 사실관계가 충분한가는 일부 사례에서는 법정이 구체적으로 결정했고, 다른 사례에서는 그 문제가 이제까지 설명한 원칙에 따라 배심에게 분명히 맡겨질 것이다.) 넷째, 그 진술의 허위. 이 진술은 거짓으로 알려져야 하거나, 그렇지 않으면 진술의 내용에 관해 알려진 증거는 사람들의 일반적 경험과정에 따라 신뢰를 보장해 줄 수 없을 정도로 거짓이어야 한다(이 부분에 관해 역시 법정은 일부의 경우 구체적인 규칙을 정립할 수 있다).[13]

---

[12] (옮긴이 주) 당사자가 다른 사람에게 요청한 진술이 거짓 진술이라고 해도, 다른 사람이 고의로 그런 진술을 하지 않는 한, 그 진술에 대해서는 면책되어야 한다는 취지이다.

다음으로 구두에 의한 명예훼손에 관한 법을 살펴보자. 악의가 책임 요소 중 하나라고 종종 알려져 왔고, 그 학설은 일반적으로 다음 방식으로 주장되었다. 악의는 존재해야 하지만, 법은 단어들을 단순히 언급한 것으로부터 악의를 추정한다. 그리고 또다시 당신은 정보전달의 특권을 허용하는 상황에서 (예를 들면 필요한 변론과정에서 변호사가 한 말이나 전 종업원의 성품에 관한 문의에 신의성실로 대답한 사람의 말과 같은 경우) 그 단어들이 언급되었다는 것을 보여줌으로써 악의에 대한 이런 추정을 반박할 수 있고, 그 다음으로 원고는 그 단어들이 실제적 악의를 언급했음을 입증함으로써 몇몇 경우에는 이런 피고의 항변에 대처할 수 있다.

이 모든 것에서 마치 문제의 손해를 끼치려는 실제적 고의는 비록 악의는 아니지만, 적어도 이런 부류의 부당행위의 저변에 깔려 있는 것처럼 보인다. 그럼에도 그것은 그렇지 않다. 왜냐하면 비록 '악의'라는 단어의 사용이 여느 때처럼 원초적 도덕적 기준을 가리킬지라도, 어떤 단어들을 언급했다는 증거로부터 그런 악의가 추정된다는 규칙은, 원고에게 손해를 입히는 결과를 의도했든 아니든, 그런 단어들을 언급한 명백한 행위가 소송당할 수 있다고 말하는 것과 동일하기 때문이다. 그리고 명예훼손적인 단어들의 명백한 경향은 그 단어들의 대상이 되는 사람을 해하려는 것이기 때문에, 이것은 일반이론의 범주에 들어간다. 따라서 피고를 진정 실체적으로 변호하려면, 손해가 의도되지 않았다는 것(그것은 전혀 변호가 되지 않는다)이 아니라 그 손해가 의도되었든 아니든(즉, 피고가 그 손해를 예견했고 또한 즐기면서 예견했을지라도) 피고가 그 단어들을 언급했던 명백한 사실관계와 그 정황이 그러하므로, 법은 원고에 대한 피해

---

13 실제적 인식과 고의에 관해서는 제2강 pp. 79~80을 보시오.

보다 자유로운 표현의 이득을 더 중요한 것으로 간주해야 한다고 피고의 변호인이 주장해야 한다.

동일한 분석을 그 소송의 마지막 단계에 적용하는 것은 더욱 어렵지만, 아마도 불가능하지는 않을 것이다. 원고는 실제적 악의를 입증함으로써, 즉 문제의 손해를 유발하려는 실제적 고의를 입증함으로써, 피고 측에서 제기하는 면책사유에 대처할 수 있다. 그러나 이런 실제적 악의는 어떻게 생기게 되는가? 피고가 그의 진술이 거짓인 것을 알았음을 입증하거나 피고의 거짓 진술이 필요 이상으로 지나치게 과도했음을 입증함으로써 가능하다. 이제 법은 피고의 의도와는 아주 전적으로 다르게 그 문제를 바라보고 있음이 분명하지 않을까? 피고가 원고에게 손해가 갈 것을 예견했고 또한 즐기면서 예견했다는 사실관계는 발언의 면책만큼이나 이 경우에도 별로 중요하지 않다. 즉 쟁점은 전적으로 인식의 문제이거나 다른 외형적 기준의 문제이다. 그리고 심지어 인식을 중요하게 만드는 것은 무엇일까? 그것은 다른 경우라면 어떤 사람이 이웃을 거짓으로 비난하도록 허락받을 이유가 없기 때문이다. 그것은 사람들이 어떤 상황에서 두려움 없이 최선의 정보를 자유롭게 제공하는 것이 공공의 이익을 위한 것이기 때문이지만, 거짓을 말하는 것에는 어떤 때도 공공의 이익이 전혀 없기 때문이다. 그리고 그 비난이 거짓으로 드러날 때 혹은 그 비난이 상황이 요구하는 정도를 넘었을 때, 그 비난은 자유로운 표현을 위해서 필요한 것이 아니고, 그에 따라 그 비난은 일반적 규칙의 범주에 해당되며, 그리고 악한 결과가 의도됐든 아니든 그런 비난이 거짓으로 드러난 경우 비난을 한 당사자가 책임지게 되기 때문이다. 피고는 그 의도가 악했기 때문이 아니라, 거짓 비난이 변명의 여지가 없기 때문에 책임져야 한다.

구두에 의한 명예훼손의 경향은 더욱 보편적으로 해롭기 때문에, 여기서 행위의 책임은 사기가 시작했던 때보다 더 이전 단계에서 시작했을 것이다. 약간의 공존하는 상황들이 존재해야 한다. 그 진술이 지명하는 어떤 한 사람이 적어도 존재해야 한다. 그 진술을 이해하는 다른 사람이 들리는 거리에 있어야 하고, 그 진술은 거짓이어야 한다. 그렇지만 비난이 거짓임이 확실히 알려질 필요가 없듯이 이런 사실관계에 관한 거짓 진술이 알려질 필요가 없다는 것[14]은 논란의 여지가 있으며, 또한 알려진 면책 상황에서 어떤 사람이 근거 없는 진술을 하지 않는 한, 그 사람이 그런 진술이 다른 사람들에게 들리는 데에 대한 책임조차도 감수해야 한다는 것도 논란의 여지가 있다. 어떤 사람이 자기 혼자라고 생각하고 말했지만, 범죄 혐의를 이웃의 이름으로 갖다 붙이는 데에 대해 그 사람에 대한 면책을 거부하는 것은 자유를 크게 제한하는 것은 아닐 것이다. 그러나 법이 거기까지 가야 하는가는 분명하지 않아 보인다.

다음의 책임 형식은 비교적 중요하지 않다. 내가 이야기하려는 것은 무고소송이다. 어떤 사람은 거짓 혐의를 근거로 다른 사람이 그를 개연적 근거 없이 악의적으로 형사상 또는 어떤 경우에는 민사상 고발을 제기한 것에 대해 보상받을 수 있다. 개연적 근거의 결핍은 물론 피고의 인식 상태만을 언급하는 것이지, 피고의 고의를 언급하는 것은 아니다. 피고가 소송을 제기할 때, 피고의 인식 상태는 피고에게 알려진 사실에서 개연적 근거의 부재를 의미한다. 그러나 피고의 의식 상태에 적용되는 기준은 그것의 외형적인 기준이다. 쟁점은 피고가 사실들이 그럴듯한 근거를 구

---

[14] (옮긴이 주) 지금까지 홈스의 견해에 따르면 비난의 거짓이나 사실관계에 대한 거짓 진술은 명예훼손에 대한 범죄의 필요조건일 뿐이며, 중요한 것은 피고의 실제적 악의를 입증하거나 혹은 피고가 거짓이라는 것을 인식하고 있다는 것을 입증하는 것이다. 홈스는 원고가 이를 입증해야만 피고가 언론 자유를 주장하는 것에 대처할 수 있다고 보았다. 따라서 비난의 거짓이나 사실관계에 대한 거짓 진술이 알려질 필요가 없다는 결론이 유도될 수도 있다.

성한다고 생각했는가가 아니라, 법정이 그 사실들이 개연적 근거를 구성한다고 생각하는가에 있다.

다음은 무고에서 악의에 관한 것이다. 피고의 행위는 사실상 거짓이고 승소하지 못하는 혐의를 근거로 소송절차를 진행하는 것으로 구성된다. 이것이 전체 문제의 핵심이다. 원고에 대해 제기된 혐의가 사실이거나 원고가 유죄 판결을 받았다면, 비록 원고가 잘못 판결받았음을 이제는 입증할 수 있다 해도, 피고의 악의가 아무리 크고 또한 혐의 근거가 아무리 약하다 해도, 피고는 무죄다.

그러나 원고에 대해 제기된 혐의가 거짓이고 승소하지 못한다고 전제하자. 악의는 원래 악의적 동기, 즉 거짓 혐의를 제기함으로써 원고를 해하려는 실제적 고의를 의미한다. 여기서 법적 보상은 또다시 도덕적 근거에서 출발했고, 그런 출발의 직접적 이유는 어떤 사람의 적들이 형법으로 소송을 걸어 그를 종종 파괴하려 한 행위를 처벌했던 공모에 관한 옛날 법을 탄생시켰던 이유와 확실히 매우 유사하다. 그런 목적으로 여러 사람이 공모하는 것은 처벌받을 만하므로, 오직 한 개인이 사악하게 동일한 일을 시도했을 때도 다소 주저되기는 하지만 그가 유사한 근거에서 책임져야 한다는 결론이 나온다.[15] 악의는 일반적 의미에서 오늘날까지

---

[15] *Knight v. German*, 크록(Croke)의 『판례집』 엘리자베스 1세 70; 앞의 사건, 앞의 책 134 등을 참고하라.
(옮긴이 주) *Knight v. German*(1586): 피고가 원고를 상대로 대배심에 고소하여 기소에 성공했으나, 중범죄가 악의적으로 저질러지지 않았고 또한 개연적 근거(probable cause)가 존재하지 않는다면, 어떤 사람을 중범죄로 고소하는 소송은 성립될 수 없다는 이유로, 원고가 무죄로 밝혀졌고, 그에 따라 원고가 특례소송을 제기했다. 두 사람이 악의적으로 공모하여 기소장을 제출했고 당사자가 무죄로 밝혀지면, 그 당사자는 공모에 대한 특례소송을 제기할 수 있으며, 두 사람이 아니라 한 사람이 이 일을 한다 해도 이런 특례소송은 마찬가지로 성립한다는 판결이 나왔다.

도 배심에 의해 입증되고 판결되어야 하는 독특한 사실관계라는 취지의 비중 있는 판례가 있음을 나는 전적으로 인정하지 않을 수 없다.

그러나 이런 견해는 주저 없이 받아들일 수는 없다. 한 측면에서는 신뢰 가능한 개연적 근거가 존재하면 무고소송은 악의에도 불구하고 정당화된다.[16] 다른 측면에서는 "그 소송은 이런 특별한 당사자에게 개연적 근거가 충분해 보이는 것만으로는 부족하지만 건전하고 감성적이면서

---

[16] *Mitchell v. Jenkins*, 번월(Barnewell)과 아돌푸스(Adolphus)의 『왕립법원의 판례집』(*Reports of Cases in the Court of King's Bench*, 1830~1834) 5권 588, 594; *Turner v. Ambler*, 『잉글랜드 판례집』, 「여왕의 법원」 10권 252, 257, 261.
(옮긴이 주) *Mitchell v. Jenkins*(1833): 피고는 원고에 대해 45파운드의 채권을 가지고 있고 원고는 피고에 대해 16파운드 5실링의 채권을 가지고 있다. 피고는 집행관에게 원고가 채무를 변제하려 할 경우 상계를 허용하라고 지시했으나, 원고가 채권을 갚지 않는다는 이유로, 악의적으로 또한 개연적 근거도 없이, 원고를 체포하여 구속시키고 자신을 변호하기 위해 비용을 지출하도록 만들고 신용과 명예를 잃게 만들었다는 이유로, 원고가 피고를 고소했다. 이는 악의적 고소(malicious prosecution)에 대한 소송이다. 원심은 체포에 대한 개연적 근거가 전혀 존재하지 않으며, 원고 자신이 소유한 채권 금액보다 피고 채권의 더 많은 금액에 대해 원고가 체포되도록 유도한 데에는 법리상 악의가 존재한다는 견해를 가졌다. 항소심은 악의 문제는 배심에 맡겨야 하는 사실관계의 발견 문제라는 견해를 피력하면서 재심리하도록 명령했다. 개연적 근거는 판사가 판단해야 하지만, 악의에 관한 판단은 배심에 위임되어야 한다는 판례이다.
(옮긴이 주) *Turner v. Ambler*(1847): 임차인은 건물을 보수하는 조건으로 건물 임대인과 계약을 체결했고, 임차인이 건물을 상점으로 개조하는 과정에서 자재가 많이 소요되었고 비용 지출도 많았으며, 개조하는 동안 임차인은 문짝과 물통을 제거하여 매각했다. 문짝과 물통을 판매한 후 6개월이 지나서 임대인이 임차인을 절도죄로 고소했다. 그 재판에서 소송을 제기하기 훨씬 전에 임대인이 물건들의 제거와 그 판매를 알고 있었다는 증거가 나왔고, 소송이 기각되었다. 임대인(피고)이 고소의 개연적 근거도 없이 임차인(원고)을 무고했다는 무고소송에서, 원고는 그런 고소의 목적이 자신의 임차를 포기하도록 강요하는 것이라고 주장했다. 덴먼(Denman) 재판장은 배심에게 "고소의 합리적이면서 개연적인 근거에 관한 문제와 악의의 문제에 관해서, 피고가 악의적인 동기에서 또한 합리적이고 개연적인 근거 없이 행동했다는 데 당신들이 의견을 같이한다면, 배심은 원고 승소를 평결해도 된다. 본인은 두 가지 문제에서 배심의 견해를 수용하겠다."고 했다. 배심은 원고 승소와 80파운드의 손해를 평결했다.

신중한 사람이 그 악의에 근거해 소송하도록 유도하기에 충분해야 한다. 그렇지 않다면 그 소송은 일반적 근거에 따른 소송절차에 대한 정당화로서 틀림없이 패소할 것이다."[17] 한 측면에서는 악의만으로는 근거 없는 고소에 대해 어떤 사람에게 책임을 묻지 못할 것이고, 다른 측면에서는 그 사람에 대한 정당화는 사실관계들에 대한 그의 견해에 의존하는 것이 아니라 법정의 견해에 의존한다. 그의 실제 도덕적 상태가 이런 정도까지 무시될 때, 부적절한 동기의 존재도 중요하다고 믿기에는 약간 어렵다. 그럼에도 악의가 어떤 의미를 갖는다면, 그것은 악의가 이 경우에 의미해야만 하는 어떤 것이다.[18] 왜냐하면 성공적 기소의 사악한 결과는 물론 타인을 기소하려는 어떤 사람에 의해 의도되었기 때문이다. 혐의를 제소하는 시점에서 나는 그 혐의가 거짓이라는 인식이나 믿음이 결정적인 악의의 증거라고 판사가 배심에 말할 것이라고 생각할 수밖에 없다. 그리고 만약 그렇다면, 반복할 필요가 없는 근거 위에서 악의는 중요한 것이 아니고 피고에게 알려진 사실관계가 중요한 것이다.

그럼에도 법의 정상적인 소송절차를 작동시키는 것은 분명히 미묘한 근거 위에서 무고소송이 역으로 소송당할 수 있게 만들기 때문에, 적어도 피고가 개연적 근거가 존재한다고 생각했다면 그 무고소송은 부적절한

---

[17] *Barron v. Mason*, 『버몬트주 대법원의 판례집』 31권 189, 197에서 레드필드(Redfield) 재판장의 진술.
(옮긴이 주) *Barron v. Mason*(1858): 원고는 양수장치의 특허권자라고 자칭하고 있고, 이 장치의 사용자인 피고를 협박하여 손해배상을 받아냈으며, 피고는 특허가 무효 판결을 받았으므로 원고가 사기를 쳤다고 고소했다. 이 고소에 대해 원고는 피고가 자신을 무고했다는 이유로 악의적 고소에 대한 소송을 제기하고 손해배상을 청구했다. 원심에서 원고 승소를 판결했으나, 항소심에서는 합리적인 근거 혹은 개연적 근거는 판사의 판단 사항이지만 악의의 문제는 배심의 판단 사항이라고 판결하고 재심리를 요청했다.
[18] *Mitchell v. Jenkins*, 번월(Barnewell)과 아돌푸스(Adolphus)의 『왕립법원의 판례집』 5권 588, 595.

동기에서 제소된 경우들로만 전적으로 제한될 수 있다. 그런 제한은 민사 책임에 관한 법에서만 거의 단독적으로 유효할 것이다. 그러나 부당행위의 성격은 특이하며, 또한 더욱이 그 소송이 어떤 주어진 경우 도덕적 의미에서 실제적 부당행위에 한정되어야 한다는 것은 여기서 전개한 책임론과 상당한 일관성을 갖는다.

피고의 의식에 대한 도덕적 조건이 중요한 다른 유일한 소인은 공모이다. 그 이름으로 진행된 옛 소송은 무고와 아주 유사했고, 원래 그 소송은 확실히 몇 명이 다른 사람을 악의적인 동기로 기소하기 위해 공모한 경우로만 한정되었다. 그러나 공모로 기소된 경우 현대적인 특례소송에서, 일반적으로 공모는 둘 혹은 그 이상의 사람이 그들의 행위에서 그렇게 협력했으므로 어느 한 사람의 행위가 곧 모두의 행위가 된다는 것만을 의미한다. 일반적으로 말하면, 책임은 협력이나 공모에 따라 결정되는 것이 아니라, 그 모든 행위가 한 사람에 의해 저질러졌다고 전제하여, 한 사람 혹은 여러 사람에 의해 행해졌는가에 대한 문제와 상관없이, 저질러진 행위의 성격에 따라 결정된다. 몇몇 사람들의 연합 없이는 그 결과를 성취할 수 없거나 범죄가 정상적으로 증명될 수 없는 경우들이 분명히 있을 수 있다. 예컨대, 학교 위원회가 교사를 해직한 경우이다. 공모는 관행적인 방식으로만 그 사안에 영향을 미치겠지만, 해고할 수 있는 위원회의 권한에도 불구하고 위원들이 악의에 의해 움직였다는 증거가 그 해고를 소송 가능하게 만들지는 않겠는가 하는 문제가 제기된다. 공서양속은 통상적으로 그들의 결정의 숨은 배경을 캐는 것을 금지하지만, 실제적인 사악한 동기가 그 해고의 근거 없음과 연결되어 있다면 이런 보호막은 제거된다. 왜냐하면 공서양속은 위원들이 정의로운 책임을 감수하라고 요구하지는 않지만 그들이 공과에 따라 정직하게 결정해야 한다고 요구하기 때문이다.[19]

마지막 사례와 유사한 다른 별개의 사례들은 아마 법의 다른 분야에서 발견될 수 있으며, 그 분야에서는 실제적 적의(malevolence)가 어떤 사람의 행위에 대한 그의 책임에 영향을 미칠 수 있을 것이다. 다른 한편, 타인의 동산을 횡령한 것에 대한 동산횡령회복소송에서, 동산에 대해 행사되는 지배권이 사소하면서도 모호한 성격을 띠는 경우, 횡령은 "실질적인 소유자의 점유권과는 불일치하면서 동산에 대한 소유권을 행사하려는 의도로"[20] 행해져야 하는 것을 말한다. 그러나 이것은 절도죄와 관련하여 설명된 학설의 미약한 흔적에 지나지 않는 것 같고, 이에 대한 어떤 추가적이거나 특별한 논의는 필요하지 않다. 비록 관행적으로 모든 점유자가 소송권을 갖는다 해도, 동산횡령회복소송은 통상적으로 절도죄와 같이

---

[19] *Burton v. Fulton*, 『펜실베이니아주 판례집』(*Pennsylvania Reports*, 1832~) 49권 151.
(옮긴이 주) *Burton v. Fulton*(1865): 학교 교장은 학교 이사들이 공모하여 자신의 지위를 박탈했다고 진술했다. 판결은 "원고를 경질시키는 것에 관한 한, 공적인 지위에 있으면서 그들의 권한 내에서 행동하고 있는 피고들은, 악의와 손해가 추진 동기가 아닌 한, 그들의 행위의 결과로 나타나는 손해에 책임이 없다. 법은 그들에 대해 이와 같은 어떤 것도 추정하지 않으며, 그에 따라 그들에 대해 그것을 입증하는 의무는 원고에게 부여된다. 이 입증에 원고가 실패했고 이는 정당하게 실패한 것이며, 원고의 주장은 정당성을 갖지 않는다"고 나왔다.

[20] *Fouldes v. Willoughby*, 8 미슨(R. Meeson)과 웰스비(W. N. Welsby)의 『재정법원의 판례집』(*Reports of Cases in the Courts of Exchequer and Exchequer Chamber*, 1836~1844) 8권 540에서 롤프(Rolfe, B.)의 진술.
(옮긴이 주) *Fouldes v. Willoughby*(1841): 두 마리 말을 소유한 원고가 강을 건너려고 페리에 승선했고, 선장이 말의 운송을 거부했다. 원고는 말을 배에서 내리는 것을 거부했고, 선장이 말을 강제로 내렸다. 원고는 배에서 내리지 않았으며 그 말을 가지려 시도하지도 않았다. 원고는 선장을 횡령 혐의로 제소했다. 원심의 판사는 배심에, 원고에게서 말을 탈취하여 배에서 내리게 함으로써, 피고인 선장이 횡령에 대해 유죄라고 지시했고, 피고가 항소했다. 항소심은 선장은 횡령에 대해 무죄라고 판결했다. 왜냐하면 말에 대한 원고의 '일반적인 지배권'에 대한 간섭이 없었기 때문이다. 대신에 선장은 불법침해에 대해서는 책임이 있다. 본문에 인용된 롤프(Rolfe) 판사의 견해는 항소심에서 언급되었고, 횡령(conversion)에 대한 정의로 잘 알려져 있다.

원고가 재산을 빼앗긴 것에 대해 진행하는 것으로 이해하고, 일반적으로 말하면 점유의 최단기적인 불법적 보유가 횡령이다.

불법행위가 부당해서가 아니라 손해를 유발하기 때문에 예외가 다소 많기는 하지만, 불법행위법의 일반적인 목적은 이웃들에 의해 인격, 명예, 재산에 대한 어떤 형태의 손해가 발생한 것에 대해 보상을 확보하는 데 있다. 설명했던 관점에서 볼 때, 책임을 도덕적 기준에 관련시키려는 진정한 설명은 어떤 사람의 심리를 개선하려는 목적에 있는 것이 아니라, 그가 책임을 지기 이전에 손해를 입히는 것을 피할 공정한 기회를 주는 데에 있다. 그 설명은 사고를 당한 자가 그 사고를 감당하라는 공서양속과 다른 사람들의 합리적인 자유, 두 가지를 침해로부터 개인을 보호하는 것과 조화시키려는 데 있다.

그러나 법은 심지어 모든 손해로부터 어떤 사람을 보호하려는 시도조차 하지 않는다. 자신의 모든 가능한 범위 내에서 무제한적으로 즐기는 것은 이웃들 입장에서는 마찬가지로 중요한 다른 즐거움을 방해한다. 어떤 사람이 타인에 대한 손해가 어떤 일에서 따라온다고 예견한다는 사실에도 불구하고, 법은 그 사람에게 그런 일을 하도록 허용한다. 그 혐의가 진실이라면, 그는 그 어떤 사람을 그 범죄 혐의로 고소할 수 있다. 그는 경쟁의 결과로 다른 가게 주인의 고객을 감소시키거나 아마도 그를 망하게 할 것을 예견하는 사업에서 성공할 수 있을 것이다. 그는 다른 건물의 아름다운 경관을 차단할 수 있는 건물을 세울 수 있거나, 지하수를 퍼올릴 수 있고 그에 따라 다른 사람의 우물을 고갈시킬 수 있으며, 그 외에 수많은 다른 경우들이 언급될 수 있다.

이들 중 어느 것도 악한 결과를 예견하면서 행해질 수 있으므로, 이런 일들이 사악한 결과를 가져오기 위해 고의로, 심지어 악의적 고의로 행해진 것처럼 보일 것이다. 이 강의와 앞의 강의의 전반적인 주장은 이런 결론의 경향을 보인다. 책임의 목적이 단순한 사고에 대해서도 어떤 사람이 책임지도록 만드는 극단을 회피하려는 것과 일관성을 갖는 범위에서 단순히 손해를 방지하거나 그 손해로부터 보호하는 데 있다면, 법에 의해 손해가 공공연히 가해지도록 허가될 때,[21] 악의의 존재 여부가 판결에서 어떤 차이를 만든다면 그것은 너무 지나친 일이다. 악의의 존재 여부가 판결에 영향을 미치는 일은 여기 개진된 일반적 견해에 영향을 미치지 않고서도 분명히 발생할 수 있지만, 그런 일은 기대되어서는 안 되며, 판례는 그런 일에 반대하는 쪽으로 기울고 있다.

한편, 법은 손해를 끼치는 사람의 도덕적 상태와는 관계없이 어떤 손해를 끼치는 것을 허용하므로, 역시 다른 극단에서 법은 공서양속적 근거에서 어떤 의미에서는 비난 가능성과 관계없이 거래를 하는 사람에게 어떤 거래의 절대적 위험을 부담시킬 수 있다. 이런 종류의 사례들은 지난 강의에서[22] 언급되었고, 다시 언급될 것이다.

불법행위에서 대부분의 책임은 이 양극단 사이에 놓여 있고, 그 책임은 손해의 가장 가까운 원인이었던 작위 혹은 부작위의 시점에서 피고가 손해를 피할 수 있는 합리적인 기회가 있었음에도 손해를 끼쳤다는 것에 근거한다. 그러나 일반인의 행위에 대한 모호한 기준 대신에 구체적인 규칙이 만들어지면, 그 규칙들은 즉각적으로 공서양속을 근거로 한 다른 구체적인 규칙들과 어깨를 나란히 하게 되고, 그런 규칙이 나오게 된 근거들은 모호하게 된다. 따라서 직접 보게 되듯이, 어떤 의미에서는 유죄와 관련이 없어 보이는 규칙들은 때때로 간접적인 죄에 적용되었고, 반면

---

[21] (옮긴이 주) 예컨대, 이웃의 경관이나 일조권에 영향을 미치는 건물의 신축을 허가하는 것, 이웃 가게 옆에 동일한 업종의 가게를 개점하는 것, 남의 토지를 20년 이상 도로로 이용할 때 발생하는 지역권 등.
[22] 본서의 앞에 있는 pp. 158 이하.

에 일반적인 과실 개념에서 출발한 다른 규칙들은 몇몇 외형적인 공서양속적 근거에 손쉽게 의거했다.

방금 언급한 양극단과는 별개로, 어떤 사람의 행위가 자신의 책임 하에서 행해진다고 인정하기 시작하는 시점이 일반적으로 어떻게 정해지는지를 알아보는 것은 이제 용이하다. 우리가 그 시점이 불법행위법으로 결정되는 원칙을 이해할 때, 전통이 법의 일관된 이론 형성을 방해하지 않는 한, 우리는 분류체계의 공통적인 근거와 그 전반적인 주제에 대한 열쇠를 얻게 된다. 앞서 말한 것에서 아주 분명한 것은 행동이나 행위에 동반하는 상황에 대한 인식의 근거가 그 상황이 없었다면 중립적이라는 것이다.

그러나 그 기준을 논의하기 전에, 악의로부터 고의와 예견으로 내려오면 동반하는 상황에 대한 인식의 가능한 공통적 근거가 성취된다는 것은 언급할 만한 가치가 있다. 예견은 악의와 과실이라는 두 극단 사이에서 부당행위를 구성할 수 있는 공통분모이다. 법이 이미 언급된 다른 고려사항들과 일관성을 이루는 한 그리고 고의적으로 손해를 가하는 것이 법에 의해 허용된 경우를 물론 제외하면, 법의 목적은 어떤 사람이 이웃에 의해 손해를 당하는 것을 방지하는 데 있거나 손해를 당한 것에 대한 보상을 보장하는 데에 있다. 어떤 사람이 자신의 행위로부터 손해가 결과한다는 것을 예견할 때, 그가 그런 사건에서 죄를 면제받을 수 있는 원칙은 더 이상 적용되지 않으며, 그는 책임을 져야 한다. 그러나 이제까지 보았듯이, 그는 신중하고 지성적인 사람이라면 예견해야 하는 것은 무엇이든 예견할 의무가 있으며, 그에 따라 그는 그런 사람이 손해가 동반할 것이라고 예견했던 행위에 대해 책임진다.

따라서 추정되거나 귀속되는 예견의 관점에서 모든 경우의 과실을 언급하는 것은 가능하다. 심지어 더 나아가 아주 부정확한 격언, 즉 모든 사람이 자신의 행위의 자연적 결과를 의도한다고 추정하는 격언을 적용한다면, 그 추정을 추가로 강조할 수도 있다. 그리고 이런 방식의 추정이란 표현은 사실상 때때로 사용되어 왔고,[23] 고의의 개념이 더 강력하게 뿌리내린 형법에서는 더욱 특별히 사용되어 왔다.[24] 고의에 대한 의제는 과실에 대한 의제보다 더욱 거리가 있고 덜 철저하지만, 결국 둘 다 마찬가지로 의제이다. 과실은 예견이 아니라 정확하게는 예견의 부족이고, 예견이 추정된다면 추정의 근거와 그에 따르는 핵심적 요소는 예견을 가능하게 만드는 사실관계에 대한 인식일 것이다.

그러면 인식을 진정한 출발점으로 받아들인다면, 다음의 쟁점은 어떤

---

[23] 예컨대, 쿨리(T. M. Cooley)의 『불법행위에 관한 논문』(*A Treatise on the Law of Torts*, 1879) 164를 보라.

[24] *Rex v. Dixon*, 몰(G. Maule)과 셀윈(W. Selwyn)의 『왕립법원의 판례집』(*Reports of Cases in the Court of King's Bench*, 1813~1829) 3권 11, 15; *Reg. v. Hicklin*, 『잉글랜드 판례집』, 「여왕의 법원」 3권 360; 캐링턴(F. A. Carrington)과 페인(J. Payne)의 『임석재판 판례집』 5권 266, 주.
(옮긴이 주) *Rex v. Dixon*(1814): 아이를 위한 빵을 만들기 위해 고용된 피고가 다양한 독성물질과 건강에 좋지 않은 물질을 함유한 빵 반죽을 공급한 사건. 어떤 사람이 불순물이 들어 있는 것을 모르는 한 그 사람은 불순물이 들어 있는 음식을 판 것에 대해서는 유죄일 수 없다고 판결되었다.
(옮긴이 주) *Reg v. Hicklin*(1868): 『폭로된 고해: 가톨릭 성직자의 타락, 고해의 부정행위, 고해하는 여성에게 제시되는 질문 등을 폭로하기』라는 반가톨릭 소책자를 판매한 스코트(Scott)는, 그 책을 음란물로서 폐기하도록 명령받았을 때, 순회법원에 항소했다. 그런 명령을 집행하는 지방법원의 판사인 히클린(Hicklin)은 폐기명령을 취소했고, 스코트의 목적은 공적인 도덕을 타락시키려는 데 있는 것이 아니라 가톨릭 내의 문제를 폭로하는 것이며, 그에 따라 그의 의도는 순수하다고 판결했다. 정부가 왕립법원에 항소했다. 항소에서는 간행물이 음란하다면 스코트의 의도는 중요하지 않다고 판결하고, 1857년 음란물간행법(Obscene Publications Act 1857)에 따라 부도덕한 영향을 미쳐서 사람들을 타락시키는 모든 간행물은, 그것의 예술적인 혹은 문학적인 장점에도 불구하고, 음란물이라고 판결되었다. 히클린은 혐의 저작의 각 부분을 문맥과는 독립적으로 판단하는 것만 허용되었다. 일부 부분이 음란한 것으로 판단된다면 전체 저작이 불법적인 것으로 판단할 수 있게 되었다.

사람에게 그의 행동의 결과를 책임지도록 하기 위해 주어진 경우에 알려질 필요가 있는 상황들을 결정하는 방법이다. 신중한 사람은 구체적인 손해를 반드시 예견해야 할 필요는 없지만, 그 상황들은 그 사람이 위험을 인지하도록 유도하는 그런 상황들이어야 한다. 그러나 이것은 모호한 기준이다. 그런 상황들이 무엇인지는 어떻게 결정하는가? 그 대답은 경험이다.

그러나 앞의 강의와 여기서 애매하게 남겨져 있어서 짚고 넘어가야 하는 쟁점 한 가지가 있다. 보통의 지성을 가진 사람이 그 상황에서 위험하다고 인지한 행위가, 그에 의해 실행된다면, 비난받아 마땅하다고 가정했다. 그러나 그것은 그렇지 않을 수 있다. 무장한 열두 사람의 위협으로 자신의 생명이 위험한 상태에 놓인 어떤 사람이 다른 사람의 토지에 들어가서 말을 가져온다고 가정하자. 그 경우 그는 실제로 자신의 행위의 결과로 다른 사람에게 손해를 끼치는 행위를 숙고하고 그 행위를 선택한다. 그럼에도 그 행위는 비난받지도 않으며 처벌받지도 않는다. 그러나 그 행위는 소송당할 수 있고, 헨리 롤 재판장(Rolle)[25]은 **길버트 대 스턴 사건**[26]에서 그렇게 판결했다. 이 판결이 법이라고 한다면,[27] 피고에게 문

---

[25] (옮긴이 주) Henry Rolle(1589~1656)은 잉글랜드 왕립법원의 재판장(1648~1655)을 역임했으며, 의회 의원이었고, 청교도혁명 때 의회주의자였다. 그의 유고집으로 『보통법의 다양한 사례와 판례 요약문』(*Un Abridgment des plusieurs Cases et Resolutions del Commun Ley*) 혹은 『롤의 요약문』(*Rolle's Abridgment*, 2 vols., 1668), 『왕립법원의 판례집』(*Reports de divers Cases en le Court del Banke le Roy en le Temps del Reign de Roy Jacques*, 2 vols., 1675~1676)가 있다.

[26] 알린(Aleyn)의 『왕립법원의 판례집』(*Reports, King's Bench*, 1688), 35; 스타일(Style)의 『왕립법원의 현대 판례집』(*Narrationes Modernae, or Modern Reports in the now Upper Bench Court*) 72; 1648년.
(옮긴이 주) Gilbert v. Stone(1648): 12명의 무장한 무뢰한들에게 협박당한 피고가 원고의 말을 훔쳤고, 불법침해로 고소당했으며, 항변으로 협박을 주장했다. 법정은 협박이 항변이 되지 않으며, 불법침해소송이 성립한다고 판결했다. 그 항변이 수용

제의 손해를 끼치는 것을 피할 기회가 있었다면, 그 법은 소송이 성립하는 데 그것으로도 충분하다고 판결할 정도로 극단으로 흐른다. 그리고 그가 최선을 다해 자기 생명을 구하기 위해 현명하게 행동했지만, 자신의 불운을 고의적으로 또한 영구적으로 이웃에게 부담시키는 것을 그에게 허용해야 할 이유가 전혀 없다고 당연히 주장할 수 있다.

어떤 행위가 소송 가능하다는 단순한 상황으로부터, 법이 그 행위를 부당행위로 간주하거나 그 행위를 막으려고 노력한다는 명제가 유추될 수는 없다. 어떤 사람이 이웃의 물건을 횡령한 것에 대해 동산횡령회복소송에서 보상해야 하듯이, 물방앗간 법에서 그는 이웃의 땅에 물을 넘치게 한 것에 대해 보상해야 한다. 그럼에도 법은 물레방아를 세우기 위해 땅에 물이 넘치는 것을 허용하고 장려한다.

법적인 구분을 해결하는 데 도덕적 편견이 우리 이성에 영향을 미치도록 허용해서는 안 된다. 우리가 책임의 판단 기준을 수용한다면, 우리는 동산횡령회복소송과 물방앗간 법 혹은 금지된 행위와 보상조건으로 단순히 허용하는 행위를 어떻게 구분하겠는가? 내가 알 수 있는 유일한 구분은 두 가지 부류의 행위에 따라오는 부차적 결과의 차이에 있다. 한편으로, **동등한 범죄에 대해서는 피고의 조건이 더 유리하다**[28]는 격언과 그

된다면, 원고에게는 그 행위자를 제외하면 다른 구제책이 전혀 없게 되기 때문이다. 협박에 의해 저질러진 그 동기는 손해의 산정에 참작될 수는 있으나, 협박은 적절한 동기는 아니다.

[27] (옮긴이 주) 여기서 '법'이란 구체적인 성문법과 같은 법조문을 의미하는 것이 아니라, 판례(여기서는 *Gilbert v. Stone*)에서 정립된 '(법의) 원칙' 혹은 '법 이론' 혹은 '(법의) 규칙'을 의미한다. 보다 자세한 내용은 제1강의 옮긴이 주 2를 참조하라.

[28] (옮긴이 주) in pari delicto potior est conditio defendentis: 예컨대 당사자들이 동등하게 부당행위를 저질렀을 때, 쟁점이 되는 어떤 것을 누가 점유했든, 현재 점유한 사람이 계속 그렇게 점유할 수 있다. 즉 점유자의 조건이 더 유리하다는 것으로 간주된다. 또는 다른 관점에서는, 부당행위를 한 사람은 동일한 부당행위를 한 다

것을 근거로 하는 계약의 무효는 행위가 법의 보호 밖에 있음을 보여준다. 다른 한편에서는, 그것은 그렇지 않다.[29] 이 의견은 다음의 사실, 즉 행위를 금지하는 것과 보상을 전제로 행위를 허용하는 것 사이의 구분이 등장했던 거의 유일한 사례들이 이 격언들의 적용에 관련을 갖는다는 사실에 의해 확인된다.

그러나 이것이 진실이라면, 어떤 행위에 대한 책임은 그 행위가 부당 행위여야 할 필요는 없다. 그리고 이것은 회피할 수 없었던 사고들에 대해서는 배상할 필요가 없다는 앞의 강의에서의 논리의 설득력에 전혀 손상을 주지 않으면서도 수용될 수 있다.

그러나 헨리 롤 재판장의 판결을 이제부터 따를 것인지는 의문스럽다. **스캇 대 셰퍼드**의 폭죽 사건과 몇몇 교과서의 견해는 그 판결에 다소 반대한다.[30] 폭죽 사건과 몇몇 교과서의 견해의 견해가 법이라면, 행위자에게 책임 지우기 위해 그때 그 행위는 일반적으로 위험해야 할 뿐 아니라, 일반인들 입장에서 비난 가능해야 한다. 그러나 **길버트 대 스턴**과 같은 예외적인 사건은 별개로 하더라도, 두 가지 판단 기준은 일치하고, 그 차이는 그 다음에 고려할 필요는 없다.

그러므로 내가 되풀이하여 강조한다면, 경험은 어떤 알려진 상황에서 주어진 행위에 수반되는 위험의 정도가 행위자에게 위험을 부담시키기에 충분한지를 결정하는 판단 기준이다.

른 사람을 제소할 수 없음을 의미하기도 한다.
[29] 켄트의 『미국법에 대한 주석』 1권(12th ed.) 467, 주 1; 『미국 법학 평론지』 6권 723~725; 앞의 저널 7권 652.
[30] 블랙스톤의 『잉글랜드법에 대한 주석』 2권 892, 1773년; 본서의 앞에 있는 pp. 125~127; 헨리 6세 『연감』 37권 37, 판결문 26을 인용하고 있는 에디슨(C. G. Addison)의 『불법행위법에 관한 논문』(*A Treatise on the Law of Torts*, 1878, 4th ed.) 264는 교과서의 포괄적인 견해를 거의 유지하지 못하고 있다.

예컨대, 경험이 알려주는 바에 따르면, 장전되어서는 안 되는 총들이 발사되고 사람들을 다치게 하는 경우가 많다. 일반적으로 지성적이고 신중한 사회구성원은, 비록 장전되지 않았다는 말을 들었을지라도, 조사해 보지 않은 총을 대중을 향해 겨누고 방아쇠를 당김으로써 발생할 수 있는 위험의 가능성을 예견할 것이다. 따라서 그런 것을 하는 사람은 자신의 책임 하에 그것을 하고, 손해가 발생하면 그가 책임져야 한다고 주장하는 것은 아주 적절하다. 총을 겨누고 방아쇠를 당기는 데 필요한 조정된 행동과 그 행동의 조정에서 나타나는 의도와 인식은 비난 가능성이 완전히 없다는 것과 전적으로 부합한다. 그 행동들은 추가적 사실관계가 없다면 아무에게도 손해를 입힐 위협을 보여주지 않는다. 그러나 총의 방향과 사정거리 내에 한 사람이 있다는 단 하나의 추가적인 상황은 그 사실을 알고 있는 어떤 한 사람에게 그 행위를 명백히 위험스럽게 만든다. 신중한 사람이나 일반적인 경험에 비추어볼 필요조차도 더 이상은 없다. 그 사실관계는 그 교훈들을 가르쳐주고, 또한 책임에 대한 구체적이면서도 외형적인 규칙을 생성시켰다. 다른 사람을 겨누고 있는 총구의 마개를 벗겨낸 사람은, 그 총 앞에 사람이 있다는 것을 알고 있다면, 그 결과에 책임져야 한다.

   신중한 사람이 주어진 상황에서 무엇을 할 것인가 하는 문제는 그때 이런저런 상황에서 이런저런 행위의 위험한 성격에 관한 경험의 교훈이 무엇인가 하는 문제와 일관성을 가지고 있다. 그리고 경험의 교훈은 사실관계의 문제이므로, 배심이 그런 교훈에 대해 의견을 교환해야 하는 이유는 손쉽게 이해할 수 있다. 그러나 그런 교훈들은 특별하고 특이한 기능에 관한 사실관계이다. 그 교훈들의 유일한 중요성은 무엇이 주어진 경우의 상황에서 행해져야 했거나 생략되었어야 했는가의 문제에 있는 것이지, 실제로 행해진 것에 있는 것이 아니다. 그 교훈들의 기능은 행위 규칙을 제시하는 데 있다.

종종 법정은 좀 더 구체적인 성격의 사실관계들을 반영하는 규칙을 정립하도록 권유받는다. 이를테면, 입법부가 어떤 성문법을 통과시켰으며 재판 중인 사건이 그 성문법의 적절한 적용 범위에 있다, 혹은 특별한 이익집단이나 일반 대중의 관행이 법정에서 인정하고 시행하는 것이 바람직한 행위 규칙을 법의 영역 밖에서 생성시켰다 등이다. 이런 것들은 사실관계의 문제이고, 종종 그렇게 변론되어 왔다. 그러나 그 사실관계들이 신뢰를 얻는 경우, 그 사실관계들이 사실관계들에 의해 제시되는 행위 규칙, 환언하면 법의 규칙을 판사들이 정립하도록 유도하는 데에 있어 그 사실관계들이 유일하게 중요하므로, 대부분의 경우 그 사실관계들은 그 사실관계들에 의해 제안된 규칙이 정해지자마자 사라져 버리려는 경향을 갖는다.[31] 사실관계들은 불확실하지만, 그 사실관계들은 법에 따른

---

[31] *Crouch v. London & N. W. R. Co.*, 『보통법원 판례집』 14권 255, 283; *Calye's Case*, 코크(Coke)의 『판례집』 8권 32; 코크(Coke)의 『리틀턴에 관한 주석』 89 a, 주 7; 치티(Chitty)의 『변론』(*Pleadings*, 1840) 1권(1st ed.), 219, (6th ed.), 216, 217; 『미국 법학 평론지』 7권 656 이하 등을 비교하라.
(옮긴이 주) *Crouch v. London & N. W. R. Co.*(1854): 공식적으로 서비스하기로 천명한 도시들 간에, 한 도시에서 다른 도시로 포장된 소포를 운송하라는 의뢰를 부당하게 거부한 철도회사를 상대로 한 소송. 철도회사는 소포 위탁자가 각 소포의 내용물 공개 요구를 거부했기 때문에 운송 거부가 정당화된다고 주장했다. 법정은 소포 위탁자의 손을 들어주었고, 철도회사의 행위는 불필요하며 그에 따라 불법행위라고 판결했다. 즉 합법적인 이익을 보호할 다른 방법이 전혀 존재하지 않는 경우에만, 환언하면 공개를 요구할 특별한 근거를 가진 경우에만, 그 서비스를 철회할 수 있다고 판결되었다.
(옮긴이 주) *Calye's Case*(1584): 고객이 여관에 와서 그의 말을 종업원에게 맡기고 목초지에 방목하길 요구했으며, 그 말을 도둑맞았다. 여관 주인은 그것에 대해 책임지지 않는다고 판결되었다. 여관 주인이 책임지려면, ① 여관이 대중 여관이어야 하고, ② 당사자가 여행객이거나 행인이어야 하고, ③ 그 물건이 여관 안에 있어야 하고(이런 이유로 인하여 여관 주인은 목초지에 방목된 말에 대해 책임지지 않는다), ④ 고객의 물건 보관에 있어 주인이나 종업원 측이 잘못이 있어야 하며, ⑤ 손해 물건은 동산이어야 한다.

판결의 유일한 동기, 소위 입법의 근거이므로, 판사들은 자신들의 양심을 만족시키는 어떤 방식으로 그 사실관계들을 확인하려 할 수 있다. 따라서 비록 다른 관할권에 적용되는 법들이 의심스러울 경우 배심에 맡겨진다 해도, 법정은 자신의 관할권의 성문법들을 사법적으로 승인한다.[32] 법정은 상인들의 관습을 사법적으로 인정할 수 있다.[33] 예전에 법정은 이의

---

[32] 그러나 *The Pawashick*, 로웰(Lowell)의 『미국 매사추세츠 하급법원 판례집』 2권 142를 참고하라.
(옮긴이 주) *The Pawashick*(1872): 본 법정에서 잉글랜드법이 성문법, 판례집, 전문가의 증언 등으로 검증되었다. 만약 항해가 끝났고 당사자들을 다른 관할권에 구속시키는 어떤 계약도 없으며 본 법정에서 재판이 진행될 수 없는 어떤 이유도 주어지지 않는다면, 영국의 선장은 그가 승선했던 영국 선박을 상대로 자신의 임금을 청구하는 소송을 본 법정에서 진행할 수 있고, 본 법정은 외국인들 간의 그런 소송에 대해 관할권을 가질 수 있다고 판결되었다.

[33] *Gibson v. Stevens*, 하워드(B. C. Howard)의 『미국 대법원 판례집』 8권 384, 398, 399; *Barnett v. Brandão*, 매닝(J. Manning)과 그랭거(T. C. Granger)의 『민사법원의 판례집』(*Reports; Cases in the Court of Common Pleas*, 1840~1845) 6권 630, 665; *Hawkins v. Cardy*, 로버트 레이먼드(R. Raymond)의 『왕립법원과 민사법원의 판례집』 1권 360.
(옮긴이 주) *Gibson v. Stevens*(1850): 사기대출을 받은 사람들이 돼지고기와 밀가루 등을 구입해 원고에게 팔았고 원고는 대금을 지급하고 그 돼지고기와 밀가루가 보관되어 있는 창고의 창고증권을 수령했으며, 그 후 인디애나 주 집행관이 그 물건을 압류했다. 그 물건의 보관수탁자(창고업자)에 대해 강제집행하면서 원고의 재산을 압류하고 유치한 것에 대해 소송한 불법침해소송에서, 원고는 그 재산에 대한 점유권을 입증할 증거로 창고증권(warehouse receipt)을 제시했다. 최종심에서 그런 증권의 법률적인 효과는 일반적인 재산과 점유권을 소유자(본 소송에서는 원고)에게 이동시키는 것이라고 판결되었다. 원심의 판결을 번복시킨 이 판결은, 개인적 재산이 그 성격이나 위치상으로 실제적인 인도가 불가능한 경우, 창고증권이나 다른 자격의 증거를 이전하는 것이 재산과 점유권을 다른 사람에게 이동시키는 데 충분하다는 취지로, 그 증권에 삽입된 표현이나 문구와 관계없이 기존의 상거래 관습을 인정하는 판례이다.
(옮긴이 주) *Barnett v. Brandão*(1843)과 *Brandão v. Barnett*(1846): 원고(Brandão)의 재산이라고 주장되고 있으나 피고(은행가)에 의해 횡령된 어떤 재무성 증권의 가치를 회복하기 위한 동산횡령회복소송. 원고는 피고의 금고에 재무성 증권을 보관하고 자신이 열쇠를 가지고 있다. 필요할 때 꺼내고 새로 넣기도 하는데, 들어있던 증권을 꺼낸 후 그 증권과 교환하려고 가져온 새 증권은 (원고의 태만 때문에)

신청 이후에 적어도 **법정 밖에서** 그것을 심리할 수 있었다.[34] 법정은 맨스

금고에 넣지 않고 피고의 점유 상태에 남겨져 있었고, 그 사이에 자신의 계좌에 있던 증권이 과도하게 인출되었다. 고객이 은행에 맡긴 재무증권 등 모든 증권에 대해 은행은 대부분 명백하게 일반적인 담보권(lien), 혹은 오히려 질권(pledge)을 가진다고 판결되었다. 피고 승소. 즉 예금에 대해 이자를 받는 것과 같은 은행의 관행을 인정하는 판례이다.

(옮긴이 주) *Hawkins v. Cardy*(1698): 상인들의 관습에 관한 원고 진술서에 따르면, 다른 사람(과 그가 지명하는 사람)에게 일정액을 지급하기로 약속하고 어음을 어떤 상인이 발행했고 그 후에 어음 대금을 지급하기로 한 또 다른 사람이 그 어음을 인수하고 금액 전체 혹은 일부 금액을 지급하겠다고 한다면, 그렇게 배서된 금액 전부를 어음의 첫 발행자가 어음 소지자에게 지급할 의무가 있다는 것이다. 본 소송에서, 피고가 발행했고 블랙먼(Blackman)이 지급할 46파운드 19실링의 어음에 대해 블랙먼(Blackman)이 43파운드 4실링을 지급보증하면서 배서했다. 원고는 일부만 배서되고 어음 소지자에게 그 일부만 지급되는 어음에 대해 어음 발행자가 책임이 있다고 진술했다. 정식 법정은 원고 진술서가 잘못되었다고 판결했다. 왜냐하면 다른 사람이 어음에 적혀 있는 금액보다 더 적은 금액을 지급보증하고 배서할 수 없기 때문이다. 그런 배서가 허용되면 어음 발행자를 두 개 혹은 그 이상의 소송에 책임지도록 만들 수도 있기 때문이다. 홀트(Holt) 재판장은 "이것은 특별한 지역적 관습이 아니라, 법이 주목하고 있는 상인들의 보통 관습이며, 그에 따라 법정은 그 관습이 합법적이 되도록 허용할 수 없다"라고 진술했고, 원고의 소송은 중단되었다. 본 소송은 동일한 사안에 대해 여러 소송이 발생하는 것을 막기 위하여 어음을 인수하는 상인이 어음 금액 전부를 인수하는 관행을 조성하고자 상인들의 특정한 보통 관습을 인정하지 않겠다는 판결이다.

[34] *Pickering v. Barkley*, 스타일(Style)의 『왕립법원의 현대 판례집』 132; *Wegerstoffe v. Keene*, 스트레인지(Strange)의 『고등법원, 왕립법원, 민사법원 및 재정법원의 판례집』 1권 214, 216, 223; *Smith v. Kendall*, 터너(G. Turner)와 러셀(J. Russell)의 『고등법원의 판례집』(*Reports of Cases Argued and Determined in the High Court of Chancery*, 1822~1832) 6권 123, 124.

(옮긴이 주) *Pickering v. Barkley*(1687): 피고는 무장된 적대적이면서 알려지지 않은 사람들에 의해 배가 탈취되었다고 진술했다. 판결 이전에 법정은 계약서 작성, 예외조항의 용법상의 개념 등과 관련하여 몇몇 상인들의 견해를 청취한 이후에, 용선계약에서 '바다의 위험'이라는 예외조항은 해적에 의한 손실까지 포함한다고 판결했다.

(옮긴이 주) *Wegerstoffe v. Keene*(?): 피고를 지급인으로 127파운드 18실링의 외국 환어음이 발행되었고, 피고는 100파운드만 지급하겠다면서 그 어음 인수를 수락했다. 이런 인수에 대해 피고는 제소되었으며, 원고의 항변에 대해 부분적인 인수가 상인들의 관습 범위 내에 있다고 진술했다. 그런 부분적인 인수가 상인들의 관습 내에 있지 않다고 주장된다 해도, 부분 인수가 타당하다고 판결되었다. (본건

필드 경(Lord Mansfield)[35]과 그 후계자들의 시대처럼 특별 배심의 진술서에 의거해 판결할 수도 있고, 오늘날 미국의 관행처럼 증인들의 증언을 토대로 일반 배심의 평결에 의거해 판결할 수도 있다. 그러나 사실관계들이 확인되자마자 그 사실관계들이 즉각 더 이상 참조되지 않고 법의 규칙에 그 자리를 양보하는 사례들은 교과서에서 흔히 찾을 수 있다.

경험의 교훈에 관련되는 유사한 변화는 주목할 만하다. 법정이 배심의 도움을 구하는 쪽으로 기우는 사례들은 확실히 많이 있고, 그 교훈이 특별한 규칙으로 형성된 사례들도 또한 많이 있다. 다른 상황에서는 별로 중요하지 않을 행위의 책임을 행위자에게 부담시키기 위해서는 공존하는 상황들이 얼마나 많이 필요한지와 관련하여 이런 규칙들이 상당히 많이 변화했다는 것을 알 수 있다. 상황들이 더욱 많아지고 복잡해짐에 따라, 배심과 함께 어려운 일을 처리하려는 경향은 더욱 커지고 있다. 예시의 방식에 따라 간단한 사례에서 좀 더 복잡한 사례로 일련의 사례

은 어음발행인과 어음지급인이 상이한 환어음이고 이런 환어음에 대해선 부분 인수가 타당하다는 판례이며, 반면, 앞의 *Hawkins v. Cardy*(1698)는 어음발행인과 어음지급인이 동일한 융통어음이나 상업어음이고 이런 어음에 대해선 부분 인수가 합당하지 않다는 판례이다.)

(옮긴이 주) *Smith v. Kendall*(1794): 지급할 돈에 대한 인수소송. '3개월 후에 나는 E. T.의 보증 하에 스미스(Smith)에게 40파운드를 지급할 것을 약속한다'는 어음에 관한 재판에서, 피고는 이것이 법령에 정한 약속어음이 아니며 그에 따라 지정인이나 지참인에게 지급할 수 없다고 반론을 제기했다. 배심은 피고 승소를 평결하면서 원고의 재정 신청도 허용했다. 재정 신청에 따른 법정에서는 원고에게 지급 가능한 어음은, "혹은 그의 지시에 따라 혹은 지참인에게"를 추가하지 않아도, 의회의 법령 내에서 합법적인 어음이라고 판결되었다.

[35] (옮긴이 주) William Murray, 1st Earl of Mansfield(1705~1793)는 잉글랜드 법정변호사, 의회 의원, 재무장관 및 왕립법원의 재판장(1756~1788)을 역임했다. 왕립법원의 재판장으로 재직할 때 그는 그의 판결에 계몽사상을 반영했고, 노예제도 및 노예무역의 폐지에 앞장섰다. 잉글랜드의 산업, 금융 및 무역을 세계 1위로 만들 수 있었던 상법의 발전에 공헌했고, 나아가서 잉글랜드법을 현대화하고, 소송을 신속하게 진행시키는 법정제도의 현대화에도 기여했다.

들을 살펴보는 것은 유용할 것이다. 다른 공서양속적 근거들을 바탕으로 한 규칙들과 과실 영역에서 만들어진 규칙들을 구분하는 데에 따르는 어려움은 특별히 주목할 만하다.

이런 모든 사례에서 제소당하는 사람 측에서 자발적인 행위가 있었음을 알 수 있다. 이런 자발적 행위가 반드시 필요한 이유는 이전 강의에서 보여주었다. 피고가 스스로 유발한 악을 의도했거나 예견했다는 것은 책임 판단에 불필요하지만, 그가 악을 유발한 행위를 선택해야 한다는 것은 책임 판단에 필요하다. 그러나 책임 판단에 있어서 자발적인 행동만으로는 충분하지 않다는 것과 심지어 일련의 조정된 행동들 혹은 행위가 그 자체만으로도 종종 충분하지 않다는 것 역시 보여주었다. 그러나 일련의 조정된 행동들은 어떤 단일 행동에 의해 필연적으로 드러나는 것보다 더 많은 추가적인 고의를 보여주고, 또한 그 행동들은 하나 혹은 그 이상의 공존하는 상황에 대한 인식을 거의 확실하게 종종 입증한다. 그리고 고의와 그에 따라 필연적으로 함축된 인식을 동반하는 행위가 행위자에게 책임을 부담시키는 데 충분한 사례들도 존재한다.

예컨대, 어떤 사람이 걷는 것이라 불리는 일련의 행위들을 할 때, 책임과 관련하여 그가 그의 발밑에 땅이 있다는 것을 알고 있음은 당연하게 여길 것이다. 행위 **자체**는 분명히 중립적이다. 어떤 사람이 자신의 운동기구에서 운동하기로 선택한다면 그는 법적인 책임 없이 운동할 수 있지만, 그가 땅 위에서 동일한 운동을 한다면 땅이 거기에 있다는 것을 그가 알고 있다는 것에는 의심이 있을 수 없다. 그는 그런 인식을 가진 채 어떤 관점에서 자신의 책임 하에 행동한다. 그가 이웃의 경계선을 넘어간다면 그는 불법침해자이다. 이런 엄격한 규칙의 이유들은 지난 강의에서 부분적으로 논의되었다. 그 규칙의 설명에 있어 지난 강의에서 제안된 것보다 더 많은 역사 혹은 더 많은 과거나 현재의 공서양속 개념이 아마 있을 것이고, 어떻든 나는 그 규칙을 정당화하는 데 마음 쓰고 싶지 않다. 그러나 그 규칙은 이해 가능할 수 있다. 걸음을 걷고 있는 어떤 사람은 자신이 땅 위를 움직이고 있는 것을 알고, 그는 자신이 들어갈 권한이 없는 개인 사유지로 둘러싸여 있다는 것도 알고 있으며, 적절히 통제되지 않으면 그는 자신의 움직임이 자신을 그런 사유지로 몰고 갈 수 있다는 것도 안다. 그는 그렇게 경고를 받고 있고, 자신의 행위에 대한 책임을 스스로 부담한다.

그러나 걷는 행위는 모든 가능한 결과의 부담을 행위자에게 부담시키지는 않는다. 그가 길에서 다른 사람을 부딪쳐서 넘어뜨릴 수 있지만, 그가 태만하게 행동하지 않은 이상 그는 그것에 대해 책임지지 않는다. 법은 전통에 대한 서로 다른 견해들로 혼합되어 있고 또한 법이 완전히 만족스러운 일반이론에 이르기는 어렵지만, 법은 주어진 위치에서 수반되는 상이한 위험들의 성격과 정도에 따라 매우 현명한 방식으로 차별화한다.

우리는 걷는 것과 같은 단순한 사안에서 재산 같은 유형의 대상을 다루는 보다 복잡한 사안으로 나아갈 수 있다. 일반적으로 말하면, 어떤 사람은 자신의 책임 하에 그런 사물에 간섭할 수 있다. 그 사물들이 자기 것이든, 그 사물들을 대중이 마음대로 사용할 수 있든, 그가 주인에게서 사용 허가를 받았든, 혹은 그 경우가 소유권을 법으로 제한하는 경우라고 하든, 그런 것들을 그가 얼마나 정직하게 믿고 있는지는 중요하지 않다. 그는 그 사실이 결과적으로 어떻게 판명될 수 있는지를 확인할 기회를 가지고 있고, 그 사실이 그렇지 않은 것으로 드러나면, 그는 그의 행위에 책임져야 한다. 이미 제시했듯이, 그는 재산에 대한 지배권을 다소간 행사하고 있다거나 그 재산에 피해를 입히고 있다는 것을 알고 있다. 그것에 대해 이의가 제기되면, 그는 자신의 권리를 입증해야 한다.

이런 엄격한 규칙이 책임의 공통적인 근거를 바탕으로 하든, 과거나 현재의 몇몇 특별한 공서양속적 고려를 바탕으로 하든, 앞의 강의에서 언급하고 있듯이 공서양속은 그 규칙에 약간의 한계를 설정했다.

어떤 행위에 필연적으로 내포한 것 이상의 추가적인 인식이 없더라도, 당사자에게 책임을 부담시키는 행위의 또 다른 사례는 일반적으로 사나운 것으로 알려진 호랑이, 곰 혹은 다른 동물들을 소유하는 것이다. 그런 동물이 도망을 가서 손해를 끼친다면, 주인은 그것을 소유했다는 단순한 증거에 따라 책임진다. 이 사례에서 문제의 결과에서 원인에 이르는 선상에서 선택의 순간이 상대적으로 멀리 떨어져 있다는 점은 특히 주목받을 만하다. 통상적인 책임의 사례는 행위의 결과인 손해의 가장 가까운 원인이었던 선택에서 발생한다. 그러나 여기서 야수를 감시하는 데에서 과실의 문제는 보편적으로 전혀 없다. 주인이 야수를 기르기로 선택했다는 것은 모두는 아니지만 대부분의 경우 책임의 충분조건이다. 경험이 보여주는 바에 따르면, 호랑이와 곰은 민첩하게 탈출수단을 발견하며, 탈출하면 그것들은 심각한 성격의 손해를 아주 확실하게 끼친다. 큰 위험의 가능성은 더 적은 위험의 개연성과 유사한 효과를 가지고 있으며, 법은 그런 위험을 사회공동체에 끌어들인 사람에게 그 위험의 책임을 부담시킨다.

동물을 기르기로 선택한 시점이 멀리 떨어져 있다는 사실은 경솔한 행위라는 통상적인 이유보다는 다른 이유 때문에 이런 책임이 소유자에게 부담된다는 것을 보여주는 데 충분하다. 이때의 책임은 먼 거리에 있는 부주의에 의거한다는 견해가 제시되었다.[36] 그러나 법은 어떤 사람이

---

[36] *Card v. Case*, 『보통법원 판례집』 5권 622, 634. 오스틴의 『판결된 법체계』(3d ed.), 513.

동물원을 운영하는 것을 금지하지도 않으며 또한 어떻든 비난받을 만하다고 생각하지도 않는다. 법은 야생동물들의 쇼보다 사회공동체에 더 확실하게 혜택을 주는 거래에 관해서도 거의 마찬가지로 엄격한 규칙을 적용했다.

  이것은 책임의 근거를 어떤 형태의 비난 가능성이나 혹은 사람에게 대체로 허용되는 것처럼 손해를 끼치는 것을 회피할 수 있는 그런 기회의 존재에서 찾는 것이 아니라, 오히려 전통과 결부된 공서양속에서 찾아야 하는 사례 중의 하나인 것 같다. 그러나 특별한 규칙이 일단 정립되었을 때, 먼 거리에 있는 부주의가 설명으로 제시되었다는 사실은 그 규칙이 특별한 근거 위에서 세워졌는지 혹은 그 규칙이 과실 범위 내에서 정립되었는지를 판단하는 데 따르는 어려움을 예시한다.

  호랑이의 성질에 대한 피고의 인식 없이는 그는 지성적으로 사회공동체를 위험에 빠지도록 선택했다고 말할 수 없지만, 호랑이의 성질에 대한 그의 인식에는 문제가 없음도 추가로 주목해야 한다. 여기서 법은 다시 인식의 영역에서조차도 평균의 원칙을 적용한다. 호랑이와 곰이 위험하다는 사실은 너무도 일반적으로 알려져 있어서, 그것들을 키우는 사람은 그것들의 특이성을 알고 있다고 추정된다. 달리 말하면, 그는 무서운 이빨, 발톱 등을 가진 동물을 보유한다는 것을 사실상 정말로 알고 있고, 자신의 책임 하에 사회공동체의 평균적인 구성원이 알아야 할 것의 나머지도 알아내야 한다.

  사나운 야생동물들에 의해 일반적으로 가해진 손해에 관해 진실인 것은 가축들에 의해 가해진 특별한 종류의 손해, 즉 타인의 땅에 대한 불법침해에서도 진실이다. 이것은 이전의 강의에서도 이미 다룬 것이고, 따라서 여기서는 그것을 상기시키는 것 이상을 할 필요가 없다. 그리고 경험과 공서양속을 바탕으로 기대되는 종류의 손해와 기대되지 않는 종류의 손해 간의 구분에 관심을 기울일 필요도 없다. 가축은 일반적으로 길을 잃고 헤매고 경작지에 들어가 손해를 끼친다. 그것들은 오로지 예외적으로 사람을 다치게도 한다.

이들 마지막 형태의 책임 중 어느 것과 **가해자 인도**와의 가능한 역사적 연관성을 다시 상기시킬 필요는 없다. 왜냐하면 그런 기원이 밝혀지든 그렇지 않든 규칙에 관한 공서양속은 건전한 것으로 받아들여졌고, 그 공서양속은 잉글랜드에서는 어떤 사람이 자기 땅에 데리고 와서 거기서 기르는 어떤 것이 도망을 쳐서 손해를 끼칠 것 같다면 자기 책임 하에 그것을 길러야 한다는 학설로 지난 몇 년 동안 추가로 더 확대되었기 때문이다.[37] 문제의 행위에서 나타나는 공적인 이익과 개인에 대한 위험 간의 균형이 다양해짐에 따라, 이런 원칙의 엄격성은 상이한 관할권 내에서 다양해질 것이다. 이미 언급했듯이, 다른 사람에 대한 손해의 위험은 고려 중인 사물에만 국한하지는 않는다. 법은 약간의 손해가 고의적으로 저질러지는 것을 허용하고 있고, 법은 **더욱 유력한 이유로** 어떤 위험이 고의적으로 감수되도록 허용한다. 미국의 몇몇 서부 주들에서는 가축을 울타리 안에서 길러야 한다고 요구하지 않는다. 몇몇 법정은 **라이랜즈 대 플레처 사건**의 판결을 따르기를 거부했다.[38] 다른 한편, 그 원칙은 인공

---

[37] *Rylands v. Fletcher*, 『잉글랜드 판례집』 상원 3권 330; 본서의 앞에 있는 pp. 159~160
[38] *Marshall v. Welwood*, 『뉴저지주 판례집』(*New Jersey Reports*) 38권(9 Vroom), 339; 톰슨(Thompson)의 『과실』(Negligence) 2권 1234, 주 3 등을 보라.
(옮긴이 주) *Marshall v. Welwood*(1876): 피고 웰우드(Welwood)의 건물에서 그가 다른 피고 가사이드(Garside)에게서 구입한 보일러를 시험 가동하는 중에 피고 웰우드(Welwood)의 인접 건물에 피해를 입혔다. 배심은 두 피고에 대해 원고 승소를 평결했다. 두 피고는 항소했고, 뉴저지 대법원은 보일러 소유자(웰우드)가 그의 입장이나 그의 대리인의 입장에서 적절한 주의와 적절한 기술이 부족했다는 증거가 없다면, 그가 사용한 증기 보일러의 폭발에 의해 야기된 손해에 대해 책임이 없다고 판결했다.

저수지 물, 구정물 구덩이, 지붕 형태 때문에 건물에 쌓인 눈과 얼음, 경계 벽 등에도 적용되었다.[39]

사나운 동물들의 경우처럼 이런 사례들에서도, 위험한 대상물들이 탈출할 수 있는 취약한 구멍을 피고가 알지 못했고 알 수도 없었다는 것은 변명이 되지 못한다. 선택의 시점은 훨씬 전이었고 그가 그 선택에 대해 비난받지는 않았지만, 그는 그 대상물이 이웃에게 지속적인 위협이었고 또한 그 일의 위험을 자신에게 부담시키기에 충분하다는 것을 자기 책임 하에 알아야 한다.

이제 나는 지금까지 고려했던 것들보다 한 단계 더 복잡한 사례들로 넘어가려 한다. 이 사례들에는, 인식이 당사자의 행위에 의해 필연적으로 혹은 관행적으로 입증되는 상황들에 추가하여, 당사자에게 알려진 다른 공존하는 상황들이 존재해야 한다. 이에 자연스럽게 들 수 있는 사례들은 또다시 동물들과 관련된다. 잉글랜드법의 해석처럼 경험이 보여주는 바에 따르면, 개, 양, 황소 등은 일반적으로 길들여져서 온순한 성품을 가지고 있고, 이들 중 어느 하나가 우연히 물거나 치거나 뿔로 받거나 하는 경향을 보인다면 그것은 예외적인 현상이다. 따라서 어떤 사람이 자신이 기르는 특정 동물이 때때로 비정상적인 경향을 보인다는 것을 알거나 목격하지 않는 한, 동물이 저지를 수 있는 개인적 손해에 관해 자기 책임 하에 개, 양, 황소, 다른 유사한 길들여진 동물들을 기른다는 명제는 법이 아니다. 그렇지만 많은 관할권 내에서 법은 성문법에 의해 실제적 경험에 약간 더 접근하게 되었다.

그러면 한 단계 더 나아가 보자. 어떤 사람은 말이 길들여지지 않았고 통제하기도 어렵다는 것을 알면서 그 말을 기르고 있다. 그 이유만으로는

---

[39] *Gorham v. Gross*, 『매사추세츠주 판례집』 125권 232; 본서의 앞에 있는 pp. 159~160.

그 말의 행동의 위험을 그 사람에게 부담시키는 것은 충분하지 않다. 알려진 야생동물의 성향은 특정한 상황만을 제외하면 일반적으로 위험하지 않다. 말 기르는 것에 말 길들이려는 시도를 추가해보자. 여전히 그것은 대중에게는 어떤 위험도 드러나지 않는다. 그러나 소유자가 말을 길들이려는 장소가 사람이 많이 다니는 큰 도로라면, 그는 일반적 경험에 따라 이런 행위를 위험하게 만드는 추가적인 상황을 알고 있고, 그에 따라 그는 손해가 저질러질 수 있는 위험을 감수해야 한다.[40] 다른 한편, 말을 잘 타는 어떤 사람이 순한 모습의 말을 사서 타고 집으로 간다면, 그가 말을 통제할 수 없어서 손해를 저지르고 그에 따라 책임져야 할 그런 명백한 위험은 전혀 없을 것이다.[41] 경험은 그 개연성을 평가하고, 두 경우 간의 경계선을 긋는다.

호랑이를 기르는 것에 적용되는 규칙이나 마지막 경우들에서 **라이랜즈 대 플레처 사건**의 원칙에 대한 진정한 설명이 무엇이든, 우리는 과실의 범주에 들어갔고, 우리가 방금 언급한 두 사례 간의 어딘가에 놓여있는, 약간 복잡한 상황이 추가된 어떤 사례를 본다면, 신중한 사람이 그 상황에서 행했을 수 있듯이 피고가 그렇게 행동했는가 하는 광범위한 문제에 관련해 그런 사례에서는 행위와 행위 기준 둘 모두는 큰 차별 없이 아마도 배심에 맡겼을 것이다.

악의적이거나 고의적이라 불리는 부당행위에 관련해, 다른 부류의 부당행위를 언급할 필요도 없고 또한 본 강의에 자리를 내어줄 필요도 없다. 이미 살펴보았던 대로, 부당행위들은 알려져야 하는 상황들의 숫자에

---

[40] *Mitchil v. Alestree*, 벤트리스(P. Ventris)의 『왕립법원의 판례집』 1권 295; 앞의 사건, 케블(Keble)의 『왕립법원의 판례집』 3권 650; 앞의 사건, 레빈츠(C. Levinz)의 『판례집』 2권 172; 본서의 앞에 있는 p. 129.
[41] *Hammack v. White*, 『보통법원 판례집(뉴 시리즈)』 11권 588.

따라서 너무나도 다양하다. 구두에 의한 명예훼손은 말하는 사람의 책임 하에 아주 일반적으로 실행되는 행위이다. 왜냐하면 그런 종류의 비난은 분명 해로우므로 관행적으로 발생하는 문제는 대부분 진실 혹은 면책에 대한 변호에 관계되기 때문이다. 사기는 더 많은 그렇지만 여전히 단순한 사실관계를 요구한다. 그런 진술들이 행동으로 자연스럽게 유도되는 그런 상황에서 언급되지 않고 또한 불충분한 근거에서 언급되지 않는 한, 그 진술들은 사기에 관련된 문제의 손해를 유발하지 않는다.

그러나 어떤 부당행위들이 고의를 암시하는 문구로 묘사되었다는 것은 의미 없는 것이 아니다. 그런 사례들에서 손해는 가장 빈번하게 고의적으로 저질러지며, 어떤 손해를 끼치려는 고의가 보인다면 손해를 수반하게 만들 것 같은 사실관계에 대한 인식은 입증할 필요가 없다. 더욱이, 고의를 불필요하게 만드는 인식을 입증하는 것보다는 고의를 직접 증명하는 것이 종종 훨씬 더 쉬워진다.

한편, 어떤 사람을 주어진 손해를 끼친 책임 원인으로 취급하는 사례들은 그가 그 결과를 실제로 잘 생각한 이후에 그 행위를 선택했고 또한 그가 그 손해를 끼치기로 선택했다고 할 수 있는 사례들을 넘어서 확대 적용되었다. 그리고 다른 한편, 그런 사례들은 그의 입장에서 더 멀리 떨어진 선택이 아니었으면 그 손해가 발생하지 않았을 모든 사례에까지 확대되지는 않았다. 일반적으로 말하면, 우리는 그 선택이 단순한 한 가지 행동 이상으로 추가로 더 확장되고 또한 여러 행동들이 한 행위로 통합·조정되는 것을 발견할 수 있다. 아주 일반적으로, 그 선택은 어떤 외부적인 결과로까지 여전히 추가로 확장될 것이다. 그러나 또한 일반적으로 우리는 그 선택이 문제의 결과에 못 미치는 정도에서 멈추는 것도 발견할 것이다.

각각의 경우 그 쟁점은, 실제 선택 혹은 달리 말하면 실제로 숙고한 이후에 나타난 결과가 행위자에게 책임을 부담시킬 정도로 더 멀리 떨어진 문제의 결과에 충분히 근접했는가 하는 것이다.

지금까지 그렇게 언급한 많은 사례는 손실의 가장 가까운 원인이 피고에 의해 발생되도록 의도된 경우들이다. 그러나 동일한 결과들이 상이한 시점이나 장소에서 선택에 의해 유발될 수 있음을 볼 수 있다. 예를 들면, 어떤 사람은 이웃이 화재로 집을 잃도록 원인을 제공한 것에 대해 소송을 당했다. 가장 간단한 경우는 그가 실제로 이웃집을 불태우려고 의도했다는 것이다. 그렇다고 한다면 개입된 물리적 원인들의 일련의 연속은 중요하지 않고, 그 경우에 아무런 관련도 없다.

그러나 그 선택은 한 단계 전에 멈출 수 있었다. 피고는 자기 땅에 불을 밝히려고 의도할 수 있었고, 이웃집을 불태우려고 의도하지 않을 수 있었다. 그러면 개입된 공존하는 물리적 원인들의 성격이 가장 중요하게 된다. 쟁점은 피고에게 알려진 상황에서 숙고한 (그리고 그에 따라 선택한) 피고의 행위의 결과에 수반하는 위험의 정도일 것이다. 이것이 아주 분명하고 중대하다면, 이를테면 그의 행위가 집 근처 건초더미 가까이에서 그루터기에 불을 피우려는 것으로 구성되었고 또한 이웃집이 나무로 지어졌고 그루터기가 매우 메말랐고 바람이 위험한 방향으로 불고 있었음이 명백한 상황이라면, 법정은 그에게 책임이 있다고 아마 판결했을 것이다. 화덕이 안전하게 설치되지 못했음을 알지 못한 채 피고가 인접한 집에서 화덕에 정상적으로 불을 피웠다면, 법정은 그에게 책임이 없다고 아마 판결 내릴 것이다. 그 둘 사이에 복잡하고 확신이 가지 않는 경우들은 배심에 맡겨질 것이다.

그러나 피고는 심지어 불을 지르려는 의도조차 없었거나, 그의 행위와 의도는 단순히 총을 발사하는 것이거나, 더 거리가 멀게는 방안을 가로질러 걷다가 황산이 들어있는 병을 모르고 뒤집었을 수도 있다. 그 결과 일련의 사건들에서 선택의 원격성을 이유로 또는 행동이나 행위에 수반하는 상황의 복잡성 때문에, 그 사례들은 배심에 맡겨질 수 있다. 아마도 그 차이는 본질적이라기보다는 오히려 정도의 차이일 것이다.

그러나 모든 부당행위에 관한 냉철한 분석은 피고가 실제로 무엇을 선택했는가, 즉 그의 자발적인 행동이나 행위가 무엇인가, 그가 그 행위로부터 어떤 결과가 나오리라고 생각했는가를 결정함으로써 시작하고, 그 다음에 그 분석은 알려진 상황에서 그 행위 혹은 그 숙고한 상황에서 그 행위의 숙고한 결과에 어떤 위험이 수반하는가를 결정하는 데까지 나아간다.

월터 티렐 경(Sir Walter Tyrrel)[42]의 화살이 빗나간 사례를 들어보자. 명사수가 화살로 어떤 사람을 맞추려고 기도했다면, **더 이상 의문은 존재하지 않는다**. 그가 그 화살이 다른 사람 방향으로 스치고 지나가리라고 생각하고 그 이상 어떤 것도 생각하지 않았다면, 우리는 그의 책임을 판단하기 위해 그의 예견의 목적으로 관심을 돌려야 하고 그 예견된 사건이 발생한다고 가정할 경우 그때 분명한 위험이 무엇이었는지를 고려해야 한다. 그러나 그런 사건이 전혀 예견되지 않았다면, 명사수는 활을 쏘는 순간 그에게 알려진 상황에 따라 판결을 받아야 한다.

불법행위이론은 아주 간단하게 요약할 수 있다. 법의 양극단에서 규칙들은 어떤 종류의 도덕을 참조하지 않으면서 공서양속에 의해 결정된다.

---

[42] (옮긴이 주) Walter Tyrrel(혹은 Tirel) 3세(1065~1100 이후)는 앵글로-로만 귀족이고 사냥 중에 그의 화살이 잉글랜드 왕 윌리엄 2세의 가슴을 관통하여 사망에 이르게 했으며 그는 바로 프랑스로 도주했다. 윌리엄 2세의 동생 헨리(나중에 헨리 1세로 즉위)가 숲의 다른 편에서 이 광경을 지켜보고 있다가 형에게 달려가기보다는 윈체스터에 있는 옥쇄를 차지하기 위해 말머리를 돌렸다. 티렐(Tyrrel)은 명사수로 알려져 있어서 실수할 수 없다고 여겨졌고 윌리엄 2세의 암살이 계획적인 것으로 추정되었으나 어떻든 그 당시에는 누구도 그런 의심을 갖지 않았고, 모살이 아닌 사고사로 결말지어졌다.

어떤 손해들은 어떤 사람이 심지어 아주 사악하게 저지르는 것이 허용된다. 또한 비록 그의 행위가 신중하고 사회공동체에 이득이 된다 해도, 그는 어떤 다른 손해에 대해 책임져야 한다.

그러나 법은 대체로 그런 고의적인 부당행위로부터 출발했고, 그 부당행위는 개인 복수로 이끄는 복수의 감정에 가장 근접한 사례이며 또한 가장 간단하면서도 가장 명백한 사례들이다. 그에 따라 법은 자연스럽게 도덕적 문구와 어느 정도까지는 도덕적 기준을 채택했다. 그러나 법이 성장함에 따라 심지어 법의 기준들도 도덕적 기준들에 의거해 그 기준들을 지속적으로 모형화하고 있을 때도, 그 기준들은 필연적으로 외형적인 것으로 전환되었다. 왜냐하면 그 기준들은 특정 피고의 실제 조건을 고려하는 것이 아니라, 그의 행위가 동등한 책임을 갖는 것으로 기대하는 공동체의 정상적인 평균적 구성원에게 부당한 것인가를 고려했기 때문이다.

일반적으로 이런 문제는 알려진 상황에서 행동이나 행위에 수반되는 위험의 정도를 고려함으로써 결정될 것이다. 타인에게 손해를 끼칠 위험이 있다면, 그 행위는 일반적으로 법의 관점에서는 부당하다.

그러나 일부 사례에서는 피고의 행위는 도덕적으로 부당하지 않을 수 있지만, 그럼에도 그는 그의 생명을 잃을까봐 두려워하면서 행동함에 따라 손해를 끼치기로 선택할 수도 있었다. 그 경우 위에 설명한 한계 내에서 법이 도덕적 비난 가능성을 책임의 근거로 만듦에 따라, 혹은 피고가 행동하기 전에 위험 경고를 적절하게 했다면 법이 그 경고가 충분하다고 판단함에 따라, 그는 책임이 있을 수도 있고 없을 수도 있다. 그러나 이런 구분은 일반적으로 중요하지 않으며, 손해를 끼치려 한다는 알려진 상황에서 행동의 알려진 경향은 행위의 일반적인 판단 기준으로 받아들일 수 있다.

주어진 상황에서 주어진 행위가 손해를 끼치려는 경향이 있는가는 경험에 의해 판단되어야 한다. 그리고 경험은 직접적으로 혹은 배심의 목소리를 통해서 지속적으로 구체적인 규칙을 형성시키고 있고, 그 규칙들은 그 형식에 있어 여전히 더 외형적이다. 그리고 그 규칙들은 법과 도덕 사이의 구분의 첫 단계가 되는 신중한 사람의 판단 기준을 더 참조하면서 피고의 도덕적 상태를 참조하는 것과는 여전히 더욱더 멀어지고 있다. 경험은 고의적이지 않거나 부주의한 것으로 불리는 부당행위 영역에서처럼 고의적이라고 묘사되는 부당행위 영역에서도 체계적으로 이런 일들을 실행하고 있다.

그러나 법은 그렇게 지속적으로 구체적인 규칙들을 만들어가고 있지만, 어떤 사람이 항상 자신의 책임 하에 행동한다는 조잡하면서도 분별없는 원칙을 채택하지는 않는다. 그 반대로, 배심에 제시되는 일반적인 문제들뿐만 아니라 법의 구체적인 규칙들은 피고가 행위 결과에 책임져야 하기 이전에 그가 손해를 입히는 것을 회피할 정당한 기회를 적어도 가져야 한다는 것을 보여주고 있다. 그리고 평균적 기준으로 판단한다면, 어떤 사람이 자신의 행동에 대해 비난받을 만하지 않는 한, 손해 발생을 회피할 수 있는 공정한 기회가 있었음이 행위의 책임을 그에게 부담시키기에는 충분하지 않다는 것도 분명 그럴듯하게 보인다.

제5강

보통법상 보관수탁자

점유이론의 평가기준인 보관관계법
A. 초기 게르만법
B. 게르만법과 매우 유사한 노르만 정복 후 잉글랜드법
  (a) 점유권에 의존하는, 횡령된 동산의 구제
  (b) 소유자 권리를 구속하는, 보관수탁자의 양도
  (c) 보관수탁자의 소송권리에 대한 역설적 설명
  (d) 보관수탁자를 점유자로 간주하는 영미법의 명료한 설명
  (e) 도둑맞은 물건에 대해 보관기탁자에게 책임져야 하는 보관수탁자
C. 일반운송업자: 고대법의 잔재
  (a) 다른 보관수탁자와 유사한 엘리자베스 여왕 시대의 운송업자
  (b) 불법점유동산반환청구소송이 특례소송으로 변함에 따라, 보관관계에서 책임의 근거로 도입되는 인수나 공적 직업에 대한 진술
  (c) 왕국의 관습
  (d) 사우스코트의 판례(1601년)에서 코그스 대 버나드 사건(1703년)까지 나온 판례들에 대한 검토(인수와 공적 직업의 효과와 관련해)
  (e) 보관수탁자의 책임이 경감되는 경우와 증가하는 경우
  (f) 공공의 적과 신의 행위
  (g) 공적 직업에 관한 홀트 경 견해의 의미
  (h) 최근의 변화
  (i) 결론

지금까지의 논의는 책임의 일반원칙에 한정했고 또한 어떤 사람이 자기 책임 하에 행동하기 시작하는 시점을 확인하는 방법에 한정했다. 그러나 손해가 행동에서 결과하지 않는 한, 어떤 사람이 자기 책임 하에 행동하는가 여부는 그에게 전혀 중요하지 않지만, 어떤 손해가 저질러질 수 있기 이전에 누군가가 그 행위의 결과가 미치는 영역 내에 항상 있어야 한다. 더욱이 그 점을 더 언급하자면, 고통스러울 것 같지 않은 어떤 형태의 손해가 존재하며, 그 손해는 그 행위자 혹은 다른 사람 혹은 어떤 물건과 특별한 관계에 놓인 사람 외에는 누구에게도 결코 문제가 될 수 없다. 예컨대 누군가가 연못을 점유하거나 소유하고 있지 않은 한, 그 연못에서 물고기를 잡는 것은 손해도 아니고 부당행위도 아니며, 그때 점유자나 소유자에게만 손해 혹은 부당행위가 된다. 양모 한 꾸러미를 정해진 시간과 장소로 인도하지 않는 것은 그것을 인도하겠다는 약속이 체결되지 않는 한 해악도 부당행위도 아니지만, 그때 약속받은 사람에게만 부당행위가 된다.

    다음에 해야 할 일은 특별한 권리나 의무가 발생하는 그런 특별한 관계들을 분석하는 것이다. 그 관계들 중에서 가장 중요한 것(그리고 '관계'란 단어는 사실관계를 단순히 의미한다)은 점유와 계약이고, 나는 이 주제들을 차례로 살펴보겠다.

    어떤 법체계에서 인정받고 있는 점유이론을 평가하려면, 우리는 물건을 자신의 수중에 두지만 소유하지 않은 사람들이나 그 물건과 관련하여 스스로 소유자의 위치에 있다고 주장하는 사람들(한마디로 보관수탁자들)을 다루는 방법을 살펴보아야 한다. 따라서 보통법상 점유이론을 이해하는 예비단계로서 보관수탁자에 관련된 보통법을 연구할 필요가 있다.

    최근 잉글랜드와 스코틀랜드 사이의 국경에서 널리 퍼졌고 서포트 전쟁(The Fray O' Suport)[1]이라는 민요에 의해 되살아난 그 상황은 아주 옛날에 독일과 잉글랜드의 민속법에 그 골격을 남겼던 상황과 아주 흡사하다. 가축은 알려진 주요 재산이었고, 가축을 훔치는 것은 재산의 부당한 탈취의 주요 형태였다. 법에 관한 것은 거의 없었으며, 있었다고 한다면 그것은 거의 전적으로 당사자 스스로 강제하는 것이었다. 5세기의 살리카법과 알프레드 대왕 시대의 앵글로-색슨법은 그 방향에 있어서 그 흔적을 아주 완벽하게 따르고 있다. 3일이 지나기 전에 가축을 발견하면, 추격자는 오로지 자신의 뜻에 반하여 잃었다는 선서를 하는 조건으로 가축을 데려가 점유할 권리가 있었다. 3일 이상이 지나서야 가축을 발견하면, 피고는 할 수만 있다면 원고의 손실을 반증할 수 있는 사실관계에 대해 선서할 수도 있었다.

이 소송절차는 사실상 법적 소송절차였지만, 그 소송절차의 시작과 실행은 그 배상을 청구하는 당사자에 달려 있었다. 소송절차의 "집행적" 성격에서 보면, 그 소송절차는 가축을 지키는 현장에 있던 당사자가 아닌 다른 사람은 거의 시작할 수 없었다. 그 선서는 당사자가 자신의 의지에 반하여 점유를 상실했다는 의미를 가졌다. 그러나 자신의 의지에 반하여 점유를 상실했다는 것만이 어떤 사람이 선서해야 하는 전부라면, 선서를 하고 소송절차를 이용할 권리는 점유에 달린 것이지 소유에 달린 것이 아니라는 것은 자연스러운 결론이다. 점유는 충분조건일 뿐만 아니라 필요조건이었다. 마치 현장에 있던 사람만이 그 가축을 추적할 수 있었던 것처럼, 점유하고 있는 사람만이 자신의 의지에 반하여 재산을 잃었다고 말할 수 있었다.[2]

---

[1] (옮긴이 주) 서포트 전쟁(The Fray O' Suport)은 스코틀랜드에 인접한 잉글랜드의 국경마을 서포트에서 지난밤에 스코틀랜드인들에게 말과 가축을 강탈당한 사람이 응원군이 도착했음을 알리면서 전쟁 없이는 그 재산들이 국경 너머로 절대 넘겨질 수 없다는 것을 노래한 민요이다.

지금까지 알려진 바로는, 이것은 자신의 의지에 반하여 잃어버린 재산을 회복하기 위해 우리 미국인들의 초기 법에서 허용된 하나의 수단이었다. 따라서 한마디로 요약하면, 유발된 사건에 대해 자연스러운 개인 복수를 모형으로 삼은 이 소송절차는 유일한 구제책이었고, 점유하고 있는 사람에게만 허용되었으며, 점유자가 아닌 소유자에게는 허용되지 않았다.

이후 세대까지도 저절로 유지된 이 규칙은 이런 초기적 사회 상태에까지 거슬러 올라갈 수 있으며, 소유자가 동산을 다른 사람에게 맡겼다면 보관기탁자가 아닌 보관수탁자가 제삼자의 부당한 사유화에 대한 소송 제기에 적합한 당사자가 된다는 좀 더 문명화된 소송절차도 그 초기적 사회 상태에까지 추적 가능하다. 따라서 보관수탁자 혹은 그렇게 위탁을

---

2 라반트(Laband)의 『중세 시대 작센법에 따른 재산법적 소송』(*Die vermögensrechtlichen Klagen nach den sächsischen Rechtsquellen des Mittelalters*, 1869) 16절, pp. 108 이하; 호이슬러(A. Heusler)의 『특별점유권』(*Die Gewere*, 1872) 487, 492. 이 저자들은 『살리카법의 소송절차』 9절에서 좀(Sohm)에 의해 채택된 브룬스(Bruns, 『중세와 현대의 점유권이론』 37절 p. 313 이하)의 초기 견해를 수정한다. 제6강 말미에서 잉글랜드법의 불법침해 등의 영장에서 **상속인 자신**(*sua*)에 관한 논의를 참고하라. 잉글랜드법에 관한 간단한 설명을 원하는 사람들은 『북미 평론지』(*North American Review*) 110권 210을 참고할 수 있고, 또한 앞의 책 118권 416도 참고할 수 있다. 또한 『앵글로-색슨법에 관한 논문』 pp. 212 이하도 참고하라. 원시적 소송 형식에 관한 우리의 지식은 다소 빈약하여 추측에 의존한다. 일부 초기 문헌들은 리우프란트(Liutprand) 칙령 131; 베이워리이법(Lex Baiwariorum, 옮긴이 주: 베이워리족은 게르만족의 한 부류이다) 15조 4항; 프리기아법(Lex Frisionum) 부록 10; 비시고트법(Lex Visigothorum) 5. 5. 1; 부르고뉴법 69. 1. 2 등이다. 주택 소유자의 관리 하에 있는 재산의 절도를 수반하는 가택침입을 다룬 리우프란트 칙령에 따르면, 주택 소유자는 보관수탁자에게만 도움을 기대하고 보관수탁자는 가택침입과 도난당한 물건에 대한 책임을 도둑에게 묻게 된다고 규정되었다. 왜냐하면 그 칙령이 언급하는 것처럼 하나의 **소인**(causa)으로 두 가지 청구권을 제기할 수 없고, 또한 어느 정도까지 영미법은 부동산에서 동산을 분리하고 또한 그 동산의 횡령을 두 가지의 상이한 부당행위로 나눌 수 없기 때문이다. 추가로 윌리엄 존스(Jones)의 『보관관계법에 관한 논문』 112; 출애굽기 xxii. 10~12; 알프레드 대왕 법 28조; 소프(B. Thorpe)의 『잉글랜드의 고대법과 개요』 1권 p. 51; 가이우스(Gaius)의 『법학개요』 3부 202~207절 등을 비교하라.

받은 사람이 자기 관리 하에 있는 물건을 제삼자에게 팔거나 준다면, 소유자는 오로지 보관수탁자만을 상대할 수 있고, 제삼자를 상대로 제소할 수 없다. 그것은 점유자에게서 선의로 매입한 사람들을 보호하려는 의도에서 상거래에 유리한 어떤 원칙을 적용하기 때문이 아니라, 소유자에게 허용된 알려진 소송 형식이 아무것도 없기 때문이다. 그러나 구제방법은 전적으로 보관수탁자의 수중에 있으므로, 결과적으로 보관수탁자는 보관기탁자에게 손해가 발생하지 않도록 할 의무가 있다. 물건을 분실한다면, 보관수탁자의 잘못 없이 그 물건이 도둑맞았다는 것은 면책사유가 되지 않는다. 보관수탁자만이 분실한 재산을 되찾을 수 있고, 그에 따라 그는 그렇게 할 의무가 있다.

시간이 지나면서 이런 이유는 존재하지 않게 되었다. 점유하고 있지 않은 소유자는 점유하고 있는 사람뿐만 아니라 자기 재산을 부당하게 탈취한 사람을 상대로 소송할 수 있게 되었다. 그러나 무과실책임을 유도했던 원인들이 소멸한 후에도 오랫동안 그 무과실책임에 관한 규칙들이 법에 남아 있듯이, 보관수탁자의 무과실책임도 남아 있었으며, 마침내 우리는 원인과 결과가 뒤바뀐 것을 발견한다. 보마누아(Beaumanoir)[3]의 저술(1283년)에서 우리는 맡겨진 물건이 도둑맞으면, 보관수탁자는 자신을 고용한 사람에게 책임을 져야 하기 때문에, 소송은 보관수탁자에게 속한다는 것을 읽을 수 있다.[4] 처음에는 보관수탁자가 소송할 수 있는 유일한 사람이었기 때문에, 그는 소유자에게 책임을 졌다. 이제는 보관수탁자가 소유자에게 책임을 지고 있기 때문에 그가 소송을 할 수 있다고 한다.

---

[3] (옮긴이 주) Philippe de Beaumanoir(1247~1296)는 프랑스의 법률가 및 관리이고, 관리 생활에서 얻은 경험으로 저술한 『보베의 관습』(Coustumes de Beauvoisis, 1283)은 고대 프랑스 관습법의 진수로 평가되고 있다.
[4] 보마누아의 『보베의 관습』 31장 16.

위의 모든 특이사항은 앵글로-노르만 법에 재등장하며, 그 이후부터 지금까지 모든 종류의 보관수탁자는 이제 내가 곧 제시하겠지만 법률적 의미에서 점유자로 간주되었다.

이론을 검토함에 있어 현대 게르만법의 견해를 실제 가치 이상으로 평가하지 않기 위해, 영미법의 보관관계법의 자생적 기원을 증명하는 것은 바람직하다. 그 주제에 관해 유일하게 존재하는 이론들은 게르만법에서 기원했다. 법을 저술한 독일 철학자들은 로마법 이외의 다른 법체계를 알지 못했으며, 철학을 공부한 독일 법률가들은 로마법의 교수들이었다. 우리가 명백하다고 생각하는 일부 규칙들은 독일의 민법학자들이 제일의 원칙으로 간주했던 것들과 상충한다. 그런 원칙들의 가치를 평가하기 위해, 또는 최소한 그 원칙들이 보편적이라는 성급한 추측, 즉 잉글랜드 법학자들 사이에 약간의 이런 경향을 보이는 그런 추측을 방지하기 위해, 우리가 아직 철학적으로 고려되지 않는 새로운 법체계를 다루고 있음을 인식하는 것은 아주 중요하다.

우선, 우리는 살리카법의 소송절차처럼 도둑맞은 재산을 반환받는 소송이 재산소유권에 근거하는 것이 아니라 점유권에 근거하고 있음을 발견하게 된다. 어떤 사람은 선량한 사람들의 증언에 따라 도둑맞은 동산을 회수하기 위해 소송할 수 있으며, 탈취당한 물건이 자신의 관리 하에 있었다면 그 물건이 자신의 재산이든 타인의 재산이든 그것은 중요하지 않다고 브랙턴은 언급한다.[5]

---

[5] "아무리 도둑맞았다고 해도 정직한 사람들의 증언에 따라 그의 물건을 잃어버렸고 또한 그의 물건으로 그렇게 파악되었을 때 그는 사실상 자신의 물건을 (시민법으로) 청구할 수 있을 것이다. … 그렇게 탈취당한 물건이 아직도 그의 보관 하에 있는 한, 그것이 그 항소자의 물건으로 드러났느냐 혹은 다른 사람의 물건으로 드러났느냐는 중요하지 않다." 브랙턴(Bracton)의 『잉글랜드의 법과 관습에 관한 연구』 원문 페이지 150 b, 151; 『브리턴』(Britton, Nichol 편집) 1권 59, 60 [23

상기해야 할 특별히 중요한 점은 선서였다. 브랙턴의 서술에 따르면 **정직한 사람들**의 선서는 물건을 잃어버렸음을 선서하는 것이었던 듯하며, 우리가 명백히 들었던 선서는 1294년도의 판례집에 사실관계로 수록되어 있다. "어떤 사람이 동산을 잃어버렸을 경우, 그는 발견자가 불법으로 그것을 보관하고 있다고 생각할 수 있고, … 그가 어떤 날 언급된 물건을 잃어버렸던 것에 반해 … 그(잃어버린 사람)는 어떤 날에 와서, … (그 집에 찾아가서) 물건을 발견자의 집에서 발견했고 발견자에게 알리고, … 물건을 되돌려 달라고 간청했으나 되돌려 받지 못하고, … 손해를 입게 되었고, … 그가 만약, … 이 경우 원고는 **자신이 물건을 잃어버렸다는 것**을 (자기 자신을 12번째 증인으로) 입증해야 한다."[6]

---

b], 「절도에 관해」. 또한 앞의 책 67 [26 b]; 『플레타』 원문 페이지 54, 50부 1장 38조 1항 등도 참고하라.

[6] 『북미 평론지』 118권 421, 주.(『브리튼』(Britton) [26 b], "그가 그 분실을 입증하려고 한다면.")에서 언급된 에드워드 1세 『연감』 21 & 22권 466~468. 이것은 동산횡령회복소송이 아니다. 헨리 6세 『연감』 33권 26, 27에서 **발견에 의한** 불법점유동산반환청구소송에서 원고 진술서는 "새로 발견된 할리데이(Haliday)(옮긴이 주: 할리데이는 파리와 비슷한 곤충이며, 새로운 할리데이란 전에도 있었으나 발견되지 않던 종류의 할리데이를 말한다. 여기서는 불법점유동산반환청구소송도 전에 얼마든지 가능한 소송이었으나 청구되지 않던 소송이 이제 시작하게 되었다는 취지이다)"라고 불렸다. 또한 헨리 6세 『연감』 7권 22, 판결문 3; *Isack v. Clarke*, 헨리 롤(H. Rolle)의 『왕립법원의 판례집』 1권 126, 128 등도 참고하라.
(옮긴이 주) *Isack v. Clarke*(1615): 사실관계는 검색되지 않음. 동산횡령회복소송에서 코크(Coke) 재판장은 "물건을 발견한 사람이 현명하다면, 그는 정당한 소유자를 찾아봐야 할 것이며, 그에게 그 물건을 인도할 것이다. 소유자가 그에게 찾아와서 그 물건을 요구했으나 발견자가 그가 진정한 소유자인지를 알 수 없다고 답변하며 이런 이유로 그 물건의 인도를 거부한다면, 만일 그가 소유자를 위해 정말로 보관할 경우 이런 거절은 횡령이 아니다." "어떤 사람이 물건을 발견했다면, 그 물건의 보관을 태만히 한 것은 의무불이행(nonfeasance)이기 때문에, 동산횡령회복소송이나 횡령소송이 아니라 특례소송이 성립한다." "보관관계는 동일한 권리관계(privity)를 형성시킨다. 어떤 사람이 재산권을 갖는 것이 아니라 점유만 보유하는 경우 보관수탁자로서 물건을 가지고 있다면, 여전히 그는 그 물건에 대해 소송을 제기할 수 있다" 등을 언급했다.

첫 단계로서 어떤 소송절차가 초기 게르만 관습법 소송절차와 유사하다고 전제하면, 더 중요한 문제는 우리가 방금 설명한 원칙들과 비슷한 어떤 원칙들을 발견할 수 있는가 하는 것이다. 상기해야 할 것은 이 원칙 중 하나인 보관수탁자의 부당한 양도에 관한 것이다. 우리는 이 원칙이 『연감』에 규정된 것을 볼 수 있다. 그 원칙에 따르면, 내가 보관수탁자에게 나를 위해 물건을 관리해 달라고 맡겼고 그가 그 물건을 타인에게 팔거나 주면 그 재산은 증여로 인해 타인의 소유권으로 귀속되고 나는 타인을 상대로 불법침해를 주장할 수 없지만, 나는 (그가 물건을 반환하지 못한 데에 대한) 불법점유동산반환청구소송[7] 영장(writ of detinue)에 의해 보관수탁자에 대항할 수 있는 충분한 구제책을 보유한다는 것이다.[8] 이런 판례들은 보관기탁자의 불법침해소송 권한을 부인했을 뿐만 아니라 어떤 소송의 권한도 부인한 것으로 이해되었고, 그 판례들은 전체적으로도 옳은 것처럼 보였다. 그러나 현대법학자들은 매수가 **선의로** 또한 예고 없이도 성립되어야 한다는 현대적인 특징적 요건들을 첨가했다.[9] 그 명제는 보관수탁자의 증여뿐 아니라 매도에까지 확장되었다. 옛 서적들에는 그런 조건이 전혀 없으며, 그 의미를 들여다보면 보통법의 엄격한 학설의 정신에 위배된다. 어떤 법률가도 아무리 그런 조건이 있어도 이것이 더 이상 법이 아니라는 말을 듣지 않게 되었다.[10] **선의의** 구매자들의 권리

---

[7] (옮긴이 주) 불법점유동산반환청구소송(detinue)은 개인적 재산을 부당하게 탈취당한 것을 회복하기 위한 소송이고, 또한 임대된 물건의 보유자가 소유자에게 물건을 반납하길 거부하는 경우 임대된 물건을 회복하기 위한 소송이다. 그러나 피고에게 자신의 결백을 증명하는 것이 허용되면, 이 소송은 동산횡령회복소송(trover)으로 대체된다.
[8] 에드워드 4세『연감』2권 4, 5, 판결문 9; 헨리 7세『연감』21권 39, 판결문 49; 브룩(Brooke)의『판례 요약문』, 「불법침해」, 판결문 216, 295.
[9] 윌리엄스(J. and E. V. Williams)의『선더스의 판례집에 대한 주석』(Notes to Saunders' Reports, 1871) 2권 47, 주 1. 위에 있는 pp. 228~229를 보라.

에 대해 15세기 사람들은 현재보다는 더 호감을 갖고 있었다고 우리가 믿을 준비가 되어있지 않은 한,『연감』의 학설은 동일한 규칙이 유효했던 초기시대의 잔재로서 간주되어야 한다.

논리적 순서에 따라 다음 핵심은 자기에게 물건을 위탁한 보관기탁자에 대해 져야 하는 보관수탁자의 책임의 정도이다. 그러나 편의상 나는 보관수탁자 점유의 물건을 부당하게 가져간 제삼자에 대한 보관수탁자의 소송권리에 대해 주어진 설명을 우선 검토할 것이다. 보관수탁자만이 소송할 수 있기 때문에 아주 엄격하게 책임져야 한다는 본래의 규칙 대신에, 보관수탁자가 책임져야 하기 때문에 소송할 수 있다는 앞의 보마누아의 역설적 설명이 기억날 것이다. 유사한 논리가『연감』에서 종종 반복되는 것을 볼 수 있으며, 사실상 그 시대부터 지금까지 그 논리는 항상 법의 진부한 논리 중 하나였다. 따라서 그 당시 보통법 법정의 판사였던 행크포드(Hankford)[11]는 (대략 1410년)[12] "외부 사람이 내 보호 하에 있는

---

[10] 윌리엄스(J. and E. V. Williams)의『선더스의 판례집에 대한 주석』*Wilbraham v. Snow*에 있는 주 h)를 주목하라.
(옮긴이 주) *Wilbraham v. Snow*(1845): 집행관인 원고는 영장의 집행으로 물건을 압류했고, 그 이후 그 물건들이 매각되기 이전에, 피고가 그 물건들을 탈취하여 가져가서는 그 자신의 용도로 횡령했으며, 원고는 이에 대해 불법침해소송을 제기했다. 최초 심리에서 원고가 집행에 의해 그 물건들을 압류하여 물건 형태의 그런 재산을 가질 수 있고, 그의 선택에 따라 불법침해소송 혹은 동산횡령회복소송(trover)을 유지할 수 있다고 판결되었으며, 순회재판에서 원고 승소가 판결되었다. 주 h)에 수록된 내용은 "동산횡령회복소송이 성립하려면, 물건의 진정한 소유자이거나 분실된 물건을 처음 발견하여 점유하고 있는 사람이어야 한다"는 것이다.
[11] (옮긴이 주) William Hankford(1350~1423)는 1398년 민사법원의 판사로, 1399년 왕립법원의 판사로 임명되었으며, 그 후 왕립법원의 재판장(1413~1423)이 되었다.
[12] 헨리 4세『연감』11권 23, 24. 추가로 에드워드 4세『연감』8권 6, 판결문 5; 에드워드 4세『연감』9권 34, 판결문 9; 헨리 7세『연감』3권 4, 판결문 16; 헨리 7세『연감』20권 1, 판결문 1; 헨리 7세『연감』21권 14 b, 판결문 23; 코크(Coke)의『판례집』13권 69; 헨리 롤(H. Rolle)의『요약문』1권 4 (I), 판결문 1; 피츠허버트(Fitzherert)의『잉글랜드법의 새로운 본질』86, 주 a; 본서의 앞에 있는 pp.

동물들을 가져가면 나는 그에 대해 불법침해소송 영장을 발부받아 동물의 가치를 보상받을 것이다. 왜냐하면 나는 그 동물에 대해 재산 소유자인 나의 보관기탁자에게 책임을 지기 때문이다"라고 말한다. 이런 논리가 다음의 결론, 즉 신탁 조건에 따라 보관수탁자가 도둑맞은 물건에 대해 책임지지 않는다면 그는 도둑에 대해 소송을 벌이지 않을 것이라는 그런 결론으로 확장된 사례들이 있다.[13] 동일한 설명은 오늘날까지 반복된다. 따라서 우리는 유명한 교재에서 "보관수탁자가 보관기탁자에게 책임을 지기 때문에, 과실에 의해 물건이 없어지거나 손상을 입거나 그가 보관기탁자의 합법적 요구에 따라 물건을 인도하지 않으면, 보관수탁자가 제삼자에게 소송할 권리를 갖는다는 것은 합당하다" 등등의 내용을 발견한다.[14] 요즘은 일반적으로 자신의 의지에 반하여 물건이 탈취되면

228~229 등을 보라.

[13] 피츠허버트(Fitzherbert)의 『판례 요약문』, 「변호인(Barre)」, 판결문 130; 에드워드 4세 『연감』 9권 34, 판결문 9; 『미국 법학 평론지』 12권 694.

[14] 다이시(A. V. Dicey)의 『당사자들의 행위 선택 규칙에 관한 논문』(*A Treatise on the Rules for the Selection of the Parties to an Action*, 1870) 353을 인용하는 스티븐(Stephen)의 『보통법 절차조례』(*The Common Law Procedure Act*, 1860, 6th ed.), 2권 83; 블랙스톤(W. Blackstone)의 『잉글랜드법에 대한 주석』 2권 453; 켄트의 『미국법에 대한 주석』 2권 585. 보관수탁자가 물건의 전체 가치를 되찾을 수 있으므로 그가 책임져야 한다는 옛 논리는, 일부의 경우, 보관수탁자가 자신의 손해를 초과하는 부분에 대해서는 보관기탁자의 피신탁인이라는 새로운 규칙(이 규칙은 오해에 근거하는 것처럼 보인다)으로 전환되었다. *Lyle v. Barker*, 비니(H. Binney)의 『펜실베이니아 대법원의 판례집』(*Repoers of Cases in the Supreme Court of Pennsylvania*, 1799~1814) 5권 457, 460; 코웬(E. Cowen)의 『대법원 판례집』(*Reports of Cases in the Supreme Court*, 1823~1830) 7권 681 주; *White v. Webb*, 『코네티컷 판례집』 15권 302, 305; 위에서 인용된 규칙 등을 참조. (따라서 새로운 규칙은 보관수탁자에 의해 회수되는 보험금에까지 확대되었다. 『뉴욕 판례 기록물』 1권(Hall ed.) 84, 91; 켄트의 『미국법에 대한 주석』 3권(12th ed.) 371, 376, 주 1 (a).) 이 형식에서 이 규칙은 소송을 허용하는 논리로는 더 이상 활용되지 못한다.

(옮긴이 주) *Lyle v. Barker*(1813): 원고의 집안으로 들어와서 와인 29통을 탈취해간

재산 차용인이나 임차인은 책임을 지지 않으며, 제시된 이유가 진실이라면 그는 책임을 지지 않기 때문에 결과적으로 그는 부당행위자를 상대로 소송을 제기할 수 없다는 결론이 따라올 것이다. 보관수탁자에게서 소송권리를 박탈하려면 그에게 책임을 면제할 정도로 그렇게 지나친 부당행위를 부당행위자가 저지르기만 하면 된다. 다음 강의의 마지막 부분에서 더욱 특별히 설명되듯이, 어떤 점유자가 위탁을 받아서 책임이 있든 없

것에 대한 소송으로, 강압적 및 폭력적인 불법에 대한 불법침해소송. 모리스(Morris)는 약속어음을 발행하여 원고에게 빚이 있고, 원고는 그 약속어음에 대한 보증으로 와인을 특별한 재산(special property: 질권 형태의 보관관계에 있는 재산)으로 요구했다. 어음이 변제될 때까지 그 와인은 문서화된 계약에 의해 원고에게 질권(pledge)으로 설정되었다. 약속어음은 와인의 가치보다는 더 적었다. 그 이후에, 와인이 질권으로 설정되지 않은 다른 어음들도 원고가 가지게 되었다. 피고는 모리스(Morris)에 대한 압류 영장으로 그 와인을 원고의 집에서 강제로 탈취해 갔다. 재판장은 원고가 와인을 특별한 재산으로 가지고 있다는 것이 충족된다면 와인의 가치 전부와 이자까지 보상하도록 하라고 배심에 지시했고, 배심은 와인의 가치 전부와 이자 및 불법침해에 대한 보상까지 변상하도록 평결했다. 피고가 항소했으나 기각되었다.
(옮긴이 주) *White v. Webb*(1842): 면화공장에서 사용되는 기계의 가치를 회복하려는 소송. 원고에게는 1,000달러의 지급을 보장하고 C에게도 유사한 금액의 지급을 보장하기 위해, 웹(Webb)이 원고와 C에게 양도한 저당권증서를 통해, 원고는 문제의 재산에 대한 권리 자격을 주장했다. 저당권증서 양도 이후에 저당 잡힌 모든 기계는 웹(Webb)에 의해 원고와 C의 점유로 인도되었고, 원고와 C에 의해 그들의 대리인인 A(제1저당권자)의 보관 하에 있게 되었으며, A는 대리인으로서 원고와 C의 용도와 이익을 위해 기계 일부를 매각하고 현금을 보관하고 있었다. 나머지 팔리지 않은 기계는 웹(Webb)의 재산에 대한 압류 영장으로 피고(집행관 대리)에 의해 탈취되었다. 이 소송에서 두 가지가 판결되었다. 우선적인 저당권이 충족되지 않고 또한 법적인 권리 자격이 제1저당권자에게 있다 해도, 저당 잡힌 동산의 점유에서 제2저당권자(원고)는 그런 동산의 부당한 탈취에 대해 불법침해소송 혹은 동산횡령회복소송을 유지할 수 있으며, 그 소송에서 원고는 재산의 완전한 가치와 탈취당한 기간 동안의 이자를 회복할 자격을 갖는다고 판결되었다. 또한 특별한 재산(special property)을 점유하고 있는 보관수탁자가 제기하는 소송에서, 그 소유자를 상대로 제기한다면 원고는 그의 특별한 재산의 가치만을 배상받을 수 있지만, 그 소송을 제삼자를 상대로 제기한다면, 그는 그 재산의 가치와 이자를 보상받을 자격이 있고 또한 소유자를 위해 보관하고 있는 그의 특별한 재산의 가치를 넘어서는 차액을 가질 자격이 있다고 판결되었다.

든, 보관수탁자뿐 아니라 재산의 발견자도 점유를 방해받은 것에 대해 진정한 소유자를 제외한 누구든 그를 상대로 소송할 수 있다는 것은 진실이다.

보관기탁자 역시 상당히 초기에 부당행위자를 상대로 하는 소송권리를 획득했다. 가축 보관기탁자가 제기한 불법침해소송에서 법률고문단은 에드워드 3세(Edward III)[15] 때 발행된 『연감』 48권[16]에서 다음과 같이 진술했다. "이 사건에서 재산 소유자는 불법침해소송 영장을 얻을 수 있고, 관리인은 또 다른 불법침해소송 영장을 얻을 수 있다. 퍼세이(Persey)가 말하기를: 재판장님, 맞습니다. 그러나 먼저 배상받은 사람이 다른 사람을 소송에서 제외할 것이고, 이는 많은 경우에 그렇게 될 것이며, **재산강제관리 영장**(elegit)[17]에 의해 임차인이 축출되면, 각자가 순회재판에 재판청구를 하게 되고, 한 사람이 먼저 배상을 받게 되면, 다른 사람의 영장은 배제되고, 여기서도 그렇습니다."

다른 책에서 이것은 일반적으로 보관관계와 관련하여 언급되었고, 보관기탁자의 기분에 따라 종료되는 보관관계에만 한정되지 않았던 것 같다. 따라서 에드워드 4세 때 발행된 『연감』 22권에서 법률고문단은 "내가 당신에게 내 물건을 맡기고 당신에게서 그 물건을 다른 사람이 가져

---

[15] (옮긴이 주) 에드워드 3세(Edward III, 1312~1377, 재위 1327~1377)는 그의 아버지 에드워드 2세의 비정통성을 만회하여 왕의 권위를 회복시켰고, 잉글랜드를 군사강국으로 키웠으며, 법과 행정의 발전에 기여했다.

[16] 에드워드 3세『연감』 48권 20, 판결문 8; 브룩(Brooke)의 『판례 요약문』, 「불법침해」, 판결문 67. 또한 『브리턴』(Britton, Nichol 편집) 1권 67 [26 b]; 헨리 7세『연감』 6권 12, 판결문 9; 에드워드 4세『연감』 12권 13, 판결문 9; 『미국 법학 평론지』 12권 694 등을 참고하라.

[17] (옮긴이 주) 재산강제관리 영장(elegit)은 판결 후 채권자가 판결 채권의 완전한 변제를 위해 채무자의 토지 자체를 점유하기보다는 그 토지에서 나올 이득을 취할 수 있는 사법적인 집행 영장이다. 이 영장 제도는 1285년 에드워드 1세 때 제정되었고, 1957년에 폐지되었다.

가면, **무력행사에 의한 토지**불법침해에 대한 소송을 제기할 것이다'"[18]라고 말한다. 그리고 이것은 현대 법정에서 보통 인용되는 문장에 관련하여 헨리 롤(Rolle) 재판장이 이해하는 방식이었던 것 같다.[19]

점유자와 그의 친구들의 즉각적 추적과 무장의 도움 없이도 해결할 수 있는 법적 제도가 마련되자마자, 어떤 소송권리가 보관기탁자에게 주어질 것으로 기대되었다. 특례소송이 허용되기 전에는 보관기탁자에게 소송을 허용하는 것과 그에게 불법침해소송을 허용하는 것은 아주 거의 똑같은 것이었다. 많은 초기 영장들에 나타나는 불법침해는 그 후에 발전된 그런 분명한 윤곽을 언제나 가지지는 않았다는 것을 알 수 있다. 『연감』에서 주장하는 핵심은, 브룩(Brooke)[20]이 자신의『판례 요약문』의 여백에 요약한 바에 따르면, 두 사람이 하나의 행위에 대한 **소송**권리를 얻는다는 것이다(양측이 특례소송보다는 불법침해소송을 하게 된다는 것이 아니다).[21] 인용된『연감』은 민속법의 옛 판례, 즉 보관수탁자가 관리하는 물건을 부당하게 탈취해간 사례만을 다룬다.[22] 그 학설이 보관기탁자

---

[18] 에드워드 4세『연감』22권 5, 판결문 16.
[19] 헨리 롤(H. Rolle)의『요약문』2권 569, 불법침해, 5. 또한 헨리 7세『연감』20권 5, 판결문 15; 헨리 7세『연감』21권 39, 판결문 49; 클레이튼(Clayton)의『순회재판의 판례집』135, 판결문 243; 윌리엄스(J. and E. V. Williams)의『선더스의 판례집에 대한 주석』2권 47 e (3d ed.) 등을 참고하라.
[20] (옮긴이 주) Sir Robert Broke(Brooke, Brook, ?~1558)은 잉글랜드 의회 의원(1545~1554), 하원 의장(1554)을 지냈고, 민사법원의 재판장(1554~1558)을 역임했다. 앵글로-로만 프랑스어로 쓰였고 사후에 발간된 대표적인 저서로 당시에 시행되고 있던 성문법과 판례들의 요약집인『판례 요약문』(La Graunde Abridgement, 1568)은 그 이후 법정에서 대표적인 선례집 중 하나로 인정받았다.
[21] 브룩(Brooke)의『판례 요약문』, 「불법침해」, 판결문 67 여백에 있는 문장; 본서의 앞에 있는 p. 228, 주 2에서 인용된 리우프란트(Liutprand) 칙령 131을 참고하라.
[22] 브라이언(Brian)의 의견과는 반대로, 보관기탁자가 제삼자에 의한 동산의 손해에 대해 소송하도록 허용된 한 사례에서, 그 소송은 특례 소송이었던 것 같다. 에드워드 4세『연감』12권 13, 판결문 9. 또한 판결문 여백에 있는 내용을 참고하라.

의 기분에 따라 종결 가능한 보관관계에 관련해 반복적으로 언급되었지만,[23] 보관수탁자가 임대나 유치권으로 물건에 대한 배타적 권리를 가지는 경우 사례들이 그렇게 제한적이기는 하지만 불법침해소송을 유지할 보관기탁자의 권리는 이제 거부된다.[24] 그러나 수정된 규칙은 초기의 형

---

[23] *Gordon v. Harper*, 터너(G. Turner)와 러셀(J. Russell)의 『고등법원의 판례집』 7권 9; *Lord v. Price*, 『잉글랜드 판례집』 재정법원 9권 54; *Muggridge v. Eveleth*, 『매사추세츠주 판례집』 50권(9 Met) 233. 또한 클레이튼(Clayton)의 『순회재판의 판례집』 135, 판결문 243을 참고하라.
(옮긴이 주) *Lord v. Price*(1874): 원고는 경매에서 면화 두 꾸러미를 구입했지만 필요한 예치금만 지급했고, 그에 따라 경매가 진행되었던 곳에 면화를 방치해야만 했다. 두 꾸러미 중 하나를 경매에서 면화를 구입한 피고가 실수로 옮겼고 원고는 횡령에 대한 손해배상소송을 제기했다. 항소심에서 잔금을 치르지 않은 원고는 그가 구매한 물건과 관련하여 현재 점유권을 갖고 있지 않고, 그 점유권은 아직도 판매자의 유치권 때문에 판매자에게 있으며, 그에 따라 원고는 그 물건의 불법행위적 이전에 대한 소송을 유지할 자격이 없다고 판결되었다.
(옮긴이 주) *Muggridge v. Eveleth*(1845): 데이비슨(Davidson)이 범선을 소유하고 있고, 원고와 계약을 맺고 공식적으로 점유권을 원고에게 양도했다. 원고는 구두 용선계약에 의해 범선을 화물과 여객을 운송하는 게리시(Gerrish)에게 임대했다. 데이비슨의 채권자(피고)에 의해 범선이 압류되었을 때, 게리시는 자신이 피고용인이고 선장이며 범선을 점유하고 있다고 주장했다. 법정은 게리시의 구두 용선계약과 그것에 의한 그의 점유는 원고의 소송을 방지할 정도로 원고의 점유권을 변경시키지 않았다고 배심에 지시했다. 배심은 원고 승소 평결을 내렸다. 피고가 즉각 항소했다. 보관관계 사건에서 구제책과 관련하여, 동산을 탈취하여 가져가 버린 데 대한 불법침해소송을 유지하려면, 원고는 탈취당한 시점에서 실질적인 점유권을 가지고 있거나 곧 점유권을 취득해야 한다. 따라서 동산의 보관기탁자는 보관기간 동안 보관수탁자에게서 그 동산을 불법적으로 탈취한 사람을 상대로 불법침해소송을 유지할 수 없으며, 이 규칙은 집행관에 의한 동산압류의 경우에도 적용된다. 본 소송에서, 구두 용선계약이 타당한 계약이라면, 범선의 점유와 점유권은 게리시에게 있으며, 부당한 탈취가 있었다면 원고가 아닌 그가 탈취에 대한 불법침해소송을 유지할 수 있다고 판결되었고, 재심이 진행되었다.
[24] *Nicolls v. Bastard*, 크럼프턴(Crompton), 미슨(Meeson) 및 로스코(Roscoe)의 『재정법원의 판례집』(*Reports of Cases in the Courts of Exchequer and Exchequer Chamber*, 1834~1835) 2권 659, 660; *Manders v. Williams*, 『잉글랜드 판례집』 재정법원 4권 339, 343, 344; *Morgan v. Ide*, 『매사추세츠주 판례집』 62권 (8 Cush.) 420; *Strong v. Adams*, 『버몬트주 대법원의 판례집』 30권 221, 223; *Little v. Fossett*, 『메인주 판례집』(*Maine Reports*, 1820~) 34권 545.

(옮긴이 주) *Nicolls v. Bastard*(1835): 집행관(피고)을 상대로 말, 소, 곡물, 가구 등에 대해 제기한 동산횡령회복소송. 피고는 언급된 동산이 원고의 재산이 아니며, 혼(Horne)이 동산을 점유하고 있고, 압류를 피하기 위해 원고에게 동산을 사기적으로 매각했다고 항변했다. 원심의 심리 중에 많은 재산이 강제집행을 피하기 위해 경매를 통해 대부분이 원고에게 매각되었다는 것이 밝혀지고, 소 한 마리가 원고의 소유였는데, 매각 목록에 들어있지 않았다는 것이 밝혀졌다. 원고는 소 한 마리에 대해서는 배상받을 자격이 있으나, "원고의 재산이 없다는 피고의 항변은 피고에 대항할 수 있는 재산도 없다는 것을 의미하며, 그 판매가 사기적이었다면 원고는 그 재산을 가질 수도 없다"고 판결되었다.

(옮긴이 주) *Morgan v. Ide*(1851): 말들과 마차를 소유하고 있는 아버지가 아들 스스로 생계를 벌도록 그 재산들을 아들의 점유로 넘겨주면서 아들이 그 재산을 보관하는 기간에 관해서는 계약을 맺지 않았으며, 그 재산 때문에 발생하는 비용을 아버지에게 부담시킨다면 언제든 그것을 탈취해갈 것이고 팔아버릴 것이라고 아들에게 말했다. 아들은 그에 따라 말 대여소를 만들고 스스로 비용을 지급하고 이윤을 자신의 용도로 사용했고, 때때로 말과 마차가 특정한 장소로 가도록 임대했지만, 임차인은 아들에 대한 압류 영장에 의거해 아들의 재산으로서 그 재산이 압류되는 다른 장소로 말과 마차를 몰고 갔으며, 압류 집행관은 아버지가 그 재산을 요구했을 때 그 재산을 내어주길 거부했다. 아버지는 압류 집행관을 상대로 그 재산에 대한 동산횡령회복소송을 유지할 자격을 갖는 그런 점유권을 갖는다고 판결되었다.

(옮긴이 주) 앞의 *Nicolls v. Bastard*(1835)와 바로 다음의 *Morgan v. Ide*(1851)에서는 보관기탁자의 불법침해소송의 권리는 거부되었으나, 동산횡령회복소송을 유지할 자격은 갖는다.

(옮긴이 주) *Strong v. Adams*(1858): 채무자(원고: 보관기탁자)가 자신의 말과 마구를 팔아서 21달러 50센트의 채무를 공제한 후에 그 차액을 자신에게 지급하라는 지시와 함께 그 재산을 채권자(보관수탁자)에게 넘겨주었고, 채권자는 말과 마구를 (팔지 않고) 다른 사람에게 주고 마차와 2달러 20센트를 수취했으며, 그 수취한 마차를 피고에게 21달러 50센트에 매각했다. 하급법원은 교환으로 수취된 마차가 채권자의 재산이고 원고의 채무 변제를 위해 매각될 수 있다고 피고 승소를 판결했다. 원고가 예외를 주장했고, 버몬트주 대법원은 교환된 마차는 법적으로 채권자의 재산이 아니고, 보관수탁자가 수취한 마차를 반환하라는 소송을 보관기탁자가 제기한다면 보관기탁자가 그 교환을 인정하는 것이며, 반면에 보관기탁자가 마차가 아니라 말과 마구를 반환하라는 소송을 제기한다면 보관기탁자가 그 교환을 거부하는 것이라고 판결하면서 사건을 하급법원으로 환송했다.

(옮긴이 주) *Little v. Fossett*(1852): Clark가 고용한 원고(보관수탁자)가 마차를 몰고 가는데, 피고가 부주의하게 마차를 몰아서 원고의 마차와 마구에 손상을 입혔다. 점유하는 동안 손상을 입은 개인 재산의 보관수탁자(원고)는 부당행위자를 상대로 자신의 이름으로 소송을 제기하여 손해를 회복할 수 있다고 판결되었다.

식 이외에는 더 이상 현재의 논의에는 관심을 갖지 않는다. 왜냐하면 그 규칙은 예외 없이 모든 보관수탁자에게 점유권적 구제책을 여전히 열어 두었기 때문이다. 이것은 고대법과 수정된 규칙 간의 관계에서부터 등장하며, 방금 인용된 **맨더즈 대 윌리엄스 사건**[25]에서 파크 남작(Baron Parke)[26]이 **고든 대 하퍼 사건**[27]만 제외하고는 옛 규칙을 전 범위에 적용할 용의가 있었다고 암시하는 사실에서도 등장하고, 또한 불법침해와 동산횡령회복소송에 대한 보관수탁자의 권리가 보관기탁자의 권리와 함께 동시에 주장되고 또한 그 권리가 인용되는 명확한 판결문에 의해 입증된다는 사실에서도 여전히 더욱 명백하게 등장한다.

로탄 대 크로스 사건[28]에서 엘렌보로 경은 순회재판에서 물건의 임대인

---

[25] (옮긴이 주) *Manders v. Williams*(1849): 양조장 주인인 원고는 6개월 이내에 빈 통들을 돌려받는 조건으로 선술집 주인에게 통에 든 흑맥주를 공급했다. 법정은 원고가 선술집 주인의 채무에 대한 강제집행을 목적으로 빈 통 일부를 압류한 집행관을 상대로 소송할 수 있다고 판결했다. 왜냐하면 일단 통들이 비워지면 계약의 효과는 선술집 주인을 마음대로 보관수탁자로 전환시킬 수 있고, 그에 따라 원고는 즉각적으로 점유할 자격을 갖게 되기 때문이다.

[26] (옮긴이 주) James Parke(1782~1868)는 잉글랜드의 변호사이고, 1828년 왕립법원의 판사로 임용되어 1834년까지 재직했으며, 1834년 재정법원의 판사로 임용되어 1855년까지 재직했다.

[27] (옮긴이 주) *Gordon v. Harper*(1796): B가 원고에게 가구를 팔았고, 원고가 자신의 집에 가구를 비치했다. 이후에 원고는 가구를 포함하여 집을 A에게 임대했다. A가 임차하는 동안 확정된 채무가 B에 대해 집행되었고, 집행관(피고)은 그 채무의 일부로서 그 가구를 압류하고는 매각했다. 원고는 집행관을 상대로 동산횡령회복소송을 제기했다. 동산횡령회복소송을 유지하려면 원고는 그 재산을 점유할 권리를 현재 실제로 가지고 있어야 하지만, 현재 원고는 임대기간 동안 점유와는 분리되어 있으므로, 원고는 집행관을 상대로 하는 본 소송을 유지할 수 없다고 판결되었다.

[28] 캠벨(Campbell)의 『임석재판 판례집』 2권 464. 또한 *Mears v. London South-Western Railway Co.*, 『보통법원 판례집(뉴 시리즈)』 11권 849, 854를 참고하라. (옮긴이 주) *Lotan v. Cross*(1810): 원고는 어떤 임대료도 없이 무료로 그의 친구(피고)에게 마차를 사용하도록 허락했지만, 그 친구는 그 마차를 파손했다. 원고는 불법침해소송을 제기했고 승소했다. 왜냐하면 그 마차는 실제 점유자가 누구이든

은 임차인의 수중에 있는 동산에 행해진 손해에 대해 불법침해소송을 유지할 수 있다고 판결했으며, 그 사건은 별다른 이견 없이 권위 있는 판례로 사실상 자주 인용된다. 사실상 저명한 교과서에서 일반적으로 자주 주장되는 바에 따르면, 무료 보관관계는 점유관계를 바꾸지 않고 보관기탁자에게 점유가 있고,[29] 무료 보관관계의 보관수탁자는 보관기탁자의 피고용인에 준하며, 한 사람의 점유는 다른 사람의 점유이다. 이런 이유로 인하여 보관수탁자는 자신의 점유에 대해 소송 가능하지만, 보관기탁자도 동일한 소송권리를 갖는다.[30] 이런 혼동의 일부분은 이미 해명이 되었으며, 나머지 부분은 피고용인과 모든 보관수탁자 간의 광범위하면서도 잘 알려진 차이가 있는 피고용인에 관해 내가 언급할 때 해명될 것이다. 그러나 **로탄 대 크로스 사건**이 어떤 근거가 있다면 그것이 어떤 근거이든, 일반적인 임차인들이 불법침해와 동산횡령회복소송의 권리를 보유하지 못한다는 것은 한순간도 수용될 수 없다. 보관기탁자가 독점적 혜택을 얻기 위한 무료 위탁은 보관수탁자에게 이런 구제책을 쓸 수 없는 훨씬 더 강력한 사례이기는 하지만, 엘렌보로 경이 또한 전원합의체 법정에서 보관수탁자가 특례소송의 권리를 가진다는 판결, 즉 **더욱 유력**

원고의 합법적인 점유 상태에 있는 것으로 간주되기 때문이다.
(옮긴이 주) *Mears v. London South-Western Railway Co.*(1862): 원고는 거룻배를 소유하고 있고, 점유권을 가진 보관수탁자인 러셀(Russel)에게 '임대할 수 있도록 빌려주었으며,' 그리고 복귀권은 원고에게 있다고 진술했다. 피고(London South-Western Railway Co.)가 거룻배에서 보일러를 하역하다가 부주의하여 거룻배로 떨어뜨렸고, '거룻배에 커다란 손해를 끼쳤으며, 그에 따라 원고는 그 배를 오랫동안 사용하지 못했다.' 동산의 복귀권을 가진 소유자는, 그의 복귀권의 이익에 항구적인 손해가 존재한다면, 부주의한 부당행위자를 제소할 수 있다고 판결되었다. 물론 무엇이 항구적인 손해를 구성하는가는 논란거리이다.

[29] 에디슨(C. G. Addison)의 『불법행위법에 관한 논문』(4th ed.) 364.
[30] 윌리엄스(Williams)의 『개인 재산법의 원리』(*Principles of the Law of Personal Property*, 1848) 26 (5th ed.), 27 (7th ed.).

한 이유로 임차인이 불법침해소송의 권리를 갖는다는 논리를 암시하는 판결이 있다. 그리고 이것은 항상 법이었다.[31] 유사한 학설은 초기 게르만

---

[31] *Rooth v. Wilson*, 번월(Barnewell)과 앨더슨(Alderson)의 『왕립법원의 판례집』(*Reports of Cases in the Court of King's Bench*, 1817~1822) 1권 59; 에드워드 3세 『연감』 48권 20, 판결문 8; 헨리 4세 『연감』 11권 17, 판결문 39; 헨리 4세 『연감』 11권 23, 24, 판결문 46 (Tre. "차입에 관한 것"); 헨리 7세 『연감』 21권 14b, 판결문 23; 가드볼트(J. Godbolt)의 『판례집』 173, 판결문 239; *Sutton v. Buck*, 톤턴(W. P. Taunton)의 『민사법원과 다른 법원의 판례집』(*Reports of Cases Argued and Determined in the Court of Common Pleas and Other Courts*, 1807~1819) 2권 302, 309; *Burton v. Hughes*, 빙엄(P. Bingham)의 『민사법원과 기타 법원의 판례집』 2권 173; *Nocolls v. Bastard*, 크럼프턴(Crompton), 미슨(Meeson) 및 로스코(Roscoe)의 『재정법원의 판례집』 2권 659, 660; *Manders v. Williams*, 『잉글랜드 판례집』 재정법원 4권 339, 343, 344; 윌리엄스(J. and E. V. Williams)의 『선더스의 판례집에 대한 주석』 2권에 있는 *Wilbraham v. Snow*에 대한 주석; 켄트의 『미국법에 대한 주석』 2권 585, 568, 574; *Moran v. Portland S. P. Co.*, 『메인주 판례집』 35권 55. 추가로 제6강 끝까지 보라.

(옮긴이 주) *Rooth v. Wilson*(1817): 원고의 형이 원고에게 말을 보내면서 돌봐달라고 부탁했다. 원고는 어두워진 이후 말을 그의 집 울타리 안에 넣었지만, 다음 날 아침 그 말은 이웃집 피고의 울타리 안으로 떨어져서 죽은 채 발견되었다. 소송이 제기되었고, 피고는 그의 울타리를 수선하는 데 등한히 했다는 것을 인정하면서, 자신의 항변은 소송을 유지할 수 있는 그런 재산을 원고가 가지고 있지 않다는 것이었다. 대가 없는 보관수탁자(원고)의 승소가 판결되었다. 원고는 말을 위험한 목장에 들어가지 않도록 할 책임이 있고, 적절한 보호의 부재로 나타나는 결과에 대해서는 책임이 있다. 그리고 피고는 자신의 과실로 인하여 목장을 안전하지 않게 만들었으므로 말의 죽음에 대해 책임져야 한다.

(옮긴이 주) *Sutton v. Buck*(1810): 목재 등 동산횡령회복소송. 원고는 해안가에 좌초된 선박을 구매하고 대금을 지급했으며, 매각 서류가 작성되었으나, 증인도 없고, 선박등록명부에도 기록이 없었다. 원고는 인부들을 동원하여 선박을 해체하여 육지로 운반하려 했으나 선박이 산산조각이 났고, 파편들을 수집하려고 노력했으나, 그 일부가 피고의 농장 근처로 표류하여 피고가 그것들을 수집하여 집으로 가져갔다. 원고의 대리인이 그것을 요구했으나 피고가 인도하길 거부했고 자신이 정당한 소유자라고 주장했다. 원고의 점유는 동산횡령회복소송으로 그 파편들을 배상받을 자격을 갖게 만든다고 판결되었다. 소유자의 피고용인들이 농장 근처에서 그 파편들을 모으고 있을 때, 농장의 주인은 소유자의 승낙에 반하여 자신의 농장에 밀려온 선박의 파편을 탈취하고 보존할 자격이 없기 때문이다.

(옮긴이 주) *Burton v. Hughes*(1824): 가구의 소유자인 K가 그것을 서면에 의한 계약조건으로 원고에게 임대했으며, 원고는 파산한 C의 아내에 의해 점유된 집에

소송절차의 본질로부터 필연적으로 결과했음을 보여주었으며, 주)에 인용된 판례들은 다른 관점처럼 여기에서도 잉글랜드법이 그들 종족의 전통을 따랐음을 보여준다.

모든 보관수탁자가 점유권적 구제책을 갖는다는 규칙은 보통법 이론에서 모든 보관수탁자가 진정한 점유를 취득했다는 것을 의미한다. 그리고 그 규칙은, 발견자가 손실을 회복할 수 있듯이 또한 심지어 부당한 점유자도 재산권과 관계없는 사람에게 전체 손해배상을 받거나 특정 물건을 되돌려 받을 수 있듯이, 보관수탁자가 점유권의 실행력을 바탕으로 손실을 회복할 수 있다는 것을 의미한다. 다른 한편, 점유적 소송(possessory action)[32]이 보관기탁자에게 여전히 허락되는 한, 그것은 보관기탁자가 점유권을 갖고 있다는 근거에서가 아니라, 아마도 이미 설명한 대로 역사적 잔재에 의한 것으로 현대적 규칙의 형식에서는 이례적인 경우이다.[33] 보관기탁자가 실질적으로 점유하고 있다는 개념을 배제하는 이유로서 일반적으로 주어진 이유는 직접적인 점유의 권리가 충분조건이라는 데에 있다.

그것을 설치했다. C의 파산관재인이 그 가구를 압류했다. 원고는, 계약을 제시할 필요도 없이, 동산횡령회복소송으로 그것을 배상받을 수 있다고 판결되었다.
(옮긴이 주) *Moran v. Portland S. P. Co.*(1852): 피고(일반운송업자)가 소유하고 운항하는 증기선에서 피고에게 맡겨진 원고의 가방과 그 내용물(원고의 동료가 위탁한 물건도 포함되어 있다)이 분실되었다. 타인의 물건과 함께 자신의 물건도 점유하고 있는 소유자는 과실로 그 물건을 분실한 일반운송업자를 상대로 그 물건의 가치를 회복하려는 소송을 제기할 수 있고, 그 소송에서 원고에게 물건을 위탁한 소유자는 원고를 위해 그 물건의 손실과 그 가치를 입증할 증인이 될 수 있다고 판결되었다.

[32] (옮긴이 주) 점유적 소송(possessory action)은 재산의 소유권을 단순히 찾으려는 소송과는 달리 재산의 실제적 점유를 회복하거나 획득하려고 제기한 소송이다.

[33] 본서 앞의 p. 238에 있는 *Lord v. Price*, 『잉글랜드 판례집』 재정법원 9권 54, 56을 참고하라.

점유에 관한 보통법 이론을 이해하는 데 필수적인 핵심, 즉 기억할 수 없는 정도로 오래전부터 모든 보관수탁자가 잉글랜드법에 의해 점유자로 간주되고 점유권적 구제책에 대한 자격을 부여받았다는 명제는 이제 확립되었다. 영미 계열의 보관관계법이 순수한 게르만 전통을 이어받았다는 것을 입증해 나가는 것은 반드시 필요하지는 않다. 그러나 호기심을 별도로 하더라도, 여전히 논의되어야 하는 학설은 오늘날의 법에 지대한 영향을 끼쳐왔으므로, 나는 약간의 주의를 갖고 그 학설을 추적할 것이다. 물건이 부당하게 보관수탁자에게서 탈취되었다면, 그 학설은 보관기탁자에 대한 보관수탁자의 절대적 책임에 관한 것이었다.[34]

초기 법률 저술가들은 로마법의 영향 때문에 기대만큼 도움이 되지는 않는다. 그러나 글랜빌은 빌린 물건이 임차인이 보관하는 동안 어떤 식으로든 파괴되거나 없어지면 임차인이 적정한 가격을 절대적으로 되돌려 줄 의무가 있다고 언급한다.[35] 브랙턴도 **무상대여**(commodatum),[36] **무상신탁**(depositum),[37] **질권**(Pignus)[38]에 관해 그리고 **가장 성실한 가장**(diligentissimus

---

[34] 본서의 앞에 있는 pp. 228~229.
[35] 글랜빌의 『잉글랜드 왕국의 법과 관습에 관한 연구』 10권 13장. 또한 앞의 책 8장도 참고하라.
[36] (옮긴이 주) 무상대여(commodatum)는 일정한 기간이 경과한 후에 동일한 물건을 다시 돌려준다는 조건으로 동산이나 부동산을 무료로 빌려주는 것을 의미한다. 무상대여는 대여된 물건에 손상 없이 원래대로 돌려주어야 하며, 그에 따라 소비 가능한 물건은 대여의 대상은 되지만 무상대여의 대상은 아니다.
[37] (옮긴이 주) 무상신탁(depositum)은 자기 자신을 위해 동산을 다른 사람에게 신탁하지만, 대가가 없는 신탁이며, 신탁된 물건은 일정 기간이 지나면 되돌려야 한다.
[38] "물건의 무상대여를 수락한 사람은, 혹시 화재로, 재난으로, 난파로, 아니면 해적의 약탈로, 혹은 적의 공격으로 그 물건이 소실되거나, 파괴되거나 감액되거나 혹은 탈취당한다면, 그것의 가치를 반환해야 한다." 브랙턴의 『잉글랜드의 법과 관습에 관한 연구』, 원문 페이지 99, a, b. 이것은 오류투성이의 원문으로 여겨졌지만 귀터보크(K. Güterbock)의 『브랙턴과 그의 로마법과의 관계』(*Bracton and his Relation to the Roman Law*, Coxe의 영역본, 1866) p. 175; 트위스(T. Twiss)의 『잉글랜드의

paterfamilias)의 보호란 용어를 활용하면서 임차인의 의무에 관해 유스티니아누스 법전(Justinian code)[39]의 문구들을 부분적으로 반복하고 수정하면서 그런 의무가 있다고 말한다.[40]

법정의 문구와 판결은 아주 명백하며, 거기서 우리는 게르만 전통이 수 세기 동안 살아서 유지됨을 볼 수 있다. 내가 말한 전통은 대략 1315년경 에드워드 2세 때부터 시작한다. 불법점유동산반환청구소송에서 피고는 원고가 열쇠로 잠긴 상자를 자신에게 인도했고, 동산이 그 상자 안에 있었으며, 그 동산이 강도에 의해 자신의 물건과 함께 자신에게서 강탈되었다고 항변했다. 원고는 그 물건이 잠기지 않은 상태에서 피고에게 인도

법과 관습에 관한 브랙턴의 견해』(*Henrici de Bracton De legibus et consuetudinibus Angliæ*, 1878~1883) 2권 서문), 그러나 앞에 있는 글랜빌(Glanvill)과 『플레타』 5부 2장 56조 5항과는 일치한다.

(옮긴이 주) 질권(Pignus, pledge)은 채무자(질권 제공자, pledgor) 소유 재산에 대한 점유적 권리 자격을 채권자(질권자, pledgee)에게 양도하는 보관관계이고, 그 목적은 어떤 채무나 의무에 대한 상환을 보장받는 데에 있다. 질권은 구체적인 재산을 나타내기도 하는데 이때는 질권을 담보물이라고 지칭하기도 한다. 다른 담보 장치와는 구별되는 것으로, 질권은 질권자에게 재산을 이전해야 발생하는 권리이다. 즉 질권자에게 점유적 권리 자격을 부여한다.

[39] (옮긴이 주) 유스티니아누스 법전(Justinian code)은 로마법 대전(Corpus Juris)이라고도 불리며, 동로마 황제 유스티니아누스 1세(482~565, 재위 527~565)의 명령으로 529년부터 534년에 걸쳐 발간된 법률학의 기본 저작들을 모은 편찬물로서, 로마의 과거 법률, 로마 법학자들의 견해, 새로운 법령 등이 포함되어 있다. 이 법전은 크게 네 부분, *Codex, Digesta, Institutiones, Novellae*으로 구성되었다. 『법령집』(*Codex*)은 과거 칙령들을 조사하여 모순되거나 시대에 뒤처진 부분을 폐기하여 상황에 맞도록 모든 규정을 개정했으며, 『법률논평집』(*Digesta*)은 권위 있는 로마 법학자들의 저술을 조사하여 각 쟁점에 대한 견해를 하나씩만 채택하여 그 외의 견해는 무효로 간주했고, 『법학개요』(*Institutiones*)는 법학 교육을 위한 교과서 혹은 개설서이며, 『신법령집』(*Novellae*)은 유스티니아누스 황제 자신이 공포한 법령집이다.

[40] 브랙턴(Bracton)의 『잉글랜드의 법과 관습에 관한 연구』 원문 페이지 62 b, c. 28, 2항; 『플레타』 50부 2장 59조 4항, 원문 페이지 128. 또한 로마법 대전의 『법학개요』 3부 24절 5항; 앞의 책 15절 2항 등도 참고하라.

되었다고 반박했다. 피츠허버트(Fitzherbert)[41]는 다음의 결론으로 몰고 가게 되었다고 말한다.[42] 즉 그 결론은 그 동산이 상자에 있지 않고 피고의 보호 하에 있었다면 피고에게 책임이 있다는 것을 의미한다. **코그스 대 버나드 사건**[43]에서 홀트 경은 상자가 어떤 차이를 만드는 것을 거부하지만, 오래된 법전들은 그 물건이 잠긴 채 인도되었다면 인도가 일어나지 않았다는 데에 동의하며, 이것은 현대 형법에서 짐을 부리는 운송인에 관한 구분의 기원이다.[44] 또 다른 예로 에드워드 3세 때[45] 자신의 물건처럼 보관하는 특별 보관관계로 항상 간주되어 왔던 질권(pledge)에 관한 소송이 있다. 피고는 그 물건을 피고의 물건과 함께 도둑맞았다고 항변했다. 원고는 절도 이전에 변제를 제공했고, 그 결과 질권을 종식시켰으며, 피고를 일반 보관수탁자로 만들었다고 항변했다.[46] 그 주장에 따라 그

---

[41] (옮긴이 주) Anthony Fitzherbert(1470~1538)는 잉글랜드 판사이다. 그의 저서로는 잉글랜드법의 요약문을 처음으로 제시하려 시도했던 『판례 요약문』(*La Graunde Abridgement*, 1514)이 있고, 특히 잉글랜드법에 관한 논문인 『잉글랜드법의 새로운 본질』(*La Novelle Natura Brevium*, 1534)은 18세기 말까지 고전적인 잉글랜드법 저서로 남아있었다.

[42] 에드워드 2세 『연감』 8권 275; 피츠허버트(Fitzherbert)의 『판례 요약문』, 「불법점유동산반환청구소송」, 판결문 59.

[43] 로버트 레이먼드(R. Raymond)의 『왕립법원과 민사법원의 판례집』 2권 909.

[44] 에드워드 4세 『연감』 13권 9, 판결문 5. 제6강을 보라.

[45] 『순회재판 연감』 29권 163, 판결문 28.

[46] *Ratcliff v. Davis*, 옐버턴(H. Yelverton)의 『왕립법원의 판례집』(*Reports of Divers Special Cases in the Court of King's Bench*, 1820) 178; 크록(Croke)의 『판례집』 제임스 1세 244; 노이(W. Noy)의 『왕립법원의 판례집』(*Reports and Cases, Taken in the Time of Queen Elizabeth, King James and King Charles*, 1669) 137; 벌스트로드(E. Bulstrode)의 『왕립법원의 판례집』(*Reports of Cases in the Court of King's Bench*, 1657~1659) 1권 29 등을 참고하라.
(옮긴이 주) *Ratcliff v. Davis*(1611): 원고는 다이아몬드가 박힌 모자 리본을 25파운드를 받고 W에게 저당 잡혔고, W의 아내가 W의 지시에 따라 저당 잡힌 물건을 피고에게 인도했다. 이후에 W가 죽으면서 그의 아내를 여자 유언집행자로 임명했다. 원고가 25파운드를 그녀에게 지급하면서 피고에게 모자 리본을 요구했으나,

경우 피고가 책임을 져야 한다는 취지의 결말이 취해졌고, 이는 다른 판례들에서도 재확인되었다.

다음으로 서기 1455년 헨리 6세 때 사례를 들겠다.[47] 이 사례는 마셜시 감옥(Marshalsea)[48]의 집행관, 혹은 왕립법원 감옥의 교도관을 상대로 죄수가 탈옥한 데에 대한 채무소송이었다. 죄수들을 책임지고 있는 교도관들은 가축을 책임지는 보관수탁자에 적용되는 유사한 법으로 규제받는다. 죄수들의 신병은 가축이나 물건에 적용되는 것과 같이 유사한 책임 하에 관리되도록 교도관에게 인도되었다.[49] 그는 왕의 적들이 교도소로 쳐들어와서 자기들의 의지에 반하여 죄수를 데려갔다고 항변했다. 문제는 이것이 훌륭한 항변이었는가 하는 것이다. 왕의 외부 적들, 이를테면 프랑스인들이 죄수를 풀어주었거나 교도소에 불이 나서 죄수가 도망갈 기회가 생겼다면, 그 변명은 유효할 것이라고 법정은 판결했다. "왜냐하면 그때 (피고는) 누구로부터도 배상받지 못하기 때문이다." 그러나 왕의 국

그녀는 돈의 수취를 거절했고, 피고도 모자 리본의 인도를 거부했다. 원고는 피고를 상대로 모자 리본에 대한 동산횡령회복소송을 제기했고, 원고 승소 평결과 판결이 주어졌다. 판결 이유: ① 조건이 이행될 때까지 그 저당물은 저당 잡은 사람이 보관할 자격이 있는 특별한 재산(special property)이기는 하지만 저당물의 일반적 재산권은 저당 잡힌 사람에게 있으며, ② 저당 잡은 사람에게 변제가 이루어지면 전 재산은 즉각 저당 잡힌 사람에게 반환되며, 저당 잡은 사람이 저당물을 보관하고 있다면 변제의 지급은 보관수탁자가 아니라 저당 잡은 사람이나 유언집행자에게 행해져야 한다.

[47] 헨리 6세 『연감』 33권 1, 판결문 3. 이 사건은 아래에 있는 *Woodlife's Case*, 아래에 있는 *Southcote v. Bennett*, *Pickering v. Barkley*, 스타일(Style)의 『왕립법원의 현대 판례집』 132 (찰스 1세 24년, 용선계약에 대한 날인증서), 아래에 있는 *Moore v. Slue* 등에서 간단히 말해서 보관관계에 대한 모든 주요 사건들에서 인용되고 또한 많이 의존되었다.

[48] (옮긴이 주) 마셜시 감옥(Marshalsea)은 1373년부터 1842년까지 운영된 감옥이고, 형사범만이 아니라 가난한 채무자들을 수감한 것으로 유명하다.

[49] 『판례 모음집』, p. 343, col. 2, 사건 37, 에드워드 2세 17년을 참고하라.

민들이 교도소를 급습했으면, 피고에게 책임이 있다. 왜냐하면 그들은 적이 아니고 반역자들이기 때문이다. 그때 피고는 반역자들에게 소송할 권리를 가질 것이고, 그에 따라 스스로 책임지게 될 것이다. 이 사건에서 법정은 원천적 책임론에 아주 근접했고, 그에 따라 구분을 지었다. 위탁받은 사람은 부당행위자에 대해 배상을 받을 수 있는 경우 책임을 지며(그리고 원래 그는 그런 구제책을 가진 유일한 사람이었다), 다른 한편 그의 책임은 그런 상황에 근거했으므로 배상이 없는 곳에서는 그 책임도 없게 된다. 교도관은 침입하는 프랑스 군인을 상대로 소송할 수 없지만, 이론적으로 그는 소송이라는 방식으로는 충분한 보상을 받을 가능성은 아주 희박하다 해도 죄수를 데려간 잉글랜드 국민이 누구이든 그 국민을 상대로 소송할 수 있다.

몇 년 뒤 유명한 리틀턴은 그 법을 동일한 방식으로 언급한다. 물건이 어떤 사람에게 인도되었고 자기가 책임지고 있는 물건이 탈취되었다면 그가 불법침해소송을 제기할 것이라고 그는 말한다.[50] 즉 그는 자신에게 위탁한 당사자에게 손해를 보상할 의무가 있다.

에드워드 4세 때 발행된 『연감』 9권[51]에서 댄비(Danby)[52]는 보관수탁자가 자신의 물건처럼 보관하도록 물건을 위탁받았다면 그때 강도에 의한 것은 그에게 면책이 되지만, 다른 것은 그렇지 않다고 말한다. 다시 나중 사건[53]에서 강도는 면책사항이 아니라고 말한다. 강도가 누군지 몰라서

---

[50] 에드워드 4세 『연감』 9권 34, 판결문 9. 에드워드 4세 『연감』 2권 15, 판결문 7. 에드워드 4세 『연감』 2권 15에 있는 사건에서 리틀턴(Littleton)이 피고용인과 보관수탁자를 구분하지 않은 것 같다는 점을 첨언하는 것은 적절하다.
[51] 에드워드 4세 『연감』 9권 40, 판결문 22. 또한 에드워드 4세 『연감』 20권 11, 판결문 10, 마지막까지에 있는 브라이언(Brian)의 진술.
[52] (옮긴이 주) Robert Danby(?~1474)는 1443년에 왕의 변호사가 되었고, 1452년에 민사법원의 판사가 되었다, 1461년에 민사법원의 재판장으로 임명되어 1470년까지 재직했다.

보관수탁자가 그 배상을 받지 못하는 강도에 대해서,[54] 혹은 중범죄의 이유로 (교수형을 당했다거나 재산을 몰수당해서) 보관수탁자가 강도의 신체나 재산에 대해 소송을 제기하지 못하는 근거로 인한 일반적인 강도에 대해서,[55] 약간의 주저가 있을 수 있었다. 그러나 보관수탁자가 통상적인 부당한 탈취에 대해서는 면책받지 못한다는 것은 확실하다. "물건이 보관수탁자가 알고 있는 불법침해자에 의해 탈취당한다면, 보관수탁자는 보관기탁자에게 책임질 것이며, 불법침해자를 상대로 소송할 권리를 갖는다."[56] 동일한 요지는 『연감』[57]의 다른 문구에서도 언급되었으며, 법규칙은 위에 인용된 사건들에서 보관수탁자의 소송권리에 대한 이유들을 분명히 함축하고 있다.

그 원칙은 유명한 **사우스코트 대 베넷 사건**[58]에서 고대법과 부합하도록

---

[53] 헨리 7세 『연감』 10권 25, 26, 판결문 3.
[54] 베이워리이법(Lex Baiwariorum) XV. 5; 헨리 6세 『연감』 33권 1, 판결문 3 등을 참고하라.
[55] 헨리 7세 『연감』 6권 12, 판결문 9; 브룩(Brooke)의 『판례 요약문』, 「불법점유동산반환청구소송」, 판결문 37; 헨리 6세 『연감』 10권 21, 판결문 69.
[56] 헨리 7세 『연감』 3권 4, 판결문 16. 또한 헨리 6세 『연감』 10권 21, 판결문 69를 참고하라.
[57] 헨리 4세 『연감』 11권 23, 24; 헨리 7세 『연감』 6권 12, 판결문 9.
[58] 크룩(Croke)의 『판례집』 엘리자베스 1세 815; 코크(Coke)의 『판례집』 4권 83 b; 코크(Coke)의 『리틀턴에 관한 주석』 89; 블랙스톤(W. Blackstone)의 『잉글랜드법에 대한 주석』 2권 452.
(옮긴이 주) Southcote v. Bennett(1601): 불법점유동산반환청구소송(detinue). 원고는 어떤 물건을 안전하게 보관하기 위해 피고에게 그 물건을 인도했고, 피고는 인도받은 후에 어떤 사람이 그것을 훔쳐갔다고 변명했으며, 원고는 그 어떤 사람이 피고의 피고용인이라고 항변했다. 이것은 특별한 보관관계가 아니고, 피고는 자신의 물건처럼 그 물건을 보관하기 위해 수취했지만, 그것은 그의 책임 하에 그 물건을 보관하도록 책임을 부여하는 인도였기 때문에, 원고는 배상을 받아야 한다고 판결되었다. 그리고 피고가 강도당했다는 데 대한 소송은 불법점유동산반환청구소송이 아니다. 왜냐하면 피고는 그 물건을 회복할 수 있는 불법침해소송을 구제책으로 가지고 있기 때문이다. 소송 형식에서 잘못이 있었으나 본질에서는

직접적으로 결정되었다. 이것은 안전하게 보관하도록 피고에게 인도된 물건에 대한 불법점유동산반환청구소송이었다. 피고는 인도받은 것을 고백했고 물건은 J. S.에 의해 강도당했다고 항변했다. "그리고 법정에서 진술 이후에 고디 판사(Gawdy)[59]와 클렌치 판사(Clench)[60]는, **다른 판사들이 궐석한 상태에서, 이것은 특별한 보관관계가 아니기 때문에** 원고가 손해배상을 받아야 하고, 피고가 달리 수령한 것이 아니라 자신의 물건처럼 보관하기 위해 물건을 수령했지만 **그것이** 피고의 책임 하에 보관하도록 의무를 부여한 **인도**라고 판결했다. 그리고 피고가 그런 사람에 의해 강도당했다고 말하는 것은 **불법점유동산반환청구소송**에서 어떤 항변도 되지 않는다. 왜냐하면 피고는 물건을 되돌려 받기 위해 불법침해소송을 걸거나 다른 제소에 의해 배상받을 수 있기 때문이다." 크록(Croke)[61]의 판결문에 있는 위의 인용문은 코크 경(Lord Coke)[62]이 분명하게 언급한 것, 즉 "보관

잘못이 없었으며, 그에 따라 원고 승소가 평결되었다.

[59] (옮긴이 주) Francis Gawdy(?~1605)는 엘리자베스 여왕의 변호사(1582), 왕립법원의 판사(1588~1605), 민사법원의 재판장(1605)을 지냈다.

[60] (옮긴이 주) John Clench(?~1607)는 순회재판의 판사(1580~?), 왕립법원의 판사(1584~?)를 역임했다.

[61] (옮긴이 주) George Croke(1560~1642)은 판사이면서 판례 기록사이다. 민사법원의 판사(1624~1628) 및 왕립법원의 판사(1628~1641)를 역임했다. 1580년부터 1640년에 이르는 60년에 걸친 판결문들을 수록했고 노르만-프랑스어로 쓰인 저서는 사후에 영어로 『크록의 판례집』(*Reports of Select Cases in the Courts of King's Bench and Common Pleas, The Reports of Sir George Croke*, 혹은 *Croke's Reports*)이란 제목으로 1659년 이후 3권으로 발간되었다. 『판례 요약문』(*An abridgment*)은 1658년과 1665년에 2권으로 출간되었다.

[62] (옮긴이 주) Sir Edward Coke(1552~1634)는 잉글랜드 변호사, 판사, 정치인이고, 재무장관, 민사법원의 재판장(1606~1613), 왕립법원의 재판장(1613~1616)을 역임했다. 13권으로 구성된 『코크의 판례집』(*Law Reports* 혹은 *Coke's Reports*)는 1572년부터 1579년까지 그가 직접 참여하거나 참관하거나 들었던 사건들의 판례집이다. 4권으로 구성된 『잉글랜드법의 개요』(*The Institutes of the Lawes of England* 혹은 *Coke on Institutes*) 중에 제1권인 *The Commentary upon Littleton*(혹은 『리틀턴에 관한 주석』(*Coke on Littleton*, 1628)은 그의 시대의 다양한 분야의 보통법을 다루

하는 것과 안전하게 보관하는 것은 모두 하나"라는 것을 함축하고 있으며, 두 판결문 모두 의무는 인도만을 근거로 한다는 데 동의한다. 크룩의 판결문은 코크 경이 그 판결문에 첨가한 주의사항을 확증한다. 즉 "독자들은 주목하시오. 보관하기 위해 어떤 물건을 수령한 사람이 특별한 조건으로 그 물건을 받는다는 것, 즉 자신의 물건을 보관하는 것처럼 그 물건을 보관하는 것은 훌륭한 공서양속이다. … 혹은 물건들을 잃거나 도둑맞게 되면 그는 책임지지 않게 된다. 왜냐하면 물건을 수령했던 사람은 그런 조건이나 그와 유사한 방식으로 받아야만 하기 때문이고, 그렇지 않고 일반적인 인수라면 그에게 책임이 있을 수 있기 때문이다."

오늘날까지, 적어도, 어떤 사람이 심지어 호의로 다른 사람을 위해 물건을 보관하기 위해 그 물건의 점유를 수용했고 전적으로 그의 잘못 없이 부당한 탈취로 인해 그 물건을 상실하게 된다면, 그가 점유할 때 명백하게 그런 책임을 지지 않겠다고 규정하지 않는 한, 그가 손실을 보상해야 한다는 것은 명백한 법이다.[63] **코그스 대 버나드 사건**에서 홀트 경과 보관관계에 관한 자신의 책에서 윌리엄 존스 경은 **사우스코트 대 베넷 사건**이 권위 있는 판례에 의해 지지되지 않았음을 보여주려 시도했지만, 『연감』을 독파한 사람이라면 누구든 알 수 있듯이 그 시도는 허사였다. 동일한 원칙은 7년 전 **드레이크 대 로이맨 사건**[64]에서 페리암 경(Peryam

---

고 있으며, 사후에 발간된 나머지 세 권은 마그나 카르타를 비롯하여, 형법, 행정법 등을 다루고 있다. 이들 저서는 그 당시에 법학을 연구하는 학생들에게 유용하게 활용되었다.

[63] (옮긴이 주) 여기서 '법'은 '판례에서 정립된 (법의) 원칙 혹은 규칙'을 의미한다. 보다 자세한 내용은 제1강의 옮긴이 주 2와 제4강의 옮긴이 주 27을 참고하라.

[64] 사빌(Savile)의 『판례집』(*Reports*, 1688), 133, 134. 브룩(Brooke)의 『판례 요약문』, 「형사소송」, 판결문 103; 다이어(Dyer)의 『판례집』 161 a, b 등을 참고하라.
(옮긴이 주) *Drake v. Royman*(1594?): 어떤 사람의 물건을 내 금고에 넣도록 허용하고 그에게 금고의 열쇠를 주었는데, 제삼자가 맡긴 물건을 찾아갔다면 나는 그

Chief Baron)⁶⁵에 의해 규정되었고, **사우스코트 판례**는 100년 동안 아무런 문제 제기 없이 주요 선례로서 따르게 되었다.

따라서 잉글랜드법과 초기 게르만법 간의 유사점에 대한 연결고리는 완성되었다. 원고가 자신의 의지에 반하여 점유를 상실했는가에 관한 단일 문제에 관심을 집중하는 잃어버린 재산에 대한 동일한 소송절차, 재산을 위탁받은 사람이 다른 사람에게 그것을 제공하면 소유자는 그것을 회복할 수는 없으나 보관수탁자에게서 보상을 받아야 한다는 동일한 원칙, 보관수탁자는 책임져야 하므로 그는 소송할 수 있지만 그가 보상받을 수 없을 때는 책임지지 않는다는 규칙에 있는 진정한 원칙의 본질에 대한 동일한 역설적 설명, 그리고 마지막으로 심지어 위탁받은 사람의 잘못 없이 손실이 발생할 때조차도 손실에 대한 동일한 절대적 책임 등이 있다. 이들 원칙 중 마지막의 가장 중요한 원칙은 엘리자베스 여왕 때까지도 시행되고 있었다. 이제 우리는 그 이후 이 원칙들의 운명을 추적해보자.

일반운송업자는 도둑맞은 물건에 대해 책임이 있거나 그렇지 않으면 신의 행위(the act of God)[66]나 공공의 적에 의한 것을 제외하고 자신이 보관

것에 대해 책임이 없다. 내가 그 물건을 두도록 허용하고 내가 그 열쇠를 이용하여 그 물건을 횡령한다면 나는 그것에 대해 책임을 져야 한다. 그러나 유언자가 살아 있는 동안 횡령이 있었다면, 유언집행자는 동산횡령회복소송을 유지할 수 없다고 판결되었다. 이 판결은 *Crosier v. Ogleby*, 스트레인지(Strange)의 『고등법원, 왕립법원, 민사법원 및 재정법원의 판례집』 1권 60; *Badlam v. Tucker*, 『매사추세츠주 판례집』 18권 (1 Pick.) 389에 의해 번복되었다.

[65] (옮긴이 주) William Peryam(1534~1604)은 1581년에 잉글랜드 민사법원의 판사가 되었고, 엘리자베스 1세 때인 1593년에 재무장관에 임명되었다.

[66] (옮긴이 주) 신의 행위(the act of God)는 갑작스러운 자연재해와 같이 누구도 책임질 수 없다고 판단되고 인간의 통제를 벗어나는 사건을 의미한다. 선주가 우연적인 화재로 인한 손해에 책임이 있다고 판결된 *Forward v Pittard*(1785) 1 Term Rep 27에서 맨스필드(Mansfield) 경이 "신의 행위란 무엇인가? 본인은 인간의 행위에 반대되는 어떤 것을 의미한다고 생각한다. 왜냐하면 신의 허락에 의해 발생하는 모든 것, 신의 지식에 의해 발생하는 모든 것은 신의 행위이기 때문이다"라고 언급

하다가 잃어버린 물건에 대해 책임을 진다. 이런 규칙의 원천에 대해서는 두 가지 견해가 제시되었다. 하나는 로마법에서 빌려왔다는 것이다.[67] 다른 하나는 엘리자베스 여왕과 제임스 1세 때 보관관계에 관한 일반법의 예외사항으로 그 규칙이 관습에 의해 도입되었다는 것이다.[68]

나는 두 견해가 잘못되었다는 것, 이런 무과실책임이 내가 방금 설명했다.

---

[67] *Nugent v. Smith*, 『잉글랜드 판례집』 민사 자료실 1권 19, p. 28에 있는 브렛(Brett) 판사의 진술.
(옮긴이 주) *Nugent v. Smith*(1875), 『잉글랜드 판례집』 민사 자료실 1권 19에서 브렛 판사는 "운송업자가 자신의 능력으로는 무슨 일이 일어날 것인지를 예측할 수 없으므로, 혹은 그가 그런 일이 일어날 것을 예측했지만 그가 어떤 보호와 기술로는 그 결과를 방지하기 위해 저항할 수 없으므로, 손해 혹은 손실이 그런 직접적, 격렬한, 갑작스러운 그리고 저항 불가능한 자연의 행위에 의해 직접적으로 그리고 배타적으로 유발된 경우 그런 손실은 신의 행위(an act of God)를 통해서 발생한다"라고 언급하면서 피고가 책임이 없다고 판결했다.

[68] *Nugent v. Smith*, 『잉글랜드 판례집』 민사 자료실 1권 423, p. 428에 있는 코크번(Cockburn) 재판장의 진술.
(옮긴이 주) *Nugent v. Smith*(1876), 『잉글랜드 판례집』 민사 자료실 1권 423에서 코크번 재판장은 『일반운송업자의 책임과 권리에 관한 논문』(*A treatise on the liabilities and rights of common carriers*, J. F. Jones, 1827)을 인용하면서 "사고가 신의 행위에 의해 일어났다 해도, 운송업자의 만용이나 과실이 그 사고에 포함되어 있다면 운송업자는 면책되지 않는다. … 운송업자는 그의 책임 하에 있는 재화를 손실로부터 보호하기 위해 최선을 다할 책임이 있으며, 필요한 보호를 생략하는 그의 잘못으로 손해가 뒤따른다면, 비록 소위 신의 행위가 손해의 즉각적인 원인일 수 있다 해도, 그는 여전히 책임이 있다"라고 언급했다.
(옮긴이 주) *Nugent v. Smith*(1875~1876): 원고는 런던과 에버딘을 정기적으로 왕복하는 증기선에 말 두 마리를 선하증권 없이 선적했다. 항해 중에 말 한 마리가 한편으로는 극심한 폭풍으로 배가 흔들리는 바람에 다쳐서, 다른 한편으로는 과도하게 놀라 버둥거렸기 때문에 죽었다. 항소심에서, 피고는 일반운송업자이지만 신의 행위와 그에 따른 해악의 결합된 효과로 유발된 손실에 대해서는 책임이 없다고 판결되었다(*Nugent v. Smith*, 『잉글랜드 판례집』 민사 자료실 1권 19). 그러나 고등법원에서 원고는 손해배상을 선고받았다(*Nugent v. Smith*, 『잉글랜드 판례집』 민사 자료실 1권 423). 판결 이유는 바로 앞에 있는 옮긴이 주 *Nugent v. Smith*(1876)와 주 67의 옮긴이 주 *Nugent v. Smith*(1875)를 참고하라.

했던 보관관계에 관한 일반법에서 부분적으로 살아남았다는 것, 그리고 오래전부터 경험한 옛 법이 수정된 이유가 부분적으로 불법점유동산반환청구소송이 특례소송으로 대체되는 과정에서 생겨난 사고방식의 혼동에서 기인하고, 부분적으로는 홀트 경에 의한 선례들에서 읽힐 수 있는 공서양속의 개념들에서 기인하며, 또한 부분적으로는 후대 판사들이 여전히 홀트 경의 논리에 의미를 부여했던 훨씬 이후의 공서양속 개념들에 기인한다는 것 등을 보여주려 시도할 것이다

사우스코트 사건은 엘리자베스 여왕 43년(1601년)에 판결되었다. 나는 그 문제에 관련된 운송업자에 대한 첫 언급이 4년이나 5년 더 일찍(엘리자베스 여왕 38년 혹은 39년, 1596년 혹은 1597년) 판결된 **우드라이프 사건**[69]에 등장한다고 생각한다. 그 사건은 피고에게 인도된 상품의 대금 정산에 관한 소송이었으며, 그것은 분명히 그를 운송업자로 간주하지 않고 중매인("**순수한 상인**")으로 간주한 것처럼 보인다. 피고의 항변은 해상에서 피고 자신의 물건과 함께 강도를 당했다는 것이다. **사우스코트**

---

[69] 무어(F. Moore)의 『판례집』(*Reports*, 1688), 462; 오웬(T. Owen)의 『민사법원의 판례집』(*Reports of Cases in the Court of Common Pleas*, 1584~1614), 57.
(옮긴이 주) *Woodlife's Case*(1597): 헨리 롤(H. Rolle, 1589~1656) 재판장의 『판례요약문』에 나온 내용에 따르면, "어떤 사람이 물건을 운송하도록 일반운송업자에게 그 물건을 인도하고 그 운송업자가 그 물건을 강도당했다면, 여전히 그는 그 물건에 대해 책임져야 한다. 왜냐하면 그는 그 물건 때문에 고용됐고, 그렇게 암묵적으로 그 물건의 안전한 인도를 맡았으며, 그에 따라 그가 강도당했다면 그 물건의 가치에 대해 책임져야 하기 때문이다." 또한 요약문에 따르면, 비록 자신의 어떤 잘못도 없이 도로에서 강도를 당한 가난한 운송업자가 그가 수취한 모든 물건에 대해 책임져야 한다는 것이 성가시면서도 곤란한 사례라고 어떤 사람이 생각할 수 있다 해도, 그럼에도 그렇게 하지 않는다면 그 **불편함**은 더욱더 인내 불가능할 것이다. 왜냐하면 당사자에게는 구제책의 가능성을 배제한 상태에서 **강도와 결탁하거나 강도를 위장하거나** 혹은 어떤 다른 사고를 위장하는 것이 그 운송업자에게는 가능하기 때문이다. 그리고 법은 그를 그렇게 큰 유혹에 노출시키려 하지 않을 것이며, 그는 자신의 책임 하에 정직해야 하기 때문이다.

사건을 판결한 판사 중 한 명인 고디 판사는 그 항변이 부적절하다고 생각했다. 그러나 팝햄 재판장(Popham)[70]은, 그 운송업자가 그 운송에 대해 보수를 받고 있으므로 그 항변이 그의 입장에서 적절하지 않아도, 이런 관점에서 운송업자와 다른 피고용인이나 중매인 사이에는 차이가 있다고 말했다.

이런 관점은 **사우스코트 판례**에서 반복되고 이중적 구분을 갖는 것처럼 보인다. 첫째는 유급 보관수탁자와 무급 보관수탁자 간의 구분이고, 다음은 보관수탁자와 피고용인 간의 구분이다. 피고가 물건에 대한 권한이 없는 피고용인이라면, 그는 보관관계법을 적용받지 않으며, 중매인들은 초기 법에서 피고용인과 같은 맥락에서 다루어졌다.

다른 차이점은 약인 학설이 보관관계법에 침투했음을 보여준다. 나중에 설명하겠지만 약인은 원래 **대가관계**(quid pro quo)[71]를 의미했다. 그 원칙은 아직 그 역사가 얼마 되지 않을 때 『박사와 학생』(Doctor and Student)[72]에서 그렇게 다루어졌다. 일반운송업자를 보관수탁자의 한 사례로 언급했던 바로 이 책에서 팝햄(Popham) 재판장은 유급 보관수탁자와 무급 보관수탁자를 구분 짓는 방법을 차용한 것 같다. 그보다 좀 더 앞선 시기에는

---

[70] (옮긴이 주) John Popham(1531~1607)은 잉글랜드의 하원의장, 법무장관을 거쳐 왕립법원의 재판장(1592~1607)을 역임했다. 그는 판결을 내릴 때 절도죄에 대해 엄격함을 보였고, 형법의 엄격한 시행을 강조했다.

[71] (옮긴이 주) 대가관계(quid pro quo: something for something)는 약인에서 등장하는 개념이며, 물건이나 서비스의 교환, 즉 하나의 이전과 다른 하나의 이전의 맞교환을 의미한다. 통속적인 의미로 표현하면, "주고받기"(give and take)라고 할 수 있으나, 1 대 1 등가관계라고 보기는 어렵다. 왜냐하면 주고받는 물건이 정확히 등가라고 장담할 수 없기 때문이다.

[72] 『박사와 학생』 대화록 2, 38장, 1530년.
(옮긴이 주) 『박사와 학생』(Doctor and Student)은 1528년과 1530년 두 차례에 걸쳐 Christopher St. Gemain(1460~1540)에 의해 발간된 저서이며, 잉글랜드 보통법과 도덕 간의 관계에 관한 신학박사와 잉글랜드 법학자 사이의 토론이 담겨 있다.

보수는 아무런 차이를 만들지 않았다.[73]

그러나 **우드라이프 사건**에서 재판장이 발언한 것에 대한 반박으로 고디 판사는 위에서 언급한 왕립법원의 집행관 사건[74]을 인용했으며, 더욱이 팝햄(Popham)은 교도관이 반역자들을 상대로는 구제책을 갖고 있지만, 재판 중인 그 사건에서는 구제책이 전혀 없다는 과거의 구분법으로 되돌아갔다.

그 외에 근거로 삼았던 다른 판례들은 위에 수집된 일반적 보관관계에 관한 일부 사건들, 간단히 말해서, **사우스코트 판례**의 근거가 되는 권위 있는 유사 판례들이었다. 채택된 원칙은 사우스코트 판례와 유사하며, 단지 피고가 보관관계의 범주에 속하는가 하는 문제를 조건으로 한다. 왕국의 관습에 대해서는 어떤 것도 언급되지 않았고, 이 시기 이전에는 보고된 사건에서도 어떤 것도 결코 언급된 적이 없었다. 그리고 나는 이것이 물건을 위탁받은 다른 부류의 사람들을 운송업자와는 어떤 식으로든 구별하려는 첫 사례라고 믿는다. 옛날 서적에는 운송업자들에게만 해당되는 특별한 의무사항에 대한 어떤 암시도 전혀 없으며, 이 판례가 그런 의무를 인정했다는 것도 확실히 사실이 아니다. 아래에 나오는 내용과 관련하여 팝햄(Popham) 재판장이 일반운송업자가 아니라 운송업자라고 언급했다는 것은 주목할 만하다.

우드라이프 사건 다음으로, 보수와도 무관하게 혹은 어떤 현대적 혁신과도 관계없이 옛날 법을 순수하고 단순하게 제시한 **사우스코트 사건**[75] (엘리자베스 여왕 43년, 1601년)이 등장했다. 절도에 의한 손실에 관한

---

[73] 케일웨이(R. Keilway)의 『판례집』 160, 판결문 2(헨리 8세 2년). 또한 앞의 책 77 b(헨리 7세 21년)도 참고하라.
[74] 헨리 6세 『연감』 33권 1, 판결문 3.
[75] 코크(Coke)의 『판례집』 4권 83 b; 크록(Croke)의 『판례집』 엘리자베스 1세 815.

이번 사례와 이전 사례에서, 우리는 그 소송이 물건의 인도와 그것의 부당한 불법유치(detainer)[76]에 단순히 의존하는 불법점유동산반환청구소송이라고 추측할 수 있다.

그러나 대략 이 시기쯤에, 나중에 설명해야 할 보통 채택되는 소송절차에서 중요한 변화들이 발생했다. 동산이 **원래 모습 그대로** 반환되어야 한다면, 불법점유동산반환청구소송은 보관수탁자의 태만으로 입은 동산의 손해를 만족스럽게 보상할 수 없다.[77] 그런 손해의 자연적인 구제책은 특례소송이다. 그러나 특례소송이 이런 구제책으로서의 조건을 전적으로 충족하게 되기 전에 극복해야 할 어려움들이 있다. 손해를 야기한 태만은 단순한 부작위일 수 있다. 그리고 특례소송의 불법침해 근거와 의무불이행(nonfeasance)[78]에 따르는 불법침해 근거 간에는 어떤 유사점이 존재하는가? 더욱이 당신은 어떤 사람의 부작위에 대해 책임을 지우기 위해서는 행동하는 것이 그의 의무였음을 입증해야 한다. 변론 진술이 이전에 추론했듯이, 원고의 물건이 피고의 과실로 해를 입었다고 주장하는 것만으로는 충분하지 않았다.[79] 이런 어려움들은 나중에 설명하게 될 잘 알려

---

[76] (옮긴이 주) 불법유치(detainer)는 어떤 사람을 그의 의지에 반하여 불법적으로 타인의 지배하에 두거나 어떤 사람의 물건이나 실물재산을 부당하게 점유하는 것을 지칭한다.

[77] 케일웨이(R. Keilway)의 『판례집』 160, 판결문 2.

[78] (옮긴이 주) 의무불이행(nonfeasance)은 계약에서 행위가 필요한 경우 그 행위가 실행되지 않는 것을 의미한다. 그리고 오류의무이행(misfeasance)은 고의적으로 부적절한 의무이행이 이루어진 경우, 달리 말하면 완전한 의무이행이 실행되지 않은 경우이고, 악의적 의무이행(malfeasance)은 계약당사자에게 해를 유발하는 의무이행을 의미한다.

[79] 헨리 6세 『연감』 19권 49 마지막까지. 또한 *Mulgrave v. Ogden*, 크록(Croke)의 『판례집』 엘리자베스 1세 219; 앞의 사건, 오웬(T. Owen)의 『민사법원의 판례집』 141, (레너드(W. Leonard)의 『판례와 법률 사례집』(*Reports and Cases of Law*, 1658~1675) 1권 224); *Isaack v. Clark*, 벌스트로드(E. Bulstrode)의 『왕립법원의 판례집』 2권 306, p. 312에 있는 코크(Coke) 판사의 진술 등도 참고하라.

진 용어, **인수소송**에 의해 극복되었다. 인수소송은 오랫동안 독립적인 계약소송이 되지 못했고, 그 진술은 단순히 불법행위소송을 이끌어내는 것이었다. 책임의 근거는 피고가 일을 인수했다는 것이며, 그에 따라 손해를 야기한 그의 태만한 부작위는 그의 일 처리의 일부분으로서 그의 행위와 연결할 수 있었다.[80] 우리는 **코그스 대 버나드 사건**에 이르렀을 때 홀트 경이 이런 인수소송의 원래 목적을 인식하고 있었음을 알 수 있다. 물론 그것은 보관관계 사건에만 국한되지 않았다.

그러나 이런 방법 이외에도 피고를 의무관계로 기소하여 특례소송에서 책임을 묻게 하는 다른 방법이 있으며, 이 다른 방법은 비록 법률가들에게는 덜 익숙하지만 이후 세대의 운송업자 법에서 특별한 중요성을 가지고 있다. 말편자공의 직업처럼 좀 더 일반적인 직업을 수행하는 과정에서 피고의 작위나 부작위에 의해 손해가 행해지거나 야기된다면, 인수소송을 제기하지 않고도 그가 '일반적인' 말편자공이라는 진술에 근거하고도 그 소송은 유지될 수 있을 것 같다.[81] 후자의 원칙, 즉 일반적인 직업

(옮긴이 주) *Mulgrave v. Ogden*(1591): 피고가 20통의 버터를 발견하고 잘못 보관하여 무가치하게 되어버린 원인으로 제소된 동산횡령회복소송에서, 모든 판사는 "이 사건에서는 특례소송이 성립하지 않는다. 왜냐하면 법은 그 물건을 발견한 사람에게 그것을 안전하게 보관할 것을 강요하지 않기 때문이다. 마치 옷을 발견한 사람이 그것이 좀먹게 만든다거나 말을 발견한 사람이 말이 굶어 죽게 만드는 경우와 마찬가지이다. 그렇지만 물건을 발견한 사람이 그것을 사용한다면, 그에게 책임이 있다. 왜냐하면 그것은 횡령이기 때문이다. 따라서 종이를 발견한 사람이 그것을 물에 집어넣는 것처럼 고의적으로 잘못 사용해도 마찬가지이다. 그러나 부주의하게 보관한 것에 대해서는 법은 그를 처벌하지 못한다"고 판결했다.

[80] 제7강을 보라.
[81] 헨리 6세 『연감』 19권 49에 있는 패스턴(Paston) 판사의 견해. 또한 *Rogers v. Head*, 크룩(Croke)의 『판례집』 제임스 1세 262; 다시 언급될 *Rich v. Kneeland*, 크룩(Croke)의 『판례집』 제임스 1세 330 등을 보라. 헨리 4세 『연감』 11권 445에서 숙박업자는 일반숙박업자여야 한다. "신분에서 계약으로의 이전"이 발생했음을 보여주는 블랙스톤(W. Blackstone)의 『잉글랜드법에 대한 주석』 3권 165를 추가로 보라.

을 수행하는 과정에서 발생하는 손해는 특례소송을 유지시킬 수 있다는 원칙은 또한 보관관계와는 전적으로 독립적이다. 그 원칙은 요구에 따라 자신들의 기술을 실천하고 그 기능을 보여주는 공적인 혹은 "일반적인" 업무를 실행하는 사람들의 일반적 의무를 표현했다. 피츠허버트가 언급하듯이, "왜냐하면 모든 기술자 각자가 자신의 기술을 올바르고 진실 되게 실행하는 것은 그들 각자의 의무이기 때문이다."[82]

피고의 작위뿐만 아니라 부작위에 의해 손해가 발생했을 때도 손해에 대한 특례소송이 성립한다는 것이 그렇게 정립되었을 때, 비록 태만한 보관이 재산의 파괴로 결과한다 해도, 특례소송을 거부할 이유는 전혀 존재하지 않았다.[83] 이것으로부터 유일한 다음 단계는 보관수탁자에 의한 모든 손실소송에 동일한 소송 형식을 확대·적용하는 것이며, 그에 따라 자신의 결백을 선서할(wage his law)[84] 피고의 권리를 회피시키는 것이었다. 초기적 구제책인 불법점유동산반환청구소송은 초기적 소송절차의 흔적을 유지했다. 마지막 확대·적용은 **사우스코트 판례** 당시 즈음에 이루어졌다.[85] 그러나 동일한 소송 형식이 보관수탁자의 태만에 의한 손해

---

[82] 피츠허버트(Fitzherert)의 『잉글랜드법의 새로운 본질』 94 D; 아래에 있는 본서의 pp. 287~288.
[83] 헨리 4세 『연감』 7권 14; 에드워드 4세 『연감』 12권 13, 판결문 9, 10; 다이어(Dyer)의 『판례집』 22 b.
[84] (옮긴이 주) '자신의 결백을 선서한다'('wage his law,' 'compurgation,') 또는 '결백의 선서'(wager of law)는 중세법에서 주로 사용되었던 피고의 변론방식이다. 피고가 선서를 하고 그의 선서가 사실이라는 것을 믿는다고 선서하는 여러 명의 증인을 내세움으로써, 피고는 자신의 결백 혹은 책임 없음 즉 면책을 주장할 수 있다.
[85] 그 과정은 다음과 같은 순서로 읽음으로써 추적할 수 있다. 헨리 7세 『연감』 2권 11; 케일웨이(R. Keilway)의 『판례집』 77 b, 마지막까지(헨리 7세 21년); 앞의 책 160, 판결문 2 (헨리 8세 2년); *Drake v. Royman*, 사빌(Savile)의 『판례집』 133, 134 (엘리자베스 1세 36년); *Mosley v. Fosset*, 무어(F. Moore)의 『판례집』 543 (엘리자베스 1세 40년); 헨리 롤(H. Rolle)의 『요약문』 1권 4, F, 판결문 5; *Rich v. Kneeland*, 크록(Croke)의 『판례집』 제임스 1세 330 (제임스 1세 11년).

나 파괴에 대해 적용되었고 또한 부당행위자에 의한 손실, 즉 보관수탁자가 구제책을 보유하는 그런 손실에 대해서도 그렇게 마찬가지로 사용되었을 때, 피고 의무의 근거와 성격에 대한 혼동이 나타났다.

사실상 두 가지 유형의 의무가 존재했다. 하나는 방금 설명한 것처럼 피고의 인수 혹은 공적 직업에서 발생하는 임무로 보관수탁자에게만 고유하지 않은 의무이다. 다른 하나는 고대의 의무로서 **사우스코트 판례**가 한 사례가 되는 보관수탁자들에게만 고유한 의무이다. 그러나 보관수탁자의 어떤 의무는 보관관계 계약의 일부로 간주될 수 있었으며, 인수가 계약에 적절하게 되고 또한 약인 학설이 발전하게 된 이후(둘 다 코크 경 시대에 발생했다)에는, 약인과 특약(special promise)[86]이 주장될 수 있다면, 방금 언급한 두 가지 유형의 의무들을 명확하게 구분할 필요는 없는 것처럼 보인다. 더 나아가, 이전에는 피고의 공적 직업은 그를 불법행위로 기소할 목적을 갖는 인수와 유사한 효과를 가지고 있었으므로, 그를 인수로 책임 지우기 위해, 이제는 그 공적 직업은 특약에 동등하게 갈음하는 훌륭한 대안으로 생각되는 것 같다. **로저스 대 헤드 사건**[87]에서 그

(옮긴이 주) Mosley v. Fosset(1598): 피고가 안전하게 보호하도록 피고에게 맡겨진 말을 과실에 의해 잃어버렸고 모르는 사람에 의해 탈취된 건에 대한 특례소송에서, 왕립법원의 판사 모두는 말을 안전하게 보호하라는 특별한 인수 없이는 소송이 성립하지 않는다고 판결했다.

[86] (옮긴이 주) 특약(special promise)은 특별한 조건을 붙인 약속이며, 원래의 기본적인 운송계약이나 보험계약을 확대하거나 보완하거나 혹은 축소하는 특별한 계약을 지칭한다.

[87] 크록(Croke)의 『판례집』 제임스 1세 262 (제임스 1세 8년). *Williams v. Hide*, 팔머 (Sir Gefrey Palmer)의 『판례집』(*Les Reports*, 1678) 548에 있는 메이나드 (Maynard)의 진술; *Symons v. Darknoll*, 앞의 책 523, 그리고 아래의 다른 사건들을 비교하라. 헨리 롤(H. Rolle)의 『요약문』 1권 4, F, 판결문 3. *Mosley v. Fosset*, 무어 (F. Moore)의 『판례집』 543 (엘리자베스 1세 40년)은, 애매하게 기록된 사건으로, 가축 위탁 사육인의 혐의 사실이 잃어버린 말에 대한 인수였던 것 같으며, 그 사건은 **부수적으로** "그런 특별한 인수 없이는 가축 위탁 사육인에 대한 소송이 성립되

논점은, 어떤 사람을 인수로 제소하기 위해서는, 당신이 인도 시점에서 그의 공적 직업을 입증하거나 충분한 약인에 의거한 특약을 입증해야 한다는 것이었다. 이런 논점은, 당신이 그의 공적 직업을 주장하거나 그의 보수와 특약을 주장함으로써, 예컨대 일반운송업자처럼 공적인 업무를 수행하는 과정에서 물건을 수령한 보관수탁자가 위의 두 가지 유형의 의무 중 어느 하나의 위반에 대해 이런 형식의 소송에서 기소될 수 있다고 전제한다. 일반운송업자가 아닌 어떤 사람이 특별한 소송에서, 즉 인수와는 구별되는 사건에서, 인도하지 않은 것에 대해 기소될 수 있다는 것은, 앞에서 반복적으로 판결되고 있듯이 그 판결 이래로, 정당한 것으로 인정되는 것 같다.

다음으로, 원고가 불법행위를 이유로 특례소송을 제기했다고 가정하자. 이전과 마찬가지로, 문제의 의무 위반은 그 소송 형식으로 항상 제소되던 재산상 손해일 수 있거나, 이전에는 불법점유동산반환청구소송의 대상이었고 보관관계라는 이유만으로 보관수탁자에게 책임 지우는

지 않는다"고 주장한다. **사우스코트 사건**을 판결한 판사들이 그 판결에 참여했으므로, 그 주장은 소송 형식을 언급해야 한다. 추가로 Evans v. Yeoman, 클레이튼 (Clayton)의 『순회재판의 판례집』 33을 보라.

(옮긴이 주) Rogers v. Head(1610): 피고는 일반운송업자이고 3파운드를 목적지에서 원고에게 안전하게 전달하도록 부탁받았으나 그는 이를 이행하지 않았다는 건에 관한 인수소송. 피고는 지금은 일반운송업자이나 당시에는 단순한 운송업자였으며, 특정한 운임을 받지 않았으므로 인수소송에 해당되지 않는다고 항변했다. 법정은, 어떤 사람이 다른 사람을 위해 운송료를 받고서 물건 운송을 맡고 그가 그 운송을 이행하는 데에 태만했다면, 비록 그가 일반운송업자가 아니라고 해도, 그 사건에 대한 소송은 유지될 수 있다고 원고 승소를 판결했다. 합리적인 운임을 받기로 한 계약은 소송을 유지하는 데 충분하다는 판결이다.

(옮긴이 주) Evans v. Yeoman(1633): 증거에 관한 소송. 원고가 피고에게 양도증서를 양도했고, 이 증서를 다시 돌려준다는 명시적인 약속이 없는 한 이 소송은 성립하지 않는다고 판결되었다. 약속이 10일 이내에 그 증서를 재양도하는 것이라면 이것이 입증되어야 하고, 재양도에 대한 더 이상의 증거 없이 양도했다는 것만을 입증하는 것으론 충분하지 않다고 판결되었다.

절도에 의한 손실일 수도 있다. 물건을 도둑맞았다면, 보관수탁자의 책임은 그의 공적 직업이나 그의 인수와 그의 태만에 의존했던 것이 아니라, 그가 물건을 인도받았고 또한 그 물건이 사라졌다는 드러난 사실관계에서 발생하며, 그 경우 그 책임은 원고 진술서에 그런 사실관계를 주장하는 것만으로도 충분했다.[88] 그러나 비록 소송의 범위가 확대된 이후일지라도, 그 책임의 좀 더 제한적인 적용에 있어서 오랫동안 존중받아온 특례소송의 근거들은 매우 자연스럽게 변론 진술에도 여전히 존재했다. 우리는 나중에 **사우스코트 판례**의 원칙이 그 판례의 범주 내에 해당되지 않는 특례소송에 대해서는 반대 방향으로 확대·적용되지 않았는지를 검토해야 할 것이다. 보관수탁자 수중에 있는 재산을 부당하게 탈취한 것에 대한 소송권리를 소유자가 확보했을 때, 그 판례가 정립했던 그 규칙의 이유들은 고디 판사와 클렌치 판사가 태어나기 수 세기 전에 그 의미를 상실했으며, 그 규칙 자체는 그 정신이 떠나버렸으므로 글자 그대로 따르기 쉬울 것 같은 무미건조한 선례였다. 보관수탁자가 그 규칙을 회피하는 조건으로 일들을 인수하라고 판결기록 작성자가 경고했을 때, 그 규칙은 비틀거리기 시작했다.[89]

그에 따라 특별한 책임이 보관수탁자에게 부과될 때마다, 비록 그 판례[90]가 **코그스 대 버나드 판례**[91] 이전까지 백 년 동안 인용되었던 주요 판례였다 해도, 우리는 때때로 초기 선례들처럼 인수소송이 제기된 것을

---

[88] *Symons v. Darknoll* 그리고 아래에 있는 *Morse v. Slue*에 있는 둘째 제소조항을 보라. (*Morse v. Slue* 사건은 과실에 관한 항변이 단순한 형식이 되고 있음을 보여준다.) *Lane v. Cotton*, 살켈드(W. Salkeld)의 『왕립법원의 판례집』 1권 18, 맨 위를 참고하라.
[89] 본서의 앞에 있는 pp. 251~252.
[90] (옮긴이 주) *Southcote's Case*(1601).
[91] (옮긴이 주) 1703년 판례.

발견하거나,[92] 더욱 빈번하게는 문제의 불법행위의 특별한 성격에 대한 별다른 검토 없이 일반 거룻배 선주 혹은 일반운송업자 혹은 그와 유사한 직업을 가진 사람이 보관수탁자라고 진술된 것도 발견하게 된다. 그리고 그런 진술의 진정한 취지도 때때로 잊히게 되었음도 알 수 있다. 그러나 처음에는 약간의 혼동의 징후가 한두 판례의 문구에서만 있었다. 그리고 그 의무가 **사우스코트 판례**의 원칙 범주에 해당한다고 생각한다면, 변론 진술자들은 불필요하다고 생각했던 일반적이거나 공적 직업을 항상 주장하지는 않았다.[93] 그러나 그들은 또한 특례소송의 선례들에서 다른 방책들을 채택하거나, 그들이 잘 이해하지 못했던 의무를 강화하기 위해 그렇게 하기도 했다. 팝햄(Popham) 재판장은 유급 보관수탁자와 무급 보관수탁자 간의 구분을 인정했으며, 그에 따라 보수 지급을 명시하는 것이 현명하다고 생각했다. 과실은 물론 제소조항으로 주장되었고, 최종적으로 왕국의 법과 관습에 따라 의무에 대한 주장이 빈번하게 등장했다. 이 마지막 것은 좀 더 많은 관심을 받을 만하다.

---

[92] *Boson v. Sandford*, 쇼어(B. Shower)의 『왕립법원의 판례집』(*Reports of Cases adjudged in Court of King's Bench*, 1794) 1권 101; 아래에 있는 *Coggs v. Bernard*. (옮긴이 주) *Boson v. Sandford*(1691): 원고가 배의 일부 소유자들에게 물건의 운송을 맡겼는데, 그들이 부주의하여 물건이 손상되었다. 원고가 일부 두 소유자를 상대로 소송을 제기했다. 판결 내용은 세 가지이다. ① 배의 선장은 법의 관점에서 소유자들의 피고용인이고, 소유자들은 운임의 관점에서 선장의 고용주로서 책임이 있다. 왜냐하면 다른 사람을 고용한 사람은 그 사람에 대해 책임져야 하기 때문이다. ② 모든 소유자는 책임이 있다. 왜냐하면 그들은 계약의 관점에서 고용주로서 책임이 있고 또한 운임에 대해 모두 동등하게 권리 자격을 갖기 때문이다. 그들 모두는 소송에 함께 참여해야 한다. ③ 이 사건은 불법행위(ex delicto)소송이 아니라 계약에 관한 소송(ex quasi contractu)이고, 그것은 한 사람이 아니라 모두의 계약이며, **신탁 위반**(breach of trust, 즉 계약 위반) 이외에는 다른 불법행위는 없었다. 따라서 법정은 모든 소유자가 참여하지 않았다는 이유로 피고 승소를 판결했다. 이 판결은 *Gweth v. Radnidge*(1802)에 의해 번복되었다.
[93] 아래에 있는 *Symons v. Darknoll*을 참고하라.

법정기록부에는 왕국의 관습에 따른 일반운송업자의 특별한 의무를 주장하는 영장은 존재하지 않는다. 그러나 숙박업자에 대한 영장에는 "잉글랜드법과 관습에 따른" 의무를 규정했으며, 그 문구를 인용하는 일은 용이했다. 그 문구는 특별한 원칙의 존재를 함축한다기보다는 오히려 그 당시 통상적인 형식으로 법의 명제를 설명했다. 동일한 방식으로 보통법적 의무를 진술하는 다른 불법침해소송 영장이 있으며, 또한 성문법적 의무를 진술하는 다른 영장들도 있다.[94] 따라서 "판사들은 잉글랜드법과 관습에 따라 정의를 실행할 것을 선서했다."[95]

초기 증거에 따르면 일반운송업자의 의무는 공적 직업을 수행하는 데에 일반적으로 따라오는 책임과 더불어 일반적인 보관수탁자의 의무일 뿐이었다. "일반적"(common)이라는 단어 자체는 위에서 보여준 대로 공적 직업을 수행하는 데 따르는 의무의 요점만을 가리킨다. 의무가 그렇게 규정될 때, 이런 보관수탁자의 의무는 그 의무가 그런 일반운송업자에게 고유한 의무로서 진술되는 것이 아니라 관련 당사자의 사업에 따라 일반 거룻배 선주, 일반 나룻배 선주 등등에 관한 관습법으로 정립되었다는 사실에 의해 추가로 예시된다. **코그스 대 버나드 사건**에서 홀트 재판장이 공적 직업을 수행하면서 보수를 수령하는 모든 보관수탁자에게 그 책임이 적용 가능하다고 진술했다는 것은 주목할 만하고, 또한 일반 거룻배 선주나 배의 선장들을 일반운송업자에 포함할 수는 없으나 일반운송업

---

[94] 『판례 요약집』(*Registrum Brevium tam Originalium, Quam Jucialium*, 1687) 92 b, 95 a, 98 a, 100 b, 104 a. 또한 에드워드 2세 『연감』 19권 624; 에드워드 3세 『연감』 30권 25, 26; 헨리 4세 『연감』 2권 18, 판결문 6; 헨리 6세 『연감』 22권 21, 판결문 38; 에드워드 1세 『연감』 32 & 33권, xxxiii.; 브루너(H. Brunner)의 『배심 재판의 기원』 177; 앞의 책, 프랑스어판, 「어음소지인」, 9, 주 1 등도 참고하라.

[95] 코크(Coke)의 『판례집』 12권 64.

자와 동등한 수준에서 언급하고 있다는 것도 주목할 만하다. 문제의 의무에 대해서는 정착된 어떤 공식도 없었지만, 각각의 사례에서 피고가 특정한 사안에서 행하거나 행하지 않기로 언급했던 것에 책임지도록 규정되었다는 것은 그 시대 이전의 판례들에서 주목할 만하다.[96]

이제 잇따라 등장하는 판례들로 돌아가서, 다음 차례는 **리치 대 니랜드 사건**[97](제임스 1세 11년, 1613년)이다. 이 사건은 일반 거룻배 선주에 대

---

[96] 다음에 나오는 사건들 외에도, *Chamberlain v. Cooke*, 벤트리스(P. Ventris)의 『왕립법원의 판례집』 2권 75 (윌리엄 3세 & 메리 2세 1년)에 있는 원고 진술서를 살펴보고, 특히 본서에서 바로 다음에 설명되는 *Morse v. Slue*에서 원고 진술서의 변형을 주목하라.
(옮긴이 주) *Chamberlain v. Cooke*(1688): 운송하도록 인도된 물건을 잃어버린 일반운송업자를 상대로 한, 잉글랜드 관습에 대한 특례소송. 원고는 다양한 물건(황금 단추 몇 세트, 터키석과 석류석 한 세트 및 다른 물건들)을 소유하고 있었고, 그것들을 피고에게 인도하면서 버리에서 런던으로 운반하여 원고에게 안전하게 인도하도록 요청했으며, 운송에 대한 대가를 지급했는데, 피고가 태만하여 그 물건들을 잃어버렸다. 피고가 무죄라고 주장했으나 원고의 승소가 평결되었고, 피고는 원고의 진술이 불충분하다고 항변하면서 판결의 정지를 요청했다. 법정은, 한 세트는 그런 물건들을 취급하는 사람들에게는 잘 알려질 정도로 확실하고 또한 그런 세트에는 몇 개의 보석이 놓여있는지도 잘 알려져 있기 때문에, 원고 진술서가 아주 충분하다고 판결하면서, 원고 승소를 판결했다.

[97] 호바트(H. Hobart)의 『판례집』 17; 크록(Croke)의 『판례집』 제임스 1세 330. 또한 *George v. Wiburn*, 헨리 롤(H. Rolle)의 『요약문』 1권 6, 판결문 4(1638년)를 보라.
(옮긴이 주) *Rich v. Kneeland*(1613): 피고는 일반 거룻배 사공이고, 원고가 가방과 50파운드를 피고에게 건네고 자기에게 운송하도록 하고 운송료로 2펜스를 주었으며, 피고가 그렇게 부주의하게 보관하여 모르는 사람에 의해 그것이 탈취되어 분실되었다. 피고는 자신이 일반 거룻배 사공이고 그것을 수령한 것을 인정했지만, 그것의 운송을 두려워하여 그것을 제삼자에게 인도했으며, 원고에게도 그것을 알렸고, 원고도 그것에 동의했으며, 그에 따라 피고는 그 운송에 대해 면책된다고 항변했다. 원고는 그를 면책시키지 않았다고 반박했고, 그에 대한 피고의 항변이 있었고, 원고 승소가 평결되었다. 판결오류심사소송 영장에 의거해 항소심에서 재심이 이루어졌고, 첫째로, 특약이 없으면 이 소송은 일반 거룻배 사공에 대해서는 성립하지 않지만, 모든 판사는 육상의 일반운송업자에 대해서는 그 소송이 잘 성립한다고 판결했다. 둘째로, 그들은 원고의 반박이 적절했다고 판결했다. 즉 제삼자에게 물건 인도에 대한 원고의 승낙은 중요하지 않다고 판결했다. 환언하면 원고는 면책(discharge)까지는 승낙하지 않았다는 것이다. 그에 따라 원심판결이 지

한 특례소송(불법행위)이었다. 크룩의 판결문에는 관습에 대해서는 아무 것도 언급되지 않았지만, 원고 진술서는 피고가 일반 거룻배 선주였고, 원고가 그에게 옮길 가방 등을 인도했고, 운임을 지급했으며, 피고가 **그 렇게 부주의하게 보관했고**, 아래에서 언급되는 **모스 대 슬루 사건**[98]에서 둘째 제소조항(count)[99]처럼 그 가방이 모르는 사람에 의해 탈취당했다고 기술한다. 원고 진술서에 이의가 제기되었으나, 원고가 승소 판결을 받았다. 판결오류심사소송[100] 영장(writ of error)이 발부되었고, "특약이 없다면 이

지되었다.
(옮긴이 주) *George v. Wiburn*(1638): 헨리 롤의 『요약문』 1권 6에 있는 판결문 4에 따르면, "내가 일반운송업자에게 물건을 주면서 어떤 장소로 운반해 달라고 했고 그 후에 그 물건이 도난되었다면, 이것은 동산횡령회복소송을 가능하게 만드는 횡령은 아니지만, 물건을 안전하게 운반하고 인도해야 한다는 왕국의 관습에 따라 운송업자에 대한 특례소송이 성립한다."
[98] (옮긴이 주) *Morse v. Slue*(1671, 1672): 원고가 그렇고 그런 물건들을 안전하게 운송하도록 선장(피고)에게 인도했다. 피고는 4명의 보초를 세우고 물건들을 잘 감시하도록 했으나, 배가 출항하기 전에 도둑맞았다. 선장이 이런 손실에 대해 책임져야 하는가에 대해 피고 측 주장에 따르면, 첫째로 아무런 태만도 발견되지 않았고, 통상적인 보초를 세웠으며, 그에 따라 선장에 대한 소송의 소인이 전혀 존재하지 않아서 원고가 그 손실을 감당해야 하며, 둘째로 소송이 성립한다면, 임금을 받고 있는 피고용인에 불과한 선장이 아니라 운임을 수령한 소유자를 상대로 소송이 진행되어야 하고, 이 사건은 거룻배의 사례와는 상이하다는 것이다. 왜냐하면 거룻배 소송에서는 거룻배 사공이 원고에게서 운임을 받았고 거룻배의 소유자이기 때문이다. 비록 승무원들이 강력한 강도에게 제압당했고 선장과 소유자가 사기나 잘못에 대해 아무런 죄가 성립되지 않는다 해도, 두 사람은 공서양속을 이유로 그리고 강도나 도둑과의 공모를 방지하기 위해서도 원고 승소가 판결되었다. 또한 본 사건은 거룻배 사례와 조금도 다르지 않다고 판결되었다.
[99] (옮긴이 주) 제소조항(count)은 소송을 유발하는 소송의 원인(소인)을 진술하는 각각의 항목이나 형사소송에서 각각의 혐의 항목을 지칭한다.
[100] (옮긴이 주) error(판결오류, 판결오류심사소송): 심리 중에 실체법의 적용이 잘못되거나 소송절차에 문제가 생기거나 사실관계가 뒷받침되지 않은 법률이 적용되는 등으로 인해 판사가 잘못된 판결을 내린 경우를 판결오류라고 말하며, 패소한 당사자가 그 판결오류에 근거해 제기하는 소송을 판결오류심사소송이라고 한다. 상급법원의 다수 판사가 소송절차 혹은 법 적용 등에서 판결오류를 발견한다면 하급법원의 판결오류를 전적으로 혹은 부분적으로 번복하고 지침과 더불어 사건

소송은 일반 거룻배 선주에게는 성립하지 않는다. 그러나 판사들과 남작들[101] 전원일치로 그 소송이 육상 일반운송업자에 대해 성립하는 것처럼 해상 일반운송업자에 대해서도 잘 성립한다고 판결했다"고 기술되어 있다. 이 판결문에 따르면, 처음에는 중요성이 공적 직업에 주어진 것처럼 보인다. 그러나 그 적용에 있어서 특약이나 공적 직업을 요구하지 않았고 또한 지난 75년 동안 전혀 문제없는 법으로 남아 있었던 **사우스코트 판례**의 원칙 범주에 언급된 손실이 분명히 포함되어 있으므로, 법정은 채택된 소송 형식(특례소송)을 언급해야 했지만, 일부 소송 형식(불법점유동산반환청구소송)에서는 피고의 책임을 언급하지 않았다. 그 반론은 피고가 책임이 없다는 것이 아니라 "특약이 없다면 이 소송이 성립하지 않는다"는 것이었다. 비록 그렇게 범위를 좁히더라도, 이런 소송 형식이 좀 더 오래되고 익숙하게 사용될 때, 태만에 기인한 손해를 어떤 사람에게 책임 지우기 위해 필요했던 진술들이 이 소송 형식을 이렇게 새롭게 다른 부류의 부당행위로 확대·적용하는 데 또한 필요하다는 생각은 오히려 지지받고 있다. 이제 특례소송이 의무불이행에 적용된다는 것이 상당히 분명해짐에 따라, 그 생각은 잘못 오해된 것이었고, 우리는 그 생각이 그 이후의 판결에서 거부되었음을 보게 될 것이다.[102]

호바트(Hobart)[103]의 『판례집』에 따르면, 피고는 해상 운임을 받고 물건

을 하급법원으로 반송할 수 있다.

[101] (옮긴이 주) 남작(Baron)은 잉글랜드 귀족 중 가장 낮은 직위에 속하는 것으로 알려져 있고, 왕이나 상위 귀족에게 군사적 봉사에 의해 토지와 함께 작위가 부여됐지만, 재정법원(the Court of Exchequer)의 판사들도 남작 작위를 부여받았다.

[102] 이 사건이 후대에 활용된 바에 따르면, 더 오래된 서적에서 실체법의 원칙들과 소송절차에만 관련된 규칙들을 구분하는 것이 얼마나 어려운지를 알 수 있다.

[103] (옮긴이 주) Henry Hobart(1560~1625)는 코크(Edward Coke, 1552~1634)를 승계하여 민사법원의 재판장(1613~1625)을 역임했고, 호바트의 『판례집』(*Reports of Cases in the Court of Common Pleas*)은 그의 사후 1641년부터 1724년까지 여러 학

을 운반하는 일반 거룻배 선주였고, 잉글랜드 관습에 따라 그런 운송업자는 물건을 보관할 의무가 있으며, 그에 따라 자신이나 고용인들의 잘못으로 그 물건이 상실되어서는 안 된다고 주장되었다. "그리고 비록 그것이 왕국의 관습으로 정립되었다 해도, 아직도 그것은 사실상 보통법이다"라고 판결되었다. 이 마지막 판결은 오래전 숙박업자들에 대해 언급되었듯이 왕국의 관습과 보통법은 동일하다는 것만을 의미할 수 있다.[104] 그러나 영장에 있는 왕국의 관습이라는 숙박업자에 관한 법은 그들의 책임을 보관하지 않은 숙박업소 내의 물건에까지 확장했으므로, 그 법은 보관관계법을 넘어서서 확장된 특별한 원칙의 모습을 어느 정도 띠고 있었다. 그리고 법정은 현재 사건을 규제하는 보관관계에 관한 보통법 혹은 일반법과 그런 특별한 원칙 간의 대조적인 모습을 보이려 의도했을 수 있다.

크록의 표현 일부 그 자체만 놓고 볼 때 그 표현이 어떤 의문을 제기하든, **우드라이프 사건** 이후 거의 1세기 동안 잃어버린 물건에 대한 운송업자의 책임이, 왕국의 관습이나 피고의 공적 직업이 주장되었든 그렇지 않든, 판례에 따라 정해졌고 **사우스코트 판례**의 원칙에 따라 결정되도록 의도되었다는 사실은 논란의 여지가 없는 것으로 남아있다.

사이먼즈 대 다크놀 사건[105](찰스 1세[106] 4년, 1628년)은 정확히 적절한

자에 의해 발간되었다. 홈스는 저먼이 1646년에 편집했고 E. Chilton에 의해 수정 및 보완된 『호바트의 판례집』(*The Reports of that Reverend and Learned Judge, the Right Honorable Sir Henry Hobart*, 5th ed. edited by P. Jerman, 1724)을 인용하고 있다.
[104] 헨리 6세 『연감』 22권 21, 판결문 38; 본서의 앞에 있는 p. 264, 주 94.
[105] 팔머(Sir Gefrey Palmer)의 『판례집』 523.
(옮긴이 주) *Symons v. Darknoll*(1628): 원고의 물건을 잃어버린 것에 대해 일반 나룻배 선주가 아닌 나룻배 선주를 상대로 하는 소송. 왕립법원은, 비록 계약은 없었다 해도, 원고는 피고의 과실에 대해 손해를 배상받을 수 있다고 판결했다. 하이드 재판장은 추가로 "물건의 인도가 곧 계약을 체결하는 것"이라고 언급했다.
[106] (옮긴이 주) Charles I(1600~1649, 재위 1625~1649)는 제임스 1세의 둘째아들이다.

사례이다. 원고는 보통법에 따르면 모든 나룻배 선주가 자신의 나룻배를 그렇게 잘 관리해서 그 안에 옮겨진 물건들이 사라지지 않도록 해야 한다고 진술했다. "그리고 어떤 약속도 맺어지지 않았지만, 법정 입장에서는 원고가 보상받아야 한다는 것이고 피고가 일반 나룻배 선주였다고 주장하지 않는 것은 전혀 문제가 되지 않는다. 하이드 재판장(Hyde)[107]은 인도는 계약을 성립시킨다고 했다." 이것은 인도가 약속에 대한 훌륭한 약인이었다는 의미가 아니라, **사우스코트 판례**에서 확립된 것처럼 자신의 물건처럼 보관하도록 하는 특별한 인수가 없어도 인도는 보관수탁자로 하여금 안전하게 보관할 의무를 형성시키고, 그에 따라서 인수나 피고의 공적 직업에 대한 주장을 불필요하게 만든다는 의미이다. 위틀락 판사(Whitlock)는 소송이 계약에서 기인했던 것이 아니라 불법행위에서 기인했다는 사실에 주목할 것을 요구했다. **"그리고 이 사건에서 … 사우스코트 판례가 인용되었다."**

같은 해 **윌리엄스 대 하이드 사건**[108]에서 **변론하던** 메이나드(Maynard) 변호사는, 다시 **사우스코트 판례**를 인용하면서, 일반적인 보관관계에 관해 동일한 규칙을 언급했다.

청교도에 대한 탄압과 의회와의 알력으로 결국 내전이 발발하고 왕당파가 패배하여 그가 스코틀랜드로 떠나면서 의회파가 권력을 장악했다. 의회파는 찰스 1세가 입헌군주제를 수용하길 기대했으나 그가 거부하면서 1649년 대역죄로 사형을 선고받고 처형되었으며, 청교도혁명의 지도자 크롬웰에 의해 공화정이 세워졌다.

[107] (옮긴이 주) Nicholas Hyde(1572~1631)는 잉글랜드 의회 의원을 지냈으며(1597~1626), 왕의 변호사(1627), 왕립법원의 재판장(1627~1631)을 역임했다. 그는 의회에서 행해진 행위에 대해 책임을 추궁하고자 의원들을 소환할 수는 없다는 의원특권을 인정하지 않았다.

[108] 팔머(Sir Gefrey Palmer)의 『판례집』 548.
(옮긴이 주) *Williams v. Hide*(1624): 원고가 말을 피고에게 인도했고, 피고는 원고가 요청하면 재인도하기로 약속했다. 말이 병들어서 죽었고 피고는 인도를 거절했다. 신의 행위에 의해 불이행되었으므로 피고의 면책이 판결되었다.

강도를 당했다고 주장하면서 "상자를 배달하지 않은 시골 운송업자에 대한 특례소송"인 **켄리그 대 에글리스톤 사건**[109](찰스 1세 24년, 1648년)에서, 위 단어들이 그가 일반운송업자라는 것을 의미하지 않는 한, 관습에 관해 그리고 그가 일반운송업자라는 것에 관해 어떤 것도 언급되지 않았지만, **사우스코트 사건**처럼, 운송업자가 보관수탁자로서의 책임을 경감하려면 "운송업자 입장에서는 특별한 인수를 해야 한다"고 진술되었다.

니콜즈 대 무어 사건[110](찰스 2세[111] 13년, 1661년)은 헐과 런던 사이를 다니는 수상운송업자에 대한 소송으로 요크에서 피고에게 물건이 인도되었다. 피고가 요크에서 헐까지 물건을 운송하는 일을 착수하지 않았다는 판결에 대해 피고가 판결 보류를 신청했다. "그러나 그 신청을 수용하는 **전원합의체 법정의 도움**에도 불구하고 피고는 **사우스코트 판례**에 따라 요크에서의 일반적인 인수에 따라 책임져야 할 것이다."

매튜스 대 홉킨스 사건[112](찰스 2세 17년)에서 원고가 일반운송업자를

---

[109] 알린(Aleyn)의 『왕립법원의 판례집』 93.
(옮긴이 주) *Kenrig v. Eggleston*(1648): 원고가 운송업자에게 '상자에 책과 담배가 들어 있다'고 말했지만 사실은 그것 외에 100파운드도 들어 있는 상자를 인도했다. 상자가 분실되었고, 운송업자는 그 돈에 대해 책임이 있다고 판결되었다. 헨리 롤(Rolle) 재판장은 "비록 원고가 운송업자에게 상자의 내용물 일부만 말하고 돈에 대해서는 언급하지 않았다 해도, 운송업자는 그럼에도 돈에 대해 책임져야 한다. 왜냐하면 원고는 상자 내의 모든 특별한 내용을 언급할 필요가 없기 때문이다. 그러나 운송업자 입장에서는 특별한 인수를 해야 했다"라고 배심에 지시하면서, 내용물을 속인 것에 대한 손해배상에 대해서는 배심에 위임했다. 배심은 운임 3파운드를 공제한 금액 97파운드를 배상하도록 평결했다.

[110] 시더핀(T. Siderfin)의 『왕립법원, 민사법원 및 재정법원의 판례집』 1권 36.
(옮긴이 주) *Nicholls v. Moore*(1661): 피고는 운송 중에 잃어버린 물건의 운송에 대해 운임계약이 존재하지 않으므로 원고가 배상을 받을 수 없다고 항변했으나, 피고가 책임져야 한다고 판결되었다.

[111] (옮긴이 주) Charles II(1630~1685, 재위 1660~1685)는 찰스 1세의 아들이고, 크롬웰 사망 후 왕정복귀로 1660년 왕에 즉위했으며, 비국교회를 탄압하고 왕권을 강화하려는 정책을 취하여 1688년 명예혁명의 빌미를 제공했다.

상대로 왕국의 관습을 언급한 것은 합당했고, 피고는 판결 보류를 신청했다. 왜냐하면 왕국의 관습에 관한 잘못된 해석이 있었고, 피고가 인수시점에서 운송업자였다고 진술하지 않았으며, 또한 동산횡령회복소송과 관습에 따른 특례소송의 제소조항들이 결합되어 있었기 때문이다. 판결은 보류되었고 그 보류는 특례소송의 제소조항에 근거한 것처럼 보이지만, 법정은 다음과 같이 계속해서 언급한다. "그리고 원고 진술서가 왕국의 관습에 관한 설명 없이도 훌륭할 수 있다 해도, 호바트가 언급하듯이 그 관습을 상술하는 것은 여전히 더 나은 방법이다."

이제 우리는 유명한 **모스 대 슬루 사건**[113](찰스 2세 23~24년, 1671년,

---

[112] 시더핀(T. Siderfin)의 『왕립법원, 민사법원 및 재정법원의 판례집』 1권 244. 또한 *Dalston v. Janson*, 로버트 레이먼드(R. Raymond)의 『왕립법원과 민사법원의 판례집』 1권 58도 참고하라.
(옮긴이 주) *Matthews v. Hopkins*(1676): 원고가 운송업자를 상대로 동산횡령회복소송과 특례소송을 제기한 사건. 원고는 왕국의 관습에 관해 진술했고, 피고가 **5월 10일**에 일반운송업자였으며, 원고가 **5월 6일**에 50파운드를 인도하면서 운송해주도록 요구했으나, 피고가 과실로 그렇게 하지 못했다. 원고는 동일한 금액에 대해 동산횡령회복소송과 특례소송을 제기했고, 피고는 무죄를 진술했으며, 원고 승소 평결이 내려졌으나, 판결 보류가 신청되었다. 판결 보류 이유로, 원고가 왕국의 관습을 잘 설명하거나 보여주지 못했고, 물건의 인도 시점에 피고가 운송업자였음을 진술하지 않았으며, 동산횡령회복소송과 특례소송이 결합될 수 없다는 것(전자는 불법행위에, 후자는 관습에 의거한다) 등이다. 법정은 원고 진술서와 평결이 잘못되었다고 판결했다. 왜냐하면 무죄가 두 가지에 대해 주장될 수 있고, 평결이 일반적으로 원고에게 유리하도록 주어질 수 없기 때문이다.
(옮긴이 주) *Dalston v. Janson*(1695): 일반운송업자를 상대로 하는 왕국의 관습에 근거하는 특례소송과 동산횡령회복소송이 결합된 소송. 피고의 무죄 변론에 대해, 원고 승소 평결이 주어졌으나, 이 소송이 결합될 수 없다는 이유로 판결 보류가 신청되었다. 왜냐하면 관습에 근거한 소송이 불법행위에 근거한 것처럼 보일지라도, 그것은 계약에 근거하며, 계약에 근거한 소송은 동산횡령회복소송처럼 불법행위에 근거한 소송과 결합될 수 없기 때문이다. 판결 보류가 판결되었다.
[113] 케블(Keble)의 『왕립법원의 판례집』 2권 866; 3 앞의 책 72, 112, 135; 레빈츠(C. Levinz)의 『판례집』 2권 69; 벤트리스(P. Ventris)의 『왕립법원의 판례집』 1권 190, 238; 『현대 판례집』(*Modern Reports*) 1권 85; 토머스 레이먼드(T. Raymond)의 『왕립법원, 민사법원 및 재정법원의 판례집』 220.

1672년)에 이르렀다. 이 사건은 템스 강에 정박한 배 선장을 상대로 그에게 맡겨진 물건을 잃은 것에 대한 소송이었다. 문제의 물건은 강도가 탈취했으며, 그 당시 배에는 평소와 같이 보초가 있었던 것으로 밝혀졌다. 두 가지 제소조항이 있는 것 같다. 첫째로 잉글랜드법과 잉글랜드 관습[114]에 따르면 배의 선장들은 "앞서 언급된 배가 템스 강에 머물러 있어야 하는 동안 선적된 물건을 조심스럽게 관리하고 보존하고 외부 침해로부터 방어하고,"[115] **"결과적으로** 그런 물건들의 **소실 대신에** 그런 물건들에 손상이 가지 않도록 (런던에서 바다를 건너 운송하기 위해 선적된 물건들을) 손실이나 감소 없이 안전하게 보관하며,"[116] 그리고 "바다의 위험을 예외로 할 경우, 그들에게 운송하도록 인도된 물건을 안전하게 보관해야 한다"[117](앞부분에 언급된 예외는 변론에서 언급된 선하증권의 일반약관을 인용하여 판례집 기록자에 의해 아마 작성된 것 같다)." 보통 간과되고 있는 둘째 제소조항은 "인도된 후 태만에 의해 물건을 도둑맞은" 특례소송의 특별한 제소조항이다.[118]

그 소송에는 두 번의 변론이 있었으며, 모든 판결문은 주장되는 핵심 쟁점에 관한 공식적인 진술에서 의견일치를 보이고 있다.

홀트[119]는 원고 측 변호사로서 다음과 같이 주장했다.[120] 첫째, **사우스코**

---

[114] 벤트리스(P. Ventris)의 『왕립법원의 판례집』 1권 190.
[115] 케블(Keble)의 『왕립법원의 판례집』 2권 866.
[116] 벤트리스(P. Ventris)의 『왕립법원의 판례집』 1권 190.
[117] 레빈츠(C. Levinz)의 『판례집』 2권 69.
[118] 케블(Keble)의 『왕립법원의 판례집』 2권 866. 또한 케블(Keble)의 『왕립법원의 판례집』 3권 74; 『현대 판례집』(*Modern Reports*) 1권 85; 토머스 레이먼드(T. Raymond)의 『왕립법원, 민사법원 및 재정법원의 판례집』 220 등도 살펴보라.
[119] (옮긴이 주) John Holt(1642~1710)는 1671년, 1672년의 **모스 대 슬루 사건** 당시에는 변호사로 활동했다.
[120] 케블(Keble)의 『왕립법원의 판례집』 3권 72.

트 판례를 인용하면, 선장은 일반적으로 물건을 수령한다는 것, 그리고 "법에 따라 관리권을 가지는 농노토지보유권(socage)[121]의 관리인 혹은 고용주의 처분에 따르는 피고용인인 중매인 등은 물건을 마음대로 관리할 수 없고, 그에 따라 그들만이 책임을 면제받는다는 것." 둘째, 선장은 보관 행위에 대해 보수를 수령하고, 그에 따라 소송 대상이 될 수 있는 적격한 사람이라는 것. 셋째, 왕립법원의 감옥의 집행관 판례를 인용하면, 선장은 손실에 대한 구제책을 보유한다는 것.[122] 상인들은 선장을 신뢰하므로, 선장이 책임지지 않는다면 그 손해는 엄청날 것이며, 선하증권에 명시하고 있듯이 특별한 의무불이행은 입증될 필요도 없고, 그에 따라 결국 태만은 인정되었다.

피고 측에서 보면, 어떤 태만도 발견되지 않았고, 선장도 피고용인일 뿐이며, 그 결과 누군가가 책임져야 한다면, 배의 소유자가 책임져야 한다는 반론이 제기되었다.[123] 또한 그 사건이 해사법 관할에 속했을 때, 그 물건이 해상에서 갈취되었다면 책임이 없었을 것이므로, 해상운송기간 내내 적용되어야 하는 해사법과는 상이한 다른 법이 항해의 시작에 적용되는 것은 불합리하다는 반론도 제시되었다.[124]

피고의 반론에 대해 원고 측에서 **사우스코트 판례**를 인용하면서 피고가 "일반적 보관관계에 관한 보통법에 따라" 책임이 있고 또한 로마법과

---

[121] (옮긴이 주) 농노토지보유권(socage)은 중세 봉건시대의 봉건적인 의무가 부여되는 토지보유권이며, 이런 토지를 보유한 농민은 그 보유에 대한 대가로 영주에게 주기적으로 일정한 생산물을 공급해야 하지만, 실제로는 보통 현금을 임대료로 지급한다.
[122] 헨리 6세 『연감』 33권 1; 본서의 앞에 있는 pp. 247~248..
[123] 케블(Keble)의 『왕립법원의 판례집』 3권 73. 이것은 토머스 레이먼드(T. Raymond) 경과 레빈츠(C. Levinz)에 의해 언급된 핵심이다.
[124] 『현대 판례집』(Modern Reports) 1권 85를 참고하라.

해사법에 따라 피고가 공적인 운송업자 및 배의 선장으로서 책임이 있다는 재반박이 제시되었다.

법정의 의견은 헤일(Hale) 재판장[125]에 의해 전달되었고, 다음과 같이 판결했다. 배가 카운티의 관내에 머물고 있으므로 해사법이 적용되지 않거나, 판결문[126]에 따르면 "**불가피한 손해에 대해** 선장에게 책임을 추궁하지 않는 민사법의 규칙을 선장에게 적용할 수는 없다"; 선장은 대가를 받으므로, 그 소송에 책임이 있다; "선장은 스스로 주의를 기울일 수 있는데, 그는 주의를 게을리하고 무턱대고 물건을 받아들였으므로, 그 후 발생한 일에 책임져야 한다."[127] 이 판결은 **켄리그 대 에글리스톤 사건**[128] 또한 참조했던 것 같다. 선장은 피고용인이 아니라 관리자이며, 그는 운임을 지급한 상인에게서 임금을 사실상 받는다는 주장이 추가로 언급된다. 마지막으로, 과실 문제에 관련해 배를 보호하기 위해 통상적인 숫자의 보초를 세우는 것만으로는 충분하지 않으며, **사우스코트 판례**의 원칙과 다른 형태의 보관관계에 관한 보통법의 원칙과 동일한 것으로 기억되는 감옥의 집행관 사건[129]을 인용한다면, 공공의 적들의 경우가 아니라면,

---

[125] (옮긴이 주) Matthew Hale(1609~1676)은 민사법원의 판사(1653~1659), 재정법원의 재판장(1660~1671) 및 왕립법원의 재판장(1671~1676)을 역임했고, 사후에 발간된 『잉글랜드 보통법의 역사와 분석』(*A History and Analysis of the Common Law of England*, 1713), 『왕국의 민사법원의 역사』(*Historia Placitirum Coronæ*, 1736)로 유명하다. 또한 그는 뇌물을 강력하게 거부했고 기존의 법을 뒤엎는 판결을 감행한 것으로 유명하다.

[126] 『현대 판례집』 1권 85, 주 a.

[127] 판례 요약문 여백에서 *Southcote's Case*를 인용하고 있는 벤트리스(P. Ventris)의 『왕립법원의 판례집』 1권 238. 또한 케블(Keble)의 『왕립법원의 판례집』 3권 135를 참고하라.

[128] 알린(Aleyn)의 『왕립법원의 판례집』 93; 본서의 앞에 있는 p. 270.

[129] (옮긴이 주) *Southcote's Case*(1601)에는 '감옥이 강도들에 의해 파괴되고 죄수들이 방면된다면, 간수는 그럼에도 책임이 있다. 왜냐하면 강도들에 대해 구제책이 있기 때문이다. 그러나 감옥이 여왕의 적들에 의해 파괴되었다면, 그렇지 않다'라

물건을 보호할 충분한 인원을 확보하지 않았다는 것은 태만이라는 주장이 제기되었다.[130]

이 사건에서 제기 가능한 주장은 이 사건이 일반운송업자나 선장들에 관한 어떤 특별한 관습에 의거하지 않았다는 것이며, 모든 법정의 변론과 견해가 가정하는 것처럼 그 사건이 변론을 위해 인용되는 민사법의 좀 더 관대한 규정들의 적용이 아니라 보통법의 적용을 받아야 한다면 그리고 피고가 소유자의 단순한 피고용인이 아니라 보관수탁자로 간주될 수 있다면, 그때 보관관계에 관한 일반법이 적용될 것이고, 피고도 **사우스코트 판례**처럼 "그의 일반적 인수에 따라" 책임져야 한다는 것이다.

그러나 약인이나 보상 없이, 원고에 대한 순수한 호의로 물건이 인수되었고 강도에 의해 피고에게서 탈취되었던 그런 사건이 자신 앞에서 일어났다면, 매튜 헤일 경처럼 그렇게 계몽된 판사도 『연감』에서 이탈하지 않을 것이라고 가정할 수는 거의 없다. 그런 사건은 펨버턴 재판장(Pemberton)[131] 앞에서 심리되었고, 그는 그런 극단적인 결과를 내린 코크 경 시대의 법을 따르기를 거부하면서 어떤 소송도 성립되지 않는다고 아주 현명하게 판결했다(찰스 2세 33년, 1681년).[132]

는 구절이 있다.
[130] 또한 헤일(Hale)의 『왕국의 민사법원의 역사』 1권 512, 513을 보라.
[131] (옮긴이 주) Francis Pemberton(1624~1697)은 잉글랜드 판사이며, 왕립법원의 재판장(1681~1683)을 역임했고, 1683년에 9개월 정도 민사법원의 재판장으로 재직했다.
[132] *King v. Viscount Hertford*, 쇼어(B. Shower)의 『왕립법원의 판례집』 2권 172, 판결문 164; 앞에 있는 *Woodlife' case* 등을 참고하라.
(옮긴이 주) *King v. Viscount Hertford*(1693): 원고에 대한 강제집행이 있었을 때, 원고는 몰수 선고된 돈의 일부인 90파운드를 피고에게 가져갔다. 피고는 그 돈을 받기를 거부했으나 원고가 잠시만 보관해달라고 간청하면서 돈을 두고 가버렸다. 원고가 돌아오기로 예정된 날짜 전에 피고의 금고가 털렸다. 보관하는 것에 대한 약인 혹은 보상 없이 돈이 A에게 건네지면서 잘 보관하도록 요청되었고 A가 강도

거의 비슷한 시기에, 피고의 공적 직업이 새로운 중요성을 부각시키기 시작했다. 더 중요하면서도 대안적인 진술인 인수는 보관관계에서 발생하는 모든 의무가 계약에서 근거한다는 학설, 즉 본질적으로 반론 불가능한 학설의 도입을 자초하는 효과를 가져왔다.[133] 그러나 인수에 관한 이런 진술은 이제는 인수로 말미암은 특별한 소송을 제기했으나 불법행위소송에서는 많이 사용되지 않았으며, 반면에 다른 진술이 제시되는 빈도는 점점 늘어났다. 물건 손실의 원인이 무엇이든, 그 손실에 대한 일반운

를 당했다면, 그는 면책되며, 소유자가 그 손실을 감당해야 한다고 진술하면서, 피고에 대한 소송이 성립하지 않는다고 판결했다.

[133] *Boson v. Sandford*, 쇼어(B. Shower)의 『왕립법원의 판례집』 1권 101 (윌리엄 3세 & 메리 2세 2년). 위의 pp. 256~260을 보라. 그리고 아래에 있는 본서의 pp. 278~279를 보라. 그 학설의 현대적 예시는 *Fleming v. Manchester, Sheffield, Lincolnshire Railway Co.*, 『잉글랜드 판례집』, 「여왕의 법원 자료실」 4권 81 그리고 거기에 인용된 사건들에서 볼 수 있을 것이다. *Boorman v. Brown*, 『잉글랜드 판례집』, 「여왕의 법원」 3권 511, 526에서 독자는 초기적 인수소송을 발견할 수 있을 것이며, 그것은 현대적인 의미에서 계약으로 해석되는 불법행위에 대한 원고 진술서의 예비 진술이었다. 홀트 경이 다른 견해를 취했다는 것도 직접 볼 수 있다. 감옥의 집행관 사건(알린(Aleyn)의 『왕립법원의 판례집』 27에 있는 헨리 6세 『연감』 33권 1)을 처리하는 방법도 주목하라.

(옮긴이 주) *Fleming v. Manchester, Sheffield, Lincolnshire Railway Co.*(1878): 물건 한 꾸러미의 분실에 관련한 소송이며, 소송이 (보관관계에 따라 불법행위(tort)에 의거해 제기되어야 함에도 불구하고) 계약을 이유로 제기되었다는 근거에서 피고 승소가 판결되었다.

(옮긴이 주) *Boorman v. Brown*(1842): 원고가 아마씨 기름을 현금으로 판매하기 위해 중개인으로 피고를 고용했고, 현금을 받고서 물건을 팔도록 임무를 부여했지만, 그의 임무와는 무관하게 그는 현금을 지급받지 않고서 그 기름을 판매하고 인도했다. 인도받은 사람이 파산하여 원고는 아무런 대가도 얻을 수 없게 되었다. 배심이 원고 승소를 평결한 이후에, 왕립법원은 원고 진술서에 제시된 임무는 피고의 중개인 성격에서 나오지만, 실체법과 보통법에서 정의되는 중개인의 임무는 피고가 어긴 언급된 임무를 포함하지 않는다고 판결하면서, 배심의 평결을 보류시켰다. 재정법원은 중개인의 임무가 원고 진술서에 묘사된 특별한 계약에서 결과하며, 그 임무가 피고의 중개인 성격에서 단순히 발생하지 않는다고 판결했다. 또한 임무의 위반에 대해서는 불법행위소송이 성립한다고 판결했다. 결과적으로 왕립법원의 판결이 번복되었다.

송업자의 책임이 보관수탁자에게 일반적으로 적용되는 것이 아니라 일반운송업자에게만 고유한 특별한 원칙에서 발생한다는 생각은 분명히 지지기반을 획득하고 있다. 앞에서 이미 설명했고 그 최초 흔적을 **리치 대 니랜드 사건**에서 보여주었던 독립적 의무에 관한 혼동은 곧 정점에 이르게 되었다.[134] 홀트가 재판장에 임명되었다. 바로 앞의 주에 있는 판

---

[134] *Lovett v. Hobbs*, 쇼어(B. Shower)의 『왕립법원의 판례집』 2권 127 (찰스 2세 32년); *Chamberlain v. Cooke*, 벤트리스(P. Ventris)의 『왕립법원의 판례집』 2권 75 (윌리엄 3세 & 메리 2세 1년); *Southcote's Case*(윌리엄 3세 & 메리 2세 2년)를 인용하고 있는 *Boson v. Sandford*, 쇼어(B. Shower)의 『왕립법원의 판례집』 1권 101; *Upshare v. Aidee*, 코민(Comyn)의 『왕립법원, 민사법원, 재정법원의 판례집』 (Repoers, Courts of King's Bench, Common Pleas and Exchequer, 1792) 1권 25 (윌리엄 3세 8년); *Middleton v. Fowler*, 살켈드(W. Salkeld)의 『왕립법원의 판례집』 1권 288 (윌리엄 3세 10년) 등을 보라.
(옮긴이 주) *Lovett v. Hobbs*(1680): 피고의 승객인 원고가 그의 물건과 동산이 들어 있는 상자 하나를 피고에게 맡기면서 안전하게 운반해주도록 요청했으나, 목적지에 도착했을 때 피고가 부주의하여 그 상자를 분실했다. 비록 승합마차 주인들의 주요한 역할이 물건보다는 사람을 운송하는 것이라고 해도, 그 물건이 승객의 것이든 아니든, 그들은 그들이 운송하는 물건에 대해 책임이 있고 그 물건들을 보호할 의무를 갖는다고 판결되었다. 승합마차 주인들이 물건을 운송하고 그렇게 한 것에 대해 돈을 수령하는 경우, 그는 일반운송업자와 동일한 사례에 있게 될 것이며, 그 물건들이 승객의 것이든 제삼자의 것이든, 그는 그런 목적의 운송업자이다.
(옮긴이 주) *Upshare v. Aidee*(1696): 홀트(Holt) 재판장은 "전세마차 주인(hackney coachman)은 왕국의 관습 내에서는 일반운송업자가 아니며, 특별한 계약이 존재하고 물건의 운반에 대해 돈이 지급되는 경우를 제외하면, 승객의 물건 분실에 대해 책임지지 않는다"고 판결했다.
(옮긴이 주) *Middleton v. Fowler*(1699): 승합마차 주인을 상대로 한, 왕국의 관습에 대한 특례소송. 원고가 마차꾼에게 가방을 인도했고, 그 마차꾼은 가방을 잘 간수하겠다고 약속했으며, 그 가방이 그의 점유 하에서 분실된 것으로 나타났다. 홀트 재판장은 승합마차 주인을 상대로 하는 이 소송은 성립하지 않으며, 물건의 운반에 대해 별도의 요금을 수취하지 않는 한, 승합마차는 왕국의 관습 내에서 운송업자로 포함되지 않고, 비록 마차꾼에게 돈이 주어졌다 해도, 그것은 여전히 팁이며 그것이 소송을 제기시킬 수는 없다는 견해를 가졌다. 왜냐하면 피고용인이 그의 주인이 지시하는 바를 따라 행동하고 그에 따라 피고용인의 행동이 곧 주인의 행동일 때를 제외한다면, 어느 주인도 그의 피고용인의 행동에 대해 책임지지 않는다. 따라서 소송은 기각되었다.

례 중 세 건은 그의 판결이었다. **레인 대 코튼 사건**[135](윌리엄 3세 13년, 1701년)에서, 그는 **사우스코트 판결**에 대한 반대 의견을 보여주었고, 또한 보관관계에 관한 보통법을 로마에서 빌려왔다는 인상을 보여주었다. **사우스코트 판례**와 기존 보통법의 폐지는 **코그스 대 버나드 사건**[136](앤 여왕[137] 2년, 1703년)에서 유래되었다고 말할 수 있다. **코그스 대 버나드 사건**에서 홀트 경의 유명한 의견은 대체로 브랙턴을 통해 걸러져서 자신에게 스며든 로마법을 인용하지만, 그 로마법이 그의 일반적인 견해에 어떤 영향을 미쳤든, 판결된 요점과 일반운송업자를 다룬 구별 등은 잉글랜드에서 성장한 것들이었다.

그 소송[138]은 계약에 기인한 것으로 보이지 않는다. 그 소인은 물건에 대한 손해였으며, 헨리 6세 시절처럼 원고는 과실의 혐의를 이끌어내는 방법으로 인수를 제기하면서 불법행위를 이유로 소송을 제기했다. 피고

---

[135] 『현대 판례집』(*Modern Reports*) 12권 472.
(옮긴이 주) *Lane v. Cotton*(1701): 원고는, 편지봉투가 우체국에서 인수된 이후에 봉투 안에 있던 재무성 증권 일부가 분실되었다고 정부가 임명한 우체국장을 상대로 소송을 제기했으나, 우체국장은 책임이 없다고 판결되었다. 홀트 재판장은 반대 견해를 표명하면서 그가 책임이 있다고 판결되어야 한다고 주장했다. '왜냐하면 부하 직원들의 어떤 특별한 잘못을 찾을 수 없어서 그들이 물건의 손실에 대해 책임이 없다면, 그들은 그들에게 부여된 신뢰에 근거하여 모든 사람을 속일 수 있는 그런 기회를 가지게 되므로, 그들은 그들의 잘못을 특별히 입증하기가 어렵기 때문에 배상해야 할 가능성이 거의 없는 상태에서 나쁜 짓을 하고 사람들을 기만하기 쉬울 것이며, 그에 따라 나타나는 불편은 엄청나게 클 것이기 때문이다.' 본 판결에서 우체국장이 책임이 없다는 판결의 이유는 편지를 인수한 직원이 재무성 증권을 절취하여 그 직원이 개인적으로 책임져야 했기 때문이다.

[136] 로버트 레이먼드(R. Raymond)의 『왕립법원과 민사법원의 판례집』 2권 909.

[137] (옮긴이 주) 앤 여왕(Anne, 1665~1714, 재위 1707~1714)은 명예혁명(1688)에 의해 축출된 제임스 2세의 딸이고 메리 2세의 동생이며, 명예혁명 이후 공동 통치자 윌리엄 3세와 메리 2세 사후에 왕위를 이어받아 영국을 통치했고, 스튜어트 왕조의 마지막 왕이다.

[138] (옮긴이 주) *Coggs v. Bernard*(1703).

의 항변은 무죄라는 주장이었다. 그러나 원고 승소 평결 이후에, "원고 진술서에 피고가 일반운송업자라고 주장되지 않았고, 그가 자신의 노고에 대해 어떤 것을 받았다고 주장되지도 않았다는 이유로," 판결을 보류해 달라는 이의신청이 있었다. 약인은 초기 인수소송에서는 결코 진술되지도 고려되지도 않았지만, 계약에 관한 그런 형식의 현대 소송에서는 약인이 요구되었다. 따라서 인수소송이 제기된 곳에서는 어디에서든, 심지어 재산 손해에 대한 모든 불법행위소송에서조차도 인수는 계약에 관한 진술이라고 추정되었다. 그리고 비록 그 반대의 판례가 엘리자베스 여왕 재위 때 판결되었다 해도 인수에 대해 약인이 있었음이 증명되어야 한다고 추론되었다.[139] 그러나 위의 이의신청은 기각되었고 판결은 원고에게 유리하게 주어졌다. 홀트 경은 인수의 용도가 계약에만 한정되지 않았음을 잘 알고 있었다. 그가 "소유자가 (피고에게) 물건을 맡기는 것이 주의 깊게 관리할 의무를 피고에게 부여하는 충분한 약인이거나" 그 물건을 되돌려주기 위한 "충분한 약인"이라고 말했다는 것은 진실이다. 그러나 이것은 물건을 운송하도록 피고에게 의무를 부여하기에 충분한 약인과는 구분된다는 것을 의미하며, 홀트 경은 피고가 그렇게 할 의무가 없다고 생각했다. 그때 『연감』에 있는 초기의 판례들을 추종하면서 홀트 경은 "이것은 상이한 사건이다. 왜냐하면 인수는 미래의 합의서를 의미할 뿐 아니라 이와 같은 사건들에서 일을 실질적으로 맡는 것과 자신의 신용을 담보하는 것을 의미하기 때문"이라고 명백하게 언급한다.[140] 이

---

[139] *Powtuary v. Walton*, 헨리 롤(H. Rolle)의 『요약문』 1권 10, 판결문 5 (엘리자베스 1세 39년). 또한 케일웨이(R. Keilway)의 『판례집』 160을 참고하라.
(옮긴이 주) *Powtuary v. Walton*(1598): 원고의 말을 치료하기로 했으나 부주의하고 서투르게 다루어서 죽게 만든 수의사를 상대로 제기된 소송. "어떤 약인이 진술되지 않았어도 이 문제에 대한 특례소송은 성립한다. 왜냐하면 의무불이행이 아니라 그의 부주의가 소송의 원인이기 때문이다"라고 판결되었다.

언급은 판결을 내리는 데 충분했으며, **사우스코트 판례**의 규칙은 그 일과는 아무 관련이 없다. 그러나 일반운송업자들의 의무는 그들의 직업을 이유로 이제 모든 종류의 손실로 확대되도록 추정되고 있으며 그리고 **사우스코트 판례**의 학설도 아마 많은 종류의 손해로 확대되도록 기대되고 있으므로, 일반적인 논의에서 두 원칙을 조화시키거나 그중 하나를 선택하는 것이 필요하게 되었다.

그에 따라 홀트 재판장은 더 나아가서 일반운송업자, 일반 거룻배 선주, 배의 선장 등처럼 공적 업무를 수행하면서 보수를 수령하는 보관수탁자들과 다른 보관수탁자들을 구분하기에 이르렀고, 그 다른 보관수탁자에 대해서는 **사우스코트 판례**의 규칙을 적용하기를 거부했다.[141] 그리고 그는 무과실책임 원칙이 전자의 보관수탁자들에 한정되었고, 공서양속의 근거 위에서 그들에게 적용되었으며, 또한 중매인들에게는 면책되었

---

[140] 로버트 레이먼드(R. Raymond)의 『왕립법원과 민사법원의 판례집』 2권 919. 제7강을 보라. 홀트 경이 소유자에게 손해의 원인으로 되는 물건 인도가 약인이었다는 현대적 관점을 채택하지 않으려고 얼마나 애썼는지는 그가 제시하고 또한 동의했던 판례들을 『연감』에서 조사함으로써 추가로 보여줄 수 있다.

[141] (옮긴이 주) Coggs v. Bernard(1703)의 판결 과정에서 홀트(Holt) 재판장은 보관관계를 다음과 같이 언급했다. '여섯 종류의 보관관계가 있다. 첫 번째는 보관기탁자가 사용하려고 다른 사람에게 보관하도록 인도하는 물건의 순수한 보관관계이고, 본인은 이것을 *depositum*(무상신탁)이라고 부르며, 그것은 *Southcote's Case*(1601)에서 본인이 언급한 종류의 보관관계이다. 두 번째는 유용한 물건이나 동산이 친구에게 공짜로 임대되고 그 친구에 의해 이용되는 경우이며, 그 물건이 본래 모습 그대로 회복되어야 하기 때문에, 이것은 *commodatum*(무상대여)라고 불린다. 세 번째는 물건이 보관수탁자에게 임대되어서 사용되도록 보관수탁자에게 남겨지는 경우이며, … 네 번째는 물건이나 동산이 보관기탁자가 차입한 돈에 대한 보증으로 저당물로 다른 사람에게 인도되는 경우이며, … 저당물이나 질권이라 한다. 다섯 번째는 물건이나 동산이 운송되도록 인도되거나 보관기탁자가 지급한 보수 때문에 보관수탁자가 어떤 것을 그 물건이나 동산에 행하는 경우이다. 여섯 번째는 보관수탁자가, 물건이나 동산의 운송이나 그것에 대한 작업에 대한 보수 없이, 물건이나 동산을 운반하거나 그 물건이나 동산에 어떤 것이 행해지도록 하는 경우이며, 이것이 현재의 사례이다.'

다고 언급했다. 그 이유는 (다른 것들 중에서 **모스 대 슬루 사건**을 변론하면서 홀트 자신이) 항상 규정했듯이 그들이 단순히 피고용인이었기 때문이 아니라, 그들이 그 규칙의 적용 범위에 있지 않았기 때문이다.

지금까지의 논의를 추적한 독자는 이것이 프래터 칙령(Prætor's Edict)[142]의 채택을 의미하지 않았음을 확신할 필요도 거의 없다. 필요하다면 추가적인 증거가 가까이에 있다.

우선, 우리가 보았듯이 1세기에 걸친 선례들은 배의 선장, 거룻배 선주, 운송업자 등의 책임을 판결했고, 또한 홀트 자신이 변론했던 **모스 대 슬루 사건**으로 끝을 맺게 되었다. **모스 대 슬루 사건**은 인용되고 또한 판결의 근거로 활용되었으며, 다른 판례들을 만족시키지 못했다는 흔적은 전혀 없다. 그 반면에, 그 사례들은 공적 직업을 수행하면서 보수를 수령하는 보관수탁자들의 사례를 제공했다. 팝햄(Popham) 재판장은 보수를 수령하는 보관수탁자들과 다른 보관수탁자들을 구분했다. (공적 직업을 수행하는) 다른 보관수탁자의 자격요건은 이미 부분적으로 드러나고 있듯이 그리고 추가로 계속 설명되듯이 역시 잉글랜드적 성격을 갖추고 있다.

다음으로, 엄격한 규칙[143]은 **선원, 숙박업자, 마구간주인**이나 심지어 일반운송업자에만 국한된 것이 아니라, 공적 직업을 수행하면서 보수를 수령하는 모든 보관수탁자에게 적용되었다.

그 다음으로, 책임의 정도는 과거의 판결들에 의해 정해진 것처럼 일

---

[142] (옮긴이 주) 프래터 칙령(Prætor's Edict)은 고대 로마 시대에 새로 선출된 집정관(praetor)이 매년 발표하는 일종의 포고문이며, 집정관이 임기 중 사법적 결정을 내릴 때 따라야 할 법적 원칙이다. 새 집정관은 법학자들의 자문을 받아서 기존의 칙령을 수정할 수 있지만 그 골격은 유지되었다. 나중에 항구적인 칙령(Edictum perpetuum)으로 대체되었다.

[143] (옮긴이 주) 무과실책임 혹은 엄격한 책임을 의미한다.

반적으로 보관수탁자들의 책임과 정확하게 일치하지만, 다른 학자들이 주장하는 것처럼 로마법으로 부과된 책임과는 상당히 다르고 또한 훨씬 더 가혹하다.[144]

그리고 추가로 계속해서 입증되듯이, 최종적으로 천재지변이나 공공의 적으로 인한 책임의 면제는 특징적인 면에서 잉글랜드적 성격을 갖는다.

그러나 오늘날의 법이 『연감』 시대의 법보다 운송업자의 책임을 더 무겁게 만들었다는 것은 이번 강의에서 부분적으로 보여주었다. **사우스코트 판례**와 인용된 초기의 선례들은 모두 강도, 절도, 혹은 불법침해에 의한 손실과 관련되며, 최소한 이론적으로 구제책을 보유하고 있는 보관수탁자에게 책임을 지우고 있다. 그 규칙은 설명되지 않은 손실에 적용 가능할 수 있지만, 이미 보았듯이 그 규칙은 그런 판례들과 관련하여 등장했다. 숙박업자를 상대로 하는 영장에는 **보관물의 감소나 손실 없이**라고 쓰여 있다. 이후 시대에 그 원칙은 절도에 의한 손실로부터 파괴에 의한 손실로 확장될 수 있었다. **사우스코트 판례**에 의거하여 판결된 것으로 이미 인용된 **사이먼즈 대 다크놀 사건**[145](찰스 1세 4년)에서, 물건은 도둑맞은 것이 아니고 훼손되었고, 아마도 **원래 모습 그대로** 못 쓰게 되지는 않았을 것이다. 이 시기 이전에 옛 규칙은 진정한 의도에 대해서는 별다른 생각 없이 그 형식을 추종하는 임의적인 선례가 되었다.

코그스 대 버나드 사건의 문구에 따르면 "법은 물건을 운송하도록 그렇게 위임받은 사람에게 신의 행위나 왕의 적들을 제외한 모든 사건에 대

---

[144] 켄트의 『미국법에 대한 주석』 2권 598; 『잉글랜드 판례집』 민사 자료실 1권 429.
[145] 팔머(Sir Gefrey Palmer)의 『판례집』 523. 또한 불법점유동산반환청구소송에 대한 특례소송의 침투와 그에 대응하는 원칙의 혼동이 아주 분명하게 발생하고 있는 것으로 보이는 케일웨이(R. Keilway)의 『판례집』 77 b와 160, 판결문 2를 참고하라. 그러나 본서의 앞에 있는 p. 243을 보라.

해 책임을 묻는다." 이것은 맨스필드 경 시대에 권위 있는 판결에 의해 채택되었으며, 일반운송업자가 "예외적인 경우에 해당되지 않는 모든 손실에 책임이 있다"는 명제도 이제 정착되었다.[146] 즉 운송업자는 위에서 예외로 정해진 것을 제외하면 물건의 실종이나 파괴뿐만 아니라 모든 형태의 손해에 대해 보험회사의 성격을 갖게 되었다.[147]

이것에까지 이르게 된 과정은 위에서 추적했지만, 여기서 몇 마디를 추가할 수 있다. 비록 용어를 **다른 관점에서** 사용하는 것이 인정된다 해도, 『연감』은 보관수탁자 수중에 있는 동산의 (횡령과는 구분되는) 파괴를 다루는 데 있어서도 보관수탁자의 책임이 그의 잘못에 근거한다고 항상 언급한다.[148] 폭풍우를 만나 화물을 바다에 투기하는 행위는 에드워드 3세 시대에는 상인에게 훌륭한 항변처럼 보이지만,[149] 그것은 유사한 경우

---

[146] 켄트의 『미국법에 대한 주석』 2권 597; *Forward v. Pittard*, 터너(G. Turner)와 러셀(J. Russell)의 『고등법원의 판례집』 1권 27.
(옮긴이 주) *Forward v. Pittard*(1785): 원고가 피고에게 물건을 맡겼는데 운송 중에 우연한 화재로 물건이 소실된 사건. 비록 배심이 그 물건이 피고의 어떤 과실도 없는데도 파괴되었다고 명백히 평결을 내린다 해도, 돈을 받고 물건을 운반하는 일을 맡은 운송업자는, 신의 행위 혹은 왕의 적에 의해 손상되거나 파괴된 경우를 제외하면, 어떤 사건에서도 그 물건들을 운반할 책임이 있다고 판결되었다. 운송업자는 보험업자의 성격을 지니게 된다. 이 판결에서 맨스필드(Mansfield) 경은 "신의 행위란 무엇인가? 본인은 인간의 행위에 반대되는 어떤 것을 의미한다고 생각한다. 왜냐하면 신의 허락에 의해 발생하는 모든 것, 신의 지식에 의해 발생하는 모든 것은 신의 행위이기 때문이다"라고 언급했다.

[147] (옮긴이 주) 보험(insurance)은 미래의 우연적이거나 불확실한 손해의 위험을 회피하기 위해 주로 사용되는 위험관리의 수단이며, 보험 서비스를 제공하는 주체를 보험회사라고 한다. 여기서 운송업자는 과실에 기인하든 그렇지 않든 미래의 불확실한 모든 형태의 손해를 배상해야 하므로 이제는 보험회사의 업무도 담당한다고 볼 수 있다. 물론 현재는 운송업자는 보험에 가입함으로써 신의 행위에 따른 위험까지 포함하여 고의적이지 않은 모든 손해의 위험 부담에서 벗어날 수 있다.

[148] 헨리 4세 『연감』 7권 14; 헨리 7세 『연감』 2권 11; 케일웨이(R. Keilway)의 『판례집』 77 b, 160, 판결문 2, 그리고 이미 인용된 다른 사건 등을 참고하라.

[149] 에드워드 3세 『연감』 41권 3, 판결문 8.

에 활용될 수는 없다. 감옥 집행관의 사건에서의 변론[150]은 더욱 강력하다. 거기서 감옥의 화재는 외국의 적들에 의한 석방만큼이나 탈주에 대한 훌륭한 변명처럼 생각되었던 것 같다. 이것은 우연적인 화재를 언급하는 것이 틀림없어 보이며, 집행관이 잘못이 없다면 그가 그 사건에서 책임이 없다는 것을 암시하는 듯하다. 물건을 보관하거나 운송하는 보관수탁자를 상대로 하는 문서등록부의 영장은 모두 과실에 관한 일반적인 진술을 담고 있으며, 내가 찾아본 바에 따르면 왕국의 관습을 언급하든 그렇지 않든 원고 진술서의 더 오래된 선례들도 역시 마찬가지이다.[151] 그러나 과실과는 상관없이 숙박업자가 여관에서 도둑맞은 물건에 대해 책임을 졌듯이, 보관수탁자는 부당하게 탈취당한 물건에 대해 책임을 졌다.[152]

폭도들에 의해 죄수들이 석방되었을 때 감옥의 집행관 사건이 (비록 그것이 감옥의 화재보다 과실의 결과라고 볼 가능성이 훨씬 더 적다고 사람들이 생각할지라도) 태만한 감독에 관해 언급한 것은 진실이며, 또한 코크 경 시대 이후에 비록 물건이 부당한 탈취에 의해 잃어버렸을지라도 태만이 진술되었다는 것도 진실이다. 따라서 숙박업자를 상대로 한 영장은 **숙박업자의 이런 종류의 손실에 관한 것**이다. 이들 경우 태만은 안전하게 보관하는 데 **사실상** 실패한 것만을 의미한다. 훨씬 이후에 언급되었듯이, "법이 면책을 허용하지 않는 가장 중요한 것은 운송업자나 거룻배 선주의 과실이다."[153] 그 진술은 단순히 특례소송의 보편적인 진술

---

[150] 헨리 6세 『연감』 33권 1, 판결문 3.
[151] 『판례 요약집』(Registrum Brevium tam Originalium, quam Judicialium, 1687) 107 a, 108 a, 110 a, b; 터너(G. Turner)와 러셀(J. Russell)의 『고등법원의 판례집』 1권 29를 인용했던 침해사례들.
[152] 본서의 위에 있는 pp. 228~229, 244 이하를 보라; 『미국 법학 평론지』 12권 692, 693; 에드워드 3세 『연감』 42권 11, 판결문 13; 『순회재판 연감』 42권 판결문 17.
[153] 윌슨(G. Wilson)의 『왕립법원의 판례집』(Reports of the Cases argued and adjudged

이다.[154] 그 특례소송이 불법점유동산반환청구소송을 대신했고 또한 그 특례소송이 보편적으로 활용되었을 때, 그 진술은 손해에 대한 초기의 원고 진술서로부터 저절로 확대되었다. 그 진술이 처음 도입되었을 때, 그 진술은 소송에서 하찮은 것일 수 없었다. 그러나 운송업자를 손해에 대해 마치 보험회사처럼 만드는 옛날 법에 어떤 보장책이 있었다고 믿지 못하는 간단한 이유는 보관수탁자들이 그런 책임을 져야 하는 초기 판례들이 전혀 없었던 것처럼 보였기 때문이며, 그 법이 보관수탁자가 절도에 의한 손실에 대해 책임을 지게 하는 그런 원칙의 범주에 들지도 않았기 때문이다.

일반운송업자를 보험회사처럼 만드는 과정을 추적해보았으므로, 추정되는 위험에서 인정되는 예외의 기원에 대해 한마디 언급하는 것만 남아 있다. 공공의 적에 의한 손실을 어떻게 홀트 재판장이 언급하게 되었는지는 이미 살펴보았다. 바로 거기서 보관수탁자가 아무런 구제책도 갖지 못한다는 것은 감옥의 집행관 사건[155]에서 취해진 오래된 구분법이다.

신의 행위와 관련하여, 신의 행위가 의무의 수행을 불가능하게 하면 의무가 면제된다는 것은 운송업자나 보관수탁자에게 특별하지 않은 일반적인 원칙이었다. 동일한 제한을 받는 것으로, 코크 경은 그레이브센드 호의 화물투기 사건[156]과 바닷물이 방파제를 넘는 것을 막도록 보호하고

---

in the King's Courts, 1742~1774) 1권 282. 또한 켄트의 『미국법에 대한 주석』 2권 (12th ed.) 596, 주 1, b를 참고하라.

[154] (옮긴이 주) 불법행위에 기인하지만 범죄행위로 분류하기에는 곤란한 사건들이 특례소송으로 분류된다. 특례소송은 기본적으로 과실에 따른 손해가 소송 원인으로 작용한다.

[155] 헨리 6세 『연감』 33권 1, 판결문 3.

[156] *Mouse's Case*, 코크(Coke)의 『판례집』 12권 63.
(옮긴이 주) *Mouse's Case*(1608): 선주가 마우스(Mouse)라는 사람을 포함하여 47명의 승객을 태우고 운항 중이었고, 폭풍이 선박을 위협했으며, 다른 승객이 배를

관리할 의무가 있는 다른 당사자의 사건을 언급하고 있으며,[157] 일반적인 계약에 관한 유사한 진술은 『연감』에서도 찾을 수 있다.[158] 주어진 상황의 지속적인 존재가 계약의 근거인데 그 상황이 변하거나 물건이 소멸해서 계약 이행이 계약 위반 이전에 불가능하게 되어버린 경우, 계약자 입장에서 어떤 보증이나 어떤 잘못이 없었다면 당사자들이 계약 이행을 면제받는다는 것은 우리 자신의 시대에 힘들게 재논의되어 왔던 또 다른 형식의 원칙이다. 신의 행위가 이제 일반운송업자와 관련하여 특별한 의미를 얻게 되었는지는 다른 사람들이 고려하도록 남겨둘 수도 있다.

우리가 프래터 칙령을 참조함으로써 또한 그 다음에 **선원, 숙박업자,**

구하기 위해 화물들을 배 밖으로 던졌고, 그중에 113파운드가 들어 있는 마우스(Mouse)의 상자도 포함되었다. 상자 주인이 그 승객을 상대로 소송을 제기했다. 법정은 불가피한 경우 비록 선주에게는 책임이 존재할 수 있다 해도, 어떤 사람이 생명을 구하기 위해 행동할 수 있고 그것에 대해서는 아무런 책임도 없다고 판결했다. 그렇지만 손실의 보상에 대해서는 선주에게 여전히 부담이 지워지고 있다.

[157] *Bird v. Astcock*, 벌스트로드(E. Bulstrode)의 『왕립법원의 판례집』 2권 280; 또한 다이어(Dyer)의 『판례집』 33 a, 판결문 10도 참고하라; *Keighley's Case*, 코크(Coke)의 『판례집』 10권 139b, 140.
(옮긴이 주) *Bird v. Astcock*(1792): 바다에서 폭풍우를 만나서 배를 가볍게 만듦으로써 승객들의 생명을 구하기 위해 배에 있는 물건들을 바다로 투척했다면, 선주는 면책된다고 판결되었다. 왜냐하면 폭풍은 신의 행위이고 물건들을 배 밖으로 투척하게 된 원인이기 때문이다.
(옮긴이 주) *Keighley's Case*(1609): 수로 관리인이 제방을 아주 훌륭한 보존 상태로 유지하는 데 필요한 전체 부담을 어떤 한 지주에게 부과하려고 시도했던 사건에서, 법정은 그 관리인이 "어떤 토지 혹은 건물 혹은 공유 목초지 등을 보유하거나 혹은 어떤 손실이나 손해를 보았거나 보았을 수 있는 모든 사람에게, 그들의 토지의 규모에 따라 (즉 '법에 따라 공평하게'), 세금을 부과해야 한다"고 판결했다. 공평의 특정한 척도(토지의 양)가 명백한 기준으로 제시되었으며, 그에 따라 이 판례는 한 지주가 전체 비용을 부담하지 말아야 한다는 판결을 넘어서, 모든 지주가 그들의 땅 규모에 비례하는 비용을 부담해야 한다고 추가로 판결했다.
[158] 에드워드 3세 『연감』 40권 5, 6, 판결문 11. 또한 *Williams v. Hide*, 팔머(Sir Gefrey Palmer)의 『판례집』 548: 셰퍼드(W. Sheppard)의 『일반 보험의 기준』(*Touchstone of Common Assurance*, 1808~1810) 173 등도 보라.

혹은 **마구간주인** 등의 용어들을 참조함으로써, 앞에서 말한 증거에 따르면, 우리는 어떤 부류의 보관수탁자가 일반운송업자에게 부과되는 무과실책임을 져야 하는지를 결정할 수 없다. 선례의 문제는, 단순히, 보관관계에 관한 옛날 보통법이 여전히 어느 정도까지 살아남아 있는가 하는 것이다. 우리는 옛날 법이 적용된 판결들을 나열함으로써만 그것에 답변할 수 있으며, 일반원칙 하에 그 판례들을 한데 묶는 것이 어렵다는 것을 발견할 수 있다. **사우스코트 판례**의 규칙이 일반적인 보관수탁자들에 대해서는 폐지되었다는 것은 분명하다. 그러나 홀트 재판장이 창안한 공서양속의 한계 내에서조차도 그 규칙은 스스로 유지되지 못했다는 것도 마찬가지로 분명하다. 공적 직업을 수행하면서 보수를 수령하는 모든 보관수탁자가 보험회사로 간주된다는 것은 오늘날에는 진실이 아니다. 그런 원칙은 대형 곡물창고 혹은 예금 금고에도 전혀 적용되지 않는다.[159]

홀트 경이 보수를 수령하는 보관수탁자들과 다른 수탁자들을 어떻게 구분했는가 하는 것은 위에서 살펴보았다. 공적 직업이라는 그의 추가적인 조건이 소멸된 보호체계의 한 부분이었음을 주목하는 것은 여기서 더욱 적절하다. 반대편으로 기울어진 사람은 그 현상이 법이 상류 계급의 이익에 따라 집행되었다는 많은 징후 중의 하나라고 주장할 수도 있다.[160]

---

[159] *Safe Deposit Company of Pittsburgh v. Pollock*, 『펜실베이니아주 판례집』 85권 391을 보라.
(옮긴이 주) *Safe Deposit Company of Pittsburgh v. Pollock*(1878): 피고 회사가 원고가 임대한 '금고에 대해 꾸준하면서도 적절한 보호와 감시를 유지하겠다'고 원고와 계약했으나, 금고에 보관 중인 채권이 분실된 사건. 채권이 사라졌다는 사실관계는 피고 회사가 계약처럼 '금고에 대해 꾸준하면서도 적절한 보호와 감시'를 유지하지 않았다는 증거이다. 이 소송에서는 이런 사실관계는 채권의 분실을 설명할 필요성을 피고 회사에게 부여하며 피고 회사가 과실에 대해 유죄인지 여부에 관한 문제는 배심에 적절하게 위임된다고 판결되었다.
[160] (옮긴이 주) 법의 제정자 혹은 집행자는 국회나 의회의 의원이나 판사 등과 같이 지금도 대부분 상류 계급 사람들이며, 그들이 입법이나 판례를 정립할 때에는 시

어떤 사람이 일반 말편자공이었다면, 그가 인수 없이도 과실에 대해 책임질 수 있다는 것은 위에서 보여주었다. 그런 내용을 넌지시 암시했던 판사는 또한 말편자공이 합당한 요구에도 불구하고 말편자 박는 것을 거부한다면 그가 소송당할 수 있다는 것을 다른 사건에서 확립시켰다.[161] 일반운송업자와 일반숙박업자도 유사한 경우에 책임이 있으며, 홀트 경은 다음과 같은 원칙을 언급했다. "어떤 사람이 공적 직무를 수행한다면, 그는 그 직무가 미치는 범위 내에서 대중에게 봉사할 의무가 있으며, 거절한다면 소송이 성립한다."[162] 오늘날 이런 학설을 일반적으로 적용하려는 시도는 터무니없는 것으로 여겨질 것이다. 그러나 그 학설은 유용한 공적 직업에 종사하는 사람들의 능력을 최고수준으로 높이려는 일관된 이론체계의 일부분을 형성했다. 일관된 이론체계의 다른 부분은, 보관관계의 경우, **사우스코트 판례**의 규칙에 잔존해 있는 책임에 의해 강화되는 손실이나 손해에 대해 공적인 업무를 수행하는 사람들의 책임이었다. 그 이론체계는 좀 더 진보적인 개념들에게 자리를 양보했으나, **산산이 흩어진 부분들도** 여전히 되살아날 움직임을 보인다.

맨스필드 경은 **코그스 대 버나드 사건**에서 홀트 재판장이 사용한 용어들과 별반 다르지 않은 용어로 공서양속에 대한 자신의 견해를 언급했지

민들의 이익을 먼저 생각해야 하지만 실제로는 자신의 이익을 먼저 생각하는 경향을 갖는다. 여기서 운송업자, 말편자공, 수의사 등과 같은 공적 직업을 가진 사람들에게 보험회사처럼 책임을 강화시킨 것은 상류계급의 이익을 강화하려는 생각이라는 것이다. 만약 판사들이 운송업자나 말편자공이었다면 아마도 그렇게 책임을 강화시키진 않았을 것이란 반론이다.

[161] 헨리 6세 『연감』 21권 55에 있는 패스턴(Paston) 판사의 진술; 케일웨이(R. Keilway)의 『판례집』 50 a, 판결문 4; 하드리스(T. Hardres)의 『재정법원의 판례집』(*Reports of Cases in the Court of Exchequer*, 1655~1669) 163.

[162] *Lane v. Cotton*, 로버트 레이먼드(R. Raymond)의 『왕립법원과 민사법원의 판례집』 1권 646, 654; 살켈드(W. Salkeld)의 『왕립법원의 판례집』 1권 18; 『현대 판례집』 12권 484.

만, 그 적용을 일반운송업자에게로 명료하게 한정했다. "그러나 왕국의 관습, 즉 보통법에 따라 추가적인 책임이 있으며, 운송업자는 보험회사의 성격을 갖는다. ... 불필요한 소송, 담합(collusion)[163]을 방지하고 또한 해결하기 불가능한 상황으로 빠져드는 것을 방지하기 위해, 법은 ... 아닌 한 운송업자에게 불리하도록 추정한다."[164]

오늘날 그 원칙은 그렇게 국한된 것으로 추정되며, 그 논의도 누가 일반운송업자인가 하는 문제로 전환되었다. 따라서 홀트 경의 규칙은 폐기된 것으로 암묵적으로 인정된다. 그러나 문제는 그 원칙과 더불어 홀트 경이 품어왔던 일반이론 체계가 사라질 뿐만 아니라 맨스필드 경에 의해 반복된 특별한 이유들도 사라진다는 것이다. 그 특별한 이유들은 일반운송업자들뿐만 아니라 다른 보관수탁자들에게도 적용된다. 그 외에도 거룻배 선주와 배 선장들은 일반운송업자였기 때문에 원래부터 제외된 것은 아니며, 그들이 공적 직업을 수행하는 그렇게 많은 사례의 보관수탁자로만 언급된 **코그스 대 버나드 사건**에서조차도, 그들 셋은 모두 동일한 부류로 취급되었다. 우리는 설명된 모든 사건에 단 하나의 이름을 부여함으로써 새로우면서도 유일한 원칙을 얻지는 못한다. 그 용어들이 현재 이해되듯이, 다른 사람들에게 부여하는 것이 아니라 일반운송업자에게 특별한 책임을 부과해야 하는 공서양속에 관한 건전한 규칙이 존재한다면, 그것은 아직 언급되지 않았다. 그 반면에 그렇게 지정된 사람들 가운데 특별한 부류(예컨대, 개인의 안전을 좌지우지할 수 있거나 공공복지

---

[163] (옮긴이 주) 담합(collusion)은 제삼자, 경쟁자, 소비자 등을 속이거나 그들로부터 부당한 이득을 얻거나 경쟁을 제한하기 위하여 불법적으로 그렇지만 비밀히 둘 혹은 그 이상의 당사자들이 합의하는 것을 지칭한다. 담합은 가격, 임금, 입찰가격, 리베이트 등에서 각자가 독립적으로 행동하는 것처럼 보이게 만든다.
[164] *Forward v. Pittard*, 터너(G. Turner)와 러셀(J. Russell)의 『고등법원의 판례집』 1권 27, 33.

를 빙자하여 막강한 힘을 휘두를 수 있는 철도회사들)에만 적용되는 사유들이 존재한다면, 우리는 세 부류를 모두 일반운송업자로 간주함으로써 그 논리가 일반 운송선이나 택시에까지 확대된다는 것을 증명하지는 않는다.

공서양속에 관한 일반적인 규칙이 존재하지 않고 또한 일반운송업자가 일반적인 학설에서 단순히 경험적인 예외로 남는다면, 법정은 그런 용어들의 의미를 확대하는 데 주저할 것이다. 더 나아가, 당사자들이 그들 자신의 거래를 자유롭게 하도록 방임하지 않는 공서양속 개념들은 법의 대부분 분야에서 다소간 불신받고 있다.[165] 따라서 어떤 새로운 사례가 발생한다면, 어떤 보관관계 계약의 책임의 정도, 합법성 및 그 해석 등 있을 수 있는 논점들이 일반원칙을 논의하는 데 개방되어야 하며, 그 문제가 초기 선례에 관련되는 한 대체로 미결정상태에 있다는 결론이 아마 내려질 수 있다.

나는 운송업자에 관한 법을 적정한 수준 이상으로 더 길게 다루었다. 왜냐하면 그 법은 나에게는 보통법이 성장해 온 방식에 관한 흥미로운

---

[165] *Printing and Numerical Registering Co. v. Sampson*, 『잉글랜드 판례집』, 「형평법원」 19권 462, 465.

(옮긴이 주) *Printing and Numerical Registering Co. v. Sampson*(1875): 발명가가 발명품을 발명하기 전에 그가 발명할 수 있거나 특허를 취득할 수 있는 것을 팔기로 체결한 계약은 공서양속에 반하는가에 관한 사건. 공문서 보관소장 제셀(Jessel)은 그 계약이 타당하고 또한 잘 인지되었다고 판결했다. 고전적인 계약과 관련하여 자주 인용되는 문장으로, 그는 "주어진 계약이 공서양속에 반하는 것으로 무효라고 말하는 그런 규칙들을 당신이 임의적으로 확장시키려 하지 않아야 한다는 것은 망각되지 말아야 한다. 왜냐하면 공서양속이 요구하는 다른 어떤 것보다 더 많은 어떤 것이 존재한다면, 그것은 나이 들고 잘 이해할 수 있는 사람들이 계약에서 최상의 자유를 갖는다는 것이고 또한 자유로이 그리고 자발적으로 체결할 때 그들의 계약이 신성한 것으로 평가될 것이고 법정에 의해 강제될 것이기 때문이다. 따라서 당신은 최상의 공서양속, 즉 당신이 이런 계약의 자유에 경솔하게 간섭하지 말아야 한다는 그런 최상의 공서양속을 갖고 있다"고 진술했다.

사례로 보이기 때문이고, 또한 특히 제1강 후반에 확정된 원칙들에 대한 훌륭한 예시이기 때문이다. 나는 보관관계법의 설명이 소개된 목적이기도 하고 또한 보관관계법의 이해가 필수적인 사전준비라고 할 수 있는 그 논의로 이제 넘어가려 한다.

제6강
점유

A. 점유가 보호돼야 하는 이유
B. 점유는 사실관계인가? 권리인가?
C. 점유에 대한 분석
   (a) 대상물에 대한 지배력
   (b) 의도: α. 거부된 로마법 기준, β. 배제 의도, γ. 피고용인-대리인에 관한 여담
   (c) 제삼자에 대한 지배력
D. 점유권의 지속
E. 권리의 점유
F. 점유의 결과들(즉, 점유권의 본질)
G. 소유권

점유는 계약보다는 덜 중요한 개념이다. 그러나 점유이론에 따라붙는 관심은 잉글랜드법 전체에서 점유가 갖는 실무적인 중요성으로 끝나지 않는다. 그 이론은 법철학자들의 관심 영역으로 들어왔고, 그들과 함께 더 많은 세밀한 이론적 구조의 초석이 되었다. 로마법보다는 훨씬 더 문명화된 이론체계가 칸트 및 헤겔의 **선험**학설과는 조화를 이룰 수 없는 분석틀 위에서 만들어졌음을 보이는 것은 올바른 법철학 확립에 도움이 될 것이다. 그 선험학설들은 로마법과 게르만적 견해의 조심스러운 교류 속에서 구성되었다. 그리고 사비니(Savigny)[1]에서 예링(Ihering)[2]에 이르는 독일의 대부분의 사변적인 법학자들은 한때 로마법 교수들이었으며, 칸트 철학이나 후기 칸트 철학에 의해 통제받지는 않았지만 심대하게 영향받았다. 따라서 모든 것은 서로 결합하여 독일적인 사변(speculation)[3]으로 특별히 기울어졌으며, 그 결과 그 사변은 게르만법의 보편적 권위를 박탈시켜 버렸다.

점유자가 소유자가 아닐 때, 점유가 왜 법으로 보호받는가? 그것은 독

---

[1] (옮긴이 주) Friedrich Carl von Savigny(1779~1861)는 독일의 법학자이면서 법역사학파에 속하고, 로마법의 무비판적 연구에 종지부를 찍게 만든 저서로 평가되는 거작, 『점유에 관한 법』(*Das Recht des Besitzes*, 1803)의 저자로 유명하며, 그 외에도 『중세 로마법의 역사』(*Geschichte des römischen Rechts im Mittelalter*, 6 vols., 1815~1831), 『현대 로마법의 체계』(*System des heutigen römischen Rechts*, 8 vols., 1840~1849), 『의무에 관한 법』(*Das Obligationenrecht*, 2 vols., 1851~1853) 등의 저서가 있다.

[2] (옮긴이 주) Rudolf von Ihering(또는 Jhering)(1818~1892)은 독일의 법학자이면서 법 역사학파에 속하고, 우리의 권리에는 우리의 사회적 가치와 명예가 포함된다고 보고 '우리의 권리를 침해하는 사람이 누구이든 그는 우리의 가치, 우리의 명예를 공격한다'는 『법을 위한 투쟁』(*Der Kampf ums Recht*, 1872)의 저자로 유명하다. 그 밖의 저서로 『로마법의 정신』(*Der Geist des römischen Rechts*, 2 vols., 1852~1865), 『법의 목적』(*Der Zweck im Recht*, 2 vols., 1877~1883) 등이 있다.

[3] (옮긴이 주) 사변(speculation) 혹은 사변철학(speculative philosophy)은 지식의 경험적인 기초를 경시하고, 선험적이거나 직관적인 통찰에 근거하는 철학을 대체로 지칭한다.

일적 사고방식의 영향을 많이 받은 일반적인 문제이다. 칸트 윤리학은 루소(Rousseau)[4]의 사변에 의해 심대하게 영향받은 것으로 잘 알려져 있다. 칸트, 루소 및 매사추세츠 권리장전(the Massachusetts Bill of Rights)[5]은 모든 인간이 **자유롭고 동등하게** 태어났다는 데 동의하며, 매사추세츠 권리장전의 한 조항이나 다른 조항은 그날부터 오늘날까지 점유가 왜 보호되어야 하는가 하는 문제에 대한 해답을 제공했다. 칸트와 헤겔은 자유에서 출발한다. 칸트는 의지의 자유가 인간의 본질이라고 언급했다. 자유는 그 자체가 목적이다. 자유는 추가적인 설명이 필요하지 않고, 절대적으로 존중받아야 하는 것이며, 모든 정부가 실현하고 지지해야 하는 바로 그 목적이고 목표이다. 인간은 어떤 대상을 점유함으로써 그의 의지의 영역 내로 그것을 가져오기 때문에, 점유는 보호되어야 한다. 그는 자신의 인격을 그 대상 속으로 혹은 그 위로 확장했다. 헤겔이 언급하듯이, 점유는 자유의지의 객관적인 실현이다. 그리고 칸트의 명제에 따르면, 그렇게 표명된 어떤 개인의 의지는 다른 개인에게서 절대적 존중을 받을 자격이 있으며, 그런 개인의 의지는 보편적인 의지, 즉 국가 조직인 법정을 통해서 움직이는 국가에 의해서만 극복되거나 폐기될 수 있다.

사비니는 이런 점에서 칸트를 따르지 않았다. 그는 모든 난폭한 행위는 불법이라고 언급했으며, 점유의 보호를 신체에 대한 보호의 한 부분으로 간주하는 것 같다.[6] 그러나 이런 견해에 대해, 점유는 물리적 힘뿐만

---

[4] (옮긴이 주) Jean-Jacques Rousseau(1712~1778)는 스위스에서 태어나 프랑스에서 활동한 사회계약론자, 계몽주의 철학자이며, 대표적인 저서로 인위적 불평등을 탐구한 『인간불평등기원론』(*Discours sur l'origine et les fondements de l'inégalité parmi les hommes*, 1754), 사회나 국가가 참된 사회계약에 바탕을 둔다면 참된 정치적 자유를 얻을 수 있다는 『사회계약론 혹은 정치적 권리의 원칙』(*Du Contrat social ou principes du droit politique*, 1762) 등이 있다.

[5] (옮긴이 주) 매사추세츠 권리장전(the Massachusetts Bill of Rights)은 1780년에 제정된 매사추세츠주의 헌법이다.

아니라 사기에 의한 방해로부터도 보호되어야 한다는 반박이 나왔으며, 그에 따라 그의 견해는 불신을 받게 되었다. 근거가 빈약한 편법에 만족했던 법학자들은 수적으로 열세인 것처럼 보이며, 그들의 견해는 폐기되거나 별로 호감을 얻지 못하고 있다.

다수의 법학자들은 칸트가 지시하는 방향을 따르고 있다. 탁월한 저술가인 브룬스(Bruns)[7]가 점유의 본질 자체로부터 유도된 내적인 법학적 필연성을 요구했을 때, 그는 게르만적 사고방식[8]을 특별히 갈망했으며, 그에 따라 경험적인 추론을 거부했다.[9] 그는 전체 법체계가 정말로 인식하고 성취할 수 있는 그런 인간 의지의 자유에서 그가 찾는 필연성을 발견한다. 그런 자유의 제약은 부당한 것이고, 그런 부당함은 법의 의지에 부합하는지와는 상관없이 시정되어야 한다는 등등 칸트적 분위기가 느껴진다.[10] 따라서 헤겔의 애제자인 간스(Gans)[11]도 "의지는 그 자체가 보호되어야 하는 본질적인 것이며, 이런 개인적 의지는 더 높은 보편적 의지에만 복종해야 한다"고 언급했다.[12] 또한 거장 푸흐타(Puchta)[13]도 "스스로 원

---

[6] 사비니(Savigny)의 『점유에 관한 법』(영역본) 6절 pp. 27, 28.
[7] (옮긴이 주) Karl Georg Bruns(1816~1880)는 독일의 법학자이고, 대표적인 저서로 『중세와 현대의 점유이론』(Das Recht des Besitzes im Mittelalter und in der Gegenwart, 1848), 『로마법과 현대법의 점유소송』(Die Besitzklagen des römischen und heutigen Rechts, 1874), 『고대 로마법의 기원』(Fontes juris Romani antiqui, 1860) 등이 있다.
[8] (옮긴이 주) 독일적 사변철학을 의미한다.
[9] 브룬스(Bruns)의 『중세와 현대의 점유이론』 487.
[10] 브룬스(Bruns)의 『중세와 현대의 점유이론』 490, 491.
[11] (옮긴이 주) Eduard Gans(1797~1839)는 독일의 법학자이고, 법 역사학파적 사상을 가졌으며, 대표적인 저서로 『로마와 그 이후의 로마법의 지위』(Das römische Erbrecht in seiner Stellung zu vor- und nachrömischem, 4 vols., 1824~1835), 『로마 시민법의 근본적인 체계』(System des römischen Civilrechts im Grundrisse, 1827), 『점유의 기초에 관하여』(Ueber die Grundlage des Besitzes, 1839) 등이 있다.
[12] 브룬스(Bruns)의 『중세와 현대의 점유이론』 415; 빈트샤이트(Windscheid)의 『법

하는 것을 하려는 의지, 즉 자신의 인격에 대한 인식은 보호되어야 한다"고 언급했다.[14]

이런 견해를 변형한 주요한 견해는 현재 인기 있는 저술가 빈트샤이트(Windscheid)[15]의 견해이다. 그는 매사추세츠 권리장전에 있는 조항 중 다른 조항을 선호한다. 그는 점유에 대한 보호가 **침해**에 대한 보호와 동일한 근거에서 나오고, 모든 사람 각자가 한 국가에 있는 다른 모든 사람 각자와 동등하며, 누구도 다른 사람 위에 자신을 올려놓을 수 없다고 생각했다.[16] 확실히 비범한 인물인 예링 또한 독자적인 견해를 취하면서 점유란 방어적 측면에서 소유권이라고 언급했고, 또한 소유자의 편을 들면서 사실상 소유권을 행사하는 그(즉 점유자)는 불법적인 위치에 있는 사람에 대항하여 자신의 권리 자격을 입증할 필요성에서 자유롭다고 언급했다. 그러나 이런 견해에 대해 브룬스는 나중에 저술한 자신의 저서에서 잘 반박했는데, 허용될 수도 없고 또한 아마도 사실상 진실도 아닌 그 견해가 부동산점유침탈자(disseisor)[17]의 권리 자격을 부동산점유피침탈자

총론 강의』 148절 주 6. 헤겔 성향의 추가적인 논문은 스털링(J. Hutchison Sterling) 박사의 「법철학 강연」(Lectures on the Philosophy of Law)에서 볼 수 있다.
[13] (옮긴이 주) Georg Friedrich Puchta(1798~1846)는 독일의 법학자이고, 로마법 강의에서 과거의 비과학적인 방법을 타파하는 데 진력한 것으로 유명하며, 대표적인 저서로 교회법과 게르만법을 다룬 『관습법』(Das Gewohnheitsrecht, 2 vols., 1828~1837), 『법학의 진로』(Cursus der Institutionen, 3 vols., 1841~1847) 등이 있다.
[14] 푸흐타(Puchta)의 『법학의 진로』 224항과 226항; 빈트샤이트(Windscheid)의 『법총론 강의』 148절 주 6.
[15] (옮긴이 주) Bernhard Windscheid(1817~1892)는 독일의 법학자이고, 대표 저서로 독일 민법에 지대한 영향을 미친 『법총론 강의』(Lehrbuch des Pandektenrechts, 3 vols., 1861), 『오늘날의 법 관점에서 본 로마 시민법 소송』(Die actio des römischen Civilrechts vom Standpunkte des heutigen Rechts, 1856) 등이 있다.
[16] 빈트샤이트(Windscheid)의 『법총론 강의』 148절 주 6.
[17] (옮긴이 주) 부동산점유침탈자(disseisor)는 부동산을 실제 점유하고 있는 합법적

(disseisee)의 권리 자격보다 일반적으로 더 나쁜 것으로 전제한다고 했다.[18]

점유자가 점유 목적으로 제기된 소송으로 배제될 때까지는 그의 점유가 승인되고 유지되어야 한다는 견해는 칸트 학설에서 나온다. 어쩌면 지금까지 언급된 사실 이외의 다른 사실이 이런 추론에 영향을 미쳤을 것이며, 그 다른 사실이란 대륙의 소송절차에서 점유적 소송과 소유권적 소송(petitory action)[19] 혹은 항변 간의 정확한 구분이었다.[20] 점유적 소송에서 피고(즉 소유자)가 자신의 권리 자격을 주장하는 것이 허용되지 않을 때, 법학자들은 점유의 신비스러운 중요성을 즉각 발견한다.

그러나 어떤 사람이 언제 이런 절대적 보호를 받을 자격이 있는가? 칸트의 원칙에 따르면, 그가 어떤 물건을 보관하고 있다는 것만으로는 충분하지 않다. 인격의 신성불가침에 근거하는 보호는 그 대상물이 그 인격의 영역 안으로 들어와 있어야 하고 또한 자유 의지가 무제한적으로 그 대상물에 침투되어야 한다고 요구한다. 그때 그것을 사유화할 의도, 즉 그것을 자신의 일부로 만들거나 자기 자신의 것으로 만들겠다는 의도가 있어야 한다.

여기서 로마법에 관한 지배적인 견해가 선례와 더불어 원칙을 강화하는 데 등장한다. 우리가 듣기로는, 실제로 물건을 위탁받거나 보관할 수 있는 많은 사람들 중에서 로마법은 소유자나 소유자라고 주장하는 사람

인 소유자에게서 그의 허락 없이 그 부동산을 적대적으로 점유한 사람을 지칭한다. 환언하면 부동산점유침탈자는 합법적인 소유자로부터 점유를 빼앗거나 특별점유권(seisin)을 빼앗는다. 반면에 빼앗기는 합법적인 소유자는 부동산점유피침탈자(disseisee)라고 한다.

[18] 브룬스(Bruns)의 『로마법과 현대법의 점유소송』, 276, 279.
[19] (옮긴이 주) 소유권적 소송(petitory action)은 점유권과는 독립적으로 재산에 대한 권리 자격을 확립하고 강제하려는 소송이다.
[20] 브룬스(Bruns)의 『중세와 현대의 점유이론』 499.

그리고 시간의 경과로 도중에 소유자로 되는 사람만을 점유자로 인정했다. 세월이 흐르면서 로마법은 실무적 근거에서 약간의 예외를 허용했다. 그렇지만 질권자와 재산관재인(법정에 의해 지명된 재산관리인)[21] 이외에는 이런 예외는 중요하지도 않았고 또한 논박되었다.[22] 로마 법학자들 일부는 수탁자와 임차인은 그들에게 맡겨진 물건들에 대한 점유권을 보유하지 않는다고 명확히 언급했다.[23] 그 법의 원천들에 대한 게르만적 해석이 너무 지나치든 그렇지 않든, 그 해석은 게르만 이론들을 검토하면서 고려해야 한다.

일반적인 보관수탁자의 점유권을 부정함으로써 법철학은 재빠르게 로마법에 스스로 부응했고, 그 철학은 스스로 로마법의 권위를 주장할 수 있는 위치에 놓이게 되었으며, 그 결과 보관수탁자를 다루는 방식은 로마법 이론의 당연한 결과일 뿐이다. 따라서 나는 로마법보다 더 발전되고 더 합리적이며 더 강력한 법체계가 칸트와 그의 후계자들에 의해 주장되는 전제나 결론을 인정하지 않음을 보여주려 한다.

첫째로, 잉글랜드법은 건전한 상식[24]을 항상 지니고 있으므로 피고 측이 점유적 소송을 제기할 권리 자격을 허용한다. 진정한 점유적 소송이라고 할 수 있는 부동산점유침탈 순회재판(assize of novel disseisin)[25]에서, 피고는

---

[21] (옮긴이 주) 재산관재인(sequester) 혹은 재산관리인(receiver)은 소송 당사자 중 어느 한 사람의 재산이나 사업을 관리하기 위하여 판사에 의해 지명된 사람이거나, 파산에 따른 청산 절차가 진행되는 동안 채무자에게 귀속되는 소득을 수령하도록 판사에 의해 지명된 사람을 지칭한다.
[22] 브룬스(Bruns)의 『중세와 현대의 점유이론』 2절, pp. 5 이하; 바이스케(Weiske)의 『권리에 관한 법』(Rechtslexikon, 1858)에 있는 푸흐타(Puchta)의 점유이론; 빈트샤이트(Windscheid)의 『법총론 강의』 154절 pp. 461 이하(4th ed.).
[23] 로마법 대전의 『법률논평집』 41권 2장 3절 20항; 로마법 대전의 『법률논평집』 13권 6장 8, 9절. 또한 로마법 대전의 『법률논평집』 41권 1장 9절 5항도 참고하라.
[24] 그러나 예링(Ihering)의 『로마법의 정신』(Der Geist des römischen Rechts) 62항, 프랑스어 번역본 IV. p. 51을 보라.

언제나 그의 권리 자격을 내세워 소송을 제기할 수 있다.[26] 심지어 점유가 형법으로 응징되는 강제적인 진입과 강제적인 불법유치 같은 방식으로 취득되거나 유지될 때조차도, 피고가 권리 자격을 입증하면 피고에게 점유물 보유가 허용되며, 그런 입증은 많은 사례에서 불법침해소송에 대한 항변으로 판결 및 인정되었다. 따라서 물건을 탈취했다는 불법침해소송에서 피고는 그의 권리 자격으로 대항할 수 있다. **토지**불법침해소송에서 권리 자격으로는 소송이 불가능하다는 일반원칙에는 차별의 흔적이 있는 것처럼 보일 수 있다. 그러나 그 예외는 동산에 대한 불법침해소송이나 동산횡령회복소송이 재산을 변경할 수 있는 것과는 달리 판결이 재산을 변경할 수 없다는 근거 위에서 보편적으로 제기되는 예외이다.[27] 점유적 소송에서 권리 자격을 취득할 수 없다는 규칙은 교회법에서 **악마의 증거**처럼 입증의 어려움, 재판과정의 지연 및 **잠정적인** 점유의 중요성 등을 전제하며, 이 전제들은 오랜 기간 거쳐 온 사회의 발전단계를 특징적으로 보여준다. 사례 100개 중에서 99개에서, 점유의 입증처럼 **명백한** 권리 자격을 적어도 입증하는 것은 대체로 용이하고 또한 비용도 저렴하다.

다음으로 이 주제에 대한 지난번 강의의 중요성은 보통법이 예외 없이 모든 보관수탁자에게 점유적 구제책을 언제나 제공했다는 것이다. 이런 구제책에 대한 권리는 보관기탁자를 배제하면서 질권자, 임차인, 유치권

---

[25] (옮긴이 주) 부동산점유침탈 순회재판(assize of novel disseisin, recent dispossesion)은 원고가 침탈당한 토지를 회복하기 위한 소송이다.

[26] 호이슬러(Heusler)는 이것을 (**그가 자신의 부동산점유를 침탈당했다**는) 영장에서 **자신의**(suo)란 단어를 해석하는 데에 있어 잉글랜드의 형식주의와 편협성의 결과라고 생각한다. 호이슬러(A. Heusler)의 『특별점유권』 429~432. 그러나 불법침해에서 **자신의 동산**(catalla sua)을 다룰 때 그런 편협성은 전혀 존재하지 않는다. 아래에 있는 본서의 pp. 351~354를 보라.

[27] 추가로 브랙턴(Bracton)의 『잉글랜드의 법과 관습에 관한 연구』 원문 페이지 413; 헨리 7세 『연감』 6권 9, 판결문 4 등을 보라.

을 가진 사람들에게까지 확대되었다. 그리고 그 권리는 동산에 대해 어떤 이해관계도 없고 소유자에 대항하는 어떤 유치권도 없으며 또한 보수를 주지도 받지도 않는 단순한 보관수탁자에게까지도 확대되었다.[28]

현대 게르만 성문법은 임차인과 일부 다른 사람들에게 점유적 구제책을 제공하는 범위에서는 그렇게 동일한 경로를 밟아 왔다. 브룬스는 칸트 사상에 입각하여 이것이 편의성[29] 때문에 원칙이 희생된 것이라고 말한다.[30] 그러나 나는 도대체 어떤 원칙이 편의성 및 실제 입법과정에 일관적이지 못하다고 스스로 공언하고 있는지를 알 수가 없다. 법 이론의 첫째 요구조건은 그것이 사실관계와 부합해야 한다는 것이다. 법 이론은 준수된 입법과정을 설명해야 한다. 그리고 입법자들은 입법과정에서 봉착하는 원칙들 때문에 스스로 상당한 곤욕을 치르지 않으면서, 매우 확실하게, 편리한 것처럼 보이는 법을 만들려고 노력하므로, 그런 편의성을 고려하지 않는 원칙은 그것이 항구적으로 그렇게 실현될 때까지 상당한 시간을 기다려야 할 것이다.

그때 현대법에서 더 넓은 점유 개념에 일관성을 갖추는 점유 보호의 일부 근거는 매사추세츠 권리장전이나 미국 독립선언서의 범위를 넘어서서 탐구되어야 한다.

법정은 그 주제에 대해 거의 언급하지 않는다. 어떤 사건에서 점유 보호란 법이 사람에게 부여하는 보호의 연장이라고 주장되었으며, 그 근거

---

[28] 아래에 있는 본서의 pp. 353~354.
[29] (옮긴이 주) 편의성(convenience)은 법 집행에 있어서 복잡한 절차, 사실관계 확인의 어려움 등을 회피하면서 법 집행의 편리를 도모하는 것을 지칭한다. 이를테면 분실된 어떤 물건의 소유권을 확인하기는 어렵지만 그 물건의 점유를 확인하는 것은 간단하므로 최초 발견자에게 점유권을 우선적으로 부여하는 것이 편의성에 따른 권리 인정이다.
[30] 브룬스(Bruns)의 『중세와 현대의 점유이론』 494.

위에서 **토지**불법침해소송이 파산관재인에게 이양될 수 없다고 판결했다.[31] 따라서 파산자가 파산한 이후에 그의 점유로 된 물건에 대해 제삼자를 상대로 하는 파산자의 동산횡령회복소송을 거부하는 것은 "전 세계에 물건 점유를 서로 다투어 혼란을 초래하는 초대장"이 될 것이라고 진술되었으며, 그 판결은 "공서양속과 편의성의 근거들"을 참조했다.[32] 또한 나는 사냥 사례 일부를 다시 인용할 수 있다. 그린란드 고래어업에서 잉글랜드 관습에 따르면, 첫 번째 사람이 고래에 작살을 쏘았으나 그 작살이 빠졌고 그 고래가 그런 다음에 다른 사람에 의해 죽게 된다면, 첫 번째 사람은 그 고래에 대해 아무런 청구권도 가지지 않지만, 비록

---

[31] *Rogers v. Spence*, 미슨(R. Meeson)과 웰스비(W. N. Welsby)의 『재정법원의 판례집』 13권 579, 581.
(옮긴이 주) *Rogers v. Spence*(1844): 피고가 원고의 거주 주택과 정원에 들어가서 소란을 피우고 주택의 문과 정원의 나무에 손상을 입히고 원고의 물건들을 강탈하여 그의 허락 없이 판매용으로 내놓았으며, 그에 따라 원고와 그의 가족의 주택과 정원의 평화로운 점유를 크게 손상시켰고 또한 원고의 사업을 방해했다는 이유에서 제기된 불법침해소송. 불법침해소송이 제기된 이후에, 피고는 불법침해소송의 추가적인 유지를 방해하고자 원고를 파산시켰고, 그 후 파산관재인이 지명되었으며, 피고는 소송의 소인이 파산관재인에게 귀속되었다는 항변을 제시했다. 피고의 항변은 거부되었고, 원고 승소가 판결되었다. 최종심에서, 재정법원의 판결을 지지하면서, 피고의 항변이 잘못되었으며, 파산자에 대한 주요한 개인적 침해는 소송의 주요하고도 핵심적인 소인이므로, 그 소송은 여전히 파산자에게 남아 있고, 그 소송의 권한은 그의 파산관재인에게 양도되지 않았다고 판결되었다.
[32] *Webb v. Fox*, 터너(G. Turner)와 러셀(J. Russell)의 『고등법원의 판례집』 7권 391, 397.
(옮긴이 주) *Webb v. Fox*(1797): 원고는 공인되지 않은 파산자이고, B에게 돈을 먼저 지급하여 B가 피고에게 자신의 소유의 물건들을 원고에게 인도하도록 지시했으나, 피고가 원고에게 인도하길 거부했고, 원고가 동산횡령회복소송을 제기하여 승소 평결을 받았다. 파산자와 파산관재인 사이에서 파산관재인이 재산 양도에 대한 권리를 언제나 갖고 있다는 규칙은 파산자와 제삼자의 거래에는 적용되지 않는다고 판결되었다. 파산자가 거래를 통해 문제의 재산을 취득했으며, 비록 파산자는 채권자에 의해 그의 재산의 양도를 언제나 요청받을 책임이 있다 해도 그의 파산관재인이 간섭할 때까지는 그의 계약이 적절할 때 이 상황은 제삼자와의 그의 거래에는 영향을 주지 않는다고 판결되었다.

그 고래가 첫 번째 사람의 작살로부터 도망쳤다 해도 그 고래가 다른 사람의 작살에 의해 명중되기 전까지 그가 고래를 계속 추적했다면 그는 그 고래 전체를 가지게 된다. 그 반면에 갈라파고스의 관습에 따르면, 작살의 줄에 대한 통제력을 상실했다 해도, 첫 번째 사람이 고래의 반을 갖는다.[33] 이런 관습들 각각은 잉글랜드 법정에 의해 유지되고 시행되었

---

[33] *Fennings v. Lord Grenville*, 톤턴(W. P. Taunton)의 『민사법원과 다른 법원의 판례집』 1권 241; *Littledale v. Scaith*, 앞의 책 243, 주 (a). 또한 *Hogarth v. Jackson*, 무디(W. Moody)와 맬킨(B. H. Malkin)의 『임석재판 판례집』(*Reports of Cases Determined at Nisi Prius*, 1826~1830) 58; *Skinner v. Chapman*, 앞의 책 59, 주 등을 참고하라.

(옮긴이 주) *Fennings v. Lord Grenville*(1808): 원고의 배들이 갈라파고스 섬 근처에서 고래에 작살을 명중시켰고, 고래의 속도를 늦추고 나중에 포획하기 위한 부표가 작살에 달려 있었다. 피고의 배가 그 고래를 발견하고 포획했고, 고래로부터 기름과 다른 가치 있는 것들을 추출하고는 원고에게는 나눠주지 않았다. 맨스필드(Mansfield) 재판장은 고래를 먼저 작살로 명중시킨 당사자와 실제로 포획한 당사자가 각각 1/2을 공유하는 갈라파고스 근해의 관습을 존중해야 한다고 판결했다. 관습이 존중되지 않으면 고래 때문에 전쟁 상태로 돌입할 수 있다는 견해도 다른 판사에 의해 피력되었다.

(옮긴이 주) *Littledale v. Scaith*(1788): 원고 배의 작살이 고래에 명중했고, 그 작살이 고래에 그대로 박혀있었으며, 작살을 명중시킨 배가 그것을 통제하고 있었다. 그때 피고의 배가 고래에 작살을 명중시켰고, 그 고래를 포획했다. 첫 작살이 고래에 박혀 있고 줄이 작살에 붙어 있으며 그 줄이 작살을 쏜 사람의 통제 하에 있다면, 그 고래는 첫 작살을 쏜 사람의 재산이라고 판결되었다. 그러나 첫 작살이 빠졌거나 줄이 잘려 있거나 그 줄이 첫 명중자의 통제 하에 있지 않다면, 그 고래는 다른 사람의 재산이 된다.

(옮긴이 주) *Hogarth v. Jackson*(1827): 그린란드 어업 관습에 의하면, 비록 둘째 작살이 고래에 명중했을 때 첫 작살의 줄이 배에서 분리되었다 해도, 그 고래가 첫 작살의 줄로 얽혀있어서 첫 작살의 주인이 둘째 작살 주인의 간섭이 없더라도 고래를 아마도 잡을 수 있었다면, 먼저 작살을 쏜 사람이 그 고래에 대한 권리 자격이 있다고 판결되었다. 본 사례의 쟁점은 작살의 줄이 끊어졌지만 고래가 첫 작살의 줄로 얽혀있었느냐에 맞추어졌는데, 고래가 피고의 작살이 아니어도 첫 작살의 줄(약 500미터)로 충분히 얽혀있어서 고래를 충분히 잡을 수 있을 것으로 기대되었다는 원고의 주장이 받아들여져서 배심은 원고 승소를 평결했다.

(옮긴이 주) *Skinner v. Chapman*(1827): 고래에 대한 동산횡령회복소송. 그린란드 어업 관습이 언급되었고, 핵심 쟁점은 원고의 첫 작살이 고래에 명중된 상태에서

으며, 로웰 판사(Lowell)[34]는 제3의 방안에 부합하는 판결을 내렸는데, 그것에 따르면 고래가 해체되기 이전에 청구가 이루어진다면, 고래는 그 고래에 남아 있는 첫 작살을 발사한 선박에게 주어진다.[35] 맨스필드 경에 의해 만들어진 근거는, 단순히, 그런 관습들이 존재하지 않는다면 사냥꾼들 사이에 일종의 전쟁이 영구적으로 존재해야 한다는 것이다.[36] 몇몇 사례에서 쟁점에 따라 법정들이 유사한 사실들에 대해 상이한 규칙을 채택한다면, 그 쟁점이 지속되는 한 그 쟁점은 그 문제에 관한 선험적 이론을 뒤흔드는 경향을 보일 것이다.

법의 역사가 곧 사회발전의 공식적 표현이라는 것을 알고 있는 법학자들이라면, 심지어 법의 대략적인 근거에는 정부에 관한 이상이나 이론이 일반적으로 내포되어 있다고 말할 때도, 그 근거가 경험적이어야 한다고 생각하기 쉬울 것이다. 실무적인 일이라고 할 수 있는 법은 현실의 물리

피고의 배가 창을 던져서 고래를 교란시켰고 그에 따라 고래의 몸부림으로 인하여 작살이 느슨해졌을 때 둘째 작살로 고래를 포획했다는 것이다. 그 고래는 첫 작살을 명중시킨 원고의 재산이라고 평결되었다.

[34] (옮긴이 주) John Lowell(1743~1802)은 미국의 법학자이고, 미국의 첫 연방법원인 "사냥 사례 전담 항소법원"의 판사로 봉직했고, 매사추세츠 지역 법정의 판사(1789~1801), '미국 연방 순회법원'의 첫 재판장(1801~1802)으로 임명되기도 했다. "모든 인간은 자유롭고 동등하게 태어났다"는 제1조를 매사추세츠 권리장전에 삽입하여 매사추세츠에서 노예제도 폐지의 근거를 제공한 것으로도 유명하다.

[35] Swift v. Gifford, 로웰(Lowell)의 『미국 매사추세츠 하급법원 판례집』 2권 110. (옮긴이 주) Swift v. Gifford(1872): 피고의 배가 작살을 고래에 명중시켰고 줄과 함께 작살이 고래에 남아 있었지만, 피고의 배의 통제 하에 있지 않았으며, 원고의 배가 그 고래를 계속 추적하다가 그 고래를 포획했다. 피고 배의 선장이 현장에서 그 고래를 요구했고 원고의 선장이 고래를 건넸다. 나중에 야생동물에 상처를 입힌 사람이 아니라 최종적으로 포획한 사람이 그것을 소유한다는 일반적인 보통법이 고래 산업의 '관습'을 뒤집어야 한다는 논리로 원고가 소송을 제기했다. 양 당사자가 관습을 이해하고 있고, 원고의 선장이 관습에 부합되게 고래를 넘겨주었으므로, 그런 상황에서는 그 고래가 피고의 재산이라는 것이 타당하다고 판결되었고, 원고의 소송은 기각되었다.

[36] 톤턴(W. P. Taunton)의 『민사법원과 다른 법원의 판례집』 1권 248.

적 힘의 바탕 위에서 스스로를 발견해야 한다. 따라서 집안의 개가 보유하고 또한 물개가 놀랄만한 사례를 제공하는 본능에 의해, 인간이 자신의 소유물을 물리적인 힘이나 사기에 의해 빼앗기도록 허락하지 않으며, 빼앗긴다면 그것을 다시 찾으려고 애쓴다는 명제는 법의 근거로 아주 충분하다.[37] 법철학은 본능을 정당화하는 수백 가지 이유를 찾을 수 있지만, 법철학이 본능을 비난하고 우리가 아무런 불평 없이 그 본능을 포기하도록 요구한다면 그 철학은 전적으로 무의미할 것이다. 본능이 잔존해 있는 한, 사람들이 본능을 스스로 충족하도록 방임하기보다는 법이 본능을 질서정연하게 충족시키는 것이 더 편안할 것이다. 법이 이와 달리 해야 한다면, 법은 현실성이 전적으로 결핍된 탁상공론이 될 것이다.

나는 우리가 이제 점유에 관한 분석을 시작할 위치에 도달했다고 생각한다. 독일에서 열성적으로 토론했던 앞의 문제에 관해 우선 한마디 하는 것이 도움이 될 것이다. 점유는 사실관계인가 아니면 권리인가? 이 문제에서 점유와 권리란, 철학자나 윤리학자들에게서 그 단어들이 의미하는 어떤 다른 의미가 아니라, 법에서 그 단어들이 의미하는 어떤 것을 의미한다는 뜻으로 받아들여야 한다. 왜냐하면 법학자로서 우리는 법률적 의미를 벗어나는 것들과는 아무런 관계도 없기 때문이다. 언제나 이것을 꾸준히 염두에 둔다면, 그 문제는 거의 거론되지 않을 것이다.

법적 권리는 공권력의 도움을 받고서 어떤 자연적인 힘을 행사할 수 있고, 어떤 조건에서는 보호, 배상 혹은 보수를 획득할 수 있는 면허장일 뿐이다. 공권력의 도움이 바로 어떤 사람에게 주어지는 한, 그는 법적 권리를 보유하며, 이런 권리는 그의 청구권이 정의로움에 근거하든 사악

---

[37] 웨이크(C. S. Wake)의 『도덕의 진화』(*The Evolution of Morality*, 1878), 1부 4장, pp. 296 이하를 참고하라.

함에 근거하든 유사하다. 점유가 바로 보호받는 한, 소유권이 동일한 보호를 확보할 때 소유권과 유사하게 점유도 법적 권리의 동일한 원천이다.

모든 각각의 권리는 법에 의해 규정되는 하나 혹은 더 많은 사실관계에 대해 법이 부여하는 결과적 효과이며, 법이 전체 사람들에 의해 공유되지 않는 특별한 권리를 어떤 사람에게 부여하는 경우에는 어떤 경우든, 어떤 특별한 사실관계들이 나머지 사람들에게는 진실이 아니지만 그 사람에게는 진실이라는 근거에서 법은 그렇게 한다. 법으로 그렇게 분류된 일련의 사실관계들이 어떤 사람에게 존재할 때, 그는 그에 대응하는 권리를 주장할 자격이 있다고 말해지며, 그것이 의미하는 바에 따르면 문제의 모든 사실관계가 그에게 진실이 아니었다면 법이 도움을 주지 않았을 방식으로, 법은 그가 그의 이웃들이나 그들 중 일부를 제약하는 데 도움을 준다는 것이다. 따라서 그런 일련의 사실관계를 표시하는 어떤 단어는 법적 효과란 방식에 의해 그 단어에 수반되는 권리를 내포하며, 일련의 사실관계에 수반되는 권리를 표시하는 어떤 단어는 유사한 방식으로 일련의 사실관계를 내포한다.

"점유"라는 단어는 그런 일련의 사실관계를 표시한다. 따라서 우리가 점유권을 보유하고 있는 어떤 사람을 언급할 때, 우리는 어떤 일련의 모든 사실관계가 그에 대해 진실이라고 직접적으로 확언하며, 법이 그에게 그 위치의 혜택을 제공할 것이라고 간접적으로나 암묵적으로 시사한다. 계약, 재산, 혹은 법의 어떤 다른 본질적인 개념은 동일한 방식으로 분석될 수 있으며, 또한 동일한 순서로 다루어져야 한다. 유일한 차이라고 한다면, 점유가 사실관계를 표시하고 법적 효과를 내포하지만, 반면에 재산은 언제나 법적 효과를 표시하고 사실관계를 내포하며, 계약은 더 많은 불확실성과 변덕을 가진 채 그렇게 한다는 것이다. 우리가 어떤 사람이 물건을 소유한다고 말할 때, 우리는 그가 일련의 사실관계에 수반하는 혜택을 가진다는 것을 직접적으로 확언하며, 그 사실관계들이 그에게는 진실이라는 것을 암묵적으로 확언한다. 파악해야 할 중요한 핵심은 점유, 재산 및 계약과 같은 이런 각각의 법적인 복합체가 모든 다른 것들과 유사한 방식으로 선행 및 후행하는 사실관계와 권리로 나뉘어서 분석되어야 한다는 것이다. 한 요소가 한 단어에 의해 강조되고 다른 요소가 다른 두 단어에 의해 강조된다는 것은 전적으로 중요하지 않다. 우리는 어원학을 연구하는 것이 아니라 법을 연구한다. 제기되어야 하는 두 가지 문제가 언제나 존재한다. 첫째로, 문제의 집합체를 구성하는 사실관계란 무엇인가? 둘째로, 법에 의해 그 일련의 사실관계에 수반되는 법적 효과란 무엇인가? 사실관계에 수반되는 법적 효과가 일반적으로 유일한 난제를 제시한다.

따라서 취득시효기간에 적대적 보유(adverse holding)[38]에 수반되거나 약인 혹은 날인문서에 대한 약속에 수반되는 그런 법적 효과와 유사하게, 점유의 법적 효과에 따른 법적 보호가 법적 관점에서 진정한 권리라고 말하는 것은 거의 동어반복에 불과하다. 그 진술을 극적으로 표현한다면, 나는 점유적 권리가 양도에 의해서뿐만 아니라 상속이나 증여에 의해서도 이전하며,[39] 그 권리가 미국의 일부 주에서 재산으로 과세된다고 덧붙여

---

[38] (옮긴이 주) 적대적 보유 혹은 적대적 점유(adverse holding, adverse possesion)는 어떤 조건 하에서 법적인 기간 동안 점유에 의해 부동산에 대한 권리 자격을 취득하는 방법이며, 법정기간 동안 소유자의 허락을 얻지 않은 상태에서 현실적이고, 공개적이며, 소문나고, 적대적이며, 배타적이면서도 계속적인 사용을 통해서 부동산에 대한 권리 자격을 취득하는 것이다. 특정한 기간 동안 진정한 소유자의 권리와 갈등을 일으키는 방식으로 재산을 보유함으로써 대가를 지급하지 않으면서 다른 사람의 부동산에 대한 권리 자격을 취득할 수 있다. 역사적으로 잉글랜드에서 어떤 사람이 충분히 오랫동안 토지를 점유한다면 이 점유가 그 토지에 대한 자격을 취득하는 것을 정당화한다고 생각되었다. 그리고 적대적 보유 기간에 소유자의 동의 없이 그의 부동산을 사용하는 것을 적대적 사용(adverse use)이라고 한다.

[39] *Asher v. Whitlock*, 『잉글랜드 판례집』, 「여왕의 법원」 1권 1.

말할 수 있다.[40]

우리는 이제 보통법에서 이해되듯이 점유를 분석할 준비가 되었다. 점유를 구성하는 사실관계를 발견하려면, 점유가 처음 취득되는 그 순간에 그 사실관계들을 연구하는 것이 최선임이 밝혀질 것이다. 왜냐하면 약인과 약속 두 가지가 계약 체결 순간에 존재해야 하는 방식과 동일한 방식으로, 그때 그 사실관계들 모두가 존재해야 하기 때문이다. 그러나 우리가 점유적 권리의 존속이나 보통 언급되듯이 점유의 존속에 관심을 돌릴 때, 그 권리의 존재를 요구하는 데 필요한 모든 사실관계가 그 권리를 지속시키기 위해 현재에도 계속 진실일 필요가 없다는 것은 모든 학설에서 동의할 것이다.

그때 점유를 취득하기 위해, 어떤 사람은 그 대상물과 나머지 세계에 대해 어떤 물리적인 관계를 맺고 있어야 하고 어떤 의도를 가지고 있어야 한다. 이런 관계와 이런 의도는 우리가 탐구하고자 하는 사실관계들이다. 다른 사람들과의 물리적인 관계는 단순히 의도와 공존하는 명백한 역

(옮긴이 주) *Asher v. Whitlock*(1865): 부동산점유회복소송. 윌(Will)은 영주에게 속하는 일부의 땅에 울타리를 치고 주택을 지었으며(불법점유자), 사망하면서 처에게 상속하고 처가 재혼하면 딸(원고)에게 상속할 것을 유언했다. 처가 재혼했으나 원고에게 상속하지 않고 재혼한 남편(피고)과 함께 살았고, 그 후 처와 딸이 거의 동시에 사망했다. 딸의 상속인이 소송을 제기했고 원고 승소가 판결되었다. 부동산점유침탈 학설에 따르면 부동산점유침탈자의 권리 자격은 부동산점유피침탈자(점유를 박탈당한 사람)를 제외하면 모든 사람에 대항할 수 있다. 따라서 단순한 점유를 통해서 취득된 권리가 유언에 따라 양도되지 말아야 할 이유는 존재하지 않는다는 것이다.

[40] *People v. Shearer*, 『캘리포니아주 판례집』(*California Reports*) 30권 645.
(옮긴이 주) *People v. Shearer*(1866): 사적인 점유자 시어러(Shearer)가 농사를 지을 목적으로 국가의 토지를 적대적으로 점유하여 개량했다. 미국의 공유토지의 점유자 혹은 청구자가 토지에 필요한 모든 것을 행했을 때, 토지의 양도증서가 발행되지 않았으나, 그 토지는 가치 있는 재산으로 인정되고 또한 과세의 대상이 된다고 판결되었다.

학관계일 뿐이며, 의도의 본질이 결정되었을 때 그 물리적 관계는 의도에 관해서는 언급할 것이 거의 없을 것이다. 내가 의도의 본질을 분석할 때는, 나는 책임의 한 요소로서 고의와 관련하여 추구했던 분석에 유사한 분석을 시도하지는 않을 것이다. 왜냐하면 책임과 관련해 고의에 관해 전개된 원칙들은 현재의 주제와 아무런 관계도 없으며, 그런 분석은 실패하지 않는 한 증거에 관한 논의 이상은 거의 하지 않을 것이기 때문이다. 여기서 연구되는 의도는 아마도 명백히 입증되어야 하지만, 점유가 보호되는 근거에 관한 모든 이론은 물론 법학적 탐구의 필연적인 한계 하에서 점유가 현실적이어야 한다는 필요조건을 유도하는 데 의견일치를 보이는 것 같다.

그러나 우리의 동료들을 향한 우리의 권력과 의도 이외에도 대상물에 대한 어느 정도의 지배력이 존재해야 한다. 세상에 두 사람만 있고 그중 한 사람이 감옥에 안전하게 갇혀 있을 경우, 두 사람 모두, 감옥 밖에 있는 다른 사람도, 감옥 열쇠를 가지고 있다 해도 그 감옥을 넘어서 날아가는 제비를 점유하지 못할 것이다.[41] 비록 경계선이 그어지는 핵심이 확실히 그 대상물뿐만 아니라 다른 사람들에 의한 지배력의 정도에 의해 영향받는다 해도, 이런 지배력이 미치는 정도는 사례마다 다르다. 이런 지배력이 얼마나 영향을 미치는지는 사냥 사례에서도 볼 수 있다. 로마법과 보통법은 누군가가 야생동물을 처음 추적했더라도 일반적으로 그 추적자에게 점유권을 부여하지 않는다는 데 동의한다. 도망치는 것이 어떤

---

[41] (옮긴이 주) 감옥에 갇혀 있는 사람은 제비가 감옥의 담장을 넘어 날아가고 있으므로 제비에 대한 지배력을 전혀 갖지 못해 당연히 제비를 점유하지 못하며, 마찬가지로 자유로이 감옥 밖을 나다닐 수 있는 다른 사람도 날아가는 제비에 대한 지배력을 전혀 갖고 있지 못하므로 그 제비를 점유한다고 볼 수 없다. 만약 제비를 포획하여 새장에 넣었다면 그때 제비에 대한 지배력을 가졌으므로 점유가 인정될 것이다.

수단에 의해 불가능하게 될 때까지, 다른 사람은 할 수만 있다면 사냥에 참여하고 죽이거나 붙잡아서 그 사냥감을 가져갈 수 있다. 예컨대 다른 어떤 사람이 여우를 추격했고 또한 그 여우를 원래 발견하여 처음 추격했던 사람의 시야에 그 여우가 있을 때, 그 다른 사람이 그 여우를 죽이고 가져갔다면, 그 사람에 대한 소송은 성립하지 않는다고 판결되었다.[42] 심지어 왕립법원은, 그물로 물고기들을 거의 포위했고 선박들이 양쪽 끝을 7길[43] 정도 그물을 연 상태에서 그 물고기들이 도망가지 못하도록 막고 있을 때, 어떤 사람이 그 열린 사이로 노를 젓고 들어와서 물고기를 잡아 갔다면, 배심원 평결에서 반대 견해가 있었지만 그 사람을 상대로 그 물고기에 대한 점유를 주장할 수 없다고 판결하기에 이르렀다.[44] 그러나

---

[42] *Pierson v. Post*, 『뉴욕 판례 기록물』 3권 (Caines ed.) 175를 인용하고 있는 켄트의 『미국법에 대한 주석』 2권 349; *Buster v. Newkirk*, 『뉴욕 판례 기록물』 20권 (Johnson ed.) 75.
(옮긴이 주) *Pierson v. Post*(1805): 여우 사냥꾼 포스트(Post)가 공터에서 여우를 추적하고 있었는데, 그때 피어슨(Pierson)이 그 여우를 만났고 그 여우를 죽이고는 가져가 버렸다. 포스트는 피어슨을 상대로 여우의 점유에 대한 손해를 이유로 불법침해소송을 제기했다. 포스트는 사냥하는 과정에서 동물을 추적하는 것이 점유를 확립하는 데 충분하므로 그가 여우에 대한 소유권을 갖는다고 주장했다. 예심에서는 포스트의 손을 들어줬으나, 뉴욕 대법원에서 다수의견으로는 "추적 자체는 사냥에서 재산권을 부여하지 않으며, 상처를 입힌 추적도 마찬가지로 그 목적에 유효하지 않다. … 야생동물의 선점이 야생동물에 대한 실질적인 점유라고 정의한다"고 진술하면서 피고 피어슨(Pierson)의 승소가 판결되었다.
(옮긴이 주) *Buster v. Newkirk*(1822): 뉴커크(Newkirk)가 사슴에게 상처를 입혔고 밤까지 추적했으며 그의 개들이 밤이 새도록 추적을 계속했다. 다음 날 아침 개를 가지고 있지 않은 버스터(Buster)가 그의 농장 곁에 있는 벌판에 기진맥진한 사슴을 만났고, 뉴커크의 개들이 곁에 있는 상태에서 사슴을 죽이고 가져가 버렸다. 법정은 *Pierson v. Post*를 선례로 들면서 뉴커크가 사슴을 그의 실질적인 점유로 만드는 데에 있어서 사슴에 대한 충분한 지배력을 결코 성취한 적이 없다고 판결했다.

[43] (옮긴이 주) 길(fathom)은 길이 측정 단위이며, 1길은 6피트 혹은 1.83m이다.

[44] *Young v. Hichens*, 『잉글랜드 판례집』, 「여왕의 법원」 6권 606.
(옮긴이 주) *Young v. Hichens*(1844): 영(Young)의 배들이 물고기 떼를 가두고 있고

점유에 충분하다고 인정하는 대상물에 대한 지배력과 그렇지 않은 지배력 간의 차이는 분명히 정도의 차이일 뿐이며, 그 경계는 방금 언급된 근거에서 장소와 시간에 따라 상이하게 그어질 수 있다. 예컨대 뉴욕 주 의회가 1844년에 제정한 법령에 따르면, 뉴욕 주의 어떤 카운티에서 사슴을 추적하기 시작한 어떤 사람은 그 사슴을 계속해서 추적하는 한 그 사냥감의 점유 상태에 있는 것으로 간주되어야 한다는 것이며,[45] 그 법령은 그 범위 내에서 방금 인용된 뉴욕 주 법정의 판례들[46]을 수정했다. 따라서 유스티니아누스 법전은 심각하게 부상을 당해서 쉽게 잡힐 수 있는 야생동물은 사냥꾼에게 잡히기 전에 실제로 그 사냥꾼이 취득한 것으로 판결했으며,[47] 반면에 로웰 판사는 동일한 이유로 고래가 해체되기 전에 청구가 이루어진다면, 고래는 그 고래에 남아 있는 첫 작살을 발사한 선박에게 주어진다는 앞에서 언급된 북극해에서 조업하는 미국 고래잡이의 정반대의 관습을 지지했다.[48]

우리는 이런 소수의 사례들을 검토함으로써 대상물과의 물리적 관계로부터 벗어날 수 있다. 왜냐하면 대상물과의 물리적인 관계는 야생동물의 경우를 제외하면 다른 경우에는 종종 참작될 수 없기 때문이다. 그리고 이제 우리는 실질적으로 골치 아픈 문제라고 할 수 있는 의도 문제를

그물을 내리는 과정에서 약간 열린 틈새로 히친즈(Hichens)가 들어와서는 물고기 일부를 잡아가 버렸다. 배심은 영의 승소를 평결했으나, 항소심은 그 물고기들이 영의 소유가 아니라고 판결했다. 영이 물고기를 잡을 것이지만 그것은 중요하지 않다. 실제로 잡는 것만이 중요하며, 그것은 히친즈가 행한 것이다.

[45] 켄트의 『미국법에 대한 주석』 2권 349, 주 (d).
[46] (옮긴이 주) 앞의 주에서 언급된 *Pierson v. Post*, 『뉴욕 판례 기록물』 3권 (Caines ed.) 175; *Buster v. Newkirk*, 『뉴욕 판례 기록물』 20권 (Johnson ed.) 75를 지칭하고 있다.
[47] 로마법 대전의 『법학개요』 2부 1절 13항.
[48] *Swift v. Gifford*, 로웰(Lowell)의 『미국 매사추세츠 하급법원 판례집』 2권 110.

이야기하기에 이르렀다. 바로 여기에서 내가 이미 설명한 이유들로 인해 우리는 게르만 법학자들의 견해가 불만족스럽다는 것을 알 수 있다. 가장 잘 알려진 이론들은 칸트 철학이나 후기 칸트 철학의 영향 하에서 로마법에 대한 게르만적 해석에 관한 이론들로 짜여 왔다. 게르만적 견해에 따르면 로마법적 점유의 유형은 소유자의 점유 유형이거나 소유자가 될 위치에 있는 사람의 점유 유형이었다. 이 노선을 철저히 따르면서 그 주제에 관해 영어권 독자들에게 일반적으로 친숙한 유일한 법학저술가인 사비니는 **주인의 마음**(animus domini)이나 소유자로서 물건을 다루고자 하는 의도가 단순한 물리적 보유를 법률적 점유로 전환하는 데 일반적으로 필수적이라고 언급한다.[49] 우리는 이런 현대적인 형태 혹은 테오필루스(Theophilus)[50]의 **지배하려는 마음**(ψυχή δεσπόξοντος, animus dominantis, animus dominandi)과 그리스식의 **주인의 마음** 중 어느 것이 더 정확한지를 알아보기 위해 우리의 논의를 중단할 필요는 없다. 왜냐하면 로마 법학자와 교회법학자가 했듯이 또한 게르만 이론들이 그렇게 해야만 했듯이 어느 학자나 이론도 점유자 명단에서 대부분의 보관수탁자와 정기부동산소유권자(termor)[51]를 배제하기 때문이다.[52]

---

[49] 사비니(Savigny)의 『점유에 관한 법』 21장.
[50] 『법학개요』 2부 9절 4항; 3부 29절 2항. **주인의 마음**(animus domini)은 그 표현의 적절성을 부정하는 학자들조차도 필요하다고 여기는 의도의 일반적 성격을 간략하게 가리키는 것으로 여기서 사용될 것이며, 특히 사비니의 견해가 영어권 저술가들이 채택한 견해이므로 그렇게 사용한다.
(옮긴이 주) 테오필루스(Theophilus)는 유스티니아누스 법전(Justinian code) 중 법학 교육을 위한 교과서 혹은 개설서인 『법학개요』(*Institutiones*)의 저자이다.
[51] (옮긴이 주) 정기부동산소유권자 혹은 종신부동산소유권자(termor)는 일정 기간 동안 혹은 죽을 때까지 부동산을 보유하고, 그것을 사용하거나 수익을 향유하는 사람을 지칭한다.
[52] 브룬스(Bruns)의 『중세와 현대의 점유이론』 413, 그리고 앞의 책 469, 474, 493, 494, 505; 빈트샤이트(Windscheid)의 『법총론 강의』 149절 주 5 (p. 447, 4th ed.);

칸트 법철학에서 해석하듯이, 이런 배제의 효과는 게르만 법학자들이 점유에 필요한 의도를 근본적으로 이기적인 것으로 간주하도록 유도했다. 그들의 철학이 그들에게 가르치는 바에 따르면, 인간은 대상물을 자신의 것으로 만들려는 의지를 갖고 있으며 그에 따라 그것은 그의 자유의 외부적인 표현, 즉 바로 자기 자신의 일부가 되기 때문에 대상물에 대한 인간의 물리적인 지배력이 보호받는다는 것이다.[53] 점유자의 의지가 그렇게 이기적인 것으로 인식되고 있으므로, 그가 보유해야 하겠다는 의도는 매우 분명하다. 즉 그는 그 자신의 이익을 위해 보유하겠다는 의도를 가지고 보유해야 한다. 더욱이, 이기적인 의도는 사유화하겠다는 의도의 정점까지 나아가야 한다. 왜냐하면 그렇지 않을 경우 그 대상물은 점유자의 인격의 지배 아래로 진정으로 편입되지 않을 것 같기 때문이다.

로마법의 기준을 거부하는 근거는 위에서 보여주었다. 새롭게 시작해 보자. 법적 의무는 법적 권리에 논리적으로 선행한다. 어떤 관계가 존재한다면, 도덕적 권리에 대한 도덕적 의무의 관계는 무엇인가, 그리고 도덕적 권리는 유사한 방식으로 논리적으로 도덕적 의무의 결과인가 등은 여기서 우리의 관심을 끄는 문제들은 아니다. 이런 것들은 인간사의 더 큰 연속물의 일부로서 법을 외부에서 접근하는 철학자들에게는 관심의 대상이다. 법학자가 하는 일은 법의 내용을 알 수 있게 만드는 것이다. 즉 내부에서 법에 대해 연구하거나, 실천적으로 가능한 한, 논리적으로는 법의 **최상위 계보**에서 법의 **최하위 외관**에 이르기까지 순서에 따라 법을 정리하고 분할하는 것이다. 그때 법적 의무는 법적 권리 이전에 먼저 등장한다. 법을 더 넓게 설명하고 또한 반감을 얻기 쉬운 의무란 단어를

푸흐타(Puchta)의 『법학의 진로』 226항 등을 참고하라.

[53] 본서의 앞에 있는 pp. 294~297; 푸흐타(Puchta)의 『법학의 진로』 2권 226항 (5th ed.), pp. 545, 546.

사용하지 않는다면, 법의 직접적인 작용은 어떤 특별한 방식으로 더 많거나 더 적은 숫자의 사람들 일부에 대해 행동이나 선택의 자유를 제한하는 것이다. 반면에 어떤 다른 사적인 개인에게 일반적으로 맡겨지는 제한을 제거하거나 제한을 강제하는 권한 혹은 달리 말하면 부담에 대응하는 권리는 필연적이거나 보편적인 상관관계를 갖지는 않는다. 환언하면 권리를 가진 사람이 향유하는 혜택의 많은 부분은 법에 의해 창조되지 않는다. 법은 내 앞에 놓여 있는 이 책을 내가 사용하거나 남용할 수 있는 능력을 제공하지 않는다. 그런 능력은 법의 도움 없이도 내가 가지고 있는 물리적인 힘이다. 법이 하는 일은 단순히 다른 사람이 나의 사용이나 남용에 간섭하는 것을 다소간 방지하는 것이다. 그리고 이런 분석과 사례는 소유권뿐만 아니라 점유의 경우에도 적용된다.

점유의 경우 법의 직접적인 작용이 그러하다면, 혹자는 법의 작용에 가장 가깝게 대응하는 **마음**(animus)이나 의도가 우리가 탐구하고자 하는 의도라고 생각할 것이다. 법이 하는 일이 다른 사람이 그 대상물에 간섭하는 것을 배제하려는 것이라면, 법에서 요구하는 의도는 다른 사람들을 배제하려는 의도인 것처럼 보인다. 나는 그런 의도가 보통법이 불가결하다고 생각하는 전부일 것이라고 믿으며, 원칙적으로 더 이상의 의도는 요구되지 말아야 한다고 생각한다.

이것이 다른 측면에서 바라본 **주인의 마음**인가 하는 의문이 제기될 수 있다. 그런 의문이 제기된다면, 그 문제의 배후보다는 그 문제의 앞면을 바라보는 것이 그럼에도 더 나을 것이다. 그러나 우리가 **주인의 마음**에 게르만 법학자들이 부여했고 또한 일반 보관수탁자에게는 점유를 부정했던 그런 의미를 부여한다면, 그것은 동일한 주인의 마음이 아니다. 소유자로서 물건을 사유화하거나 혹은 다루려고 하는 의도는 다른 사람들을 배제하려는 의도 없이는 거의 존재할 수 없고 또한 더 많은 어떤 것을 함축할 수 있지만, 타인을 배제하려는 의도는 소유자로서 보유할 의도가 없어도 얼마든지 존재할 수 있다. 수년 동안 토지를 임차한 임차인은 기한이 만료될 때까지 소유자를 포함하여 모든 사람을 배제하려 의도한다. 그럼에도 그는 설명한 의미에서 **주인의 마음**은 없다. 심지어 사용하겠다는 것이 아니라 지급 목적으로 물건을 붙들고 있음을 의미하는 그런 유치권을 가진 보관수탁자는 훨씬 더 적은 마음을 갖는다. 그러나 추가로 보통법은 원할 때 종료시킬 수 있는 예탁이나 다른 보관관계의 경우처럼 소유자에 대해서는 보관수탁자를 보호하지 않더라도 타인에 대해서는 보관수탁자를 보호한다. 그에 따라 우리는 심지어 배제하려는 의도도 **주인의 마음**에 내포되어 있는 것처럼 그렇게 확장적일 필요가 없다고 말할 수 있다. 보관수탁자가 제삼자를 물건에 대한 권리 자격에서 배제하려고 의도한다면, 비록 그가 어떤 순간에 소유자에게 그 물건을 양도할 준비가 완벽하게 되어 있다 해도, 그것은 영미법에서 점유로서 충분히 인정된다. 반면에 게르만적 견해의 핵심에 따르면 의도는 그 물건의 이득을 취하겠다는 의도이고 또한 상대적이 아닌 절대적인 이기적 의도여야 한다. 다시 말하면, 점유자의 심리에 대부분 존재하는 동기 혹은 소망 그리고 심지어 의향도 모두 이기적이라면, 다른 사람들에 대한 의도는 법의 분석에서 중요한 일이 아니라는 명제가 도출되지는 않을 것이다. 그러나 우리가 보았듯이, 비록 수탁자의 의도가 이기적이지 않아도, 그는 보통법 이론 하에서 진정한 점유자이고 그는 소유자의 이익만을 위해 보유한다.

보관수탁자와 임차인의 사례 외에도 다른 부류의 사례들이 존재하며, 우리가 배제할 의도라는 기준이나 **주인의 마음**이라는 기준을 채택함에 따라 이 사례들은 반드시 그렇지는 않지만, 한쪽으로나 다른 쪽으로 아마 결론 날 것이다. 이 이야기를 하는 데 **브리지스 대 혹스워스 사건**[54]은 출발점으로 쓸모가 있을 것이다. 이 사건에서 어떤 손님이 지갑을 상점 바닥에 떨어뜨렸고, 상점 주인이 알기 전에 다른 손님이 그 지갑을 주웠다. 보통법 판사들과 로마 법학자들은 발견자가 먼저 점유를 취득하고 그에 따라 그가 상점 주인에 대항하여 그것을 계속 간직할 수 있다는 데 동의할 것이다. 왜냐하면 그 물건을 몰랐던 상점 주인은 그것을 사유화할 의도를 가질 수 없었고, 또한 그의 상점에 대중을 모셔 와야 했으므로 그는 그 상점에서 대중을 배제할 의도를 가질 수 없기 때문이다. 그러나 그 지갑이 사적인 방에 떨어졌다면, 그 사건은 어떻게 판결해야 할까? 그 물건이 알려지지 않는 한 **주인의 마음**은 존재할 수 없지만, 그 대상물에서 다른 사람들을 배제하려는 의도는 비록 그 대상물의 존재에 관한 어떤 지식이 없다 해도 그 대상물이 있는 장소에서 다른 사람들을 배제하려는 더 큰 의도에 포함되어 있을 수 있다.

맥어보이 대 메디나 사건[55]에서는 지갑이 이발사의 탁자에 남겨졌으며, 이발사가 발견자보다 더 나은 권리를 갖는다고 판결되었다. 그 의견은 오히려 모호하다. 그 의견은 탁자 위에 자발적으로 놓인 물건과 바닥에

---

[54] 『법학도』(*The Jurist*, 1837~) 15권 1079; 『잉글랜드 여왕의 법정 판례 법학저널』(*Law Journal Reports, English Queen's Bench*, 1831~) 21권 75; 『잉글랜드법과 형평법원의 판례집』(*English Reports in Law and Equity*, 1850~1857) 7권 424.
(옮긴이 주) *Bridges v. Hawkesworth*(1851): 원고는 피고의 상점 바닥에서 은행권이 들어 있는 지갑을 발견했다. 원고는 피고에게 은행권을 맡겼고, 가능하다면 그 은행권을 진정한 소유자에게 돌려주도록 요청했다. 원고는 3년 동안 소유자가 나타나지 않자 피고에게 은행권 반환을 요구했고, 피고는 거절했다. 원고가 그 은행권 반환에 대해 권리 자격이 있다고 판결되었다.

[55] 『매사추세츠주 판례집』 93권 (11 Allen) 548.
(옮긴이 주) *McAvoy v. Medina*(1866): 원고는 피고의 이발소 손님이었고, 피고의 탁자에서 지갑을 발견하고는 진정한 주인을 찾으려는 의도로 피고에게 그것을 맡겼다. 진정한 주인을 찾을 수 없어서 원고는 지갑의 반환을 요구했고, 피고는 소유권을 주장하면서 돌려주기를 거부했다. 피고가 승소했다. 상점에 우연히 남겨진 물건은 분실된 물건이 아니라 잘못 놓인 물건이고, 잘못 놓인 물건은 상점 주인이 진정한 주인을 위해 보관하는 보관관계를 창조하며, 발견자는 그 물건에 대한 어떤 권리도 취득하지 못한다고 판결되었다.

떨어진 물건을 구분하고, 소유자가 그런 방식으로 물건을 남겼을 때 상점 주인에게 그것을 지켜달라는 암묵적인 요청이 있었으며, 그 요청이 그것을 먼저 발견한 사람보다 상점 주인에게 더 나은 권리를 제공할 것이라는 근거가 아마 있었을 것이다. 그러나 이것은 억지 해석인 것 같고, 아마도 법정은 고객이 상점을 떠나자마자 이발사가 점유를 취득했다고 생각한 것 같다.[56] 그 소송 후 조금 나중에, 금전출납원 계산대 밖에 은행 고객을 위한 탁자 위에 소유자가 지갑을 남기고 갔고 그것을 발견하여 가져온 지갑 발견자에게 제공되는 보수를 요구하는 소송에서, 동일한 법정의 판결에서는, 이것은 잃어버린 물품을 발견한 것이 아니며, "원고가 아닌 은행 건물에 있는 직원들이 그렇게 남겨진 물품의 적절한 수탁자"라고 했다.[57] 이런 논법은 원고가 피고가 떠난 후 처음으로 점유를 취득한 사람이 아니라는 것을 의미하며,[58] 또한 비록 은행 점포의 바닥이 거리에 비유될 수 있다 해도 대중은 특별한 용도로 허용된 것을 제외하면 점포

---

[56] (옮긴이 주) 앞의 주에서 이미 언급했듯이 이발소 주인의 점유 취득은 그 지갑이 보관관계를 발생시킨다는 데에서 기인한다고 법정이 판결했다.
[57] *Kincaid v. Eaton*, 『매사추세츠주 판례집』 98권 139.
(옮긴이 주) *Kincaid v. Eaton*(1867): 은행에서 일을 보던 피고가 은행 내에 있는 탁자 위에 약속어음, 채권 등이 든 지갑을 남기고 떠났고, 얼마 후 그것을 잃어버렸다는 광고를 내고는 그것을 돌려주는 발견자에게 110달러를 보상하겠다고 약속했다. 그가 떠난 후 원고(16세 소년)가 그 지갑을 발견한 후 지갑 주인에게 몇 번 전화했으나 연결이 안 되었고, 며칠 후 110달러를 주겠다는 광고를 보게 되었다. 원고가 피고의 집 주소를 확인하고 집으로 가져갔고, 피고는 10달러를 주겠다고 했으며 원고는 만족스럽지 않다고 거절했으나, 일단 그 액수를 받고 그 집을 나섰다. 원고 승소가 평결되었으나 피고가 불복했고, 항소심에서 불복이 승인되었다. Wells 판사는 "원고는 ... (보관관계의) 특별한 재산(special property)을 그에게 제공하는 방식으로 그 지갑을 점유하지 못했다. 은행 내에서 일을 보려는 그런 사람들이 사용하도록 제공된 탁자 위에서 소유자가 자발적으로 놓은 물품을 발견한 것은 잃어버린 물품의 발견이 아니다. 원고가 아닌 은행 건물에 있는 직원들이 그렇게 남겨진 물품의 적절한 수탁자다"라고 판결했다.
[58] (옮긴이 주) 지갑의 최초 점유자는 은행 직원들이라는 견해이다.

의 탁자, 계산대 및 테이블로부터 배제된 것으로 생각될 수 있다는 것을 의미한다. 그렇지만 그 사례는 지갑 발견자에게 보수를 제공하겠다는 조건에서는 지갑이 분실되지 않았다는 것으로만 판결한 것처럼 보인다.

나는 취득시효와 다른 권리에 관한 문제와 복잡하게 얽혀있는 잉글랜드의 난파선 사례에서 어떤 결론을 유도하는 것이 안전하다고 생각하지는 않는다. 하지만 정확한 핵심은 이 판결에서 유도할 수 있을 것만 같다. 왜냐하면 난파선의 목재 토막이 어떤 사람의 토지에 속한 해안가로 밀려 왔다면, 그는 그것 때문에 그 목재를 수거할 목적으로 그 해안가로 들어온 실제 발견자에 대항하는 "점유권"을 취득한다고 판결되었기 때문이다.[59] 점유권은 불법침해소송을 제기하는 데도 충분하다고 할 수 있지만,

---

[59] *Barker v. Bates*, 『매사추세츠주 판례집』 30권 (13 Pick.) 255, 257, 261; *Proctor v. Adams*, 『매사추세츠주 판례집』 113권 376, 377; 블랙스톤(W. Blackstone)의 『잉글랜드법에 대한 주석』 1권(Sharswood 편집본) 297, 주 14. 또한 *Blades v. Higgs*, 『보통법원 판례집(뉴 시리즈)』 13권 844, 847, 848, 850, 851; 『상원 판례집』(*House of Lord Cases*) 11권 621; *Smith v. Smith*, 스트레인지(Strange)의 『고등법원, 왕립법원, 민사법원 및 재정법원의 판례집』 2권 955 등도 참고하라.
(옮긴이 주) *Barker v. Bates*(1832): 원고는 농장을 소유하고 있고, 피고들이 농장의 해안가에 밀려온 난파선의 재목들을 가져가려고 농장의 울타리를 헐고 무단 침입하여 그 재목들을 탈취해서 자신들의 용도로 사용했다는 이유로 불법침해소송을 제기했다. 난파선의 원래 소유자가 그것을 재취득할 권리는 여기서 논의되지 않으며, 쟁점은 썰물에 드러난 땅이 농장주의 소유인가에 있다. "이런 목재들이 표류하다가 도착한 장소는 피고들이 그들의 출입을 정당화할 수 없는 원고의 토지이고, 자유보유부동산(freehold)이라는 것이 그렇게 확립된 것으로 (관습법에 따라) 인정한다면, 그 목재를 탈취한 … 목적에 대해서는, 그런 출입이 불법침해란 것이 우리의 견해이며, 원고와 피고 누구도 단순한 점유 이외에는 어떤 권리 자격을 가지거나 주장할 수 없으므로, 원고가 토지에 대한 그의 권리 덕택에 점유권을 가지고 있고 그에 따라 목재의 합의된 가치를 배상받을 권리를 갖는다"고 판결되었다.
(옮긴이 주) *Proctor v. Adams*(1873): 피고가 원고의 해변으로 밀려가서 파도에 의해 부서질 위험에 처한 자신의 보트를 구하고 또한 합법적인 소유자의 지위를 회복하기 위해 원고의 해변에 진입했다. 불법침해가 아니라고 판결되었다.
(옮긴이 주) *Blades v. Higgs*(1865), 『상원 판례집』 11권 621: 최상급심은 불법침해자에 의해 죽은 사냥감은 그 동물이 죽은 토지의 소유자의 재산이 된다고 판결했

쇼 대법원장이 그 문제란 당사자 중 어느 편이 "다른 권리 자격 없이도 적나라한 점유에 의해 더 나은 청구권"을 가졌는가 하는 문제라고 언급하듯이 또한 실제적인 점유가 없다면 그 경우 어떤 점유권도 없는 것처럼 보이듯이, 법정에서는 "점유권"이란 용어가 점유를 뜻하는 것처럼 보인다.

형사소송에서, 어떤 사람이 운하 바닥에서 건져 올린 철재는 비록 운하회사가 그것을 알지 못하거나 그것에 대해 유치권을 가지지 않는다 해도 운하회사의 재산이라고 판결되었다.[60]

그런 사례들에서 발견 가능한 물건에 관련된 유일한 의도는 토지의

다. 최상급심은 그 동물이 살아있을 때는 그것이 토지 소유자에 의해 소유되지 않고 국가의 소유권이 지속된다고 보았으며, 일단 죽게 된다면 그것은 더 이상 야생동물이 아니며, 누군가의 소유가 되어야 한다고 보았다. 불법침해자는 그의 포획과 소유를 불법적이게 만들기 때문에, 그는 그것을 소유해서는 안 된다고 보았고, 유일한 대안은 그 포획물을 토지 소유자에게 제공하는 것이었다. 그에 따라 최상급심은 토지 소유자가 그 죽은 동물의 소유자가 된다고 판결했다. 이때 웨스트버리(Westbury) 대법관은 토지 소유자가 살아있는 동물에 대해서는 '제한적인 재산권'(qualified right of property)만을 갖는다고 언급했다.
(옮긴이 주) *Smith v. Smith*(1736): 원고의 유언 없는(intestate) 피상속인은 피고의 집에 유숙했고, 가구와 접시 등을 갖고 있었으며, 자신의 소유물들을 피고의 부인에게 직접 주라고 언급한 것으로 입증되었다. 피상속인이 사망한 시점에 그곳에 있었던 물건들에 대한 동산횡령회복소송에서, 인도 행위가 없다면 구두로 이루어진 선물 증정(paral gift)은 재산권을 변경시키지 않을 것이지만, 반면에 그런 인도 행위는 사망한 사람이 선물을 증정했음(donatio causa mortis)을 확인하는 데 필요한 조건이라고 지침이 내려졌다. 어떤 인도가 있었는가에 관한 문제가 제기되었고, 인도를 입증하기 위해 피고는, 피상속인이 외출할 때, 방 열쇠를 피고에게 맡기곤 했다는 것을 보여주었으며, 그 행위가 그런 혼합된 점유를 구성한다고 주장했다. 재판장은 그것이 옳다는 지침을 내렸고, 배심은 피고 승소를 평결했다.
[60] *Reg. v. Rowe*, 벨(T. Bell)의 『형사 사례집』(*Crown Cases reserved*, 1861) 93.
(옮긴이 주) *Reg. v. Rowe*(1859): 피고는 운하회사와는 관련 없는 제삼자이며, 청소를 위해 운하의 물을 뺐을 때 철재를 발견했다. 운하회사가 절도죄에 대한 유죄 판결을 유지하는 데에 충분한 점유권을 보유하고 있다는 것을 판결하기 위해, 법정은 그 회사의 관행이 발견된 물자를 가능한 경우 원래의 소유자에게 되돌려주는 것이었다는 증거를 제시했다.

점유자가 그 토지로부터 대중을 배제하며 그에 따라 결과적으로는 그 토지에 있는 모든 것으로부터 대중을 배제하려는 일반적인 의도(general intent)이다.

로마 법학자들은 로마법의 잔재 위에 세워진 이론들을 세련되게 정립하지는 못했지만, 이런 모든 사건을 아마도 상이하게 판결할 것이다.[61]

이제, 자물쇠로 잠긴 채 인도된 상자나 보따리 또는 유사한 것에 들어 있는 물건들의 사례를 이야기해보자. 형법의 규칙에 따르면, 그런 상자나 보따리의 보관수탁자가 상자나 보따리 전체를 부당하게 팔았다면 절도죄가 아니지만, 그가 상자나 보따리를 깨뜨리거나 풀었다면 그는 절도죄를 저지른 것이다. 왜냐하면 전자의 경우 그는 불법침해를 저지르지 않았으며, 후자의 경우 그는 불법침해를 저질렀기 때문이다.[62] 종종 제시되는 이유는 상자나 보따리를 깨뜨리거나 풂으로써 보관수탁자는 보관관계를 종결짓고, 동시에 그 물건은 보관기탁자의 점유로 회복된다는 것이다. 이것은 아마도 부적절할 뿐만 아니라 불필요한 의제일 것이다.[63] 그 규칙

---

[61] 다른 사람의 토지에 숨겨진 보물에 대해서는 로마법 대전의 『법률논평집』 41권 2장 44절 서언; 로마법 대전의 『법률논평집』 10권 4장 15절을 보라. 로마법 대전의 『법률논평집』 41권 2장 3절 3항에 있는 상이한 견해를 주목하라.

[62] 로마법 대전의 『법학개요』 3부 107절; 헤일(Hale)의 『왕국의 민사법원의 역사』 1권 504, 505; 비숍(Bishop)의 『형법 주석』 2권 834, 860항(6th ed.).

[63] *Reg. v. Middleton*, 『잉글랜드 판례집』 형사 2권 38, 55. 또한 *Halliday v. Holgate*, 『잉글랜드 판례집』 재정법원 3권 299, 302도 참고하라.
(옮긴이 주) *Reg. v. Middleton*(1873): 피고는 우체국에 잔고 11실링인 저축예금계좌를 갖고 있고 그가 10실링을 인출하려고 했지만, 출납원이 실수하여 피고의 계좌에 8파운드 16실링 10펜스를 입금하고 날인했다. 피고는 그 돈을 영원히 빼앗을 의도로 그 돈을 인출했다. 어떤 사람이 실수에 의해서, 여기서는 우체국 출납원에 의해서, 지급 가능한 재산을 초과하는 일정액을 지급받은 경우, 그 초과액을 알고 있으면서 그 초과액을 수령한 사람은 절도죄를 범한 것이라고 판결되었다.
(옮긴이 주) *Halliday v. Holgate*(1868): 주식 보유자는 자신의 약속어음, 주식을 담보로 피고에게서 일정액을 차입했고, 피고에게 주식을 예탁했으며, 그 후에 파산자가 되었다. 피고는 요구 및 예고도 없이 자신의 채권을 변제하기 위해 주식 15주

은 『연감』에서 기원했고, 『연감』의 이론에 따르면 그 상자는 보관수탁자에게 인도되었지만 상자 안에 있는 물건은 인도되지 않았다는 것이며, 이 이론은 형사사건뿐만 아니라 민사사건에도 적용되었다. 보관기탁자는 그 물건에서 보관수탁자를 배제할 권한과 의도를 가지고 있으며, 그에 따라 그는 보관수탁자에 대항하여 물건의 점유 상태에 있다고 말할 수 있다.[64]

다른 한편, 로드아일랜드 주의 사례[65]는 여기서 취한 견해에 반대하고 있다. 어떤 사람이 금고를 샀고, 그 다음에 그것을 다시 팔려고 피고에게

중 10주를 매각했다. 채권자의 파산관재인은, 채권의 크기에 대한 화해 제의도 없이, 주식의 가치를 변상받기 위해 피고를 상대로 동산횡령회복소송을 제기했다. 비록 주식의 매각은 부당행위로 의제된다 해도, 주식 점유에 대한 즉각적인 권리는 매각에 의해 원고에게로 권리가 회복되지 않으며, 그에 따라 원고는 주식의 전체 가치나 명목적인 손해에 대해 동산횡령회복소송을 유지할 수 없다고 판결되었다. 즉 질권자(피고)가 질권(주식)을 매각한 것에 대해서는 횡령이 성립하지 않는다는 판결이다.

[64] 에드워드 2세 『연감』 8권 275; 피츠허버트(Fitzherbert)의 『판례 요약문』, 「불법점유동산반환청구소송」, 판결문 59; 에드워드 4세 『연감』 13권 9, 판결문 5; 케일웨이(R. Keilway)의 『판례집』 160, 판결문 2; *Merry v. Green*, 미슨(R. Meeson)과 웰스비(W. N. Welsby)의 『재정법원의 판례집』 7권 623, 630 등을 참고하라. 그러나 더 진행할 필요는 없으며, 이런 사례들은 이론을 정립하는 데 활용되지 않고 있다. 잘못된 설명에 대해서는 이스트(E. H. East)의 『형사소송』 2권 696을 보라.

[65] *Durfee v. Jones*, 『로드아일랜드주 판례집』(*Rhode Island Reports*) 11권 588.
(옮긴이 주) *Durfee v. Jones*(1877): 원고가 오래된 금고를 구입했고, 그 후 대리인을 통해 대장장이인 피고에게 팔려고 했으나, 피고가 거절했고, 대리인이 피고의 상점에서 판매하도록 맡겨 두었다. 피고가 금고를 조사하는 과정에서 거액의 증권을 발견했다. 원고도 피고도 그곳에 돈이 있다는 것을 몰랐고, 원래의 소유자가 누구인지도 알려지지 않았다. 피고가 대리인에게 알리고 원고에게 그 증권을 주려고 했으나, 대리인이 거절하면서 정당한 주인이 나타날 때까지 보관하도록 충고했다. 원고가 그 사실을 알고 금고와 그 내용물을 돌려줄 것을 요구했으나, 피고는 금고만 돌려주었다. 명백한 일반적 규칙은 분실된 재산의 발견자가 실질적인 소유자를 제외하면 모든 사람에 대항하여 그 재산에 대한 권리 자격을 갖는다는 것이며, 통상적으로 그것이 발견된 장소가 어떤 차이를 만들지 않는다는 것이다. 피고 승소가 판결되었다.

보냈으며, 팔릴 때까지 그 안에 책을 보관하도록 허락했다. 피고는 금고의 갈라진 틈새에 약간의 은행권이 꽂혀있는 것을 발견했으며, 원고의 귀에 그 소식이 들려오자 그는 금고와 그 돈을 요구했다. 피고는 금고를 돌려주었지만, 그 돈의 양도를 거부했으며, 법정은 그의 거절을 인정했다. 나는 이런 판결이 잘못되었다고 감히 생각한다. 판결문이 명확히 밝히지 않은 것, 즉 피고가 피고용인이나 대리인이 아니라 보관수탁자로서 금고를 인도받았고 또한 금고를 사용하도록 무조건적으로 허락받았다는 것을 가정해도, 내 견해는 결코 변하지 않을 것이다. 법정의 논리는 원고가 발견자가 아니라는 데 근거한다. 쟁점은 그가 발견자일 필요가 있는가에 있다. 금고가 소유자의 수중에 있는 동안 피고가 금고에서 지폐를 훔쳤다면, 그 재산이 금고 소유자에게 속하지 않는다고 생각하기 어렵거나,[66] 혹은 그런 상황에서 횡령되었다면 금고 소유자가 그 지폐에 대해 동산횡령회복소송을 제기할 수 없다고 생각하기는 어렵다. 제임스 스티븐 경은 **카트라이트 대 그린 사건**[67]과 **메리 대 그린 사건**[68]에서 유사한 결

---

[66] 위에서 언급된 *Reg. v. Rowe*, 벨(T. Bell)의 『형사 사례집』 93.
[67] (옮긴이 주) *Cartwright v. Green*(1803): 사망자의 유언집행자가 옷장을 수선할 목적으로 목수에게 인도했고, 비밀 서랍장에서 돈이 발견되었으며, 목수가 그 돈을 자신의 용도로 횡령했다. 목수가 그 돈을 발견하기 전에는 그 돈을 지배하고자 하는 의사가 그에게 없었고, 그에 따라 그 돈은 그의 점유 상태에 있지 않으며, 그 결과 그는 유죄라고 판결되었다.
[68] (옮긴이 주) *Merry v. Green*(1841): 어떤 사람이 공개된 경매에서 가구를 구입했고, 그가 옷장의 비밀 서랍 안에서 돈 지갑을 발견하고 자신의 용도로 횡령했다. 판매 시점에서 누구도 옷장에 무엇이 들어있는지를 몰랐다. 구매자가 옷장의 내용물이 아닌 옷장만이 그에게 팔렸다는 명백한 통지를 받았거나 그가 옷장 이외의 어떤 것이 팔렸다고 믿을 만한 이유를 전혀 갖지 않는다면, 그 돈을 갖는 행위는 범죄적 탈취이고 그는 그것을 자신의 용도로 사유화한 것에 대해 절도죄가 성립하지만, 그가 그 내용물과 더불어 옷장을 구입했다고 믿을 만한 합리적인 근거를 갖는다면, 그는 그 재산에 대한 다양한 권리를 가지며, 그것은 절도죄가 아니라고 판결되었다.

론을 도출한 것 같지만,[69] 나는 그 결론에 대한 어떤 근거도 그 사례들에서 발견될 수 없고, 제시된 이유에 대해서도 더더욱 그렇다고 생각한다.

그러나 우리는 **더피 대 존스 사건**이 필요한 의도의 일반적인 성격과 관련하여 여기서 개진된 의견과 완전한 일관성을 갖는다고 이해할 것이고, 그 사건은 타인을 배제하려는 의도가 특정한 물건으로 집중되어야 하는가 혹은 내가 믿으려고 하듯이 그 의도가 더 큰 범주의 의도에 심지어 무의식적으로 포함될 수 있는가 등과 같은 부차적인 문제만 건드리고 있다고 이해할 것이다.

여기까지는 피고용인의 보관에 대해서는 아무것도 언급되지 않았다. 잘 알려진 형법 학설에 따르면, 피고용인에게 맡겨졌고 피고용인으로서 그의 보관 하에 있는 그의 고용주의 재산을 형법상 횡령한 피고용인은 절도죄를 범한 것으로 본다. 왜냐하면 그는 고용주의 점유로부터 재산을 탈취한 것으로 간주되기 때문이다. 이것은 피고용인으로서 고용주의 재산을 보관하는 피고용인은 그 재산의 점유를 취득하지 않았다고 말하는 것과 동일하며, 그것은 『연감』에 그렇게 언급되어 있다.[70]

피고용인이 그의 고용주를 위해 다른 사람에게서 물건을 수취했다면 피고용인이 점유를 취득했고 그에 따라 절도죄가 성립될 수 없다[71]는 그

---

[69] 베시(F. Vesey, Sr.)의 『고등법원의 판례집』(*Reports of Cases Argued and Determined in the High Court of Chancery*, 1746~1755) 8권 405; 미슨(R. Meeson)과 웰스비(W. N. Welsby)의 『재정법원의 판례집』 7권 623; 스티븐(Stephen)의 『형법 논평집』 281항 예시 4, p. 197. 그는 "(금고 소유자가) 그것을 발견했을 때 그것의 소유자로서 행동하려고 의도했다고 추정될 수 없기 때문"이라고 언급한다. 이 이유는 사비니로부터 유도되었으며, 이미 보여주었듯이 잉글랜드법에는 적합하지 않다.
[70] 에드워드 4세 『연감』 13권 9, 10, 판결문 5; 헨리 7세 『연감』 21권 14, 판결문 21. 또한 헨리 7세 『연감』 3권 12, 판결문 9; 스티븐(Stephen)의 『형법 논평집』 297항, 그리고 부록, 주 xvii 등을 참고하라.
[71] 스티븐(Stephen)의 『형법 논평집』 297항 그리고 부록, 주 xvii. p. 882. 옛날 법이

런 이례적인 구분은 옛날 사례들에 의해 더 합리적으로 되었다. 왜냐하면 그 사례들에서 취해진 구분에 따르면 피고용인이 집에 있거나 고용주와 함께 있는 동안 고용주는 점유를 유지하지만, 그가 시장에 타고 가도록 그의 피고용인에게 그의 말을 인도하거나 런던까지 운반하도록 피고용인에게 가방을 준다면 그때 그 물건은 고용주의 점유에서 이탈하여 피고용인의 점유 상태에 있기 때문이다.[72] 그 규칙은 오늘날 더 알기 쉬운 이런 형태로 적용되지는 않을 것이다. 그러나 그 규칙의 중간쯤에 해당하는 경우, 예컨대 선술집에 있는 고객이 피고용인이 가져온 접시에 대한 점유를 취득하지 않는다는 것은 확실히 아직도 법이다. 왜냐하면 일반 고객은 그들의 법적인 지위에서 피고용인에 비유되기 때문이다.[73]

피고용인이 점유를 취득하는가 하는 문제에 관해서는 형법을 벗어나면, 잉글랜드의 판례는 거의 없다. 그러나 『연감』은 민사사건과 형사사건 간의 어떤 차이도 제시하지 않고 있으며, 어떤 경우에도 그가 점유를 보유하지 않는다는 것은 『연감』과 저명한 저술가들의 전통이다. 고용주는 팔고자 맡긴 옷을 횡령한 것에 대해 피고용인을 상대로 불법침해소송을 제기했으며,[74] 미국의 사례들은 옛날 학설에 이를 정도로 완전히 극단

---

[72] 이런 형태의 규칙을 인정할 것인지는 의심스러울 수 있다. 피츠허버트(Fitzherert)의 『잉글랜드법의 새로운 본질』 91 E; 에드워드 4세 『연감』 2권 15, 판결문 7. 헨리 7세 『연감』 21권 14, 판결문 21; 코크(Coke)의 『판례집』 13권 69.
[73] 그들은 **이런 특별한 경우**에는 가족의 일원이라고 여겨진다. *Southcote v. Stanley*, 헐스톤(Hurlstone)과 노먼(Norman)의 『잉글랜드 재정법원의 판례집』 1권 247, 250. 헨리 4세 『연감』 2권 18, 판결문 6도 참고하라.
(옮긴이 주) **이런 특별한 경우**: 6강 77번 옮긴이 주 참조.
(옮긴이 주) *Southcote v. Stanley*(1856): 원고는 호텔의 고객이었고, 불안한 조건에 있었던 유리문이 깨지면서 원고에게 상처를 입혔다. 방문자는 가족의 일원으로 간주되어야 한다는 근거에서, "그(고객)가 거기에 있는 동안, 그는 주인 혹은 종업원의 과실에 관한 한 회사의 어떤 다른 구성원들과 유사한 위치에 있다"고 하면서 피고에게 책임이 없다고 판결되었다.

74 무어(F. Moore)의 『판례집』 248, 판결문 392; 동일한 사건, 오웬(T. Owen)의 『민사법원의 판례집』 52; 피츠허버트(Fitzherert)의 『잉글랜드법의 새로운 본질』 91 E; 블랙스톤(W. Blackstone)의 『잉글랜드법에 대한 주석』 2권 396; 블랙스톤(H. Blackstone)의 『민사법원과 재정법원의 판례집』(Reports, Common Pleas and Exchequer Chamber, 1788~1796) 1권 81, 84; 치티(Chitty)의 『형법』(Criminal Law, 1819) 1권 170 (1st ed.); 다이시(A. V. Dicey)의 『당사자들의 행위 선택 규칙에 관한 논문』 358; 『매사추세츠주 판례집』 9권 104; 코웬(E. Cowen)의 『대법원 판례집』 7권 294; 서전트(Sergeant)와 윌리엄 롤(W. H. Rawle)의 『펜실베이니아주 판례집』(Pennsylvania Reports) 3권 20; 이레델(Iredell)의 『노스캐롤라이나주 판례집』(North Carolina Reports, 1840~) 13권 18; 바버(O. L. Barbour)의 『뉴욕주 대법원의 판례집』(Reports of N. Y. Supreme Court) 6권 362와 인용된 사례들. 보관인은 피고용인이 아니라는 근거에서 미국의 일부 판례들이 취소되었다. Holiday v. Hicks, 크록(Croke)의 『판례집』 엘리자베스 1세 638, 661, 746; Drope v. Theyar, 팝햄(Popham)의 『판례집』 178, 179 등도 참고하라.
(옮긴이 주) Holiday v. Hicks(1597), 638: 피고는 원고의 피고용인이고 중매인이며, 그의 주인의 곡물을 팔아서 그 대금을 자신의 용도로 사용했다. 피고용인이 주인의 물건을 판매하여 수령한 돈은 결코 주인의 점유 상태에 있어 본 적이 없고 또한 그의 돈도 아니기 때문에 주인에 의한 동산횡령회복소송은 성립하지 않고 회계청구소송(accompt 또는 action of account: 임대료나 채무를 수령하는 토지관리인 혹은 수금원에 대해 지주 등이 제기하는 소송)만 가능하다고 이의가 제기되었으나, 원고 승소가 판결되었다. 왜냐하면 피고용인의 점유는 주인의 점유이고 그 점유는 주인이 언제나 그것을 점유하고 있는 것처럼 되어 있기 때문이다. 그리고 피고용인이 강탈했으므로 주인은 소송을 제기할 수 있다고 판결되었다.
Holiday v. Hicks(1598), 661: 피고용인이 주인에게서 금을 수령하고 그것을 은으로 바꾼 경우, 주인은 은을 원상회복할 수 있다고 원고 승소가 판결되었다. 그 후 판결오류심사소송(error)이 제기되었고, 그 돈이 가방이나 상자에 있지 않은 한 그 돈에 대해서는 소송이 성립하지 않는다고 판결되었고, 원고 승소가 번복되었다.
Higgs v. Holiday(1598), 746: 판결오류심사소송이 제기되었다. 돈은 주인에게 결코 있어 본 적이 없고 피고용인에게만 있었다. 왜냐하면 어떤 사람이 돈을 다른 사람에게 인도했다면 그 재산은 보관수탁자의 수중에 있기 때문에 그 돈은 알려질 수 없으며, 원고는 오로지 회계청구소송만 유지할 수 있기 때문이다. 또한 회계청구소송은 그 돈이 피고의 수중에 있었다는 것을 입증했고, 그는 원고의 수금원이라고 가정되기 때문이다. 그러나 원고의 진술도 잘못되었다. 왜냐하면 그가 돈을 잃어버렸다고 진술했고, 그가 그 돈의 점유를 상실했을 때 그 돈은 알려지지 않았으므로, 그는 그 재산을 잃어버렸기 때문이다. 모든 판사는 원심 번복에 동의했다.
(옮긴이 주) Drope v. Theyar(1625): 여관 주인(원고)의 피고용인이 다른 여관에서 숙박하다가 주인의 물건을 도둑맞았고, 원고가 소송을 제기하여 승소가 판결되었다. 항소심에서 피고는 여관에 묵은 이가 주인이 아니라 피고용인이라고 판결 취

으로 치달았다. 종종 주목받는 것은 피고용인이 보관수탁자와는 구별되어야 한다는 것이다.

그러나 피고용인의 점유에 대한 부정이 앞에서 제안된 기준에 어떻게 부합하게 만들 수 있는가를 질문할 수 있을 것이고, 피고용인은 차입자만큼 대체로 나머지 사람들을 배제하려는 의도를 갖는다는 것이 진실한 답변일 것이다. 피고용인에 관한 법은 확실히 그 기준과 부합하지 않으며, 로마법에 근거하여 그들의 이론을 만들었던 법학자들도 일반적인 보관수탁자에 관한 로마법 학설과 연결하여 이런 사실관계에 이끌려 조화의 공식을 찾으려 했다는 데에는 의심의 여지가 없다. 그러나 사실상 피고용인에 대한 예외는 순수하게 역사적인 근거에 의거한다. 피고용인의 점유를 부정하는 것은 그를 수탁자와 구별해주는 그의 고용주 혹은 다른 사람들에 대해 그가 보관 중인 물건과 관련된 의도의 어떤 특수성 때문이 아니라, 피고용인의 신분적인 부대조건 때문이었다. 피고용인의 신분이 피고용인이 노예였을 당시의 많은 특징을 계속 유지하고 있다는 것은 익숙한 사실이다. 그의 불법행위에 대한 고용주의 책임은 이를 보여주는 한 가지 사례이다. 현재의 책임은 다른 사례이다. 노예에 대한 소유자의 지배력이라는 실제적인 근거에 입각하여[75] 또한 노예가 법 앞에서 어떤 지위도 갖고 있지 않다는 사실관계에서, 노예의 점유는 그의 소유자의 점유로 인정된다. 노예의 인격이 그의 가장(family head)의 인격으로 통합된다는 개념은 노예해방 시기에도 잔존해 있었다.

소를 청구했다. 피고용인의 보유는 곧 주인의 보유라는 취지에서, 피고용인이 여관에서 물건을 도둑맞으면 피고용인이 소송할 수 있고 또한 주인이 소송할 수도 있으며, 피고용인이 항소할 수도 있고 또한 주인이 항소할 수도 있다고 판결되었다.

[75] 브랙턴(Bracton)의 『잉글랜드의 법과 관습에 관한 연구』 원문 페이지 6 a, 3항, 12 a, 17 a, 5장 마지막까지, 25 a, b 등; 푸흐타(Puchta)의 『법학의 진로』 228항.

첫 강의에서 내가 보여주었듯이,[76] 대리 행위는, 로마법에 근원하여 유도된 개념인 자유인에까지 확대되는 **이런 특별한 경우**(pro hac vice)[77]의 확대 적용을 통해서, 로마법에서 초기의 사회적 관계에서 등장했다. 나는 대리 행위가 우리의 영미법에 대해서도 진실이라고 생각하며, 영미법의 발전은 대체로 로마법의 영향 하에 있는 것처럼 보인다. 블랙스톤 시대[78]에 대리인은 피고용인이란 일반적인 명칭 하에 등장했으며, 대리인에 관한 특수한 법으로 인용되는 최초의 선례는 고용주와 피고용인에 관한 사건이었다. 블랙스톤의 진술은 인용할 만하다. 즉 "그렇게 불릴 수 있는 넷째 유형의 피고용인이 아직도 존재하며, 그들은 **집사, 중매인** 및 **토지관리인**(bailiff)[79]처럼 오히려 우월하면서도 대리적인 역할을 담당하지만, 그들의 주인이나 고용주의 재산에 영향을 미칠 것 같은 그들의 행위에 관련하여 법은 그들을 **환경에 맞추어** 피고용인으로 간주한다."[80]

---

[76] 또한 『미국 법학 평론지』 7권 62 이하; 『미국 법학 평론지』 10권 431; 켄트의 『미국법에 대한 주석』 2권(12th ed.) 260, 주 1를 보라.

[77] (옮긴이 주) **이런 특별한 경우**(pro hac vice)는 '이번만을 위해서'(for this occasion) 혹은 '이번 사건만을 위해서'(for this event)를 의미한다. 이것은 어떤 보통법 관할권에서 변호를 통상적으로 언급하는 법률 용어이며, 변호가 허용되지 않는 변호사에게 **특별히 이번 사건만** 변호가 허락된다는 것 등을 의미한다.

[78] (옮긴이 주) 블랙스톤(William Blackstone, 1723~1780)이 잉글랜드 민사법원과 왕립법원의 판사로 활동했던 18세기 말을 지칭한다.

[79] (옮긴이 주) 토지관리인(bailiff)은 중세 시대에 지주의 토지를 관리 감독했던 관리인, 감독관을 지칭한다. 현재에는 법정에서 법정의 질서를 유지하는 법정 집행관을 이르기도 하고, 미성년자 등의 재산이나 일상을 보호하도록 법정에 의해 지명된 사람 등을 지칭하기도 한다.

[80] 블랙스톤(W. Blackstone)의 『잉글랜드법에 대한 주석』 1권 427. 또한 팔리(W. Paley)의 『대리에 대한 연구』(*On Agency*, 1822)의 서문을 참고하라. 중매인은 옛날 서적들에서 항상 피고용인으로 불렸다. 예컨대, *Woodlife's Case*, 오웬(T. Owen)의 『민사법원의 판례집』 57; *Holiday v. Hicks*, 크록(Croke)의 『판례집』 엘리자베스 1세 638; *Southcote's Case*, 코크(Coke)의 『판례집』 4권 83 b, 84 a; *Southern v. How*, 크록(Croke)의 『판례집』 제임스 1세 468; 제임스 1세 21년 성문법 16조 3항; *Morse v. Slue*, 케블(Keble)의 『왕립법원의 판례집』 3권 72 등을 보라. 토지관리인

현대 사회에서 사회적 관계(고용주와 피고용인 혹은 주인과 대리인)를 고용주 자신이 행한 행위의 결과로 설명할 수 있다는 것은 정말로 진실이다. 어떤 사람이 다른 사람에게 자신의 이름으로 계약을 체결하라고 말하거나 불법행위를 저지르라고 명령했다면, 그에게 책임이 있는 이유를 설명하기 위해 어떤 특별한 개념이 필요하지 않으며, 비록 중간에 개입한 당사자가 자유인인 그런 경우에조차도 법은 어느 정도 성숙될 때까지는 대리에 관한 어떤 결론에도 도달하지 못했다. 그러나 대리라는 표제가 법에서 어떻든 어떤 위상을 차지할 만한 가치를 갖는다면, 그 이유는 특수한 어떤 결과들이 그 대리관계에 관한 사실관계와 연관되기 때문이다. 위임된 계약에 주인을 구속할 수 있는 단순한 권한이 그 전부라고 한다면, 우리는 대리인에 관한 것처럼 계약에 관해 똑같이 법전에 한 장을 할애할 수 있다. 그러나 그것이 전부는 아니다. 계약의 영역에서조차도 우리는 놀랄 만한 학설을 발견하게 되며, 그 학설에 따르면 숨겨진 주인은 알려진 계약자의 의무뿐만 아니라 권리도 보유하고 있어서 소송을 당할 수 있고, 더욱 놀랍게도 그는 그의 대리인의 계약에 대해 소송할

에 대해서는, 브랙턴(Bracton)의 『잉글랜드의 법과 관습에 관한 연구』 26 b, "주인 혹은 종에 관하여," 등등; 헨리 4세 『연감』 7권 14, 판결문 18 등을 보라.
(옮긴이 주) *Southern v. How*(1618): 이 사건에 관한 기록은 여러 가지가 있으나, 크록의 『판례집』(1659)의 해석에 따르면, "어떤 옷감장수(clothier)가 매우 훌륭한 옷감을 팔았으며, 그에 따라 런던에서 그들(소비자 혹은 소매상)이 그 옷감장수의 상표를 본다면 그들은 그 옷감을 조사해보지도 않고 구매할 것이다. ... 옷감을 잘 만들지 못하는 다른 사람이 그 옷감장수와 동일한 권리관계(privity)에 있지도 않으면서 자신의 옷감에 그 옷감장수의 상표를 붙였다. ... 그 옷감을 산 그(소비자)가 이런 사기에 대해 특례소송을 제기했다." 그 소송은 유지 가능한 것으로 판결되었다. 또한 팝햄(Popham)의 『판례집』(1656)의 해석에 따르면, 숙련된 옷감장수로 명성을 얻고 있고 자신의 상표를 자신의 옷감에 달아서 자신의 옷감임을 알리고 있는 옷감장수가 사기를 칠 목적으로 잘못 만들어진 옷감에 동일한 상표를 사용하는 다른 옷감장수를 상대로 민사법원에서 소송을 제기했고, 그 소송은 잘 성립한다고 판결되었다.

수도 있다. 대리인에 대한 약속은 주인에 대한 약속으로 간주될 수 있다는 명제로 인용되는 최초의 선례는 고용주와 피고용인의 사례이다.[81]

나의 현재 목표는 대리인과 주인을 동일시하는 학설이 점유이론에 대해 갖는 그 학설의 취지를 단지 보여주고자 하는 것이므로, 그 학설이 대리인의 불법행위에 대해 주인의 책임을 설명하기 위해 어느 정도까지 활용되어야 하는가 혹은 행위자가 피고용인으로서 잘 정의된 신분을 갖는 경우에 적용되는 규칙보다 더 합리적인 규칙이 다른 사례들을 규제할 것인가 하는 문제를 길게 논의하는 것은 부적절할 것이다. 나는 그 주제로 다시 돌아올 수 없기 때문에 여기서 몇 마디를 언급하고자 한다.

피고용인의 불법행위에 대한 고용주의 책임이 법정에 의해 시대에 뒤진 제도의 스러져가는 잔재로 현재까지 인식되어 왔다면, 그 책임이 옛날 선례에 의해 정착된 사례들에만 한정되어 발견된다는 것은 놀랄 만한 일도 아니다. 그러나 그것은 사실이 아니었다. 그 책임은 유추에 의해 새로운 관계로까지 확장되었다.[82] 주인이 실제 부당행위자와 **가장**

---

[81] 가드볼트(J. Godbolt)의 『판례집』 360을 인용하고 있는 팔리(W. Paley)의 『대리에 대한 연구』 c. 4, 1항. 추가로 피츠허버트(Fitzherert)의 『잉글랜드법의 새로운 본질』 120, G; 피츠허버트(Fitzherbert)의 『판례 요약문』, 「부채」, 판결문 3; 에드워드 4세 『연감』 8권 11, 판결문 9 등을 보라. 이런 규칙들은 피고용인에 관해서조차도 어느 정도 현대적인 것처럼 보인다. 피고용인에 의해 체결된 채무에 대한 고용주의 책임은 초기 『연감』에는 매우 협의적으로 제한되었다.

[82] 나는 이런 확장이 대체로 로마법의 영향에 기인했다고 생각하고 싶다. 제1강 p. 31, 주 119를 보라. 그리고 화재에 관한 선례(예컨대, 헨리 4세 『연감』 2권 18, 판결문 6)가 고용주와 피고용인에 관한 현대 학설을 형성하는 데 기여한 역할을 주목하라. *Tuberville v. Stampe*, 로버트 레이먼드(R. Raymond)의 『왕립법원과 민사법원의 판례집』 1권 264 (여기에서 홀트(Holt) 경의 실례는 로마법에서 근원한다); *Brucker v. Fromont*, 터너(G. Turner)와 러셀(J. Russell)의 『고등법원의 판례집』 6권 659; *M'Manus v. Crickett*, 이스트(E. H. East)의 『형사소송』 1권 106; *Patten v. Rea*, 『보통법원 판례집(뉴 시리즈)』 2권 606. *Southern v. How*, 팝햄(Popham)의 『판례집』 143에서, 『박사와 학생』이 일반적인 책임 원칙을 위해 참조되었다. 『박사와 학생』은 로마법을 언급한다. 추가로 *Boson v. Sandford*, 쇼어(B.

(paterfamilias)의 관계에 있지 않은 경우에도 책임은 존재한다.[83] 그 관계가 신분 개념을 제거할 정도로 그런 일시적인 성격일 경우, 피고를 위해 잠깐 일을 하는 다른 사람의 피고용인의 과실과 자원봉사자로서 피고를 돕는 이웃의 과실에 대해, 어떤 사람은 다른 사람에 대해 책임질 수 있으며,[84] 알려진 바에 따르면 어떤 주인도 그의 대리인의 고용의 존엄성이란

Shower)의 『왕립법원의 판례집』 1권 101, 102를 보라.
(옮긴이 주) *Tuberville v. Stampe*(1697): 피고의 피고용인이 불을 냈고, 그 불이 이웃집으로 번져서 그 집에 손해를 입혔다. 주인은 자신이 개인적으로 잘못이 없으므로 책임이 없다고 주장하면서, 추가로 그가 피고용인에게 불을 밝히는 적절한 방법을 지시했으나 피고용인이 그 지시를 지키지 않았다고 주장했다. 홀트 재판장은 "비록 주인의 지시가 없다 해도, 피고의 피고용인이 집에서의 방식대로 그리고 그의 일에 적합한 방식으로 불을 밝혔다면, 그의 주인은 그 불에 의해 다른 사람에게 저질러진 손해에 대해 책임져야 할 것이다. 왜냐하면 그 일은 주인의 이익을 위한 것이므로 피고용인은 그의 주인에게서 허가를 받았기 때문이다"라고 판결했다.
(옮긴이 주) *Brucker v. Fromont*(1796): 피고의 피고용인이 마차를 부주의하고 조심성 없이 난폭하게 몰다가 원고의 마차로 돌진했고, 피고의 마차 축이 원고의 말의 신체를 훼손하여 말을 죽게 만들었다. 피고는 그의 피고용인의 행위에 대해 책임이 있다고 판결되었다. 블랙스톤(Blackstone) 판사는 피고용인이 주인의 명백한 명령에 의해 행동하는 경우, 피고용인의 행위는 주인의 행위로 간주된다는 데에서, 혹은 피고용인이 주인의 통상적인 일들을 수행하는 경우 그 행위는 주인의 승낙에 의해 행한 것으로 본다는 관점에서, 혹은 주인의 일을 하면서 피고용인의 과실이나 고의에 의해 남에게 피해를 주는 경우 그들 간에 존재하는 법적인 관계에서, 각각 피고용인의 행위에 대한 주인의 책임이 존재한다고 보았다.
(옮긴이 주) *Patten v. Rea*(1857): 피고용인이 주인의 업무를 위해 또한 그 자신을 위해 의사를 만나러 마차를 몰았으며, 의사를 만나고 돌아오는 도중에 그가 부주의하게 원고의 말을 향해서 돌진했고, 말을 죽였다. 주인에게 책임이 있다고 판결되었다.
[83] 베이컨(M. Bacon)의 『요약집』(*Abridgement*, 1811), 「주인과 종」, K; 스미스(C. M. Smith)의 『주인과 종에 관한 법 연구』(*A Treatise on the Law of Master and Servant*, 1860, 3d ed.), 260, 주 (t).
[84] *Clapp v. Kemp*, 『매사추세츠주 판례집』 122권 481; *Murray v. Currie*, 『잉글랜드 판례집』 민사 6권 24, 28; *Hill v. Morey*, 『버몬트주 대법원의 판례집』 26권 178.
(옮긴이 주) *Clapp v. Kemp*(1877): 석탄 배달꾼이 피고의 건물에 있는 지하 구멍에 석탄을 넣은 다음에 그 구멍을 닫지 않아서 원고가 지나가다가 그 구멍에 빠져서

근거 위에서 책임이 결코 회피되지는 않았다.[85] 법정은 동일한 규칙이 적절하게 그렇게 불리는 피고용인에게 적용되듯이 브로커와 다른 대리

상해를 입었다. 피고는 배달꾼에게 지하창고를 보여주는 일 이외에는 아무런 지시도 하지 않았다고 진술했다. 원고 승소 판결. 피고가 항소했으나 기각. 석탄을 인도하는 과정에서 과실로 인해 석탄 구멍에 빠져서 다치게 만든 배달꾼이 건물 점유자의 피고용인으로 간주되어야 하는가 하는 문제는 그 점유자가 인도 방법을 통제할 권한을 갖는가 여부에 의존한다는 의견이 제시되었다.
(옮긴이 주) *Murray v. Currie*(1870): 부두 노동자인 원고는 피고의 증기선에서 증기선 승무원 데이비스(Davis)와 함께 물건을 하역하고 있었고, 데이비스의 과실로 인하여 원고의 손이 하역기계에 끼어서 상해를 입었다. 하역작업은 하역회사 사장 케네디(Kennedy)에 의해 진행되고, 모든 작업은 그의 지시와 통제 하에 있으며, 데이비스도 마찬가지이고 일부의 임금을 그로부터 수령했다. 원고 승소가 배심에서 평결되면서, 법정에서는 피고가 데이비스의 과실에 책임이 없다는 소수의견이 나와, 피고가 이의를 제기할 여지를 남겼다. 윌스(Willes) 재판장은 "누가 부당행위자의 행동에 대해 책임지는가를 확인하는 데에 있어서, 당신은 부당행위자 자신을 주목하거나 고용주이면서 작업의 통제력을 갖고 있는 지휘 계통의 첫 번째 사람을 주목해야 한다. 당신은 더 뒤로 물러설 수 없고 또한 그 사람의 고용주를 책임지게 만들 수는 없다. ... 피고는 데이비스의 행위에 대해 책임을 부담하지 않는다는 것이 매우 명백한 것처럼 보인다"고 판결했다. 그리고 브렛(Brett) 판사는 "법의 진정한 원칙은, 내가 나의 피고용인을 계약자에게 임대했고 그가 계약된 작업의 유일한 통제력과 감독권을 갖고 있다면, 독립적인 계약자만이 그렇게 고용되어 있는 동안 저질러진 어떤 부당한 행위에 책임이 있다는 것이다. 피고용인은 나의 작업을 한 것이 아니라, 독립적인 계약자의 작업을 실행하고 있다"라고 판결했다.
(옮긴이 주) *Hill v. Morey*(1854): A는 비록 자원봉사자이긴 하지만 피고를 위한 어떤 일을 수행하는 데 있어서 피고를 돕고 있다가 피고가 있는 곳에서 불법침해를 저질렀다. A와 피고 간에는 주인과 종의 관계가 존재하며, 그에 따라 그런 일에서 A의 행위에 따른 불법침해에 대해 피고가 책임이 있다고 판결되었다.

[85] 예컨대, *Patten v. Rea*, 『보통법원 판례집(뉴 시리즈)』 2권 606; *Bolingbroke v. Swindon Local Board*, 『잉글랜드 판례집』 민사 9권 575 등을 보라.
(옮긴이 주) *Bolingbroke v. Swindon Local Board*(1874): 하수처리업체인 피고 회사는 회사의 효율적 관리를 위해 B에게 전권을 위임했다. 회사 농장과 원고의 토지 사이에는 도랑이 있으며, 도랑의 배수를 원활히 할 목적으로 B는 부당하게 도랑의 원고 토지 일부를 침범하여 깎아내리고 또한 관목 숲도 베어냈다. B가 행한 행위는 그의 업무 범위 내에서 이루어진 것이 아니며, 결과적으로 피고 회사가 그 행위를 하도록 허가한 적이 없다고 판단되므로, 피고는 원고의 소송에서 그 행위에 대해 책임이 없다고 판결되었다.

인들에게도 적용되는 것처럼 통상적으로 언급한다.[86] 사실상, 비록 통상

---

[86] *Freeman v. Rosher*, 『잉글랜드 판례집』, 「여왕의 법원」 13권 780, 785; *Gauntlett v. King*, 『보통법원 판례집(뉴 시리즈)』 3권 59; *Haseler v. Lemoyne*, 『잉글랜드 민사법원 판례 법학저널』(*Law Journal Reports, English Common Pleas*) 28권 103; *Collett v. Foster*, 헐스톤(Hurlstone)과 노먼(Norman)의 『잉글랜드 재정법원의 판례집』 2권 356; *Barwick v. English Joint Stock Bank*, 『잉글랜드 판례집』 재정법원 2권 259, 265, 266; *Lucas v. Mason*, 『잉글랜드 판례집』 재정법원 10권 251, 253, 마지막 문단; *Mackay v. Commercial Bank of New Brunswick*, 『잉글랜드 판례집』 추밀원 5권 394, 411, 412. 따라서 파트너에 관해서는 켄트의 『미국법에 대한 주석』 3권 (12th ed.) 46, 주 (d) & 1 참조.
(옮긴이 주) *Freeman v. Rosher*(1849): 지주를 상대로 하는 불법침해소송. 피고(지주)가 임대료를 징수하기 위해 브로커에게 동산을 압류할 수 있는 위임장(warrant)을 부여했고, 브로커는 건물의 부착물을 떼어내서 팔고는 **그 대금을 피고에게 지급했으며**, 피고는 비정상적인 어떤 일이 벌어진 것을 모른 채 또한 물어보지도 않고 그 대금을 수취했다. 드러나고 있는 것과 같은 그런 권한(authority)이나 승인(assent)은 그 소송을 유지할 수 없다고 판결되었다. 판결의 근거로서 패터슨(Patteson) 판사는 "피고가 사전적인 권한이나 2차적인 승인을 제공하지 않는 한, 주인은 대리인에 의한 불법침해에 대해 책임이 없다는 것은 분명하다. 여기서 허가증은 유일한 사전적인 권한이지만, 그것은 건물을 파괴하거나 건물의 부착물을 제거하는 데까지 분명히 확대되지는 않는다. 따라서 불법침해의 주요한 의존관계는 2차적인 승인의 증거로서 돈의 수령에 의거하지만, 피고는 불법침해가 저질러졌다는 것을 모르고 있고 또한 그의 허가증이 합법적으로 수행되었다고 믿고서 그 돈을 수령했으므로, 그런 상황에서 돈의 수취는 승인의 증거가 전혀 아니다. 주인이 대리인의 업무 수행 과정에서 기술의 부족 혹은 오류에서 발생하는 손해에 대해 책임이 있는 경우, 주인은 특례소송을 제외하면 불법침해소송에서는 책임이 없다"라고 언급했다. 지주는 불법침해의 권한을 부여하지도 않았고 또한 그것을 인정하지도 않았다는 취지이지만, 손해를 회복하기 위한 특례소송은 가능하다는 것이다.
(옮긴이 주) *Gauntlett v. King*(1857): 지주의 대리인으로서 임대료를 징수하기 위해 동산압류를 시도했던 브로커는 관련 없는 재산을 압류한 경우 지주와 공동으로 책임이 있다고 판결되었다.
(옮긴이 주) *Haseler v. Lemoyne*(1858): 지주의 이름으로 그의 승인도 없이 임대료를 징수하고 지주의 재산을 관리하는 A가 임대료를 체불하고 있는 임차인의 물건을 압류하고 압류 물건을 매각했다. 지주는 그 과정에서 저질러진 A의 불법행위에 대해선 책임이 없으나, 압류를 통보하지도 않고 물건에 대한 견적도 없이 물건을 매각한 것과 같은 A의 비정상적인 행위(irregularity)에 대해선 책임이 있다고 판결되었다.
(옮긴이 주) *Collett v. Foster*(1857): 잘못된 수감에 대한 불법침해소송. 피고가 원

적인 사례들이 물론 거액의 판결금액을 지급할 수 없는 하인과 유사한 사람들의 경우라고 해도, 고용주의 책임은 피고용인의 경우에만 한정되지 않는다고 명확히 규정했다.[87]

다른 한편, 대리에 관한 특수한 학설들이 변칙적이고 내가 확신하기로는 노예적 신분에 관한 스러져가는 핵심을 내포하고 있다면, 건전한 상식은 그 학설들을 극단적으로 적용하는 것을 거부하도록 만든다. **콘푸트 대 포크 사건**[88]처럼 사기 사건을 밝히기 위해 진실을 아는 주인과 거짓

고에게 30파운드를 빌려줬고, 매달 4파운드씩 갚기로 하고 이자를 포함해 60파운드의 부채 확인서가 집행관의 보증하에 작성되었다. 밀린 상환금이 18파운드에 이르렀다고 판단한 피고가 채권을 확보하기 위해 "만족할 때까지 신체를 구속할 수 있는 영장"(writ of capias ad satisfaciendum)을 발부받아서 피고의 집행관이 원고를 체포하여 교도소에 수감했다. 상환금이 밀리지 않았음을 확인한 콜리지(Coleridge) 판사가 상기 영장을 폐기했고 원고가 풀려났다. 법정은 피고의 집행관이 원고를 부적절하게 체포하여 수감한 데에 대해 피고가 책임이 있으며, 피고가 그런 체포를 승인했는가에 관한 증거는 배심이 판단하라고 판결했다.
(옮긴이 주) *Lucas v. Mason*(1874~1875): 피고가 의장인 회의에 원고가 참석했고, 그 회의가 진행되는 동안 약간의 소란이 있었으며, 피고가 "나는 소란을 일으킨 사람을 맨 앞으로 데려오게 할 의무가 있다. 소란을 일으킨 사람을 맨 앞으로 데려오라고" 말했다. 아무런 소란도 일으키지 않은 원고가 회의의 집사와 두 경찰관에 의해 체포되는 과정에서 상해를 입었다. 폭력에 관한 소송에서, 원고를 체포한 사람과 피고 간에는 주인과 종의 관계가 존재하지 않으며, 그에 따라 피고는 책임이 없다고 판결되었다. 그 근거는 의장의 진술이 회의의 집사 등에게 소란을 일으킨 사람에 대해 자신의 판단에 따라 행동하도록 승인하지 않았다는 것이다.
[87] *Bush v. Steinman*, 보즌켓(J. B. Bosanquet)과 풀러(C. Puller)의 『잉글랜드 민사법원의 판례집』(*English Common Pleas Reports*) 1권 404, 409.
(옮긴이 주) *Bush v. Steinman*(1799): 집 주인이 집 보수를 위해 부동산 감정인과 계약을 맺었고, 목수가 부동산 감정인과 계약을 맺으면서 벽돌공을 채용했으며, 그는 다시 시멘트 제조업자와 일정량의 시멘트 공급을 계약했는데, 시멘트 제조업자의 피고용인이 시멘트 일부를 도로에 방치했고, 그 결과 원고의 마차가 전복됐다. 집 주인이 상해를 입은 당사자에 대해 책임이 있다고 판결했다.
[88] 미슨(R. Meeson)과 웰스비(W. N. Welsby)의 『재정법원의 판례집』 6권 358. 본서의 논평과 같은 그런 논평에 대해서는 *Udell v. Atherton*, 헐스톤(Hurlstone)과 노먼(Norman)의 『잉글랜드 재정법원의 판례집』 7권 172, 184를 참고하라. 그 판결에 대한 다른 근거들은 여기서는 중요하지 않다.

표현을 제시한 대리인을 동일시하는 문제에서 혹은 많은 잉글랜드 사례[89]에서 논의된 대리인의 사기에 대한 주인의 책임에 관한 문제에서,

---

(옮긴이 주) *Cornfoot v. Fowke*(1840): 피고 포크(Fowke)는 자신과 아이들이 살 임대 주택을 찾고 있었고, 클라크(Clarke, 대리인)가 접근하여 원고 콘푸트(Cornfoot, 주인) 소유의 임대 주택을 소개했으며, 피고는 그 집에 불쾌한 것들이 있는지를 물었고 대리인은 없다고 답변했다. 피고는 주택을 임대하기로 하고 임대계약을 체결했다. 하루가 지난 후 피고는 그 주택이 사창가 옆에 있는 집인 것을 알게 되었다. 여기서 원고는 그 사실을 알고 있었고 대리인은 모르고 있었다. 피고는 원고에게 그 주택을 임대하지 않겠다고 통보하는 서신을 보냈고, 원고는 소송을 제기했다. 판결 내용에 따르면, 원고가 불쾌한 것에 대해 알고 있고 대리인에게는 그런 것이 존재하지 않는다고 언급하면서 대리인에게 위임하거나 혹은 유사한 취지의 언급을 했거나, 혹은 원고가 진실에 대해 무지한 대리인을 고의적으로 고용하여 대리인이 순진하게 거짓 진술을 하도록 만들고 그와 거래하는 사람을 사기 치려고 한다면, 어느 경우에도 그는 사기에 대해 유죄이다.

(옮긴이 주) *Udell v. Atherton*(1861): 주인은 대리인에게 마호가니 원목을 제공했고, 대리인은 원목의 결점을 속이면서 구매자에게 판매했으며, 원목이 인도되고 대금이 주인에게 지급되었다. 구매자가 원목을 톱질해 본 결과 구멍이 많아서 무가치하다는 것을 발견했다. 거래가 끝날 때까지 주인은 사기를 지시하지도 않았고 또한 대리인에 의해 저질러진 사기를 알지도 못했지만, 계약의 이득을 전부 챙겼다. 주인을 상대로 사기에 관한 소송이 제기되었고, 예심 법정에서 피고에게는 책임이 없다고 판결되었다. 항소심에서 주인에게 책임이 없다는 견해와 반대 견해가 정확히 일치했고, 피고 승소 평결이 유지되었다.

[89] *Mackay v. Commercial Bank of New Brunswick*, 『잉글랜드 판례집』 추밀원 5권 394; *Barwick v. English Joint Stock Bank*, 『잉글랜드 판례집』 재정법원 2권 259; *Western Bank of Scotland v. Addie*, 『잉글랜드 판례집』 스코틀랜드 상원 1권 145; 켄트의 『미국법에 대한 주석』 2권(12th ed.) 616, 주 1; 앞의 사건의 다른 이름의 *Swift v. Winterbotham*, 『잉글랜드 판례집』, 「여왕의 법원」 8권 244를 번복시키는 *Swift v. Jewsbury*, 『잉글랜드 판례집』, 「여왕의 법원」 9권 301; *Weir v. Bell*, 『잉글랜드 판례집』 재정법원 자료실 3권 238, 244. 브람웰 남작(Baron Bramwell)이 다른 사람의 사기에 대해 어떤 사람이 책임져야 한다는 판결에 대해 제기한 반론(『잉글랜드 판례집』, 「여왕의 법원」 9권 815)은 일반적인 고용주와 피고용인 간의 관계에 귀속되는 특별한 결과들에 대한 반론이며, 그 반론은 박식한 브람웰 남작 자신이 더 일반적인 형태로 언급했다. 또한 『미국 법학 평론지』 12권 197, 200; 헐스톤(Hurlstone)과 노먼(Norman)의 『잉글랜드 재정법원의 판례집』 2권 856, 361. 『미국 법학 평론지』 7권 61, 62를 보라.

(옮긴이 주) *Mackay v. Commercial Bank of New Brunswick*(1874): 목재상인인 L이 목재를 선적하지도 않은 채 환어음 2매를 발행했고, 얼마 후 파산했다. 원고들은

우리는 전통과 정의 본능 간의 그런 갈등을 목격할 수 있다. 그러나 고용주의 책임을 정착시키는 의제가 살아남아 있는 한, 둥근 원을 사각형으로 만드는 것처럼 논리학에 의해 그 차이를 조화시키려는 것은 헛된 일이다.

미국 법학전문지[90]에서 나는 대리인에 관한 고드프로이(Godefroi)[91]의 표

L이 그 전에 발행한 융통어음의 대금을 송금하면 그 환어음의 대금을 L에게 지급 결제하겠다고 통보했다. L(의 대리인)이 은행 직원에게 그 통보문을 가져가자 직원이 송금했다는 허위 전문을 원고들에게 발송했고 원고들은 이 전문을 믿고 지급 결제했으나, 나중에 속은 것을 알게 되었다. 피고용인이나 대리인이 주인의 권한 허용 범위 내에서 행해진 직원의 사기적인 허위표시에 대해 은행을 상대로 하는 사기 소송은 성립한다고 원고 승소가 판결되었다.

(옮긴이 주) Barwick v. English Joint Stock Bank(1867): 원고는 은행의 이사에 의해 그에게 제공되는 보증에 근거하여 은행의 한 고객에게 귀리를 공급했는데, 그 이사의 보증에 대해 불만을 가지게 되어 더 만족스러운 보증이 없다면 귀리를 더 공급할 수 없다고 거절했다. 그 이사가 원고에게 새로운 보증을 제공하면서 귀리의 공급을 계속하도록 유인했으며, 그 마지막 보증은 허위인 것으로 드러났다. 보증이 허위라면 은행에게 책임이 있다고 판결되었는데, 윌스(Willes) 판사는 "주인은 서비스 제공 과정에서 주인의 이익을 위해서 저질러진 피고용인이나 대리인의 모든 그런 부당행위에 대해 책임이 있다"라고 판결했다.

(옮긴이 주) Western Bank of Scotland v. Addie(1867): 회사 대리인의 사기로 주식을 취득하고 회사의 임원이 된 사람이 회사를 상대로 제기한 소송. 사기당한 사람은 회사의 임원인 한 회사를 상대로 소송을 제기할 수 없고, 그가 구제를 받으려면 개인적으로 사기를 저지른 사람을 상대로 소송을 제기해야 한다고 판결되었다.

(옮긴이 주) Swift v. Jewsbury(1874): 어떤 사람의 신용 상태에 관해 제삼자가 조회했을 때 허위를 진술한 은행의 대리인은 그 조회를 한 사람에게 그 때문에 유발된 손해에 대해 개인적으로 책임이 있다고 판결되었다. 이 판결은 그 조회가 그 이사에게 개인적으로 이루어졌고, 그에 따라 은행은 그의 행위에 대해 책임이 없다는 근거에서 내려졌다.

(옮긴이 주) Swift v. Winterbotham(1873): 어떤 사람의 신용 상태가 양호하다는 은행 이사의 진술을 은행의 한 고객에게 제공한 것에 대해서는 은행에 책임이 있다고 판결되었다. 이 판결은 바로 앞의 판례 Swift v. Jewsbury(1874)에 의해 번복되었다.

[90] 『미국 법학 평론지』(American Law Review) 7권 63 (1872년 10월).

[91] (옮긴이 주) Denys(혹은 Denis) Godefroy(Dionysius Gothofredus 혹은 Godefroi, 1549~1622)는 프랑스의 법학자이고, 제네바 대학교, 스트라스부르 대학교, 하이델베르크 대학교의 법학 교수이며, 대표적인 저서로 『로마법 대전 혹은 민법대전』(Corpus juris civilis, 1583)이 있다.

현을 언급했다. 즉 **주인과 대리인의 인격은 동일하다.**[92] 가상적인 동일체의 인간에 관한 이런 개념은 훌륭한 최근 저술[93]에서 변호사들의 정신을 흐리게 만든 것으로 밝혀졌다. 그러나 그 개념은 헨리 메인(Sir Henry Maine)[94]의 지지를 이끌어냈으며,[95] 내가 확신하기로는 규칙의 대상들이 노예 상태에서 해방되었을 때 진정한 의미를 상실해 버린 규칙들이 실무적으로 잔존해 있는 경우를 제외한다면 그리고 내가 보이려고 시도했듯이 현대법에 관한 적절하면서도 완성된 어떤 설명도 존재하지 않는다면, 그 개념은 법의 중요한 관점을 표현한 것으로 인정되어야 한다. 노예는 아무런 법적 지위도 없지만 법적으로는 그의 주인이 대변하는 가족으로 흡수되어 버린다고 말하는 것이 무엇을 의미하는지를 이해하는 데는 아무런 어려움도 없다. 그와 같은 관계에 있는 자유로운 피고용인이 많은 관점에서 법적으로 노예(물론 자유인으로서의 자격에 손상을 받지는 않는다)에 비유된다고 말할 때, 그 의미[96]는 마찬가지로 분명한 것처럼 보인다. 다음 단계는, 단순히, 일반적인 관점에서 피고용인이 아닌 다른 사람들이 특별한 관계에서는 마치 피고용인처럼 취급될 수 있다는 것이다. 이것은 역사

---

[92] 로마법 대전의 『법률논평집』 44권 2장 4절 주 17 (Elzevir ed.).
[93] 헌터(Hunter)의 『로마법에 대한 체계적이면서 역사적인 해설』(*A systemic and Historical Exposition of Roman Law*, 1876) 431.
[94] (옮긴이 주) Sir Henry James Sumner Maine(1822~1888)은 영국의 비교법학자, 역사학자이다. 법과 사회가 고대의 신분사회로부터 현대의 자율적인 계약으로 발전해온 과정을 밝힌 『고대법: 사회의 초기 역사와의 관련성 및 현대 사상과의 관련성』(*Ancient Law: Its Connection with the Early History of Society, and Its Relation to Modern Ideas*, 1861)으로 유명하고, 그 외에 『제도의 초기 역사에 관한 강연』(*Lectures on the Early History of Institutions*, 1875), 사후에 발간된 『국제법』(*International Law*, 1888) 등이 있으며, 법인류학, 법사회학, 법역사학의 선구자로 불린다.
[95] 메인(Maine)의 『제도의 초기 역사에 관한 강연』 235.
[96] (옮긴이 주) 주인과 대리인의 인격은 동일하다는 의미.

가 우리에게 보여주는 사상의 진보를 말하고 있으며, 이것이 의미하는 바에 따르면 법의 한 장으로서의 대리를 정당화하는 특징적인 모습은 대리인의 법적 개성을 **이런 특별한 경우**에 그의 주인의 개성으로 흡수한다는 것이다.

이런 것이 논리적으로 수행된다면, 결과적으로 그의 주인의 이름으로 점유를 보유하도록 만들어진 대리인은 합법적 점유를 가진 것으로 간주되지 않거나, 불법침해소송을 제기할 자격도 없는 것으로 간주될 것이다. 그러나 그렇게 말한 이후에도, 법이 선례로서 제시되지 않는 한, 법이 그렇게 더 나아갈 것인가에 대해서는 아무런 의견도 표명될 수 없다.[97]

---

[97] *Gillett v. Ball*, 『펜실베이니아주 판례집』 9권 13; *Craig v. Gilbreth*, 『메인주 대법원의 판례집』 47권 416; *Nickolson v. Knowles*, 매독(Maddock)의 『잉글랜드 부대법관 법정의 판례집』(*Reports of Cases in the Court of the Vice Chancellor of England, 1814~1821*) 5권 47; *Williams v. Pott*, 『잉글랜드 판례집』, 「형평법원」 12권 149; *Adams v. Jones*, 아돌푸스(J. L. Adolphus)와 엘리스(T. F. Ellis)의 『왕립법원의 판례집』(*Reports. King's Bench, 1834~1841*) 12권 455; 브랙턴(Bracton)의 『잉글랜드의 법과 관습에 관한 연구』 원문 페이지 28 b, 42 b, 43 등을 참고하라. 그리고 블랙스톤(Blackstone)에게서 위에서 인용된 구절을 비교하라: "어떤 사람은 자신의 이름으로 점유함으로써 물건을 점유하며, 대리인은 다른 사람의 이름으로 점유함으로써 **대리의 직책**을 수행한다." 로마법 대전의 『법률논평집』 41권 2장 18절 서언.
(옮긴이 주) *Gillett v. Ball*(1848): 원고의 대리인이 피고에게 약속어음을 제시하고 결제를 요구했으나 피고가 어음을 빼앗고는 지급을 거부했다. 심리과정에서 피고가 원고의 딸을 임신시켜서 원고의 강압 하에 약속어음을 발행하고 아기의 부양책임을 면제받았음이 밝혀졌다. 원심에서 어음을 빼앗은 것은 원고의 불법침해소송을 성립시키며, 약속어음의 발행으로 부양책임이 면제되었다는 것은 강압 하에 약속어음이 발행되었다는 항변을 불가능하게 만든다고 판결되었다. 항소심에서는 불법침해소송은 성립한다고 판결되었고, 강압 하의 어음 발행에 관해서는 배심을 새로 구성해 평결할 것을 요구했다.
(옮긴이 주) *Craig v. Gilbreth*(1859): 원고는 1856년 10월 2일 L에 대한 채권으로 기계를 담보로 잡고 있고 L이 대리인으로서 점유하고 있으며, 그 후 피고가 1857년 7월 16일로 기록된 L의 채무에 근거해 압류 영장을 발부받아 L이 점유하고 있는 기계를 압류했다. 원고의 대리인이, 피고의 압류 시점에서, 기계를 원고 채권의 담보물로서 점유하고 있었고, 대리인의 점유로 인해 원고는 단순한 부당행위자

제시된 사례의 본질은 준수될 것이다. 그 사례는 점유의 바로 그 핵심과 그 목적을 위해 만들어진 대리인의 사례이다. 보관수탁자는 어떤 다른 목적을 위한 대리인일 수 있다. 자유로운 피고용인은 보관수탁자가 될 수 있다. 그러나 우리가 언급했듯이 로마법의 관용구를 따른다면, 보관수탁자는 자신의 이름으로 보유할 수 있으며, 피고용인이나 대리인은 그와 같은 보유를 하지 못한다.

를 상대로 불법침해소송을 유지할 자격을 충분히 갖는다고 판결되었다.
(옮긴이 주) *Nickolson v. Knowles*(1820): 원고는 선박보험 가입을 위해 G의 브로커로 채용되었으나, 얼마 후 G가 파산했고, G의 파산관재인이 난파선의 보험금을 수령하려고 원고를 채용했다. 그 후 피고가 원고에게 자신이 G와 비밀 파트너란 사실을 통보하고 난파선 보험금을 파산관재인에게 지급하지 말 것을 요구했다. 원고는 파산관재인과 피고를 상대로 경합권리자확인절차(interpleader) 소송을 제기했다. 이 소송은 적절한 소송이 아니고, 원고는 파산관재인을 위해 돈을 요구하고 수령하도록 하는 권한을 위임받은 대리인이고, 제삼자의 청구에도 불구하고 파산관재인에게 그 돈을 지급할 의무가 있으며, 그의 점유는 주인의 점유라고 판결되었다.
(옮긴이 주) *Williams v. Pott*(1871): 대리인은 재산의 실질적인 소유자이지만, 그는 주인(그의 어머니)의 대리인으로서 상당히 오랫동안 임대료를 수금했다. 대리인의 사망 후에 그의 상속인(원고)이 그 재산을 청구했다. 그때 어머니(주인)는 그녀의 유언장에 따라 문제의 토지를 신탁 조건으로 피고에게 유증한다고 주장한 후에 역시 사망했다. 원고의 청구는 적대적 점유에 관한 변론으로 인해 기각되었다. Romolly 판사는 대리인의 점유는 주인의 점유이므로, 대리인이 대리인의 지위 혹은 어머니의 지위에 있는 한, 대리인은 주인의 토지에 진입할 수 없고, 또한 그는 어머니의 대리인으로서의 자신의 지위를 사퇴하지 않는 한 그 토지를 점유할 수 없다고 진술했다.
(옮긴이 주) *Adams v. Jones*(1840), 아돌푸스(J. L. Adolphus)와 엘리스(T. F. Ellis)의 『왕립법원의 판례집』 12권 455, 『잉글랜드 보통법 판례집』(English Common Law Reports) 40권 94: F(피고)가 발행하고 원고에게 배서된 환어음에 대한 인수소송. 피고의 항변서는 다음과 같다: R에게 빚지고 있는 F는 환어음을 백지로 배서했고, 빚을 청산할 목적으로 원고가 그것을 R에게 전달한다는 목적으로 또한 그런 조건으로 F는 환어음을 R의 대리인인 원고에게 양도했으며, 원고는 그런 대리인으로서만 또한 그 목적으로 약인 없이 환어음을 수령했으며, 원고는 그의 의무를 위반하면서 R에게 사기를 치면서 환어음을 불법으로 점유했으며, R은 그 환어음을 요구했고 인수소송에 이의를 제기하면서 피고(F)가 원고에게 대금을 지급하지 말 것을 요구했다. 피고의 항변은 타당한 것으로 판결되었다.

지면이 허용한다 해도, 이 주제에 관한 저서를 찾는 것은 그 저서들에서 발견되는 용어의 많은 혼동 때문에 거의 무가치할 것이다. 이와 관련하여 언급된 바에 따르면, 예컨대, 운송업자는 피고용인이라는 것이며,[98] 반면에 물건이 보관 중에 있는 경우 그 물건이 그의 점유 상태에 있다는 것보다 더 명확한 것은 있을 수 없다.[99] 따라서 물건이 판매자가 보관하는 상태로 남아 있는 경우, 계약에 따른 사유화와 인수가 물건의 인도와

---

[98] *Ward v. Macaulay*, 터너(G. Turner)와 러셀(J. Russell)의 『고등법원의 판례집』 4권 489, 490. 중매인에 관해서는 본서의 앞에 있는 pp. 327~328을 참고하라.
(옮긴이 주) *Ward v. Macaulay*(1791): 원고가 가구가 갖추어진 집을 임대했고, 임대기간 동안 임차인이 배상 판결을 받았으며, 그에 근거해 원고 가구의 일부가 집행관에 의해 압류되었고, 원고는 집행관을 상대로 불법침해소송을 제기했다. 언급된 불법침해가 저질러졌을 때 원고가 점유 상태에 있지 않았다는 근거에서 원고는 배상을 받을 수 없다고 판결되었다. 그렇지만 케니언(Kenyon) 재판장은 "불법침해소송과 동산횡령회복소송 간의 구분은 잘 정착되었다. 전자는 점유에 근거하고, 후자는 재산에 근거한다. 여기서 원고는 점유를 갖고 있지 않으며, 그는 집행관이 탈취한 물건 중 그의 재산에 근거한 동산횡령회복소송을 구제책으로 쓸 수 있다"라고 언급했다. 여기서 임대인은 임차인에게 가구 사용에 대한 배타적인 권리를 부여했고 그 결과 그는 어떤 점유권도 점유도 갖고 있지 않다는 것을 주목할 필요가 있다.

[99] *Berndtson v. Strang*, 『잉글랜드 판례집』 고등법원 3권 588, 590.
(옮긴이 주) *Berndtson v. Strang*(1868): 스웨덴의 목재상인인 원고는 런던의 A회사에 목재를 판매하기로 하고 F. O. B. 조건으로 선하증권의 발행일 6개월 후 지급하기로 하는 환어음을 발행하면 A회사가 환어음을 인수하기로 계약했다. 원고가 목재를 선적하고, A회사를 지급인으로 하는 환어음을 발행하여 A회사의 인수를 대가로 원고 혹은 양수인의 지시에 따라 목재가 인도 가능한 선하증권을 발행하여 A회사에게 교부했다. 선박이 런던으로 항해 중에 사고로 인하여 표류하다가 코펜하겐에 몇 개월간 정박했다. 그 사이에 A회사가 파산했고, 원고는 선장에게 목재의 운송을 정지시키는 명령을 내렸다. 그 후 물건은 런던에 도착했고, A회사의 채권자가 점유하여 경매했으나, 다른 증권으로 채권을 확보하자 경매대금을 법원에 공탁시켰다. 파산관재인(피고)이 공탁금을 청구하자 원고가 판매자의 '운송 중인 물건의 인도 정지 권리'(stoppage in transitu)를 행사하여 경매대금 전액을 청구했다. 선장은 물건 운송인으로서 배가 도착항에 도착하여 물건을 인도할 때까지는 물건을 보관하고 있는 실질적인 점유자이며, 위탁자가 '운송 중인 물건의 인도 정지 권리'를 행사하면 이에 응해야 한다는 취지에서 원고 승소가 판결되었다.

혼동되었다.[100] 영미법은 판매자가 보유하는 성격의 변화에 의해 인도, 즉 점유의 변화가 있을 수 있다는 로마법의 학설[101]을 채택했지만, 영미법은 그런 변화가 결국 무엇인가에 관해 로마 법학자들의 신중함을 언제나 모방하지는 않았다.[102] 보관수탁자들은 그들이 마치 점유 목적의 대리인인 것처럼 꾸준히 이야기되어 왔다. 즉 그들이 일반적으로 다른 목적을 위한 대리인이라는 사실에 의해 쉽게 나타나는 혼동이다. 중간 상인이 자신의 이름으로 혹은 구매자의 이름으로 보유하는 것을 구분하지 않으면서, 중간 상인의 손에 있는 물건의 점유를 양수인에게 귀속시키는 그런 사례들[103]은 확실히 그 결과에 있어 일반적으로 옳지만, 그 주제에 관한

---

[100] Blackburn, Sale, 33; *Marvin v. Wallis*, 엘리스(T. F. Ellis)와 블랙번(C. Blackburn)의 『왕립법원과 재정법원의 판례집』(*Reports of Cases in the Court of King's Bench, and the Court of Exchequer Chamber*, 1852~1858) 726.
(옮긴이 주) *Marvin v. Wallis*(1856): 판매자가 구매자에게 말을 팔았고, 판매자가 그 말을 잠시 탈 수 있는지를 물었으며, 구매자는 말을 잘 돌본다는 조건으로 말을 빌려주었다. 판매자가 말을 돌려주려고 했으나 구매자가 혹사시켰다는 이유로 말의 수령과 판매대금의 지급을 거절했다. 구매자는 판매자가 그 말을 받아서 탈 수 있도록 허용함으로써 이미 소유자의 태도를 취했고 또한 판매자는 보관수탁자로서의 일을 했다고 볼 수 있으므로, 판매자에게서 구매자에게로 말이 인도되었다고 판결되었다.

[101] 로마법 대전의 『법률논평집』 41권 2장 18절 서언. "나는 내 이름으로 점유하므로, 나는 다른 사람의 이름으로도 점유할 수 있다. 왜냐하면 나는 내 점유 조건을 변경시키지 않지만, 나는 내 이름으로의 점유를 그만두고 다른 점유자의 일을 내 일로 만들었기 때문이다. 그것은 동일한 이름으로 점유되는 것이 아니라, 다른 사람의 이름으로 점유된다. 왜냐하면 어떤 사람은 자신의 이름으로 점유함으로써 물건을 점유하며, 대리인은 다른 사람의 이름으로 점유함으로써 **대리의 직책**을 수행하기 때문이다." 따라서 판매자가 구매자의 **이름으로** 보유함으로써, 대리인이 점유하듯이 점유를 변경시켰다는 것을 보여주고 있다. 또한 브랙턴(Bracton)의 『잉글랜드의 법과 관습에 관한 연구』 원문 페이지 28 b도 참고하라.

[102] 빈트샤이트(Windscheid)의 『법총론 강의』 155절 주 8 a; 켄트의 『미국법에 대한 주석』 2권(12th ed.) 492, 주 1 (a). 로마법은 보관수탁자의 점유를 부정했다는 것을 역시 염두에 두어야 한다.

[103] 예컨대, *Farina v. Home*, 미슨(R. Meeson)과 웰스비(W. N. Welsby)의 『재정법원의 판례집』 16권 119, 123을 보라.

사상의 혼동을 가중시켰다.

　게르만 법학자들은 점유이론에 따른 사법적인 점유와 실제 보유 간의 구분이 얼마나 잘 되어 있는가에 어느 정도 비례해서 이론을 평가하려는 경향을 약간 보이고 있다. 하지만 여기서 취해진 관점에 따른다면, 그런 점유를 보유하고 있는 피고용인과 대리인들에 대해 점유와 점유적 구제책을 부정하는 근거(사실상 대리인이 그런 구제책을 갖지 않는다면)는 역사적인 근거뿐이라는 것이고, 일반적인 이론은 그런 부정을 이례적 현상으로만 생각한다는 것이다. 또한 그 관점으로는, 피고용인과 수탁인이 종종 서로 비유되는 근거, 즉 둘 모두가 자신을 위해서가 아니라 다른 사람의 이익을 위해 보유한다는 근거가 수탁인을 점유자로 항상 취급하는 영미법에는 전적으로 영향을 미치지 않았다는 것이 밝혀질 것이다. 그리고 그 근거가 그 근거에 따라 두 경우를 판결하는 것이 아니라 한 가지 경우를 판결하는 이유와는 상이한 이유로 다른 경우를 판결하는 로마법 학설의 진정한 설명도 아니라는 것 역시 밝혀질 것이다.

　제삼자와 관련된 권한의 문제를 다루기는 이제 용이해질 것이다. 이것은 자연스럽게 의도와 공존하는 권한이다. 그러나 우리는 법이 명백한 사실관계만을 오로지 혹은 주로 다룬다는 것을 염두에 두어야 할 것이며, 그에 따라 우리가 다른 사람을 배제할 권한을 이야기할 때, 우리는 그

(옮긴이 주) *Farina v. Home*(1846): 피고의 구두 주문에 따라 원고가 물건을 선적하여 원고의 해상운송대리인에게 넘겨주고 그가 그것을 수령하여 부두 창고에 보관하면서 피고에게 물건의 도착을 알렸다. 대리인은 창고증권(warrant)을 교부받아 배서하고 피고에게 그 증권을 인도했다. 피고는 그 증권을 몇 개월 동안 소지하고는 물건 대금을 지급하지도 않고 창고증권을 반송하지도 않으면서, 그것을 그의 변호사에게 보냈고, 그가 결코 주문하지도 않은 물건에 대해 대금 지급을 거절하겠다고 말했다. 창고증권이 양도되었을 때 추정적인 인도가 발생하지 않았다는 견해에 입각하여, 피고에 의한 그런 물건의 인도 혹은 수령이 존재하지 않는다고 피고 승소가 판결되었다.

권한의 표현으로 그렇게 드러나는 권한만을 의미할 뿐이다. 어떤 아이가 지갑을 들고 있을 때 어떤 우락부락한 불량배가 동일한 거리와 시야에 있을 수 있지만, 그 불량배가 아무것도 하지 않는다면 그 아이는 그 필요한 권한이 100명의 경찰관에 의해 뒷받침되는 경우와 마찬가지로 그 권한을 명백히 표현한다. 그렇게 좁혔을 경우, 우리는 권한의 표현이 의도의 표현만큼이나 중요하다고 말할 수 있다. 그러나 두 가지는 별개이다. 동시에 존재하면서 갈등을 일으키는 두 가지 의도가 존재할 때 권한이 결정적이게 된다. 예컨대, 권리 자격을 갖고 있지 않은 두 당사자가 서로에게 역으로 농작물에 대한 권리를 주장했고, 농작물을 교대로 경작했으며, 원고가 농작물들을 모아서 동일한 벌판에 작은 무더기로 쌓아놓은 경우, 그 농작물이 일주일 동안 그곳에 있었고, 그 다음에 각 당사자가 동시에 그것을 가져가기 시작했을 경우, 원고가 점유를 취득하지 못했다고 판결되었다.[104] 그러나 원고가 농작물을 무더기로 쌓은 이후에 피고가 처음으로 끼어들었다면, 원고가 아마 승소했을 것이다.[105] 또한 학교 교

---

[104] *McGahey v. Moore*, 이레델(Iredell)의 『노스캐롤라이나주 판례집』 3권 35.
(옮긴이 주) *McGahey v. Moore*(?): 체로키 인디언이 1838년 조약에 따라 강제 이주하게 될 때, 농작물을 M에게 팔았고, M이 원고에게 팔았는데, R이 그 농작물에 대한 권리가 있다면서 피고에게 매각했다. 판례 요약문은 본문의 내용과 동일하다. 원고는 소유권 취득을 입증하지 못했고 또한 피고를 배제할 만큼의 점유도 취득하지 못했다고 판결하고, 소송 각하가 판결되었다.

[105] *Reader v. Moody*, 해밀턴 존스(H. C. Jones)의 『노스캐롤라이나주 대법원의 판례집』(*Reports of Cases in Equity argued and Determined in the Supreme Court of North Carolina*) 3권 372. 또한 *Basset v. Maynard*, 크록(Croke)의 『판례집』 엘리자베스 1세 819, 820을 보라.
(옮긴이 주) *Reader v. Moody*(1856): 원고가 공유지에서 나무를 잘라서 지붕용 판자들을 만들고 쌓아놓았는데, 피고가 그 후에 공유지를 불하받아서 원고가 만든 판자들을 가져가 버렸다. 원고는 충분한 점유적 이해관계를 갖고 있으므로, 원고의 불법침해소송은 유지 가능하다고 판결되었다.
(옮긴이 주) *Basset v. Maynard*(1601): 나무를 보유하고 있는 P가 C와 그의 양수인에게 (P의 지시에 따라 취한) 600코드의 목재를 팔았고, C는 그의 권리를 원고에게

실을 점유하고 있는 이사들이 교장을 임명하고, 그가 그 이후에 해고되었지만, 다음 날(6월 30일) 힘으로 밀고 다시 들어왔으며, 7월 4일에 떠나라는 통지를 받았고, 7월 11일까지 나가지 않은 경우, 그 교장은 이사회에 대항할 수 있는 점유를 결코 취득한 적이 없다고 판결되었다.[106]

이와 관련하여 우리는 점유를 취득함으로써 얻어지는 권리의 지속에 관한 주제로 넘어가게 되었다. 점유를 취득하려면, 설명했듯이, 어떤 물리적인 관계와 어떤 의도가 있어야 한다는 것은 이미 살펴보았다. 여전히 남아 있는 문제는, 어떤 사람이 그런 사실관계의 존재로부터 나타나는 권리를 유지할 수 있으려면 이런 사실관계가 그 사람에 대해 현재 얼마만큼 계속 진실이어야 하는가 하는 문제이다. 지배적인 견해는 사비니의 견해이다. 그는 취득 순간에 동일한 **마음**이 항상 존재해야 하며, 그 대상물에 대한 원래의 물리적인 관계를 의지대로 재생산할 수 있는 일정한

양도했다. P가 그 후에 4000코드의 동일한 나무의 목재(피고가 선택해 고른)를 피고에게 팔았다. 600코드의 나무는 P에 의해 그것을 자른 원고의 것으로 표시가 되었고, 피고가 그것을 가져가 버렸다. 원고가 동산횡령회복소송을 제기했고, 비록 피고가 4000코드의 나무를 가져갈 권리가 있다 해도, 원고가 나무를 잘랐을 때 원고는 그것에 의해 충분한 권리 자격을 가지고 있으므로, 양도인이나 다른 어떤 양수인도 그 나무를 가져갈 수 없다고 판결되었다.

[106] *Browne v. Dawson*, 아돌푸스(J. L. Adolphus)와 엘리스(T. F. Ellis)의 『왕립법원의 판례집』 12권 624. 또한 로마법 대전의 『법률논평집』 43권 16장 17절; 앞의 책 43권 16장 3절 9항; 로마법 대전의 『법률논평집』 41권 2장 18절 3항; 클레이튼(Clayton)의 『순회재판의 판례집』 147, 판결문 268 등을 참고하라.
(옮긴이 주) *Browne v. Dawson*(1840): 사립학교 이사회가 학교 운영에 관한 규칙을 제정했고, 그 규칙은 교장도 지켜야 하고 지키지 않으면 해고된다고 규정했다. 교장이 자신의 목적을 위해 교실을 점유했는데, 규칙 위반으로 이사회에 의해 해고되었고, 이사회에 의해 점유되고 폐쇄된 교실을 떠났다. 교장이 다음 날 돌아와서는 교실을 강제로 열고 11일 동안 점거했고, 마지막 날 이사회가 강제로 그를 축출했다. 교장은 그 건물이 '원고의 교실'이라고 묘사하면서 불법침해소송을 제기했다. 원고는 부당행위자로서의 이사회에 대해 사실상의 점유권을 가지고 있지 않으며, 오히려 그의 재진입으로 인하여 그가 불법침해자에 해당한다고 판결되었다.

권한이 항상 존재해야 한다고 생각한다. 물건에 대한 현재의 권한을 항상 보유할 필요가 없다는 데 모든 사람이 동의한다. 그렇지 않으면 점유자는 손안에 있는 것만을 오로지 점유할 수 있기 때문이다. 그러나 좀 더 점유의 수고를 덜 수 없겠는가 하는 것이 문제이다. 점유를 구성하는 사실관계들은 그것들의 본성상 그 존재 기간 동안 계속 진실일 수 있다. 따라서 사고의 상당한 혼선을 유도하는 문구의 모호성 문제가 제기된다. 점유를 취득하는 데 필요한 모든 사실관계의 존재를 나타내기 위해 또한 그 사실관계들 일부가 더 이상 존재하지 않을지라도 마치 존재하듯이 여전히 보호받고 있는 사람의 조건을 나타내기 위해, 우리는 "점유"란 단어를 무차별적으로 사용한다. 결과적으로 일부 게르만 법학자들이 아주 정밀하게 했듯이, 사실관계의 중단을 권리의 상실로 간주하는 것은 너무나도 용이하다.[107]

그러나 **계약에서** 권리를 창조하려면 약인과 약속이 필요하다는 명제로부터 약인과 약속이 계약 이행의 순간까지 당사자들 간에 계속적으로 유지되어야 한다는 명제가 뒤따르지 않는 것처럼, 마찬가지로 점유에 수반하는 권리를 창조하려면 어떤 사실관계들이 동시에 발생해야 한다는 단일 상황으로부터 그런 권리가 지속적으로 존재하려면 사실관계들이 지속되어야 한다는 명제가 뒤따르는 것은 아니다. 특정한 권리를 부여하는 이유들은 그렇게 명백하게 되는 사실관계들이 무엇인지를 결정하는 데 커다란 비중을 차지하지만, 권리의 지속에 부합하지 않은 일부 사실관계가 명백히 드러난 경우를 제외한다면, 권리를 부여하는 어떤 사실관계들이 일단 명백하게 되었을 때 법에 따라 권리를 종료시킬 필요가 있는 일반적인 근거는 전혀 존재하지 않는다. 그 대상물에 대한 원래의 물리적

---

[107] 브룬스(Bruns)의 『중세와 현대의 점유이론』 503을 참고하라.

인 관계가 중지된다면 그것은 그런 사실관계로 취급될 수도 있지만, 현재보다 더 통제 불가능한 폭동의 시기가 아닌 한 그 관계의 중지는 결코 그런 사실관계로 취급되지 않는다. 동일한 원칙에 따라, 원래의 물리적 관계를 재생산할 권한의 중지가 권리의 지속에 영향을 줄 것인가 하는 문제는 오로지 전통이나 공서양속의 문제이다. 그 문제는 다른 사람에 의해 적대적으로 탈취된 새로운 점유처럼 동일한 근거에 있는 것이 아니다. 우리는 **사나운 성질의** 동물에 관해서는 로마법을 채택했지만,[108] 영미법의 일반적인 경향은 사유화를 선호한다는 것이다. 영미법은 재산적 혹은 점유적 권리의 부재를 일종의 진공 상태로 생각하여 혐오한다. 따라서 어떤 사람이 통나무가 떠다니는 것을 발견하고 그것을 단단히 묶었지만 다시 풀어져서 흘러 가버렸고 그 통나무를 다른 사람이 발견한 경우, 첫 발견자는 점유의 취득으로부터 근원하는 권리를 보유하며 그는 그 통나무의 인도를 거부하는 둘째 발견자를 상대로 동산횡령회복소송을 제기할 수 있다고 명백하게 판결되었다.[109]

---

[108] (옮긴이 주) 로마법에서 야생성이 있는 사나운 동물이 주인의 통제 하에 있을 때, 해를 끼치면 주인에게 책임이 있지만, 원래 주인이 점유하고 통제했으나 이제는 주인의 통제를 벗어난 사나운 동물이 손해를 끼친다면 원래의 주인에게는 책임이 없다. 왜냐하면 로마법에서는 사나운 동물이 누구의 소유이든 가해자 인도 원칙에 따라 가해 동물에게 책임이 있으므로, 사나운 동물이 도망치는 순간 주인은 책임을 면제받기 때문이다. 자세한 내용은 제1강 pp. 15~26을 참조하라.

[109] *Clark v. Maloney*, 해링턴(S. M. Harrington)의 『델라웨어주 대법원의 판례집』 (*Reports of Cases in the Supreme Court of Delaware*, 1832~1843) 3권 68. 브룬스(Bruns, 『중세와 현대의 점유이론』 503, 507)는 그 결론을 이론적으로 명백히 거부했지만, 편의성이라는 실무적인 근거 위에서 동일한 결론에 도달한다. 나는 이론과 편의성 사이에서 이런 갈등을 다루었던 위에서 언급한 것(옮긴이 주: pp. 301~302)을 참조해야 한다.
(옮긴이 주) *Clark v. Maloney*(1840): 동산횡령회복소송. 홍수가 난 후에 통나무들을 원고가 발견했고, 그것들을 밧줄로 묶어 강가에 단단히 고정해 놓았다. 얼마 후 그 통나무들이 피고에 의해 점유된 것을 알았고, 피고는 그것들이 강가에서 표류하고 있는 것을 발견했다고 주장하면서 돌려주기를 거부했다. "점유는 재산에

금이 들어 있는 지갑을 발견한 사람이, 외따로 떨어져 있고 출입이 금지된 그의 별장에 그것을 두었는데, 그는 100마일 떨어진 교도소에 감금되었다고 가정하자. 20마일 이내에 있는 유일한 사람은 그의 현관에 서 있는 철저하게 무장된 강도이며, 그 강도는 창문을 통해서 그 지갑을 봤고 곧 들어가서 그것을 탈취하려 한다. 그 금에 대한 그 전의 물리적인 관계를 재생산하려는 발견자의 권한은 오히려 제한되어 있으며, 그럼에도 내가 확신하기론, 강도의 명백한 행위로 그 지갑으로부터 다른 사람들을 배제하려는 강도의 권한과 의도가 명백히 표명될 때까지 누구도 첫 발견자의 점유가 끝났다고는 말하지 않을 것이다. 이것에 대한 이유는 점유를 취득하는 순간에 배제할 수 있는 권한에 관해 설명된 것과 동일하기 때문이다. 그 법은 대부분의 경우 감각에 의해 알 수 있는 명백한 행위와 사실관계들을 다루고 있다. 강도는 그 지갑을 탈취하지 않는 한 자신의 의도를 표명하지 않았으며, 그는 그를 배제할 수 있는 현재 점유자의 권한을 나타내는 장애물을 돌파할 때까지 자신의 권한을 표명하지도 않았다. 본 강의에서 채택된 기준에 따르면, 주택 소유자는 가장 엄격한 의미에서 현재의 점유를 보유한다고 추가로 주장할 수 있다. 왜냐하면 비록 사비니가 언급하듯이 그가 필요한 권한을 가지고 있지 않아도, 그는 다른 사람들을 배제하려는 현재의 의도와 권한을 갖고 있기 때문이다.

일반적으로 알 수 있듯이, 보통법은 권리 자격과 유사한 방식으로 점

관한 명백한 증거이다. … 동산의 상실은 재산권을 변경시키지 않으며, 동일한 이유로 (알려지지 않은) 정당한 소유자의 통나무 분실은 그의 절대적인 재산권을 변경시키지 않으며, (알려지지 않은) 그는 인도를 거절하는 원고에 대해 동산횡령회복소송을 제기할 수 있지만, 그 후에 나타난 분실은 원고의 특별한 재산(special property: 보관관계)을 박탈하지 않는다. 따라서 원고는 정당한 소유자를 제외하면 모든 사람에 대항하여 그 특별한 재산을 보유할 수 있다"고 원고 승소가 판결되었다.

유를 다룰 수 있을 정도로 나아가야 하며, 일단 점유가 취득되었을 때 소유권을 박탈하는 데 충분한 어떤 일이 발생할 때까지는 그 사람을 제외한 나머지 모든 사람에 계속적으로 대항할 권리가 취득된다고 판결해야 한다.

소위 권리의 점유는 유럽 대륙에서 몇 세기에 걸친 쟁점이었다. 게르만 법학자들이 의무의 진정한 점유가 가능할 수도 있다고 주장하기에 이를 정도였다는 것은 진귀한 일이 아니다. 이것은 점유와 권리가 이론적으로 시공간적으로 공존하는 조건이라는 일반적인 견해와 부합하는 것처럼 보인다. 의지의 지배가 일반의지(general will)[110]와 부합하고 결과적으로 합법적일 때, 일반적으로 외부 대상물에 대한 의지의 지배(그 대상물이 물건이든 혹은 다른 의지이든)는 권리라고 불리며, 반면에 그 의지의 지배가 단순히 **사실관계**일 때 그것은 점유라고 불린다.[111] 점유가 사실관계인가 혹은 권리인가 하는 문제에 대해 언급한 것을 염두에 둔다면, 앞으로 보게 되듯이, 점유와 권리 간의 그런 대조는 **법적인 관점**에서의 구분으로 인정될 수 없다. 소유권을 구성하는 사실관계들이 권리를 창조하듯이, 단순한 점유자의 권리는 소유자의 권리보다는 덜 포괄적이지만, 점유를 구성하는 사실관계들은 정말로 권리를 창조한다.

---

[110] (옮긴이 주) 일반의지(general will)는 일반사람들의 의지를 지칭한다. 루소(Rousseau)는 일반의지가 도덕적 의지이고 공동선을 목표로 추구하는 의지이며, 일반의지는 법으로 대변된다고 주장한다. 개인이 공동선을 추구하는 도덕적인 견해를 보유한다면 그는 법으로 표현된 일반의지를 공유한다고 볼 수 있다.

[111] 브룬스(Bruns)의 『중세와 현대의 점유이론』 57절, p. 486. 아주 옛날의 법학자는, 당신이 선생을 해고한다면, 그가 왜 점유적 소송을 하지 않는지를 물었고, 그 법학자는 다음과 같이 대답했다. "나는 소송이 유지될 수 없다고 생각하지만, 비록 당신이 죽음으로써 위협한다 해도, 나는 그 이유를 말할 수 없다고 생각한다. 독자 여러분, 여러분이 현명하다면, 그 결정의 이유를 제시하라." 브룬스(Bruns)의 『중세와 현대의 점유이론』 p. 407에서 인용된 홈멜(C. F. Hommel)의 『서사시』(*Rhapsodie*) 489.

역으로, 권리는 그런 권리에 자격이 있는 사람에 대해 진실이라고 추정되는 사실관계에서 근원한다. 토지 점유의 사례처럼 이런 사실관계들이 권리 자격이 있는 사람들에게 진실이라는 그런 성격을 갖고 있어서 그 사실관계들이 상이한 사람들에 대해 계속적으로 진실이게 된다면, 대응하는 권리도 계속적으로 향유될 수 있다. 그러나 약인의 제공과 약속의 수취처럼 이런 사실관계들이 과거가 되고 사라져버렸을 때, 사실관계들이 원래 진실이었던 당사자(가정된 경우에는 원래의 계약자)를 제외한 누군가에 의해 설정된 결과적 권리에 대해서는 전혀 청구권이 존재할 수 없다. 왜냐하면 원래의 계약자를 제외하면 누구도 권리가 근원하는 지위를 충족할 수 없기 때문이다.

영어권 독자들은 핵심적 성격의 사실관계 중의 하나가 물질적인 대상물에 대한 어떤 관계로 구성된다는 것을 아마 인정할 것이다. 그러나 이 대상물은 말뿐만 아니라 노예일 수도 있으며,[112] 이런 방식으로 기원된 개념들은 잔존해 남아서 자유로운 서비스에까지 확대될 수 있었다. 브룬스조차도 그의 이론을 응용함에 있어 신분관계의 경우를 넘어가지 않은 것처럼 보이고 또한 통상적인 용어로 토지가 제공하는 문제의 서비스, 소위 임대료의 경우를 넘어가지는 않은 것처럼 보인다는 것은 주목할 만하다.[113] 영미법에서도 자유로운 서비스도 노예의 서비스처럼 취급되

---

[112] *Gardiner v. Thibodeau*, 『루이지애나주 연간 판례집』(*Louisiana Annual Reports*) 14권 732.
(옮긴이 주) *Gardiner v. Thibodeau*(1859): 피고는 노예가 닭을 훔치는 것을 발견하고, 멈추라고 했는데 계속 달아났으므로 노예를 사살했다. 노예의 주인인 원고가 노예의 가치를 배상받으려는 소송을 제기했다. 원심은 피고 승소를 판결했으나, 항소심에서는 무장하고 있기 때문에 죽인 것이 아니라 단지 달아나고 있다는 것만으로 죽였다고 판단되며, 보통법은 절도에 대해 죽이는 것을 정당화하지 않는다고 판결하면서, 피고가 원고에게 노예의 가치를 배상하도록 명령했다.
[113] 브룬스(Bruns)의 『중세와 현대의 점유이론』 483.

고 있어서 고용주는 나머지 모든 사람에 대항해서 그 서비스에 대한 재산권을 가지고 있으므로, 그 경계선이 어디에 그어져야 하는가 하는 것은 단지 정도의 문제이다. 어떤 사람이 권리 자격이 없으면서 노예에 대한 점유 상태에 있을 수 있듯이, 마찬가지로 어떤 사람은 계약 없이 제공되는 자유로운 서비스에서 소유자의 모든 권리를 가질 수 있다고 주장할 수 있다. 서비스에 대한 딸과의 실제 계약은 전혀 존재하지 않지만, 부모가 21살이 넘은 딸이 유괴된 데 대해 보상받을 때 보여줄 수 있는 그런 종류의 어떤 것은 아마 존재할 것이다.[114] 따라서 교회법의 전반적인 발전과정을 통틀어 보거나 초기 잉글랜드법을 보면, 임대료는 점유와 부동산점유침탈(disseisin)[115]이 가능한 실재의 일부로 간주되었고, 그 임대료는 모든 순회재판에서 토지처럼 보상받을 수 있었다.[116]

그러나 로마법처럼 영미법에서 소위 점유권에 관한 가장 중요한 사례는 지역권(easements)[117]과 관련하여 발생한다. 지역권은 어떤 의미에서는

---

[114] 켄트의 『미국법에 대한 주석』 2권(12th ed.) 205, 주 1. 또한 헨리 6세 『연감』 21권 8, 9, 판결문 19; 스미스(J. W. Smith)의 『선도사례』(A Selection of Leading Cases on Various Branches of the Law, 1841, 미국 판본) 1권에 있는 Scott v. Shepherd에 대한 미국 판본의 주석 등도 참고하라.

[115] (옮긴이 주) 부동산점유침탈(disseisin)은 부동산을 실제 점유하고 있는 합법적인 소유자에게서 그의 허락 없이 또는 적대적으로 그로부터 그 부동산을 빼앗거나 특별점유권(seisin)을 빼앗는 것을 지칭한다.

[116] 『브리턴』(Britton, Nichol 편집) 1권 277 (브랙턴(Bracton)의 『잉글랜드의 법과 관습에 관한 연구』 원문 페이지 164 b; 『플레타』 원문 페이지 214; 글랜빌의 『잉글랜드 왕국의 법과 관습에 관한 연구』 13권 37장 등을 참고하라); 리틀턴(Littleton)의 『부동산보유권에 관한 논문』 237~240항, 588항 및 589항; 블랙스톤(W. Blackstone)의 『잉글랜드법에 대한 주석』 3권 170; 크루즈(W. Cruise)의 『실물재산에 관련된 잉글랜드법에 대한 논평집』(Digest of the Kaws of England respecting Real Property, 1823) 3권 28편, 「임대료」, 2장 34절.

[117] (옮긴이 주) 지역권(easements)은 잉글랜드 토지법에서 다른 사람의 토지에 대한 권리로서 도로, 채광의 권리를 포함하며, 나아가서는 이웃의 화장실이나 주차장까지도 사용할 권리까지 확대된다. 예컨대 도로 권리에 관한 지역권이 없으면 큰

점유가 가능할 수 있다. 어떤 사람은 자신의 용도와는 부합하지 않는 어떤 방식으로 다른 모든 사람이 그 토지를 사용하는 것을 배제할 의도를 가지고 자신의 토지를 특정한 방식으로 사용할 수 있지만, 점유 그 이상은 아니다. 그러나 이것이 진정한 점유라고 한다면, 다른 학자들이 보여주었듯이, 그것은 권리의 제한된 점유가 아니라 토지의 제한된 점유이다. 그러나 날인증서에 의하든 취득시효에 의하든 지역권이 실제로 창조된 경우, 지배적 부동산(dominant estate)[118]의 어떤 점유자가 그 재산의 향유에 대해서는 보호받는다는 것은 확실히 진실이지만, 지역권 자체가 점유의 대상이라는 근거에서 그 토지가 과거에는 그렇게 보호받지 못했다.[119] 그 이유는 나중의 강의[120]에서 설명되는 선례의 잔재 때문이었다. 따라서 법이 보호하고자 하는 이런 유형의 단순한 점유의 존재를 검증하기 위해, 4년 동안 **사실상** 사용되었지만 아직은 지역권이 취득되지 않은 도로의 사례를 검토해 볼 것이며, **준**지배적 재산의 점유자가 제삼자에 대항하여 자신의 점유권 사용에서 보호받을 수 있는가를 나는 질문하려 한다. 그가 보호받아야 한다고 인식될 수 있지만, 나는 보호받지 못할 것이라고 확신한다.[121]

도로로 나갈 수 없는 경우, 지역권은 보통 날인증서에 의해 창조될 수도 있다.
[118] (옮긴이 주) 지배적 부동산(dominant estate), 지배적 재산(dominant tenement) 혹은 지배적 토지(dominant land)는 다른 재산(이를 서비스적 혹은 종속적 재산(servient estate)이라고 한다)에 대해 지역권을 보유하고 있는 부동산을 지칭한다.
[119] (옮긴이 주) 제11강에서 언급되듯이 지배적 부동산과 관련된 계약에서 양수인에 대한 언급이 없으면 양수인은 그 혜택을 향유하지 못한다는 선례를 지칭한다.
[120] 제11강을 보라.
[121] *Stockport Water Works v. Potter*, 헐스톤(Hurlstone)과 콜트먼(Coltman)의 『잉글랜드 재정법원 판례집』 3권 300, 318을 참고하라. 7번째 영문 판본(스미스(J. W. Smith)의 『선도사례』 1권 300)의 문구는 오히려 너무나 광범위하다. 법이 토지로 흘러들어오는 물을 향유하려는 토지의 점유자를 보호해야 한다면, 그것은 물 사용이 그 토지 향유의 일부로서 간주되고 있기 때문이며, 그것은 다른 사람의 토지

그 학설에 대한 주요 반론에 따르면, 어떤 사람이 나머지 사람들이 그 토지를 이용하는 것을 배제할 일반적인 권한과 의도를 갖는다는 주장과, 다른 사람이 그 토지를 특정한 방식으로 사용할 권한을 가지고 소유자가 그 사용에 간섭하는 것을 배제할 권한을 갖는다는 주장 사이에는 거의 모순이 존재한다는 것이다. 두 주장을 조화시키려면 약간 인위적인 추론이 필요하다. 그러나 모든 사례에서 우리가 염두에 두어야 할 쟁점은 관계되는 당사자들의 실질적인 권한이 무엇인가가 아니라, 그들의 표명된 권한이 무엇인가이다. 그들의 표명된 권한이 그렇게 균형을 이룬다면, 법은 일종의 분할된 점유를 인정할 수 있다. 그러나 법이 권리가 취득될 때까지 그것을 인정하지 않는다면, 그때 지역권의 사용에서 부동산점유침탈자에 대한 보호는 제11강에서 언급되는 사실관계들을 참조하면서 여전히 설명되어야 한다.[122]

점유에 수반되는 결과들은 본질적으로 소유권에 수반되는 결과들이며, 그 결과들은 내가 위에서 다루었던 점유적 권리의 지속에 관한 문제에 의존한다. 심지어 동산의 부당한 점유자도 타인에 의한 횡령에 대해서

위에 길을 만드는 바로 그 사례와 유사하다는 것을 결코 의미하지는 않을 것이다. (옮긴이 주) *Stockport Water Works v. Potter*(1864): 원고는 강 하류에서 상수도를 운영하는 회사이며, 강 상류에서 건강에 치명적인 독성물질로 강물을 오염시키고 있는 염색회사(피고)를 부당행위로 제소했다. 피고 승소가 판결되었다. 다수의견의 폴록(Pollock) 재판장은 "강기슭 토지 소유자가 물에 대해 갖는 권리는 강에 인접한 토지를 점유하고 있다는 데서 전적으로 유도된다. 그가 그렇게 인접한 토지 일부를 양도한다면, 그때 양수인은 강기슭 토지 소유자가 되고 유사한 권리를 갖는다"고 언급했으며, 소수의견으로 마틴(Martin) 판사는 "피고가 주로 자신의 이익을 위해 그의 사업을 수행했으며, 대중은 모든 거래의 수행으로 이득을 본다. … 그러나 그런 사업을 수행하는 사람들이 비소를 물에 쏟아 넣음으로써 음용수가 영향을 받는 그런 사람들이 제기하는 소송에 대해서는 어떤 해답이 있을까?"라고 언급했다.
[122] (옮긴이 주) 부동산점유침탈자 보호에 관한 내용은 제11강 pp. 542 이하 참조.

는 완전한 배상을 받을 수 있거나 특정한 물건의 반환을 요구할 수 있다.[123]

압류물건회복소송(replevin)[124]이나 동산횡령회복소송[125]을 유지하려면 "특별한 재산"(special property)[126]이 필요하다는 것이 확실히 가정되었다. 그

---

[123] *Jefferies v. Great Western Railway Co.*, 엘리스(T. F. Ellis)와 블랙번(C. Blackburn)의 『왕립법원과 재정법원의 판례집』 5권 802. 또한 *Armory v. Delamirie*, 스트레인지(Strange)의 『고등법원, 왕립법원, 민사법원 및 재정법원의 판례집』 1권 505, 스미스(J. W. Smith)의 『선도사례』 1권을 참고하라.
(옮긴이 주) *Jefferies v. Great Western Railway Co.*(1856): 원고는 파산한 오웬(Owen)에게서 무개화차를 양수하여 점유하고 있는데, 피고가 압류했다고 진술하면서 동산횡령회복소송을 제기했다. 캠벨(Campbell) 재판장은 "그의 재산으로 물건을 점유하고 있는 사람은 모든 사람에 대해 훌륭한 권리 자격을 갖고 있으며, 스스로 권리 자격을 갖고 있지 않은 다른 사람이 그 사람에게서 그 물건을 탈취했다면 그는 부당행위자이며, 그는 그 물건이 제삼자에게 권리 자격이 있다는 것을 보여줌으로써 스스로를 변호할 수 없다"고 말하면서 원고 승소를 판결했다.
(옮긴이 주) *Armory v. Delamirie*(1722): 굴뚝을 청소하는 소년인 원고가 보석이 박힌 반지를 발견하여, 그 가치를 감정하러 피고의 상점에 갔고, 피고의 도제가 감정하는 척하면서 은밀하게 보석을 제거하고 반지를 돌려주었으나, 원고는 도제에게 보석과 더불어 반지를 그전의 상태로 돌려놓을 것을 요구하면서, 동산횡령회복소송을 제기했다. 양자가 진정한 소유자를 제외한 모든 사람에 대항할 수 있는 보석에 대한 재산권을 갖지만, 여기서 진정한 소유자는 부적절하므로 즉 알 수 없으므로, 법정은 점유에 대한 **더 나은** 권리(better right)에 관심을 가지며, 점유권의 우선성은 발견자가 진정한 소유자를 제외하면 모든 사람에 대항할 수 있는 더 나은 권리를 갖는다고 보고, 원고 승소를 판결했다.
[124] 코크(Coke)의 『리틀턴에 관한 주석』 145 b.
(옮긴이 주) 압류물건회복소송(replevin)은 어떤 사람이 부당하거나 불법적으로 탈취된 개인 재산을 회복할 수 있게 하고 또한 그 결과로 나타나는 손실에 대한 보상을 회복하게 만드는 소송이며, 또한 변제가 제공된 이후에도 여전히 보유되고 있는 물건을 회복하기 위해서도 제기되는 소송이다. 반면에 동산횡령회복소송(trover)은 재산 자체보다는 탈취된 물건의 가치를 회복하고자 하는 소송이다.
[125] 윌리엄스(J. and E. V. Williams)의 『선더스의 판례집에 대한 주석』 2권 47 b에 있는 *Wilbraham v. Snow*에 대한 주 1.
[126] (옮긴이 주) 특별한 재산(special property)은, 보관관계 개념까지 포함하는 질권(pledge)에서, 질권자(pledgee)가 부당행위자에 대항하여 소송을 유지할 수 있게 만드는 데 충분하게끔 그에게 이전된 재산을 의미한다. 즉 채무자의 소유인 물건이 담보로 이용되면서 채권자에게로 이전되어 그에 의해 점유된 재산을 지칭한다.

러나 현대 판례들은 점유만으로도 충분하다는 원칙을 확립했으며, 영미법의 근원을 검토해보면 그 판례들에서는 특별한 재산은 더 이상의 어떤 것을 의미하지 않는다는 것을 입증한다. 이미 보여주었듯이, 브랙턴의 묘사에 따르면, 어떤 사람의 의지에 반하여 상실된 동산의 회복을 위한 소송절차는 대륙의 선례처럼 점유에 근거한다. 그 주장을 명백하게 언급한 바로 그 문구에서 브랙턴은, 그 설명만을 위해서, 아직도 소유권을 의미하는 것처럼 보이는 문구, 즉 "그는 **자신의** 물건을 청구할 수 있다(Poterit rem *suam* petere)"[127]라는 문구를 사용한다. 후대의 영장들은 동일한 문구를 사용했다. 그리고 보관수탁자가 **자신의 물건과 동산**을 탈취당한 것을 이유로 제기한 소송에 대해, 자주 그러듯이, 상대방이 그것이 **자기가 보관하고 있는 물건**이라고 반론을 제기했을 때, 보관수탁자는 형평법원의 판사들이 그런 형식으로 영장을 만들지는 않았을 것이라고 언제나 반박했다.[128]

그 문제의 본질은 어떤 사람의 점유 상태에 있는 물건이, 영장의 의미에 따르면, **그의 것**(sua)이라는 것이다. 그러나 비록 그 동산이 원고에게 성격상 일반적인 재산(general property)이 아니라고 해도, 아직도 그가 타인

반면에 일반적인 재산(general property)은 담보된 재산이면서 질권 제공자(pledgor)에게 남아 있는 재산을 지칭한다. 참고로 질권(pledge)과 저당권(mortgage)의 차이는 그 운영에 있어서 전자의 경우 특별한 재산(보관관계)이 가능하지만, 후자의 경우 특별한 재산이 불가능하다는 것이다.

[127] 브랙턴(Bracton)의 『잉글랜드의 법과 관습에 관한 연구』 원문 페이지 150 b, 151; 본서의 앞에 있는 pp. 230~231; 에드워드 1세 『연감』 22권 466~468.

[128] 에드워드 3세 『연감』 48권 20; 헨리 4세 『연감』 11권 17; 헨리 4세 『연감』 11권 23, 24; 헨리 7세 『연감』 21권 14. **자신**(sua)의 의미는 Catesby에 의해 에드워드 4세 『연감』 10권 1, B에서 논의되었다. 라반트(Laband)의 『중세 시대 작센법에 따른 재산법적 소송』 111; 브룬스(Bruns)의 『중세와 현대의 점유이론』 300 이하를 수정하고 있는 호이슬러(A. Heusler)의 『특별점유권』 492 이하; 좀(Sohm)의 『살리카법의 소송절차』 6항 등을 비교하라.

에 대항하는 재산¹²⁹이나 특별한 재산을 가지고 있다고 말함으로써, 그 공식적인 용어와 사실관계 간의 공식적인 조화를 시도하는 것은 매우 자연스럽다. 이런 일은 실제로 일어났으며, 정말 기묘하게도 내가 후자의 문구(즉 자기가 보관하고 있는 물건)가 사용되는 것을 발견한 가장 오래된 사례 중의 둘은 수탁자의 사례¹³⁰와 차용자의 사례¹³¹이다. 브룩은 부당한 탈취자도 "진정한 소유자를 제외하면 나머지 모든 사람에 대항하는 권리 자격을 갖는다"고 언급한다.¹³² 이런 관점에서 절도죄에 대한 기소에서 그 재산이 불법침해로 고통받고 있는 보관수탁자의 것이라고 판결하면서, 특별한 재산은 "점유적 재산"으로 묘사되는 일이 더 쉬워졌다.¹³³

제삼자에 대한 보관수탁자의 소송 권리는 사실상 수탁 물건에 대한 그의 책임의 근거이고 또한 그의 점유에서 단순히 발생하지만, 나는 보관수탁자의 소송 권리가 수탁 물건에 대한 그의 책임에 의거하는 것으로 추정된다는 것을 역설적으로 설명했다. 그 설명의 단계는 간단했다. 우선 보관수탁자들이 수탁 물건에 대해 책임이 있기 때문에 그들이 소송할 수 있다는 것으로부터,¹³⁴ 그들이 그 물건에 대해 책임이 있기 때문에 그들이 타인에 대항할 수 있는 재산이나 특별한 재산을 갖는다는 것으로,¹³⁵

---

¹²⁹ 헨리 4세 『연감』 11권 17, 판결문 39.
¹³⁰ 헨리 7세 『연감』 21권 14 b, 판결문 23.
¹³¹ 가드볼트(J. Godbolt)의 『판례집』 173, 판결문 239. 또한 헨리 4세 『연감』 11권 17, 판결문 39도 참고하라.
¹³² 헨리 7세 『연감』 13권 10을 인용하고 있는 브룩(Brooke)의 『판례 요약문』, 「불법침해」, 판결문 433.
¹³³ 켈링(Kelyng)의 『찰스 2세 치세기 왕립법원의 판례집』(*Reports of Diverse Cases in Pleas of the Crown in the Reign of Charles II*) 89. 추가로 불러(F. Buller)의 『임석재판』(*Nisi Prius*, 1817) 33을 보라.
¹³⁴ 제5강; 헨리 7세 『연감』 20권 1, 판결문 11.
¹³⁵ 헨리 7세 『연감』 21권 14 b, 판결문 23.

그리고 그들이 특별한 재산을 갖고 있고 또한 그것에 대해 책임이 있으므로 그들이 소송할 수 있다는 것으로 진행되었다.[136] 따라서 특별한 재산이 점유 이상의 더 많은 어떤 것을 의미하고 또한 소송을 유지하는 데 필수적이라는 개념은 법으로 녹아들었다.

그 개념을 상이한 관계에서 상이하게 사용함으로써 오류는 더 쉽게 저질러졌다. 보관수탁자가 유치권을 갖든 갖지 않든, 그는 일반적으로 그가 보관하는 물건의 도난에 대해 책임이 있다. 그러나 질권자가 자신의 물건들과 함께 담보물(pledge)[137]을 보관하고 있고 두 가지가 함께 도난당한다면, 법은 그 질권자와 관련하여 보관수탁자와는 달리 책임이 없다고 본다.[138] 적어도 코크 경의 시대에[139] 이런 구분은, 그 담보물이 어떤 의미에서는 질권자 자신의 것이고, 그가 그 담보물에 대해 특별한 재산관계를 가지며, 그에 따라 보관관계와 같은 통상적인 관계가 존재하지 않거나 인수가 단지 그 자신의 물건처럼 보관하는 것이라고 말함으로써 설명된다.[140] 동일한 표현은 질권을 양도할 수 있는 질권자의 권리를 논의하는 데 사용되었다.[141] 이런 관점에서 그 용어는 질권에만 적용되었지만, 특

---

[136] 헨리 롤(H. Rolle)의 『요약문』 1권 4, 5 (I), 판결문 1. 또한 *Arnold v. Jefferson*, 로버트 레이먼드(R. Raymond)의 『왕립법원과 민사법원의 판례집』 1권 275도 참고하라.
(옮긴이 주) *Arnold v. Jefferson*(1697): 원고가 타인의 채무증서를 보관하고 있다가 분실했는데, 피고가 발견하여 점유하자 소송을 제기했다. 채무증서의 보관수탁자는 "운송업자의 사례처럼 특별한 재산에 대한 동산횡령회복소송을 유지할 수 있다"라고 판결되었다.
[137] (옮긴이 주) 여기서 담보물은 질권의 의미를 가지며, 앞에서 언급된 특별한 재산을 지칭한다.
[138] 『순회재판 연감』 29권 원문 페이지 163, 판결문 28.
[139] (옮긴이 주) 코크(Coke, 1552~1634)가 민사법원의 재판장(1606~1613)과 왕립법원의 재판장(1613~1616)을 역임했던 17세기 초반을 가리킨다.
[140] *Southcote's Case*, 코크(Coke)의 『판례집』 4권 83 b.
[141] *Mores v. Conham*, 오웬(T. Owen)의 『민사법원의 판례집』 123. 또한 *Ratcliff v.*

별한 관계에서 그것의 의미는 그 용어가 사용되는 다른 경우에까지 쉽게 영향을 미쳤으며, 그 결과 점유적 소송을 유지하는 데 필요한 특별한 재산은 그 물건의 제한된 이해관계를 의미하는 것으로 추정되었다.

점유의 법적 결과들과 관련해서는, 이제, 동산에 대해 규정된 규칙들이 토지에 대해서도 역시 적용된다는 것을 언급하는 일만 남아 있다. 왜냐하면 비록 부동산점유회복소송(ejectment)[142]에서 원고가 점유 중인 피고를 상대로 자신의 권리 자격의 힘으로 토지를 회복해야 한다 해도, 피고가 자신의 점유에만 의존한다면 원고의 그 전의 점유 주장으로도 충분하다는 것은 이제 정착되었기 때문이다.[143] 물론 점유는 불법침해소송의 요건으로도 충분하다.[144] 그리고 순회재판에서 부동산점유회복소송의 초기

Davis, 벌스트로드(E. Bulstrode)의 『왕립법원의 판례집』 1권 29도 참고하라.
(옮긴이 주) Mores v. Conham(1609): 사실관계는 검색되지 않음. 저당물(즉 질권을 의미한다)을 보유한 사람은, 말이나 황소 혹은 우유를 짜는 젖소 등처럼 보호가 필요한 경우, 소유자가 했던 것처럼 그 저당물을 사용할 수 있고, 그 저당물의 사용에서 이익이 발생한다면 그는 그 이익을 채무의 변제에 사용해야 하며, 옷처럼 사용함으로써 낡아간다면 그 저당물을 사용할 경우 그는 특례소송을 당할 수 있다고 판결되었다.

[142] (옮긴이 주) 부동산점유회복소송(ejectment)은 토지에 대한 점유 혹은 권리 자격을 회복하기 위한 민사소송이며, 토지에 남아 있을 어떤 권리를 갖지 않거나 더 이상 갖지 않게 된 임차인이나 불법침해자를 상대로 토지의 점유를 회복하는 데 관심을 갖는다.

[143] Doe v. Dyball, 무디(W. Moody)와 맬킨(B. H. Malkin)의 『임석재판 판례집』 346과 주; 윌리엄스(J. and E. V. Williams)의 『선더스의 판례집에 대한 주석』 2권 111 및 나중의 여러 주; 아돌푸스(J. L. Adolphus)와 엘리스(T. F. Ellis)의 『왕립법원의 판례집』 1권 119; Asher v. Whitlock, 『잉글랜드 판례집』, 「여왕의 법원」 1권 1.
(옮긴이 주) Doe v. Dyball(1829): 주택의 방 하나의 점유를 회복하기 위한 부동산점유회복소송(ejectment). 피고가 강제로 방의 점유를 빼앗았으며, 원고는 주택의 임대와 1년의 점유를 입증했다. 법정은 원고가 점유 상태에 있었고 피고가 들어와서는 그를 내쫓았으며, 피고가 자신의 권리를 보여주어야 한다고 원고 승소를 판결했다.

[144] Graham v. Peat, 이스트(E. H. East)의 『형사소송』 1권 244.
(옮긴이 주) Graham v. Peat(1801): 원고가 교회의 부속영지를 점유하고 있으며,

구제책은 법률적으로 합법적인 특별점유권(seisin)[145]을 가진 사람들에게 한정되어 있지만, 이것은 점유에 관한 일반이론에 영향을 미치지 않는 이유에서 근거했다.

본 강의를 마치기 전에 나는 소유권과 그에 유사한 개념들에 관련된 한마디를 언급해야 하겠다. 점유와 관련해 추진된 분석의 순서를 따른다면, 첫째 쟁점은 법적 결과로서 소유권이라고 불리는 권리에 수반되는 사실관계들이 무엇인가 하는 문제였을 것이다. 소유권을 취득하는 가장 친숙한 방법은 이전의 소유자에게서의 양도에 의한 것이다. 그러나 그것은 소유권이 이미 존재하고 있다는 것을 전제하며, 핵심은 무엇이 소유권을 존재하도록 만드는가를 발견하는 것이다.

이런 효과를 가지는 한 가지 사실관계는 최초 점유이다. 야생동물이나 바닷고기의 포획자는 점유를 가질 뿐만 아니라, 나머지 사람들에 대항하는 훌륭한 권리 자격을 갖는다. 그러나 독립적인 원래의 권리 자격을 취득하는 가장 보편적인 방식은 법정이나 법정 밖에서 나머지 모든 사람에 대항하는 어떤 소송절차에 의해서이다. 이들 중 한 극단에는 해사법의

수도원장의 5년간 부재로 인해 그의 임차가 정지되고 무효가 되었다. (엘리자베스 1세 13년에 제정된 the Act of the 13 엘리자베스 1세 c. 20은 임대인의 거주 기간보다 더 오랫동안 임차될 수 없다는 법령. 예컨대 수도원장의 부재는 임차를 정지시키고 무효화시킨다는 법령) 케니언(Kenyon) 재판장은 불법점유자도 더 나은 법적 권리 자격을 가진 사람을 제외하면 토지에 진입하는 누구에 대해서도 대항할 수 있는 강제적인 권리를 갖는다는 것으로 해석되는 "어떤 점유도 부당행위자에 대항하는 합법적인 점유이다"라고 언급하면서 원고는 부당행위자에 대항하여 불법침해소송을 유지할 수 있을 정도의 충분한 점유를 보유한다고 판결했다.

[145] (옮긴이 주) 특별점유권(seisin)은 봉건적 봉토, 즉 토지 재산의 합법적인 점유를 지칭한다. 중세 시대에 영국의 국왕은 잉글랜드의 모든 토지를 소유하며, 그에 따라 그의 모든 국민은 봉건적 임차권에 관한 다양한 계약 하에서 그의 임차인에 불과하다. 따라서 특별점유권은 국왕, 영주 등과의 계약에 따라 다양한 점유권 형태를 취할 수 있다.

대물(in rem)¹⁴⁶소송절차가 있다. 이 대물소송절차는 그 권한에 있어 재산을 궁극적으로 처분할 수 있으며, 그 재산을 팔거나 폐기 처분할 때 그 소송절차는 이런저런 사람의 권리 자격을 다루는 것이 아니라, 과거의 이해관계가 무엇이든 모든 과거 이해관계를 능가하는 새로운 권리 자격을 부여한다. 다른 더욱 친숙한 사례는 취득시효이며, 이 취득시효에서는 일정기간 공공연한 적대적 보유도 유사한 효과를 갖는다. 취득시효에 의한 권리 자격은 이런저런 사람으로부터의 추정되는 양도가 아니라, 과거의 모든 상반되는 청구권들을 소멸시킨다. 두 가지는 공시최고(proclamation)¹⁴⁷와 더불어 옛날의 토지양도제도(fine)¹⁴⁸로 통합되었으며, 여기서 1년과 1일의 경과와 판결의 두 가지 결합 효과는 모든 청구를 금지한다.¹⁴⁹

따라서 소유권에 유사한 권리는 다른 어떤 일련의 사실관계들이 진실인 사람들, 예컨대, 특허권 소유자 혹은 정부가 어떤 증서를 발행했고 사실상 특허 가능한 창작품을 만든 사람 등에게 입법부에 의해 주어질

---

[146] (옮긴이 주) 대물(in rem: in realty)은 법정이 재산에 대해 행사할 수 있는 권한을 나타내는 법률용어이다. 따라서 대물소송은, 어떤 사람을 상대로 소송할 때, 그 사람의 채무보다는 그 사람의 재산이나 신분이 소송의 주요 대상이 된다.

[147] (옮긴이 주) 공시최고(proclamation)는 법정이 주소가 불명한 이해관계자들에게 일정 기간 내에 신고하지 않으면 권리를 상실한다고 경고하는 재판상의 소송절차이다.

[148] (옮긴이 주) 토지양도제도(fine)는 적어도 12세기부터 1833년 폐지할 때까지 잉글랜드에 존재했다. 이 제도에서 토지양도는 가상적인 소송 형식을 취하며, 문제의 토지가 청구인(원고)의 정당한 토지라는 것을 기존의 소유자(불법점유자 혹은 임차인)가 승인함에 따라 가상적인 소송은 화해되거나 종결된다. 불법점유자가 이미 토지를 팔기로 동의했고 원고가 사기로 동의했다는 형태로, 즉 두 당사자 간의 공모적인 소송이다. 법정은 각 당사자에게 동의서를 교부하며, 특히 구매자의 동의서 사본은 토지에 대한 권리 자격에 관한 날인증서가 되고, 양도 기록은 법정에 보관된다.

[149] 이 시기에 대해서는 호이슬러(A. Heusler)의 『특별점유권』을 보라. 또한 라블리(E. de Laveleye)의 『재산과 그것의 초기 형태』(De la propriété et de ses formes primitives, 1877) 166도 참고하라.

수 있다.

그러나 소유권이란 무엇인가? 소유권은 점유에 수반되는 권리와 본질적으로 유사하다. 공서양속에 의해 규정된 한계 내에서, 소유자는 대상 물질에 대한 그의 자연적인 권한을 간섭받지 않고 행사하도록 허락받으며, 다른 사람들이 그런 간섭을 하지 못하도록 다소간 보호받는다. 소유자는 모두를 배제하도록 허락받으며, 누구에게도 책임지지 않는다. 점유자는 소유자를 제외하고는 모두를 배제하도록 허락받으며, 소유자를 제외하면 누구에게도 책임지지 않는다. 재산에 관한 주제를 그렇게 방대하면서도 중요하게 만드는 쟁점의 실체는, 점유와는 구분되는 소유권에 필연적으로 혹은 일반적으로 의존하지 않으면서, 재산을 양도한다는 데서 발생하는 문제들이다. 그 문제들은 원래 독립적인 권리 자격을 갖지 않았지만 이미 존재하고 있는 권리 자격 하에서 발생하는 효과의 문제들이거나, 권리 자격을 얻은 사람들 중에서 원래의 권리 자격을 박탈할 수 있는 방식에 관한 문제들이다. 이런 문제들은 그것들이 소속된 승계에 관한 강의에서 다루고 설명할 것이다.

제7강

계약의 역사

A. 계약의 초기 형태
   (a) 약속 선서
   (b) 채무보증과 보석보증인
   (c) 채무
   (d) 소송의 기원
B. 약인
   (a) 채무소송의 기원
   (b) 소송절차에서 출발한 약인, 그리고 대동증인이나 입회 증인이 등장하는 소송의 본질
   (c) 구두채무에 대해서는 대동증인을 요구했고 그에 따라 전통적인 대동증인이 없으면 그런 채무소송을 금지했던 마그나 카르타
   (d) 구두채무의 기존 한계를 해결하기 위해 창안되었으나 다른 구두계약과 형평법에도 적용되었던 대가관계 학설
C. 날인계약
D. 인수
   (a) 피고의 간섭에 근거한 불법행위소송에서 계약소송으로의 이행
   (b) 약인에 관한 새로운 학설
   (c) 인수소송이 나중에 실체법에 미친 영향

계약에 관한 학설은 현대의 필요에 부응하기 위해 그렇게 철저하게 개조되었으므로, '계약'이 다른 것보다 역사적 연구에 대한 필요성이 훨씬 더 적다. 그 연구는 아주 훌륭히 논의되었으므로, 다른 것보다 기본적으로 새로운 분석에 대한 여지도 훨씬 더 적다. 그러나 현대 학설의 성장에 관한 짤막한 설명은 필요하든 그렇지 않든 적어도 흥미로울 것이며, 반면에 우리는 그 학설들의 주요 특징에 관한 분석을 생략할 수 없고 그 특징들을 분석하면서 약간의 새로운 모습을 제시할 수 있다.

일반적인 추정에 따르면, 영미법에서 알려진 가장 오래된 형태의 계약은 날인계약(covenant)[1]과 채무이고, 그것들은 확실히 초기시대의 것들이다. 그러나 계약들은 어느 정도까지는 현대적인 모습을 가지고 있지만, 그 계약들이 똑같이 초기의 모습을 가지고 있지는 않은가 하는 문제를 적어도 제기하는 다른 계약들이 아직도 사용되고 있다.

이것들 중 하나인 약속 선서는 사법 영역에서 어떤 권리의 근거가 더 이상 아니다. 그것은 공직에 취임할 때 엄중한 의식 용도로 주로 사용된다. 판사는 법에 따라 정의를 실행할 것을 선서하고, 배심원은 법과 증거에 따라 평결을 내릴 것을 선서하며, 새로 국적을 취득한 시민은 그가 선택한 정부에 대해 참된 신념과 충성을 다할 것을 선서한다.

그러나 더 중요한 역할을 하는 다른 계약이 있다. 채무보증(suretyship)[2]에 관한 계약을 언급하는 것은 아마 역설적인 것처럼 들릴 수 있다. 오늘날

---

[1] (옮긴이 주) 날인계약(covenant)은 특별한 행동을 하거나 하지 않겠다는 엄중한 약속이고 잉글랜드의 보통법에서 통상적인 계약과는 달리 인장(seal)이 첨부된다. 인장의 존재는 계약에서 이루어진 약속의 엄중함을 나타내기 때문에, 보통법은 약인이 없는 경우에도 날인계약을 강제로 이행시킨다.

[2] (옮긴이 주) 채무보증(suretyship, guaranty)은, 차입자가 채무를 불이행한다면, 한 당사자가 차입자의 채무 의무에 대한 책임을 맡는다는 약속을 의미한다. 이런 약속을 제공하는 당사자는 채무보증인(surety, guarantor)이라고 불린다.

채무보증은 보조적인 의무일 뿐이고, 그 의무는 제1 채무자의 보증 인수를 전제하며, 그 의무는 계약의 본질이 계속되는 한 어떤 다른 계약과도 유사하다. 그러나 라페리에르(Laferrière)[3]가 지적하고[4] 초기 법학자들이 매우 유사하게 지적하듯이, 옛날 법의 채무보증인(surety)은 인질이었으며, 인질 제공은 국제적 거래에만 결코 한정되지도 않았다.

후온 드 보르도(Huon of Bordeaux)[5]에 관한 옛날의 시적이면서도 낭만적인 이야기에서, 샤를마뉴(Charlemagne)[6]의 아들을 죽인 후온(Huon)은 황제에게서 용서의 대가로 불가능한 것처럼 보이는 다양한 일들을 수행하도록 요구받는다. 후온은 그의 12명의 기사를 인질로 남겨놓은 채 임무에 착수한다.[7] 그는 성공해서 돌아왔지만, 처음에 황제는 그의 명령이 지켜지지 않았다고 믿었다. 그에 따라 샤를마뉴는 "나는 후온의 담보물들(pledges)[8]을 여기에 소환한다. 나는 그들을 교수형에 처할 것이고, 그들은 어떤 몸값으로도 석방될 수 없다"라고 외쳤다.[9] 그리하여 후온에 대한 혐의의 진실이나 허위를 가리는 방법으로 그가 1 대 1로 결투를 해야만 할 때,

---

[3] (옮긴이 주) Louis-Firmin Julien Laferrière(1798~1861)는 프랑스의 법학자이며, 대표적인 저서로 『프랑스법의 역사』(Histoire du droit français, 2 vols., 1836~1838), 『공법과 행정법의 강좌』(Cours de droit public et administratif, 1839) 등이 있다.
[4] 라페리에르(Laferrière)의 『프랑스법의 역사』 2권 pp. 146 이하, 152.
[5] (옮긴이 주) Huon de Bordeaux는 13세기 후반이나 14세기 초에 만들어진 익명의 대서사시이며, 샤를마뉴 시대를 배경으로 한다.
[6] (옮긴이 주) Charlemagne(742?~814)는 샤를 대제(Charles the Great)로 알려진 카롤링거 왕조의 프랑크 왕(768~814)이고, 유럽의 대부분을 통일하여 현재의 프랑스와 독일의 기반을 닦았으며, 교황 레오 3세의 지위를 유지시킨 공로로 신성로마제국의 황제(800~814)로 등극했다.
[7] 게사드(De M. F. Guessard)의 『프랑스의 고대시』(Les Anciens Poètes de la France, 1858) p. 71.
[8] (옮긴이 주) 12명의 기사들은 인질(hostage)이지만 질권 성격의 담보물이기도 하므로, 인질을 pledge로 표현했다.
[9] Page 283; 또한 284, cxviii, 이하, 44, lxix도 참고하라.

각자는 그의 친구들 중 일부를 인질로 만듦으로써 결투를 시작한다.

혐의의 진실이나 허위를 가리는 결투를 위해 인질을 제공할 때, 그 거래는 법정의 소송 심리에서 유사한 담보물의 제공과 아주 흡사하다. 이것은 사실상 게르만 소송절차의 통상적인 과정이다. 법의 최초의 모습은 가족이나 씨족 간의 사적인 불화를 해결하기 위한 대체물이었음을 상기할 수 있다. 그러나 법정의 재판에 평화적으로 복종하지 않는 피고는 법의 보호 밖에 놓일 수 있으므로 어떤 사람이 그를 보자마자 죽일 수 있으며, 반면에 피고가 그런 담보를 제공하길 선택하지 않는 한 원고에게 주어질 배상을 확보할 방안은 처음에는 전혀 존재하지 않았다.[10]

우리에게 보존되어 전해지는 잉글랜드의 관습들은 그보다 약간 더 진보했지만, 이 소송절차에서 주목할 만한 특징 중 하나는 단계마다 담보를 제공하는 것이다. 모든 법률가는 원고가 자신의 소송을 실행하기 위한 담보물, 즉 존 도(John Doe)와 리처드 로(Richard Roe)[11]라는 가공인물 속에서 그 흔적을 추적할 수 있다. 그러나 더 중요한 사례는 많은 초기 법에서 반복되고 있는 규칙, 즉 부당행위로 고소당한 피고가 담보를 마련하거나 감옥에 가야 한다는 규칙에서 발견된다.[12] 이 담보물은 초기 시대의 인질이며, 나중에 처벌 행위와 배상 행위가 분리되었을 때 담보물은 형법의 보석보증인(bail)[13]이 되었다. 보석보증인이 담보를 수취하는 당사자에게

---

[10] 좀(Sohm)의 『살리카법의 소송절차』 15항과 23~25항(Thèvenin의 프랑스어 번역본), pp. 80, 105, 122.

[11] (옮긴이 주) 존 도(John Doe)와 리처드 로(Richard Roe)는 법률 소송 등에서 신원이 알려지지 않은 당사자를 지칭하기 위해 특히 미국과 캐나다에서 많이 사용된다.

[12] 『앵글로-색슨법에 관한 논문』 p. 292.

[13] (옮긴이 주) 보석보증인(bail)은 범죄 혐의자를 감옥에서 석방하기 위해 법정에 예치되거나 담보되는 재산(보석금)이나 그런 것을 보증하는 사람(보석보증인)이며, 혐의자가 재판 심리 때 복귀하거나 혹은 그렇지 않을 경우 그 재산이 몰수되거나 보석보증인이 대신 처벌을 받는다는 것을 전제한다. 재판이 종료된 경우 보석금은

자신의 신체를 맡길 때처럼, 그 책임은 유사한 방식으로 아직도 그렇게 인식되고 있다.

샤를마뉴가 살리카법에 추가한 사항 중 하나는 채무보증인의 방식으로 다른 사람에게 자신을 맡기는 자유인에 대해 언급한다.[14] 바로 그 문구는 헨리 1세[15]의 잉글랜드법에 그대로 옮겨져 있다.[16] 우리는 이것이 후온 드 보르도의 이야기에서 무엇을 의미하는지를 살펴보았다. 정의의 거울(the Mirror of Justices)[17]이 언급하는 바에 따르면, 카누트 대왕(King Canute)[18]은 피고가 재판에 나타나지 않을 때 피고가 재판에 임한 것처럼 보석보증인들을 판결하곤 했지만, 헨리 1세는 그 사실관계를 승인한 보석보증인에게만 카누트의 규칙을 적용했다.

에드워드 3세[19] 때 잉글랜드 판사 샤드(Shard)은 보석보증인이 죄수의 감시자이고 죄수가 도망을 간다면 그가 책임질 것이라는 현재의 법을 언급한 이후, 일부 법학자들이 보석보증인이 죄수를 대신해 교수형에 처

혐의자의 범죄 여부와 관계없이 반환되지만, 보석보증인이 사용되고 보증서가 제시된 경우 보증에 따른 보증료는 반환되지 않는다.

[14] 메르켈(Merkel)의 살리카법 8장 p. 48.
[15] (옮긴이 주) Henry I(1608~1135, 재위 1100~1135).
[16] 『앵글로-색슨법에 관한 논문』 p. 291에 인용된 헨리 1세 법 89장 3절.
[17] 4장 16절.
(옮긴이 주) 『정의의 거울』(the Mirror of Justices)은 14세기 초 앵글로-로만 프랑스어로 쓰인 법률서적이고, 잉글랜드 법률가 혼(Andrew Horn 혹은 Horne, 1275~1328)이 편집한 것으로 추측되고 있다. 1642년에 처음으로 인쇄되어 발간되고, 1646년에 영어로 번역되어 인쇄되었다.
[18] (옮긴이 주) 카누트 대왕(the King Canute 혹은 Cnut the Great; 995~1035)은 덴마크, 잉글랜드 및 노르웨이의 왕이며, 잉글랜드를 1016년부터 1035년까지 지배했고, 1018년에 덴마크 왕을 겸했으며, 1028년에는 노르웨이 왕을 겸직했다. 잉글랜드인과 덴마크인 간의 갈등을 봉합하려 노력했고, 덴마크 출신의 최초이자 마지막 왕이다.
[19] (옮긴이 주) Edward III(1312~1377, 재위 1327~1377).

해진다고 말했다고 주장했다.[20] 이것은 교도관에 관한 유사한 사례에서 법이다.[21] 오래된 개념은 중범죄에 대한 보석보증인의 보증에 관해 현대 법학자들이 아직도 제시하는 형식에서 찾을 수 있다. 이들은 "신체에 대해서는 신체로"라는 슬로건에 사로잡혀 있으며,[22] 현대의 법학 서적들은, 주요 범인이 재판에 등장하지 않는다면, 보석보증인들에게 범인의 처벌에 대한 책임을 묻지 않고 벌금만 물게 하는 것을 언급할 필요가 있다고 여긴다.[23] 그 계약 역시 실행 방법에 있어서 현대적인 방식과는 달랐다. 그것은 단지 권위 있는 관리 앞에서 엄숙하게 책임을 인정하는 것이었다. 보석보증인의 서명은 필요치 않았으며,[24] 보석을 받은 사람이 당사자로 계약을 체결하는 것도 요구하지 않았다.[25]

그러나 이런 특수성들은 성문법에 의해 수정되거나 사라져 버렸다. 내가 이 사례를 집중적으로 다루려는 이유는 그것이 여타의 계약들과는 다른 특별한 형태이기 때문이 아니라 그것이 유래한 역사가 영미법에서 처음 등장한 계약의 형태 중 하나를 보여주기 때문이다. 그 계약은 인질의 양도가 요구되는 상황까지 도달하게 되면 인질의 명예를 존중하는 신뢰의 점진적인 증대로 나아갔고, 결과적으로 실질적인 인신 구속을 완

---

[20] 피츠허버트(Fitzherbert)의 『판례 요약문』, 「보석보증인(Mainprise)」, 판결문 12 (에드워드 3세 33년); 스타운드포드(G. Staundforde)의 『형사소송』 65.
[21] 『판례 모음집』, p. 343, col 2, 사건 37(에드워드 2세 17년).
[22] 야콥(G. Jacob)의 『법학사전』, 「보석보증인」. 또한 벌스트로드(E. Bulstrode)의 『왕립법원의 판례집』 1권 45; 호킨스(W. Hawkins)의 『왕의 소송에 관한 논문』 2권 15장 83절; 『판례 모음집』, p. 343, col. 2, 사건 37(에드워드 2세 17년) 등도 참고하라.
[23] 하이모어(A. Highmore)의 『보관관계학설에 대한 논평집』(*A Digest of the Doctrine of Bail*, 1783), p. 199; 야콥(G. Jacob)의 『법학사전』, 「보석보증인」. 또한 라페리에르(Laferrière)의 『프랑스법의 역사』 2권 p. 148도 참고하라.
[24] 하이모어(A. Highmore)의 『보관관계학설에 대한 논평집』 p. 195.
[25] 앞의 책, p. 200.

화하는 데까지 진척되었다. 한 가지 사례는 죄수 본인을 다루는 유사한 방식에서도 발견될 수 있다. 죄수의 신병은 보석보증인에게 인도되는 것으로 추정되었고, 그 보석보증인은 어느 때 어느 곳에서도 그를 사로잡을 권리를 갖고 있지만, 죄수는 본인이 양도될 때까지는 자기 마음대로 가도록 허용된다. 로마 12표법에 따라 다루어왔고 또한 다른 소송절차이지만 동일한 동기로 다루어온 채무처럼, 이런 형태의 계약은 계약 당사자의 신체를 궁극적인 만족을 위한 것으로 본다는 점에 주목할 필요가 있다.

채무는 최우선적으로 다루어야 할 인기 있는 계약이다. 사비니[26] 시대 이래로, 로마법과 게르만법에서 첫 계약소송은 어떤 사고 때문에 완전히 이행하지 못한 상태로 남아 있던 판매 사례에서 종종 기인했다. 그 사례는 중대한 철학적 의미를 갖는 것 같지는 않다. 왜냐하면 인류가 처음으로 약속을 어떻게 학습하게 되었는가를 설명하려면, 우리는 형이상학으로 나아가야 하고, 그 약속이 어떻게 그 이후의 형태를 형성하게 되었는가를 알아야 하기 때문이다. 어느 특정 제도에서 처음으로 집행된 특정한 약속의 본질은 보편적인 중요성을 갖는 진리로 거의 귀결되지 않는다. 하지만 채무소송의 역사는 비록 변변하지는 않으나 유익하다. 현대의 계약법을 만들어낸 훌륭한 규칙들을 이해하려면 그 역사를 알 필요가 있다.[27]

글랜빌의 논문에서 채무소송은 잘 알려진 구제책 중 하나인 것으로 이미 밝혀졌다. 그러나 당시의 법은 아직도 어느 정도 초기적인 상태에

---

[26] (옮긴이 주) Savigny(1779~1861).
[27] (옮긴이 주) 본 문단의 의미는 다음과 같이 이해할 수 있다. 첫 계약소송은 판매 사례에서 기인했으나, 그 사례만으로는 계약에 관련된 규칙들을 설명할 수 없다. 따라서 우리는 그 이후의 사례들로부터 형이상학적 성격의 약속의 본질을 추출할 수 있고 그에 따라 계약에 관한 규칙들을 이해할 수 있다. 그런 면에서 역사에 관한 연구는 비록 자료는 풍부하진 않으나 유익하다.

있었으며, 그 당시까지 거슬러 올라가는 소송 형식이 매우 섬세하게 구분되지 않았음은 쉽게 상상할 수 있다. 내가 직접 보여주려는 것처럼 채무소송은, 물리력에 의해 발생한 미청산 손해배상 청구를 제외하면, 금전적 청구를 회수하는 일반적인 형태였으며, 반면에 미청산 손해배상 청구에 대해서는 불법침해소송이란 일반적인 구제책이 확립되었다.

채무소송은 당시에 더 문명화된 로마법의 소송절차에서 채택되었다고 보통 생각되었다. 즉 초기의 모든 잉글랜드 법학자들이 로마법으로부터 그들의 전문용어와 분류를 채택했다고 생각하는 것은 자연스러운 견해이다. 하지만 그 소송이 순수한 게르만적 계보를 갖는다고 보는 것이 아직도 훨씬 더 개연적인 것 같다. 라반트(Laband)[28]의 묘사처럼 그 소송은 대륙법에 근거한 초기 소송절차의 모습을 갖추고 있다.[29]

채무소송 영장에 제시되듯이 원고 청구의 본질은 피고가 그에게 그만큼을 빚졌다는 것이고 부당하게 그것을 갚지 않는다는 것이다. 피고의 의무가 어떻게 발생하는가는 그와 같이 조성된 청구에 대해서는 중요하지 않다. 그 청구는 계약에만 한정되지 않는다. 어떤 근거에 의존해 지급할 의무가 존재한다면 그 청구는 충족된다. 그 청구는 법의 단순한 결론만을 언급하며, 그 청구는 그 결론이 기초하고 있는 사실관계들과 채무가 발생하는 사실관계들을 언급하지 않는다. 유사한 방식으로, 옛날의 게르만적 민사상의 고소는 "A는 나에게 그만큼을 빚졌다"고 주장했다.

---

[28] (옮긴이 주) Paul Laband(1838~1918)는 독일 스트라스부르 대학교의 헌법학 교수이고, 금융 관련법에도 많은 기여를 했으며, 『중세 시대 작센법에 따른 재산법적 소송』(*Die vermögensrechtlichen Klagen nach den sächsischen Rechtsquellen des Mittelalters*, 1869), 『독일제국의 금융법』(*Das Finanzrecht des Deutschen Reichs*, 1873), 『독일제국의 헌법적 권리』(*Das Staatsrecht des Deutschen Reichs*, 3 vols., 1876~1882) 등을 저술했다.

[29] 라반트(Laband)의 『중세 시대 작센법에 따른 재산법적 소송』.

게르만 소송절차에서도 이와 같은 형식으로 피고가 '자신은 원고에게 빚진 것이 없다'고 항변함으로써 고소에 대응할 수 있었다. 만일 피고가 그런 방법으로 회피하려는 것을 막으려 한다면, 원고는 채무를 단순히 주장하는 것 이상을 해야만 했다. 잉글랜드에서 원고가 그의 채권을 밝혀줄 어떤 것을 갖고 있지 않다면, 피고의 채무 부인은 원고를 법정에서 패소시켰다. 그리고 원고가 그 어떤 것을 가졌다 해도, 피고가 아무것도 빚지 않았다는 것을 지지해줄 몇몇 친구들과 함께 피고가 선서를 하면, 원고는 패소하기가 쉬워졌다. 이후에 나타난 구제책인 인수소송에 의해 채무소송이 몇 세기 동안 대체된 주된 이유는 초창기 유물의 잔재 때문이었다.

최종적으로, 게르만 지역처럼 잉글랜드에서도 돈을 돌려주지 않은 것에 대한 채무소송은 다른 종류의 동산을 부당하게 보유함으로써 유발된 소송의 쌍둥이 형제이다. 어느 경우에나 민사상 고소의 핵심은 동일하다.

초기 법의 이런 조악한 산물이 현세대의 우리에게 어떤 중요성을 가져야 한다는 것은 낯설게 보인다. 그럼에도 우리가 충분히 과거로 돌아가서 실체법의 주요 학설을 추적할 때는 언제나, 우리는 법의 원천에서 소송절차의 일부 망각된 상황들을 정말로 발견할 수 있다. 이런 진리는 이미 예시되었다. 채무소송과 다른 계약소송들은 다른 진리들을 제공할 것이다. 채무소송은 약인 학설을 설명하는 데 상당한 도움을 준다.

영미법은 어떤 사람이 체결할 수 있는 모든 약속을 강제로 이행시키려 하지 않는다. 구두나 단순히 서면으로 이루어진 약속 100개 중 99개는, 그 약속에 대한 약인이 존재하지 않는 한, 즉 통상적으로 설명되듯이 약속에 대한 유인으로써 약속받은 사람이 약속한 사람에게 혜택을 부여하지 않거나 혹은 손실을 야기하지 않는 한, 구속력이 없다.

이런 규칙은 형평법원이 로마법으로부터 차용하여 약간의 수정을 거친 후에 보통법에 삽입한 것으로 생각되어 왔다.

그러나 그 문제에 대한 이런 설명은 적어도 의문스럽다. 그런 문구들이 지속적으로 사용되는 동안, 나는 엘리자베스 여왕 때 이전에 약인이 명백하게 계약 성립의 **원인**이라고 불렸음을 알아차리지 못했다. 초기 판례집에서 약인은 언제나 **대가관계**로 등장한다. 내가 아는 한, 약인은 채무소송에 관한『플레타』(Fleta)[30]에 처음으로 등장하며,[31]『플레타』에 있는 진술이 믿을 만하지 않다고 확신하려 한다 해도『연감』에 연대 순서로 수록된 사례들을 주의 깊게 검토해보면 형평법에서 약인에 관한 어떤 언급이 발견되기 전까지 약인 학설이 채무소송에서 완전히 발전했다고 확신할 수 있다. 약속한 사람이 자신의 보증 인수에 대해 무엇을 해야 하는가에 대한 최초의 참고자료 중 하나는 인수소송에 나와 있다.[32] 그러나 약인 학설은 확실히 인수소송에서 기원하지 않았다. 내가 발견한 형평법과 관련한 약인에 관한 첫 언급은 **대가관계**의 형식으로 구성되어 있으며,[33] 그 언급은 채무소송에서 필요조건으로 철저하게 확립된 이후에 등장한다.[34]

약인이 날인계약(contract under seal)에서는 결코 필요하지 않다는 유일한 사실관계는,『플레타』와 거의 동시대의 비중 있는 증거로 인해『플레타』가 신뢰되지 않는 한, 실체법의 규칙으로서 약인에 관한 규칙이 공서

---

[30] (옮긴이 주)『플레타(Fleta)』는 에드워드 1세(1239~1307, 재위 1272~1307) 시대에 라틴어로 쓰였고, 1290년 조금 지나 완성된 것으로 보이는 저자 미상의 잉글랜드 법에 관한 논문이다.
[31] 『플레타』 2부 60조 25항. 글랜빌(Glanvill)의 "채무의 합법적인 원인"(『잉글랜드 왕국의 법과 관습에 관한 연구』 10권 4장)은 약인과는 거리가 먼 것처럼 보인다.
[32] 헨리 6세『연감』 3권 36.
[33] 헨리 6세『연감』 37권 13, 판결문 3.
[34] 헨리 6세『연감』 37권 8, 판결문 33.

양속적 근거에서 기원할 수 없었다는 것을 보여주는 데 충분하다. 역으로 그 학설과 특수한 방식의 소송절차의 우연적 일치는 특수한 필요조건과 특수한 소송절차가 연관되었을 개연성을 아주 강력하게 시사한다. 소수의 분명한 사실관계들을 종합하고 어떤 결과들이 자연적으로 수반했는가를 고려하면, 그 문제를 해결하는 데 도움이 될 것이다. 따라서 채무소송을 조금 더 검토하는 것은 바람직할 것이다. 그러나 상당히 주저하면서 또한 제기 가능한 반론들을 완전히 인정하면서, 내가 뒤에 나오는 설명을 제시한다는 것을 처음부터 인정하는 것은 적절하다.

채무를 부인하는 피고를 상대로 승소하기 위해, 원고는 그 채무에 대해 어떤 것을 보여주어야 하며, 그렇지 않으면 그는 제한된 관할권을 가진 종교재판소(spiritual tribunal)[35]에 의지하게 된다는 것은 조금 전에 언급했다.[36] 이런 필요조건은 현대적 의미에서 증거를 의미하지는 않았다. 어떤 것을 보여주어야 한다는 필요조건은 원고가 그 당시 법에 의해 인식되는 방식 중 한 방식으로 그의 소인을 유지해야 한다는 것을 단순히 의미했다. 그 방식이란 결투, 문서 및 증인 등 세 가지이다. 결투는 채무소송에서 이제 사용되지 않으므로 논의할 필요가 없으며, 그 결투는 내가 말하고자 하는 것에 대해 아무런 의미도 갖지 않는다. 다른 한편, 문서와 증인에 따른 재판은 둘 모두 주의 깊게 연구해야 한다. 증인을 먼저 검토하고

---

[35] (옮긴이 주) 종교재판소(spiritual tribunal, ecclesiastical tribunal or court, spiritual court)는 주로 종교적인 문제를 관할하는 재판소이지만, 중세 시대에는 세속법정에서 해결하지 못하거나 항변이 받아들여지지 않은 문제를 제소하기도 했다. 왜냐하면 종교재판소의 판사, 즉 수도사들은 교회법의 전문가이기도 하지만, 교회법의 기초는 유스티니아누스 법전이므로, 그들은 시민법에서도 최고의 전문가였기 때문이다.
[36] 글랜빌의 『잉글랜드 왕국의 법과 관습에 관한 연구』 10권 12장; 브랙턴(Bracton) 의 『잉글랜드의 법과 관습에 관한 연구』 원문 페이지 400b, 10항; 『순회재판 연감』 22권 판결문 70, 원문 페이지 101.

또한 이런 증인이 무엇인지를 밝히는 것은 편리할 것이다.

우리가 처음부터 알아야 할 한 가지는 증인이란 용어가 우리가 알고 있는 그런 증인이 아니라는 것이다. 증인은 심문과 반대심문을 하기 위해 배심원 앞으로 소환되지도 않으며, 또한 그들의 증언은 그 효과에 있어서도 그것을 청취하는 법정이 신뢰하느냐에 의존하지도 않는다. 오늘날, 소송은 증거에 의해 결정되는 것이 아니라, 배심의 평결 혹은 사실관계들의 발견, 그에 따라 나타나는 판결에 의해 결정된다. 증인의 선서는 그것이 신뢰되지 않는 한 아무런 효과도 가지지 않는다. 그러나 헨리 2세(Henry II)[37] 때는 배심에 의한 재판은 존재하지 않았다. 선서가 허용되었을 때, 그것이 신뢰되든 그렇지 않든, 그것은 동일한 효과를 가졌다. 그 선서를 다른 주체가 면밀히 조사해야 한다는 규정은 전혀 존재하지도 않았다. 증인에 의한 심리가 가능한 그런 소송들에서는, 소송을 진행시키도록 요청받은 당사자가 어떤 형식으로 기꺼이 선서할 수 있는 상당한 숫자의 사람들을 확보할 수만 있다면, 그 사건은 승소로 끝났다.

이제 증인의 선서는 채무를 성립시키는 데에 있어서 피고의 서면 승인의 방식보다는 더 초기적인 방식인 듯하며, 그런 선서의 기원을 발견하는 것은 중요하다.

초기 법률서적들과 판례집에서 이런 심리 방식이 사용된 사례들은 판매나 대부에서 발생하는 청구에 거의 전적으로 한정된 것처럼 보인다.

---

[37] (옮긴이 주) Henry II(1133~1189, 재위 1154~1189)는 앙주의 조프리(Geoffrey)와 헨리 1세(1068~1135; 재위 1100~1035)의 딸 사이에서 태어났고, 헨리 1세를 이어 잉글랜드 왕위에 오른 스티븐(Stephen, 1092~1154; 재위 1135~1154)이 사망한 후 잉글랜드 왕위를 계승했다. 잉글랜드와 프랑스에 있는 영토를 크게 넓혔고, 왕권을 강화했다. 그는 사법제도의 체계화를 시도하여 웨스트민스터에 상설법정을 설치했고, 순회법원을 마련했으며, 결투 대신에 배심이 평결하도록 만드는 12명의 배심원 제도를 확립시켰다.

그리고 우리가 글랜빌이 저술했던 시기[38]에 이미 오래된 제도였던 흔적에 의존하든 그렇지 않든, 문제는 즉시 발생한다. 대정복 이전의 수 세기 동안 앵글로-색슨법[39]은 일정한 숫자의 공식적인 증인을 선출하도록 요구했으며, 그들 중 2~3명은 각각의 매매 거래에 입회하도록 요청받았다. 이런 증인들이 요청되는 목적은 보통 채무의 입증으로 추정되지는 않는다. 증인들은 절도와 유사한 범죄가 송사(litigation)[40]의 주요 근거였던 시기까지 거슬러 올라가며, 그들이 지명된 목적은 훔친 재산을 가졌다고 혐의를 받고 있는 어떤 사람이 그것을 정당하게 가지게 되었는가를 결정하는 수단을 제공하는 것이었다. 피고가 합법적인 방식으로 그 물건을 공개적으로 사거나 수취했다는 증인들의 선서에 의해 피고는 중범죄 혐의에서 벗어날 수 있었다.

증인들은 매매 현장에 입회했으므로, 당사자들 간에 어떤 문제가 발생한다면, 그들은 보고 들은 것을 선서할 수 있다. 따라서 그들의 용도는 중범죄 혐의를 처리하는 데 한정되지 않는다. 그러나 그런 특별한 역할은 색슨 시대의 거래 증인들의 독특한 신분을 확인시킨다. 오늘날 우리는 이런 증인들의 용도가 노르만의 영향 하에서도 즉시 사라지지 않았다는 것을 알고 있다. 정복왕 윌리엄의 법에서도 증인이 예전에 가지고 있던 기능을 갖는다는 것이 발견되었다.[41] 글랜빌의 진술은 증인들이 헨리 2세 때도 여전히 잘 알려져 있었다는 것을 입증하는 것 같다. 그의 언급에 따르면, 구매자가 그의 재산을 정당화하고 또한 소송에서 변호하기 위해

---

[38] (옮긴이 주) Glanvill(1112~1190).
[39] 『앵글로-색슨법에 관한 논문』 187.
[40] (옮긴이 주) 송사(litigation)는 법률적인 문제나 쟁점을 결정하기 위해 소송(action)이나 법정의 판단에 맡기는 것을 지칭하며, 법정의 중재 등을 포함하므로 소송보다는 더 넓은 개념이다.
[41] 1조 45항; 3조 10항.

매도인을 증인으로 소환할 수 없다면(왜냐하면 그가 매도인을 증인으로 소환한다면 그 책임의 위험은 판매자에게로 이동하기 때문이다), 또한 그때 그가 그 물건을 합법적으로 구매했다는 충분한 증거가 있다면, 즉 **자신의 합법적인 매매에 관한** 충분한 증거가 있다면, 그 증거는 그를 중범죄에서 벗어나게 할 것이다. 그러나 그가 충분한 대동증인(suit)[42]을 갖지 않는다면, 그는 위험에 처할 것이다.[43] 이것은 또다시 정복왕 윌리엄의 법에도 나온다. 따라서 구매자들은 여전히 거래 증인들을 활용했다.

그러나 글랜빌은 채무를 성립시키는 데 증인의 사용을 인정하는 듯하다.[44] 거래 증인들은 이런 목적을 위해 옛날에도 이용 가능했으므로, 나는 그들이 아직도 그 목적으로 이용 가능하다는 것과 글랜빌도 여기서 대동증인들에 대해 이야기하고 있다는 것을 의심하지 않는다.[45] 더구나 헨리

---

[42] (옮긴이 주) 대동증인(suit; secta)은 당사자가 대동하여 내세우면서 자신에게 유리한 선서나 증언을 제공해 줄 수 있는 증인들이다. 그들은 오늘날 민사소송에서 원고나 피고가 쟁점에 대한 사실관계를 증언하는 그런 증인들이 아니다. 원고의 최초 진술이나 피고의 항변 등의 진정성을 증언할 일단의 증인들을 내세워야 한다는 것은 초기 잉글랜드법에서는 필요조건이었다.

[43] 글랜빌의 『잉글랜드 왕국의 법과 관습에 관한 연구』 10권 17장. 대동증인은 당사자에게 유리한 선서를 제공하는 사람들에게 적용되는 용어였다.

[44] 글랜빌의 『잉글랜드 왕국의 법과 관습에 관한 연구』 10권 12장(Beames의 영역본, p. 262); 8장과 5장(Beames의 영역본, pp. 256, 251). '**보고 들은 것에 관한** 증거들이 제시된다'고 서술된 글랜빌의 『잉글랜드 왕국의 법과 관습에 관한 연구』 4권 6장을 참고하라. 또한 브랙턴(Bracton)의 『잉글랜드의 법과 관습에 관한 연구』 315 b, 6항; 『플레타』 2부 63조 10항, p. 137 등도 참고하라. 글랜빌의 『잉글랜드 왕국의 법과 관습에 관한 연구』 10권 17장에서 글랜빌(Glanvill)이 언급하듯이 입증의 통상적인 방식이 문서나 결투에 의해서였다는 것은 확실히 진실이며, 왕립법원에서 맺어진 것(글랜빌의 『잉글랜드 왕국의 법과 관습에 관한 연구』 10권 8장)을 제외하면, 왕립법원이 다른 곳에서 맺어진 사적인 계약에 일반적으로 보호 영장을 제공하지 않았다는 것도 확실히 진실이다. 그러나 브랙턴 이후 줄곧 계속 이어지는 증거들을 살펴보면, 글랜빌 시대에 채무가 증인에 의해 거의 확립되었다고 할 수 있다.

[45] 그러나 브루너(H. Brunner)의 『배심 재판의 기원』 399를 참고하라. 나는 증인들이

2세 이후 오랫동안 문서화된 증거가 존재하지 않는 채무소송이 발생할 때마다, 원고가 채무에 대해 무엇을 보여줄 수 있는가를 질문받았을 때 원고는 언제나 "훌륭한 대동증인이 있다"고 답변하고, 법정에서 종종 심문되는 그의 증인들을 내놓는다.[46] 내 생각에 후대 판례집의 "훌륭한 대동증인"이, 글랜빌의 **대동증인**(secta)이 그랬듯이, 색슨 시대의 거래 증인에서 유래했다고 추론하는 것은 역사적 자료를 곡해하지는 않는다.[47]

그 논의에서 이런 단계를 밟았다고 가정한다면, 증인 선서의 고유한 본질을 잠시 다시 상기하는 것은 좋을 것이다. 그 선서는 보고 들은 것에 의한 증인들의 인식 내에 있는 사실관계들에 한정한다. 그러나 재산의 주인이 바뀌었을 때 증인의 목적은 그들이 현장에 있었다는 것만 입증하면 성취되었으므로 증인들이 당사자들 사이의 거래에서 어떤 역할을 할 수 있는 주요 소송은 재산 양도를 이유로 채무가 청구되었을 때 나타난다. 증인의 목적은 양 당사자 입장에서 미이행된 합의서에까지 연장되지는 않았다. 왜냐하면 거기서 절도의 문제는 전혀 발생할 수 없기 때문이다. 그리고 글랜빌은 그의 시대에 왕립법원이 그런 합의서를 강제로 이행시키지 않았다는 것을 보여준다.[48] 이제, **대동증인**의 선서가 거래 증인이

아직도 현존하는 제도라고 말하는 데까지는 가지 않겠다. 그러나 아무리 그것이 현존하는 제도라고 해도, 전통은 이전의 공식적인 조직의 기능이었던 것을 적어도 스스로 모방해야 한다.

[46] 브랙턴(Bracton)의 『잉글랜드의 법과 관습에 관한 연구』 원문 페이지 315 b, 6항; 『브리턴』(Nichol 편집) 1권 p. 162; 마그나 카르타, c. 38; 에드워드 1세 『연감』 21권 456; 에드워드 2세 『연감』 7권 242; 에드워드 2세 『연감』 18권 582; 블랙스톤(W. Blackstone)의 『잉글랜드법에 대한 주석』 3권 295, 344. 또한 에드워드 3세 『연감』 17권 48 b도 참고하라.

[47] 글랜빌의 『잉글랜드 왕국의 법과 관습에 관한 연구』 4권 6장을 참고하라.

[48] 글랜빌의 『잉글랜드 왕국의 법과 관습에 관한 연구』 10권 18장. 이것은 왕립법원이, 일반적으로 말하면, 사적인 계약을 인정하지 않았다는, 종종 반복된 글랜빌(Glanvill)의 진술만을 의미할 수 있다. 실체법은 아마도 계약에 관한 유아기의 전

선서할 수 있었던 채무를 입증하는 데에만 활용될 수 있다면, 소송절차의 문제가 어떻게 실체법의 가장 중요한 규칙으로 전환되는지를 쉽게 알 수 있다.

재산 인도라는 특정한 사실관계를 제외할 경우 이런 증인들이 채무를 발생시킬 수 있는 거래에서는 활용되지 않았다는 우연적 사건, 또한 재산 인도가 **대가관계**라는 추가적인 우연적 사건과 더불어서, 증인들이 그들의 지식 범위 내에서 사실관계에 대해서만 선서할 수 있다는 규칙은 채무가 증인들에 의해 입증될 때는 **대가관계**가 존재해야 한다는 규칙과 동일한 의미를 갖는다. 그러나 날인증서 대신에 증인들에 의해 입증되는 이런 채무들은 소위 단순히 계약 채무라는 것이며, 그에 따라 채무에서 시작하여 결과적으로 저절로 다른 계약에까지 확대됨으로써 모든 단순한 계약은 약인을 가져야 한다는 영미법의 특수하면서도 가장 중요한 학설이 확립되었다. 이것은 피고의 날인에 의해 통상적으로 입증되는 채무나 계약에 관한 법이 결코 아니었다. 그리고 그 법이 이전에 제한적 용도의 소송절차에 의해 확립된 의무에만 적용되었다는 사실은 소송절차와의 연계가 우연이 아니었음을 보여준다.

입증 방식은 즉각 변했지만, 엘리자베스 여왕[49] 때 기록에서 우리는 실체법과 소송절차의 이런 고유한 연관성의 흔적을 발견한다. 즉 "그러나 보통법에 의하면 새로운 소인(즉 약인)이 있어야 한다. 국가는 필요할

통에 의해 아직도 제한받고 있었을 것이다. pp. 248, 251, 259, 260을 보라. 실체법의 아주 광범위한 형식에서 그 명제는, 상세하게 제시된 계약들을 제외하면, 어떤 방식으로든 그런 계약을 시도할 수 없다는 그런 무능력에 근거할 수 있다. 앞의 책 10권 12장에 있는 **상이한 근거와 상이한 증거들**의 필요조건을 참고하라. 그러나 『앵글로-색슨법에 관한 논문』 pp. 189, 190에 있는 논문과 함께 앞의 저서도 참고하라.

[49] (옮긴이 주) Elizabeth I(1533~1603, 재위 1558~1603).

경우 그 소인을 심리할 정보나 지식을 갖고 있으며, 그것은 공공복리를 위해서도 필요하기 때문이다."⁵⁰ 맨스필드 경이 "약인이 결핍한 데에 대한 고대 개념이 오로지 증거 때문이었다는 것을 본인은 받아들인다. 왜냐하면 증거가 날인계약, 날인증서(specialty), 채권 등과 같은 문서로 축약되었을 때, 약인의 결핍에 대한 반론은 전혀 존재하지 않기 때문이다"라고 말했을 때, 그는 영미법의 역사적 근거에 관한 그의 직관을 보여주었다.⁵¹

---

⁵⁰ *Sharington v. Strotton*, 플로우든(Plowden)의 『주석』 298, p. 302(엘리자베스 1세 7 & 8년).
(옮긴이 주) *Sharington v. Strotton*(1565): 앤드류(Andrew)의 동생의 하인들이 원고의 토지에 손해를 유발하여 제기된 불법침해소송. 앤드류와 그 형제들과 그들의 태어나지 않은 그 상속인들(피고 측) 간의 장원 영지 상속 방식에 관해 형제들 간에 톱니계약서(indenture: 종이 하나에 두 통을 작성하여 톱니 모양으로 쪼갠 법적인 계약서이며, 보통 두 당사자 간에 주종관계의 신분과 그에 따른 토지에 대해 작성하거나 혹은 오로지 토지거래에 대해서만 작성한 계약서이다)에 의한 계약이 맺어진다. 그러나 앤드류가 후사 없이 사망하자, 원고들은 그 톱니계약서보다 훨씬 전에 앤드류와 원고들 간에 맺어진 토지 수익권(use)의 권리양도에 관한 날인증서(앤드류가 살아있는 동안 유효)에 근거하여 30에이커의 숲과 부속건물의 권리를 주장했다. 원고 측은 약인을 강조하면서 형제들과 그 상속인들 간의 톱니계약서에는 혈연, 친족, 형제애 등과 같은 것들이 토지 수익권(use)의 상속 근거(원인)로 보고 있으나 그런 것들은 결코 약인으로 볼 수 없기 때문에 그 계약서는 유효하지 않다고 주장했다. 반면에 피고 측은 말(word)로 하는 계약은 조언도 없이 혹은 숙고하지도 않고 체결된 계약이며, 법리에 따르면 이런 계약은 약인이 없으면 구속적이지 않다고 주장하면서, 그렇지만 문서화되고 날인까지 한 계약은 약인과는 상관없이 법적인 구속력을 갖는다고 주장했다. 피고의 항변은 법리상 적절하고 충분해서 원고가 피고를 상대로 제기한 소송을 유지할 수 없게 한다고 판결되었다.

⁵¹ *Pillans v. Mierop*, 버로우(Burrow)의 『왕립법원의 판례집』(*Reports of Cases in the Court of King's Bench*, 1756~1772) 3권 1663, 1669.
(옮긴이 주) *Pillans v. Mierop*(1765): 신용장(letters of credit)과 약인의 사건. 원고는 상인 은행가이며, 아일랜드 상인 W가 발행한 환어음을 한 가지 조건, 즉 런던의 한 기업 M이 그 어음을 보증한다는 조건으로 인수했는데, M이 그렇게 하고 또한 원고에게 지급할 W의 의무를 보증한다고 확인했다. 그러나 환어음이 M에게 제시되기도 전에, W가 파산했고, M이 어음의 지급을 거절했다. M은 원고가 그의 보증에 대해 아무런 약인도 제공하지 않았다고 주장했다. 맨스필드(Mansfield) 경은 "이것은 모든 관점에서 상거래의 중대한 문제이다. ... 약인이 결핍한 데에 대한

앞의 논리가 필연적으로 채무에 한정되고 반면에 약인이 필요하다는 조건이 모든 단순한 계약에 동등하게 적용된다는 반론이 제기된다면, 그 반론에 대한 반박은, 아마 십중팔구는, 그 규칙52이 채무와 함께 기원했고 채무로부터 다른 계약으로 확산되었다는 것일 것이다.

그러나 지금까지 언급된 것들을 제외하면 증인에 의해 입증되는 다른 계약들은 존재하지 않는가 하는 의문이 다시 제기될 수 있다. 부수적인 약인이 결여되었다는 그런 방식으로 입증되는 계약은 전혀 존재하지 않는가? 이것에 대해서는 역시 손쉬운 답변이 있다. 민사법원에 의해 강제로 이행되는 계약들은 심지어 헨리 2세 때도 거의 없었으며, 그 계약들은 단순했다. 증인 소송절차는 초기 시대에 만들어진 모든 계약을 포괄할 정도로 확실히 충분했다. 이미 언급된 판매, 대부 및 그와 유사한 것들의 계약 외에도, 나는 적어도 두 종류의 계약적인 의무를 발견했다. 이것들은 판매를 동반하는 물건보증(warranty)53과 강의 초반에 언급된 채무보증이다. 전자에 관련해서는, 권리 자격에 대한 물건보증은 계약으로 간주되지 않고, 오히려 구매자와 판매자의 관계에서 유래했고 법에 따라 제기되는 의무로 간주된다. 다른 명시적인 물건보증은 거래 증인들의 지식 내에 있는 문제들이며, 색슨 시대에 그들에 의해 선서되었던 것들이다.54

고대 개념이 ... (본문 내용과 동일) ... 전혀 존재하지 않기 때문이다. 그리고 사기방지법도 동일한 원칙에 따라 소송이 진행된다. 상인들 간의 상거래에서 약인이 없다는 것은 적절한 반론이 아니다"라고 진술하면서 원고 승소를 판결했다.

52 (옮긴이 주) 단순한 모든 계약은 약인이 있어야 한다는 규칙.
53 (옮긴이 주) 물건보증(warranty)은 한 당사자가 다른 당사자에게 주로 물품의 특정한 사실이나 조건들이 진실이거나 미래에도 지속될 것이라는 보증을 제공하는 보장이나 약속을 의미한다. 그 약속이 진실이 아니라면, 법적 구제책을 허용하는 사실상의 보장이 강제될 수 있다. 판매에 수반되는 담보인 물건보증은 상품이 광고와 동일하다거나 하자가 발생할 때 수리를 보장하거나, 중대한 문제가 발생하면 반품이 가능할 수 있다는 보장 등이다. 물론 여기서의 물건보증은 토지의 상속, 증여, 양도, 임차 등과 관련된 보증을 의미한다.

그러나 노르만 시기[55]에는 토지에 관련된 경우를 제외하면 물건보증에 대한 이야기는 거의 없었으며, 그 당시 그 물건보증은 결투에 의해 해결되었다. 그것은 날인증서에 포함된 경우를 제외하면 그렇게 전적으로 사라져버렸으며, 그에 따라 그것은 약인의 법에 아무런 영향도 가질 수 없었다. 따라서 나는 더 상세히 다루지 않고 그것이 법에 대해 의미를 별로 가지지 않는다고 전제할 것이다.

이제 질권이나 채무보증인에 대해 알아보자. 채무보증인은 매우 예외적인 경우가 아니라면 더 이상 자신의 신체로 보상하지 않아도 되지만, 그의 책임은 돈으로 환산되었으며, 채무소송으로 강제 이행되었다. 글랜빌 시대의 다른 채무들과 유사하게 이런 유서 깊은 계약은 문서 없이도 증인에 의해 성립될 수 있었으며,[56] 이 경우 약인 학설이 처음 발표되었을 때 법이 요구했듯이, 약속한 사람에 대한 혜택과 같은 그런 약인은 존재하지 않았다. 그러나 이것 역시 중요하지 않다. 왜냐하면 내가 설명하려는 규칙에 대한 근거가 마련되기도 전에, 증인의 선서에 의거한 그의 책임은 물건보증인의 책임과 마찬가지로 사라져 버렸기 때문이다. 곧 보게 되듯이 문서가 곧 요구되기에 이르렀다.

지금까지 살펴본 바에 따르면, 글랜빌 시대에 유일한 계약소송은 채무에 관한 것이었으며, 문서 없이 구제될 수 있는 유일한 채무는 앞에서 기술한 채무들이었다. 그리고 에드워드 3세 때는 이들 채무 중에서 **대가**

---

[54] 소프(B. Thorpe)의 『잉글랜드의 고대법과 개요』 1권 p. 181, 「선서」 7, 8.
[55] (옮긴이 주) 정복왕 윌리엄 1세(William I, 재위 1066~1087)부터 헨리 1세(Henry I, 재위 1100~1135)까지.
[56] 글랜빌의 『잉글랜드 왕국의 법과 관습에 관한 연구』 10권 5장 (Beames의 영역본, p. 251); 에드워드 2세 『연감』 7권 242; 『새로운 소인』(*Novae Narrationes*, 1516), 「질권 부채」, 래스텔(Rastell)의 『법학 논문』(*Law Tracts*, 1534) p. 253, D, 핀라슨(W. F. Finlason)이 편집한 『리브즈의 잉글랜드법의 역사』(*Reeves' History of the English Law*, 1869) 2권, 376.

관계가 없는 채무는 그런 방법을 통해서 구제받지 못하게 되었다.

그러나 커다란 변화가 헨리 2세 때[57] 시작되고 있었다. 보다 다양하면서도 복잡한 계약들이 즉시 강제로 이행되기에 이르렀다. 증인 선서의 범위가 왜 확대되지 않는가? 혹은 어떤 좋은 증거가 획득 가능하게 되어도, **대동증인**은 왜 사라지지 않고 반면에 다른 구두 증언은 수용되지 않는가? 등의 질문이 제기될 수 있다. 어떻든 헨리 2세 때 법은 그 이후 수 세기까지 언급되지 않았던 약인과 무슨 관련을 가질 수 있는가?

선서를 했다는 단순한 사실로 사건을 해결하는 증인 선서가 입증의 만족스러운 방식이 아니라는 것은 명백하다. 법정에 제시되고 피고가 발행한 것으로 충분히 확인되는 문서화된 채무에 대한 인정은 명백히 훨씬 더 낫다. 문서의 유일한 약점은 그것이 피고의 것이라고 확인하는 수단이 있어야 한다는 것이며, 이런 난점은 인장의 사용이 보편화하자마자 사라졌다. 인장의 사용은 글랜빌 시대에도 다소간 발생했고, 그때 한 당사자가 해야 하는 전부는, 문서를 제출하고, 밀랍 위에 있는 압인이 상대방의 인장과 일치한다는 것을 검사를 통해서 법정을 납득시키는 것이다.[58] **대동증인**의 선서는 결백의 선서(wager of law),[59] 즉 원고가 내세운 증인의 숫자와 동일하거나 두 배인 증인을 내세우는 피고 측의 반대 선서에 의해 항상 성공적으로 대응할 수 있다. 그러나 피고 측의 것으로 입증된 문서는 반박될 수 없었다.[60] 왜냐하면 어떤 사람이 자신이 책임이 있다고 말

---

[57] (옮긴이 주) Henry II(1133~1189, 재위 1154~1189).
[58] 글랜빌의 『잉글랜드 왕국의 법과 관습에 관한 연구』 10권 22장 (Beames의 영역본, p. 263); 브랙턴(Bracton)의 『잉글랜드의 법과 관습에 관한 연구』 원문 페이지 398 b, 1항. 인기 있는 입증, 즉 결투도 역시 허용되었지만 결국 사라졌다. 배심의 심리가 일반화되었을 때, 어떤 다른 사실과 유사하게 날인증서의 집행도 그런 방식에 의해 심리되었다.
[59] 브랙턴(Bracton)의 『잉글랜드의 법과 관습에 관한 연구』 원문 페이지 315 b, 6항, 400 b; 코크(Coke)의 『잉글랜드법의 개요』 2권 44, 45.

한다면 그는 책임이 있기 때문이다. 약인에 관해서도 전혀 문제가 없었다. 왜냐하면 아직은 그런 학설은 존재하지 않았기 때문이다. 어떤 사람이 자신의 채무 인정을 입증할 수 있는 기록을 보유하고 있는 어떤 장소, 예컨대 상급법원과 같은 곳에서 모든 의무를 인정한다면, 그는 마찬가지로 책임이 있다. 사실상 오늘날까지도 일부 담보물은 법원 서기 앞에서 구두로 시인하고 조서에 기록되는 것만으로도 받아들여진다. 문서의 이점은 그것이 옛날 소송에서 더 나은 증거를 제공했고, 문서가 없었다면 전혀 증거가 존재하지 않았을 의무 이행을 강제 가능하게 만들었다는 것이다.

지금까지 언급된 것은 증인의 선서에 의한 오래된 입증보다는 문서에 의한 입증이 더 선호되는 이유를 충분히 설명한다. 그러나 증인 선서에 의한 입증이 옛날의 그 한계를 넘어서서 확대되지 않았던 다른 마찬가지로 훌륭한 이유들이 존재했다. 거래 증인들은 그들의 법적이면서도 공식적인 성격을 상실하고 있었다. 이미 글랜빌 시대에 채무를 입증하는 통상적인 방식은 결투 혹은 문서에 의해서였다.[61] 100년이 지난 후 브랙턴은 **대동증인**들이 당사자의 하인과 가족으로 퇴락했다는 것을 보여주고 있으며, 그들의 선서는 단지 약간의 의혹만 제기한다고 말한다.[62]

더욱이 새로운 방식의 심리가 생성되기 시작했으며, 그 심리 방식은 상당 기간 채무 입증과 같은 사례들[63]에서 활용되지는 않았지만, 대조적

---

[60] 글랜빌의 『잉글랜드 왕국의 법과 관습에 관한 연구』 10권 12장 (Beames의 영역본, p. 263); 브랙턴(Bracton)의 『잉글랜드의 법과 관습에 관한 연구』 원문 페이지 100 b, 9항.
[61] 글랜빌의 『잉글랜드 왕국의 법과 관습에 관한 연구』 10권 17장 (Beames의 영역본, p. 272).
[62] 브랙턴(Bracton)의 『잉글랜드의 법과 관습에 관한 연구』 원문 페이지 400 b, 9항.
[63] 에드워드 1세 『연감』 20권 304, 그리고 에드워드 2세 『연감』 34권 150, 152; 앞의

으로 증인 선서에 의존하는 판단 방식을 제한하려는 경향을 틀림없이 보였을 것이다. 이것은 배심에 의한 심리의 시작이었다. 처음에 그것은 논란이 되고 있는 사실관계에 관해 가장 잘 알 것 같은 이웃들에 대한 심문이었다. 이웃들은 그들 자신의 지식에 입각해서 발언하지만, 그들은 이해 당사자 대신에 법원의 관리들에 의해 선출되었고, 불편부당하도록 의도되었다.[64] 이윽고 증인들은 그들의 선서에 의해 옛날처럼 그 소송에 영향을 미치기 위해서가 아니라, 그들의 증언에 의해 배심의 평결을 내리는 심문을 돕기 위해 이웃들 앞에 소환되었다. 이런 계몽된 소송절차가 출현하자마자 **대동증인**은 사건의 판결에 즉시 영향을 미치지 않게 되었지만, 그럼에도 왜 대동증인이 사라지지 않았고 또한 그 증인이 이제는 어떤 흔적도 남기지 않게 되었는지를 질문할 수도 있다.

잉글랜드법의 보수성을 고려하고 또한 날인증서가 도입되기 전에 구제책이 존재하는 유일한 채권이 거래 증인에 의해 입증되는 채권이었다는 사실을 고려한다면, 그런 사건들에서 대동증인을 지속적으로 내세우는 것을 발견하는 것은 별로 놀랄 일도 아니다. 그러나 아직 더 절박한 다른 이유가 있다. 날인증서가 없는 채무의 방어는 결백의 선서에 의해서만 가능했다.[65] 마그나 카르타(Magna Charta)[66]의 한 조항은 적절한 증인 없

『연감』 330, 332; 에드워드 1세 『연감』 35권 546 등을 참고하라.
[64] 브랙턴(Bracton)의 『잉글랜드의 법과 관습에 관한 연구』 원문 페이지 400 b, 8항.
[65] 에드워드 1세 『연감』 20권 304를 참고하라.
[66] (옮긴이 주) Magna Carta(Magna Charta, the Great Charter) 혹은 Magna Carta Libertatum(the Great Charter of the Liberties)은 프랑스 내의 봉토를 상실한 실지 왕이라 불리는 잉글랜드 존 왕(1166~1216; 재위 1199~1216)과 귀족들 간에 1215년 맺어진 대헌장이다. 왕은 교회의 권리를 보호하고, 귀족을 구금에서 보호하고, 왕의 봉건적인 조세를 제한할 것 등을 약속했다. 1216년, 1217년, 1225년 세 번에 걸친 수정이 이루어졌으며, 권리청원(1628)과 인신보호령(1679)이 "모든 자유민은 … 동등한 자격을 갖는 사람들의 법률적 판단이나 국법에 의하지 않고는 … 구속되거나 재산 몰수를 당하지 않는다"고 1215년 헌장의 제39조항을 그대로 인용할

이 원고 자신의 진술에만 의존해서 원고에게 유리한 판결을 내리는 것을 금지하는 것으로 해석되었다.[67] 따라서 원고가 문서에 의존하지 못하는 모든 채무소송에서 성문법은 증인, 즉 **대동증인**을 요구했다. 그에 따라 옛날 형태의 그런 사건들에서는 대동증인이 계속 내세워지는 일이 일어났으며,[68] 피고가 그런 사건들에서 채무를 수용하지 못한다면 그는 언제나 결백의 선서를 시도하므로, 배심의 심리가 상당한 발판을 다지기까지에는 오랜 시간이 걸렸다.

단순히 약속이나 승인에 의해서 형성되었고 이전에 어떤 소송방법도 규정되지 않았던 채무를 확정 짓기 위해서는, 새로운 증거 형식인 문서를 갖고 있어야 한다. 그리고 그것은 법제화되었다. "구두로는 당사자가 아무런 책임도 지지 않는다"는 규정이 만들어졌다.[69] 그러나 옛날의 채무들은 약속에 의해 성립되는 것으로는 인식되지 않았다.[70] 그 채무들은 원고의 재산 수취로부터 발생하는 "의무"였으며, 그 사실관계는 보여줄 수도 있었고 또한 선서할 수도 있었다. 이런 사건들에서 옛날 법은 그대로 유지되었으며, 심지어 엄격한 비유를 통해서 스스로를 약간 확대 적용하기도 했다.

그러나 채무보증인의 인수는 그것이 어떠한 형태를 띠든 실제 그러한

정도로 잉글랜드 민주주의의 출발점이라고 평가할 수 있다.
[67] 28조; 에드워드 1세 『연감』 32 & 33권 516; 에드워드 2세 『연감』 18권 582; 『플레타』 2부 63조 9항; 코크(Coke)의 『잉글랜드법의 개요』 2권 44; 블랙스톤(W. Blackstone)의 『잉글랜드법에 대한 주석』 3권 344.
[68] 에드워드 2세 『연감』 18권 582; 에드워드 3세 『연감』 17권 48 b, 판결문 14.
[69] 에드워드 3세 『연감』 29권 25, 26. 또한 에드워드 3세 『연감』 48권 6, 판결문 11; 『플레타』 2부 60조 25항; 글랜빌의 『잉글랜드 왕국의 법과 관습에 관한 연구』 10권 12장 등을 참고하라.
[70] 브룩(Brooke)의 『판례 요약문』, 「형사소송」, 판결문 5; 또한 헨리 8세 『연감』 27권 24, 25, 판결문 3 등을 참고하라.

사실관계에서 발생하지 않았다. 그런 인수는 다른 약속처럼 유사한 성질을 가지게 되었으며, 그 인수가 동일한 증거에 의해 입증되어서는 안 되는가에 관한 의문이 즉각 제기되었다.[71] 에드워드 3세 때[72] 몇몇 도시의 관습이 옛날 법을 계속 고수하는 경우를 제외하면,[73] 날인증서가 필요하다는 것이 정착되었다.[74]

이 시기는 현재까지도 지속되고 있는 소송절차의 분화와 그 규칙들이 확립된 그런 시대를 대표하는 것으로 받아들여질 수 있다. 따라서 그 당시의 법의 조건들을 반복하고 또한 요약하는 것은 유익할 것이다.

문서가 제시되지 않는 모든 채무소송에서 **대동증인**은 여전히 내세워질 필요가 있었다. 이미 언급된 다른 이유들뿐만 아니라 바로 이런 이유로 인하여, 그런 소송들의 영역은 증인 선서에 의해 과거에 확립된 그런 사건들을 넘어서서 현저하게 확대되지는 않았다. 채무보증은 이런 채무 중의 하나가 더 이상 아니었으므로, 증인들은 **대가관계**의 수취에서 채무가 발생하는 사건들에 한하여 엄격하게 제한되었다. 더구나 문서 없이 유지 가능한 다른 계약소송은 전혀 존재하지 않았다. 새로운 종류의 계약들은 날인계약소송에 의해 이제 강제 이행되었지만, 거기서도 날인증서는 항상 필요했다. 동시에 증인의 기능이 다른 곳보다는 계약에서 더 중요하다는 것이 아직도 주장되고 있지만, **대동증인**은 형식적인 것으로 쪼그라들었다. 대동증인은 법정에서 더 이상 심리될 수 없게 되었다.[75] 대동증인은

---

[71] 에드워드 3세 『연감』 18권 13, 판결문 7.
[72] (옮긴이 주) Edward III(1312~1377, 재위 1327~1377)
[73] 판례 요약문 여백에 있는 피츠허버트(Fitzherert)의 『잉글랜드법의 새로운 본질』 122, I. 또한 피츠허버트(Fitzherert)의 『잉글랜드법의 새로운 본질』 122 K; 에드워드 3세 『연감』 43권 11, 판결문 1; 앞의 사건, 브룩(Brooke)의 『판례 요약문』, 「질권」, 판결문 3; 헨리 5세 『연감』 9권 14, 판결문 23 등도 참고하라.
[74] 에드워드 3세 『연감』 44권 21, 판결문 23.

단순한 유물일 뿐이며, 거래 증인은 제도적으로 소멸되었다. 따라서 증인의 선서를 내세울 필요성은 전통적인 경우를 제외하면 채무소송을 단순한 계약에 한정하지도 않게 만들었으며, 글랜빌 시대에 채무소송의 범위가 유추에 의해 약간 확대되었다는 사실을 발견하는 것은 놀라운 일이 아니다.

그러나 채무소송은 내가 지적했던 상황에 대체로 머물러 있었으며, 단순한 계약에 이용 가능한 새로운 소송은 1세기 동안 전혀 도입되지 않았다. 그동안 내가 설명했던 것과는 정반대의 현상이 일어났으며, 소송절차상의 우연적인 사고는 실체법의 학설로 변모했다. 날인증서 없이 강제이행될 수 있었던 채무들이 채무자에게 모두 유리하게 되었을 때, 그 학설은 용이하게 변화했다.

로마법의 영향은 분명히 이런 결과를 불러오는 데 도움이 되었다. 헨리 2세 때는 날인증서나 증인의 증거가 없는 단순한 계약과 채무의 문제들은 대부분 종교재판소의 관할권이 미치는 범위 내에서 그 재판소에 의해 집행되도록 위임되었다는 사실을 상기할 필요가 있다.[76] 아마도 바로 이런 환경은 글랜빌과 그의 후계자들이 로마 법학자들의 전문용어를 보통법 채무소송에 적용하도록 유도했을 것이다. 그러나 글랜빌이 종교

---

[75] 에드워드 3세『연감』17권 48 b, 판결문 14. 또한 포테스큐(Fortescue)의『잉글랜드법의 업적에 대해』(*De Laudibus Legum Angliae*, A. Amos ed., 1825) 67, 주; 블랙스톤(W. Blackstone)의『잉글랜드법에 대한 주석』3권 295 등도 참고하라.

[76] 그 한계에 대해서는,『클래런던 헌장』(*The Constitutions of Clarendon*, 1164) 15조; 글랜빌의『잉글랜드 왕국의 법과 관습에 관한 연구』10권 8장, 12장;『순회재판 연감』22권 판결문 70, 원문 페이지 101; 에드워드 3세『연감』45권 24, 판결문 30; 피츠허버트(Fitzherbert)의『판례 요약문』,「부채」, 판결문 166, 리처드 2세 19년; 헨리 6세『연감』37권 8, 판결문 18; 에드워드 4세『연감』14권 6, 판결문 3; 에드워드 4세『연감』15권 32, 판결문 14; 에드워드 4세『연감』19권 10, 판결문 18; 에드워드 4세『연감』20권 3, 판결문 17 등을 참고하라.

재판소에서 그 전문용어를 차용했든 그렇지 않으면 그 출처에 직접 접근했든, 글랜빌이 그의 10번째 저서 전반에 걸쳐서 **로마법 대전**(Corpus Juris)[77]의 분류와 전문적인 문구를 사용했다는 것은 확실하다.

로마법 체계에는 '실물적'이라고 불리는 어떤 특별한 계약이 있으며, 이 계약은 임차나 물건 대여의 경우처럼 어떤 물건이 계약자의 수중으로 원형 그대로 회수되도록 의무를 피계약자에게 부여하거나, 곡물, 기름 혹은 돈이 임차될 때처럼 동일한 종류의 다른 물품들이 계약자의 수중으로 인도되도록 의무를 부여한다. 가장 피상적으로 드러난 방식을 제외하면, 이런 종류는 보통법의 채무소송과는 일치하지 않았다. 그러나 글랜빌은 그런 전문용어를 채택했으며, 후대의 법학자들은 그 전문용어에서 결론을 도출하기 시작했다. 로마법에 대한 그의 전임자들의 용법을 따르고 채택하는 데 결코 항상 유능하지는 않았던 『플레타』의 저자[78]는 채무를 성립시키기 위해서는 약속된 어떤 물건이 있어야 할 뿐만 아니라, 그 물건에 대한 보상으로 약속된 어떤 물건이 또한 있어야 한다고 말한다.[79]

『플레타』의 진술이 단순 계약에 따른 채무에만 국한되었다면, 그 진술은 기존의 법에 따라 제시되었을 수도 있다. 그러나 『플레타』는 보상으로 주어지거나 약속되는 물건에 추가하여 문서와 날인을 또한 요구하고 있으므로, 『플레타』에 의해 제시된 학설은 언제든 거의 받아들여질 수 없었다. 아마 그 학설은 그 저자가 브랙턴에게서 차용한 로마법적 요소들에 근거한 약간 변형된 추론에 불과할지도 모른다.

---

[77] (옮긴이 주) 로마법 대전(Corpus Juris 혹은 Corpus Juris Civilis, Body of Civil Law)은 유스티니아누스 법전(Code of Justinian)이라고 불리기도 한다.

[78] 켄트의 『미국법에 대한 주석』 2권(12th ed.) 451, 주 1 (b)에 나와 있는 예시를 살펴보라.

[79] 『플레타』 2부 60조 25항에 있는 "**대응적으로 약속받은 것**," 그리고 "**당신의 부역 혹은 충성의 선서에 관하여**"를 참고하라.

판결에서 약인의 점진적인 출현을 추적하는 문제만 남아 있다. 에드워드 3세 때 사례[80]는 채권자의 자발적 지급에 근거한 구두채무와 채무자의 요청에 따른 채권자의 지급에 근거한 구두채무 사이를 구분하는 것처럼 보인다. 또한 그 사례는 지급을 이유로 발생하는 그 사례에서의 채무 혹은 "의무"를 언급한다. 약간 유사한 문구가 다음 왕[81] 때도 사용된다.[82] 그래서 헨리 4세[83] 12년에[84] 그 사상에 대한 접근이 있었다. "채무면제(release)[85]를 제공하는 대가로 돈이 어떤 사람에게 약속되고 그가 채무면제를 실행한다면, 그는 그 문제에서 승소 가능한 채무소송을 갖게 될 것이다." 다음 왕[86] 때,[87] 그 경우 원고는 채무면제를 실행하지 않고서는 배상을 받을 수 없다고 판결되었으며, 편집자는 **어떤 소송도 단순한 계약에서는 기원하지 않는다**는 근거에 의거하여 그런 채무면제를 설명했다. 그러

---

[80] 에드워드 3세 『연감』 29권 25, 26. 그러나 에드워드 3세 『연감』 48권 3, 판결문 6도 참고하라.

[81] (옮긴이 주) 리처드 2세(Richard II, 1367~1400, 재위 1377~1399)이다. 흑태자 에드워드의 아들이고, 할아버지의 왕위를 계승하여 10세에 왕이 되었으며. 숙부 등 여러 귀족의 섭정이 있었고, 성년이 된 후에 숙부의 영지를 몰수했으며, 그에 따른 숙부의 아들(헨리 4세)의 반란으로 퇴위당했다.

[82] 피츠허버트(Fitzherbert)의 『판례 요약문』, 「부채」, 판결문 166, 리처드 2세 19년.

[83] (옮긴이 주) Henry IV(1367~1413, 재위 1399~1413)는 왕위를 찬탈하여 랭커스터 왕조를 열었고, 이로 인해 귀족들의 반란이 잦았다. 에드워드 3세의 손자이며, 리처드 2세의 사촌이다.

[84] 헨리 4세 『연감』 12권 17, 판결문 13, 마지막까지.

[85] (옮긴이 주) 채무면제(release)는 재산 또는 권리의 양도인(releasor)과 양수인(releasee) 사이에서 법적 책임을 종식시킬 수 있는 법적 수단이며, 양도인의 날인에 의해 법적 효력이 발생하고, 종종 원고와 피고 사이에서 화해가 성취되었을 때 소송을 종식시키기 위해 사용되기도 한다. 채무면제는 양도인이 양수인에게 가질 수 있는 알려진 혹은 알려지지 않은 어떤 청구권을 포기시킬 수 있다.

[86] (옮긴이 주) 헨리 5세(1386~1422, 재위 1413~1422)는 헨리 4세의 장남이며, 백년전쟁(1337~1453) 중에 1415년 아쟁쿠르 전투에서 승리하여 프랑스 침략의 발판을 마련하기도 했다.

[87] 헨리 5세 『연감』 9권 14, 판결문 23.

나 가장 중요한 사실은 에드워드 1세부터 헨리 6세에 이르기까지, 약인이 사실상 수취되지 않는 한, 채무가 회수되는 어떤 소송도 발견되지 않았다는 것이다.

에드워드 3세 이래로 주목할 만한 다른 사실로는, 문서 없이 거래에서 발생하는 채무는, 의무에서 발생하는 채무와 구분하여, 계약에서 발생하는 것으로 언급되었다는 점이다.[88] 따라서 약인이 그와 같이 요구되었을 때, 채무든 아니든, 그 약인은 날인 없는 계약에서도 요구되었다. 헨리 6세 때 **대가관계**는 모든 계약에서 필요하게 되었다. 헨리 6세 3년에,[89] 물방앗간을 건설하지 않아 제기된 인수소송에서 피고가 물방앗간 건설에 대해 어떤 대가를 얻게 되었는가가 밝혀지지 않았다는 반론이 제기되었다. 헨리 6세 36년(1459년)에 그 학설은 완전히 성장한 것으로 드러났으며, 일반적인 것으로 간주되었다.[90]

그 사례는 그 학설이 정착되기 전까지 수 세기 동안의 쟁점, 즉 원고가 피고의 딸과 결혼한다면 피고에 의해 원고에게 약속된 일정한 돈에 대해 채무가 성립할 것인가 하는 문제에 초점을 맞추었다. 그러나 예전의 논점은, 약속이 결혼과 관련하여 그렇게 흔한 일이 아니었으므로, 그 약속이 종교재판소(spiritual court)의 관할권에 배타적으로 속하는가 하는 것이었으며, 반면에 이제 그 쟁점은 피고가 **대가관계**를 갖는가 하는 문제와 같이 순수하게 세속적인 문제를 다루게 되었다.

예전에 거래 증인에 의해 선서된 사실관계는 피고의 혜택, 즉 팔린 물

---

[88] (에드워드 2세 『연감』 13권 403; 에드워드 3세 『연감』 17권 48, 판결문 14; 에드워드 3세 『연감』 29권 25, 26 등을 참고하라) 에드워드 3세 『연감』 41권 7, 판결문 15; 에드워드 3세 『연감』 46권 6, 판결문 16; 피츠허버트(Fitzherbert)의 『판례 요약문』, 「부채」, 판결문 166.
[89] 헨리 6세 『연감』 3권 36, 판결문 33.
[90] 헨리 6세 『연감』 37권 8, 판결문 18.

건의 인도 혹은 그에게 대부된 돈과 같은 혜택이었음은 기억할 것이다. 그런 사례들은 또한 가장 명백한 형태의 약인을 제시한다. 자연스럽게 그 쟁점은 약속한 사람이 그의 약속의 대가로 무엇을 갖게 되는가 하는 것이다.[91] 오로지 분석에 의해서만 우리는 법에서 추정되는 공서양속이 약속받은 사람이 부담하는 손실에 의해 동등하게 충족되고 있음을 알 수 있다.[92] 하지만 판사들이 **대가관계**가 존재해야 한다는 법을 처음 규정했을 때, 피계약자가 손실을 보는 것도 규정된 필요조건을 충족시키는 것이라고 그들이 인식하는 데 꽤 오랜 시간이 걸렸다는 것은 자연스러운 일이었다. 내가 언급한 사례에서 일부 판사들은 피고의 딸을 치워버리는 것이 피고에게는 충분한 혜택이므로 피고가 약속한 돈이 그를 채무자로 만들 수 있다고 주장하려는 경향을 보였다. 그리고 여자와 결혼하는 것이 신랑에게는 손실이기 때문에 그 결혼이 약인이라는 의견이 심지어 약간 암시되기도 했다.[93] 그러나 적어도 당분간은 다른 견해가 지배적이었다. 왜냐하면 피고는 채무의 발생에 대해 원고에게서 아무런 대가도 얻지 못했다고 보았기 때문이다.[94]

---

[91] 예컨대, 헨리 6세 『연감』 3권 36, 판결문 23에 있는 롤프(Rolfe) 판사의 진술.
[92] (옮긴이 주) 약속한 사람은, 보편적으로, 약속받은 사람에게 어떤 혜택을 주기로 약속했으므로(이것은 약속한 사람에게 손실을 의미한다), 약속받은 사람도 약속한 사람에게 다른 혜택을 부여해야 한다(이것은 약속받은 사람에게 손실이며, 약속에 대한 약인을 의미한다). 공서양속은, 약속한 사람이 약속으로 인해 손실이 발생하므로 그가 그 약속(손실)의 대가로 얻는 혜택(약인)이 약속받은 사람이 약속으로 인해 이득(혜택)이 발생하므로 그가 그 약속(이득)의 대가로 부담하는 손실에 대응하도록 만드는 것이다. 즉 공서양속은 서로 주고받기가 존재하도록, 즉 대가관계가 존재하도록 만드는 것이다.
[93] 헨리 6세 『연감』 37권 8, 판결문 18. 또한 브룩(Brooke)의 『판례 요약문』, 「영지수여와 수익권」, 판결문 54; 플로우든(Plowden)의 『주석』 301 등도 참고하라.
[94] 에드워드 4세 『연감』 15권 32, 판결문 14; (앞의 사건, 에드워드 4세 『연감』 14권 6, 판결문 3;) 에드워드 4세 『연감』 17권 4, 판결문 4.

그리하여 강력한 반대 의견이 없는 것은 아니지만, 대가에 대한 피고의 요청과 약속에 의거해 제삼자에게 제공된 서비스는 그 대가로 충분하지 않을 것이라고 판결되었으며,[95] 당분간 그 선례들은 정착되었다. 채무자에 의해 실제로 수취되고 그의 혜택으로 돌아가는 약인에서만 채무소송이 성립한다는 것은 법으로 확립되었다.

그러나 이런 견해를 유도한 것은 채무소송이나 채무 계약의 어떤 특수성 때문이 아니라, 헨리 6세와 엘리자베스 여왕 때 사이에 지배적이었던 불완전하게 발전된 약인 이론 때문이었다. 그 이론은 인수소송[96]과 형평법소송[97]에서도 동일했다. 약인이 언급되는 곳이면 어디서나, 그것은 항상 계약자가 그의 계약 대가로 수령해야 하는 것과 같은 **대가관계**였다.

더군다나 약인 이론이 등장하기 전에는, 부당행위로 인한 손해에 대한 책임을 제외하면,[98] 채무소송은 법에 의해 강제되는 모든 지급 의무에 대한 유서 깊은 구제책이었다. 이미 보여주었듯이, 에드워드 3세 때까지 문서가 없는 경우 채무보증인은 채무 때문에 소송당할 수 있었지만, 그럼에도 채무보증인은 그의 채무자와의 거래에서 아무런 혜택도 받지 못했다. 예컨대 어떤 사람이 A에게 곡물을 팔고, B가 "A가 값을 치르지 않는다면 내가 값을 치를 것이다"라고 말한다면, 거래상의 용어에 나타나듯이 그 판매는 B에게 좋은 것이 아무것도 없다. 이런 이유로 인해, 채무소송은 그런 경우 에드워드 3세 때 이후부터 채무보증인에 대해 유지될 수 없게 되었다.

---

[95] 헨리 6세 『연감』 37권 8, 판결문 18; 에드워드 4세 『연감』 17권 4, 5; 플로우든(Plowden)의 『주석』 305, 306 등을 참고하라.
[96] 헨리 6세 『연감』 3권 36, 판결문 33.
[97] 헨리 6세 『연감』 37권 13.
[98] 부당행위의 필요조건에 대해서는, 에드워드 2세 『연감』 12권 375; 『플레타』 2부 60조 24항 등을 참고하라.

그 채무소송이 항상 그런 것은 아니다. 날인된 의무가 있다면 그 채무소송은 오늘날까지도 그렇지 않다. 그 경우 그 의무가 어떻게 발생했는가, 그 의무에 대한 어떤 약인이 있는가 등은 중요하지 않다. 그러나 문서는 글랜빌 시대에 채무를 확립시키는 데 있어서 증인보다는 더 일반적인 방식이었으나, 문서에 의해 강제되는 한 부류의 채무만을 고려함으로써 소송의 범위를 결정하는 것은 어리석은 짓이다. 더군다나 문서는 보다 결정적인 입증의 방법이지만, 그것은 오랫동안 하나의 입증 방법일 뿐이었다. 소송의 근거는 어떻게 입증되었든 동일하다. 이 근거는 원고에 대한 '의무'[99]이다.『연감』을 읽은 사람이면 누구든 알 수 있듯이 어떻든 그 돈은 원고가 받을 돈이라는 것이다. 따라서 채무는 문서의 내용으로 그런 의무를 확립시키는 판결[100]에 의거해 혹은 유사한 방식으로 기록되는 피고의 채무 승인에 의거해 마찬가지로 성립한다.[101]

요약하면, 채무소송은 3단계를 거쳐 왔다. 첫 단계에서, 부당행위에 대한 손해를 단순히 보상하는 책임의 경우를 제외하면, 응당 받아야 할 돈을 회수하는 것이 유일한 구제책이었다. 채무소송은 계약에 의해 피고가 책임을 지거나 그렇지 않으면 원고에게 넘겨주어야 하는 어떤 형태의 개인 재산에 대한 소송과 매우 흡사하다.[102] (사실상 채무소송은 개인 재산에 대한 소송에서 파생된 것에 불과하다) 돈을 지급하는 계약이 존재했다면, 유일한 문제는 그 계약을 어떻게 입증할 수 있는가 하는 것이다.

---

[99] 에드워드 3세『연감』29권 25, 26; 에드워드 3세『연감』40권 24, 판결문 27; 에드워드 3세『연감』43권 2, 판결문 5.
[100] 에드워드 3세『연감』43권 2, 판결문 5; 에드워드 3세『연감』46권 25, 판결문 10; 에드워드 3세『연감』50권 5, 판결문 11.
[101] 글랜빌의『잉글랜드 왕국의 법과 관습에 관한 연구』10권 8장;『플레타』2부 60조 25항 등을 참고하라.
[102] 에드워드 1세『연감』35권 454; 에드워드 2세『연감』12권 375.

초기 법에서 알려진 어떤 수단으로 입증 가능한 어떤 계약은 채무를 성립시켰다. 약인에 관한 이론은 전혀 없었으며, 그에 따라 물론 수취된 약인의 성질에 근거하는 소송이나 계약에는 아무런 한계도 없었다.

채무소송의 둘째 단계는 약속한 사람에 대한 초기 형태의 혜택에 약인 학설이 도입되었을 때이다. 그 학설이 효력을 발휘하는 동안 그 학설은 날인되지 않은 모든 계약에 적용되었지만, 채무소송이 그런 계약에 따라 받을 돈에 대한 유일한 소송일 동안 그 학설은 확립되었다. 약인에 관련된 선례들은 대부분 채무소송에 대한 선례들이다.

약인에 관한 안목이 더 넓어지고, 약인이 약속받은 사람이 입은 손실로 표현되었을 때, 채무소송은 셋째 단계에 도달했다. 이런 변화는 실체법의 변화였으며, 약인 이론은 논리적으로 철저하게 적용되었다. 그러나 여기서 나중에 설명되듯이 그 이론은 나중에 다른 형태의 소송과 특별히 연관된 상황에서 바로 그 연관된 소송에서 생겨났다. 결과적으로 새로운 이론은 새로운 소송에서 유효했고, 옛 이론은 옛 소송에서 유효했으며, 일관성을 갖지 못한 변칙적 이론들은 실질적으로 채무소송에 한계를 부여하는 형태로 위장한 채 나란히 임무를 수행했다. 채무소송은 과거처럼 돈을 지급해야 하는 모든 구속력 있는 계약의 구제책으로 남아있지는 못했지만, 구두 계약에 관한 한 그 소송은 약인이 약속한 사람에 의해 실제로 수취되는 혜택인 경우에만 활용될 수 있었다. 어떤 다른 방식으로 발생하는 의무와 관련해서는 그 채무소송은 여전히 유효했다.

나는 이미 언급한 다른 입증 방법이 영미법에 미치는 효과에 대해 몇 마디를 이제 제시해야 하겠다. 내가 말하려는 입증 방법은 양도증서(charter)[103]를 의미한다. 양도증서는 단순히 문서이다. 글을 쓸 수 있는 사

---

[103] (옮긴이 주) 양도증서(charter)는 양도인이 명시된 권리나 특권을 양수인에게 공식

람이 희소했으므로, 대부분의 사람들은 어떤 다른 방식으로, 예컨대 그들의 기호를 적어 넣음으로써 서류를 법적으로 인증해야 했다. 이것은 노르만 관습이 도입될 때까지 사실상 잉글랜드에서 보편적인 관행이었다.[104] 노르만의 관습과 함께 인장(seal)이 도입되었다. 그러나 헨리 2세 때 그 인장은 잉글랜드 재판장에 따르면 왕과 귀족만의 전유물이라고 언급되었다.[105] 나는 양도증서가 날인되었을 때보다 날인되지 않았던 그 당시에 인증된 양도증서가 영향력이 덜했다고 생각할 근거를 도대체 알 수가 없다.[106] 그 증서는 어떻든 증거일 뿐이며, 많은 초기 사건들에서는 그렇게 언급되었다.[107] 그 증서는 보류될 수도 있었으며, 그것 대신에 대동증인을 내세울 수도 있었다.[108] 그 증서의 궁극적인 효과는 날인에서 기인하는 것이 아니라 증거의 만족스러운 성질에서 기인했다.[109]

그러나 인장이 사용되기에 이르렀을 때, 위조하는 데에 있어서 인장이 펜을 긁적이는 것보다 더 어려워지는 한, 인장은 분명히 양도증서의 증거

적으로 양도한다는 것을 언급하는 증서를 지칭한다. 대표적인 사례는 국왕이 국민과 의회 등에게 여러 권리를 양도한다는 마그나 카르타(Magna Carta)이다.

[104] 캉주(C. F. Du Cange)의 『모호하고 어려운 라틴어 용어집』(*Glossarium Mediae et Infimae Latinitatis*, 1840) "인장"; 잉굴푸스(Ingulphus)의 『크로이랜드 연대기』(*Croyland Chronicle*, 12세기경) 901.

[105] 비글로우(M. M. Bigelow)의 『앵글로-노르만의 학설』(*Placita Anglo-Normanica*, 1879) 177.

[106] 비글로우(M. M. Bigelow)의 『앵글로-노르만의 학설』 177; 브랙턴(Bracton)의 『잉글랜드의 법과 관습에 관한 연구』 원문 페이지 100 b, 9항; "날인". 그러나 에드워드 1세 『연감』 30권 158; 『플레타』 2부 60조 25항 등도 참고하라.

[107] 에드워드 1세 『연감』 33권 354, 356; 에드워드 1세 『연감』 35권 455 맨 위; 에드워드 3세 『연감』 41권 7, 판결문 15; 에드워드 3세 『연감』 44권 21, 판결문 23. 또한 헨리 6세 『연감』 39권 34, 판결문 46도 참고하라.

[108] 에드워드 1세 『연감』 7권 242. 또한 에드워드 1세 『연감』 35권 452도 참고하라.

[109] 브랙턴(Bracton)의 『잉글랜드의 법과 관습에 관한 연구』 원문 페이지 100 b, 9항을 참고하라.

력을 제고시켰다. 인장은 그런 중요성을 획득했으므로, 그 사람의 승낙 없이 인장이 찍힌다 해도 당분간 그는 인장에 의해 책임지게 되었다.[110] 최종적으로 양도증서가 과거의 효과를 가지기 위해서는 인장이 이제는 필요하게 되었다.[111]

날인계약 혹은 날인된 계약은 더 이상 잘 입증되는 약속은 아니었다. 그것은 독특한 형태의 소송을 제공하는 독특한 성질의 약속이다.[112] 나는 약인이 필요하다는 조건이 어떻게 실체법의 규칙이 되었는지를 보여주었으며, 또한 그것이 날인계약의 영역에서 어떤 발판도 결코 가지지 못한 이유를 보여주었다. 약인이 필요하다는 그 필요조건에서 날인계약의 예외 규정은 또한 실체법의 규칙이 되었다.[113] 양도증서에 날인한 사람은 그가 책임진다고 승낙했기 때문에 구속받는 것이 아니라, 승낙을 입증하는 문서가 존재하기 때문에[114] 이제는 모든 다른 문서들과는 구별되는 날인증서나 인장의 효력에 의해 책임지게 되었다. 그리고 부적절한 이론들을 통합하기 위해, 인장은 약인을 함축하는 것으로 언급되었다.

---

[110] 글랜빌의 『잉글랜드 왕국의 법과 관습에 관한 연구』 10권 12장; 캉주(C. F. Du Cange)의 『모호하고 어려운 라틴어 용어집』 '인장'을 인용하고 있는 더그데일(W. Dugdale)의 『워릭셔의 고대 관습』(*Antiquities of Warwickshire*, 1730) 673; 브랙턴 (Bracton)의 『잉글랜드의 법과 관습에 관한 연구』 원문 페이지 396 b, 3항; 『브리턴』(Britton, Nichol 편집) 1권 163, 17항; 『판례 모음집』 8 Joh., Berk. 사건 4, pp. 55, 56; 앞의 책(에드워드 1세 19년), Norf. & Surf. 사건 7, p. 284; 앞의 책 색인 '인장' 등을 참고하라.
[111] 에드워드 1세 『연감』 30권 158; 『플레타』 2부 60조 25항, p. 130.
[112] 에드워드 3세 『연감』 45권 24, 판결문 30.
[113] (옮긴이 주) 구속력 있는 일반적인 계약이나 약속이 되려면 처음에는 대가관계가 있어야 했고 이것이 나중에 약인으로 인정되었다. 일반적인 계약이나 약속(대표적인 것으로 고대의 채무)에서 약인이 증거로 인정되기 위해서는 증인들이 필요했다. 그러나 날인계약에서는 날인(seal)이 확실한 증거로 인정됨으로써 날인계약에서는 약인이 필요하지 않다는 예외가 허용되었고 그것이 규칙으로 인정되었다.
[114] 브랙턴(Bracton)의 『잉글랜드의 법과 관습에 관한 연구』 원문 페이지 100 b, 9항.

오늘날 날인계약이 공식적인 계약, 즉 바로 로마법에서처럼 통상적인 합의적 계약과 함께 살아남은 공식적인 계약이라고 말하는 것은 종종 더 냉철한 것으로 생각된다. 그러나 이것은 어떻든 그것을 설명하는 올바른 방법은 아니다. 약속한 사람의 의지의 단순한 표현을 넘어서서 약속을 구속력 있게 만들기 위해 법이 요구하는 것은 어떤 의미에서는 전부 형식일 뿐이다. 약인도 인장과 마찬가지로 한 가지 형식일 뿐이다. 유일한 차이가 있다면, 한 가지 형식은 현대에 도입되었고 건전한 상식에 근거하고 있거나 적어도 우리의 공통적인 사고 관습 안에 있으므로 우리는 그것을 자각하지 못한다는 것이며, 반면에 다른 형식은 법의 더 오래된 조건에서도 살아남았고, 또한 덜 분명하게 느낄 수 있거나 덜 친숙하다는 것이다. 나는 최근의 약인 이론의 영향으로 날인계약에 관한 법이 붕괴되고 있다는 것을 추가로 말할 수 있다. 많은 주에서 펜의 단순한 긁적임이나 멋진 서명도 인장으로서 충분하다고 판결되었다. 여기서 약간 더 나아간 단계는 날인된 증서와 날인되지 않은 증서의 구분을 전적으로 폐지하는 것이며, 이런 일들은 서부의 일부 주에서 벌어지고 있다.

날인계약은 취약하면서도 오래된 상태로 잔존해 있고, 채무소송은 모호하면서도 혼란스러운 여운을 남기면서 사라졌으며, 반면에 전반적으로 현대적인 계약법은 이제 설명해야 하는 인수소송을 매개로 성장했다.

노르만의 정복 이후 모든 통상적인 소송은 원고에게 답변하도록 피고를 법정으로 소환하는 명령, 즉 왕이 발부한 영장에 의해 시작되었다. 이런 영장들은 영장이라는 이름을 얻게 된 잘 알려진 다양한 소송에서 당연한 일거리로서 발부되었다. 채무소송 영장과 날인계약 영장이 있었고, 원고의 신체나 그의 점유 상태에 있는 재산에 대한 불법침해소송 영장 등등이 있었다. 그러나 이런 영장들은 법에서 인정하는 소송에 대해서만 발부되었으며, 영장이 없는 경우 법정은 사건을 심리할 권한을 전혀 갖지 못한다. 에드워드 1세 때 그런 소송들은 거의 없었다. 당신이 다른 사람의 돈을 회수할 수 있는 사건들은 소수의 그룹으로 나뉘었으며, 이런 그룹 각각에 대해서는 소송을 제기하고 당신의 청구를 진술하는 특별한 형식이 존재했었다.

이런 형식들은 적절하지 않게 되었다. 따라서 불법침해의 정의 내에는 정확하게 소속되지는 않지만 구제책을 제공하는 많은 사건에 부여할 형식이 필요해졌다. 구제책을 제공하기 위해 해야 할 첫째 일은 영장을 발부하는 것이다. 따라서 에드워드 1세 13년의 유명한 법령 제24조에 따르면, 옛날의 영장을 발부했던 관청은 영장이 이미 발부되고 있는 사건들과 원칙적으로 유사한 사건들에서 새로운 영장을 만들어낼 권한을 부여받았으며, 그 유사한 사건들은 구제책이 필요하지만 이미 활용되고 있는 영장의 범위 내에는 정확하게 포함되지 않는 경우들이다.

예컨대 불법침해특례소송 영장, 즉 불법침해에 대한 민사상 고소의 근거를 진술하지만 과거 선례에서 기소되었던 불법침해소송에는 딱 들어맞지 않는 영장이 그 모습을 드러내기 시작했다. 가장 오래된 사건 중 중요한 사례를 예시하기 위해, 어떤 사람이 편자를 박으려고 편자공에게 말을 맡겼으며, 편자공이 부주의하여 말의 말굽에 못을 박아버렸다고 가정하자. 손해가 가해졌을 때 말은 말 소유자의 점유 상태에 있지 않았으므로, 아마도 말 소유자는 옛날의 영장을 발부받을 수 없었을 것이다. 재산에 대한 엄격한 불법침해는 그 재산을 점유하고 있는 사람에 대해서만 저질러질 수 있었다. 그런 불법침해는 스스로 점유 상태에 있는 사람은 저지를 수 없다.[115] 그러나 소유자가 말을 고삐로 잡고 있든 편자공에

---

[115] 코크(Coke)의 『판례집』 5권 13 b, 14 a, 헨리 롤(H. Rolle)의 『왕립법원의 판례집』 1권 126, 128; 에드워드 3세 『연감』 43권 30, 판결문 15 등을 참고하라.

게 맡겼든, 말을 불구로 만든 것은 마찬가지로 부당행위이고 또한 부당행위는 비록 불법침해와 동일한 것은 아닐지라도 불법침해와 매우 유사하므로, 법은 소유자에게 불법침해특례소송 영장을 제공했다.[116]

이와 같은 예는 아무런 문제도 야기하지 않았다. 즉 그것은 불법침해 자체와 마찬가지로 부당행위에 대한 불법행위소송이다. 계약도 언급되지 않았고, 원칙적으로 아무것도 필요하지 않았다. 그러나 이것은 여기서 검토 중인 소송 부류에는 속하지 않는다. 왜냐하면 우리 앞에 놓인 문제는 계약소송인 인수소송의 기원을 추적하는 것이기 때문이다. 그러나 인수소송은 불법침해특례소송으로서 시작되었으며, 우리는 불법침해특례소송이 합의서의 단순한 위반에 대해 어떻게 가능하게 되었는가를 찾아내야 한다.

인수가 진술된 가장 오래된 사례 중 일부를 검토하는 것이 좋을 것 같다. 『연감』에 최초로 보고된 첫 사례는 에드워드 3세[117] 때이다.[118] 원고는 피고가 험버[119]를 가로질러서 원고의 말을 안전하게 운반하는 일을 맡았지만, 배에 짐을 과적하여 그 이유로 말이 죽어버렸다고 진술했다. 그 소송은 합의서 위반에 대해 제기되는 날인계약소송이거나 그렇지 않으면 불법침해소송이어야 한다고 피고가 반론을 제기했다. 그러나 피고가 배에 짐을 과적했을 때 피고가 부당행위를 저질렀다고 원고가 재반박했으며, 피고의 반박은 기각되었다. 즉, 인수가 언급되었지만 이 사례는 새로운 원칙을 거의 도입하지 않았다. 물리적인 힘은 확실히 피고에게서

---

[116] 에드워드 3세 『연감』 46권 19, 판결문 19; 앞의 사건, 브룩(Brooke)의 『판례 요약문』, 「형사소송」, 판결문 22.
[117] (옮긴이 주) Edward III(1312~1377, 재위 1327~1377).
[118] 『순회재판 연감』 22권 판결문 41, 원문 페이지 94.
[119] (옮긴이 주) 잉글랜드 북부의 동부 해안에 있는 넓은 포구.

직접 나오지는 않았지만, 그 힘은 그의 과적 행위와 그 다음의 배 띄우기 두 가지 힘의 결합에서 나오게 되었다.

다음의 사례는 동일한 시대의 것이며 한 걸음 더 나아간다.[120] 영장은 피고가 원고의 병든 말을 치료하는 일을 맡았으며, 그의 일을 소홀히 하는 바람에 말이 죽었다고 진술했다. 이 사례는 말의 말굽에 못을 박아서 불구로 만든 사례와는 두 가지 관점에서 상이하다. 우선, 이 사례는 어떤 물리적인 힘을 가하는 행위를 하지 않았고, 또한 어떤 행위를 사실상 하지도 않았으며, 단순히 부작위가 있었을 뿐이다. 다른 한편, 이 사례는 다른 사례에서 언급하지 않았던 인수를 진술한다. 피고는 이것이 인수 불이행에 대한 소송이며, 원고가 날인계약소송을 제기해야 한다고 즉각 반박했다. 원고는 피고가 날인증서 없이는 말을 치료할 수 없었고 그 소송이 태만으로 인해 말의 죽음을 유발한 것에 대한 소송이라고 재반박했다. 즉 계약 불이행에 대한 소송이 아니라 불법행위에 대한 소송이라고 재반박했다. 그때, 당신은 불법침해소송을 할 수 있다고 피고가 말했다. 그러나 원고는 말이 물리적인 힘에 의해 죽은 것이 아니라 **그의 치료가 부족해** 죽었다고 반박했으며, 이런 논리에 대해 소프 판사(Thorpe)[121]는 어떤 사람이 병을 치료하는 일을 맡았으나 치료 부족으로 환자를 사망시킨 것으로 기소된 것을 목격했다고 말하면서, 불법침해특례소송 영장은 적절하게 발부되었다고 판결했다.

이 두 가지 사례는 피고 측의 인수에 관한 진술에도 불구하고 법정이 순수한 불법행위소송으로 취급한 것으로 보인다. 그러나 그 사례들은 통

---

[120] 에드워드 3세 『연감』 43권 33, 판결문 38.
[121] (옮긴이 주) William de Thorpe(?~1361)는 잉글랜드 법률가이며, 왕립법원의 재판장(1346~1350)을 역임했다. 뇌물로 많은 재산을 축재했기 때문에 1350년 재산 몰수와 교수형이 선고되었으나, 이듬해에 사면받았다.

상적인 불법침해소송과는 계속적으로 점점 멀어지고 있는 것으로도 보인다. 마지막으로 언급된 사례에서, 특히, 파괴적인 물리력은 어떤 의미에서도 피고에게서 나오지 않았다. 따라서 우리는 손해를 유발하는 부당행위와 전혀 행동하지 않은 잘못 사이에 어떤 가능한 대비가 발견될 수 있는가 하는 문제에 봉착했다.

내가 그것에 대답하려고 시도하기 전에, 약간 나중에 등장한 사례들을 추가로 예시하려고 한다. 어떤 사람이 다른 사람의 집 짓는 일을 맡았으며, 그의 미숙련 때문에 고용주의 목재들을 망가뜨렸다고 가정하자. 그것은 불법침해는 아니지만 불법침해와 유사할 것이며, 고용주는 불법침해특례소송을 제기할 것이다. 이것은 헨리 4세 때 판사 중의 한 사람에 의해 명확한 법[122]으로 언급되었다.[123] 그러나 자재들을 직접 망가뜨리는 대신에 단순히 목수가 지붕에 구멍이 남아있음을 모르고 그냥 두는 바람에 빗물이 들어오고 그에 따라 손해가 발생했다고 가정하자. 앞 사례와의 유사성은 대단히 두드러지지만, 우리는 불법침해에서 한발 더 나아갔다. 왜냐하면 물리적인 힘이 피고에게서 나오지 않았기 때문이다. 그럼에도 이 사례에서 역시 판사들은 불법침해특례소송이 성립한다고 생각했다.[124] 헨리 4세 때 합의서에 따른 집짓기를 단순히 거부한 것에 대해서는 소송이 유지될 수 없었지만, 법정이 암시하는 바에 따르면, 영장이 "어떤 일이 시작되었고 그 다음에 과실로 인해 다하지 못했다고" 언급했다면, "그것은 달라졌을 것이다."[125]

---

[122] (옮긴이 주) 여기서 법은 보통법에서의 규칙, 원칙을 지칭한다. 보통법에서는 법의 규칙 혹은 원칙이 판례로 확립될 뿐이며, 통상적으로 성문법으로 구체화되지는 않는다. 자세한 내용은 p. 2의 옮긴이 주 2와 p. 205의 옮긴이 주 27을 참고하라.
[123] 헨리 4세 『연감』 11권 33, 판결문 60.
[124] 헨리 6세 『연감』 3권 36, 판결문 33.
[125] 헨리 4세 『연감』 2권 3, 판결문 9; 헨리 4세 『연감』 11권 33, 판결문 60. 또한

이제 나는 불법침해특례소송 영장을 확보하는 데 충분한 불법침해와 부작위 간에는 어떤 유사성이 존재할 수 있는가 하는 문제로 돌아간다. 해답을 발견하려면, 초기의 모든 사례에서 원고의 신체나 재산을 다루는 과정에서 부작위가 발생했고 한 사람이나 다른 사람에게 손해를 야기했다는 것을 주목하는 것이 핵심이다. 이런 사실에 비추어보면, 치료 부족으로 환자를 사망시킨 것에 대한 기소를 소프 판사가 언급한 것, 임무가 시작되기 전과 시작된 후의 태만을 나중에 구분한 것 등은 대단히 의미심장하다. 이것이 그 주제에 관해서 확인할 수 있는 첫 논리 혹은 유사성이라는 사실을 상기할 때, 앞의 사례가 시사하는 바는 더욱 크다.

그 유사성의 의미는 명백하다. 어떤 사람은 그의 이웃의 재산이 무너지는 것을 옆에 서서 구경할 완전한 권리를 갖거나 그 문제와 관련하여 그의 도움이 없어서 이웃이 죽어가는 것을 관망할 완전한 권리를 갖지만, 그럼에도 그가 즉시 간섭한다면 그는 더 이상 똑같은 자유를 갖지 않게 된다. 그는 마음대로 철수할 수 없다. 더 독특한 예시로서, 어떤 외과의사가 자비심으로 신생아의 탯줄을 잘랐다면 그는 거기서 멈추어서 산모가 피를 흘리면서 죽어가도록 방관할 수 없다. 탯줄을 끊는 순간에 고의가 포함되었다면 모살이 되듯이, 그 방식으로 죽도록 허용하는 것은 모살이 될 것이다. 그 사악함이 그 행위와 더불어 시작되었는가 혹은 그 뒤의 부작위와 함께 중도에 시작되었는가는 중요하지 않다.

동일한 추리는 민사적 책임에도 적용된다. 목수는 다른 사람의 집에 가서 일할 필요가 전혀 없지만, 그가 다른 사람의 신뢰를 받아들여서 집을 짓기로 한다면 그는 집짓기를 마음대로 중단하여 지붕이 비바람에 노출되도록 방치할 수는 없다. 마찬가지로 편자공의 경우에도, 그가 말을

헨리 6세 『연감』 3권 36, 83도 참고하라.

맡았을 때 그는 결정적인 순간에 멈추어서 그 결과를 운에 맡길 수는 없다. 따라서 여전히 더욱더 명백하게, 도선업자가 험버를 가로질러서 말을 운반하는 임무를 맡았을 때, 비록 물이 말을 익사시켰다 해도, 그의 배를 과적시키고 그 조건에서 배를 띄우는 그의 행위는 그 손실을 야기했으며, 그에 따라 그는 그 손실에 대해 책임이 있다.

앞의 사례들에서, 의무는 계약과는 독립적이거나 적어도 판결을 내리는 판사들이 그렇게 생각한 것이며, 그 의무는 심지어 형법에 의해 인간의 행위에 적용되는 일반적인 규칙에 의거한 것이다. 문제의 손해가 발생하는 즉각적인 원인은 자연적인 힘의 작용에 맡겨지는 단순한 부작위일 수 있다. 그러나 원인이 사실관계에서 연결되듯이 당신이 앞의 일들과 원인을 연결시킨다면, 당신은 전반적으로 보았을 때 그 손해를 야기했던 일련의 행동과 행위를 갖게 된다.

그가 방지할 수도 있었던 그의 행동의 결과에 대해 책임이 있다는 것과 그가 작동시키지도 않았고 또한 손해를 끼치도록 유도하지도 않은 자연의 과정에 간섭하지 않은 것에 대해 그에게 책임을 묻는 것 사이에는 상당한 거리감이 있다는 반론이 확실히 제기될 수 있다. 또한 한 측면에서는 지붕에 구멍을 만들어서 방치하거나 탯줄을 자르고 피를 흘리도록 방치하는 것과 다른 측면에서는 병든 말을 받고서 적절한 주의를 생략한 수의사의 경우 사이에도 바로 그런 차이가 바로 존재한다는 것이다.[126]

이 반론에는 두 가지 답변이 있을 수 있다. 첫째, 그런 구분이 내가 언급한 사건을 판결했던 법정에 의해 언급되었는지는 분명하지 않다. 원고는 피고가 그의 치료를 그렇게 부주의하게 했으므로 말이 죽었다고

---

[126] 헨리 6세 『연감』 19권 49, 판결문 5 **마지막까지**에 있는 뉴턴(Newton) 재판장의 진술을 참고하라.

진술했다. 판사들은 피고의 행위가 일련의 호의적인 조치에 대한 부작위에 불과하다고 생각할 수는 없을 것이다. 전반적으로 보았을 때 그 말을 부적절하게 다루게 만든 것은 행위와 태만의 복합적 작용으로 구성되었다고 추정할 수 있다.

둘째, 그런 구분이 실무적인 근거에서 건전한 구분인가 하는 것도 의문스럽다. 어떤 사람은 어떤 계약을 맺지도 않았고 또한 어떤 합리적인 방식으로 자신에게 부여되는 신뢰를 거부할 자유를 갖지만, 그가 자신에게 부여되는 그 신뢰를 받아들이는 한 그가 그에게 알려진 대로 그런 주의를 기울일 의무가 있다는 것은 합당할 것이다. 이런 견해는 피고가 그가 아는 만큼 치료를 수행해야 하는데 이런 보호(치료?)가 없어서 말이 죽어버렸다고 하여 당사자들이 소송에까지 이르게 된 쟁점에서 약간의 지지를 얻는다.[127]

그렇지만 인수에 대한 진술이 업무에 착수한다는 생각뿐만 아니라 약속이라는 생각도 전달한다는 것은 부인 불가능하다. 사실상 업무에 착수한다는 요소는 그 진술 없이도 아마 충분히 전달될 것이다. 따라서 약속이 행동할 의무를 발생시키는 데 있어서 어떤 것을 설명하지 않겠는가 하는 문제가 제기될 수 있다. 소송이 사실상 계약의 파기 때문이라는 결과를 포함하는 한, 그 문제에 대한 해답은 이미 주어졌으며, 그 해답은 의문을 제기할 수 없을 만큼 비중이 큰 선례에 의해 지지되고 있다.[128] 피고를 계약에 구속하려면, 날인문서가 핵심적이다. 이미 보여주었듯이, 심지어 옛날 채무소송도 이런 필요조건에 의해 제한을 받았으며, 에드워

---

[127] 에드워드 3세『연감』48권 6, 판결문 11을 참고하라.
[128] 앞에 있는 사례들; 헨리 4세『연감』2권 3, 판결문 9; 헨리 4세『연감』11권 33. 또한 헨리 6세『연감』3권 36, 판결문 33; 헨리 6세『연감』20권 34, 판결문 4; 헨리 7세『연감』2권 11, 판결문 9 등도 참고하라.

드 3세 때 날인증서도 채무보증인을 구속시키는 데 필수적이었다. 옛날에 법으로 강요되지는 않았지만 약속에 책임을 도입하는 것은 그렇게 **더욱 유력한 이유**라고 할 수 있다. 그럼에도 예비 진술 방식에 의해 인수를 진술하는 특례소송, 즉 과실에 의한 손실, 환언하면 적절한 주의의 생략에 기인한 손실에 대한 특례소송은 사실상 계약소송이라는 암시가 일찍이 제시되었다.

말을 치유하는 데 과실이 있었다는 이미 언급된 소송으로부터 5년 후, 외과의사가 원고의 손을 치료하는 일을 맡았고 그의 과실로 손이 불구가 되었다고 진술하는 소송이 유사한 형태로 제기되었다.[129] 그러나 원고의 손이 T. B.라는 사람에 의해 부상당했다고 법정에서 진술되었다는 차이점이 있다. 그에 따라 잘못된 처치가 문제를 얼마나 많이 악화시켰든, 불구가 되는 것은 T. B.에게 그 원인을 돌리는 것이 적절하며, 원고가 그를 상대로 소송을 제기해야 할 것 같다. 이것은 피고가 이 소송 방식을 채택하도록 유도할 수 있다. 왜냐하면 그는 자신에 대해 불법행위소송이 성립할 것인가에 대해 불확실하다고 느꼈기 때문이다. 피고는 인수가 원고의 사건에 핵심적이라고 가정하면서 그 인수에 관해 이의를 제기했으며, 그 다음에 영장이 인수의 장소를 명시하지 않았고, 그에 따라 영장이 그런 쟁점을 언급하려면 어디서 배심이 소환되어야 하는지를 명시하지 않았기 때문에 그 영장이 잘못되었다고 반박했다. 영장은 법정이 피고의 견해를 시인하는 것처럼 보이는 그런 근거에서 잘못된 것으로 판결되었다. 사실상 판사 중 한 사람은 그것을 날인계약소송이라고 지칭했고, "그렇게 사소한 일들에 대해 (**순수하게 특별한**) 날인증서를 작성하려고 언제

---

[129] 에드워드 3세『연감』48권 6, 판결문 11. 또한 피츠허버트(Fitzherbert)의『판례요약문』,「형사소송」, 판결문 37, 리처드 2세 11년; 헨리 6세『연감』14권 18도 참고하라. 그러나 에드워드 3세『연감』43권 33, 판결문 38을 참고하라.

나 바로 서기를 고용할 수는 없기 때문에 당연히 그 소송은 날인증서 없이도 유지 가능하다"고 언급했다. 동시에, 언급된 초기 사례들이 인용되고 또한 그것에 의존해 판결이 이루어졌으며, 분명한 것은 법정이 그 초기 사례들을 넘어서서 더 나아갈 준비가 되어 있지 않았다는 것이고 또한 전문적인 반론과는 별도로 소송이 그 소송의 시비에 따라 유지될 수 있다고 판결할 준비가 되어 있지 않다는 것이다. 다른 것과 연관해, 법정은 불법침해의 관점에서 그 소송을 고려했던 것처럼 보인다.[130]

이 사례가 어떤 쟁점들을 제시할 수 있든, 피고 측에서 인수를 진술하는 소송들은 에드워드 3세 때 이후 계속해서 오랫동안 불법행위소송으로 취급되었다. 책임은 피고가 일을 맡은 이후에 발생하는 신체나 재산에 대한 손해에 한정되었다. 또한 앞으로 보게 되듯이, 그 책임은 주로 불법행위법에서 유추된 추론을 통해 그 이후에 확대되었다.

헨리 6세 때 초기에, 약속을 단순히 지키지 않았다는 데에 대한 소송이 성립하지 않는다는 것은 아마도 여전히 법 것이다.[131] 그러나 앞에서 보여주었듯이, 부작위나 태만이 임무 수행 과정에서 발생하고 또한 피고의 행위가 물리적인 손실을 수반한다면, 그 소송이 성립한다는 것은 몇 번에 걸쳐 제시되었다.[132] 이런 착상은 지붕에 구멍을 방치한 목수 사건이 발생했을 때인 헨리 6세 초반에 가장 놀랄만한 형태를 취했다.[133] 법정이

---

[130] 래스텔(Rastell)의 『법학 논문』 p. 410, E, F, G.에 있는 '왕립법원의 100가지 판례를 지탱하는 방식'이란 제목의 논문 말미에 인쇄된 변론에 관한 오래된 규칙을 인용하는 에드워드 1세 『연감』 32 & 33 서문, p. xxxvi.에 있는 결백의 선서를 허용하는 캔디시(Candish)의 논리를 참고하라.
[131] 헨리 6세 『연감』 3권 36, 판결문 33.
[132] 헨리 4세 『연감』 2권 3, 판결문 9; 헨리 4세 『연감』 11권 33, 판결문 60; 헨리 6세 『연감』 3권 36, 판결문 33.
[133] 헨리 6세 『연감』 3권 36, 판결문 33.

이 정도까지 나아갔을 때, 한 단계 더 나아가는 것은 용이했으며, 유사한 손해를 수반하는 어떤 단계에서 부작위에 대한 유사한 효과를 허용하는 것 역시 용이했다.

  몇 년 후,[134] 소송이 성립되도록 허용하는 사건들과 말에게 편자를 박아주기로 일을 맡고서 그것을 하지 않음으로 인해 말이 불구가 되어버린 편자공의 사건, 혹은 소송에서 변론하기로 일을 맡은 변호사가 자신을 믿게 만든 후에 법정 출석을 태만히 하여 패소하게 만든 사건 사이에는 원칙적으로 어떤 차이가 존재하는가 하는 의문이 제기되었다. 초기 사례들에서 의무는 날인계약에 의존하거나 그것에 부속되어 있다고 판결되었으며, 소송이 부수적인 문제로 성립한 것이라면 그것은 본건에서도 성립한다고 판결되었다.[135] 피고의 항변에 대해서는 피고가 얻기로 했던 어떤 채무면제를 획득하지 못한 것에 대한 소송이 성립한다고 판결되었다.

  5년 후, 에드워드 3세 때 편자공 사례와 매우 흡사한 다른 사례[136]가 등장했다. 피고가 원고의 말을 치료하는 일을 맡았으며, 약을 부주의하게 투약하여 말이 죽었다고 원고가 진술했다. 초기 사례와 마찬가지로 이 사례에서도 쟁점은 인수로 받아들여졌다. 이때 부작위와 작위의 차이가 명백하게 언급되었고, 원고의 최초 진술은 부작위 이상의 어떤 것을 반드시 의미할 필요가 없다고 판결되었으며, 인수를 제외하면 피고는 행동할 어떤 의무도 지지 않을 것이라고 판결되었다. 따라서 피고의 약속에 대한 진술은 중요하고, 쟁점은 그 약속 위에서 적절히 고려될 수 있다.

---

[134] 헨리 6세 『연감』 14권 18, 판결문 58.
[135] 헨리 6세 『연감』 14권 18, 판결문 58 또한 에드워드 3세 『연감』 48권 6, 판결문 11도 참고하라.
[136] 헨리 6세 『연감』 19권 49, 판결문 5. 추가로 헨리 6세 『연감』 20권 25, 판결문 11을 보라.

이런 판결은 피고의 의무의 근원인 약속에서 발생하는 특별한 부류의 소송을 대다수 특례소송에서 뚜렷하게 분리했으며, 그 부류가 새로우면서도 별개의 계약소송이 되는 것은 단지 시간문제였다. 이런 변화가 즉시 발생한다면 동시대에 관해 처음으로 명확하게 설명한 약인에 관한 학설은 확실히 적용될 것이며, **대가관계**는 인수를 위해서는 필요하게 될 것이다.[137] 그러나 불법행위 개념은 즉시 폐기되지는 않았다. 초기 판결들과 부합하도록 법이 헨리 7세 때 초기에 제정되었으며, 피고가 인수에 착수한 이후에 과실인 경우를 제외하면 약속불이행에 대해서는 소송이 성립되지 않는다고 판결되었다.[138]

소송이 불법행위의 진정한 한계를 넘어서지 않는 한, 인수를 위한 약인이 있었는가 여부는 중요하지 않았다. 그러나 진정한 불법행위든 아니든 인수를 진술하는 모든 사안은 모두 약속에 근거해야 한다고 전제하는 실수가 발생할 때, 두 가지의 잘못된 결론 중 하나로 귀결되는 것은 당연했다. 옛날의 선례들에서는 명백히 **대가관계**가 없었던 것처럼(그 소송들은 순수한 불법행위에 관한 소송들이었다) 인수소송도 어떤 **대가관계**를 요구하지 않아야 하거나,[139] 혹은 그렇지 않으면 그 선례들은 잘못되었고 **대가관계**가 모든 사례에서 진술되어야 한다. 소송의 주요 소인이 재산에 대한 부주의한 손해인 사건들에서 약인이 필요하지 않다는 것은 불법행위의 진정한 한계에 관한 다소간의 이해와 더불어 오래전부터 인정되어 왔다.[140] 그리고 찰스 1세 때까지도 약인이 언제나 불필요하다는 개념의

---

[137] 헨리 6세 『연감』 3권 36, 판결문 33을 참고하라.
[138] 헨리 7세 『연감』 2권 11, 판결문 9. 또한 헨리 6세 『연감』 20권 34, 판결문 4를 참고하라.
[139] 헨리 6세 『연감』 14권 18, 판결문 58; 헨리 7세 『연감』 21권 41, 판결문 66에 있는 피뉴(Fineux) 재판장의 진술 등을 참고하라.
[140] 케일웨이(R. Keilway)의 『판례집』 160, 판결문 2(헨리 8세 2년); *Powtuary v.*

흔적들이 약간 남아있었다.

찰스 1세 때 한 사건에서, 피고는 제삼자를 위한 소송을 하려고 변호사를 고용했으며, 그에게 그의 모든 수임료와 비용을 지급할 것을 약속했다. 변호사는 서비스를 제공했으며, 그 다음에 채무소송을 제기했다. 당사자들 간에 어떤 계약도 없었고 어떤 **대가관계**도 갖지 않았으므로, 피고는 채무소송이 성립하지 않는다고 반박했다. 법정은 그 논리를 채택했고 이런 소송의 근거를 이루는 어떤 계약이나 약인도 없지만, 원고가 인수로 소송을 제기할 수는 있다고 판결했다.[141]

그 사건은, 아마도, 인수가 계약이 아니라는 관념의 그림자이면서 종종 그런 개념의 반복[142]일 것이며, 또한 채무소송에 적용된 것보다도 더

Walton, 헨리 롤(H. Rolle)의 『요약문』 1권 10, 판결문 5 (엘리자베스 1세 39년); *Coggs v. Bernard*, 로버트 레이먼드(R. Raymond)의 『왕립법원과 민사법원의 판례집』 2권 909 (앤 2년, 1703년). 본서의 앞에 있는 pp. 275~278.

[141] *Sands v. Trevilian*, 크룩(Croke)의 『판례집』 찰스 1세, 193, 194 (찰스 1세 4년, 1629년).
(옮긴이 주) *Sands v. Trevilian*(1629): 사실관계와 판결 내용은 본문과 같음. 피고는 다른 사람을 위해 변호사를 고용했고, 변호사는 다른 사람을 위해 변호하는 데 동의했으므로, 피고와 변호사 사이에는 채무소송의 소인이 전혀 존재하지 않으며, 이런 소송의 근거를 이루는 어떤 계약도, 어떤 약인도 전혀 존재하지 않는다. 판사 전원은 채무소송은 성립하지 않지만, (약속에 관한) 특례소송만은 성립한다고 판결했다.

[142] 브룩(Brooke)의 『판례 요약문』, 「형사소송」, 판결문 5; 앞의 사건, 헨리 8세 『연감』 27권 24, 25, 판결문 3; *Sidenham v. Worlington*, 레너드(W. Leonard)의 『판례와 법률 사례집』 2권 224, 1585년.
(옮긴이 주) *Sidenham v. Worlington*(1585): 약속에 관한 특례소송. 피고의 요청에 따라 원고는 30파운드 때문에 왕립법원에서 체포된 J. S.를 위해 채무보증인 및 보석보증인이 되었고, 그 후에 J. S.의 파산으로 30파운드를 지급하게 되었다. 그 후 원고를 만난 피고가 동일한 약인으로 30파운드를 지급하겠다고 약속했지만 지급하지 않았다. 피고는 피고와 원고 사이에는 어떤 계약도 어떤 약인도 존재하지 않는다고 항변했다. 계약에 필요한 전부는 함께 동시에 발생해야 한다는 것, 예컨대, 한쪽에서는 약인, 다른 쪽에서는 판매나 약속이 있어야 한다. 그러나 인수소송을 유지하려면 ... 근원적인 원인이나 선행하는 약인이 존재한다면, 약속이 나중에

확장된 약인 이론도 이런 관념에서 기인한 것 같다. 단순한 부작위나 의무불이행에 대해서는 인수소송이 성립한다는 것은 이제 정착되었다. 헨리 6세 때 언급된 사례들은 헨리 7세 때 후반에 다른 사례들을 수반했으며,[143] 그것에 대해서는 결코 다시는 의문이 제기되지 않았다. 그런 소인에 근원한 소송은 분명히 에드워드 3세 때부터 인정되듯이 약속 파기에 대한 소송이다. 그렇다면, 약인은 필수적이다.[144] 종종 나타나는 변칙적인 판례에도 불구하고, 그것은 역시 엘리자베스 여왕 때 많은 사례에서 정착되거나 당연한 것으로 받아들여졌다. 그러나 어떤 약인이 어떻든 얼마만큼 필요한가에 의문을 제기하게 만드는 소송의 비정상적인 기원은 채무소송에서 거부된 약인을 수용할 수 있게 만들기도 했다.

다른 상황이 약인 이론에 영향을 미칠 수도 있다. 인수소송이 완전한 형태로 성장하고 있을 때, 약인을 가장 넓은 의미로 받아들이면서 그 개념을 로마법상의 소인과 같은 의미로 간주하려는 약간의 경향이 있었던 것 같다. "소인"이라는 용어는 수익권(use)[145]을 인정하는 날인계약과 관련해 엘리자베스 여왕 때 초기에 약인 대신에 사용되었다.[146] 그 용어는

이루어진다 해도, 그것으로 충분하다고 보면서 약속에 관한 특례소송에서 원고 승소가 판결되었다.
[143] 헨리 7세 『연감』 21권 30, 판결문 5; 같은 『연감』 41, 판결문 66.
[144] 헨리 6세 『연감』 3권 36, 판결문 33.
[145] (옮긴이 주) 수익권(use)은 토지에 관한 형평법상의 권리이며, 어떤 목적으로 재산을 양도받은 사람의 의무의 인식과 관련된 보통법상의 부동산 용어이다. 귀족들이 조세 회피를 목적으로 많이 사용했던 관행이다. 이를테면 토지 귀족이 임차인에게 자신의 토지를 양도하면서 토지의 수익을 토지 귀족 자신이나 제삼자(과부, 자녀 등)를 위해 보유하도록 지시하는 것으로 성립되는 관계이다. 일종의 신탁(trust)이라고 볼 수 있다. 보통법은 인정하지 않았으나 형평법원이 인정하는 권리이다. 이를 해결하기 위해 수익권 법령(the Statute of Uses, 헨리 8세, 1536)이 만들어졌으나 그 목적 달성에는 실패했고, 현대적인 신탁법이 출현하게 된다.
[146] *Sharington v. Strotton*, 플로우든(Plowden)의 『주석』 298 (엘리자베스 1세 7 & 8년); 앞의 책 309, "민법".

인수소송에서 동일한 의미로 사용되었다.[147] 비록 주요 판례가 오늘날도 추종되는 학설을 바로 규정한다 해도, 마지막으로 인용된 판결문에서는 피고가 요청하는 경우에만 약인이 이행되는 것을 의미하는 것으로 해석된 무명의 판례가 또한 언급되었지만,[148] 비록 어떤 종류의 어떤 약속도 사전에 없었다 해도 그 무명의 판례는 약인에 대해 대가를 지급하겠다는 후속적인 약속을 지지할 것이다.[149] 권위 있는 이 선례와 "소인"이란 용어에서 출발한다면 다음과 같은 결론에 즉각 도달한다. 즉 계약과 인수 사

---

[147] *Hunt v. Bate*, 다이어(Dyer)의 『판례집』 3권 272 a (엘리자베스 1세 10년, 1568년). (옮긴이 주) *Hunt v. Bate*(1568): 피고 베이트(Bate)의 하인이 불법침해로 투옥되었고, 피고의 친구들 중 원고인 헌트(Hunt)와 다른 사람 둘은 호의로 보석보증인이 되었으며, 이 말을 전해들은 피고는 원고에게 손해가 가지 않게 만들겠다고 약속했다. 원고는 피고의 하인의 31파운드 빚을 떠안게 되었고, 피고는 변제를 거부했다. 원고는 약속을 이유로 피고를 고소했으나 소송이 성립하지 않는다고 판결되었다. 하인의 방면과 보석보증인의 보증이 이루어지기 전에 피고가 원고의 채무를 변제하겠다는 약속을 먼저 하지 않는 한, 약인이 없기 때문이다.

[148] (옮긴이 주) *Hunt v. Bate*(1568)에 소개된 '무명의 판례'는, 피고의 특별한 요청에 따라 원고가 피고의 사촌과 결혼하기로 한 약인으로, 피고가 원고에게 20파운드를 지급하겠다는 약속에 대한 소송이다. 인수와 약속 이전에 결혼이 실행되었지만, 결혼이 피고의 요청에 따라 이루어졌기 때문에 원고는 배상받을 수 있다고 판결되었다.

[149] 제8강을 보라. 랑델(Langdell)의 『계약법의 주요 사례들』 92, 94항은 이런 학설에 대한 독창적인 설명, 즉 피고의 요청으로부터는 **어떤** 약속도 사실상 함축할 수 없다고 그 당시 판결되었다는 독창적인 설명을 제시한다. 내가 알지 못하는 증거가 존재할 수 있지만, 이런 진술에 대해 인용된 사례(*Bosden v. Thinne*, 옐버턴(H. Yelverton)의 『왕립법원의 판례집』 40)는 1603년까지 판결되지 않았으며, 반면에 설명된 사례를 추종하는 권위 있는 사례, 즉 앞에 나와 있는 *Hunt v. Bate*의 함축적 의미는 전혀 다른 방향으로 나아간다.
(옮긴이 주) *Bosden v. Thinne*(1603): F가 R로부터 포도주 2통을 구입할 때 원고가 피고의 특별한 요청에 따라 지급보증을 해주었고, F가 지급하지 않자 원고가 R에게 대신 지급했다. 원고가 피고에게 그 사실을 알리자, 피고가 약인에 따라 원고에게 지급할 것을 약속했으나 이행하지 않았다. 피고가 인수가 아니라고(non assumpsit) 항변했으나 원고 승소가 판결되었다. 약인이 피고의 특별한 요청에 따라 만들어졌다면 과거의 약인은 약속에 대한 인수를 지지한다는 판결이다.

이에는 커다란 차이가 존재하며, 계약에는 "필수적인 모든 것이, 예컨대 한 측면에서 약인, 다른 측면에서는 판매나 약속이 있는 것처럼 동시에 발생하고 함께 맞물려야 하며, … 반면에 인수소송을 유지하려면 모든 것이 동시에 발생하고 함께 맞물릴 필요가 없다. 왜냐하면 상대방을 움직이게 하는 소인이나 선행하는 약인이 존재하고 그런 소인이나 약인에 대해 약속이 이루어진다면 그것으로 충분하기 때문이다."[150]

예컨대, 피고가 일주일에 10실링에 피고 숙모의 물방앗간에서 일하도록 원고를 고용한 경우, 인수소송이 성립한다고 판결되었다. 왜냐하면 원고의 서비스가 피고에게는 아무런 이익도 주지 않을지라도 원고에게는 책임이나 손실이기 때문이다.[151] 오래된 쟁점들이 재논의되었으며, 헨리 6세 때 채무소송을 거의 지배했던 견해들이 엘리자베스 여왕과 제임

---

[150] *Sidenham v. Worlington*, 레너드(W. Leonard)의 『판례와 법률 사례집』 2권 224, 1585년.

[151] *Read v. Baxter*, 다이어(Dyer)의 『판례집』 3권 272 b, 주 (엘리자베스 1세 26 & 27년). 또한 *Richards and Bartlet's Case*, 레너드(W. Leonard)의 『판례와 법률 사례집』 1권 19(엘리자베스 1세 26년)를 참고하라.

(옮긴이 주) *Read v. Baxter*(1583~1584), 3 Dyer, 272 a, 주: Baxter가 Read를 숙모의 물방앗간으로 데리고 가서 일주일에 10실링에 일하도록 고용한 경우, 채무소송(debt)은 성립하지 않지만 인수소송이 성립한다고 판결되었다. 왜냐하면 채무소송이 성립하기 위해선 약속한 사람에게 이득이 있어야 하며, 그에 따라 이 사건에서는 대가관계의 결핍으로 채무소송은 성립하지 않기 때문이다. 그렇지만 법정은 인수소송을 지지할 것이다. 왜냐하면 그 일이 Baxter에겐 이득이 없다고 해도 Read에게는 부과되는 책임이기 때문이다.

(옮긴이 주) *Richards and Bartlet's Case*(1584): 유언자인 전 남편이 피고(B)에게 곡물 일정량을 양도하는 약인으로 피고가 지정 유언집행자(executrix)인 원고(R)에게 10파운드를 지급하겠다고 약속했고, 곡물이 양도된 이후 폭풍으로 곡물이 침수되었다. 피고가 전체 200실링(10파운드) 중 33실링 4펜스를 지급하는 약인으로 원고가 피고의 채무를 면책시켜준다면 새로 합의서(원고는 이의를 제기)를 즉시 실행하겠다고 변론했다. 새로운 합의서로 원고에게 아무런 이득이나 손해가 없고, 피고에게도 노력이나 부담이 부과되지 않으므로, 원고를 구속시킬 어떤 합의도 없으며, 그에 따라 어떤 약인도 없다면서 원고 승소가 판결되었다.

스 1세 때도 인수소송을 지배했다.

채무보증인은 채무소송에서는 책임이 없다 해도 인수를 이유로 소송 당할 수 있다.[152] 원고가 피고의 딸과 결혼한다는 약인의 약속에 대해서도 동일한 구제책이 존재했다.[153] 그렇게 확장된 인수가 계약을 의미하지 않는다는 환상은 유지될 수 없었다. 이런 것을 인정하면서 고대 선례를 고려하면, 법은 약인의 진정한 핵심을 보수로 보는 방향으로 잠시 오락가락했다.[154] 그렇지만 다른 견해가 지배했고, 그에 따라 사실상 그 견해가

---

[152] 브룩(Brooke)의 『판례 요약문』, 「형사소송」, 판결문 5; 동일한 사건, 헨리 8세 『연감』 27권 24, 25, 판결문 3; 다이어(Dyer)의 『판례집』 3권 272, 주.

[153] *Marsh v. Rainsford*, 다이어(Dyer)의 『판례집』 3권 272 b, 주.; 앞의 사건, 레너드(W. Leonard)의 『판례와 법률 사례집』 2권 111, 그리고 크록(Croke)의 『판례집』 엘리자베스 1세 59에 있는 상이한 이름의 사례, *Marsh v. Kavenford*.
(옮긴이 주) *Marsh v. Rainsford*(1586): 인수소송. 피고의 요청에 따라 원고와 피고의 딸 사이의 결혼에 관한 협상이 있었으나 결렬되었고, 피고의 허락도 없이 둘은 몰래 결혼하여 달아났다. 그러나 피고는 그 결혼을 기정사실로 받아들였고 딸과 결혼한 약인으로 100파운드를 그에게 제공하겠다고 약속했다. 이 약속을 후회한 피고가 지급을 거절했다. 에저튼(Egerton)과 포스터(Foster)는 "이 소송은 약인이 아니다. 왜냐하면 결혼은 과거이고 그 결혼 이전에 어떤 행위에 대한 언급이 없었기 때문이다. 그러나 결혼이 피고의 요청에 따라 이루어졌고, 결혼 후에 그가 약속했다면, 이것은 훌륭한 약인이다"라고 진술했다. 반면에 반대 견해를 피력한 팝햄(Popham)과 코크(Coke)는 "아버지의 자연적인 사랑과 애정은 언제나 지속되고 있고, 약속 이전의 결혼은 약속의 충분한 원인이기 때문에," 훌륭한 약인이라고 진술했다. 재정법원에서 "변호사의 변론이 그 전에 제공되었다 해도, 어떤 사람에게 주어지는 변론의 약인으로 10파운드를 주겠다는 약속을 나중에 하면 이는 훌륭한 약인이다"라고 언급하면서, 원고 승소가 판결되었다.
(옮긴이 주) *Marsh v. Kavenford*(1587): 아버지가 자신의 요청에 따라 자신의 딸과 결혼하면 A에게 일정한 돈을 지급하겠다고 약속했고, 돈이 지급되는 시기에 관해서는 합의가 없었다. 비록 아버지의 승낙 없이 몰래 결혼했다 해도, 아버지의 자연적인 애정은 지속되고 있다는 근거에서 그 돈을 지급하겠다는 약속에 대한 충분하면서도 지속적인 약인이 존재한다고 판결되었다.

[154] *Smith and Smith's Case*, 레너드(W. Leonard)의 『판례와 법률 사례집』 3권 88, 1583년; *Riches and Briggs*, 옐버턴(H. Yelverton)의 『왕립법원의 판례집』 4, 1601년; *Pickas v. Guile*, 옐버턴(H. Yelverton)의 『왕립법원의 판례집』 128, 1608년.
(옮긴이 주) *Smith and Smith's Case*(1583): 지정 유언집행자(원고)의 진술서에 따르

실체법의 변화를 유도했다. 헨리 6세의 법정에서 구속력이 있는 것으로 인정된 단순한 계약은 채무자의 이익에 기초해야만 했다. 이제 약속은 약속받은 사람의 손실을 고려하여 강제될 수도 있었다. 그러나 진정한 옛날의 정신에 비추어보면, 그 학설은 그 학설을 도입한 새로운 구제책에

면, 유언자가 중한 병에 걸리자 자신이 사망한 후에 아이들이 성년이 될 때까지 아이들의 교육을 위해 자신의 재산을 처분할 수 있도록 피고에게 위탁하는 약인으로, 피고는 아이들 중 하나에게 토지를 구입해 줄 것을 약속했다. 유언자가 사망한 후에, 그의 유언에 따라 유언자의 재산은 피고가 관리했고, 피고는 상당한 이득을 취했다. 원고는 임무 불이행을 변론했고, 원고 승소가 평결되었으나, 피고는 충분한 약인이 없다는 이유로 판결 정지를 청구했다. Wray 재판장은 아이들 교육과 유언자의 재산을 처분하는 것에 대한 약인, 즉 약속을 지키도록 유인하기 위한 법적인 약인은 피고에게 어떤 이득도 없다고 진술했다. 판결 정지가 청구된 법정은 손해 배상액과 관련해 원고는 아무것도 얻지 못한다고 판결했다. 인수에 대한 약인을 추정할 수 있는 언급은, 약속받은 사람이 "그의 아이들의 교육을" 피고에게 위탁하고 "그들의 교육을 위해 그들이 미성년인 기간 동안 그의 사망 이후에 그의 물건의 처분을 위탁한다"는 것이었다. 그리고 이것은 약인으로서 충분하지 않다고 판결되었다. 왜냐하면 약인은 피고의 이득을 위해서가 아니라 아이들의 이익을 위해 오로지 물건의 처분을 허용했기 때문이다. 즉 약속받은 사람의 요청에 대해 약속한 사람에게 어떤 이득이 있거나 혹은 약속받은 사람에게 약간의 손해가 있어야 한다는 것이다.

(옮긴이 주) *Riches and Briggs*(1601): 원고는 밀 일정량을 빚지고 있는 J. S.에게 밀을 인도하기 위해 피고에게 밀 일정량을 인도했고, 피고는 동일한 밀을 J. S.에게 인도하기로 약속했으나, 인도되지 않았고, 원고가 소송을 제기했으며, 훌륭한 약인이 존재한다고 판결되었다. 왜냐하면 그 밀의 그 점유는 그 지역의 부유한 농부로 존중받고 있는 피고에게 신용일 수 있고 또한 훌륭한 후원일 수 있기 때문이다. 이 판결은 곤란한 판결로 간주되고 있다. 왜냐하면 피고는 밀 수취로 어떤 이득도 갖지 못했고 단순한 점유를 보유할 뿐이기 때문이다. 그러나 이 판결은 재정법원에서 번복되었다.

(옮긴이 주) *Pickas v. Guile*(1608): 피고의 요청에 따라 원고가 그때 그곳에서 원고의 물건들을 인도한 약인으로, 피고가 원고의 요청에 따라 원고에게 재인도하기로 약속했다. 원고가 피고에게 그 물건들을 인도했으며, 피고는 그 물건의 재인도 요청을 받았으나 인도하지 않았다. 원고가 인수를 주장했고, 원고 승소가 판결되었다. 그리고 항소심에서 피고로부터 약속을 이끌어낸 진술서에서 아무런 약인이 존재하지 않는다는 이유로 판결이 정지되었다. 왜냐하면 피고는 그 물건들의 단순한 보관 이외에는 아무런 이득도 없고, 오히려 물건 보관이 이익이 아니라 부담이 된다고 보기 때문이다.

서 분리되지도 구별되지도 않았으며, 그에 따라 현대의 채무소송도 약인이 특별한 종류인 사례들에 한정되는 의무의 달라진 모습을 보여주고 있다.

인수소송의 운명이 나중에 어떻게 되었는지는 간략히 언급할 수 있다. 약속은 손실이며 그에 따라 다른 약속에 대한 충분한 약인이므로, 인수소송은 쌍무계약을 도입했다. 그리고 인수소송은 채무소송을 대체했다. 왜냐하면 지급 의무의 존재는 지급하겠다는 약속을 위한 충분한 약인이기 때문이다. 아니면 오히려 약인이 요구되기 이전에 의무불이행에 대한 인수소송이 제기되는 경우, 피고의 면책 선서를 회피하기 위해 이런 소송이 활용되었기 때문이다. 인수소송은 그전에는 채무와 날인계약에만 한정되어 있던 소송 가능한 계약의 종류를 엄청나게 확대했으며, 반면에 어떤 약속도 인수를 이유로 대부분 소송할 수 있게 되었다. 그리고 인수소송은 현대법에 지대한 영향을 미친 어떤 이론(보관수탁자의 모든 책임은 계약에 근거한다)을 도입했다.[155] 법적 권리와 의무의 근거로서 계약에 그렇게 주어진 명성이 정치토론에서 즉각 얻게 되는 유사한 명성과 어떤 관계를 갖든 말든, 그것은 내가 탐구할 영역을 넘어선다.

---

[155] 본서의 앞에 있는 pp. 275~278. 판례 요약문에 의존하지 말라는 코크 경의 주의는 약인의 역사를 적절히 연구하는 데 매우 필요하다. 요약문은 그 학설을 전혀 거론하지도 않은 사례들에 그 학설을 적용하고, 또한 그 학설을 들어보기도 전에 판결되어 버린 그런 사례들에 그 학설을 적용한다.

제8강
계약의 요소

A. 약인
  (a) 어느 정도 충분해야 하는가
  (b) 서로에게 호혜적인 전통적 유인이어야 한다는 약인과 약속
  (c) 이행된 약인과 약인의 요청
B. 약속
  (a) 어떤 일이 일어날 것이라는 보증
  (b) 불확실한 일의 위험을 부담하는 계약과 감수된 위험에 의존하는 손해의 규칙
  (c) 승낙
C. 쌍무계약
  (a) 약인으로서의 약속과 과거의 사건에 내기걸기
  (b) 서면에 의한 계약

계약에 관한 분석에서 시도되는 일반적인 방법은 점유와 관련해 이미 설명한 것과 유사하다. 법이 한 사람에게 특별한 권리를 제공하거나 다른 사람에게 특별한 부담을 부여하는 경우라면 어떤 경우에도, 그것은 어떤 특별한 사실관계가 그 개인들에 대해 진실이라는 근거 위에서 그렇게 한다. 따라서 그런 모든 경우에 두 가지 과제가 존재한다. 첫째, 특별한 결과들을 유발하는 사실관계들이 무엇인가를 결정하는 것. 둘째, 그 결과들을 확인하는 것. 첫째는 법적 논리의 주요 분야이다. 계약과 관련된 사실관계들은 언제나 동일하지 않다. 사실관계란 어떤 사람이 어떤 취지의 문서에 서명하고, 날인하고 건네주었다는 것일 수 있다. 그 사실관계는 그가 구두 약속을 했고, 약속받은 사람은 그에게 약인을 제공했다는 것일 수 있다.

약속조차도 과거에 이해되었듯이 채무의 책임에 필수적이지는 않지만, 모든 계약의 공통적인 요소는 약속이라고 말할 수 있다. 그러나 날인계약을 추가로 논의하는 것은 불가능하고 또한 약인이 앞의 강의의 주요 주제를 구성했으므로, 나는 약인을 먼저 채택할 것이다. 추가로 채무의 약인과 인수의 약인 사이에는 역사에서 차이가 있으므로, 나는 후일에 더 냉철한 형태를 갖추는 인수의 약인에 스스로를 한정할 것이다.

약속한 사람이 약속받은 사람에게서 받는 어떤 혜택 혹은 약속받은 사람이 부담하는 어떤 손실은 약인일 수 있다고 판결되었다. 모든 각각의 약인은 약간 광의적인 의미로 "손실"이라는 용어를 사용하므로, 그런 약인은 손실을 의미하는 약인으로 제한될 수 있다고 또한 생각되었다.

일반적인 학설을 예시하기 위해, 어떤 사람이 보스턴에서 케임브리지까지 브랜디 한 통을 운반하길 원하고, 친절 때문인지 혹은 어떤 다른 동기인지 모르나 어떤 트럭 운전사가 그것을 운반할 것이며 그에 따라 그것이 그 사람에게 인도된다고 가정하자. 트럭 운전사가 부주의하여 통에 구멍을 뚫었다면 그가 그것을 운반하기로 일을 맡았다고 말할 필요도 아마 없을 것이며, 또한 원칙적으로 오래된 판례에 따라 인수가 진술되었다면 인수에 대한 아무런 약인도 언급될 필요가 없을 것이다.[1] 그 소송에서 원고의 최초 진술의 근거는 계약과는 무관하게 부당행위일 것이다. 그러나 원고의 최초 진술이 피고가 동의했던 것처럼 그것을 운반하지 않았다는 것이라면, 피고의 약속에 대한 약인이 존재하지 않는 한, 원고의 난점은 트럭 운전사가 그렇게 할 의무가 없다는 것이다. 따라서 원고에게 통을 인도하는 약인으로 피고가 통을 운반하기로 약속했다는 것이 진술되었다고 가정하자. 이것은 충분한 약인일까? 약속한 사람에게 혜택이 주어진다는 개념에 따라 진행된 가장 오래된 사례에 따르면, 그 약인은 혜택이 아니라 손실이기 때문에, 그 약인은 충분할 수 없다고 판결했다.[2] 그 다음으로 손해 측면에서 그것을 검토하자. 인도는 약속한 사람이 친절을 베푸는 것에 대한 필요조건이며, 그가 친절을 베푼다면 그 인도는 약속받은 사람에게 손실과는 거리가 먼 분명한 혜택이다.

그러나 이런 논리는 오류이다. 명백히 그 인도는 충분한 약인일 것이며, 그에 따라 그 인도는 계약과는 무관하게 피고가 그 물건을 다루기로 인수한 것에서 발생하는 그런 의무 위반을 소유자가 인수소송에서 진술할 수 있게 한다.[3] 그 인도는 약속의 이행에서 물건을 다루는 것을 포함하

---

[1] 에드워드 3세 『연감』 46권 19, 판결문 19; 헨리 6세 『연감』 19권 49, 판결문 5; 케일웨이(R. Keilway)의 『판례집』 160, 판결문 2; *Powtuary v. Walton*, 헨리 롤(H. Rolle)의 『요약문』 1권 10, 판결문 5; *Coggs v. Bernaard*, 로버트 레이먼드(R. Raymond)의 『왕립법원과 민사법원의 판례집』 2권 909.

[2] *Riches and Briggs*, 옐버턴(H. Yelverton)의 『왕립법원의 판례집』 4, 1601년; *Pickas v. Guile*, 옐버턴(H. Yelverton)의 『왕립법원의 판례집』 128.

[3] *Bainbridge v. Firmstone*, 아돌푸스(J. L. Adolphus)와 엘리스(T. F. Ellis)의 『왕립법원의 판례집』 8권 743, 1838년.
(옮긴이 주) *Bainbridge v. Firmstone*(1838): 피고는 원고의 보일러를 조사해보고

지 않은 어떤 약속, 예컨대, 1,000달러를 지급하겠다는 약속에 대한 충분한 약인일 것이다.[4] 그리고 법은 약인에 근거한 약속의 성격에 따라 약인이 좋거나 나쁘다고 단언하지 않는다. 인도는 어떤 약속에 대한 충분한 약인이다.[5]

원래 상태로 돌려주겠다고 약속했지만, 보일러를 분해하고는 그것들을 조립하는 데 실패했다. 패터슨(Patteson) 판사는, 피고는 보일러를 살펴보는 데서 어떤 혜택이 있었고 원고는 보일러와 잠시 분리됨으로써 손해를 보았으므로 약인이 발견된다고 판결했다.

[4] *Wilkinson v. Oliveira*, 빙엄(P. Bingham)의 『민사법원과 기타 법원의 새로운 사례』(*New Cases in the Court of Common Pleas and Other Courts, 1834~1840*) 1권 490, 1835년; *Haigh v. Brooks*, 아돌푸스(J. L. Adolphus)와 엘리스(T. F. Ellis)의 『왕립법원의 판례집』 10권 309; 앞의 책, 323; *Hart v. Miles*, 『보통법원 판례집(뉴 시리즈)』 4권 371, 1858년.
(옮긴이 주) *Wilkinson v. Oliveira*(1835): 원고는 피고의 요청에 따라 사망자가 쓴 편지를 그에게 주었으며, 피고는 그 편지로 인해 사망자 재산의 많은 부분을 얻을 수 있었으므로 그는 원고에게 1,000파운드를 주기로 약속했다. 그러나 상속받은 후 1,000파운드의 지급을 거절했다. 약속에 의거해 소송을 유지할 만큼 충분한 약인이 드러난다는 이유로 원고 승소 판결되었다.
(옮긴이 주) *Haigh v. Brooks*(1839): 원고가 L에게 면화를 신용으로 판매했고, 피고가 원고에게 L의 빚을 보증하는 데 동의했다. 그때 원고가 피고에 의해 제공된 보증을 포기하고 또한 피고가 L이 인수한 어음들을 만기일에 지급한다는 계약서를 양 당사자가 체결했다. L이 어음을 변제하는 데 실패했다. 피고는 보증이 무효이기 때문에 그것을 포기하는 것은 가치 있는 약인이 아니라고 주장했다. 왕립법원에서, 보증의 실제 가치와는 관계없이 그 보증을 단순히 포기하는 것은 훌륭한 약인이라고 판결되었다.
(옮긴이 주) *Hart v. Miles*(1858): 원고진술서에 따르면, 피고가 발행하고 원고가 인수한, 25파운드 환어음과 24파운드 10실링 6펜스의 환어음을, 피고가 보유하도록 허용하는 것에 대한 약인으로, 피고는 원고에게 만약 그 어음들을 할인하는 데 성공하면 그 대금을 (원고가 인수한 다른 어음인) 45파운드 5실링 10펜스의 어음에 대한 결제로 M에게 지급하겠다고 약속했다. 피고는 어음 할인에 성공했으나 그 대금을 다른 어음에 대한 결제를 위해 M에게 지급하지 않았고, 그 결과 원고는 자신의 재산을 압류당하는 손해를 입었다. 이 소송에서, 원고가 환어음 2개를 피고에게 맡긴 것은 피고의 약속에 대한 약인으로 충분하다고 판결되었다.

[5] *Wheatley v. Low*, 크록(Croke)의 『판례집』 제임스 1세 668, 1623년. 또한 *Byne and Playne's Case*, 레너드(W. Leonard)의 『판례와 법률 사례집』 1권 220, 221 (엘리자베스 1세 32 & 33년)을 참고하라.

다른 측면의 논리는 약인이 충분한지를 결정해야 하는 시점을 놓치게 만들었다. 이 시점은 약인이 제공되는 순간을 말한다. 바로 그 순간 브랜디 통의 인도는 가장 엄격한 의미에서 손실이다. 그 통의 소유자는 간직할 권리를 보유하고 있는 그 통에 대한 현재의 통제권을 포기했으며, 그는 그 필수적인 인도로 인해 이행을 그 보상으로 얻는 것이 아니라 이행에 대한 단순한 약속만을 보상으로 얻었다. 이행은 여전히 미래다.[6]

그렇지만 인도는 약인일 수 있으나, 그것이 반드시 그렇지 않을 수 있다는 점도 보게 될 것이다. 운반하겠다는 약속이 약인이 없는 단순한 호의의 문제이고 법적으로 구속받지 않는다는 그런 이해 위에서, 그 약속은 만들어질 수 있었고 또한 수용될 수도 있었다. 그 경우 인도에 따른 손실은 전처럼 약속받은 사람의 부담일 것이지만, 분명히 그 손해는 약속한 사람이 동의한 대로 운반하겠다는 유일한 목적을 위한 부담일 것이다.

(옮긴이 주) *Wheatley v. Low*(1623): 원고는 J. S.에게 빚이 있어서 피고에게 10파운드를 주면서 J. S.에게 전달해 주기를 부탁했고, 피고는 그렇게 하겠다고 약속했지만, 돈의 지급이 이루어지지 않았다. 최종적으로 돈의 수취와 인도하겠다는 약속은 피고에게 책임 지울 만한 훌륭한 약인이라는 취지로 원고 승소가 판결되었다.
(옮긴이 주) *Byne v. Playne*(1589~1590), 레너드(W. Leonard)의 『판례와 법률 사례집』 1권 220, 판결문 303 (엘리자베스 1세 32 & 33년): 원고 진술서에 따르면, 그는 S의 법정에서 W로부터 20파운드의 배상을 받게 되었으며, 그에 따라 집행관에 의해 W의 물건을 강제집행할 수 있게 되었다. 그리고 그가 그렇게 할 준비가 되어 있을 때, 원고가 피고에게 위의 물건을 인도한 약인으로, 성 미카엘 축일(9월 29일) 이후 14일 이내에 피고가 원고에게 20파운드를 지급할 것을 약속했고, 혹은 그렇지 못할 경우 피고가 원고에게 그 물건을 재인도하기로 약속했다. 피고가 물건을 인도받은 후 대금을 지급하지 않았다. 배심은 권리 회복과 인수소송을 특별히 평결했고 원고와 피고 간의 약속은 훌륭한 약속이라고 평결했다. 왜냐하면 원고는 그 물건에 대해 점유권을 갖고 있어서 피고에게 원고의 그 물건 인도는 훌륭한 약인이기 때문이다. 그리고 원고 승소가 재확인 판결되었다.

[6] *Wilkinson v. Oliveira*, 빙엄(P. Bingham)의 『민사법원과 기타 법원의 새로운 사례』 1권 490; *Haigh v. Brooks*, 아돌푸스(J. L. Adolphus)와 엘리스(T. F. Ellis)의 『왕립법원의 판례집』 10권 309; *Hart v. Miles*, 『보통법원 판례집(뉴 시리즈)』 4권 371; 『미국 법학 평론지』 6권 47, 1871년 10월.

동일한 사물이 당사자들이 다루는 데에 따라 약인이 될 수도 있고 되지 않을 수도 있다는 것은 항상 충분히 고려되지 않은 것처럼 보인다. **코그스 대 버나드 사건**에 관한 대중적인 설명에 따르면, 인도는 브랜디 통을 안전하게 운반하는 약속에 대한 약인이다. 나는 내가 생각하는 진실한 설명이 무엇인지를 이미 제시했으며, 제5강에서 홀트 경의 설명도 제시했다.[7] 하지만 내가 제시한 설명이 진실이든 아니든, 공통적으로 받아들여지는 설명에 대한 심각한 반론은 원고의 최초 진술서가 인도가 약인이라고 진술하지 않는다는 것이다.

합의서의 조건을 해석하는 데에도 동일하게 주의해야 한다. 증서가 표시하거나 제시하려는 어떤 손실을 약인으로 정립하는 것은, 당사자들이 그 손실이라는 기반 위에서 그 증서를 다루려고 하지 않는 한, 적절하다고 보기는 어렵다. 많은 사례에서 약속받은 사람은 그 약속에 따라 약인을 제시하지 않으면서 손실을 부담할 수 있다. 어떤 사람이 자신의 다리를 부러뜨린다면 다른 어떤 사람이 그에게 500달러를 지급하겠다고 약속하는 것처럼, 그 손실은 약속의 이행에 선행하는 한 가지 조건일 뿐이다.[8]

그러나 법정은 이런 구분을 제거하는 방향으로 훨씬 더 많이 나아갔다. 문구의 공정한 해석을 통해 손실의 조건을 충족하는 것으로 생각할 수

---

[7] 본서의 앞에 있는 pp. 278~281. 또한 제7강도 보라.
[8] Shadwell v. Shadwell, 『잉글랜드 민사법원 판례 법학저널』 30권 145, 149에 있는 Byles 판사의 진술.
(옮긴이 주) Shadwell v. Shadwell(1860): 섀드웰(Shadwell)은 니콜(Ellen Nicholl)과 결혼하기로 약속했고, 그의 삼촌은 결혼 후 매년 150파운드를 본인이 살아있는 동안 지급하기로 약속했다. 삼촌이 죽었고, 섀드웰은 그의 삼촌이 죽기 전에 전부 지급하지 않았다고 진술했으며, 삼촌의 상속 재산의 일부를 청구했다. 상속인은 150파운드에 대한 약인이 없다는 이유로 돈의 지급을 거부했다. 결혼은 삼촌의 이해관계의 대상이고 그 결혼으로 삼촌은 이득을 얻었으며, 따라서 약인이 존재한다고 판결되었다. Byles 판사는 삼촌의 "명시적인" 요청(express request)이 없었다는 이유로 소수 반대 의견을 제시했다.

있는 행동들은 약속의 약인으로 취급되었다.[9] 그리고 다른 문제들을 명시적으로 언급하는 합의서에서 대응 약속(counter promise)도 약인으로 취급되었다.[10] 따라서 그 이론에 대한 특별한 설명이 존재할 수 없는가 하는 문제와 관련해, 부동산임차권(leasehold)[11]의 양수인은 임차인의 의무를 부담해야 하므로, 부동산임차권의 양도가 엘리자베스 여왕 27년 법령 제4조에서 자발적일 수 없다는 이야기는 언급되어야 한다.[12] 그럼에도 양수

---

[9] 바로 앞 주에서 언급된 *Shadwell v. Shadwell*; *Burr v. Wilcox*, 『매사추세츠주 판례집』 95권 (13 Allen) 269, 272, 273.
(옮긴이 주) *Burr v. Wilcox*(1866): 피고는 B로부터 물방앗간에 대한 권리 자격을 취득했고, 조세 징수원인 원고가 B에게 부과된 조세를 납부하라고 독촉하자 피고는 물방앗간에 해당하는 조세만 납부하겠다면서 과세 평가인의 실물재산 재평가에 따른 조세의 분배를 요청했으며, 조세 징수원은 그 요청에 따라 과세 평가인의 실물재산 재평가를 통해 물방앗간의 조세를 확정했으나, 피고가 납부하지 않았다. 실물재산의 재평가를 통한 조세의 분배는 조세 징수원에게 자신의 조세 몫을 지급하겠다는 피고의 명시적인 약속에 대한 약인으로 충분하며, 그에 따라 조세 징수원은 자신의 이름으로 소송을 유지할 수 있다고 판결되었다.

[10] *Thomas v. Thomas*, 『잉글랜드 판례집』, 「여왕의 법원」 2권 851.
(옮긴이 주) *Thomas v. Thomas*(1842): 망인은 사망 전에 구두로 미망인(원고)이 집을 주거용으로 사용할 수 있도록 하거나 미망인에게 100파운드를 지급할 것을 요구했고, 망인의 사망 후 원고와 유언집행인(망인의 동생, 나중에는 조카)은 망인의 희망을 고려하여 원고가 주택을 점유하고 그 대신에 원고는 주택을 유지하고 피고에게 토지 임대료로 매년 1파운드(망인의 유언)를 지급하기로 합의서를 작성했다. 망인의 동생 사망 후 원고가 주택의 완전한 양도를 요구했고 조카(피고)가 거부했다. 약인은 법의 눈으로 봐서 가치 있는 어떤 것이어야 하며, 원고에게 약간의 혜택이나 피고에게 약간의 손해가 존재한다면 약인이 존재한다. 합의서에 원고가 연간 1파운드의 임대료를 지급하고 보수를 한다는 조항이 있다. 원고 승소가 판결되었고, 피고가 항소했으나 기각되었다.

[11] (옮긴이 주) 부동산임차권(leasehold)은 임차인이 지주에게서 권리 자격의 형식으로 실물 자산을 양도받아서 보유할 수 있는 잠정적인 권리에 대한 소유권을 나타내며, 임차인이 일정 기간 동안 실물 자산에 대한 권리를 정말로 보유한다면 부동산임차권은 법적인 자산이고 또한 매매의 대상이 될 수 있다. 임대기간 동안(보통 10년 단위 또는 99년) 부동산임차인(leaseholder)은 합의된 임대료를 소유자에게 지급하면서 임차인으로서 점유권을 보유한다.

[12] *Price v. Jenkins*, 『잉글랜드 판례집』 고등법원 자료실 5권 619. 또한 *Crabbe v.*

인이 이런 손실을 부담한다는 것은 임차권을 양도하게 하는 유인으로 생각될 수 없으며, 양수인의 그런 손실 부담은 많은 경우 특히 유일한 의무가 법 이론상 토지에서 유래하는 임대료를 지급하는 것뿐이라면, 소위 통행권처럼 받는 혜택이 줄어든다는 것으로 귀결될 뿐이다.

하지만 비록 법정이 합의서를 합법화하려는 취지에서 종종 더 나아갈 수 있다 해도, 내가 제시한 원칙, 즉 동일한 사물이 당사자들이 다루는 데에 따라 약인이 될 수도 있고 안 될 수도 있다는 원칙에 대해서는 아무런 의심의 여지도 있을 수 없다. 이것은 어떤 사물을 약인으로 만들려면

Moxey, 웨스트(M. J. West)의 『고등법원의 판례집』(Reports of Cases Argued and Determined in the High Court of Chancery) 1권 226; Thomas v. Thomas, 『잉글랜드 판례집』, 「여왕의 법원」 2권 851; 모나한(J. H. Monahan)의 『법학 방법론』(Method of Law) 141 이하 등을 참고하라.

(옮긴이 주) Price v. Jenkins(1877): 두 번 결혼하게 된 홀아비는, 평생 자신을 위해 그리고 자신의 사망 후에는 (첫 결혼에서 얻은) 아들을 위해서, 부동산임차권을 피신탁인들에게 양도했고, 피신탁인 중의 하나는 그의 아들이다. 그 후에 그는 부동산임차권을 원고에게 매각하는 계약을 체결했다. 의무가 따라다니는 부동산임차권의 양도는 그 자체로 가치 있는 약인을 위한 양도라는 근거에서, 엘리자베스 1세 27년의 법령 하에서 아들에게 부동산임차권을 양도하는 것은, 임대료 지급 의무 혹은 부역 의무 등도 양도되는, 자발적인 양도가 아니라고 판결되었고, 그에 따라 원고에 대한 매매계약의 이행을 허용했다. 항소심에서는 (첫 결혼에서 얻은) 아들에게 양도하는 것은 결혼에 관련된 당사자들 간의 거래(bargain)이고 자발적 양도가 아니란 관점에서, 원심의 판결을 확정했다(두 번째 결혼 상대자인 여자도 자신의 재산을 그녀의 아들들에게 양도했다).

(옮긴이 주) Crabbe v. Moxey, 21 Law Times 99(1853): 피상속인은 연간 1,670파운드의 소득을 낳는 부동산임차권을 점유하고 있고 동시에 부동산임차권이 담보로 잡혀 있어서 연간 1,270파운드의 이자를 지급하므로 결과적으로 연간 400파운드의 순소득을 얻고 있었다. 그는 사망하기 바로 전에 자신의 딸들(원고)에게 그 재산을 자발적으로 증여했다. 부동산임차권을 담보로 잡은 담보권자 중 한 사람이 그 증여의 증서를 보유하고 있었는데, 이는 증여를 무효화하고 유산을 관리하기 위해서였다. 재산의 실제 가치가 담보액보다 적은지 조사할 필요가 생기자 법정은, 자발적인 증여를 무효화하려면, 증여 시점에서 피상속인이 부채가 있었음을 보이는 것만으론 충분하지 않고, 또한 피상속인이 절대적으로 파산 상태에 있음을 입증하는 것도 필요하지 않다고 판결하면서, 상속인으로서 원고는 증여 시점에서 증여자의 재정 상태에 관한 조사를 요청할 자격이 있다고 판결했다.

그것을 어떻게 다루어야 하는가 하는 문제를 제기한다.

약인은 동기와 혼동되어서는 안 된다고 판결되었다. 약인이 실제적인 사실관계에서 지배적이거나 주요한 동기일 수 있는 어떤 것과 혼동되어서는 안 된다는 것은 진실이다. 어떤 사람이 500달러에 그림을 그리겠다고 약속할 수 있으며, 반면에 그의 주요한 동기는 명예에 대한 욕심일 수 있다. 약속을 구속력 있게 만들려는 유일한 목적 때문에 사실상 약인이 주어지고 받아들여질 수 있다. 그럼에도 합의서의 조건으로 약속의 동기나 유인으로써 약인이 주어지고 받아들여졌다는 것은 약인의 핵심이다. 역으로, 약인을 제공하려는 전통적인 동기나 유인으로써 약속이 체결되고 수용될 수 있다. 전반적인 내용의 핵심은 약인과 약속 간의 서로 호혜적인 전통적 유인의 관계이다.

그 명제 중 한 측면[13]의 훌륭한 예시는 매사추세츠 사례에서 발견된다. 원고는 구두로 거래 제안을 받았고, 나무에 대한 대가로 구매자의 어음을 받았지만, 원고는 그 사람이 원고의 토지에 있는 나무를 가져가는 것을 거절하면서 추가적 담보 제공을 요구했다. 그에 따라 구매자와 원고는 피고에게 갔고 피고는 어음에 자신의 이름을 적어 넣었다. 그런 이유로 원고는 구매자에게 나무를 가져가도록 허락했다. 그러나 피고의 증언에 따르면, 피고는 원고가 서명의 보증 방식으로 피고의 지위를 어떻든 변경시켰다는 것을 모른 상태에서 서명했으며, 그 이야기가 신빙성이 있다면 약인이 존재하지 않는다고 판결되었다.[14]

---

[13] (옮긴이 주) 약속을 구속력 있게 만들려는 목적에서, 즉 약속의 동기 혹은 유인으로써, 약인이 주어지고 받아들여져야 한다는 명제를 의미한다.

[14] *Ellis v. Clark*, 『매사추세츠주 판례집』 110권 389.
(옮긴이 주) *Ellis v. Clark*(1874): 사실관계는 본문 내용과 동일함. 피고의 서명을 얻으면 구매자가 나무를 가져갈 수 있다는 약인은 이 소송을 유지할 만한 충분한 약인이라는 지침이 내려지면서, 배심에서 원고 승소가 평결되었으나, 피고는 예외

그 규칙, 즉 그 명제의 다른 측면[15]에 대한 예시는 보수 제공을 모른 상태에서 그 이후 어떤 사람의 행동에 의해 행해진 어떤 것을 하는 것에 대해 보수가 제공되는 사례들에서 발견된다. 그런 경우 보수는 청구될 수 없다. 왜냐하면 진술된 약인은 보수 제공을 믿고서 제공되지 않았기 때문이다. 제공된 약속은 약인의 제공을 유도하지 않았다. 진술된 약인이 이행된 이후까지도 그 약속이 알려지지 않았을 때, 그 약속은 약인의 전통적인 동기로 주장될 수 없다.[16]

를 주장했다. 항소심에서, 그레이(Gray) 판사는 "어음이 전달된 이후에 서명했고 원래 계약의 일부분도 아니므로, 피고는 책임이 없다. 그 약인은 피고에게 아무런 이득이 될 필요가 없다. 그러나 약속의 약인이나 동기는 약속한 사람에게 알려져야 한다. 한 측면에서는 약속을 그리고 다른 측면에서 그것에 대한 약인을 포함하여, 약속의 조건에 대해 당사자들의 마음이 맞아야 하고 동의해야 한다. 원고와 구매자 간의 동의는, 피고가 약속(서명)하는 시점에서 혹은 그 이전에 그에게 알려지지 않는다면 혹은 그의 요청에 따라 체결되지 않는다면, 피고의 약속에 대한 약인일 수 없다"고 진술하면서, 피고 측의 예외를 승인했다.

[15] (옮긴이 주) 약인을 제공하려는 전통적인 동기 혹은 유인으로써 약속이 체결되고 수용된다는 명제를 의미한다.

[16] *Fitch v. Snedaker*, 『뉴욕 판례 기록물』 38권 248은 *Williams v. Carwardine*, 번월(Barnewell)과 앨더슨(Alderson)의 『왕립법원의 판례집』 4권 621을 비판하고 있다. *Williams v. Carwardine* 사건에 따르면, 원고가 보수의 제공을 모르는 것 같지 않았지만, 배심은 그녀가 상처 이외에도 배심의 평결 같은 다른 동기들에 의해서도 사실상 자극받았다는 것을 발견했다.
(옮긴이 주) *Fitch v. Snedaker*(1868): 스네다커(Snedaker)는 강아지를 발견하고 돌려주는 사람에게 보수를 지급하겠다고 했다. 피치(Fitch)는 스네다커가 내건 현상금을 알기 전에 강아지를 발견하여 돌려주었다. 피치는 보수를 받을 자격이 없다고 판결되었다. 피치가 강아지를 돌려주었을 때 그는 그 보수에 대해 몰랐기 때문이다.
(옮긴이 주) *Williams v. Carwardine*(1833): 원고 윌리엄스(Williams)는 살인 사건의 두 혐의자를 순회법원에 제보했다가 철회했고 두 혐의자는 방면되었다. 사망자 친족인 피고 카웨이든(Carwardine)이 정보제공자에게 20파운드의 보수를 주겠다고 했다. 원고는 첫 심리 후 남편에게 무자비하게 구타당한 후 얼마 못 살 것이라 생각하고 양심이 편안해지려고 남편을 유죄 판결로 이끄는 정보를 제공했다. 그 후 원고가 보수를 요구했으나 피고는 거절했다. 원고 승소가 판결되었다. 원고가 보수에 대해 알았으나 특별히 보수를 얻으려고 정보를 제공하지 않았다는 것이

약인과 약속 간의 관계의 두 측면과 그 관계의 전통적인 성격은 브랜디 통 사례로 예시할 수 있다. 트럭 운전사가 그 통을 기꺼이 운반하기로 하고, 소유자가 어떤 거래도 없이 그것을 운반하도록 기꺼이 허용했으며, 각자는 상대방의 심리 상태를 알고 있지만, 그 문제에서 자신의 이익을 알고 있는 트럭 운전사가 "당신이 나에게 그 통을 인도하고 내가 그것을 운반하도록 하는 약인에서 나는 그것을 운반할 것을 약속한다"라고 소유자에게 말하고, 소유자가 그로 인해 그 통을 인도했다고 가정하자. 나는 그 약속이 구속력이 있을 것이라고 추정한다. 그 약속은 인도의 유인이라는 조건으로 제공되었고, 인도는 약속의 유인이라는 조건으로 이루어진다. 인도는 약속 없이도 이루어질 가능성이 매우 클 수 있으며, 그 약속은 약인 위에서 수용되지 않았다면 무상으로 체결되었을 가능성이 매우 클 것이지만, 이것은 결국 추측일 뿐이다. 소유자가 스스로 선택하지 않는 한 인도는 이루어질 필요가 없으며, 거래조건으로서 일단 인도가 이루어지면 약속한 사람은 일어날 수 있는 일을 내세우면서 실제 일어난 일의 결과를 파기할 수는 없다. 따라서 당사자들이 법적인 결과에 영향을 미칠 목적으로 채택한 언질 형식에 따라 동일한 거래는 본질적으로 또한 정신적으로 자발적일 수도 있고 혹은 의무적일 수도 있다.

앞의 원칙들을 받아들인다면, 그 원칙들은 정립하기 어려운 어떤 두통거리를 법정에 제시하는 어떤 학설을 설명할 것으로 보인다. 내가 말하는 두통거리는 이행된 약인이 차후의 약속을 지지하지 않는다는 학설을 의미한다. 어떤 임무의 요청이 선행한다면 그런 약인은 충분하다고 확실히 판결되었다. 그러나 그 견해에 대한 반론도 명백하다. 그 요청이 약인의

밝혀졌지만, 광고의 필요조건을 이행하는 사람과의 계약이 존재할 수 있고, 계약을 충족시키는 데 필요한 전부는 그녀가 정보 제공 전에 보수에 대해 알았다는 것이다.

성격을 갖고 있고 그렇게 제시되어서 다른 사람이 보수를 받아야 한다는 것을 합리적으로 의미한다면, 비록 언질로 제시되지는 않았다 해도 명백한 약속이 존재하며, 약인이 주어진 이후가 아니라 약인이 주어짐과 동시에 바로 그 약속은 체결된 것이다. 다른 한편 그 언질이 그 서비스에 대해 보수가 지급되어야 한다는 의미를 보장하지 않는다면 그 서비스는 증여로 볼 수 있으며, 약속이 약속받은 사람의 어떤 다른 행위를 유인할 수 없는 것과 마찬가지로 과거의 증여도 약인이 될 수 없다.

오류의 원천은 적어도 부분적으로 역사에서 추적할 수 있다. 그 문제를 다루는 몇몇 암시들은 앞의 강의에서 제시했다. 몇 마디를 여기에 덧붙여야 하겠다. 원고가 자신의 소송을 유지하기 위해 충분한 소송 원인을 보여주었는가 하는 문제가 있었던 오래된 채무소송에서, 나는 "선행하는 계약"이 의무를 발생시킨다고 몇 번 언급했다. 예컨대 어떤 사람이 어느 날 피고용인의 서비스에 대해 또한 그를 대신해 피고용인이 지급한 돈에 대해 피고용인에게 100실링을 지급할 의무가 발생한다는 것을 허락한 경우, 선행하는 계약이 존재하지 않았고 또한 구두로 이루어졌으므로 그는 책임이 없다고 주장했다. 또한 추가로 드러나고 있는 범위 내에서 그 돈은 피고용인 자신의 계산으로 어떤 요청도 없이 지급되었으며, 그에 따라 어떤 의무도 시작되지 않는다고 주장되었다.[17]

따라서 원고가 피고의 딸을 아내로 맞아들인다면, 원고에게 10마르크를 지급하겠다는 날인증서에 의거해 채무소송이 제기되었고 또한 그 소송이 날인계약에 근거해야 한다고 반론이 제기되었을 때, 원고는 채무를 갚도록 하는 선행 계약이 피고에게 있다고 재반박했다.[18]

---

[17] 에드워드 3세 『연감』 29권 25, 26.
[18] 피츠허버트(Fitzherbert)의 『판례 요약문』, 「부채」, 판결문 166, 리처드 2세 19년.

인수소송의 첫 사례[19]는 이와 같이 오래되고 친숙한 사상을 채택했다는 것을 의미할 뿐이다. 어떤 사람은 체포된 그의 친구의 피고용인을 위해 보석보증인이 되었다. 그 후에 고용주는 보석보증인에게 법적 책임을 면제시켜줄 것을 약속했으며, 그가 약속을 이행하지 않은 것에 대해 인수를 이유로 보석보증인에게 소송을 당하게 되었다. 피고용인이 보석으로 방면되기 전에 고용주가 원고에게 법적 책임을 면책시켜줄 것을 먼저 약속하지 않는 한, 피고가 책임을 떠맡아야 하는 약인은 존재하지 않는다고 판결되었다. "왜냐하면 고용주는 그의 피고용인을 위해 보석보증인이 되어 달라고 원고에게 결코 요청한 적이 없으며, 원고가 자신의 재량으로 그렇게 했기 때문이다." 이것은 완전히 평범한 출발이며,『연감』에 있는 소송에 불과할 뿐이다. 그러나 그 판결문에 따르면, 피고의 특별한 권유에 따라 원고가 피고의 사촌과 결혼한 약인에서, 차후의 약속은 구속력을 가지며, 그 결혼은 "훌륭한 이유"가 된다고 판결한 사례가 또한 언급된다. "왜냐하면 잇따라 피고의 요청이 있었기 때문이다." 이것이 일반적인 원칙을 확립시킬 의도였든 결혼이라는 특별한 약인을 참고하여 이런 판결이 이루어졌든,[20] 앞의 강의에서 보여주었듯이 그것은 즉각 넓은 의미로 해석되었다. 과거에 이미 이행된 일이 약속한 사람의 요청에 따라 행

---

[19] *Hunt v. Bate*, 다이어(Dyer)의『판례집』272, 1568년.
[20] *Barker v. Halifax*, 크룩(Croke)의『판례집』엘리자베스 1세 741; 앞의 사건, 다이어(Dyer)의『판례집』3권 272 a, 주 32 등을 보라.
(옮긴이 주) *Barker v. Halifax*(1598): 원고는 피고의 빚 60파운드를 R. S.에게 대신 지급했고, 그 후 피고가 그 돈을 갚겠다고 약속했으나 약속을 이행하지 않아서 인수소송을 제기했다. 피고 패소가 평결되었으나, 평결 정지 신청으로 평결이 유예되었다. 그 평결 유예의 이유는 과거의 약인인 60파운드 지급이 소송을 유지하기에는 충분하지 않았기 때문이다. 그러나 소수의견으로 월슬리(Walmsley) 판사는 "당신에게 40파운드를 주는 조건으로, 당신이 나의 딸과 결혼하겠다는 약인에서 인수는 훌륭하다. 왜냐하면 애정과 약인은 언제나 계속되기 때문이다"라고 진술했다.

해지거나 제공되었다면, 그 일은 후일의 약속에 대한 충분한 약인이라고 여러 번 판결되었다.[21]

단순한 계약에서 2차적이면서도 가장 눈에 띄는 요소라고 할 수 있는 약속의 성격을 분석할 때가 되었다. 1872년 인도 계약법(The Indian Contract Act)[22] 제2조[23]는 다음과 같이 규정되어 있다.

(a) 어떤 사람이 어떤 것을 기꺼이 하겠다거나 하지 않겠다는 것에 대한 다른 사람의 동의를 얻어내기 위해 그런 행위나 그런 부작위를 다른 사람에게 표시했을 때, 그는 제안을 제시한 것이라고 여겨진다.

(b) 그 제안을 제시받은 사람이 그것에 대해 그의 동의를 표시할 때, 그 제안은 받아들여졌다고 여겨진다. 제안이 받아들여지면 그것은 약속이 된다.

이런 정의에 따르면, 약속의 범위는 약속한 사람 측의 행위에 한정된

---

[21] *Sidenham v. Worlington*, 레너드(W. Leonard)의 『판례와 법률 사례집』 2권 224; *Bosden v. Thinne*, 옐버턴(H. Yelverton)의 『왕립법원의 판례집』 40; *Lampleigh v. Brathwait*, 호바트(H. Hobart)의 『판례집』 105; 랑델(Langdell)의 『계약법의 주요 사례들』(2nd ed.) 2장 11항 요약, 90절 **이하**. 앞의 제7강 pp. 407~409.
(옮긴이 주) *Lampleigh v. Brathwait*(1615): B가 살인으로 교수형에 처하게 되자, L에게 왕의 사면을 요청했고, L은 이 요청을 수락하고 사면을 얻기 위해 최선을 다하여 사면에 성공했다. 그 후 B가 L에게 100파운드를 지급할 것을 약속했지만, 실행하지 않았다. 원고 L의 승소가 판결되었다. 약인이 약속에 선행했을지라도, L의 행위는 B의 요청에 의해 취해졌기 때문이다.

[22] (옮긴이 주) 인도 계약법(The Indian Contract Act, 1872)은 영국령 인도에서 통과되었고 보통법 원칙에 기초하고 있으며, 자무와 카슈미르를 제외한 인도 전체 주에 적용되었다. 이 법은 계약과 관련하여 당사자들이 맺은 약속이 법적으로 구속받게 되는 환경을 결정한다. 그리고 원칙에 근거해 골격만을 갖추었다고는 하지만, 이 법은 각 계약에서 만들어지는 권리와 의무를 당사자들에게 강제하는 조건들을 다루고 있다.

[23] 폴록(F. Pollock)의 『계약의 원리』(*Principle of Contract*, 1876, 1st ed.), p. 6.

다. 이것이 약속한 사람 혼자만이 그의 약속에 의해 창조될 수 있는 법적 부담을 감당해야 한다는 것을 의미한다면, 그것은 진실일 것이다. 그러나 이것은 그 의미가 아니다. 왜냐하면 그 정의는 법적으로 구속력 있는 약속에 대한 것이 아니라 그저 약속에 관한 것이기 때문이다. 우리는 계약의 법적인 결과를 탐구하는 것이 아니라, 법이 강제할 수 있거나 강제할 수 없는 약속의 가능한 내용들을 탐구하고 있다. 따라서 우리는 구속력 있는 약속이 이행되지 않는다면 그것의 2차적인 결과가 무엇이 될 것인가가 아니라, 무엇이 법적 관점에서 어떻든 약속이 될 수 있는가 하는 문제만을 검토해야 한다.

내일 비가 내릴 것이라거나[24] 제삼자가 그림을 그릴 것이라는 보증은

---

[24] *Canham v. Barry*, 『보통법원 판례집』 15권 597, 619; *Jones v. How*, 『보통법원 판례집』 9권 1, 9; 코민(Comyn)의 『잉글랜드법에 대한 논평집』(*A digest of the laws of England*, 6 vols., 1793), 「조건」, D. 2; 헨리 롤(H. Rolle)의 『요약문』 1권 420 (D), 판결문 1; 에드워드 4세 『연감』 22권 26, 판결문 6.
(옮긴이 주) *Canham v. Barry*(1855): 농장을 임차하고 있는 피고는 농장 주인의 서면 동의가 있어야만 임차권을 제삼자에게 양도할 수 있으며, 농장 주인은 임차권을 양수할 수 있는 사람이 그럴 만한 인격을 갖춘 사람이기를 요구했다. 원고는 M과 함께 피고로부터 임차권을 양수하기로 계약하면서, M이 그런 인격을 갖춘 사람이라고 보증했다. 그러나 농장 주인은 M의 인격을 불신하고, 임차권의 양도를 거부했다. 피고는 원고가 M의 부적격성을 감추고 피고로 하여금 계약을 체결하도록 유인했으므로, 그 계약은 무효라고 진술했다. 사기적인 허위표시를 이유로, 원고의 청구가 기각되었다. 이 사건과 관련하여 자주 인용되는 몰(Maule) 판사는 "어떤 사람이 '내일 비가 올 것이다'란 날인계약을 체결하기로 선택한다면, 그 사람은 그런 계약을 체결할 수도 있다"라고 언급했다.
(옮긴이 주) *Jones v. How*(?): A가 딸의 결혼에 맞추어서 딸의 남편과 날인증서로 계약을 체결하면서, 자신이 죽으면 자신의 재산 일부를 나누어주겠다고 했으나, A보다 딸이 먼저 사망했고, A는 아내와 살아있는 자녀들에게 유산을 상속했다. 사망한 딸의 남편이 딸의 사망으로 인하여 불가능하게 된 A의 날인계약의 이행을 위해 A의 유언집행자에 대해 제기한 소송에서, "계약의 대상과 관련하여 그것의 서비스를 제공하기로 체결한 계약은 약속한 사람의 사망 혹은 그 제공을 불가능하게 만드는 질병에 의해 면제된다"는 취지로, 그는 그 소송에 대한 권리를 갖지 못한다고 판결되었다.

약속받은 사람이 어떤 사람으로부터 면화 100꾸러미를 받기로 하거나 약속한 사람이 약속받은 사람에게 100달러를 지급하겠다는 것과 같은 그런 약속과 마찬가지일 수 있다. 그 경우 차이는 무엇인가? 그것은 약속한 사람이 그 사건에 영향을 미칠 수 있는 능력의 정도 차이일 뿐이다. 그는 첫 사례에서 아무런 능력도 없다. 비록 그가 설득력이라는 더 나은 수단을 가지고 있다 해도, 그는 어떤 사람이 그림을 그리도록 만들 수 있는 법적 권위와 같은 것을 거의 갖지 않는다. 그는 약속받은 사람이 면화를 갖게 된다고 확신할 수 있을 것이다. 가장 그럴듯하지 않은 사건이 일어난 경우를 제외하면, 그가 부유한 사람이라면 약속받은 사람에게 100달러를 확실히 지급할 수 있다.

그러나 일반적으로 법은 미래에 관한 보장이 어느 정도까지 약속한 사람의 능력 범위 내에서 성취되는지를 묻지 않는다. 도덕 세계에서 (한 측면에서는 그 한계가 알려지지 않는 경우와 다른 측면에서는 그 한계가 허위로 표시된 경우를 제외하면) 약속의 의무는 약속한 사람의 의지가 닿는 범위 내에 있는 것에 한정될 수 있다. 그러나 공서양속이 어느 정도 고려되지 않는다면, 나는 어떤 사람이 어떤 미래의 사건이 발생한다고 언급하면서 법률적으로 스스로를 구속시킬 수 있다는 것을 인정한다. 따라서 그는 법률적인 의미에서 그것을 약속할 수 있다. 어떤 사람이 내일 비가 온다거나 A가 그림을 그린다고 인장을 찍으면서 계약했을 때, 간단히 말해서, 그것은 '비가 오지 않거나 A가 그림을 그리지 않는다면 내가 돈을 지급한다'는 이야기가 된다. 그러나 그것은 꼭 그럴 필요는 없다. 맑은 날이 되거나 A가 그림을 그리지 않음으로써 깨져버리는 약속은 쉽게 만들 수 있다. 그때 약속은 단순히 어떤 사건이나 어떤 일이 일어날 것이라는 보장을 수용한다는 것일 뿐이다.

그렇지만 만약 이것이 사실이라면, 그것은 약속이란 용어의 정의를 단순히 확대하는 것 이상의 더 중요한 의미가 있다. 그것은 계약 이론과 관련된다. 보통법에서 구속력 있는 약속의 결과들은 약속한 사람이 약속한 사건에 대해 지배할 수 있는 능력을 얼마만큼 갖고 있느냐에 영향받지 않는다. 약속한 사건이 나타나지 않으면, 원고의 재산은 약속받은 사람이 그 실패에 의해 고통받는 어떤 한계 내에서 손해를 메우기 위해 팔린다. 그 약속이 비가 내리는 것이든, 다른 사람이 그림을 그리는 것이든, 약속한 사람이 면화 한 꾸러미를 인도하는 것이든, 그 결과들은 본질적으로 동일하다.

법적 결과가 모든 경우에 동일하다면, 모든 계약은 동일한 법적 관점에서 고려하는 것이 적절해 보인다. 비가 내일 올 것이라는 구속력 있는 약속의 경우, 약속한 사람이 약속한 것의 즉각적인 법적 효과는 자신과 약속받은 사람 사이에서 어떤 정의된 한계 내에서 그가 그 사건의 위험을 감당한다는 것이다. 그가 면화 한 꾸러미의 인도를 약속할 때, 그는 그 인도 이상은 하지 않는다.

이런 방식으로 약속과 계약의 보통법적 의미를 언급하는 것이 적절하다면, 그것은 계약이 한 사람의 의지를 다른 사람의 의지에 한정된 범위에서 복종시킨다는 일종의 제한된 노예 상태라는 과장된 이론으로부터 그 주제를 자유롭게 만드는 이점이 있다. 법이 사람들이 그들의 계약을 이행하도록 강제하거나, 법이 약속받은 사람이 그런 강제를 행사하도록 허락한다면, 계약은 그렇게 강제할 수 있는 것으로 간주될 수도 있다. 어떤 사람이 다른 사람을 위해 노동하기로 약속했을 때, 법이 그 사람이 노동을 하도록 강제한다면 그 사람과 약속받은 사람의 관계는 약간의 진실성을 갖는 **특별한** 부역(servitude ad hoc)[25]이라고 불릴 수 있다. 그러나

---

[25] (옮긴이 주) 부역(servitude, service)은 중세 시대에 왕이 영주에게, 혹은 영주가

그것은 법이 결코 하려고 하지 않는 일이다. 약속이 깨지지 않고 그에 따라 약속의 취지에 따라 어떻든 이행될 수 있는 한, 법은 결코 간섭하지 않는다. 일부 사례에서 형평법이 소위 특별한 이행을 강제한다는 것은 진실이다. 그러나 우선 나는 보통법을 말하고 있으며, 그 다음으로 이것[26]의 의미는 형평법이 아직도 이행 가능한 전체 약속 중 어떤 요소들을 이행하도록 강제한다는 것뿐이다. 예컨대, 어떤 기한 내에 토지를 양도한다는 계약을 검토하자. 형평법원은 시한이 경과하여 그 결과 그 약속이 체결된 것처럼 이행될 수 없을 때까지는 간섭하지 않는다. 그러나 양도가 시간보다 더 중요하고 약속받은 사람이 결코 못 가지는 것보다는 그것을 늦게 갖는 것도 괜찮다면, 법은 그것의 이행을 강제할 수 있다. 하지만 그 경우조차도 법은 글자 그대로 강제하지는 않지만, 약속한 사람이 양도하지 않는 한 그를 감옥에 집어넣는다. 이런 구제책은 예외적인 수단이다. 법적으로 구속력 있는 약속의 유일한 보편적 결과는 약속한 사건이 일어나지 않는다면 법이 약속한 사람이 손해를 배상하도록 만든다는 것이다. 모든 경우에 이행을 완수할 시간이 지나갈 때까지 법은 약속한 사람이 간섭받지 않도록 자유롭게 방임하며, 그에 따라 그가 파기를 선택한다면 그의 계약을 파기하도록 방임한다.

계약을 위험의 감당으로 바라보는 데에서 나타나는 더 실무적인 이점은 그 위험의 감당이 손해의 측정에 부여하는 시각에서 발견된다. 계약의

기사 혹은 농노에게 토지를 제공한 약인으로 받는 군사적이거나 가사적인 노동 제공을 지칭하며, 보편적으로 토지에 묶여 있는 의무를 나타낸다. 부역은 상황에 따라서는 임대료의 형태를 취하기도 한다. 그리고 부역은 현대에 이르러 지역권, 채광권과 같은 유형으로 확대 적용되고 있다.

[26] (옮긴이 주) 이것은 일부 사례에서 형평법이 소위 특별한 이행을 강제한다는 것을 지칭한다. 보통법에서는 약속의 파기는 약속한 사람이 그 파기에 대해 배상하도록 강제하지만, 형평법에서는 예외적인 사례에서 약속의 파기에 대한 배상을 강제하는 것이 아니라 약속의 중요한 일부 혹은 전체가 이행되도록 강제한다.

불이행을 불법행위와 유사한 시각에서 바라본다면, 계약의 이행 과정에서 약속한 사람이 약속이 이행되지 않음으로써 나타나는 어떤 특별한 결과를 통보받아야 한다면, 그는 이행되지 않은 사건에서 그 결과에 대해 책임져야 한다. 손해를 측정하자는 그런 제안이 제시되었다.[27] 그러나 그 제안은 법으로 수용되지는 않았다.[28] 반면에 일반적으로 추종될 법한 매우 유능한 판사의 의견에 따르면, 계약을 체결하는 시점에서조차도 불이행한 경우 특별한 손해가 발생하는 특별한 환경을 통지하는 것은, 계약자

---

[27] *Gee v. Lancashire & Yorkshire Railway Co.*, 헐스톤(Hurlstone)과 노먼(Norman)의 『잉글랜드 재정법원의 판례집』 6권 211, 218에 있는 브람웰 남작(Bramwell, B.)의 진술. 또한 *Hydraulic Engineering Co. v. McHaffie*, 『잉글랜드 판례집』, 「여왕의 법원」 자료실 4권 670, 674, 676도 참고하라.
(옮긴이 주) *Gee v. Lancashire & Yorkshire Railway Co.*(1860): 원고가 피고 회사에 면화의 운송을 맡겼으나 피고 회사가 운송을 지연했고, 원고는 운송 지연으로 공장의 가동이 중지되고 있다고 통보했다. 원심에서는 가동 중단에 따른 임금 및 예상 이익 등을 배상하도록 평결되었으나, 재정법원에서는 원심이 피고의 운송 지연만을 고려하고, 원고의 면화 재고 부족을 전혀 고려하지 않았다는 점을 지적하면서 재심리를 요청했다. 이와 관련하여 많이 인용되는 와일드(Wilde) 판사는 "내 생각에는, 비록 그 문제에 대해 법의 원칙을 세우려는 뛰어난 시도가 *Hadley v. Baxendale*(1854)에서 취해졌다 해도, 우리는 그 원칙이 모든 사례를 충족시킬 수 없다는 것을 발견할 것이며, 그 문제를 추가로 고려했을 때, 모든 사례에 적용 가능한 손해의 법적인 측정에 관한 원칙과 같은 그런 것이 존재하지 않는다는 것이 아마도 드러날 것이다"라고 언급했다.
(옮긴이 주) *Hydraulic Engineering Co. v. McHaffie*(1878): 피고는 J를 위해 말뚝을 박는 데 필요한 총을 만드는 계약을 원고와 체결했다. 총은 늦게 인도되었고, J는 수령하길 거부했다. 원고는 그 기계의 부품들을 만드는 데 필요한 비용(그 부품은 특별하게 제작되었으므로 고철 이외에는 다른 용도로는 쓸모가 없다), 보존하기 위해 페인트를 칠하는 데 드는 비용, J와의 계약으로 원고가 얻을 합리적인 순이윤 등을 배상받을 수 있다고 판결되었다.

[28] (옮긴이 주) 약속이 이행되지 않음으로써 발생하는 약속받은 사람의 손해를 객관적으로 정확히 측정하는 것이 불가능하기 때문이다. 왜냐하면 어디까지 비용으로 인정하느냐, 그리고 정상적으로 약속이 이행되었을 때 얻을 수 있는 이득(이것은 경제학에서 기회비용으로 인정된다)을 객관적으로 측정할 수 있는가 하는 문제 등이 있기 때문이다. 특약을 한 경우에는 아래에서 보듯이 물론 예외가 인정된다.

가 그 위험을 부담한다는 것이 계약에 공정하게 삽입된 것으로 받아들여지지 않는 한, 충분하지 않다.²⁹ 운송업자가 잉글랜드의 리버풀에서 캐나다의 밴쿠버 섬으로 제재소 기계를 운반하는 일을 맡았고 그 운송에 실패했다면, 비록 그 기계를 밴쿠버 섬으로 보내기 위해 잉글랜드로 보내지 않는다면 그 기계가 대체될 수 없다는 것을 그가 안다 해도, 그가 "그 기계에 부수되는 특별한 조건을 갖춘 계약을" 수락했다는 것을 공정하게 이해하지 않는 한, 그는 불가피한 지연기간 동안 그런 기계의 임차비용에 대해서는 책임이 없다고 판결되었다.³⁰

---

²⁹ *British Columbia Saw-Mill Co. v. Nettleship*, 『잉글랜드 판례집』 민사 3권 499, 509에 있는 윌스(Willes) 판사의 진술; *Horne v. Midland Railway Co.*, 『잉글랜드 판례집』 민사 7권 583, 591; 앞의 사건, 『잉글랜드 판례집』 민사 8권 131.
(옮긴이 주) *British Columbia Saw-Mill Co. v. Nettleship*(1868): 원고가 피고에게 목재제재소 건립에 필요한 기계를 피고 회사에 인도했다. 선박의 지분 소유자인 선장이 그 컨테이너를 운송하기로 계약했을 때, 그는 그 기계가 제재소 건립에 사용된다는 것을 알았다. 운송업자가 일부 컨테이너를 분실했고, 그 결과 대체 기계를 잉글랜드에서 밴쿠버로 보낼 때까지 제재소가 완성되지 못했다. 제재소 소유자가 잠재적 이윤을 상실한 지연기간은 11개월이었다. 피고는 운송 지연의 손실을 대체 비용(원고가 동일한 기계를 잉글랜드에서 새로 구입하여 캐나다로 운송하는 데 소요되는 비용과 그 이자 비용)으로 한정하길 원했고, 피고의 주장이 받아들여졌으며, 잠재적인 이윤의 상실이나 기계를 임차하여 사용하는 데에 따른 비용 등은 손실에서 제외되었다. 그 이유는 다양한데, 보빌(Bovill) 재판장은 "피고가 특별한 손해에 대해 책임질 만큼 충분히 알지 못했다"고 판결했고, 윌스(Willes) 판사는, 이런 잠재적 책임이 "계약을 체결하는 시점에서 그가 계약하는 기초로서 선박의 소유자에게 제시된다면, 그는 당장에 그것을 거절할 것이다"라고 판결했다. 특히 그는 "그 계약에 귀속되는 특별한 조건을 가진 계약(특약)"을 한 경우에 그 외의 부대적인 손해를 부담시킬 수 있다고 보았다.
(옮긴이 주) *Horne v. Midland Railway Co.*(1873): 피고는 위탁판매용 신발을 2월 3일까지 런던으로 운송하기로 계약했지만, 하루 늦게 운송했다. 운송 지연으로 인하여, 원고는 예외적으로 비싼 가격에 판매할 기회를 상실했다. 이윤의 손실에 대한 배상은 허용되지 않는다고 판결되었다. 비록 그가 원고가 2월 3일까지 운송되지 않는다면 신발을 반송할 것임을 알고 있다 해도, 그는 원고가 예외적으로 높은 이윤을 잃으리란 점을 몰랐기 때문이며, 계약의 특별한 목적이 다른 당사자에게 통고되었을 때만 특별한 손해가 배상 가능하게 되기 때문이다.

사람들이 계약을 체결할 때, 그들이 불이행보다는 오히려 이행을 통상적으로 숙고한다는 것은 진실이다. 사용되는 명시적인 문구는 계약이 완수된다면 어떤 일이 일어날 것인가를 정의하는 것 이상으로 일반적으로 더 나아가지 않는다. 상거래 문서에서 법률적 필요조건은 체결된 약속을 문서화한 진술에 의해 충족될 것이다. 왜냐하면 더 많은 필요조건을 요구하는 것은 인류의 통상적인 관습에 역행하기 때문이며, 또한 계약의 효과가 미래 사건의 위험 부담을 수락하는 것이라는 진술은 그 위험을 떠맡는 제2의 부차적 약속이 존재한다는 의미가 아니라, 그 수락이 계약자의 협조 없이도 법에 의해 직접 강제되는 결과로서 수반한다는 의미이기 때문이다. 따라서 증언이 약속의 범위에 영향을 미친다고 인정될 수 없는 경우에도, 증언은 확실히 미이행에 대해 부담할 책임의 범위를 확대하거나 축소하는 데 증거로 인정될 수 있다.

그러나 이런 양보는 여기서 채택된 견해에 영향을 주지 않는다. 계약자와 피계약자 간의 관계가 자발적이므로, 그 관계에 수반하는 결과들도 자발적이어야 한다. 어떤 사건이 약속에 의해 기대되는가, 달리 말하면 어떤 것이 결과적으로 계약의 미이행으로 되는가 하는 문제는 해석과 추정의 문제이다. 계약의 미이행으로 어떤 결과가 감당되는가 하는 문제는 유사한 방식으로 더욱더 간접적으로 계약이 체결되었던 환경들과 관련을 갖는 추정의 문제이다. 이행에 따라 어떤 결과가 나타나는가에 관한 지식은 그런 환경 중의 하나이다. 그 지식은 반드시 확정적일 필요는 없지만, 그 지식은 감당하는 위험을 확대시키는 효과를 가질 수 있다.

바로 그 추정이 수행하는 임무는, 그런 사건들이 검토된다면 명백하게 언급되고 이행된 것에서 출발하여, 당사자들의 입장에서 확정적이지 않

---

[30] *British Columbia Saw-Mill Co. v. Nettleship*, 『잉글랜드 판례집』 민사 3권 499, 509.

은 사건들과 관련하여 무엇이 언급될 것인가를 밝히는 것이다. 상업적인 계약에서 지급되는 가격은 예외적인 위험을 감당하도록 의도하려는 추정을 일반적으로 배제한다. 앞의 분석은 관행적인 건전한 상식의 기초 위에서 법정에서 성취된 결과가 보통법의 진정한 계약 이론 범주에 들어간다는 것을 보여주었다고 생각한다.

약속의 본질에 관한 논의는 내가 그 모습을 갖추기 전 단계에 있는 계약과 그 결과들을 분석하도록 유도했다. 나는 약속을 구성하는 사실관계들과 관련해 한마디 더 해야 한다. 약속을 구성하는 데 있어서 한 측면에서 보장이나 제의가 있어야 한다는 것 외에도, 다른 측면에서 수락이 있어야 한다는 것은 이론적인 진실로 정립되었다. 그러나 나는 단순한 계약이 체결되지 못하는 사례를 상상하기 어렵다고 본다. 그런 단순한 사례는 다른 근거로는 설명이 어렵지만, 서로에게 호혜적인 유인으로서의 보장이나 제의와 약인 간의 관계가 존재하지 않는다는 것으로 일반적으로 설명 가능하다. 제의의 수락은 약인이 제공된다는 데에서 나오는 단순한 함축적 의미만을 보통 수반한다. 그리고 영미법에 따르면, 수락된 제의나 약속과 아직 수락되지 않은 제의 각각은 그 시점까지 철회가 가능하며 또한 만기가 되거나 철회되지 않는 한 그때까지 각각은 그 상태를 지속적으로 유지하지만, 수락된 제의나 약속은 약인이 제공될 때까지 아직 수락되지 않은 제의와 동일한 기반 위에 있으므로 수락의 문제는 관행적으로 거의 중요하지 않다.

약인과 약속의 일반적인 본질을 이해했다면, 쌍무계약에 특이한 몇 가지 문제가 남아있으므로 이를 검토해보자. 이런 것들은 약인의 충분성 및 계약의 체결 시점과 관련된다.

모든 약속이 다 그런 것은 아니지만, 약속은 어떤 약속에 대한 약인일 수 있다. 100달러의 선물을 제공하겠다는 약속이 그것을 받아들이겠다는 약속에 의해 지지되는지 여부는 의문스러울 수 있다. 그러나 대금을 지급하지 않은 상태에서 어떤 철도회사의 주식을 각각 주고받는 상호 약속의 경우, 구속력 있는 계약이 체결되었다고 판결되었다. 여기서 한 당사자는 가치 있는 것으로 입증될 수 있는 어떤 것과 결별하는 데 동의하고, 다른 당사자는 의무부담이 있는 것으로 입증될 수 있는 책임을 떠맡는 데 동의한다.[31]

그러나 이제 당사자들의 심리를 제외하면 불확실성의 요소가 전혀 없다고 가정하자. 예컨대 끝나버린 경마에 돈 거는 것을 생각해보자. 이것은 한쪽에게는 절대적으로 확실한 약속일 것이고 다른 쪽에서는 전혀 아무런 약속도 되지 않는다고 생각되었다.[32] 그러나 이것은 나에게는 건전한 것처럼 보이지 않는다. 계약은 사람들 간의 거래이며, 그것에 의해 그들은 미래를 준비한다. 그런 준비를 하는 데에 있어서 중요한 일은 무엇이 객관적으로 진실인가가 아니라, 당사자들이 무엇을 알고 있는가이다. 당사자들에게 알려져 있지 않은 현재의 어떤 사실관계는 미래의 어떤 사실관계처럼 이 순간에 어떤 것을 준비하려는 목적에 대해서는 마찬가

---

[31] Cheale v. Kenward, 드젝스(De Gex)와 존스(Jones)의 『잉글랜드 고등법원의 판례집』(Reports, English Chancery) 3권 27.
(옮긴이 주) Cheale v. Kenward(1858): C(원고)는 철도회사 주식 10주를 갖고 있으나, 대금을 전혀 지급하지 않았다. K(피고)는 원고의 주식을 수취하고 원고의 채무를 면제시켜주겠다고 원고와 합의했다. 원고는 피고에게 합의된 내용을 특별히 이행하도록 요구했으나, 피고는 약인이 없다는 이유로 대금을 지급하지 않았다. 원고가 제공한 약인과 관련한 형평법원의 판사에 따르면, 이 주식은 아무것도 지급되지 않았으므로 무가치하고 전체 채무가 여전히 존재한다고 할 수 있지만, 그 주식은 궁극적으로는 그것에 불입할 가치보다 더 많은 가치로 전환되고 결국 그것이 가치를 가질 가능성은 약인을 이전시키는 합의서를 구성하는 데 충분할 것이라고 판결되었다. 피고 측의 약인은 주식 이전에서 발생하는 채무가 아니라, 주식을 가지는 대신 채무를 떠맡기로 한 합의라고 판결되었다. 즉 충분한 약인과 상호관계 두 가지 모두 존재한다고 판결되었다.
[32] 랑델(Langdell)의 『계약법의 주요 사례들』 89항과 28항.

지로 바로 불확실하다. 따라서 어떤 사건이 기대했던 것처럼 드러나지 않는다면 지급할 준비를 떠맡는 것은 손실이다. 이것은, 비록 그 청구가 사실상 부당하고 피고에게 부당한 것으로 알려졌다 해도, 원고가 정당하다고 믿고 있는 청구에 대한 소송 보류가 그 손실에 대한 충분한 약인이 되는 이유에 관한 진정한 설명인 것처럼 보인다.[33] 이런 견해가 불건전하다면, 미래 사건들에 대한 내기들이, 기적을 제외한다면, 어떻게 유지될 수 있는지를 알기가 어렵다. 왜냐하면 사건이 발생하거나 발생하지 않는 것이 인과법칙에 종속한다면, 그것에 관한 유일한 불확실성은 그것이 일어나는 것 여부에 있는 것이 아니라, 우리의 예견 능력에 있기 때문이다.

계약이 언제 체결되는가 하는 문제는 서면에 의한 쌍방계약과 관련하여 대부분 발생하며, 그 의문은 계약이 대응 약속이 우체통에 떨어지는 순간 아니면 그 약속이 받아들여지는 순간에 완성되는가 하는 것이다. 편의성[34]이 어느 견해를 선호하는 쪽으로 기울었다면, 그 편의성은 그 견해를 채택한 충분한 이유가 된다. 논리적인 근거가 단순히 지배하는 한, 후자[35]를 지지하는 가장 독창적인 논리는 랑델 교수(professor Langdell)[36]의 논리이다. 그의 견해에 따르면, 그 결론은 제의를 구속력 있게 만드는 약인 그 자체가 약속이라는 사실관계에서 나온다. 그의 말에 따르면, 모

---

[33] 랑델(Langdell)의 『계약법의 주요 사례들』 57항.
[34] (옮긴이 주) 편의성(convenience)은 권리를 확정짓는 데에 있어 법 집행의 편리를 도모하는 것을 지칭한다.
[35] (옮긴이 주) 약속이 받아들여지는 순간에 계약이 완성된다는 견해.
[36] (옮긴이 주) Christopher Columbus Langdell(1826~1906)은 하버드 법학전문대학원 교수이고, 법학 교육에 실용주의를 도입하여 사례연구(case method)를 법학 교육의 주요 방법으로 만들었고, 경영학 등의 다른 분야에도 영향을 미쳤다. 대표 저서로 『계약법의 주요 사례들』(*Selection of Cases on the Law of Contracts*, 1871), 『판매에 관한 사례들』(*Cases on Sales*, 1872), 『형평법원 변론 요약』(*Summary of Equity Pleading*, 1877) 등이 있다.

든 약속은 그것이 약속이기 이전에 제의이며, 제의의 핵심은 그것이 전달되어야 한다는 것이다.[37] 그러나 이런 추론은 적절한 것처럼 보이지 않는다. 가정된 사례의 경우처럼, 대응 약속에 대한 약인이 제의받은 사람에게로 제공되고 대응 약속이 사전에 수용되었을 때, 대응 약속이 제의되는 순간은 시간적으로 혹은 논리적으로 존재하지 않는다. 제의가 어떤 것이 되자마자, 그것은 약속이고 구속력 있는 계약조건이 된다. 제의는 철회 가능하면서도 또한 아직 받아들여지지 않은 기꺼이 약속하려는 의사이다. 어떤 쌍방계약이 제안되었을 때, 동일한 계약이 다른 쪽에서 제안될 수 없다. 소위 제의는 철회할 수도, 수락되지 않을 수도 없는 것이다. 제의는 제안되자마자 계약을 완성시킬 것이다.

약속이 제의의 단계를 거치든 안 거치든, 전달된다는 것이 약속받은 사람의 실제 지식에 와 닿는다는 의미일 경우, **전달되는 것**이 약속의 핵심이라고 언급되었다면, 법은 달라져야 할 것으로 생각된다. 날인계약이 인도되고 수락되었을 때, 그것이 읽히든 그렇지 않든 그 계약은 구속력이 있다. 동일한 원칙에 따르면, 가정된 경우에, 대응 약속을 포함하는 문자처럼 식별 가능한 기호에 의해 의무가 삽입되고 또한 약속에 대한 약인과 약속에 대한 승인이 이미 주어졌을 때는 언제나, 유일한 문제는 인식 가능한 기호나 문서가 언제 약속받은 사람에게 충분히 전달되었는가라고 생각되었다. 그 문서가 약속받은 사람에게 전달되고 그때 그가 그것을 읽기 전에 그 문서가 그의 손에서 강탈당한다면, 계약이 성립하지 않는다고 생각할 수는 없다.[38] 내가 옳다면, 우체국이 제의한 사람의 대리인이나 보관수탁자로 간주되는가 혹은 그가 접근할 수 있는 단순한 우체통으로

---

[37] 앞의 책, 14, 15항.
[38] 그러나 랑델(Langdell)의 『계약법의 주요 사례들』 14, 15항을 보라.

간주되는가는 거의 중요하지 않다. 제의받은 사람이 대응 약속을 포함하는 문서를 우체통에 떨어뜨릴 때, 그는 그 문서에 대한 통제력을 포기하는 명백한 행위를 한 것으로 일반적으로 이해되고, 그는 제의한 사람의 이익을 위해 그 문서를 제삼자의 손에 떨어뜨리며, 그 이후에 어느 순간 제의한 사람에게 그것을 가져갈 자유를 부여한다.

약속의 철회를 규제하는 원칙들은 전적으로 상이하다. 제의받은 사람은 그가 그에 반하는 실제 통지를 받을 때까지 그 제의가 그 조건에 따라 유효한 상태로 있다고 추정할 권한을 보유한다. 의사 전달의 효과는 그 대응 의사 전달에 의해 파기되어야 한다. 그러나 계약의 체결은 당사자의 심리 상태에 의존하지 않고, 그들의 명시적인 행위에 의존한다. 대응 약속을 표시하는 것이 유형의 대상물일 때, 그 대상물에 대한 지배가 변할 때 계약은 완수된다.

제9강

계약:
무효인 계약과
무효화 가능한 계약

무효인 계약
  A. 필수적 요소가 결여된 계약의 무효
    (a) 당사자
    (b) 서로 다른 것을 말하는 당사자
    (c) 핵심 문구의 모순
  B. 일반적으로 계약은 계약 자체의 외부에 있는 근거로는 무효가 되지 않는다. 계약의 요소가 존재한다면, 계약은 성립한다.

무효화 가능한 계약
  A. 무효화의 근거가 되는 조건
    (a) 계약의 성립에 조건이 필요하다면, 계약은 존재하지 않는다
    (b) 선행 조건과 후행 조건
    (c) 조건들 간의 구분과 약속의 범위에 대한 제한
  B. 계약 외의 표시
    (a) 표시가 진실이라는 암묵적 조건이 아니라, 사기가 없다는 암묵적 조건
    (b) 사기란 무엇인가?
    (c) 동기와 그 중요성
  C. 계약에 포함된 표시 혹은 인수를 보완하는 조건
    (a) 현재의 사실관계에 관련되는 보증, 무효, 무효화 가능
    (b) 약속

계약을 존속시키는 데 필요한 사실관계의 요소들과 체결된 계약의 법적 결과들은 이미 논의되었다. 계약이 무효(void)[1]라고 말할 수 있는 사례들과 무효화 가능하다(voidable)[2]고 말할 수 있는 사례들을 계속적으로 검토하는 일이 남아 있다. 즉 만들어졌을 때 계약으로 성립하는 데 실패한 계약, 혹은 계약으로 성립되기는 했지만 한 당사자나 다른 당사자에 의해 무효화될 수 있고 또한 결코 존재한 적이 없는 것처럼 취급될 수 있는 계약. 나는 무효라고 말할 수 있는 사례들을 먼저 검토하겠다.

계약이 통상적인 모습을 갖추었지만 계약으로 성립하는 데 실패할 때, 그 실패의 근거는 보통 착오(mistake),[3] 허위표시(misrepresentation)[4] 혹은 사기라고 여겨진다. 그러나 나는 이런 것들이 단지 극단적인 상황이라는 것을 보이려고 할 것이며, 또한 계약의 존재에 필수적인 것으로 보였거나 동시에 그렇게 보이는 주요한 요소들의 한두 가지가 결핍된 것이 진정한 근거임을 보이려고 노력할 것이다.

---

[1] (옮긴이 주) 무효(void)는 법적인 효력이 없다는 것을 의미하고, 법은 무효인 행위, 문서, 혹은 거래 등을 마치 그런 것이 존재하지 않거나 발생하지 않은 것처럼 취급한다. 따라서 "무효가 된다", "무효로 만든다", "무효이다" 등은 계약 자체가 존재하지 않거나 발생하지 않은 것으로 간주된다. 그 결과 당사자들이 계약을 수용할 것인가와 관련된 그들의 선택과는 관계없이 계약은 존재하지 않는다는 의미이다.

[2] (옮긴이 주) 무효화 가능하다(voidable)는 법률적으로 유효한 행위, 문서, 혹은 거래를 계약 당사자 중의 한 사람에 의해 무효로 할 수 있다는 것을 의미한다. 따라서 "무효화", "무효화된다", "무효화 가능하다" 등은 계약 자체는 법률적으로 성립했으나 계약조건에 따라 한 당사자가 계약을 취소할 수 있는 선택권을 가지며, 그 결과 그가 원한다면 그 계약은 법률적으로 유효할 수도 있고 그렇지 않을 수도 있다는 의미를 갖는다.

[3] (옮긴이 주) 착오(mistake)는 사실관계 혹은 단어나 법의 의미를 이해하는 데서 발생하는 오류이며, 한 당사자나 양 당사자가 계약의 의무나 결과를 이해하지 못한 상태에서 계약을 체결하도록 유도한다. 그런 착오는 한 당사자나 양 당사자가 계약을 무효화할 권리 자격을 가지게 만든다.

[4] (옮긴이 주) 허위표시(misrepresentation)는 다른 사람에게서 돈이나 물건 또는 이득을 불법적으로 얻기 위해 사실관계를 허위로 표시하는 범죄행위를 지칭한다.

어떤 사람이 A의 대리인을 통해서 A와 계약을 체결하려 했으나 B가 사실상 A의 대리인이 아니라고 한다면, 계약은 존재하지 않는다. 왜냐하면 오직 한 당사자만 존재하기 때문이다. A에게 제안된 약속은 그에 의해 받아들여지지 않았으며, 어떤 약인도 그에게서 이동하지 않았기 때문이다. 그런 경우 비록 한쪽에는 착오가, 다른 쪽에는 사기가 일반적으로 존재한다 해도, 계약이 존재하지 않는다는 것은 특별한 학설에 의존할 필요조차 없을 정도로 매우 분명하다. 왜냐하면 앞의 강의에서 설명된 계약의 주요한 요소들이 아직 존재하지 않기 때문이다.

다음으로 상이한 사례를 검토하자. 피고는 "뭄바이에서 피어리스 호로 도착하는" 면화 화물을 구매하기로 동의했고, 원고는 팔기로 동의했다. 피어리스 호는 한 번은 10월에, 다른 한 번은 12월에 뭄바이에서 오기로 되어 있었다. 원고는 12월에 오는 화물을, 피고는 10월에 오는 화물을 의미했다. 피고는 면화를 수취할 의무가 없다고 판결되었다.[5] 대상물에 대한 상호 착오 때문에, 그에 따라 당사자들은 동일한 대상물에 찬성하지 않았기 때문에, 그런 계약은 무효라고 보통 여겨진다. 그러나 이렇게 논리를 펴는 것은 나에게는 오류처럼 보인다. 법은 당사자들의 실제 심리

---

[5] *Raffles v. Wichelhaus*, 헐스톤(Hurlstone)과 콜트먼(Coltman)의 『잉글랜드 재정법원 판례집』 2권 906. 또한 *Kyle v. Kavanagh*, 『매사추세츠주 판례집』 103권 356, 357도 참고하라.
(옮긴이 주) *Raffles v. Wichelhaus*(1864): 사건의 내용과 판결은 본문과 같다. 본 사건은 *The Peerless case*로 알려져 있으며, 잉글랜드 계약법에서 **상호 착오**에 관해 자주 인용되는 주요 판례이다.
(옮긴이 주) *Kyle v. Kavanagh*(1869): 원고는 피고에게 땅을 팔기로 계약을 맺었으나, 피고는 자기가 생각했던 땅과 실제로 구입하는 땅이 일치하지 않음을 발견하고 대금 지급을 거절했다. 계약과 관련된 대상물에 대한 상호 착오로 인해 그들의 합의로부터 어떤 계약도 결과하지 않았다고 판결되었다. 양자는 동일한 땅을 염두에 두었다고 생각했지만, 실제는 그렇지 않기 때문에, 그들의 마음이 결코 만난 적이 없고 어떤 계약도 체결되지 않았다.

상태에는 아무런 관심도 없다. 다른 분야와 마찬가지로 계약에서도, 법은 외부적으로 드러난 것을 따라야 하며, 당사자들의 행위에 의해 그들을 판단해야 한다. 하나의 "피어리스 호"만 있고 피고가 "피어리스 호"를 잘못 발음하여 "페리"를 의미하도록 말한다면, 그는 책임이 있을 것이다. 판결의 진정한 근거는 이미 언급된 설명에 의해 함축적으로 나타나듯이 각 당사자가 다른 사람과는 상이한 것을 의미한다는 것이 아니라, 각자가 상이한 것을 말한다는 것이다. 원고는 어떤 하나를 제안했고, 피고는 다른 것에 그의 동의를 표시했다.

기업경영이나 변론 진술[6]에서 사용될 때 고유명사는 모든 사람이 알고 있듯이 다른 사물이 아니라 단 하나의 개별적인 사물을 의미하며, 그에 따라 그런 이름을 사용하는 사람은 지시하는 대상물이 무엇인지를 자기 책임 하에 확인해야 한다. 그 사용이 어느 측에게도 거짓이게 만드는 상황이 존재하지 않는다면, 각자는 자신이 사용하는 용어에 대해 자신에게 유리한 의미를 주장할 자격이 있으며, 누구도 다른 사람이 사용하는 용어에 대해 그런 의미를 주장할 자격이 없다. 착오가 판결의 근거라는 것과는 별도로, 내가 느끼고 있듯이 착오의 유일한 함축적 의미는 "피어리스 호"라는 용어를 사용하는 한 당사자가 자신이 그 용어에 부여하는 의미로 다른 당사자를 이해하려 한다는 것을 어느 당사자도 모르고 있었다는 것을 확립했다는 것이다. 그런 사건에서도 아마 구속력 있는 계약은 존재할 것이다. 왜냐하면 어떤 사람이 다른 당사자가 어떤 의미를 부여하고

---

[6] *Cocker v. Crompton*, 번월(Barnewell)과 크레스웰(Creswell)의 『왕립법원의 판례집』(*Reports of Cases in the Court of King's Bench*, 1822~1830) 1권 489를 참고하라. (옮긴이 주) *Cocker v. Crompton*(1823): 원고는 피고가 F라고 불리는 자기 토지를 불법침해 했다고 진술했고, 피고는 F가 자신의 자유보유부동산(freehold)이라고 변론했으며, 원고가 F의 점유를 입증했고, 피고의 F는 동일한 교구에 있는 동일한 이름의 다른 곳의 지명이었다. 원고 승소가 판결되었다.

있음을 알고 또한 이해하고 있는 어떤 용어를 사용한다면, 그는 그 의미를 주장할 수 있고 또한 그것에 어떤 다른 의미를 부여하도록 허용될 수 없기 때문이다.[7]

다음으로 제의와 수락이 상이하지 않고 또한 양 당사자가 동일한 용어를 동일한 의미로 사용했던 사례를 가정하자. A는 "이 통에 들어있는 고등어"를 사기로, B는 그것을 팔기로 동의했고, 문제의 통에 소금이 들어있는 것으로 드러났다고 가정하자. 통의 내용물에 대한 상호 착오가 존재하며, 어느 쪽도 사기는 없다. 나는 그 계약이 무효일 것이라고 추정한다.[8]

---

[7] *Smith v. Hughes*, 『잉글랜드 판례집』, 「여왕의 법원」 6권 597.
(옮긴이 주) *Smith v. Hughes*(1871): H(피고)는 경주마 조련사였고, 농부인 S(원고)는 피고에게 귀리 견본을 보여주었고, 피고는 귀리를 주문했다. 귀리가 도착했을 때, 피고는 자기가 생각했던 오래된 귀리(경주마가 먹을 수 있는 유일한 귀리)가 아니고, 새로운 녹색 귀리라며 대금 지급을 거절했다. 원고가 보여주었던 귀리 견본은 새로운 녹색 귀리였다. 피고는 녹색 귀리를 오래된 귀리로 착각했고 원고도 녹색 귀리가 적절하다고 착각할 수 있다. 쌍방의 착각은 원칙적으로 계약 취소의 근거가 아니라고 판결되었다.

[8] *Gardner v. Lane*, 『매사추세츠주 판례집』 94권(12 Allen) 39; 앞의 사건, 『매사추세츠주 판례집』 91권(9 Allen) 492, 앞의 사건, 『매사추세츠주 판례집』 98권 517 등을 보라.
(옮긴이 주) *Gardner v. Lane*(1866): 원고는 판매자 W에 대해 채권을 가지고 있고, W의 1등급 고등어를 매입했으며, 채권의 초과금액을 추가로 W에게 지급하여 채권·채무가 소멸되었다. 원고는 부두 창고에 있는 통들을 인수했고, W 명의의 창고증권도 인수받았다. 원고가 고등어가 들어 있는 통들을 가져가기 전에, W의 파산으로 W의 재산을 피고가 압류했고, 그에 따라 원고가 압류물건회복소송을 제기했다. 창고에 있는 통들 일부를 제외하면 상당수가 소금으로 채워져 있거나 3등급 고등어였다. 원심은 일부 통에 있는 1등급 고등어에 대해서만 원고가 배상받을 수 있고, 피고는 1등급을 제외한 나머지에 대해 권리를 갖는다고 평결했다. 이 평결에 대해 원고가 나머지에 대해서도 권리를 주장하는 예외를 진술하면서 항소했다. 항소심에서 비글로우(Bigelow) 재판장은 "판매 계약 하에서 착오로 인해 당사자들이 합의한 것과는 상이한 물건을 인도했다면, 물건의 판매는 이루어지지 않았으며, 판매자가 판매에 동의하지 않았고 구매자도 구매하기로 동의하지 않았다는 단순한 이유로 그 물건의 재산권은 이전되지 않았다"고 진술하면서, 원고의 예외

통상적으로 이야기되는 바에 따르면, 그런 경우 계약의 실패는 실제 대상물과 당사자들의 의도가 지향했던 대상물 사이의 본질적인 차이라는 사실관계에서 기인한다. 아마 더 도움이 되도록 설명한다면, 전제된 계약의 조건들은 비록 일관된 것처럼 보여도 거래의 근본적인 문제에서는 모순적이다. 왜냐하면 핵심적인 조건 중 하나로서 합의서의 대상물은 다른 어떤 것이 아니라 어떤 통의 내용물이었으며, 똑같이 중요한 다른 하나의 조건으로서 그 대상물은 다른 어떤 것이 아니라 고등어였기 때문이다. 반면에 사실관계의 문제로서 통의 내용물은 소금이었으므로, 두 가지 조건은 충족될 수 없었다. 그들이 체결하지도 않은 계약을 당사자들에게 강제하지 않고서는 두 조건 모두가 무시될 수는 없으므로, 결과적으로 A는 소금이 들어있는 통이나 고등어가 들어있는 다른 통을 수령할 필요가 없고, B도 그런 통을 인도할 필요가 없어지게 된다. 그리고 한 조건을 생략하지 않고선, 그 약속은 무의미하다.

판매 측에서 사기가 존재했거나 그가 통에 실질적으로 무엇이 들어있는지를 알았다면, 구매자는 열등한 물품의 인도를 요청할 권리를 가질 수도 있을 것이다. 사기는 구매자의 선택에 따라서는 그 계약을 유효하게 만들 수도 있다. 왜냐하면 약속한 사람이 본인만이 비밀스럽게 알고 있는 부적절한 용어를 적절한 용어로 위장하여 사용할 때, 약속받은 사람이 그 약속의 가능한 일부가 이행되기를 요구하고 그 약속의 이행 불가능한 나머지를 기꺼이 포기한다면, 약속한 사람은 약속받은 사람의 이행 요구를 당연히 받아들일 수밖에 없기 때문이다.

마지막 사례와 유사한 예시를 하나 더 검토해보자. 기계공장으로 묘사된 어떤 건물에 대해 보험증권이 발행되었다. 사실상 그 건물은 기계공

진술은 기각되었다.

장이 아니라, 더 큰 위험을 안고 있는 오르간 공장이다. 계약조건의 허위 표시 때문이 아니라, 이전처럼 그 계약의 핵심적인 조건 중 두 가지는 서로 모순적이고 그 두 조건의 결합은 무의미하기 때문에 그 계약은 무효이다.[9]

물론 바로 앞에서 설명된 모순의 원칙[10]은 계약의 상이한 조건들 간의 어떤 비일관성에까지 확대 적용될 수 있다. 예컨대, 금덩어리가 18K 금으로 팔렸지만 사실상 그런 정도의 순금이 아니거나 젖소가 하루에 12쿼츠의 우유를 평균적으로 생산한다고 해서 팔렸지만 사실은 하루에 6쿼츠만 생산한다면, 방금 제시한 설명에 따르면, 이 경우와 고등어로 팔린 소금통의 경우 사이에는 논리적인 차이는 존재하지 않는다고 이야기할 수 있다. 그럼에도 그 거래들은 무효는 아닐 것이다. 기껏해야, 구매자가 포기하기를 선택한다면, 그 계약들은 단지 무효화 가능할 뿐이다.

법의 구분은 논리에 의거하는 것이 아니라 경험에 의거한다. 따라서 법은 수학적 정밀성에 입각해서 인간을 다루지 않는다. 무엇이 약속되었든 그 약속대로 주어지지 않으면, 어떤 사람은 그것에 대해 배상받을 권리를 갖는다. 하지만 약간의 사소한 내용들이 없다는 것만으로는 그가 그 계약을 포기하도록 허용하지 않을 것이며, 더욱이 현재 고려 중인 문제인 계약의 성립을 방해하지도 않을 것이다. 모순적인 조건들은 둘 다 매우 중요할 것이며, 그렇게 중요하므로, 그중 어느 하나가 생략된다면

---

[9] *Goddard v. Monitor Ins. Co.*, 『매사추세츠주 판례집』 108권 56.
(옮긴이 주) *Goddard v. Monitor Ins. Co.*(1871): 사실관계는 본문의 내용과 같다. 손실을 배상받으려는 소송에서, 보험증권은 무효라고 판결되었다. 왜냐하면 보험회사는 기계공장에 대해 보험증권을 발행했고 보험가입자는 오르간 공장을 보험에 들었으므로, 당사자들의 마음이 계약의 대상 물건에 대해 만난 적이 없기 때문이다.

[10] (옮긴이 주) 계약의 대상인 물건과 실제 물건이 다를 때 계약 자체가 무효가 된다는 원칙.

법정은 그 계약이 당사자들이 사용하는 용어들이 표현하고자 했던 계약과는 본질적으로 상이하다고 생각한다.

감각으로 직접 그 정체를 언급하는 조건은 법정 판결에서 이런 정도의 중요성을 언제나 갖는다. 이 젖소나 이 고등어를 이 사람에게 판매한다는 약속이 만들어지면, 그 계약에서 어떤 다른 것을 제외해도 상관없지만, 이 대상물을 다룬다는 것과 이 사람에게 이행된다는 것을 제외하면 그 계약은 결코 강제로 이행될 수 없다. 소금이 든 이 통을 고등어가 든 통으로 속여서 판매한다면, 구매자는 그가 선택한다면 소금이 든 이 통을 수령하기로 결심할 수도 있지만, 그는 고등어가 든 다른 통을 수령하기로 선택할 수는 없다. 판매자가 B라는 이름으로 소개되었고, 구매자가 그를 동일한 이름의 다른 사람이라고 생각하며, 그런 생각에서 B에게서 구매하겠다는 그의 서면 약속을 인도한다면, 문서를 인도받은 B라는 사람은 어떻든 피계약자이며, 고유명사의 사용에 관해서 앞에서 언급되었던 것에도 불구하고, 나는 계약이 성립할 것이라고 추정한다.[11] 왜냐하면 계약

---

[11] Cundy v. Lindsay, 『잉글랜드 판례집』 항소사건 3권 459, 469를 보라. 또한 Reg. v. Middleton, 『잉글랜드 판례집』 형사 2권 38, 55 이하, 62 이하; Reg. v. Davies, 디어슬리(Dearsly)의 『잉글랜드의 형사 사례』 640; Rex v. Mucklow, 무디(W. Moody)의 『형사 사례』(Crown Cases Reserved for Consideration, 1824~1844) 1권 160; Reg. v. Jacobs, 콕스(Cox)의 『형사 사례』(Criminal Cases, 1846~1948) 12권 151 등도 참고하라.

(옮긴이 주) Cundy v. Lindsay(1878): L(피고)은 손수건 제조회사이고, 어떤 사람이 유명한 회사 Blenkiron의 이름과 유사한 Blenkarn이란 이름의 회사 명의로 피고에게 대량의 주문을 냈으며, 피고는 유명한 회사로 착각하여 대규모 물량의 손수건을 인도했고, Blenkarn은 선의의 제삼자 C(원고)에게 매각했다. Blenkarn이 대금 결제를 못 했고, 피고는 그 물건을 상대로 원고를 제소했다. 원심은 선의의 제삼자 보호 차원에서 계약이 성립한다고 판결했고, 항소심은 사기꾼의 신원에 대한 착오로 계약이 처음부터 무효라고 판결했다. 상원의 최종심에서는 L은 Blenkiron과 거래하는 것을 의미했다고 판결했다. 따라서 L과 사기꾼 사이에는 합의도 계약도 존재하지 않으며, 그에 따라 물건의 권리 자격이 사기꾼에게 넘어가지 않았고, C에게도 넘어갈 수 없으며, 그 결과 그 물건들은 강제로 원상 복귀되어야 한다고 판결

조건 중 하나로서 약속된 물건이나 약속받은 사람을 눈과 귀로 확인할 수 있는 한, 그 조건은 모든 다른 조건들에 비해 그렇게 우위에 있으며, 그에 따라 어떤 다른 요소들의 묘사 실패가 계약 성립을 방해하는 일은 매우 희소하다고 추가로 언급할 수 있기 때문이다.[12] 이 원칙에서 가장

되었다.
(옮긴이 주) *Reg. v. Davies*(1856): 우체국 수표를 포함한 편지가 동명이인이면서 까막눈인 피의자에게 잘못 배달되었고, 피의자는 그것을 다른 사람에게 가져가서 읽어달라고 요청했다. 피의자는 편지가 자기 것이 아님을 알았지만, 편지를 읽어준 사람이 가지라고 권하여 두 사람이 그것을 우체국에서 현금으로 교환하여 개인 용도로 써버렸다. *Rex v. Mucklow*의 판결에 의해 규제된다고 보고, 절도죄가 성립하지 않는다고 판결되었다.
(옮긴이 주) *Rex v. Mucklow*(1827): 편지가 우편으로 같은 이름의 다른 사람에게 배달되었고, 그 편지 안에는 10파운드가 들어있었으며, 그는 그 돈을 자신의 용도로 사용했다. 그 사람은 편지가 배달되었을 때 훔칠 마음이 없는 것으로 드러났으므로, 절도죄가 성립하지 않는다고 판결되었다.
(옮긴이 주) *Reg. v. Jacobs*(1872): 고발자는 자신에게 팔린 물건 값으로 1페니를 지급할 때 금화를 지급했고, 그 수취자는 훔친 것으로 기소되었다. 어떤 동전을 주려고 했으나 다른 동전을 주었고 금화를 건네줄 의사가 없었다는 고발자의 주장에 대해서, 판사는 "비록 그의 손가락 사이에 낀 동전의 특성을 착각했다 해도, 그는 그 특정한 동전을 그에게 주려고 의도했다"고 응답하면서, 절도죄가 성립하지 않는다고 판결했다.

[12] "신체의 출현은 명칭의 착오를 제거한다." *Way v. Hearne*, 『잉글랜드 민사법원 판례 법학저널(뉴 시리즈)』 32권 34, 40에 있는 바일스(Byles) 판사의 진술을 참고하라. 그러나 *Reg. v. Middleton*, 『잉글랜드 판례집』 형사 2권 38, 45, 57에 있는 모순적인 의견들을 참고하라. 특정한 것으로서 대상물이나 사람의 고유명사 혹은 다른 확인은 감각으로 실제 확인하는 것과 같은 유사한 효과를 가질 수 있는 것처럼 보인다. 왜냐하면 그것은 덜 직접적인 방법일지라도 그런 확인을 언급하고 있기 때문이다.
(옮긴이 주) *Way v. Hearne*(1862): 원고는 R이 발행한 100파운드의 어음을 인수했고, 원고는 피고에 의해 이 채무를 부담하도록 요청받으면서 원고의 채무의 1/2 면책(indemnity)을 얻어냈다. 원고는 회계사에게 R에 관련된 재산명세서를 준비하도록 요청하면서, 친구 R에게 너무 많은 금액을 빌려준 것을 원고의 아내가 알기를 원하지 않았기 때문에 R에게 빌려준 2,000파운드의 채권을 숨기도록 요청했다. 피고는 1/2 면책을 제공한 그의 계약이 사기적으로 준비된 재산명세서에 의해 야기되었다고 진술했다. 법정은 재산명세서를 허위표시보다는 오히려 숨기기 위한 수단으로 접근했다. 배심은 사기가 존재하지 않는다고 평결했다. 항소심에서, 법정

명백한 예외처럼 보이는 것은 대상물이 사실상 확인되지 않고 단지 그것의 덮개나 포장만 확인되는 경우이다.

물론 약속의 이행은 승낙한 상대방이 내건 모든 조건 위에서 조건부로 이루어질 수 있지만, 계약이 성립될 때까지 약속 이행에 부수되는 조건들은 결코 고려될 수 없으며, 그때까지 그 문제는 계약의 존립을 우선적으로 다룬다.

지금까지 고려된 것과는 상이한 사례를 제시할 수 있다. 합의서를 회피하는 제의와 승낙 간의 모순 혹은 계약을 그것의 사실관계에 의거해 무의미하게 만드는 합의서의 조건들 간의 모순 대신에, 계약의 일부로서 명백하게 제시되지 않은 사실관계에 관한 이전의 표시와 계약조건 간에 유사한 모순이 있을 수 있다. 그 표시는 거래의 주요한 유인이고 또한 바로 거래의 근거일 수 있다. 그 표시는 명시된 조건 중 다른 어떤 것보다 더 중요할 수 있지만, 그 계약은 그 표시를 포함하도록 공정하게 해석될 수 없는 용어들로 만들어진 문서로 한정될 수도 있다. 어떤 판매자는 소금으로 채워진 통이 고등어를 담고 있다고 진술할 수 있지만, 그 계약은 그 통과 그 내용물에 대한 것일 뿐이다. 보험 신청인은 위험에 핵심적인 사실관계를 잘못 진술할 수 있지만, 그럼에도 보험증권은 어떤 특정한 건물이나 어떤 특정한 생명에 대한 보험만을 인수할 수 있다. 이런 계약들 역시 무효가 아닌가 하는 의문이 제기될 수 있다.

계약의 본질을 고려할 경우, 사용된 용어들이 해석상 계약조건으로 그 표시를 구체화했다고 말할 수 있는 사례들을 생각해 볼 수 있다. 예컨대, 진실 되면서도 잘 이해되고 있는 보험계약의 취지는, 용어들이 언급하듯

은 배심의 평결이 확정적이며, 어느 경우에도 피고가 재산명세서에 의해 유혹받지는 않았다고 보면서, 원고의 행위가 아무리 부당하다 해도 그가 "적극적인 사기" 혹은 "피고를 기만할 의도"가 전혀 없었다고 판결했다.

이 아무리 위험이 크다 해도, 화재나 바다의 재난에 의한 어떤 손실 위험도 감수하는 것이 아니라, 보험 계약자의 진술에서 수학적으로 계산된 특정한 어떤 크기의 위험만을 감수하는 것이라고 할 수 있다. 감수된 위험의 범위는 보험증권에 명시되지 않는다. 왜냐하면 위험의 오래된 형식과 확립된 용법은 다르지만, 위험의 의미는 완전히 이해되고 있기 때문이다.

이런 추론을 채택한다면, 위험의 본질이 보험증권에 적혀 있든 아니면 앞에서 묘사된 것처럼 정해졌든, 계약의 조건들에서 똑같은 모순이 있다. 그러나 이런 종류의 가능한 예외 조건에서도 계약은 성립할 수 있으며, 청구 가능한 최선의 것은 계약을 취소할 권리일 것이다. 스스로 자제할 수 있는 능력을 갖춘 당사자들이 의무를 창출하는 데 적합한 행위와 용어를 행하거나 사용하는 경우, 나는 의무가 발생한다는 것을 받아들이고 싶다. 계약에 언급되지 않은 사실관계에 관한 착오가 존재한다면, 그 착오는 계약을 성립시키려는 동기에만 한정한다. 그러나 계약의 성립은 단순한 사실관계, 즉 한 당사자가 그 착오에 대한 진실을 알았더라면 그가 계약을 체결하지 않았을 것이라는 사실관계에 의해서도 방해받지 않는다. 어떤 사례들에서 동기에 영향을 미치는 착오가 무효의 근거인가는 이 논의의 관심사가 아니다. 왜냐하면 현재 검토하고 있는 주제는 계약이 언제 성립하는가 하는 것이며, 그 계약을 무효화하거나 취소하는 문제는 계약이 성립되었다는 것을 전제하기 때문이다.

내 생각으론, 사기, 허위표시 혹은 착오가 계약을 무효로 만든다고 언급할 때, 다른 완전한 의무를 배제하기 위해 새로운 원칙이 도입되지는 않지만, 모든 그런 사례에서 앞의 강의에서 설명했던 주요한 요인 중 한두 가지가 모자랄 것으로 이제 추정할 수 있다. 이를테면, 두 번째 당사자가 없거나, 두 당사자가 상이한 것을 말하거나, 일관성을 갖는 것처럼 보이는 핵심적인 조건들이 그 사용에 있어 실질적으로 모순적이거나이다.

어떤 계약이 무효화 가능하다고 말할 때는, 계약은 성립했지만 한 당사자의 선택에 따라서는 성립하지 않기도 한다고 추정된다. 이것은 명시적이거나 암묵적으로 계약의 존재에 부수되는 어떤 조건의 결합 때문임이 틀림없을 것이다.

계약이 성립하는 데 조건이 있다면, 그 조건이 충족되기 전까지는 아직은 계약이 존재하지 않는다. 그 조건이 충족될 때까지 어느 당사자도 마음대로 계약을 철회할 수 있다. 제의나 약속은 존재할 수 있지만, 어떤 의무는 존재하지 않으며, 그에 따라 여기서 논의해야 할 당사자들 간의 관계도 전혀 존재하지 않는다. 그러나 이미 성립한 계약에서 발생할 것 같은 일부 조건들은 계약을 성립시키는 종류의 조건들이다. 약속의 조건이 약속한 사람 자신의 의지로 통제할 수 있는 범위 내에 있다면, 그 경우는 언제나 약속한 사람의 의지가 계약을 성립시키는 조건이다. 예컨대, 고객이 만족하도록 만들어진다면 의복의 대가를 지급하겠다고 약속한다면, 약속한 사람은 매사추세츠에서 계약의 성립을 최종적으로 판단하는 사람이라고 판결되었다.[13] 그렇게 해석하는 경우, 약속한 사람의 만족이 표현될 때까지, 그것은 나에게는 전혀 계약이 아닌 것처럼 보인다. 약속

---

[13] *Brown v. Foster*, 『매사추세츠주 판례집』 113권 136.
(옮긴이 주) *Brown v. Foster*(1873): 원고는 고객이 만족할 수 있는 옷을 만들기로 계약했다. 옷이 만들어졌을 때, 고객은 스스로 만족스럽지 못하다고 선언하면서 그 옷의 수령 및 대가의 지급을 거절했고 또한 그것을 적절하게 만드는 데 필요한 수선을 할 기회를 원고에게 주는 것을 거부했다. 원심에서 배심은 다른 재단사들의 증언 청취를 허용했고 옷이 완성된 후에 필요한 수정을 하는 것이 업계의 관행이라는 것도 청취했으며, 원고 승소가 평결되었다. 항소심은 원고 승소 평결을 파기하면서, 증언이 부적절했고, 또한 허용되지 않았어야 했다고 판결했다. 왜냐하면 고객의 변덕을 감수하기로 계약했기 때문이며, 피고의 옷 수령 거부가 합리적이지 않다는 것을 보여주는 것만으로는 원고가 옷값을 보상받도록 허용하지 않기 때문이다.

한 사람이 의복이 적합하다고 본다면, 그의 약속은 단지 지급하는 것이며, 그런 약속은 어떤 의무도 부과할 수 없기 때문에 계약으로 성립할 수 없다.[14] 옷을 적절하게 만들어서 약속한 사람을 만족시키고 또한 배심을 옷의 적절성 판단의 중재자로 만드는 경우 약속이 옷의 대가를 지급하는 의미로 해석된다면,[15] 계약은 존재할 것이다. 왜냐하면 약속한 사람은 그 사건에 대한 통제권을 포기했지만, 그 계약은 현재 분석의 관점에서 한 가지 조건[16]에 지배될 것이기 때문이다.

법학자들은 계약이 포함할 수 있는 조건들을 선행 조건과 후행 조건으

---

[14] 리크(S. M. Leake)의 『계약법에 대한 기본적인 논평』(*An Elementary Digest of the Law of Contracts*, 1878), 13, 14, 637; Hunt v. Livermore, 『매사추세츠주 판례집』 22권 (5 Pick.) 395, 397; 랑델(Langdell)의 『계약법의 주요 사례들』(2nd ed.) 36항. (옮긴이 주) Hunt v. Livermore(1827): 원고는 피고가 구입하기로 동의한 토지를 피고에게 양도하기 위한 계약서를 제공했고, 피고는 토지대금에 해당하는 약속어음을 제공했지만, 피고는 거래가 취소된다면 피고의 계약서 포기에 의거해 약속어음이 포기되어야 한다고 진술하는 영수증을 원고로부터 수령했다. 계약서, 약속어음 및 영수증은 동일한 날짜에 발행되었다. 세 가지 문서는 하나의 계약이고, 계약은 유효하며, 토지에 대한 날인증서의 양도가 우선되지 않고선, 약속어음에 대한 소송은 성립하지 않는다고 판결되었다.

[15] 리크(S. M. Leake)의 『계약법에 대한 기본적인 논평』 638; Braunstein v. Accidental Death Ins. Co., 베스트(Best)와 스미스(Smith)의 『여왕의 법원과 재정법원의 판례집』(*Reports of Cases Argued and Determined in the Court of Queen's Bench and the Court of Exchequer Chamber*, 1861~1869) 1권 782.
(옮긴이 주) Braunstein v. Accidental Death Ins. Co.(1861): 피고 보험회사가 원고에게 기차여행 중에 입을 수 있는 생명, 상해 등에 대해 보험증권을 교부하면서, 보험금의 지급조건으로 원고가 보험회사 이사들이 '만족할 만한 증거'(proof satisfactory)를 제출해야 하고, 또한 이사들이 필요하다고 생각할 경우 사고를 입증할 수 있는 증거를 제공하도록 요구했다. 보험회사에게 "만족할 만한 증거"는 보험회사가 **합리적으로** 요구할 수 있는 그런 증거라는 의미이지, 보험회사가 변덕스럽거나 자의적으로 요구하는 그런 증거를 의미하지는 않는다고 판결되었다.

[16] (옮긴이 주) 한 가지 조건은 옷이 고객을 만족시켜야 한다는 것이고, 그 조건으로 계약은 성립한다. 만약 그 조건이 충족되지 않는다면, 다른 한 가지 조건은 중재자가 옷이 적절하다고 판단하는 것이고, 그 조건이 충족되면 계약은 성립한다. 즉 두 조건 중 어느 하나만 충족하면, 계약은 성립한다.

로 나누었다. 그 구분은 대단히 중요한 것으로 선언되기조차 했다. 그 구분의 기준으로 변론 진술의 과정을 채택한다면, 그 구분이 중요하다고 받아들여야 한다. 어떤 사례에서, 원고는 피고가 응답하도록 하기 위해 어떤 조건이 이행되었다고 진술해야 한다. 다른 사례들에서는, 어떤 조건이 깨졌다고 주장하는 것은 피고에게 맡겨진다.

어떤 의미에서 모든 조건은 후행하고, 다른 의미에서는 모든 조건은 선행한다. 모든 조건은 의무의 첫 단계에 후행한다.[17] 예컨대, 건축가를 만족시킬 정도로 일하면 노동의 대가를 지급하겠다는 약속의 경우를 고려해보자. 그 조건은 선행하는 조건이라고 불리는 명백한 사례이다. 건축가가 만족할 때까지는 대가를 지급할 의무가 존재할 수 없다. 그러나 건축가가 만족하는 순간 바로 전에 계약이 존재할 수 있다. 왜냐하면 약속한 사람이 대가를 지급할 것이냐 말 것이냐에 관한 결정은 더 이상 그의 통제 내에 있지 않기 때문이다.[18] 따라서 그 조건은 의무의 존재에 후행한다.

다른 한편, 후행하는 모든 조건은 법률적 부담의 발생에 선행한다. 우리가 법률적 결과를 부담하지 않으면서 할 수 있는 어떤 것을 하는 것에 대해 아무런 양심의 가책을 가지지 않는 사람이 법을 바라보듯이 그렇게 법을 바라본다면, 법이 계약에 부여하는 주요한 결과는, 확실히, 돈을 지급해야 할 가능성의 정도이다. 즉 순수한 법적 관점의 유일한 문제는 약속한 사람이 강제로 돈을 지급하게 될 것인가 여부이다. 그리고 그 시점이 확정되는 순간이 중요한 순간이다. 모든 조건은 그 순간에 선행한다.

그러나 모든 조건은 이런 극단적인 관점에서뿐만 아니라 원고의 소인

---

[17] 그러나 랑델(Langdell)의 『계약법의 주요 사례들』(2nd ed.) 29항을 참고하라.
[18] (옮긴이 주) 여기서 대가 지급을 약속한 사람과 건축가는 상이한 사람이며, 약속한 사람의 대가 지급에 관한 결정은 건축가의 평가에 의존한다.

의 존재에 대해서도 선행한다. 예시할 수 있는 강력한 사례는, 합의한 대로 지급이 안 이루어지는 경우 1년 이내에 소송이 제기되지 않는다면, 무효화된다는 조건의 보험증권 사례이다. 그 조건은 손실이 발생했고, 지급 의무가 해태하게 되고, 소인이 발생할 때까지는 작용하지 않는다. 그럼에도 그 조건은 원고의 소인에 선행한다. 어떤 사람이 소송을 제기할 때, 문제는 그가 과거에 소인을 갖고 있었는가가 아니라, 그가 현재 그 소인을 갖고 있는가이다. 시효(the year)가 아직 진행하고 있지 않는 한, 그는 그때 소인을 갖지 않는다. 피고가 시효의 경과를 주장하도록 일임된다면, 그것은 다음 상황에 기인할 것이다. 즉 그 상황이란, 변론 진술의 순서가 원고가 모든 가능한 피고의 항변에 대응하도록 요구하지 않으며, 부인의 방법을 제외하면 원고가 무책임한 소송을 시작하도록 요구하지도 않는 상황을 말한다. 법이 피고에게 답변을 요구하는 사항은 사안에 따라 변동한다. 종종 그 사항은 적극적인 당사자에게 그것을 변론하고 입증하도록 요구하면서 입증의 편의에 의해 단순히 규제되는 것처럼 보인다. 종종 사건들의 통상적인 과정을 참조하는 것처럼 보이기도 하지만, 그 문제들은 예외적으로만 진실이기 때문에 피고의 항변에 속하는 문제들이다.

가장 논리적인 구분은 약속이 파기될 수 있기 이전에 충족되어야 하는 조건들과, 위에서 언급된 마지막 사례[19]처럼, 약속의 파기가 발생한 이후에 책임을 면제시키는 조건들 간의 구분일 것이다.[20] 그러나 이것은 그렇게 중요하다고는 볼 수 없으며, 마지막의 경우와 같은 다른 사례가 발견될 수 있을지는 의문이다.

---

[19] (옮긴이 주) 바로 앞에서 언급된 보험증권의 사례를 지칭한다.
[20] 랑델(Langdell)의 『계약법의 주요 사례들』(2nd ed.) 29항.

약속을 어떤 사례들에만 한정시키는 효과만을 갖는 약정(stipulation)[21]과, 소위 적절하게 불리는 조건 사이를 구분 짓는 것은 더욱더 중요하다. 모든 조건이 그 조건이 부여되는 약속에 대해 이런 한정하는 효과를 갖는다는 것은 진실이다. 따라서 변론 진술의 규칙이 무엇이 될 수 있든,[22] 조건이 충족된다면 약속이 약정된 행위를 함으로써 지켜지고 이행되듯이, 약정된 행위의 조건이 파기되는 경우에는 아무것도 하지 않음으로써 약속은 진정으로 지켜지고 이행된다. 그러나 이것이 전부라면, 약속한 사람이 무엇을 약속하지 않았는지를 보여주는 계약서의 모든 조항은 조건이며, 조건이라는 단어는 무익하기보다는 더 나쁘다. 조건의 특징적인 모습은 이와는 전적으로 상이하다.

특징적인 모습을 갖추었다고 그렇게 적절히 불리는 조건은 하나의 사건이며, 그 사건의 발생은 그 조건의 혜택을 입은 사람에게, 마치 계약이 성립되지 않은 것처럼, 그렇게 계약을 취급할 권한을, 즉 통상적으로 언급되듯이 계약을 무효화할 권한을, 다시 환언하면 양 당사자들을 계약이 성립하기 전의 위치로 복귀되도록 주장할 권한을 부여한다. 조건이 그와 같이 작동할 때, 그것은 기존의 상황을 파괴해버리는 외부적인 힘 속으로 빨려 들어간다. 왜냐하면 그 조건의 존재가 당사자들의 승인에 기인하지만, 그 조건의 작동은 그들 중 어느 한 사람의 선택에 의존하기 때문이다.

---

[21] (옮긴이 주) 약정(stipulation)은 미결 상태의 신문이나 심리에 앞서서 당사자(혹은 대리인)들 사이에 체결된 공식적인 법적 승인 내지는 합의를 의미하며, 소송을 단순화하거나 단축시키고 또한 비용을 절감할 목적으로 도입한다. 보통 두 당사자는 어떤 사실관계에 관해 명시적으로 규정하여 문서화하며, 그 사실관계에 대해서는 법정에서 논쟁하지 않기로 합의한다. 법정도 약정이 판결해야 할 문제를 단순화하고 시간을 절약시키므로 약정에 대해 호의적이며, 그 약정에 동의한 당사자들을 그 약정에 의해 구속시키며 또한 그 약정이 강제되도록 요구한다.

[22] 불런(E. Bullen)과 리크(S. M. Leake)의 『변론의 선례』(*Precedents of Pleadings*, 1863, 3d ed.) 147, '선행하는 조건'을 참고하라.

그 조건이 파기되었을 때, 그것에 대해 주장할 자격을 갖춘 사람은 그가 선택한다면 그 조건을 파기할 수 있지만, 그는 원한다면 그 계약이 유지되도록 선택할 수도 있다. 그는 합의서에서 그 계약을 무효화할 수 있는 그의 권리를 획득했지만, 그 무효화는 그의 선택에서 결과한다.

따라서 이런 극단적 결과를 갖는 그런 약정을 약속의 범위만을 해석하거나 약속이 적용되는 사건들을 정의하는 약정들과 구분 짓는 것은 중요하다. 그리고 그와 같은 어떤 조건을 강요할 필요가 없다는 것을 방금 보여주었듯이, 우리는 그 조건에 특유한 무효화의 방법에 의해 그 조건이 작동하는 것과 그 조건이 아닌 다른 조항들과 함께 해석과 정의의 방법에 의해 그 조건이 우연적으로 작용하는 것 사이를 추가로 구분해야 한다.

이것은 A와 B 간의 쌍무계약으로 가장 잘 예시할 수 있다. 이 사례에서 A의 인수는 B가 하기로 약속한 것을 B가 한다는 것에 조건 지워져 있으며, A가 그의 임무에서 어느 정도 진척을 보인 이후에는 B가 거래의 반을 파기한 사례이다. 예컨대, A가 B의 사무원으로 고용되고, 1분기 중간에 부당하게 해고되었다. A에게 유리하도록 그 계약은 B가 그를 고용한다는 합의서를 지킨다는 것으로 조건 지워져 있다. A가 그 조건을 주장하든 그렇지 않든, 그는 더 이상 일 할 의무가 없다.[23] 지금까지 그 조건

---

[23] *Cort v. Ambergate, Nottingham & Boston & Eastern Junction Railway Co.*, 『잉글랜드 판례집』, 「여왕의 법원」 17권 127을 참고하라.
(옮긴이 주) *Cort v. Ambergate, Nottingham & Boston & Eastern Junction Railway Co.*(1851): 객차 의자를 제조하는 원고는 피고 철도회사에 일정한 가격과 일정한 시기에 여러 번에 걸쳐서 객차 의자를 공급하기로 계약을 체결했다. 원고가 공급 물량의 반을 인도한 후에, 피고 철도회사가 원고에게 의자가 더 이상 필요 없다고 통보하고, 원고에게 추가적인 인도를 중단하도록 요청했다. 원고는 더 많은 의자를 공급할 준비가 되어 있지만 피고 철도회사의 행동에 의해 중단되었다고 진술하면서 계약 파기에 대해 제소했다. 원고 승소가 판결되었고, 또한 **원고가 실제로 의자들을 공급할 필요는 없다**고 판결되었다.

은 단순히 정의의 방식으로만 작동한다. 그것은 계약 파기가 발생한 사건에서 A가 일을 하기로 약속하지 않았다는 것을 정립했다. 하지만 조건이 필요하지 않았던 이런 것 외에도, A는 두 가지 경로 중 하나를 선택할 수 있다. 첫째 경로로, 그는 계약 무효화를 선택할 수 있다. 그 경우 당사자들은 어떤 계약도 체결되지 않았던 것과 같은 위치에 있게 되며, 무상으로 제공하지도 않았고 또한 보상액이 결정되지 않은 작업, 즉 B를 위한 작업을 했던 A는 그의 서비스에 대해 배심이 평가하는 합리적인 값어치만큼을 배상받을 수 있다. 그 계약은 **대가관계**를 더 이상 결정하지 못한다. 그러나 대안적인 다른 경로로, A는 그가 원한다면 계약을 유지할 수 있으며, 그 계약을 깨뜨린 것에 대해 B를 제소할 수 있다. 그 경우 그는 그가 한 것에 대해 계약비율에 따라 손해를 보상받을 수 있고 또한 계약 완수 때 얻을 수 있는 이득 기회의 상실에 대해서도 배상받을 수 있다. 그러나 현재 논의에서 중요한 핵심 사항은 두 가지 구제책이 상호 배타적이어서 어느 한 구제책은 그 계약을 신뢰할 수 있다고 가정하고 다른 한 구제책은 그것이 무효화되었다고 가정한다는 것이지만,[24] B의 계약 파기 이후에 A가 작업을 중단했고 더 이상 일을 하지 않았다는 것은 어느 선택의 경우에도 동일하게 일치하고 있고, 사실상 그 선택과는 아무런

---

[24] *Goodman v. Pocock*, 『잉글랜드 판례집』, 「여왕의 법원」 15권 576 (1850년).
(옮긴이 주) *Goodman v. Pocock*(1850): 원고는 1년 단위로 고용되었는데, 한 분기 중간에 해고되었고, 부당해고라는 이유로 특별한 소인(계약은 유지된 채)을 진술하면서 1차 소송을 제기했다. 원고는 계약이 존속한다고 보고 그 근거에서 손해를 배상받았다. 실제 제공된 (1년 단위의) 서비스는 배상받을 수 있으나, 계약 파기된 기간 동안 제공된 서비스에 대한 보상은 채무인수소송(indebitatus assumpsit)으로만 가능하다고 판결되었다. 이후 원고는 계약 파기된 기간 동안의 서비스를 보상받기 위한 2차 소송을 제기했으나, 2차 소송은 유지될 수 없다고 판결되었다. 원고는 계약이 무효화된 것으로 간주하고 채무인수소송을 제기하거나 계약에 입각하여 소송을 제기할 수 있지만, 두 가지 모두를 할 수는 없다고 판결되었다.

관련을 갖지 않는다는 것이다.

 오해를 피하기 위해 한마디 추가해야 하겠다. A가 앞에서 언급된 문제의 사례에서 그가 하기로 약속한 전부를 했다고 언급했을 때, 그것은, 그가 더 많은 일을 했다면 받을 수 있듯이, 그가 그것과 동일한 보상을 받을 자격이 반드시 있다는 것을 의미하지는 않는다. 앞에서 가정된 사례에서 B의 약속은 서비스에 대해 매분기마다 그만큼을 지급하겠다는 것이며, 비록 약속의 약인이 그 서비스를 이행하겠다는 A의 약속이라고 해도 그 약속의 범위는 사실상 그 서비스가 이행되는 경우로 한정되었다. 따라서 A는 해고당한 후 그 분기가 만료될 때까지 단순히 기다릴 수는 없으며, 그 분기 말에 고용이 지속된다면 그가 가질 수 있었을 만큼의 완전한 금액을 배상받을 수도 없다. 또한 그는 서비스가 제공되지 않은 것이 B의 잘못이라는 사실관계로부터 그가 완전한 금액을 배상받을 수 있는 자격도 더 이상 갖지 못한다. 그런 청구에 대한 B의 답변은 완전하다. 그는 약속에 대해서만 책임이 있으며, 또한 그는 해고가 발생하지 않은 경우 지급하겠다고 약속했다. 그러나 그는 고용을 실제로 약속했으며, 그 고용을 중단한 것에 대해서는 손해에 대해 책임을 진다.

 한두 가지 예를 더 들면 유용할 것이다. A는 어떤 시간 어떤 장소에서 어떤 물건을 인도하기로 약속했고, B는 그 물건을 수취하고 그 대가를 지급하기로 약속했다. 시간이 도래했을 때, 당사자 중 누구도 나타나지 않았다. 누구도 소송에 대해 책임이 없을 것이며, 지금까지 언급한 것에 따르면 각자는 아무 일도 발생하지 않은 사건에서 자신이 하기로 약속했던 것 전부를 했다. A가 그가 할 의무가 있는 것 모두를 했다면, 제소할 권리를 얻는 데에는 이행 또는 이행할 준비가 필요한 전부이기 때문에, A가 B를 제소할 수 있다는 반론을 제기할 수 있고, 역으로 B에 대해서도 동일하게 말할 수 있다. 다른 한편, A 혹은 B를 피고라고 생각한다면,

이행 혹은 이행할 준비라는 동일한 사실관계들은 완전한 항변이 될 것이다. 어려운 문제는 대개 계약서의 문구 중의 하나이다.

A와 B는 현 단계에서 그들이 하기로 약속했던 것을 사실상 각각 모두 이행했다. 왜냐하면 다른 사람이 동시에 할 준비가 되어 있고 또한 기꺼이 할 의사가 있는 경우에만 그들 각자는 하겠다고 약속했기 때문이다. 그러나 이행할 준비와 기꺼이 하겠다는 의사는 약속의 이행과 그에 따른 의무에 필요하지는 않겠지만, 다른 당사자에게 행동하겠다는 약속이 적용되는 소송을 제기하려면 필요하다. 따라서 비록 A와 B가 각자 자신의 약속을 이행했다고 해도, 그들은 상대방에게 더 많은 것을 요구할 그들의 권리에 대해서는 그 조건을 이행하지는 않았다. 한쪽이 스스로 그 조건을 이행함으로써 다른 쪽의 인수의 범위 내로 그 조건을 제시할 때까지, 그 조건의 이행은 순수하게 선택적이다. 그러나 그 조건의 이행은, A나 B에게 소송의 권리를 부여하는 데 필요한, 한쪽 자신의 약속 이행일 뿐만 아니라 또한 모든 조건의 충족, 즉 다른 쪽의 약속 이행이다.

조건들은 계약의 바로 그 용어들에 의해 창조될 수 있다. 그런 사례들에 대해서는 언급할 것이 없다. 왜냐하면 당사자들은 그들이 선택한 용어에 대해 동의할 수 있기 때문이다. 그러나 어떤 사례에서 계약을 취소하거나 무효화하는 조건과 관련해 어떤 규정도 만들어지지 않은 경우, 법정은 그 조건들 역시 해석에 의해서 등장한다고 판결할 수 있다. 법이 그렇게 해석하고 있는 조건들의 본질이 무엇인가에 관해서는 설명이 필요하다. 그 조건들은 계약을 취소하는 당사자 측 입장에서 거래를 체결할 명백한 근거가 있는가와 관련되거나 그 거래의 명백한 목적이 성취되었는가와 관련된다고 일반적으로 말할 수 있다. 그러나 그렇게 말하는 것은 충분하지 않다. 일반적으로 말하면, 실망은 다른 당사자의 부당행위에 의해 유발되어야 하며, 그런 부당행위의 가장 명백한 사례들은 사기 및 허위표시 혹은 계약의 부분적인 불이행 등이다.

따라서 사기와 허위표시는 이런 맥락에서 한 번 더 고려할 필요가 있다. 나는 허위표시를 먼저 다루겠다. 허위표시에서 발생하는 첫째 문제는 그 표시가 계약의 일부인가 아닌가 하는 문제이다. 계약이 문서로 되어 있고 그 표시가 서류에 명시적으로 있다면, 그 표시가 중요하거나 중요하지 않을 수 있지만, 그 표시의 허위의 결과는 동일한 당사자 입장에서 약속 이행의 실패를 규제하는 것과 같은 아주 유사한 원칙에 의거해 결정된다. 계약이 말로 맺어졌다면, 약속 전에 표시하는 용어들과 나중의 약속의 용어들을 연결하는 데 상당한 편차가 존재할 수 있지만, 그 용어들이 계약의 일부로 결정되었을 때 그 용어들 전체가 문서화되었다면 적용되는 것과 유사하게 동일한 원칙들이 적용된다.

우리에게 당장 나타나는 문제는 계약을 유도했지만 계약의 일부가 되지 않는 허위표시의 효과이다. 계약이 문서로 되어 있지만 허위표시를 포함하지 않는다고 가정하자. 과거의 그런 허위표시는 어떤 경우에도 계약을 취소할 권한을 부여하는가? 그리고 부여한다면 그것은 고도의 사기로 귀결하는 경우를 제외하면 어떤 경우에 그렇게 되는가? 약속한 사람은 '당신의 표시가 거짓인지를 당신이 알고 있느냐 여부는 나에게 중요하지 않고, 내가 관심을 갖고 있는 유일한 것은 그 표시의 진실성이다. 그것이 진실이 아니라면, 나는 당신이 그것이 거짓이라고 알고 있든 아니든 똑같이 고통받는다'라고 말할 수 있다. 그러나 각 개인이 그의 모든 행위의 모든 결과를 책임진다는 원칙을 법이 추종하지 않는다는 것은 아주 앞에 있는 강의[25]에서 이미 언급되었다. 행위는 그 자체로는 중립적이다. 행위는 그 시각 행위자에게 알려진 공존하는 사실관계들에서 행위

---

[25] (옮긴이 주) pp. 101~102.

의 특성을 부여받는다. 어떤 사람이 자신의 지식으로 이야기한다는 것을 합리적으로 믿으면서 어떤 것을 진술한다면, 그가 진실의 책임을 떠맡는다고 동의하지 않는 한, 그에게 진실의 책임을 부여하는 것은 법의 추론에 반하는 것이며, 그 표시는 계약의 일부를 구성하지 않으므로, 가정된 사례에서도 그는 그렇게 책임을 떠맡지 않는다.

사기가 존재할 때는 전혀 달라진다. 사기는 계약에 포함된 진술에 의해 계약을 유도하듯이 계약 외의 진술에 의해 계약을 체결하도록 유도할 수 있다. 그러나 법은 어느 경우에도 계약이 선의에 의존하리라고 판단할 것이다.

예시를 위해, 약간 극단적인 경우를 들어 보자. A는 B에게 '나는 이 통들을 스스로 열어보지 않았지만, 이 통들에는 최상품의 고등어가 들어 있습니다. 나는 잘 알려진 유명한 상인에게 그 대가로 상당한 금액을 지급했습니다'라고 말한다. 그 이후에 A는 B에게 '나는 당신이 보았던 통들과 그 내용물을 그만한 가격에 팔겠습니다'라고 편지를 썼으며, B는 이를 받아들였다. 통들에는 소금이 들어 있는 것으로 판명되었다. 나는 그 내용물을 다룬 진술이 정직했다면 계약이 구속력이 있을 것이며, 그 진술이 사기적이라면 무효화 가능하리라 추정한다.

계약 외부에서 사기적인 표시는 계약을 체결하려는 동기 외에는 결코 어떤 것에도 쓸모없는 것처럼 보인다. 사기적인 표시가 계약 외부에 있다면, 사기적인 표시는 계약의 해석에 자주 영향을 미칠 수는 없다. 어떤 문구들로 구성된 약속은 약속한 사람이 이해하리라고 추정되는 확정적인 의미를 가진다. A가 B에게 '나는 당신에게 이 통과 그 내용물을 살 것을 약속합니다'라고 말한다면, 그가 언급한 문구들은 감각으로 확인되는 어떤 사람과 물건을 가리키며, 그 문구들은 더 이상의 것을 나타내지 않는다. 모순은 존재하지 않으며, 그 사람이 그 물건을 인도할 준비가 되었다면 구매자는 계약 자체의 어떤 조건이 대응되지 않는다고 말할 수 없다. 그는 사기를 당하면서 B가 다른 B라고 믿도록 유인될 수 있고 또한 통에는 고등어가 들어 있다고 믿도록 유인될 수 있다. 그렇지만 그런 사항들에 대한 그의 믿음이 약속을 체결하려는 그의 의사에 아무리 영향을 많이 준다 해도, 그 약속 체결에 대한 설명으로 그의 문구에 상이한 의미를 주려는 것은 약간 터무니없는 짓일 것이다. '당신'은 그의 이름이 무엇이든 말하는 사람 앞에 있는 사람을 의미하며, '내용물'은 고등어는 물론 소금에도 적용된다.

오로지 계약으로 해석되는 조건 때문에, 분명히 사기는 계약 취소의 근거이다. 당사자들이 선택한다면, 당사자들은 계약이 어느 당사자에 대해서도 계약 외부에 있는 진실이나 거짓과 관계없이 구속력이 있어야 한다는 데에 동의할 수 있다.

그러나 앞의 강의들에서 언급되었듯이, 법은 차별에서 출발했고[26] 또한 도덕의 문구를 사용하지만, 개인의 실제적인 의식에 의존하지 않는 외형적 기준으로 반드시 귀결한다. 그래서 사기도 똑같이 그렇게 된다. 그것이 거짓일 것 같고 그것이 거짓이라고 어떤 사람에게 경고를 보내는 것이 공동체의 평균적인 기준으로 보면 충분하다는 사실관계를 알면서도, 그가 어떤 표시를 한다면, 그가 자신의 진술을 믿든 안 믿든 법 이론상 사기에 대해 유죄다. 매사추세츠 법정은 사기로 판결하는 데에서 적어도 더 나아갔다. 그 법정에 따르면, 어떤 사람이 자신의 지식에 관해 제시

---

[26] (옮긴이 주) 법은 각 개인의 개성이 모두 상이하고 각 개인이 상이한 환경에 처해 있으며 주어진 상황에서 각 개인의 심리도 상이하다고 전제하면서 이런 차이를 존중한다. 하지만 예외적인 특별한 경우를 제외하면, 법은 원칙적으로 이런 개인들 간의 차이, 특히 개인의 선의나 악의적인 의도 등을 구분하려 하지 않고, 최종적으로 사회의 보통 사람들에 의해 요구되는 겉으로 드러난 객관적인 외형적 기준을 각 개인에게 강제한다.

하는 어떤 구체적인 진술 혹은 그 자신의 지식으로 공정하게 이해될 정도로 그렇게 제시된 그런 진술은, 그 지식을 믿는 이유와 그가 그것을 안다고 믿을 만한 이유를 그가 가지든 안 가지든, 그 진술이 거짓이라면 사기적인 것으로 판결 날 것이다.[27] 따라서 표시는 도덕적으로 결백할 수 있지만 그럼에도 법 이론에서는 명백히 사기이다. 사실상 매사추세츠 법정의 규칙은 앞의 강의[28]에서 비판받았던 잉글랜드 형평법원에 의해 규정된 원칙에 못 미칠 것 같지는 않다. 왜냐하면 사실관계들에 대한 가장 적극적인 확인은 그 사실관계들이 당사자 자신의 지식으로 구성된 것으로 합리적으로 이해된다고 배심이 평결하는 것을 적어도 보장할 것이며, 그에 따라 사실관계들이 거짓으로 판명되면 계약 취소를 보장할 수 있기 때문이다. 따라서 도덕적 표현은 판결에 적절하지 않게 되었으며, 책임의 외형적인 기준이 성취되었다. 그러나 출발점은 그럼에도 사기이며, 법으로 정의되듯이 사기의 근거를 제외하면, 허위표시가 계약 체결을 직접 유도한다 해도 나는 계약 이전의 허위표시가 계약의 유효성에

---

[27] *Fisher v. Mellen*, 『매사추세츠주 판례집』 103권 503.
(옮긴이 주) *Fisher v. Mellen*(1870): 피고가 석유시추회사의 지분 1/3을 가졌다고 하면서, 회사의 토지와 재산에 관해 특별한 설명을 했고, 원고는 이런 설명을 믿고서 1/3지분에 대해 1,000달러를 지급했으나, 원고가 그 지분이 자신에게는 무가치한 것으로 드러났다고 하면서 사기에 의한 불법행위를 이유로 제소했다. 심리과정에서 피고는 1,000달러를 회사의 재무이사에게 전달했고, 1/3지분에 대한 권리 자격이 있다는 영수증을 수령하여 원고에게 전달했으며, 자신의 지분은 판 적이 없다고 증언했다. 그리고 그는 회사에 가본 적도 없고 제삼자를 통해서 들은 내용을 원고에게 전달하는 과정에서 자신도 모르는 사이에 허위표시를 했다고 증언했다. 원심에서 원고가 승소했고, 피고의 항소에 대해서는 항소가 기각되었다. 비록 피고가 회사에 관한 사실관계를 몰랐고 다른 사람의 정보에 의거해 그런 허위표시를 했다는 것을 입증할 수 있다 해도, 피고는 그런 허위표시로 원고가 지분을 매수하게 함으로써 적극적인 허위표시에 대한 책임, 즉 사기에 대한 책임에서 벗어날 수 없기 때문이다. 환언하면 사기혐의의 초점은 원고가 속아서 손해를 봤다는 것이지, 피고가 그로부터 이익을 얻었다는 것이 아니기 때문이다.
[28] 본서의 앞에 있는 pp. 189~191.

영향을 미친다고 생각하지는 않는다. 그러나 계약과 암묵적인 조건 어느 것도 허위로 표시된 사실들이 진실일 것을 요구하지는 않는다. 그것들은 오로지 특정한 어떤 허위표시가 없어야 함을 요구할 뿐이다. 그 조건이란 약속받은 사람이 어떤 다른 B가 된다거나 혹은 통의 내용물이 고등어여야 한다는 것이 아니라, 약속받은 사람이 구체적인 사실관계에 관해 그에게 거짓말을 하지 않아야 한다는 것이다.

그때 어떤 사실관계들이 중요한지를 당신은 어떻게 결정하는가 하는 문제가 발생한다. 계약은 그 체결 때 사실관계들을 요구하지 않으므로, 사실관계들이 중요하게 되는 유일한 방식은 사실관계들이 진실이라는 믿음이 계약을 체결하도록 유도한다는 것이다.

그때 종종 언급되듯이 법이 계약을 체결하려는 동기에 관심이 없다는 것은 진실이 아니다. 그 반면에 계약 외부에서 사기에 해당하는 범주는 거짓된 동기의 창조와 진실한 동기의 말살이 그 전부이다. 그리고 이런 계약 외부의 범주를 검토하는 것은 사기가 계약 취소를 보장하는 사례들에서 합리적인 기준을 제공할 것이다. 사기적인 표시가 계약 취소의 효과를 갖기 위해서는 그 표시가 중요해야 한다고 언급된다. 그러나 우리는 그 표시가 중요한지 아닌지를 어떻게 결정해야 하는가? 위의 논리가 옳다면, 그 사실관계가 표시되는 것과 같다는 믿음이 계약의 체결을 자연스럽게 유도할 것인가 혹은 그 반대의 믿음이 자연스럽게 그 계약 체결을 방해할 것인가를 결정하는 것은 통상적인 경험에 의거해야 한다.

그 믿음이 일반적으로 혹은 특별한 경우의 알려진 상황에서 그런 효과를 자연스럽게 갖지 않는다면, 사기는 중요하지 않다. 자신을 토머스 제퍼슨의 증손자라고 소개하는 어떤 사람의 사기적인 표시가 그와 계약하도록 피계약자를 유인했다면, 피계약자가 특별한 이유로 인해 그의 거짓말이 그 계약을 성립시키려는 경향을 가졌다는 것을 모르는 한, 나는 그 계약이 무효화 가능하다고 생각하지 않는다.

지금까지 다루었던 조건이나 근거들, 즉 계약을 무효화시키는 조건이나 근거들은 계약의 외부에서 당사자들의 행위와 관련된 조건들이다. 법 해석으로 드러나는 조건들에 내 스스로를 여전히 한정하지 않으면서, 즉 계약이 표현되는 문구들의 문자적인 의미에 의해 약속에 직접적으로 명확히 얽매이지 않으면서, 나는 이제 어떤 방식으로든 계약이 정말로 참조하는 사실관계들에 관련된 조건들이 무엇인가를 설명하려 한다.

그런 조건들은 오직 한쪽에서만 일방적으로 약속이 존재하는 그런 계약들에서 발견될 수 있다. 계약이 일방적이고 그에 따라 그 계약의 문구가 약속한 사람의 약속의 전부인 경우, 약속한 사람에게 유리한 조항들은 쌍무계약에서의 동일한 용어들보다 더 기꺼이 약속의 조건들로 해석될 것이라고 여겨지며, 또한 사실상 그 조항들이 그렇게 해석되어야 한다고 여겨졌다. 왜냐하면 그 조항들이 약속의 조건을 창조하지 않는다면, 그 조항들은 그 조건 없음에 따라 상대방 당사자에게는 약속이 아니므로, 그 조항들은 약속한 사람에게 아무런 이득도 주지 않기 때문이다.[29] 이런 탁월한 제안이 계약에 관한 학설에 실무적인 영향을 얼마나 미칠지는 아마 의문스러울 수 있다.

그러나 쌍무계약을 다루는 것은 일반적 개관을 위해서는 충분할 것이다. 이런 쌍무계약에서는 양쪽에서 인수가 존재하며, 한 당사자에게 유리한 조건은 다른 당사자의 입장에서 한 당사자가 인수 임무를 잘 이행하게 만든다.

계약의 인수는 현재 혹은 미래에 사실관계의 존재 때문에 있을 수 있다. 그 인수는 미래의 경우에는 오로지 약속일 수 있지만, 현재의 경우에

---

[29] 랑델(Langdell)의 『계약법의 주요 사례들』(2nd ed.) 33항.

는 그 인수는 마찬가지로 거래에서 핵심적 조건일 수 있다.

여기서 다시 우리는 표시에 관한 법에 이르렀지만, 새로운 국면에 도달했다. 표시는 계약의 일부이므로, 그 표시의 진실성이 사기에 관한 어떤 문제와는 상관없이 전적으로 계약의 조건을 구성하는 것은 언제나 가능하다. 그리고 그것은 사실상 자주 그렇다. 그러나 한쪽에서 사용되는 용어로 구체화된 모든 표시는 다른 당사자에게 유리한 조건을 만들지는 않는다. 'A 소유이면서 현재 시험해보기 위해 B의 점유 상태에 있는 7살짜리의 밤색 말'을 A가 파는 데 동의하고 B가 구매하는 데 동의했다고 가정하며, 사실상 그 말이 밤색이 아니라 고동색이라고 가정하자. 나는 B가 그런 근거에서 말에 대한 대가를 지급하길 거절할 수 있다고 주장하지 않는다. 법이 그렇게 어수룩해서 단순히 형식적 일관성만을 목표로 한다면, 통에 소금이 담긴 것으로 드러난 고등어 담긴 통들을 팔려는 합의서에서 쉽게 나타나듯이 이런 계약의 상이한 조건들 간에 절대적인 모순이 있다고 사실상 언급할 수 있다. 이런 견해가 채택된다면, 조건을 충족하는 계약은 존재하지 않을 것이고 어떤 계약도 전혀 존재하지 않을 것이다. 그러나 사실상 계약은 존재하고 심지어 조건은 존재하지 않기도 한다. 이미 언급되었듯이, 모든 모순이 계약을 무효로 만들지 않으며, 대응하는 인수 조건에서의 모든 실패가 계약을 무효화 가능하게 만들지도 않는다. 여기서 명백하게 구매자는 자신이 얻으려는 것을 정확히 아는 것 같으며, 그에 따라 색깔에 대한 착오는 거래에서 아무런 의미도 없는 것처럼 보인다.[30]

---

[30] *Behn v. Burness*, 베스트(Best)와 스미스(Smith)의 『여왕의 법원과 재정법원의 판례집』 3권 751, 760에 있는 *Dimech v. Corlett*, 무어(E. F. Moore)의 『추밀원의 판례집』(*Privy Council Reports*, 1836~1841) 12권 199에 관한 설명을 보라.
(옮긴이 주) *Dimech v. Corlett*(1858): 선주인 원고는 선박이 몰타에 정박 중이고 즉시 출항할 수 있다고 했으나 사실은 선박을 아직 건조하고 있었다. 피고는 용선

다른 한편, 계약이 다른 당사자를 오도시키는 사기적인 표시를 포함한다면, 그 계약은 마치 그 표시가 사전에 만들어진 것처럼 동일한 원칙에 따라 무효화 가능할 것이다. 그러나 계약에서 묘사하는 용어들은 사기와는 무관하게 종종 물건보증이라고 불리는 것으로 귀결한다는 판결이 매우 자주 있었다. 그 용어들이 그런지 혹은 그렇지 않은지는, 그 용어들이 전달하고자 하는 용어의 의미, 거래에서 사실관계들의 중요성 등에 주의를 기울이면서, 건전한 상식의 근거 위에서 법정에 의해 결정되어야 하는 문제이다. 그러나 묘사하는 용어들이 물건보증인 것으로 판결되었을 때, 그 판결은 그 용어들을 사용하는 당사자가 그것의 진실성에 대해 책임지도록 스스로를 구속시킨다는 것을 의미할 뿐만 아니라, 그 용어들의 진실성이 계약의 조건이라는 것을 의미한다.

예컨대, 유력한 선례[31]의 합의서에 따르면, 당시 암스테르담 항구에 있

의 권리를 아들에게 양도하고 아들은 제삼자에게 원고의 동의 없이 양도했다. 제삼자는 지연 출항을 이유로 합의를 종용했으나, 원고는 이를 거부했고 용선료를 청구하는 소송을 제기했다. 최종심에서 피고는 선박이 몰타에 있었고 건조하고 있다는 것도 알고 있었으며, 지연 출항에도 이의를 제기하지 않았으므로, 피고의 항변은 실패했다고 판결되었다.

[31] *Behn v. Burness*, 베스트(Best)와 스미스(Smith)의 『여왕의 법원과 재정법원의 판례집』 3권 751.
(옮긴이 주) *Behn v. Burness*(1863): 선주인 원고는 원고에게서 선박을 용선하고는 화물을 선적하지 않은 피고를 상대로 제소했다. 원고는 피고에게 선박이 사실상 암스테르담에 있지 않을 때 암스테르담 항구에 정박 중이라고 진술했다. '암스테르담에 정박 중'이라는 표시는 계약 체결 당시에 상대방에게 제시한 사실에 관한 진술이나 주장이면서 동시에 계약조건이므로, 피고는 계약을 취소할 자격이 있다고 판결하면서, 상급법원인 재정법원의 윌리엄스(Williams) 판사는 "본건의 쟁점은 배가 '현재 암스테르담 항구에 있다'는 용선계약서의 진술이 '조건'과 동의어로 사용되는 '표시'나 '물건보증'인가 하는 것이다. ... 표시는 계약 전이나 계약 순간에 계약과 관련된 어떤 문제나 상황에 대해 한 당사자가 다른 당사자에게 제시한 진술이나 주장이다. 표시가 문서에 포함되어 있다 해도 그것은 계약의 필수적인 부분은 아니며, 결과적으로 표시가 진실이 아니라고 입증된다 해도 계약은 파기되지도 않는다. 표시가 사기적 표시가 아닌 한 그런 허위는 소송의 소인도 아니고

는 원고의 선박은, 최대한 빠른 속도로, 잉글랜드의 뉴포트를 향해서 직접 출발해야 하고 거기서 홍콩에 보낼 석탄 화물을 실어야 했다. 용선계약 날짜에 선박은 암스테르담에 있지 않았고, 4일 후에 거기에 도착했다. 원고는 피고가 시간을 중요시한다는 것을 알고 있었다. 계약 날짜에 암스테르담 항구에 선박이 있어야 한다는 것은 조건이고, 그 조건의 파기는 피고에게 선적을 거부할 자격을 부여했고 또한 계약을 취소할 자격도 부여했다고 판결되었다. 조건이 미래의 사건이어야 하고 과거 혹은 현재의 사건에 조건 지워지도록 만들어진 약속이 절대적인 약속이 되거나 그렇지 않으면 전혀 아무런 약속도 아니라는 견해를 채택한다면, 결과적으로 이런 경우 피고는 결코 아무런 약속도 하지 않았다는 것이 될 것이다.[32] 그는 존재하지도 않은 상황이 존재한다는 조건에서만 약속했었다. 나는 그런 사례들을 바라보는 이런 방식에 대한 나의 반론을 이미 언급했으며,[33] 내가 알고 있는 한 법정이 이런 견해를 승인하지 않았고 이 사례에서는 확실히 승인하지 않았다는 것을 추가로 언급하고자 한다.[34]

용선계약을 단지 무효화 가능한 것으로 간주하는 대신에, 용선계약이 무효이고 아예 계약이 없었다고 주장하는 다른 근거가 존재한다. 그 주장은 선례에 마찬가지로 어긋나고, 그럼에도 내가 만족스럽게 전적으로 대답할 수도 없는 주장이다. 제시된 사례에서 선박의 임대인의 표시는 선박

어떤 효력도 갖지 않는다. … 문서의 묘사적 진술이 계약의 본질적인 부분인가 하는 문제가 제기된다. 이것은 법정이 판단해야 할 추정의 문제이다. … 법정은 추정에서 문서의 문구만이 아니라 용선계약에 들어 있는 상황과 목적에 의해 영향받는다. … 선적할 선박의 도착 시간은 용선자의 이해관계에서 핵심적인 사실관계이다"라고 진술했다.

[32] 랑델(Langdell)의 『계약법의 주요 사례들』(2nd ed.) 28항, p. 1000.
[33] 제8강을 보라.
[34] (옮긴이 주) 홈스는 본건이 무효인 계약이 아니라, 계약은 성립했고 피고 입장에서 무효화 가능한 계약이라고 보고 있으며, 법정도 동일한 견해를 갖는다고 본다.

자체와 관련되고, 그에 따라 선박 임차인이 받아들이기로 동의한 물건을 묘사했다. 고등어가 담긴 것으로 묘사된 소금 담긴 통의 판매에 대한 계약에서 발견되듯이, 나는 이 계약의 상이한 조건들 간에 치명적인 모순이 존재하지 않는다고 해야 할 이유를 전혀 모르겠다. 첫째로 팔린 물건이 이 통의 내용물이라는 것과 둘째로 그 물건이 고등어라는 것, 이 두 가지 조건들 간의 모순이 계약의 존립에 왜 치명적일까? 그 이유는 그 조건들 각각이 계약의 진정한 뿌리이고 핵심이기 때문이다.[35] 또한 하나의 필요조건을 충족시키지만 다른 필요조건을 충족시키지 않는 어떤 물건을 구

---

[35] *Kennedy v. Panama, & c. Mail Co.*, 『잉글랜드 판례집』, 「여왕의 법원」 2권 580, 588; *Lyon v. Bertram*, 하워드(B. C. Howard)의 『미국 대법원 판례집』 20권 149, 153. 또한 빈트샤이트(Windscheid)의 『법총론 강의』 76절 주 6, 9도 참고하라. (옮긴이 주) *Kennedy v. Panama, & c. Mail Co.*(1867): 신주를 발행하는 투자 설명서에는 뉴질랜드 체신청 장관과 맺은 수익성 있는 체신계약을 충족하려면 더 많은 자금이 필요하다고 쓰여 있다. 그 계약은 체신청 장관의 체결 권한을 넘어서는 것으로 밝혀졌고, 투자 설명서에 의존해 주식을 매입한 원고는 약인이 전적으로 충족되지 않았다는 이유로 거래의 철회를 청구했다. 왕립법원은 원고의 청구를 거절했다. ① 로마법에서 계약을 무효화하는 본질에 대한 착오와 계약을 무효화하지 않는 본질에 대한 착오를 구분하면서, 어떤 것을 원했으나 다른 것을 얻었다면 본질의 차이가 존재하고, 원고는 사기와는 독립적으로 주식을 반환시킬 자격을 갖지만, 본건은 원하는 것을 얻었으나 계약과 관련된 가치의 질적인 변화만 있는 질적인 차이에 불과하다. 따라서 약인이 전적으로 충족되지 않았다고 볼 수 없다. ② 체신장관과의 계약은 피고 회사도 선의적으로 믿고 있는 판단 착오 혹은 법률적으로 결백한 허위표시이므로, 본질에서 차이가 없는 한, 취소의 권한이 주어질 수 없다.
(옮긴이 주) *Lyon v. Bertram*(1857): 원고는 그 계약이 전체 밀가루 화물에 대한 계약이 아니고 Haxall이라는 상표의 밀가루 일부에 대한 계약이고, 질에 대한 묘사는 중요하며, 원고가 원한다면 화물 일부의 수령을 거부할 수 있지만, 그 상황에서 일부의 수령은 나머지를 거부할 권리에 영향을 주지 않는다고 주장했다. 피고는 계약은 전체에 대한 것이고, Haxall이란 용어는 단지 묘사적이고 중요하지 않으며, 일부의 수령은 전체에 대한 수령이라고 주장했다. 밀가루 화물 구매에 대한 계약이 존재하고 또한 그것의 일부가 구매자에게 인도되고 지급되고 사용된 경우, 구매자는 밀가루의 상표가 그가 계약했던 것이 아니라는 이유로 계약을 부인할 수 없다고 판결되었다.

매자가 수령하라고 강요하는 것은 그로 하여금 그가 약속했던 것과는 본질적으로 상이한 물건을 수령하라고 주장하는 것이기 때문이고, 그에 따라 두 가지 필요조건에 부합하는 하나의 동일한 물건을 수령하겠다는 약속은 본질 문제에서 모순이 되어버리기 때문이다. 법이 어떤 단순한 논리적 근거에만 의존하지 않고 또한 사소한 모든 모순이 계약을 심지어 무효화 가능하게 만든다고 주장하지도 않는다는 것은 이미 보여주었다. 그러나 다른 한편 모순이 모두 핵심적인 조건들 간에 존재할 때, 그것은 계약의 진정한 존립에 치명적이다. 그때 우리는 주어진 조건이 핵심적인지 아닌지를 어떻게 판단할까? 확실하게 알 수 있는 최선의 방법은 당사자들이 그것을 어떻게 다루는지를 관찰하는 방법이다. 당사자들 입장에서 어떤 표현의 결핍에 대해 우리는 일상적인 언어와 거래를 참조할 수 있으며,[36] 그 표현의 부재가 대상물을 상이한 물건으로 만든다면 그 표현의 존재는 합의서의 존립에 핵심적이라고 말할 수 있다. 그러나 당사자들은 어떤 것이 아무리 사소해도 핵심적이라고 동의할 수 있고 또한 어떤 것이 아무리 중요해도 그렇지 않다고 동의할 수도 있다. 그리고 그 핵심적인 것이 감각에 의존해서 확인되는 특별한 물건에 대한 계약상 묘사의 일부라고 한다면, 그 물건이 대중적인 대화에서 그것에 대한 묘사와는 본질적으로 상이한 경우, 그 묘사가 없는 상태에서 계약이 더 이상 어떻게 존재할 수 있을까? 계약의 목적상 종류의 동일이나 차이를 만드는 질은 아가시즈(Agassiz)[37]나 다윈(Darwin)[38]이나 혹은 대체로 대중이 결정하

---

[36] 빈트샤이트(Windscheid)의 『법총론 강의』 76절 4항. 일반적으로 앞의 책, 주 6, 7; 78절, pp. 206, 207; 82절, pp. 216 이하 등을 참고하라.
[37] (옮긴이 주) Jean Louis Agassiz(1807~1873)는 스위스계 미국인으로 생물학자 및 지질학자이고, 어류분류학과 지질학적 역사 연구에 혁신적이면서 비범한 연구자로 인정받고 있다. 다윈의 진화론에 반대했고, 인류는 다수의 다른 조상에서 발생했다는 다원발생설을 주장했다.

는 것이 아니라, 당사자들의 의지에 의해 결정된다. 당사자들의 의지는 그들의 목적을 위해 주장하고자 하는 특성들이 그렇고 그런 것이라고 판단한다.[39] 이제 이것이 진실이라면, 어떤 필요조건이 핵심적이며 그런 필요조건이 없으면 대상물이 표시와는 본질적으로 상이할 것이라는 어떤 증거가 존재할 수 있을까? 즉 한 당사자에게 필요하고 다른 당사자가 그것의 실재에 대해 물건보증을 제공하는 그런 것보다 더 나은 어떤 증거가 존재할 수 있을까? 그럼에도 비록 암묵적인 물건보증이라고 주장한다 해도, 암스테르담 항구에 현재 배가 있다고 했던 사례처럼 특별한 선박에 관한 계약상의 표시는 계약을 모순적이게 또한 무효로 만드는 것으로 간주되는 것이 아니라, 단지 피고에게 그 계약을 무효로 할 선택권을 제공하는 것으로 간주될 것 같다.[40] 판매할 때 심지어 품질에 대해 명시적으로 한 물건보증도 이런 효과를 가지지 않으며, 잉글랜드에서는 사실상 그것은 구매자가 계약 위반의 경우 계약 취소를 하도록 허용하지 않는다. 이 마지막 사항에 대해서는 매사추세츠의 법은 상이하다.

권리 자격이 이전되었을 때 구매자는 이미 계약에서 약간의 혜택을 얻었으며, 그에 따라 계약이 취소되었을 때 원래 상태로 돌릴 수 있는 것과는 달리 구매자는 판매자를 전적으로 **종전의 지위**로 되돌릴 수 없다는 잉글랜드 학설, 즉 판매에 관련된 학설에 대한 설명은 이미 제시했다.[41] 이런 추론은 계약이 무효화 불가능하다는 것을 보여주는 데 모호한

---

[38] (옮긴이 주) Charles Robert Darwin(1809~1882)은 모든 생물은 공동조상에서 분화하여 자연선택에 의해 새로운 종이 기원한다는 자연선택설을 주장했다. 대표적인 저서로 『종의 기원』(*On the Origin of Species*, 1859)이 있다.
[39] 예링(Ihering)의 『로마법의 정신』(*Der Geist des römischen Rechts*) 48항, 프랑스어 번역본, III. p. 116을 참고하라.
[40] 그러나 앞의 *Behn v. Burness*, 베스트(Best)와 스미스(Smith)의 『여왕의 법원과 재정법원의 판례집』 1권 877에 있는 크롬프턴(Crompton) 판사의 진술을 살펴보라. 켄트의 『미국법에 대한 주석』 2권(12th ed.) 479, 주 1, A (c)도 참고하라.

것처럼 보이지만, 그 추론은 그 계약이 무효라는 논리에 대해서는 아무런 의미도 갖지 않는다. 왜냐하면 계약이 무효라면, 권리 자격은 이전되지 않기 때문이다.

용선자의 계약에는 어떤 모순도 존재하지 않는다고 언급될 수도 있다. 왜냐하면 그는 단지 어떤 선박에 짐을 싣겠다고만 약속했고, '암스테르담 항구에 현재 있다'라는 문구들은 선적 시간이 다가왔을 때는 단지 과거 문제이고 그가 짐을 싣기로 약속한 선박을 표시한 것이 아니기 때문이다. 그러나 그 문구들이 핵심적인 것으로 판단되는 순간, 그 문구들은 표시의 한 부분이 되며, 그 약속은 계약 시점에 암스테르담 항구에 있는 마타반이라고 불리는 특정 선박에 짐을 싣는 것이다. 그렇게 해석이 된다면, 그 계약은 모순적이다.

아마도 진정한 해답은 실무적인 검토를 통해 찾을 수 있을 것이다. 어떻든 법은 조건들의 모순적 결과와 관련해 계약의 무효 혹은 무효화에서 사실상 3단계를 확립시켰다. 첫째 단계로, 모순적인 조건 중 어느 하나가 전적으로 중요하지 않다면, 그것은 단순히 무시되거나 기껏해야 단지 손해를 청구할 근거를 이룰 뿐이다. 둘째 단계로, 동일한 조건들이 단지 약속만 되었다면 그 조건 중 어느 하나의 실패가 다른 당사자 측에게 이행의 거절을 보장하지 않을 때, 법은 현재 조건들에 모순이 있어서 계약이 무효라고 판결하길 별로 좋아하지 않는다. 셋째 단계로, 두 가지 조건이 극단적으로 중요해서 그중 어느 하나를 빼고서 나머지의 약속이나 거래를 강제로 이행시키는 것은 부수적인 조건을 당사자에게서 박탈할 뿐만 아니라, 그에게 본질적으로 상이한 거래를 강요할 것이고, 그에

---

[41] *Behn v. Burness*, 베스트(Best)와 스미스(Smith)의 『여왕의 법원과 재정법원의 판례집』 3권 751, 755, 756.

따라 그 약속은 무효로 판결될 것이다. 실망한 당사자가 그 계약을 결정하도록 위임하는 중간 부류의 사례들이 있다. 그러나 3단계 간의 경계는 이처럼 모호한 종류이므로, 그 경계가 상이한 관할권에 따라 상이하게 그어진다는 것은 놀랄만한 일도 아니다.

사실관계의 현재 상태에 대한 보증에 관해 제시한 예시들은 계약 대상물의 현재 조건을 다루는 데 한정해서 제시했다. 물론 그 사실관계들의 채택 범위에는 어떤 한계도 존재하지 않는다. 계약은 당연히 다른 사실관계의 존재를 보증할 수 있다. 물건보증의 유일한 효과가, 확실히, 다른 당사자에게 유리하도록 계약에 조건을 덧붙이는 경우라면 그리고 조건 이외의 어떤 것(즉 계약의 성립을 방해하는 모순)이 없는가 하는 문제가 회피되는 경우라면, 계약이 다른 사실관계의 존재를 보증하는 예시들은 발견될 수 있거나 추정될 수 있다. 그러나 앞의 예시들도 현재 목적을 위해서는 충분하다.

이제 우리는 계약을 체결하는 시점에서 어떤 사실관계들이 진실이라는 보증으로부터 나중 시점에서도 어떤 사실관계들이 진실일 것이라는 보증(즉 이것은 적절하게 명명한다면 약속이라고 할 수 있다)으로 건너갈 수 있다. 문제는 한 당사자 측에서 약속 이행이 다른 당사자 측에 계약을 이행할 의무를 야기하는 조건이 되는 시점은 언제인가 하는 것이다. 관행적으로 이 문제는 아주 앞에서 보여주었듯이 별개의 핵심사항인 다른 문제, 즉 한 당사자 측의 이행이 다른 당사자 측에 이행을 요구할 권리의 조건이 되는 시점은 언제인가 하는 문제와 동일한 것으로 취급하기 쉽다. 약속이 다른 당사자 측에서 약속된 일을 이행한 경우로 한정되어야 한다는 것은 당연히 추정할 수 있으며, 그럼에도 약속된 일의 이행 실패는 계약 취소를 보장하지는 말아야 한다는 것도 물론 추정할 수 있다. 한 당사자가 되돌릴 수 없는 종류의 계약 하에서 상당한 혜택을 이미 받은 경우에는 어떤 경우이든, 다른 당사자 측에서 아무리 중대한 위반이 나중에 저질러질 수 있다 해도, 그 계약은 취소하기에는 너무 늦어서 취소할 수 없다. 그럼에도 그 당사자는 계약 이행이 더 이상 진행되지 않은 것에 대해 면책될 수 있다. 한 달간의 노동에 대해 계약금으로 우선 10달러가 지급되고 노동자의 잘못에 의한 취소의 경우를 제외하면 그 돈은 반환되지 않으며 월말에는 30달러가 지급되는 계약이 체결되었다고 가정하자. 노동자가 2주일 되는 시점에서 부당하게 노동을 중단한다면, 나는 계약이 취소될 수 있다고 생각하지 않으며 또한 수취된 10달러가 반환될 수 있다고도 생각하지는 않지만,[42] 다른 한편 고용주는 30달러를 지급할 의무가 없어질 것이며 계약으로 손해 본 것에 대해 물론 제소할 수 있다.[43]

---

[42] Anglo-Egyptian Navigation Co. v. Rennie, 『잉글랜드 판례집』 민사 10권 271을 참고하라.
(옮긴이 주) Anglo-Egyptian Navigation Co. v. Rennie(1875): 피고는 원고의 선박에 엔진 등을 제작해서 공급하기로 계약을 맺었다. 대금은 일이 진척됨에 따라 3차에 걸쳐 지급하기로 했다. 2차에 걸쳐 대금이 지급될 때 선박은 침몰했고, 피고는 그 사실을 모르고 있었다. 그 후에 원고는 엔진 등을 요구했으나 피고는 인도를 거절했다. 원고는 점유동산반환소송 또는 대금반환소송을 제기했다. 제조된 엔진 등이 계약에 명시된 선박에 장착될 때까지 그 물건들은 인도될 필요가 없다고 판결되었다.

[43] Ellen v. Topp, 『잉글랜드 판례집』 재정법원 6권 424.
(옮긴이 주) Ellen v. Topp(1851): 피고의 아이가 계약에 '경매사, 평가사, 곡물중개인'으로 묘사된 장인(원고)의 업무를 배우도록 그에게 견습생으로 맡겨졌다. 계약기간이 반 정도 지난 후에, 장인은 곡물중개인의 일을 그만두었고, 그에 따라 견습생도 폐업이 그를 추가적인 의무에서 해방시켰다는 근거에서 일을 배우러 가지 않았다. 장인은 계약 위반으로 제소했고, 아직도 견습생에게 곡물중개인의 업무를 가르칠 수 있으므로 한 가지 일을 폐업했다 해서 그 계약의 의무에서 해방되지는 않는다고 주장했다. 견습생은 추가적인 의무에서 해방되었다고 판결되었다. 왜냐하면 폐업으로 인하여 계약에 명시된 장인과 견습생으로서가 아니라 선생과 학생으로서 가르치고 배우는 것이 되었으므로, 장인은 계약의 본질적인 목적 혹은 본질적인 혜택의 달성을 의도적으로 불가능하게 만들었기 때문이다.

그러나 대부분의 경우 약속받은 사람을 그의 입장에서 추가적인 이행으로부터 해방시키는 약속 위반은 약속 취소를 또한 보장할 것이며, 그에 따라 두 가지 문제에 대한 일반적인 혼동에 의해서도 커다란 손실은 저질러지지 않는다. 한 당사자 쪽에서 이행하기로 한 약속이 다른 당사자 쪽에서 이행하는 경우로만 한정되는 경우, 계약은 역시 그 약속에 일반적으로 조건 지워진다. 계약이, 엄격한 의미에서, 한 당사자 측의 약속 이행에 조건 지워져 있는가 혹은 다른 당사자 측의 약속이, 정말로, 한 당사자 측의 이행에 한정되었는가 하는 문제를 계속 검토하면서, 아래에서 나는 주목할 만한 사례들을 예시할 것이다.

이제 우리는 그런 조건이 존재하는지를 어떻게 판정할까? 너무 과도하게 단순함을 추구함으로써 또한 모든 사례에서 설명되는 판결보다 덜 분명한 인위적 가정으로 모든 사례들을 너무 과도하게 제한함으로써, 우리는 오류에 빠지기 쉽다. 결국 전체 문제의 판단 기준은 법정이 종종 판결했듯이 건전한 상식이다. 법은 당사자들의 의도를 성취시키려 노력하며, 당사자들이 일어난 사건에 대해 준비되어 있지 않은 경우 법은 그들의 심리가 그 단계에 이르렀다면 그들이 자연스럽게 무엇을 의도했을 것인지를 말해야 한다. 사용된 문구의 직접적인 의미에 기초하는 판결들과 당사자들이 말을 했다면 당사자들이 뜻하는 바가 무엇이었을까 혹은 그들이 무엇을 말하고 있을까에 관한 보다 우회적인 추론에 기초하는 다른 판결들은 우리가 알아차릴 수 없을 정도로 서로가 서로에게 영향을 미치고 있음을 알 수 있다.

랑델 씨는 매우 중요한 원칙, 확실히 많은 판결에 영향을 미친 원칙에 주의를 촉구했다.[44] 이 원칙에 따르면, 당신이 쌍무계약을 체결했고 반면

---

[44] 랑델(Langdell)의 『계약법의 주요 사례들』(2nd ed.) 106항 그리고 여기저기.

에 각각의 약속의 약인이 대응 약속인 경우, 한 당사자의 이행의 대가는 **명백하게** 다른 당사자의 이행이라는 것이다. 다른 당사자의 이행은 각자가 자신의 이행에 대한 대가로 가지게 된 것으로 이해할 수 있다. A가 B에게 밀가루 한 통을 약속하고 B가 그에게 그 대가로 10달러를 약속한다면, A는 그의 밀가루의 대가로 10달러를 받는다는 의미이고 B는 그의 10달러의 대가로 밀가루를 받는다는 의미이다. 어느 행위에 대해서도 아무런 시간이 설정되지 않는다면 또한 누구도 스스로 동일한 시간에 준비되어 있지 않다면, 누구도 상대방에 대해 이행을 요구할 수 없다.

그러나 계약의 대상물을 고려하지 않는다면, 이런 등가원칙은 계약의 형식에서 유도되는 유일한 원칙은 아니며, 물론 그 원칙은 랑델 씨의 저서에서 그렇게 제시되지도 않았다.

매우 명확한 다른 원칙은 어떤 물건이나 그와 유사한 것의 판매나 임대를 위한 계약에서 찾아볼 수 있다. 여기서 소유자가 제공하기로 약속한 물건이 지니고 있는 질이나 특성은 구매자가 수령하기로 약속한 그 물건을 묘사한다. 약속된 특성 중 어느 하나가 제공된 그 물건에서 부족하다면, 구매자가 그의 약속을 지키는 것에 대응하는 동등한 물건을 제공받지 못했다는 근거와 그가 그에게 제공된 것을 수령하기로 결코 약속하지 않았다는 근거에서, 그는 수령하길 거부할 수 있다.[45] 물건을 수령하는

---

[45] *Chanter v. Hopkins*, 미슨(R. Meeson)과 웰스비(W. N. Welsby)의 『재정법원의 판례집』 4권 399, 404. *Behn v. Burness*은 아마도 이런 방식으로 다룰 수도 있다. 제공되는 선박은 계약 날짜에 암스테르담 항구에 있던 선박이 아니다. 따라서 그 선박은 계약자가 요구하는 것과 같은 그런 선박이 아니었다.
(옮긴이 주) *Chanter v. Hopkins*(1838): 양조장 주인(피고)은 특허 등록한 원고에게 특수한 화덕을 주문했고, 원고는 그 화덕을 양조장에 설치했으나, 피고는 그 화덕이 양조장에 적합하지 않다는 것을 발견하고, 원고에게 반환했다. 원고에게 사기 혐의는 없으며, 공급된 화덕이 양조 목적으로 적합하다는 암묵적인 물건보증은 원고 측에서 제시하지 않았지만, 피고가 주문서에 공급될 특수한 기계를 정의했고

순간보다 더 이른 시점에서 계약이 물건의 조건을 다루는 진술을 포함하는 경우, 과거의 조건이 수령되는 물건의 묘사를 구성한다고 항상 판결될 수 없다는 것은 이미 앞에서 보았다. 그러나 여기서는 그런 회피가 불가능하다. 그럼에도 현재와 같은 부류의 사례에서조차도 거절의 권리에는 한계가 존재한다. 약속된 물건이 특수하다면, 대상물을 감각에 의해 확인하는 그 특성 묘사는 종종 현저하게 우월한 것으로 언급된다. 한 사례는 더 나아가서 그 특수한 물건이 보증된 질에 이르지 못했다는 이유로 그것을 구입하려는 미래집행 계약의 이행을 거절할 수 없다고 판결하기에 이르렀다.[46]

계약 자체의 형식에서 유도되는 다른 의존성 원칙에 따르면, 한 당사자 측에서 약속 이행은 다른 당사자 측에서 약속 이행의 수단을 제공하는 것에 명백히 의존할 수도 있다는 것이다. 임차인이 보수하겠다고 약속했고 지주가 그 목적을 위해 그에게 목재를 제공하겠다고 약속했다면, 무엇이 시대에 뒤처진 판결이 될 수 있든, 현재 시점에서 보수해야 하는 임차인의 의무는 필요할 경우 지주의 자재 공급에 의존한다고 생각된다.[47]

원고는 그 기계를 공급하여 계약을 이행했으므로, 원고는 그 기계의 대금 전액을 배상받을 자격이 있다고 판결되었다.

[46] 벤저민(J. P. Benjamin)의 『재화의 판매』(*Sale of Goods*, 2nd ed.), pp. 742 이하에서 비판받았던 *Heyworth v. Hutchinson*, 『잉글랜드 판례집』, 「여왕의 법원」 2권 447을 참고하라.

(옮긴이 주) *Heyworth v. Hutchinson*(1867): 피고가 원고로부터 해상에서 운송 중에 있는 '견본에 매우 유사하다고 보장되는 양모'의 특정한 수량을 구입하기로 계약했지만, 도착한 양모가 견본에 유사하지 않다고 진술하면서 수령을 거부했고, 원고는 수령 거부를 이유로 소송을 제기했다. 계약은 특정한 물건(양모)에 관한 것이고, 그에 따라 물건보증은 계약에 부수적인 것이며, 그 결과 구매자는 그것이 견본과 동일하지 않다는 근거로 양모 수령을 거부할 수 없지만, 피고는 물건보증에 근거하여 교차소송(cross action: 기존의 소송에서 원고를 상대로 피고가 제기하는 소송)에 의해 혹은 가격의 감액에 의해 구제수단을 얻을 수 있다고 판결되었다.

[47] *Thomas v. Cadwallader*, 윌스(Willes)의 『민사법원의 판례집』 496; 랑델(Langdell)

어느 정도 예외적인 다른 유형의 사례는 쌍무계약의 한 당사자가 어떤 일을 하고 그 이행에 대한 담보를 제공하기로 동의한 경우이다. 여기서 담보 제공을 다른 당사자의 이행 조건으로 간주하는 것은, 그것이 가능하다면, 명백히 상식적이다. 왜냐하면 담보가 필요하다는 조건은 담보를 요구하는 당사자가 다른 당사자의 단순한 약속에 의존하는 것에 만족하고 있지 않다는 것을 보여주며, 또한 담보를 제공받기 전에 약속을 이행해야 한다면 그는 약속 이행을 강요당하는 꼴이 되고 그에 따라 담보를 요구하는 목적이 좌절된다는 점을 보여주기 때문이다.[48]

의 『계약법의 주요 사례들』(2nd ed.), 주 116, 140을 살펴보라. 이것은 랑델 씨(『계약법의 주요 사례들』 116항)가 등가의 사례로 제시했지만, 위의 설명이 참된 설명이라고 생각된다. 주목해야 할 것은 이것이 조건에 관한 진정한 사례는 거의 아닌 것 같고, 단지 임차인의 약속의 범위에 대한 한계를 나타낸다는 것이다. 따라서 다른 당사자가 가르치기로 계약했던 상거래에서 견습생으로 봉사한다는 계약은, 그가 가르치고 또한 그에 따라 그 거래에 종사해야만, 이행될 수 있다. 또한 *Ellen v. Topp*, 『잉글랜드 판례집』 재정법원 6권 424를 참고하라.

(옮긴이 주) *Thomas v. Cadwallader*(1744): 원고(상속인, 집행자 등 포함)는 피고(상속인, 집행자 등)에게 건물과 토지 등을 임대했다. 날인계약에 따르면 피고는 건물 등을 보수하고 유지하며, 반면에 원고는, 유지 및 보수에 필요한 목재를 피고가 자르고 운반할 수 있도록, 그런 목재를 찾고 마련하고 양도한다. 임대기간이 끝나기 전에 건물 등이 크게 부식되어서 수선과 보수가 필요했다. 원고는 그 손해에 대해 100파운드를 부과했다. 피고는 원고가 보수 및 유지에 필요한 목재를 찾고 마련하고 양도하지 않았다고 항변했다. 목재를 찾는 것은 우선적으로 행할 필요가 있는 계약조건(즉 선행조건, condition precedent)이며, 그에 따라 그것은 임차인의 계약제한조건으로 고려되어야 한다는 취지에서, 피고 승소가 판결되었다.

[48] 랑델(Langdell)의 『계약법의 주요 사례들』(2nd ed.) 127항. 또한 *Roberts v. Brett*, 『상원 판례집』 11권 337을 참고하라.

(옮긴이 주) *Roberts v. Brett*(1865): 전신회사인 피고는 해저전선 부설회사인 원고에게 일정 구간의 해저전선 부설을 의뢰했고, 원고가 '당장'(forthwith) 해저전선 부설선을 지정된 항구에 정박시키면, 피고가 3회에 걸쳐 일정 기간 내에 5,000파운드를 지급하기로 하고, 원고도 자신의 채무불이행 시에는 일정액을 위약금으로 물기로 약속하고 날인증서를 작성하면서, 쌍방이 각자의 채무를 담보하기 위해 상대방에게 두 사람의 보증인과 함께 보증증서를 발행하기로 약속했다. 그러나 어느 쪽도 보증증서를 발행하지 않은 상태에서, 피고가 원고의 채무이행 요구를

마지막 이 사례는 그 사례들을 연구했던 어떤 학자에게 매우 강력한 감명을 주었던 어떤 것을 제시한다. 즉 그 사례에 따르면 결국 판결의 가장 중요한 요소는 계약에 관한 어떤 전문적인 원칙이나 심지어 어떤 일반적인 원칙이 아니라, 특별한 거래의 본질을 실무적인 문제로 본다는 것이다. A가 B에게서 2달러를 받고서 하루 동안 일할 것을 약속하고, B가 하루 동안 일한 것에 대해 A에게 2달러를 지급하기로 약속한다. 여기서는 두 가지 약속이 동시에 이행될 수 없다. 일은 온종일 걸릴 것이고, 지급은 30초 안에 할 수 있을 것이다. 당신은 어느 것이 먼저 이행되어야 하는지, 즉 어느 약속이 다른 당사자의 이행에 의존하는지를 어떻게 결정하겠는가? 그것은 오로지 공동체의 관습과 편의성을 참조해야 한다. 등가원칙에 따라 어떤 사람이 어떤 물건을 얻을 때까지 그 물건에 대한 대가를 지급할 의향이 있다고 추정되지 않는다고 말하는 것으로는 충분하지 않다. 그 돈이 그 일에 대한 대가이듯이, 일은 그 돈에 대한 대가이며, 어느 하나가 먼저 지급되어야 한다. 어느 한 사람이 돈의 가치에 해당하는 것을 얻을 때까지는 그 사람이 그 돈을 지급할 의향이 있다고 추정할 수 없다면, 다른 사람이 그 돈을 얻기 전에 그가 돈의 가치에 상응하는 것을 제공할 의향이 있다고 어떻게 추정할 수 있는지가 의문이다. 그 해답은 어떤 일반적인 이론에서는 얻을 수 없다. 피고용인이 노동으로써 신뢰받기보다는 계급으로서의 고용주가 임금 지급으로써 신뢰받을 수 있다는 사실관계, 고용주들이 권력을 보유하며 그들이 법을 만드는 사람들이라는 사실관계, 혹은 그 외의 다른 고려사항들이, 일이 먼저 이행되어야 한다는 것을 결정했으며, 그중 어느 것이 그런 것을 결정하는가는

거절했다. 최종심에서, 보증증서를 발행하여 교부하기로 한 날인증서 상의 약속은 선행조건이므로, 피고가 원고의 채무이행 요구를 거절했다 해도, 원고는 피고를 계약 위반으로 손해배상을 청구할 수 없다고 판결했다.

중요하지 않다. 어떻든 판결의 근거들은 순수하게 실무적인 것이며, 기본원칙이나 논리학에서는 결코 유도될 수 없다.

실무적인 고려사항에 대한 언급은 주제 전반을 검토하다 보면 찾을 수 있다. 다른 예시를 들어보자. 원고는 자신과 피고 간의 상호합의서, 즉 오데사에서 선적되고 잉글랜드에서 인도되는 돈스코이 양털을 그가 팔고 피고가 사기로 약속한 계약에 대해 진술했다. 계약의 약정 중 하나는 양털을 선적하자마자 선박의 이름들을 명시해야 한다는 것이다. 피고의 항변은 피고의 상행위 과정에서 양털을 재판매할 목적으로 두 당사자가 그 목적을 아는 상태에서 양털이 구매되었다는 것, 양털은 가치가 변동하는 물품이며 그것을 선적한 선박의 이름들이 계약에 따라 표시될 때까지 판매가 불가능하다는 것, 그렇지만 원고는 계약 시점에서 동의했던 것처럼 선박의 이름들을 표시하지 않았다는 것 등이다. 법정의 판결은 지금까지 살았던 가장 위대한 전문적인 법률가 중 한 사람인 파크 남작이 내렸다. 그럼에도 그는, 어떤 전문적이거나 단순한 논리적 이유를 그 판결에 제시하는 것을 꿈꾸지는 않았지만, 선박의 이름들을 표시하는 것이 계약을 받아들일 의무에 대한 조건이었는가 하는 문제에 대해 중요해 보였던 사실관계들을 위의 문구들로 언급한 이후에 다음과 같이 판결의 근거를 진술했다. "계약의 본질을 검토했을 때 또한 계약체결의 목적을 두 당사자가 알고 있는 상태에서 그 표시 조건이 대단히 중요하다는 것을 파악했을 때, 우리는 그 조건이 선행조건이었다고 생각한다."[49]

---

[49] *Graves v. Legg*, 『잉글랜드 판례집』 재정법원 9권 709. 또한 랑델(Langdell)의 『계약법의 주요 사례들』(2nd ed.) 33항, p. 1004도 참고하라. 랑델(Langdell) 씨는 구매 각서가 비록 쌍무계약의 일부이기는 해도 일방적인 계약으로 취급되어야 한다고 언급하고, 믿을 만한 계약의 문구는 구매 각서의 문구로 추정될 수 있으며, 그에 따라 그 문구는 구매 각서를 작성한 피고에게 유리한 조건이라고 언급한다. 나는 원고 진술서가 쌍무계약을 언급할 때 이 조건이 어떻게 추정될 수 있는지를 전혀

이해하지 못하며, 원고가 그 이름들을 '합의에 의해 표시해야 한다'라고 언급하는 항변에 대한 재항변에서 문제가 발생했다. 그 설명이 판결의 실제 근거로부터 얼마나 멀어졌는지는 앞으로 보게 될 것이다.
(옮긴이 주) *Graves v. Legg*(1854)의 사실관계와 판결은 본문 내용과 동일.

제10강
승계: 사후 승계와 생전 승계(1)

권리나 의무가 양수인에 대해 진실일 수 없는 사실관계일 때(즉 사실관계의 위상이 점유를 가능하게 만드는 계속적인 사실관계의 위상이 아닐 때), 권리나 의무가 어떻게 양도되는가 하는 문제. 그 문제는 양수인과 그의 양도인의 가상적인 동일화에 의해 해결된다.

I. 사후 승계
  A. 유언집행자
    (a) 로마법의 상속인
    (b) "유언자의 인격을 대변한다"는 보편적 승계자인 유언집행자
  B. 상속인
    (a) 처음에는 보편적인 승계자가, 나중에는 특정한 승계자가 "피상속인의 인격을 대변한다"
    (b) 이 인격은 곧 부동산이다.
II. 생전 승계
  A. 판매자의 입장에 선다는 것은 양도의 필연적인 결과가 아니다
  B. 초기 게르만법과 앵글로-색슨법, 상속법의 유추에 의한 양도성의 확대
  C. 로마법: 상속인의 시효취득권리의 획득을 위한 상속인과 피상속인의 동일화의 결과가 판매자와 구매자에게로 확대된다
  D. 잉글랜드법: 취득시효
  E. 유증

나는 점유에 관한 강의에서 그런 권리를 점유한다는 개념이 본질적으로 모호하다는 것을 보여주려고 노력했다. 모든 권리는 사실관계에 관한 어떤 위상을 충족시키는 것에 부속되는 결과들이다. 점유로 취득할 수 있는 권리는, 그 점유의 위상이 한 사람의 권한 내에 있는 유형의 대상물을 보유하는 상태로 구성되는 경우처럼, 그 위상이 그런 점유의 합법성과는 무관하게 다른 사람들에 의해 계속적으로 충족될 수 있거나 혹은 어떤 한 사람에 의해 계속적으로 충족될 수 있다는, 그런 성격의 위상에 부속된다는 데에서 단순히 다른 권리와는 상이하다.

이런 종류의 권리가 법으로 인정될 때, 권리를 양도하는 데 어려움은 없다. 더 정확하게는 상이한 사람들이 대상물과 관련하여 유사한 권리를 계속적으로 향유하는 데 어려움은 없다. 말이나 목장의 점유자인 A가 B에게 그 점유를 양도한다면, B가 취득한 권리는 A의 권리가 그 전에 그랬듯이 동일한 근거 위에 서 있게 된다. A의 권리가 발생했던 사실관계들은 A에게 진실이기를 그칠 것이고, 이제는 B에게 진실이게 된다. 그런 사실관계들에 대해 법이 부여하는 결과들은, 그 전에 그 결과들이 A에 대해 존재했듯이, 이제는 B에 대해 존재하게 된다. 권리가 발생하는 사실관계의 위상은 계속적인 위상이며, 그 위상을 점유하고 있는 어떤 사람은 어떻든 그 위상에 부여되는 권리를 보유한다.

그러나 계약에 대해서는 점유가 불가능하다. A가 B에게 어제 약인을 주었고 그 대가로 약속을 수취했다는 사실관계는 X에 의한 보유로 규정될 수 없고 또한 A에게서 X에게로 양도될 수도 없다. 양도될 수 있는 유일한 물건은 약속의 혜택이거나 부담이다. 그러면 그 혜택이나 부담은 그것을 발생시킨 사실관계들로부터 어떻게 분리될 수 있는가? 간단히 말해서, 어떤 사람은 그가 아무런 약속도 하지 않았는데 그 약속에 대해 어떻게 소송할 수 있거나 소송당할 수 있는가?

여기까지는 어떤 특별한 권리나 의무를 다루는 데에 있어서 그것이 발생하는 사실관계들이 자격이 있거나 의무가 있는 그 개인에 대해 진실이었다고 가정되었다. 그렇지만 어떤 사람이 특별한 권리를 취득하고 그 권리를 강제할 수 있도록 허용되는 경우는, 비록 그 권리를 발생시켰던 사실관계들이 그에게 진실이 아니거나 부분적으로만 진실이라고 해도, 특별히 현대법에서는 종종 발생한다. 법의 주요한 문제 중 하나는 이런 결과가 인정되도록 유도했던 법제도를 설명하는 것이다.

나는 그 문제가 권리의 전반적인 분야와 공존하지 않는다고 주장할 것이다. 이를테면 신체적 안전이나 명예 같은 일부의 권리는 어떤 제도적 장치에 의해서는 양도될 수 없다. 또한 다른 권리는 점유에 부수적이고, 점유 개념의 한계 내에서는 어떤 다른 권리는 불필요하게 된다. 사비니가 언급하듯이 "승계는 점유 자체에는 적용되지 않는다."[1]

그러나 점유 개념은 현대 양도 이론에 대한 우리의 이해에 있어서 우리에게 별로 도움이 되지 않을 것이다. 사비니에게서 방금 인용된 문구를 이용하면 그 이론은 승계 개념에 매우 크게 의존하며, 그에 따라 승계는 본 강의와 다음 강의의 주제가 될 것이다. 나는 사망한 사람에 대한 승계 이론을 설명함으로써 시작할 것이고, 그 설명이 행해진 후에 살아있는 사람들 간의 양도에 관한 이론으로 넘어가며, 그 두 이론 간에 어떤 관련이 확립될 수 있는지를 검토할 것이다.

사망한 사람에 대한 승계 이론이 사망자와 그의 승계자 사이의 의제적 동일화에 근거하고 있다는 것은 쉽게 증명된다. 그리고 승계 자체를 위해 서일 뿐만 아니라 추가적인 논의에 대한 첫 단계로서, 나는 유언집행자

---

[1] 사비니(Savigny)의 『점유에 관한 법』 11절, p. 184, 주 1 (7th ed.), 영역본 124, 주 t.

(executor),[2] 상속인 및 부동산 유증수혜자(devisee)[3] 등을 다루는 증거들을 간략히 언급할 것이다. 이들 중 유언집행자와 관련하여 영미법 이론을 이해하기 위해 적어도 법학자들은 초창기 로마 사회에 있었던 로마 가족의 구조와 위상을 검토해야 한다는 데 동의했다.

대륙의 법학자들은 로마법과 게르만법의 초기 시대에 똑같이 사회단위가 가족이었다는 증거들을 오랫동안 수집해 왔다. 로마의 12표법은 가족의 재산에서 가족의 열등한 구성원의 이익을 여전히 인정한다. 가이우스가 설명하듯이 상속인들은 **그의 상속인들**(sui heredes)[4] 즉 그 자신의 상속인들이나 그의 재산의 상속인들이라고 불린다.[5] 파울루스(Paulus)[6]는 어떤 의미에서는 상속인들의 아버지가 살아있는 동안에도 그들이 소유자로 간주된다고 언급하고, 아버지의 사망 이후에는 그들이 유산을 수취한다기보다는 오히려 그들의 재산을 다룰 수 있는 완전한 권한을 획득한다고 언급한다.[7]

---

[2] (옮긴이 주) 유언집행자(executor)는 사망한 사람이 자신의 재산을 관리하도록 유언으로 지명한 사람을 지칭한다. 유언집행자는 유언에 담긴 사망한 사람의 뜻이 잘 유지되도록 재산을 관리할 의무가 있다. 이를 위해 그는 유언에 거명된 수혜자들에게 재산을 나누고, 잠재적인 상속인들에 대한 정보를 수집하며, 채무와 채권에 관한 정보를 수집하고 그것들을 승인하는 일들을 수행한다.

[3] (옮긴이 주) 부동산 유증수혜자(devisee)는 사망한 사람에게서 유언에 따라 부동산을 유증을 받았지만 상속인이 아닌 사람을 지칭한다. 반면에 동산 유증수혜자는 legatee로 지칭된다.

[4] (옮긴이 주) 상속인은 단수로 heres이며, 복수는 heredes이다.

[5] 가이우스(Gaius)의 『법학개요』 2부 157절.

[6] (옮긴이 주) Julius Paulus Prudentissimus는 2세기와 3세기에 활동했던 가장 영향력 있으면서도 저명한 로마 법학자 중의 한 사람이다.

[7] "가장은 그의 상속인들에게로 그렇게 재산을 승계시키려는 소유권의 연속성을 더 분명하게 드러내며, 그에 따라 (아버지가 사망한 이후에) 상속인이 어떤 의미에선 살아있는 아버지로 여겨지고, 그 상속인이 앞으로 가장이 되듯이 어떤 상속도 겉으로 드러나지 않는다. 더욱이 아버지가 가족을 대변하듯이 아들이 가족을 대변하는 경우, 이렇게 잘 알려진 가족 구성원의 증가를 통해서 아버지는 그에게서 태어

이런 관점에서 출발한다면, 로마법 체계에서 사망한 **가장**을 상속인들이 승계하는 것은 이해하기 쉽다. 가족이 **가장**이 관리하는 재산의 소유자라고 한다면, 그 재산의 권리는 그 재산의 잠정적인 우두머리가 사망해도 영향받지 않는다. 그 우두머리가 사망했지만, 가족은 지속된다. 그리고 아마도 점진적인 변화에 의해서[8] **가장**이 가족의 권리를 관리하는 단순한 관리자 대신에 소유자로 간주될 때에도, 그런 권리의 본질과 지속성은 그 권리에 대한 권리 자격과 더불어 전혀 변화하지 않았다. **가족**은 피상속인에 의해 남겨졌듯 상속인들에게 계속 이어진다. 상속인은 이런 물건이나 저런 물건의 소유권을 별개로 상속받는 것이 아니라, 부수적으로 얻어지는 재산에 관한 어떤 권리와 함께 가족의 전체 **상속재산**(hereditas)이나 우두머리 자리를 상속받으며,[9] 물론 그는 마지막 관리자에 의해 실행된 변화를 수용하면서 이런 우두머리 자리나 가족의 이해관계를 대변하는 권리를 취득한다.

피상속인의 총체적인 권리와 의무 혹은, 전문적인 용어를 사용한다면, 그에 의해 지탱되었던 총체적 **인격**(persona)은 그의 자연인에서 쉽게 분리된다. 왜냐하면 이런 총체적 **인격**은, 오로지, 과거에 가족의 권리와 의무들이었던 것의 총체적 합계이고 또한 가족의 우두머리로서의 어떤 개인

난 사람과 구별될 뿐이다. 따라서 아버지의 사후에 상속인들은 상속재산을 수취한 것으로 여겨지지 않고, 오히려 상속재산의 더 자유로운 관리권을 수취한 것으로 이해된다. 여기서 그 이유로 인하여 상속인들은 관습상의 상속인들이 아니라 가장으로 인정된다. 즉, 피상속인이 앞장서서 상속인들이 상속에서 배제되고 그에 따라 죽게 놔두도록 허용하지 않는다." 로마법 대전의 『법률논평집』 28권 2장 11절. 또한 플라톤의 『법률론』(*Laws*)을 참고하라.

[8] 라블리(E. de Laveleye)의 『재산과 그것의 초기 형태』 24, 202, 205, 211, 주 1, 232; 노턴(Norton)의 『힌두 유산상속법의 선도사례』(*A Selection of Leading Cases on Hindu Law of Inheritance*, 1870) p. 193.

[9] 로마법 대전의 『법률논평집』 50권 16장 208절.

에 의해 원래 지탱되었던 것들이기 때문이다. 따라서 그 인격은 유산에 의해 지속된다고 말할 수 있으며,[10] 상속인이 그 자리를 맡았을 때 그는 과거에 저질러진 손해와 관련해 소송의 권리를 갖는다.[11]

예컨대, 로마법의 상속인은 법률적 목적을 위해 그의 피상속인과 동격으로 취급되기에 이르렀다. 그에 따라 내가 설명하려고 하는 불가능한 양도가 그 사례에서 어떻게 성취되는가 하는 문제는 분명하게 드러난다. B는 B로서 어떤 권리 자격도 보여줄 수 없는 그런 권리를, 그가 그 권리 자격이 부인되지 않는 A와 동일한 사람이라는 의제 하에서, 쉽게 유지할 수 있다.

이 시점에서 게르만족의 가족의 권리는 연구할 필요가 없다. 왜냐하면 현대적인 유언집행자의 특징적인 모습이 로마법 상속인에서 나온다는 것은 논쟁의 여지가 없기 때문이다. 또한 유언 제도는 로마법에서 차용했으며, 그 제도는 타키투스(Tacitus)[12] 시대의 게르만족에게는 알려지지 않았다.[13] 유산관리인(administrator)[14]은 유언집행자를 나중에 모방한 것이며, 그 제도는 유언이 없는 경우나 어떤 다른 이유로 유언집행자가 없는 경

---

[10] 로마법 대전의 『법률논평집』 41권 1장 34절. 또한 로마법 대전의 『법률논평집』 41권 3장 40절; 브랙턴(Bracton)의 『잉글랜드의 법과 관습에 관한 연구』 원문 페이지 8 a, 44 a 등도 참고하라.
[11] 로마법 대전의 『법률논평집』 43권 24장 13절 5항.
[12] (옮긴이 주) Publius (or Gaius) Cornelius Tacitus(56~117)는 로마제국의 원로원 의원이며, 로마의 가장 위대한 역사학자 중의 한 사람으로 꼽힌다. 티베리우스, 클라우디우스, 네로의 통치기를 다룬 『연대기』(*Annals*)와 『역사』(*Histories*)가 있고, 게르만족에 관한 『게르마니아』(*Germania*) 등이 있다.
[13] 타키투스의 『게르마니아』 c. 20.
[14] (옮긴이 주) 유산관리인(administrator)은, 유언이 없거나 유언은 있으나 유언집행자가 지명되지 않거나 유언집행자가 지명되었으나 사망하거나 그가 어떤 이유로 해임되거나 봉사하길 원하지 않을 경우 사망한 사람의 재산을 관리하도록 법정에 의해 지명된 사람을 지칭한다.

우 성문법에 의해 도입되었다.

유언집행자는 유언자의 개인 재산 전체에 대한 법률적인 권리 자격을 가지고 있으며, 일반적으로 말하면 양도의 권한을 갖는다. 이전에 그는 분배되지 않은 잔여재산(residue)[15]에 대한 권리 자격을 가졌다. 그 이유는 공정하게 추측하건대 그가 그런 특별한 동산 유증수혜자(legatee)이기 때문이 아니라, 그가 유언자의 인격을 대변하기 때문이며, 그에 따라 그는 유언자가 살아있다면 분배 이후에 그가 가졌을 모든 권리를 가졌기 때문이다. 잔여재산은 오늘날 유언에 따라 일반적으로 유증되지만, 현재에도 그것은 처분되지 않고 남아 있는 동산의 특정한 증여(specific gift)[16]로 간주되지 않고 있으며, 나는 이 학설이 옛날에 유언집행자를 바라보던 관점을 그대로 흉내 낸 것으로 생각하지 않을 수 없다.

그런 규칙은 실물 자산의 잔여재산 유증을 전혀 규제하지 못했으며, 그 유증은 오늘날까지도 잉글랜드에서는 언제나 특별하다고 주장되고 있다. 그 결과 토지의 유증이 실패하면, 그 토지는 잔여재산 조항(residuary clause)[17]에 따라 처분되는 것이 아니라, 마치 유언이 없는 것처럼 상속인에게 인계될 것이다.

또한 유언집행자 지명은 유언자 사망일까지 거슬러 올라간다. 인격의

---

[15] (옮긴이 주) 잔여재산(residue, residuary estate)은 유언에 관한 법에서 유언에 따라 어떤 사람에게 특별하게 유증되지 못한 유언자의 재산 중 일부, 혹은 실패한 특정한 유증의 일부를 구성하는 어떤 자산을 의미한다.

[16] (옮긴이 주) 특정한 증여(specific gift, specific bequest)는 정확하게 특정된 대상물의 증여이며, 동일한 다른 대상물의 증여와는 구별된다. 이를테면 유언자가 특정한 다이아몬드를 특정인에게 증여하는 경우를 말한다.

[17] (옮긴이 주) 잔여재산 조항(residuary clause)은 잔여재산이 누구에게 유증되는가를 정하는 유언의 내용이고, 이런 혜택의 수혜자를 잔여재산 유증수혜자(residuary taker, residuary beneficiary, or residuary legatee)라고 하며, 그런 조항이 없다면 유언이 없는 것처럼 잔여재산은 유언자의 상속인에게 양도될 것이다.

지속은 로마 시대에 **잠시** 유산을 인격화함으로써 보존되었듯이, 현재도 유산을 인격화하는 의제에 의해 유지된다.

위에서 언급한 것은 영미법의 유언집행자와 로마법의 상속인 사이의 유사성을 보여주기에 충분하다. 그리고 **상속인**(heres)에 관해 언급된 것을 염두에 두면서, 옛날 판례집에 언급되었듯이, 유언집행자가 "그의 유언자의 인격을 대변한다"고 어떻게 말하게 되었는지는 쉽게 보여줄 수 있다.[18] 이런 위장된 동일성의 의미는 역사에서 찾을 수 있지만, 기술적인

---

[18] 리틀턴(Littleton)의 『부동산보유권에 관한 논문』 337항; 코크(Coke)의 『리틀턴에 관한 주석』 209, a, b; 에드워드 4세 『연감』 8권 5, 6, 판결문 1; 케일웨이(R. Keilway)의 『판례집』 44 a(헨리 7세 17년); *Lord North v. Butts*, 다이어(Dyer)의 『판례집』 139 b, 140 a, 맨 위; *Overton v. Sydall*, 팝햄(Popham)의 『판례집』 120, 121; *Boyer v. Rivet*, 벌스트로드(E. Bulstrode)의 『왕립법원의 판례집』 3권 317, 321; *Bain v. Cooper*, 도울링(A. and V. Dowling)의 『관행 사례』(뉴 시리즈, *Practices Cases. New Series*, 1841~1843) 1권 11, 14.
(옮긴이 주) *Lord North v. Butts*(1557): 사망한 캔터베리 대주교가 그의 영지를 톱니 계약서(indenture)에 의해 40년 동안 페이지(Page)에게 임대했고, 교회의 부원장과 성직자 총회가 그것을 추인했으며, 그 후에 그는 영지의 압류 조항과 더불어 50년 동안의 10파운드의 연금을 의사인 버츠(Butts)에게 양도했고, 이것 역시 추인되었다. 버츠는 그 연금과 그의 모든 부동산을 자신의 조카 버츠(E. Butts)에게 유증했으며, 조카가 죽자 그의 아내가 부동산 유증수혜자에게 양도에 관한 날인증서에 의해 그 연금을 향유하도록 계약했다. 그리고 그 이후 페이지가 동일한 토지를 노스 경(Lord North)에게 1년 단위로 임대했고, 그 기간이 끝나자 버츠(E. Butts)가 봉건적 주종관계(retainer) 방식으로 부역대금 100파운드를 부과한 후에 노스 경의 가축을 1년 반 동안 압류했고, 노스 경은, 계약 상대방인 대주교는 언급하지 않은 채, 페이지와의 그 전의 임대를 제소 이유로 주장했다. 양측의 진술이 다음과 같이 불충분해 양측은 다시 변론하도록 판결되었다. 첫째, 양도를 추인한 장소를 언급하지 않았고, 교회의 부원장과 성직자 총회라고 했으나 어느 성당인가에 대한 언급이 없다. 둘째, 임대를 추인한 장소에 대한 언급이 없고, 임차인의 날인증서를 제외하면 캔터베리 대주교의 날인된 임대계약서가 없다. 판결문에 "본인(판사)은 양수인의 유언집행자들이 그것(유산)을 가진다는 것과 그의 유산관리인도 마찬가지라는 것에 동의한다. 왜냐하면 그들은 양수인 자신의 지위(estate)를 대변하기 때문이다"라는 구절이 나온다.
(옮긴이 주) *Overton v. Sydall*(1596): 성직자 H. Syddall이 성직자 급여와 그것을 산출하는 토지 및 부속건물을 W. Syddall에게 임대했다. 임차인이 사망하고, 그의

어려움을 극복하는 데에 있어서 그 개념이 주는 도움은 역시 높이 평가해야 한다. 유언집행자가 유언자의 인격을 대변한다면, 그가 그의 유언자의 계약과 관련하여 소송을 제기하거나 소송을 당하도록 허용하는 데 더 이상의 난관은 없다. 날인계약소송이 유언집행자를 상대로 제기되었던 에드워드 3세 때, 퍼세이(Persay)는 다음과 같이 반론을 제기했다. "나는 날인계약을 체결한 바로 그 사람을 제외하면 어떤 사람이 유언집행자와 다른 사람들을 상대로 날인계약소송 영장을 발부받았다는 이야기를 들어본 적이 결코 없다. 왜냐하면 본인이 당사자가 되는 그런 사람을 제외하면 어떤 사람도 자신의 날인증서에 의한 날인계약으로 다른 사람에게 책임을 지울 수 없기 때문이다."[19] 그러나 법이 소송 목적을 위해 B가 A라고 말할 때, 소송당한 약속이 유언집행자 B가 아니라 유언자 A에 의해 맺어졌다고 반론을 제기하는 것은 쓸데없는 짓이다. 여기서 그 당시 이런 의제의 도움으로 양도가 성취되는 한 부류의 사례들이 있다. 의제가 종종 그렇듯이 이 사례들은 초기 사회 단계의 사실관계들을 어렴풋이 보여주며, 이런 사실관계들이 없었다면 거의 창조될 수 없었던 사례

유언집행자가 그 계약을 양도했으며, 그 성직자가 사임했다. 임차인의 유언집행자를 상대로 밀려 있고 양도 이후에도 갚지 않은 임대료에 대한 채무소송이 제기되었다. 그가 그 계약을 양도하지 않았다면 유언집행자가 재산을 가지고 있으므로, 그는 계약의 동일한 권리관계가 아니라 법리상의 동일한 권리관계(privity)에 의거해서 책임이 있을 수 있지만, 그 계약의 양도에 의해 재산의 동일한 권리관계가 제거되었고, 그에 따라 그를 상대로 하는 소송은 성립하지 않는다고 판결되었다. (옮긴이 주) *Boyer v. Rivet*(?): 피상속인은 100파운드를 지급해야 하는 채무증서에 자신, 그의 상속인, 유언집행자에게 책임을 부여했으나, 그 채무는 변제되지 않았다. 피상속인이 지급해야 한다는 판결이 내려졌다. 상속인은 그 판결에서 동일한 권리관계에 있지 않다고 판결되었지만, 상속인으로서 채무증서에 보증을 섰고, 상속인을 상대로 채무소송이 제기된다면, 그는 채무자로서 제소당할 수 있다고 판결되었다.

[19] 에드워드 3세 『연감』 48권 2, 판결문 4.

들이다.

유언집행자와 유산관리인은 잉글랜드법에서 보편적인 승계의 유일한 사례는 아니지만 주요 사례라고 할 수 있다. 그러나 그들은 **보편적으로** 승계하지만, 앞에서 설명했듯이 모든 종류의 재산을 승계하지는 않는다. 동산은 그들에게 승계되지만, 토지는 다른 경로를 거친다. 유언에 따라 처분되지 않은 모든 부동산은 상속인에게 승계되며, 상속재산의 규칙들은 동산을 분배하는 규칙들과는 전혀 다르다. 따라서 부동산에 대한 잉글랜드법의 상속인이나 승계자는 유언집행자처럼 로마법의 **상속인**과 동일한 경로를 밟고 있는가 하는 문제가 발생한다.

잉글랜드법의 상속인은 보편적인 승계자는 아니다. 각각의 분할된 토지는 별개의 특별한 물건으로 상속된다. 그럼에도 로마법보다 더 좁아진 영역에서 그는 확실히 그의 유언자의 인격을 대변한다. 동일한 내용이 초기 게르만법에서 진실인가 하는 문제에 관해서는 상이한 의견들이 주장되었다. 라반트 박사는 그 내용이 진실이라고 언급한다.[20] 좀(Sohm)[21]은 반대 견해를 취한다.[22] 가족의 소유권, 적어도 토지에 관한 가족의 소유권은 게르만족에서 개인의 소유권보다 앞서는 것으로 보통 가정되고 있으며, 인격의 대변이 비슷한 상황의 로마에서 어떻게 자연스럽게 유래했는지는 이미 보여주었다. 그러나 동격화의 원칙은 글랜빌 시대부터 오늘날까지 명확하게 널리 보급되었으므로, 이 주제에 관한 영미법이 게르만법

---

[20] 라반트(Laband)의 『중세 시대 작센법에 따른 재산법적 소송』 88, 89.
[21] (옮긴이 주) Gotthold Julius Rudolph Sohm(1841~1917)은 법역사학과 법학자이고 교회법학자이며, 『리부아리아법의 기원』(*Über die Entstehung der Lex Ribuaria*, 1866), 『살리카법의 소송절차』(*Der Prozess der Lex Salica*, 1867), 『로마법의 개요』(*Institutionen des Römischen Rechts*, 1884), 『중세 독일법과 사법제도』(*Die altdeutsche Reichs- und Gerichtsverfassung*, 1911) 등을 저술했다.
[22] 좀(Sohm)의 『살리카법의 소송절차』 (Thèvenin의 프랑스어 번역본) p. 72 와 주 1.

의 기원을 갖는가 혹은 로마법의 기원을 갖는가는 고려할 필요가 없다. 그 원칙이 게르만족에게 알려지지 않았다면, 그것은 로마법의 영향이라고 간단히 설명할 수 있다. 살리카법에 그런 종류의 어떤 것이 있다면, 그것은 로마법에서 그 원칙을 발생시킨 것과 유사한 자연스러운 원인에서 확실히 기인했을 것이다. 그러나 어떤 경우에도 내가 의심할 수 없는 것은 로마 법학자들의 저술에서 그렇게 오랫동안 표현되었던 로마법 형식의 많은 부분과 아마도 로마법의 본질의 일부를 현대 학설이 로마 법학자들의 성숙한 이론체계에서 받아들였다는 것이다. 방금 언급된 동일한 이유들 때문에, 비록 약간의 동격화가 존재했다는 것이 법에 있는 몇몇 구절에서 꽤 명확한 것처럼 보인다 해도, 승계가 앵글로-색슨법을 원천으로 한다는 것을 보여줄 증거를 평가할 필요는 역시 존재하지 않는다.[23]

노르만 정복 이후 2세기가 지난 후 브랙턴 시대[24]에, 상속인은 토지에만 한정된 승계자가 아니라, 직접 보여주게 되듯이 더욱더 일반적인 관점에서 그의 피상속인을 대변한다. 상속인의 관점에서 유언집행자의 직위는 앵글로-색슨법에는 알려지지 않았으며,[25] 심지어 브랙턴의 시대에도 그 직위는 앵글로-색슨법 시대에 등장하는 제도처럼 보이지도 않았다. 따라서 유언집행자 지명이 보편화되고 또한 상속인의 지위가 현재와 거의 같게 된 이후에는, 유언집행자의 직위를 살펴보기 위해 초기 노르만 시대보다 더 과거로 되돌아갈 필요는 없다.

---

[23] 에설레드(Ethelred)법 II. 9; 카누트의 규칙 II. 73; 『앵글로-색슨법에 관한 논문』 pp. 221 이하.
[24] (옮긴이 주) 브랙턴이 순회재판의 판사로 재직했던 시기는 1245년부터 1268년이다.
[25] 힉스(G. Hickes)의 『서간문에 대한 논평』(*Dissertatio Epistolaris*, 1703) p. 57을 인용하고 있는 스펜스(G. Spence)의 『고등법원의 형평법 관할권』(*The Equitable Jurisdiction of the Court of Chancery*, 1846) 1권 189, 주.

노르만 정복 이후 1세기가 조금 더 지나서 글랜빌이 저술을 펴냈던 당시[26]에, 상속인은 양수인들과 그들의 상속인들에게 그의 피상속인의 합당한 증여를 보장할 의무가 있었으며,[27] 피상속인의 재산이 그의 빚을 갚는 데 충분하지 않다면 상속인은 그 자신의 재산에서 그 부족분을 메울 의무를 졌다.[28] 글랜빌과 그를 스코틀랜드에서 모방한 작품,『레기암 마제스타템』(Regiam Majestatem)[29] 어느 것도 상속인이 부담할 채무를 피상속인으로부터 상속받은 재산으로 제한하지 않고 있다. 유스티니아누스 법전에서 그런 제한이 도입되기 전까지, 이것은 상속인과 피상속인의 동격화를 로마법처럼 완전한 것으로 만들고 있다. 다른 한편, 1세기가 지난 후 재산이 상속인에게 유증되는 한도 내에서만 그가 책임이 있다는 것은 브랙턴의 저술에서 명백하게 등장하며,[30] 대륙법, 노르만법 및 다른 법의 초기 법 원천에서도 유사한 제한이 등장한다.[31] 상속인의 책임은 아마 줄어들고 있었을 것이다. 브랙턴을 모방한 작품인 『브리턴』(Britton)[32]과

---

[26] (옮긴이 주) 글랜빌(1112~1190)이 잉글랜드 보통법에 관한 최초의 논문,『잉글랜드 왕국의 법과 관습에 관한 연구』(*Tractatus de Legibus et Consuetudinibus Regni Angliae*)를 저술했던 시기를 말하며, 대략 12세기 말에 해당한다.

[27] 글랜빌의『잉글랜드 왕국의 법과 관습에 관한 연구』7권 2장 (Beames의 영역본, p. 150).

[28] 앞의 책, c. 8 (Beames의 영역본, p. 168).

[29] 『레기암 마제스타템』 2권 c. 39.
(옮긴이 주)『레기암 마제스타템』(Regiam Majestatem)은 스코틀랜드의 법을 14세기 초에 집대성한 저서로 저자는 알려져 있지 않으며, 그 내용은 민사소송과 관할권, 판례와 집행, 계약, 그리고 형법 등 네 가지로 구성되었다. 글랜빌(Glanvill, 1112~1190)의『잉글랜드 왕국의 법과 관습에 관한 연구』(*Tractatus de Legibus et Consuetudinibus Regni Angliae*)의 영향을 많이 받은 것으로 알려져 있다.

[30] 브랙턴(Bracton)의『잉글랜드의 법과 관습에 관한 연구』원문 페이지 61 a.

[31] 『앵글로-색슨법에 관한 논문』p. 221에 인용된 작센법(Sachsenspiegel) 2장 60절 2항; 노르망디의 주요 관습법(Grand Custumier de Normandie) c. 88.

[32] (옮긴이 주)『브리턴』(Britton)은 에드워드 1세(1239~1307)의 명령에 의해 프랑스어로 쓰인 잉글랜드법의 요약문이고, 책의 기원이나 저자에 대해서는 많은 논란이

『플레타』 및 아마 브랙턴 자신도, 상속인이 그의 피상속인의 날인증서에 따라 특별하게 의무를 짊어지지 않는 한, 상속인이 그의 피상속인의 채무를 지급할 의무가 없다고 언급한다.[33] 나중의 법은 그가 책임이 있으려면 상속인이 유언장에 반드시 언급되어야 한다고 요구했다.

그러나 모든 경우에 상속인과 피상속인의 동격화는, 브랙턴의 저서에 실린 다른 진술에서 보듯, 여전히 브랙턴 시대에 보편적인 승계의 본질에 다가가는 접근방법이었다. 브랙턴은 유언자가 소송에 대한 그의 권한을 유증할 수 있는지 여부를 질문하고 있으며, 유언자가 살아있는 동안 입증되지 않고 또한 회수되지 않은 채무에 관한 한, '아니다'라고 대답한다. 그러나 그런 종류의 소송들은 상속인들에게 귀속되며, 세속법정에서 소송해야 한다. 왜냐하면 그 채무들이 세속법정에서 소송을 통해 회수되기 전에, 유언집행자는 종교재판소로 그 소송들을 이관시킬 수 없기 때문이다.[34]

이것은 동격화가 두 방향으로 작용했다는 것을 보여준다. 유언집행자가 왕립법원이나 종교재판소에서 상속인을 대신할 때까지, 상속인은 그

있다. 특히 브랙턴의 책을 모방한 것으로 이야기되지만 신빙성이 적은 것으로 보인다. 최초의 인쇄는 1530년경으로 추정된다.

[33] 『브리턴』(Britton) 원문 페이지 64 b (Nichol 편집 163); 『플레타』 2부 62조, 10항. 또한 브랙턴(Bracton)의 『잉글랜드의 법과 관습에 관한 연구』 원문 페이지 37 b, 10항도 참고하라.

[34] 브랙턴(Bracton)의 『잉글랜드의 법과 관습에 관한 연구』 원문 페이지 61 a, b. "유사하게 나는 유언자가 자신의 소송을 유증할 수 있는지를 물으려 한다. 그리고 유언자가 생존한 동안 결정적으로 입증되지도 않았고 확인되지도 않은 이런 종류의 채무소송이 상속인들에게 귀속되는가에 대해서는 '아니다'가 진실이다. 그러나 그 채무가 결정적으로 입증되고 확인되면, 그때 그 소송은 유언자에게 거의 귀속되며 종교재판소에서 유언집행자에게 그것에 대한 권리 자격이 주어진다. 반면에 앞에서 언급되었듯이 그 소송이 상속인들에게 귀속된다면, 그 소송은 세속법정에서 판결해야 한다. 왜냐하면 종교재판소에서 판결하려면, 유언집행자에게 귀속되지 않은 채무는 사전에 세속법정에서 의견 교환이 있어야 하기 때문이다."

의 피상속인에게서 기인한 채무에 책임이 있으며, 또한 그에게서 기인한 채권을 회수할 수도 있다. 방금 설명한 한계 내에서 상속인은 또한 그의 피상속인이 구매자와 그의 상속인들에게 판매한 재산을 보증할 의무를 진다.[35] 현대적인 상속인이 일반적으로 그의 피상속인을 대변함으로써 시작되었다는 이런 증거 이후에, 상속인의 지위는 제한받고 있으므로,[36] 나중의 저서들에서 그 증거를 표현한 문구들[37]을 탐구하는 것은 필요하지 않다. 그러나 유언집행자가 그의 유언자의 인격을 대변하는 것으로 여전히 이야기된다는 것을 방금 우리가 보았듯이, 상속인은 에드워드 1세 때[38] 그의 피상속인의 인격을 대변한다고 여겨졌다.[39] 따라서 훨씬 더 이후에는, "상속인은 유산을 수취한다는 관점에서 **피상속인과 동일한 인격**을 대변하는 상태에 있다"[40]고, 즉 그의 피상속인과 동일한 **인격**이라고

---

[35] 브랙턴(Bracton)의 『잉글랜드의 법과 관습에 관한 연구』 원문 페이지 62a.

[36] (옮긴이 주) 토지를 제외한 동산의 처분은 유언집행자 혹은 유산관리인에게 이전된다. 자세한 내용은 "이 인격은 곧 부동산이다"의 내용을 갖는 바로 아래의 pp. 498~500을 참조하라.

[37] (옮긴이 주) '상속인은 그의 피상속인을 대변한다'는 문구.

[38] (옮긴이 주) Edward I(1239~1307, 재위 1272~1307).

[39] 에드워드 1세 『연감』 20 & 21권 232. 또한 같은 『연감』 312도 참고하라.

[40] *Oates v. Frith*, 호바트(H. Hobart)의 『판례집』 130. 또한 헨리 7세 『연감』 5권 18, 판결문 12; *Overton v. Sydall*, 팝햄(Popham)의 『판례집』 120, 121(엘리자베스 1세 39년)에 있는 팝햄(Popham) 판사의 진술; *Boyer v. Rivet*, 벌스트로드(E. Bulstrode) 의 『왕립법원의 판례집』 3권 317, 319~322; *Brooker's Case*, 가드볼트(J. Godbolt) 의 『판례집』 376, 380 (찰스 1세 3년)도 참고하라.
(옮긴이 주) *Oates v. Frith*(1614): 부동산 소유자인 아버지는 피고와 몇 년에 걸친 임대차 계약을 맺었고, 본인 사망 후에는 아들에게 임대료를 지급하도록 계약했다. 아버지 사망 후 임대료가 연체되자 아들(원고)은 부동산을 압류했고, 피고는 불법 침해소송을 제기했다. 아버지 본인과 그 아들로 계약된 임대료 계약은 무효라고 판결되었다. 비록 아들이 상속인으로 입증된다 해도, 임대차 계약은 상속인 혹은 임대인의 상속인으로 해야 한다. 왜냐하면 '상속인은 유산을 수취한다는 관점에서 피상속인의 인격과 유사한 대변 상태에 있기' 때문이다. 본 사안은 임대료는, 왕을 제외하곤, 임대인 자신(혹은 상속인)에게만 지급되도록 임대료 계약을 맺어야 하

판결되었다.

몇 년 전에 사망한 위대한 판사[41]는 에드워드[42] 혹은 제임스 때[43]의 법률가들에게 아주 익숙한 문구를 반복적으로 사용한다. 파크 남작은 일반적으로 당사자가 문서를 소유할 자격이 없는 경우 그 문서를 제출하도록 요구받지 않는다고 규정한 이후에, "상속인과 유언집행자가 그들이 대변하는 피상속인이나 유언자에 대한 채무면제를 변론할 수 있는 경우" 예외가 있다고 언급하면서, "그에 따라 일부 불법행위자(tortfeasor)와 관련해서도 역시 마찬가지이다. 왜냐하면 이런 모든 경우 인격의 동일성을 구성하는 당사자들 간에는 동일한 권리관계(privity)[44]가 있기 때문"이라고 말한다.[45]

고, 임대인과 상속인(혹은 제삼자)에게 임대료가 지급되도록 맺어진 임대료 계약은 무효라는 판결이다.

[41] (옮긴이 주) 왕립법원의 판사(1828~1834) 및 재정법원의 판사(1834~1855)로 재직했던 제임스 파크(James Parke, 1782~1868)를 지칭한다.

[42] (옮긴이 주) 에드워드 시대는 에드워드 1세부터 6세까지의 13세기 말부터 16세기 중엽까지를 말한다.

[43] (옮긴이 주) 제임스 시대는 제임스 1세부터 2세까지 17세기 초부터 17세기 말까지를 지칭한다.

[44] (옮긴이 주) 동일한 권리관계(privity)는 동일한 재산권 혹은 약속이나 보증을 강제할 권한에 대해 밀접하거나 공통적인 혹은 승계적인 관계를 나타내는 법률용어이다. 예컨대 계약법상에서는 동일한 권리관계에 있지 않은 당사자는 그 계약에 대한 소송을 제기할 수 없다고 본다. 이런 동일한 권리관계에 있는 사람을 privy라고 한다.

[45] *Bain v. Cooper*, 도울링(A. and V. Dowling)의 『관행 사례』(뉴 시리즈, 1841~1843) 1권 11, 14. 또한 헨리 8세 『연감』 14권 원문 페이지 10에 있는 판결문 5도 참고하라.

(옮긴이 주) *Bain v. Cooper*(1841): 피고(채무보증인)는 원고 은행에 단독날인증서(deed-poll)에 의해 메이어(Mayer)가 1,500파운드를 지급할 것을 보증했으나, 메이어도 피고도 지급하지 않았다. 피고는, 단독날인증서에 날인 이후에 그리고 지급기일이 도래하고 또한 메이어가 지급하지 못하게 된 이후에, 제1 당사자인 메이어, 제2 당사자인 다른 사람들, 그리고 제3 당사자인 원고 은행에 의해 위임된 메이어의 채권자들 사이의 톱니계약서(메이어가 채무 변제를 위해 모든 재산을 제2 및

그러나 이것이 전부는 아니다. 인격의 동일성은 여전히 추가로 더 확대되었다. 어떤 사람이 아들들을 남기고 임대료를 받을 수 있는 토지를 소유한 채 사망했다면, 이 토지는 가장 나이 많은 아들에게만 양도되지만, 그의 자녀가 딸뿐이라면 그 토지는 딸들 모두에게 동등하게 유증되었다. 이런 경우 이 개인들은 그들의 피상속인의 **인격**을 함께 유지한다. 그러나 그들은 오직 한 사람의 상속인으로 취급된다고 항상 규정되었다.[46] 이런 결과를 도출하려면, 한 사람이 다른 사람과 동일화될 뿐만 아니라, 몇 사람이 하나의 **인격**을 유지하도록 그들이 한 사람으로 환원되어야 했다.

인격(persona)이란 무엇인가? 그것은 피상속인의 모든 권리와 의무의 합계가 아니었다. 여러 세기에 걸쳐 피상속인의 일반적인 지위, 즉 부동산과 연관된 권리와 의무를 제외한 그의 모든 권리와 의무의 합계는 유언집행자 혹은 유산관리인에게 이전했다는 것은 이미 보여주었다. 상속인에 의해 지속되는 그 **인격**은 초기 시대부터 전문적인 관점에서 부동산에 한정되었다. 즉 블랙스톤이 우리에게 말했듯이,[47] 봉건적 봉토가 아닌 것

제3 당사자에게 신탁한다는 날인증서)에 의해 메이어가 원고 은행에 빚진 모든 채무, 청구, 소송 등에서 면책되었다고 변론 진술했다. 피고는, 톱니계약서(indenture)를 제출하지 않는다 해도, 원고로부터 그의 주 채무자(메이어)에게로의 채무 면제에 관한 톱니계약서를 변론할 수 있다고 판결되었다. 파크(Parke) 남작은 본문에 있는 내용을 진술한 이후에, "보증인(피고)이 채권자와 계약했으므로, 당사자(피고)가 주 채무자와 보증인 관계에 있으나 동일한 권리관계(privity)에 있지 않은 현재 사례는 그렇지 않다. 즉 그들은 법리상 한 사람이 아니고, 또한 원고에게 공동으로 책임이 있지 않다"라고 진술했다.

[46] 브랙턴(Bracton)의 『잉글랜드의 법과 관습에 관한 연구』 원문 페이지 66 b, 76 b 그리고 여기저기; 에드워드 1세 『연감』 20권 226, 200; 리틀턴(Littleton)의 『부동산보유권에 관한 논문』 241항. 유언집행자가 여럿이 있는 경우에도 동일하게 언급되었다. "그들은 오로지 한 사람만을 대신한다." 에드워드 4세 『연감』 8권 5, 판결문 1.

[47] 블랙스톤(W. Blackstone)의 『잉글랜드법에 대한 주석』 385.

은 무엇이든 포함하는 동산과는 구별되는 것으로서 봉건적 원칙의 제약을 받는 재산에 한정되었다.

그러나 상속인의 **인격**은 심지어 부동산과 관련하여 피상속인의 모든 권리와 의무의 합계는 아니다. 이미 언급했듯이, 모든 봉토는 특별하게 유증되며, 더 큰 **전체**의 부속물로서 승계되지는 않는다. 이런 현상은 상이한 필지를 규제하는 승계 규칙이 다름에 따라 동일한 사람이 모두에 대해 상속인이 되지 못한다는 사실관계에서 등장한 것 같지는 않으며,[48] 오히려 봉건적 재산의 바로 그 본질에서 등장한 것 같다. 봉건제도의 절정기에 토지 보유는 복합적인 인격적 관계 중 한 가지 부수조건에 불과할 뿐이다. 토지 공여 대가로 부역을 제공하지 않으면 그 토지는 몰수되었고, 그 부역은 영주 측에서 호혜적인 의무를 위반하면 철회될 수 있었다.[49] 오히려 샤를마뉴 때 봉건제도 초기에는, 한 사람이 한 영주의 토지만을 보유할 수 있었던 것 같다.[50] 한 사람이 여러 영주의 토지를 보유하는 것이 보편화되었을 때조차도, 임차인이 부역을 이행하는 데 모순이 있어 구제하려는 경우에만, 엄격한 인적 관계는 수정될 수 있을 뿐이었다. 글랜빌과 브랙턴[51]이 언급하듯이, 여러 영주의 토지를 보유한 임차인은 각 봉토에 대해 신하로서의 충성을 선서해야 하지만, 그에게 제1의

---

[48] 글랜빌의 『잉글랜드 왕국의 법과 관습에 관한 연구』 7권 3장; 피츠허버트(Fitzherert)의 『잉글랜드법의 새로운 본질』 21 L; 다이어(Dyer)의 『판례집』 4 b, 5 a 등을 참고하라.

[49] 브랙턴(Bracton)의 『잉글랜드의 법과 관습에 관한 연구』 원문 페이지 80 b를 참고하라.

[50] 프랑크 왕국의 분할 헌장(Charta Divisio Regnorum Francorum) 9조와 8조. 또한 라페리에르(Laferrière)의 『프랑스법의 역사』 3권 408, 409도 참고하라.

[51] 글랜빌의 『잉글랜드 왕국의 법과 관습에 관한 연구』 9권 1장 (Beames의 영역본, pp. 218, 220); 브랙턴(Bracton)의 『잉글랜드의 법과 관습에 관한 연구』 원문 페이지 79 b.

봉토를 제공한 영주에게만 충성을 다하면 된다. 그렇지만 여러 영주들이 서로 전쟁을 하게 되고 또한 제1의 영주가 임차인에게 몸소 복종할 것을 명령한다면, 그는 그에게 봉토를 제공한 다른 영주에 대한 부역을 젖혀놓고 제1의 영주에게 복종해야 한다.

그때 우리는 임차인이 그가 보유한 봉토 각각에 대해 별개의 **인격**이나 **신분**을 가짐을 알 수 있다. 그 봉토 중 하나에 부수되는 권리와 의무는 다른 봉토에 부수되는 권리와 의무와는 아무런 관련을 갖지 않는다. 한 봉토의 승계는 다른 봉토의 승계와 아무런 연관도 없다. 각 봉토의 승계는 별개의 인적 관계를 떠맡는 것이며, 그런 인적 관계에서 승계자는 문제의 인적 관계에 의해 결정되어야 한다.

우리가 정의하고자 시도하는 **인격**은 재산(estate)[52]이다. 각각의 봉토는 브랙턴 시대 이래로 그랬듯 별개의 **인격**, 별개의 **상속재산** 혹은 유산이다. 우리는 상속인이 한 사람일 경우나 상속인이 다수 있는 경우, 마치 한 회사의 주주가 다수일 수 있듯이, 그 봉토를 하나 이상 다수의 상속인이 유지할 수 있다는 것을 이미 살펴보았다. 그러나 그 봉토는 동일한 시간에 동일한 방식으로 이해관계가 있는 사람들 간에 소위 세로로 길게 분할될 수 있을 뿐만 아니라, 한 사람 이후에 다른 사람이 향유되도록 승계되는 이해관계에 따라 가로로 나뉠 수도 있다. 전문적인 문구로, 그 봉토는 특별한 부동산(particular estate)[53]과 미래잔여부동산(remainder)[54]으로 분할

---

[52] (옮긴이 주) 재산(estate)은 어떤 시점에서 어떤 사람이 보유한 순가치를 나타내며, 어떤 사람의 자산(어떤 종류의 자산에 대한 법적 권리, 이권, 권리 자격)의 합계에서 채무를 차감한 것을 말한다. 때에 따라서는 부동산(estate in land)을 의미하기도 하고, 실물재산 혹은 인적 재산을 의미하기도 한다. 현재의 문맥에서는 부동산 혹은 부동산보유권을 의미한다.

[53] (옮긴이 주) 특별한 부동산(particular estate)은 더 큰 부동산에서 쪼개져 나왔고 미래잔여부동산에 선행하는 부동산을 지칭한다. 예컨대, A에게는 일정 기간 보유하도록 하고, B에게는 평생 미래잔여부동산으로 보유하도록 하거나 혹은 A에게는

될 수 있다. 그러나 그것들은 동일한 봉토의 구성 부분들이며, 동일한 의제가 여전히 그 부동산들을 규제한다. 우리는 오래된 사례에서 "복귀기대재산(reversion)[55] 임차인과 특별한 임차인(particular tenant)[56]은 한 임차인일 뿐이다"라는 진술을 찾을 수 있다.[57] 이것은 확실히 변호사의 진술[58]에 불과하지만, 그 진술은 생존 기간 동안 임차할 수 있는 임차인의 사망 이후에 복귀기대재산 임차인이 그 임차인에게 주어지는 잘못된 판결이나 배심의 거짓 평결 때문에 판결오류심사소송이나 평결진위심사(attaint)[59]

평생 보유하도록 하고 B에게는 미래잔여부동산으로 보유하도록 하는 경우, 이때 이런 미래잔여부동산에 선행하는 부동산(precedent estate), 즉 A에 의해 보유되는 부동산을 특별한 부동산이라고 한다.

[54] (옮긴이 주) 미래잔여부동산(remainder)은 양수인과 같은 어떤 사람에게 주어지는 미래의 이해관계를 나타낸다. 예컨대 A가 토지를 B에게 평생 보유하도록 하고, 그런 다음에는 C와 그의 상속인들에게 보유하도록 양도한 경우, C는 미래잔여재산을 소유한다고 하며, B가 사망하기 전까지는 재산에 대한 청구권을 행사할 수 없다. 그러나 조건 없는 봉토(fee simple)는 보유기간이 없으므로 미래잔여부동산이 될 수 없다.

[55] (옮긴이 주) 복귀기대재산(reversion)은 임대인이 보유 부동산을 임대한 이후에 양도인(즉 임대인)이 보유하는 미래의 이해관계를 말한다. 임차 기간이 만료되면, 그 재산은 양도인(과 그 상속인)에게 자동적으로 복귀한다. 앞에서 언급한 미래잔여부동산과 유사한 개념이지만, 미래잔여부동산은 양도인 이외의 사람에게 이전된다는 것이 핵심적인 차이점이다.

[56] (옮긴이 주) 특별한 임차인(particular tenant)은 특별한 부동산을 보유하고 있는 임차인을 말한다.

[57] *Brooker's Case*, 가드볼트(J. Godbolt)의 『판례집』 376, 377, 판결문 465.
(옮긴이 주) *Brooker's Case*(?): 상속인인 아들은 봉토 보유인 아버지가 살아있는 동안 중범죄를 범하여 권리 능력을 상실한 상태에 있었고, 아버지가 사망하자 그 봉토에 들어와서 그 봉토를 C에게 양도했고, C는 B에게 양도했다. B는 그 아들의 권리 능력 상실에 대한 판결을 번복하기 위해 판결오류심사소송을 제기했다. 그 소송은 B에 대해 성립하지 않는다고 판결되었다. 왜냐하면 혈연으로 동일한 권리관계(privity)에 있는 사람을 제외하면 누구도 그 혈연의 문제를 회복할 수 없기 때문이다.

[58] (옮긴이 주) 상기 인용된 진술은 판결문이 아니라 *Brooker's Case*에서 변호사의 진술로 추정된다.

를 제기할 수 있다는 취지의 설명이 필요한 것처럼 보이는 학설을 설명하기 위해 제시되었다.[60]

지금까지의 결과들을 요약하면, 현대 잉글랜드법의 상속인은 노르만 정복 이후 곧 만들어진 법에서 특징적인 모습을 갖추었다. 그 당시에 상속인은 아주 넓은 의미에서 보편적인 승계자였다. 상속인의 기능 중 많은 것이 곧 유언집행자에게 이전되었다. 상속인의 권리는 부동산에 한정되었고, 그의 빚은 부동산과 관련된 빚 및 상속인을 명시적으로 구속하는 그의 피상속인의 의무에 한정되었다. 각 봉토 혹은 봉건적인 유산의 승계는 전체를 하나로 간주하는 피상속인의 모든 권리의 합계의 일부분을 구성하지 않은 별개의 것이다. 그러나 오늘날까지 유언집행자와 상속인은 각자의 영역에서 사망한 사람의 인격을 대변하며, 그들은 그들의 권리와 의무를 확정할 목적으로 그들이 마치 사망한 사람과 동일한 한 사람인 것처럼 취급받는다.

이것이 사망한 사람의 계약에 대해 가지는 함축적 의미는 이미 지적되었다. 그러나 그 함축적 의미의 영향은 계약에만 한정되지 않으며, 그것은 모든 것을 관통하여 무엇에든 영향을 미친다. 그러나 가장 놀랄만한 예시는 시효적 권리의 취득이다. 통행권의 사례를 보자. 이웃의 토지를

---

[59] (옮긴이 주) 평결진위심사(attaint)는 배심이 거짓된 평결을 제공했는지를 심사하는 제도이며, 이를 위해서는 영장이 발부되어야 한다. 영장은 형사사건에서는 검사가 요청하고, 민사에서는 어느 당사자가 요청하면 발행되며, 거짓된 평결의 수정은 평결진위심사를 위한 대배심(배심은 보통 12명으로 구성되지만 대배심은 24명으로 구성된다)에 의해 결정된다. 당사자들은 원래 제시했던 증거들을 제시할 수 있으며, 잘못된 평결이 주어진 것으로 판결되면, 원래의 배심들은 보통법에서 가혹한 처벌을 받을 수 있다. 15세기에 평결진위심사를 위한 형사 관련 평결진위심사 영장 제도가 폐지되었고, 민사 관련 제도도 17세기에 이르러 폐지되었다.

[60] 다이어(Dyer)의 『판례집』 1 b. 또한 *Bain v. Cooper*, 도울링(A. and V. Dowling)의 『관행 사례』(뉴 시리즈) 1권 11, 12도 참고하라.

통행할 수 있는 통행권은 양도에 의해서만 혹은 소유자의 동의 없이 20년 동안 그것을 사용함으로써만 취득할 수 있다. 어떤 사람이 10년 동안 길을 사용하다가 사망한다. 그런 다음 그의 상속인이 그것을 10년 동안 사용한다. 권리가 취득될 수 있겠는가? 건전한 상식으로만 조언을 받는다면, 그 대답은 '아니다'여야 한다. 피상속인은 그 길을 충분히 오랫동안 사용하지 않았으므로 어떤 권리도 취득하지 못한다. 그리고 상속인도 약간만 이용했으므로 역시 그렇다. 상속인보다 전에 어떤 사람이 불법침해를 했다는 것은 그의 권리 자격을 어떻게 개선하지는 않을까? 분명히, 네 사람이 각각 5년씩 그 길을 사용한다면, 마지막 사람은 어떤 권리도 취득하지 못할 것이다. 그러나 여기서 그렇게 조심스럽게 설명되었던 의제가 도입된다. 법의 관점으로 본다면, 두 사람이 각자 10년 동안 그 길을 사용했던 것이 아니라, 한 사람이 20년 동안 그 길을 사용했다는 것이다. 이 의제에서 상속인은 피상속인의 **인격**을 유지시키는 혜택을 누렸고, 그 권리를 취득했다.

　나는 이제 본 주제의 가장 어렵고도 모호한 부분에 도달했다. 동일성에 관한 의제가 상속인과 유언집행자 이외의 다른 사람에게로 확장되는가 하는 문제가 우리가 이제 탐구해야 할 문제이다. 그리고 우리가 했던 것처럼, 명확한 것은 그 의제가 약간 더 나아갔다는 것뿐이라면, 상속이론으로 가능하게 된 사고방식과 개념들이 살아있는 사람들 간의 거래에 관한 법을 아무 문제 없이 수정하지는 않겠는가 하는 문제가 여전히 발생할 것이다. 그 영향이 심대하다는 것과 상속이론을 이해하지 않고서는 **살아있는 사람들** 간의 양도 이론을 이해하는 것이 불가능하다는 것은 나에게는 명백해 보인다.

　본 주제를 다루는 데 있어서 어려운 점은 설명해야 할 어떤 것이 있다고 회의론자를 설득하는 것이다. 오늘날, 권리가 가치가 있다는 개념은 그 권리를 판매하여 돈으로 전환할 수 있다는 개념과 거의 일치한다. 하지만 그것은 항상 그렇지는 않았다. 당신이 권리를 매각할 수 있기 전에, 당신은 법률 용어로 판매가 가능하게 만들어야 한다. 나는 본 강의의 초반에 계약 양도의 사례를 제시했다. 어느 당사자도 20년 동안 적대적 사용의 필요조건을 충족시키지 못했을 때, 나는 취득시효에 의해 권리를 획득하는 사례를 방금 언급했다. 필요조건을 충족시키지 못하는 사례에서, 상속 시점에서는 권리도 전혀 없었으나 10년 동안의 과거 불법침해의 단순한 사실관계는 존재한다. 그것이 통행권이 될 때까지 그 길은 계약과 마찬가지로 점유적 권리 자격을 주장할 수 있게 허용되는 일은 거의 없다. 그때 계약이 판매될 수 있고 구매자가 그의 판매자의 적대적 사용 기간을 그 자신이 사용한 기간에 추가할 수 있다면, 법이 그러한 결과를 성취하게 만드는 제도는 어떤 제도인가?

초기 단계의 법체계를 가장 피상적으로 검토해보면, 그런 제도가 얼마나 어렵게 또한 얼마나 느리게 작동하는지를 알 수 있으며, 그 제도가 없으면 양도의 범위가 얼마나 제한되는지도 알게 될 것이다. 우리의 의미 있는 은유에 따르면, 구매자가 판매자의 지위를 이어받는다는 것이 단순한 상식의 문제라고 가정하는 것은 커다란 착오이다. 판매와 다른 민사적인 양도가 전쟁 같은 약탈의 형식을 유지한다고 가정하자. 이 약탈의 형식은 로마법의 초기 단계에서 찾아볼 수 있었던 형식이며,[61] 아내 취득이

---

[61] 『미국 법학 평론지』(7권 49, 50, 1872년 10월)에서, 나는 이런 사실관계에 관한 한두 가지의 징후를 언급했다. 그러나 그 후 나는 그 징후가 예링(Ihering)의 『로마법의 정신』(*Geist des Römischen Rechts*, 10항과 48항)에서 그렇게 상세하게 설명된 것을 발견하고는 만족했다. 그리고 나의 목적을 위해 예링만큼 더 나아갈 필요가 없다는 것과 그가 내가 정립하려는 결론에 도달하지 못할 것 같다는 것을 덧붙이면서, 나는 그 저서를 참조하는 정도에 그칠 수밖에 없다. 추가로 클라크(E. C. Clark)의 『초기 로마법』(*Early Roman Law*, 1872) 109, 110; 라페리에르(Laferrière)의 『프랑스법의 역사』 1권. 114 이하; 로마법 대전의 『법률논평집』 1권 5장 4절

사실상 더욱 문명화된 구매 형태를 취한 이후에도 그 약탈의 형식은 아내 취득에 적어도 부분적으로는 유지되었다. 구매자가 판매자의 의사에 역행해 그에게 접근하여 탈취한다는 개념은 판매자의 의사에 반하는 탈취에 관한 의제를 아마 동반할 것이며, 그 구매자는 새로운 권리 자격을 뒷받침하는 그 자신의 지위를 고집할 것이다. 약간 다른 원천에서 유도되는 개념들의 도움이 없다면, 점유를 허용하지 않는 대상물을 합법적으로 양도하기는 어려울 것이다.

그런 다른 개념들은 그 원천을 가족법에서 찾을 수 있다. 상속의 원칙들은 다른 영역에까지 적어도 확대 적용할 수 있는 의제와 사고방식을 제공했다. 그 의제와 사고방식이 사실상 그렇게 확대 적용되었다는 것을 입증하기 위해, 게르만과 앵글로-색슨 관습법의 잔재뿐만 아니라 로마법을 한 번 더 검토할 필요가 있다.

나는 계보의 한 측면에서 영미법의 조상이라고 할 수 있는 게르만법과 앵글로-색슨법을 먼저 검토할 것이다. 왜냐하면 우리가 그 원천에서 얻는 것이 그 논리와 직접적으로 연관되지는 않지만, 그것은 상이한 분야에서 발전과정을 보여줌으로써 그 논리에 대한 기초를 제공하기 때문이다.

구매자와 상속인 간의 명백한 유추는 민속법에서 활용된 것처럼 보이지만, 잉글랜드법에서는 앞으로 검토해야 할 목적보다는 다른 목적을 위해 주로 활용된 것 같다. 잉글랜드법의 목적은 양도의 범위를 확대하는 것이었다. 상기해야 할 것은 초기 로마법뿐만 아니라 초기 게르만법에서도 가족 소유권의 흔적들이 많다는 것이다. 그리고 원래 가족의 울타리 밖으로 주어질 수 없는 재산은 양수인을 상속인으로 만드는 형식을 통해서 양도할 수 있게 된 것처럼 보인다.

3항; 가이우스(Gaius)의 『법학개요』 4부 16절; 앞의 책 2부 69절 등을 보라.

용어의 역사가 이런 결론의 증거를 보여준다. 베젤러(Beseler)[62]와 다른 사람들이 언급하듯이, **상속인**은 사망한 사람의 재산에 대한 승계자라는 의미에서 **사망에 기인해** 증여받는 사람을 의미하는 것으로 확대되었으며, 심지어 더 광범위하게 일반적인 '양수인'으로까지 확대되었다. '**상속한다**'(Hereditare)는 유사한 방식으로 토지의 양도에 대해서도 사용되었다. 라페리에르[63]에 의해 인용된 에뱅(Hévin)[64]은 고대적 용법이 '**상속한다**'(hériter)는 '구매한다'로, '**상속인**'(héritier)은 '구매자' 그리고 '**상속권을 박탈한다**'(déshériter)는 '판매한다'로 언급했다는 사실에 주목할 것을 요구했다.

살리카법의 법조문들은 우리에게 명백한 증거를 보여준다. 어떤 사람은 자신의 재산의 점유를 수탁자에게 인도하고 그 수탁자가 그것을 12개월 이내에 수혜자에게 넘겨줌으로써[65] 그의 재산의 전체나 일부를 양도할 수 있다.[66] 법조문에 따르면, 수혜자란 기증자가 **상속인**이라고 부르는 사람이다. 그때 여기서 기증자가 자유로이 선택한 사람에게 원하는 대로 다소간의 재산을 자발적으로 양도하며, 그 선택된 사람은 보편적인 승계자라고 해도 반드시 보편적인 승계자일 필요가 없지만, 그럼에도 **상속인**

---

[62] 베젤러(Beseler)의 『상속이론』 1권 15 이하.
(옮긴이 주) Carl Georg Christoph Beseler(1809~1888)는 프로이센의 법학자 및 정치인이다. 주요 저서로 『상속이론』(*Lehre von den Erbverträgen*, 1835~1840), 『보편독일민법체계』(*System des Gemeinen deutschen Privatrechts*, 1847~1855) 등이 있다.
[63] 라페리에르(Laferrière)의 『프랑스법의 역사』 4권 500.
[64] (옮긴이 주) Pierre Hévin(1621 or 1623~1692)은 프랑스의 역사학자 및 법학자이며, 『브르타뉴의 일반관습에 관한 연구』(*Études sur les Coutumes générales de Bretagne*, 1682)를 저술했다.
[65] 메르켈(Merkel)의 살리카법 66장, '껴안기에 관하여'; 좀(Sohm)의 『중세 독일법과 사법제도』 69.
[66] "그가 다른 사람에게 적지도 많지도 않을 만큼만 맡기려고 한다면, … 그는 증여하기를 원하는 사람에게 원하는 만큼만 혹은 전체 재산을 맡길 수 있다." 메르켈(Merkel)의 살리카법 66장.

이라는 이름으로 그 재산을 취득한다. 상속에 의해 취득한 사람을 처음 의미했던 그 용어는 구매에 의해 취득한 사람에게까지 확대되었다.[67] 그 용어의 의미가 확대되었다면, 아마도 그것은 그 용어가 전달하는 개념이 새로운 용도로 전환되었기 때문일 것이다. 그 거래는 상속제도와 판매제도 사이의 중간 정도에 해당하는 것처럼 보인다. 리푸아리안 프랑크족(Ripuarian Frank)[68]의 후기 법은 그 전의 관점과는 더욱 뚜렷하게 구분하여 그런 거래를 다룬다. 그 법에 따르면 아들이 없는 사람은, 살리카법의 형식이 요구하는 대로 **껴안기**(adfathamire) 방식에 의해 혹은 문서나 인도의 방식에 의해 친족이든 낯선 사람이든 상속인으로 그가 선택한 사람이면 누구든, 그에게 그의 모든 재산을 주는 것이 허용된다.[69]

롬바르드족(Lombards)[70]도 양도방식이 유사하며, 이 방식에서는 기증받는 사람은 **상속인**으로 불릴 뿐만 아니라, 증여자의 사망 이후에 재산을 수취한 후 증여자의 빚에 대해 상속인과 유사하게 책임을 진다.[71] 살리카

---

[67] 베젤러(Beseler)의 『상속이론』 1권 101, 102, 105.
[68] (옮긴이 주) 리푸아리안 프랑크족(Ripuarian Frank)은 나중에 리푸아리이(Ripuarii)와 살리이(Salii)로 분화된 프랑크족 집단의 한 부류로, 3~4세기경 라인 강 주변(현재 독일의 북쪽)에 살았다. 630년경에 리푸아리아법(Lex Ripuaria)이 만들어졌고 살리카법의 전신이 되었다.
[69] "그의 모든 재산을 … 가까운 친척이든 낯선 사람이든 그가 좋아하는 사람이면 누구든 상속의 방식으로 혹은 껴안기 방식으로 혹은 승계의 문서에 의해 혹은 양도의 방식으로 양자로 선택하여 (옮긴이 주: 증여할 수 있다)" 리푸아리아법 50장 (다른 곳 68). 또한 튀링겐법 13도 참고하라. 따라서 리푸아리아법, 보완 장, 7조: "아들이 없는 사람도, 양도하려면, 왕 앞에서 좋아하는 다른 어떤 사람을 그의 상속인으로 기꺼이 선택할 수 있다."
[70] (옮긴이 주) 롬바르드족(Lombards)은 568년부터 774년까지 이탈리아 반도 대부분을 지배했던 게르만족이며, 프랑크의 샤를마뉴(742?~814)에 의해 멸망했다.
[71] 로타리 칙령(Edictum Rothari, 643년) 174장, 157. 또한 앞의 책 369, 388; 리우프란트(Liutprand) 칙령 III. 16 (다른 곳 2), VI. 155(다른 곳 102)도 참고하라. 그리고 베젤러(Beseler)의 『상속이론』 1권 108 이하, 특히 116~118을 참고하라. 713년의 양도증서에서 "나는 교회에서 어떤 방식으로든 나의 상속인이 결정되기를 제안한

법에 따르면, **살인배상금**(wergeld)[72]을 지급할 수 없는 사람은 그의 가옥과 대지와 함께 채무를 공식적으로 양도하는 것이 허용된다. 그렇지만 재산 양도는 가장 가까운 친족에게 행해진다.[73]

주택과 대지 혹은 가족의 거처는 처음에 가족의 범주 내에서만 엄격하게 양도되었다. 환언하면 여기서 적어도 잉글랜드에서는 승계자의 선택에서 재량의 범위가 점진적으로 확대됨에 따라 양도의 자유도 점진적으로 확대된 것처럼 보인다. 현재 남아있는 양도증서는 드물긴 해도, 우리가 우연이라고 보기에는 믿기 어렵지만 초기 양도증서에서 발견되는 양도의 발전과정을 신뢰할 수 있다면, 왕은 처음에 친족 중에서 상속인을 선택하도록 허용했으며, 그런 다음에 그 범위를 넘어선 선택을 허용했다. 679년의 날인증서에서 사용된 문구는 "그것이 허용되었으므로, 당신과 당신의 후손은 그것을 그렇게 보유한다"로 표현되어 있다. 1세기가 지난 후에는 "그에게 항상 점유하도록 허용하고, 그가 죽은 후에는 그의 유언에 따라 그의 상속인 중 누군가에게 남겨지도록 허용한다"로 읽을 수 있는 표현이 나온다. 다른 날인증서에서는 "그리고 (선택의) 자유로운 권

다"(루카(Lucca)의 비망록 V. b. No. 4.)와 비교하라. 호이슬러(A. Heusler)의 『특별점유권』 45, 46에 인용된 트로야(Carlo Troya)의 『리우프란트 왕에 의해 공표된 상인에 관한 법』(*Leggi sui maestri Comacini promulgate dal re Liutprando*, 1854) III. No. 394. 또한 호이슬러의 『특별점유권』 484도 참고하라. 이것은 확실히 로마법의 영향에 기인하지만, 그것은 마을 공동체의 어떤 한 사람이 판매하는 것에 대해 헨리 메인(Henry Maine)이 엘핀스톤(Elphinstone)의 『인도사』(*History of India*, I. 126)에서 인용한 것을 생각나게 한다: "그 구매자는 판매자의 자리로 정확히 걸어 들어와서는 판매자의 모든 의무를 처리한다." 메인(Maine)의 『고대법』(1861) 8장 pp. 263, 264.

[72] (옮긴이 주) 살인배상금(wergeld 혹은 wergild)은 손실에 대한 보상과 유혈 불화를 방지하기 위해 죽거나 불구가 된 희생자의 가족이나 친족에게 지급되는 돈이다.

[73] 메르켈(Merkel)의 살리카법 58장, 살인죄. 좀(Sohm)의 『중세 독일법과 사법제도』 117.

한을 가진 그가 사망한 이후에 그가 (남겨주길) 원하는 그의 친족 중 한 사람에게 남겨준다"로 나온다. 736년보다 좀 더 이전의 날인증서는 한 단계 더 나아갔다. 즉 "따라서 그가 살아있는 한, 그는 보유와 점유의 권한을 가질 것이며, 살아있는 동안 혹은 그가 사망한 후에는 확실히, 그는 그가 선택한 사람이면 누구든 그에게 그것을 남겨줄 권한을 가질 것이다." 19세기 초에 증여받는 사람은 그의 의지에 따라 누구에게나 재산을 남길 권한을 갖거나, 여전히 더 넓은 의미로 그가 살아있는 동안에는 교환하거나 양도할 권한을 가지며, 그가 사망한 이후에는 그가 선택한 사람에게 그것을 상속할 권한을 갖거나, 그가 선택한 상속인에게 팔거나 교환하거나 상속하거나 할 수 있는 권한을 갖는다.[74] 상속인들에 대한

---

[74] 679년: "그것이 당신에게 증여된 것처럼, 당신의 후손들도 그렇게 보유하게 하라." 켐블(Kemble)의 『색슨 시대의 외교 법전』(*Codes Diplomaticus Ævi Saxonici*, 1839~1848) I. 21, No. xvi. 휘세의 왕 우트레드(Uhtred, King of Hwicce), 767년: "그가 어떻든 항상 점유할 것이며, 그가 죽은 후에는 **그가 상속인으로 결정한 사람에게 상속할 것이다**." 앞의 책 I. 144, cxvxi. ("그가 상속인으로 결정한 사람이면 누구이든 그에게 상속할 것이다"는 더 나중의 양도증서들에서 매우 공통적이다; 앞의 책 V. 155, MLXXXIL; 앞의 책 VI. 1, MCCXVIIL; 앞의 책 31, MCCXXX.; 앞의 책 38, MCCXXXIV.; 그리고 여기저기. 이것은 **그가 상속인으로 결정한 사람**보다는 더 광범위할 수 있다.) 머시아의 왕 오파(Offa, King of Mercia), 779년: "그 자신이 살아있는 동안 그가 보유하고 ... 처분한다. 그리고 그의 사망 이후에는 **그가 지명하는 친족에게** ... 자유로이 이용할 수 있는 점유권을 넘겨줄 것이다." 앞의 책 I. 164, 165, CXXXVII. 머시아의 왕 에실발드(Æthilbald, 옮긴이 주: 757년 사망), 736년: "따라서 그가 살아있을 동안 그는 소유와 점유의 권리를 가질 것이므로, 살아있는 동안은 그 정도로 혹은 그의 사망 이후에는 확실히 **그가 원하는 사람이면 누구든 그에게 남겨줄 수 있을 것이다**." 앞의 책 I. 96, LXXX.; 앞의 책 V. 53, MXIV도 참고하라. 켄트(Kent)의 왕 쿠스레드(Cuthred, 옮긴이 주: 재위 798~807), 805년: "그는 영원히 자유로운 상태에서 **그가 원하는 사람이면 누구든 그에게 유증할 것이다**." 앞의 책 I. 232, 190. "그는 살아있는 동안 교환하거나 증여할 자유를 가질 것이지만, 그의 사망 이후에는 그가 원하는 사람이면 누구든 그에게 유증할 권한을 가질 것이다." 앞의 책 I. 233, 234, CXCI.; 앞의 책 V. 70, MXXXI도 참고하라. 831년 8월 28일 머시아(Mercia)의 왕 위글라프(Wiglaf, 옮긴이 주: 재위 827~839): "즉 그가 유증할 상속인으로 결정한 사람이라면 누구에게 팔거나

이런 선택은 방금 언급된 살리카법의 **상속인이라고 불리는 사람**을 생각나게 하며, 1190년경의 노르만의 양도증서에 있는 문구와 비교될 수 있다. 즉 "W와 그의 상속인들에게, 즉 W가 그의 상속인으로 지명할 수 있는 사람들에게."[75]

친족관계에 관한 의제로 설명할 수 있는 특별한 승계의 완전한 사례는 불타버린 니알의 이야기에서 발견되며, 그 아이슬란드 영웅서사시는 우리가 **살리카법**에서 보았듯이 살리이 프랑크(Salian Franks)[76] 사회만큼 거의 발전한 그런 사회의 생생한 모습을 우리에게 제시한다. 소송은 원고에 의해 법에 더 정통하고 또한 그 소송을 더 잘 수행할 수 있는 다른 사람, 사실상 변호사에게 이양되었다. 그러나 소송은 그 당시에 혈투의 대안이었으며, 두 가지 모두는 관계된 가족의 고유한 문제였다.[77] 따라서 가족의 한 구성원을 죽인 것에 대한 소송이 가족 이외의 변호사에게 넘어갔을 때, 그 혁신은 그런 소송이 가까운 친족에게만 허용된다는 이론과 양립했음이 틀림없다. 위의 이야기에서 모르드는 헬기를 죽인 것에 대해 플로시를 상대로 토르가이가 제기한 소송을 스스로 맡게 되었으며, 소송 이양의

혹은 교환할 수 있다." 앞의 책 I. 294, CCXXVII.

[75] "W. et heredibus suis, videlicet quos heredes constituerit.(옮긴이 주: 번역은 본문에 있음)" 『서티스 협회의 노섬벌랜드 헥섬의 기록물』(*Memorials of Hexham, Surtees Society*), 1864, II. 88.

[76] (옮긴이 주) 살리이 프랑크족(Salian Franks: 라틴어 Salii)은 3세기에 역사적 기록에 등장하며, 라인 강 델타 지역, 지금의 네덜란드에 거주했다. 분화된 다른 부족 리푸아리이의 리푸아리아법(Lex Ripuaria)은 630년경에 만들어졌으며, 살리이 프랑크족에 의해 나중에 더 발전하여 살리카법(Lex Salica)으로 지칭되었다.

[77] 『순회재판 연감』 27권 원문 페이지 135, 판결문 25를 참고하라. 웨일스법에서, 결투에 의해 결정된 소송의 승리자는 가장 가까운 친족이 승리 적격자가 되므로 가장 가까운 친족의 권리를 취득한다. 리(H. C. Lea)의 『미신적 관습과 완력』(*Superstition and Force*, 1866, 3d Ed.), 165. 앞의 책 161, 주 1; 앞의 책 17 등도 참고하라.

형식은 다음과 같이 묘사된다.

"모르드는 그때 토르가이의 손을 잡았으며, 다음과 같이 증언할 두 증인을 호명했다. '토르가이 토리르의 아들은, 소송에 따른 모든 증거와 함께 헬기 니알을 살해한 것을 소송 이유로 주장하면서, 플로시 토르드의 아들을 상대로 하는 고살에 대한 소송을 나에게 넘겨주었다. **내가 소송을 제기할 적법한 자격이 있는 가장 가까운 친족인 것처럼**, 그 소송의 모든 권리를 변론하고 화해하고 향유할 수 있도록 이 소송을 내게 넘겨주었다. 법에 따라 그 소송을 내게 넘겨주었고, 나는 그 소송을 법에 따라 그대들에게서 인계받았다.'" 그 이후에 이 증인들은 법정에 섰으며, 유사한 용어들로 소송을 인계했음을 증언한다. 즉 "그때 이 소송에 관련된 모든 증거 및 소송절차와 함께, 그는 그 소송을 그에게 넘겨주었고, 그가 마치 소송을 제기할 적법한 자격이 있는 가장 가까운 친족인 것처럼 모든 권리를 변론하고 화해하고 이용하도록 그는 그 소송을 그에 넘겨주었다. 토르가이는 합법적으로 그 소송을 넘겨주었고, 모르드는 그것을 합법적으로 인수했다." 소송을 제기할 가장 가까운 친족이 원고인 것처럼, 그 소송은 당사자가 바뀌었음에도 진행되었다. 이것은 소송절차에서 추가로 진행된 것에서 알 수 있다. 소송을 넘겨받은 모르드가 법정의 두 판사와 혈연으로 그리고 대부-대자의 세례 관계로 연계되어 있다는 근거에서, 피고는 두 판사를 기피 신청했다. 그러나 모르드는 이것이 적법한 기피 신청이 아니라고 반박했다. 왜냐하면 "피고는 진정한 원고와의 친족관계, 즉 원고와의 가장 가까운 친족관계 때문에 두 판사를 기피 신청하는 것이 아니라, 그 소송을 변론하는 사람과의 친족관계 때문에 기피 신청했기" 때문이다. 그리고 피고는 모르드가 적법하다고 인정해야 했다.

나는 이제 게르만법이라는 원천에서 로마법이라는 원천으로 관심을 돌리려 한다. 로마법은 위의 논리와 가장 밀접한 연관성을 갖는다. 왜냐하면 로마법에서 발견되는 상당히 많은 학설이 현대법에 변하지 않은 상태로 이식되었기 때문이다.

초기 로마법은 공동의 조상이 살아있고 동일한 가장의 지배하에 있는 동일한 가장의 가족의 구성원들만을 오로지 친족으로 인식했다. 아내는 남편의 가족으로 편입되고 그녀가 태어났던 가족과는 모든 인연을 끊어 버리므로, 여성을 통한 친족관계는 전부 배제된다. 상속인은 오로지 남성을 통해서 사망한 사람과의 연관성을 추적할 수 있는 사람이다. 문명의 발전과 더불어 이런 규칙도 변화했다. 프래터 칙령은 비록 혈연관계인 사람들이 상속인들이 아니고 또한 고대법에 따라 승계자로 인정될 수 없다 해도, 혈연관계에 상속의 혜택을 부여했다.[78] 그러나 그 변화는 아직도 **시민법**(jus civile)이라는 이름으로 잔존해 있는 옛날 법을 폐기함으로써 발생하지는 않았다. 새로운 원칙은 의제에 의해 옛날 형식에서 조정되었다. 혈연관계인 사람은 사실상 상속인이 아니지만 그가 상속인이라는 의제 위에서 소송할 수 있었다.[79]

상속인을 제도적으로 지명하는 초기 형식 중 하나는 가족의 모든 권리 및 의무와 함께 **가족 재산**이나 가족의 우두머리 자리를 원하는 상속인에게 매각하는 것이었다.[80] 세월이 지난 후 가족 재산과 우두머리 자리 **전체**

---

[78] 로마법 대전의 『법률논평집』 38권 8장 1절 서언.
[79] "반면에 프래터 칙령에 따라 재산 점유를 소송으로 청구한 사람은 마치 자신이 상속인인 것처럼 행동한다." 가이우스(Gaius)의 『법학개요』 4부 34절. 또한 『울피아누스 전집』(*Domitii Ulpiani fragmenta*, Tlius ed. 1549) XXVIII. 12항; 로마법 대전의 『법률논평집』 37권 1장 2절 등도 참고하라. 그에 따라 **신뢰받는 임무 대행자**도 프래터 칙령에 따른 승계자였다(로마법 대전의 『법률논평집』 41권 4장 2절 19항; 10권 2장 24절), "그는 상속인과 유사한 지위에 서게 된다." 로마법 대전의 『신법령집』 1권 1장 1항. 그리고 로마법 대전의 『법학개요』 2부 24절 서언, 그리고 그 다음에 가이우스(Gaius)의 『법학개요』 2부 251절, 252절 등도 참고하라.
[80] 가이우스(Gaius)의 『법학개요』 2부 102절 이하. 또한 앞의 책 252절, 35절을 참고하라.

를 한꺼번에 매각하는 것은, 분배 목적으로 파산자의 재산을 파산관재인의 수중으로 넘기기를 원할 때, 상속의 사례를 넘어서서 파산의 사례에까지 확대되었다. 또한 의제를 활용한다면, 파산관재인은 자신이 마치 파산자의 상속인인 것처럼 소송을 제기할 수도 있다.[81] 가장 위대한 법학자 중 한 사람은 보편적인 승계자는 일반적으로 상속인들의 지위에 있다고 말한다.[82]

로마법의 상속인은, 한두 가지 예외를 제외하면, 언제나 보편적인 승계자이다. 그리고 상속인 자격에 관련해 그런 의제는, 보편적인 승계의 영역을 확대하는 것을 제외하면, 다른 곳에서는 거의 적절하게 활용될 수 없다. 그렇지만 그 의제가 확대 적용되는 경우, 상속인과 피상속인의 동일성에 관한 모든 결과는 원래의 의제에 따라 당연한 것으로 받아들여졌다.

취득시효에 의해 취득할 수 있는 권리의 사례로 돌아간다면, 모든 보편적인 승계자는 그 권리를 주장하기 위해 그의 전임자의 적대적 사용 기간을 그 자신의 사용 기간에 추가할 수 있다. 법률적으로 언급한다면, 추가는 없고 연속적인 점유만 존재한다.

상속에 관한 특별한 의제는 어쩌면 여기서 논의를 멈추었을 수 있다. 그렇지만 동산 유증수혜자 혹은 부동산 유증수혜자(**유산상속인**)와 그의 유언자 간의 기간을 합산하는 것이 허용되었을 때, 의제에 따른 유사한 설명이 제시되었다. 특정한 물건이 유언에 따라 어떤 사람에게 남겨졌을

---

[81] 가이우스(Gaius)의 『법학개요』 4부 35절: "재산의 구매자도 그의 상속인인 것처럼 유사하게 행동한다" 또한 앞의 책 144, 145절도 참고하라. 켈러(F. L. von Keller)의 『로마민사소송법』(*Der Römische Civilprocess*, 1852) 85항, III. 그러나 슈어를(A. F. von Scheurl)의 『법학 교과서』(*Lehrbuch der institutionen*, 1873) 218항, p. 407(6th ed.)도 참고하라.
[82] 로마법 대전의 『법률논평집』 50권 17장 128절에 있는 파울루스(Paulus)의 견해.

때, 그가 권리 자격을 취득할 목적으로 유언자가 점유하고 있었던 기간의 이득을 누리는 것에 관한 한, 동산 유증수혜자는 어떤 관점에서는 준상속인이라고 언급되었다.[83] 그럼에도 **유산상속인**은 보편적인 승계자는 아니며, 대부분의 목적을 위해서는 그런 보편적인 승계자와는 뚜렷하게 대조적인 위치에 있다.[84]

따라서 상속에 관한 엄격한 법은, 비록 어떤 지위가 어떤 사람 자신에 의해 채워질 수 없거나 부분적으로만 채워진다 해도, 그 사람이 다른 사람에 의해 채워지는 지위의 이득을 누릴 수 있다는 그런 개념을 익숙하게 만들었다. 그리고 이런 관점에서 법정 상속인만이 아니라 법정 상속인이 아닌 사람들의 특권을 다른 사람에게까지 확대했던 두 번째 의제는, 그렇지 않더라면, 그런 특권들을 획일적인 상속 사례에만 한정할 수 있었던 장벽을 허물어버렸다. 새로운 개념이 법에 도입되었으며, 그것의 추가적인 적용을 막을 수 있는 것은 아무것도 없다. 앞서 보여주었듯이, 그것은 상거래 목적을 위해 한꺼번에 **전체**를 매각하는 방식에 적용되었으며, 승계가 특정한 물건에 한정하는 사례에 적어도 한번은 적용되었다. 그러면 모든 증여나 판매가 동일한 이득을 보장한다면, 모든 증여나 판매를 왜 승계로 간주해서는 안 되는가?

권리 자격을 주장할 수 있게 만드는 기간 합산은 즉각 구매자와 판매자 간에도 허용되었으며, 로마 법학자들이 언제나 사용하는 문구에서 나는 그 합산이 내가 제시한 방식으로 허용되었다는 데에 아무런 의심도

---

[83] "유산과 관련하여 유언자가 점유했던 취득 기간 합산에서 동산 유증수혜자(legatarius)는 어떤 의미에서는 준상속인(quasi heres)이다." 로마법 대전의 『법률논평집』 41권 3장 14절 1항.

[84] 로마법 대전의 『법률논평집』 41권 1장 62절; 로마법 대전의 『법률논평집』 43권 3장 1절 6항; 가이우스(Gaius)의 『법학개요』 2부 97절; 로마법 대전의 『법학개요』 2부 10절 11항.

없다. 스캐볼라(Scævola, 기원전 30년)[85]의 글에는 그에 관한 충분한 증거를 제공하는 구절이 있다. 그가 언급한 바에 따르면, 점유기간의 합산, 즉 어떤 사람의 전임자의 보유기간을 자신의 보유기간에 추가할 권리는, 그 승계가 계약에 의하든 유언에 따르든, 다른 사람의 지위를 승계한 어떤 사람에게 분명히 속한다. 왜냐하면 상속인들과 승계자의 지위를 보유한 것으로 간주되는 사람들은 그들의 유언자의 점유기간을 자신의 기간에 추가하도록 허락받았기 때문이다. 따라서 당신이 나에게 노예를 팔았다면, 나는 당신이 보유하면서 누렸던 혜택을 가지게 될 것이다.[86]

기간 합산은 다른 사람의 지위를 승계한 사람에게 주어진다. 울피아누스는 안토니누스(Antoninus)[87] 시대의 법학자에게서 유사한 구절을 인용한

---

[85] (옮긴이 주) Quintus Mucius Scævola Pontifex(?~BC 82)는 로마의 정치인이면서 로마법의 권위자이다. 집정관으로 선출되었고 그 후 아시아 총독으로 임명되어 지역의 통치를 위한 칙령을 발표하고 공정하게 통치했다. 로마로 돌아와서 Pontifex Maximus(로마 사제)로 선출되었고 공개적으로 살해당하는 최초의 로마 사제가 되었다. 그는 법과 선례를 수집하고 체계화한 *Jus civile primus constituit generatim in libros decem et octo redigendo*(압축된 18권으로 구성된 최초 민법), 법률용어의 요약과 기본원칙을 포함하는 *Liber Singularis*(간단한 소책자)를 저술했으며, 그 저서들은 유스티니아누스 법전의 『법률논평집』(*Digesta*)에 인용되고 있으나 현재 전해지는 것은 없다.

[86] "(점유의 합산은), 그 승계가 계약에 의하든 유언에 따르든, 다른 사람의 지위를 승계한 사람에게 분명히 부여된다. 왜냐하면 상속인들에게는 물론이고 그들의 승계자 지위를 보유한 사람들에게도 유언자의 합산이 허용되기 때문이다. 따라서 당신이 나에게 노예를 팔았다면, 나는 당신의 합산(옮긴이 주: 노예에게 속한 여러 가지 능력)을 활용할 것이다." 로마법 대전의 『법률논평집』 44권 3장 14절 1, 2항.

[87] (옮긴이 주) Antoninus Pius(86~161)는 로마 5현제 중 한 사람이다. 로마의 네로 황제 사망 이후 혼란기를 수습한 네르바(재위 96~98)가 세습제를 타파해 유능한 양자를 통해 후계자를 정하는 제도를 정착시켜 트라야누스(Trajan, 98~117), 하드리아누스(Hadrian, 117~138), 안토니누스 피우스(Antoninus Pius, 138~161), 루키우스 베루스(Lucious Verus, 161~169), 마르쿠스 아우렐리우스(Marcus Aurelius, 161~180) 등으로 이어지는 소위 5현제 시대가 도래했는데, 이 당시는 사회가 안정되고 산업과 교역이 크게 발전했다. 안토니누스는 하드리아누스의 양자로서 제위를 계승했는데, 국고를 항상 여유 있게 만들었고, 재판의 공정을 기했으며, 두 명의

다. 즉 "나는 상속 혹은 구매 혹은 다른 권리에 의해 다른 사람의 지위를 승계했다."[88] **인격을 유지하는 것**과 유사하게, **다른 사람의 지위를 승계하는 것**은 한 사람의 법적 지위를 다른 사람이 지속시키는 데에 대한 로마 법률가들의 표현이며, 그것은 피상속인을 상속인이 승계하는 형식이다. **승계한다**(succedere)는 '상속한다'는 의미로 사용되었으며,[89] **승계**(successio)는 '상속'이란 의미로 사용되었다.[90] **특히** 승계는 상속이다. 그리고 내가 확신하는 바에 따르면, '승계'가 그런 유추를 시사하지도 않고 또한 그 승계가 이전에 다른 사람이 보유했던 **인격**에 대한, 적어도, 부분적인 의제를 암시하지도 않는 그런 사례는 로마법 원천에서 거의 찾아볼 수 없을 것이다. 우리 앞에 바로 놓여 있던 문구에서 그것은 명백히 그러하다.

그러나 기간 합산을 허용하는 승계는 상속에 관한 승계만이 아니다. 앞에서 인용된 문구에서 스캐볼라는 승계가 상속 혹은 유언에 따른 것뿐만 아니라 계약이나 구매에 따른 것일 수도 있다고 언급한다. 그것은 보편적인 것일 수도 있고 또한 특정한 것일 수도 있다. 법학자들은 보편적인 승계와 특정한 물건에 한정하는 승계를 종종 대조적인 것으로 언급한다. 울피아누스는, 어떤 사람의 승계가 보편적이든 특정한 물건에 한정하든, 그는 다른 사람의 지위를 승계한다고 언급한다.[91]

양자, 즉 루키우스 베루스와 마르쿠스 아우렐리우스를 지명하여 2인 황제의 전례를 만들기도 했다.

[88] "Ab eo ... in cujus locum hereditate vel emptione aliove quo iure successi.(옮긴이 주: 본문에 번역되어 있음)" 로마법 대전의 『법률논평집』 43권 19장 3절 2항.
[89] 로마법 대전의 『법률논평집』 50권 4장 1절 4항. 또한 키케로의 『의무에 관하여』 3. 19. 76; 가이우스(Gaius)의 『법학개요』 4부 34절 등도 참고하라.
[90] 로마법 대전의 『법령집』 2권 3장 21절; 로마법 대전의 『법령집』 6권 16장 2절. 또한 로마법 대전의 『법률논평집』 38권 8장 1절 서언도 참고하라.
[91] "보편적으로 승계되든 물건에 한정해 승계되든, 우리는 지위의 승계를 인정했다." 로마법 대전의 『법률논평집』 43권 3장 1절 13항. 또한 로마법 대전의 『법률논평

현재의 논의에 관해 증거가 더 필요하다면, 울피아누스의 다른 표현에서 찾을 수 있다. 그는 양도인의 **인격**에서 유도되는 기간 합산의 혜택에 관해 언급한다. "물건을 양도받은 사람은 그의 양도인의 **인격**에서 기간 합산의 혜택을 가질 것이다."[92] 그 혜택은 그 인격을 유지하는 경우를 제외하곤 **인격**에서 유도될 수 없다.

유스티니아누스 법전의 『법학개요』와 『법률논평집』을 검토해보면, 추가로 더욱 명백하게 드러난 것은 그 혜택이 그 당시 모든 사례에서 구매자에게로 확대되지 않았다는 점이다.[93]

사비니가 약간 광범위하게 "어떤 목적이든 모든 **기간 합산**은 과거 점유자와 현재 점유자 간의 법률적 승계만을 전제할 뿐이다. 왜냐하면 그 승계는 그 자체로는 점유에는 적용되지 않기 때문이다"[94]라고 언급했을 때, 그는 거의 그 진실을 표현했다. 그리고 그것을 추가로 설명함으로써 나는 법률적 승계에 관한 모든 관계가 상속을 전제한다는 것, 혹은 승계가 확대되는 한 법률적 승계에 관한 모든 관계가 상속의 유추가 적용 가능한 관계를 전제한다는 것을 첨언할 수 있다.

집』21권 3장 3절 1항; 로마법 대전의『법률논평집』12권 2장 7 & 8절; 로마법 대전의『법률논평집』39권 2장 24절 1항 등도 참고하라.

[92] 로마법 대전의『법률논평집』41권 2장 13절 1, 11항. 울피아누스가 제시한 다른 사례들은 상이한 의제 위에 서 있을 수 있다. **가점유**가 종결된 이후에, 예컨대, **그 재산이 소유자 자신에 의해 결코 점유되지 않는다고 가정된다.** 고드프로이(D. Godefroy)의『로마법 대전』(*Corpus juris civilis*, 1583), 주 14 (Elzevir ed.). 그러나 바이스케(Weiske)의『권리에 관한 법』점유 p. 50에 있는 푸흐타(Puchta)의 진술, 그리고 로마법 대전의『법률논평집』41권 2장 13절 7항 등도 참고하라.

[93] 로마법 대전의『법학개요』2부 6절 12, 13항. 또한 로마법 대전의『법률논평집』44권 3장 9절도 참고하라. 더 자세한 진술에 대해서는『미국 법학 평론지』11권 644, 645를 참고하라.

[94] 사비니(Savigny)의『점유에 관한 법』11절 p. 184, 주 1 (7th ed.), 영역본 124, 주 t.

기간 합산을 유도했던 사고방식은 다른 사례에서도 똑같이 확연하게 드러난다. 이전의 소유자가 지역권을 사용하지 못한 기간은 그의 지위를 승계한 사람에게로 합산되었다.[95] 원고인 판매자가 문제의 물건을 팔아서 구매자에게 인도했다는 피고의 항변은, 보편적인 승계이든 문제의 물건에만 한정되든, 판매자의 승계자에 대항하려는 구매자와 그의 상속인들 혹은, 비록 구매자에게 인도되기 전이라고 해도, 원래 구매자에게서 또다시 구매한 두 번째 구매자에게도 유효했다.[96] 어떤 사람이 권리 자격이 있는 전임자를 상대로 부당하게 통행로를 사용했다면, 그는, 그 승계가 상속에 의하든 구매에 의하든 어떤 다른 권리에 의하든, 그 승계자에 대해서도 마찬가지로 부당했다.[97] 소송에서 당사자의 공식적인 선서는, 보편적이든 특정한 것이든, 그의 승계자에게 유리하도록 판결된다.[98] 구

---

[95] 로마법 대전의 『법률논평집』 8권 6장 18절 1항에 있는 파울루스(Paulus)의 진술. 이것은, 종속적 부동산 소유자에 적대적인 그런 사용자가 없다면, 단순히 사용하지 않기 때문에 상실되어버리는 농촌 지역의 부역권을 서술한 것처럼 보인다.

[96] 로마법 대전의 『법률논평집』 21권 3장 3절에 있는 헤르모게니아누스(Hermogenianus)의 진술; 로마법 대전의 『법률논평집』 44권 2장 9절 2항에 있는 판결 사례; 앞의 책 44권 2장 28절; 앞의 책 44권 2장 11절 3, 9항; 로마법 대전의 『법률논평집』 10권 2장 25절 8항; 로마법 대전의 『법률논평집』 46권 8장 16절 1항; 켈러(F. L. von Keller)의 『로마민사소송법』 73항. 또한 브랙턴(Bracton)의 『잉글랜드의 법과 관습에 관한 연구』 원문 페이지 24 b, 1항 마지막까지도 참고하라.

[97] "나의 양도인에게서 부당하게 점유한 사람이 힘에 의해 혹은 은밀하게 혹은 가점유로 보유하는 것처럼 보였으므로, 통행로 사용을 내가 정당하게 금지했으나 그 금지가 그에게는 무용지물이었다. 왜냐하면 그가 통행로를 힘에 의해 혹은 은밀하게 혹은 가점유로 사용한다면, 그 지위는 상속에 의하든 구매에 의하든 다른 방법에 의하든 그렇게 정당하게 승계된다고 페디우스(Pedius)도 사실상 서술하기 때문이다. 즉 그가 다른 사람들의 지위를 승계했을 때, 그가 우리에게 지위를 물려준 사람에게 아무런 손해도 끼치지 않았으므로, 마찬가지로 우리도 그 사람에게 손해를 입히지 않기 때문이다." 로마법 대전의 『법률논평집』 43권 19장 3절 2항. 사비니(Savigny)가 옹호했던 변형된 **변론인**은 몸젠(Mommsen)이 『법률논평집』에 대한 편집 간행본에서 비판했다. 그 비판이 옳은 것처럼 보인다.

매나 증여에 의한 승계자들은 판매자와 체결된 합의서의 혜택을 향유한다.[99] 많은 일반적인 표현들이 보여주듯이, 소송의 목적이든 방어의 목적이든, 대부분의 목적을 위해 영미법의 은유를 사용하면 구매자는 판매자의 위치에 선다.[100] 그리고 다른 방법들에 의해 종종 도달할 수 있는 결과보다 더 중요한 것은 그 문구와 유추가 상속의 승계에서 철저하게 유도되었다는 것이다.

그렇게 이해한다면, 자신의 의지에 반하여 물건 점유로부터 박탈당한 사람과 부당한 점유자 간에는 승계가 존재할 수 없다. 서로 동의하지 않는다면, 방금 설명된 유추의 여지도 전혀 존재하지 않는다. 따라서 점유가 부당하다면 기간 합산은 없다고 규정되었으며,[101] **대물로** 승계할 수

---

[98] 로마법 대전의 『법률논평집』 12권 2장 7, 8절.
[99] 로마법 대전의 『법률논평집』 39권 2장 24절 1항에 있는 울피아누스의 진술. 또한 로마법 대전의 『법률논평집』 8권 5장 7절; 로마법 대전의 『법률논평집』 39권 2장 17절 3항, 주 79 (Elzevir ed.); 로마법 대전의 『법률논평집』 2권 14장 17절 5항에 있는 파울루스의 진술 등도 참고하라.
[100] "어떤 사람이 다른 사람들의 지위를 승계했을 때, 그는 자신에게 지위를 물려준 사람에게 아무런 손해도 끼치지 않았으므로, 마찬가지로 우리도 그 사람에게 손해를 입히지 않는다. 일반적으로, 소송의 제기 및 변론과 관련해서는, 매도인의 소송의 소인이었던 것과 동일한 소송의 소인이 구매자에게도 존재해야 한다." 로마법 대전의 『법률논평집』 50권 17장 156절 2, 3항에 있는 울피아누스의 진술. "다른 사람의 권리나 소유권을 승계한 사람은 그것을 정당하게 사용해야 한다." 로마법 대전의 『법률논평집』 50권 17장 177절에 있는 파울루스의 진술. "나는 내게 권리를 이전시킨 언급된 양도인보다는 더 나은 조건에 있지 않다." 로마법 대전의 『법률논평집』 50권 17장 175절 1항에 있는 파울루스의 진술. "그것은 매매했던 사람들을 방해하므로, 그것은 또한 그들의 승계자들도 방해할 것이다." 로마법 대전의 『법률논평집』 50권 17장 143절에 있는 울피아누스의 진술. "누구도 자신이 가진 권리보다 더 많은 권리를 다른 사람에게 이전시킬 수 없다." 로마법 대전의 『법률논평집』 50권 17장 54절에 있는 울피아누스의 진술; 브랙턴(Bracton)의 『잉글랜드의 법과 관습에 관한 연구』 원문 페이지 31 b. 또한 다음을 참고하라. 그레고리 교황의 법령집(Decretalium Gregorii) 2권 13편 18조, 약탈자의 원상회복에 대하여: "그가 대체로 약탈자를 부당하게 승계할 때." 브룬스(Bruns)의 『중세와 현대의 점유이론』 p. 179. 빈트샤이트(Windscheid)의 『법총론 강의』 162절 a, 주 10.

있는 유일한 수단은 유언, 판매, 증여, 혹은 어떤 다른 권리 등으로 열거될 뿐이다.

이제 일반적인 몇몇 결론으로 강화된 잉글랜드법으로 논의를 되돌리자. 영미법이 근원했던 로마법과 게르만법의 법 체제에서, 살아있는 사람들 간에 양도나 특정한 물건의 이전을 규제하는 규칙들이 상속에서 유도된 개념들에 크게 영향받았다는 것은 앞에서 보여주었다. 앞에서 보여주었듯이, 잉글랜드에서 상속의 원칙들은 특정한 봉토에 대한 상속인들의 특정한 승계와 유언집행자의 보편적인 승계에 직접적으로 적용되었다. 그 원칙들의 역사를 검토해보면, 동일한 원칙들이 다른 특정한 승계에도 역시 영향을 미치지 않았는지는 살펴볼 필요가 있다. 즉각 드러나듯이, 그 원칙들은 영향을 미쳤다. 그리고 입증의 순서에 너무 집착하지 않기 위해, 나는 방금 앞서 완전히 논의한 것처럼 취득시효에서 기간 합산을 먼저 검토할 것이다. 그 주제에 관해 검토해보면 잉글랜드법은 로마법과 범위, 이유 및 표현에서 유사함을 알 수 있다. 사실상 잉글랜드법은 로마법의 원천에서 대부분 그대로 옮겨왔다고 볼 수 있다. 왜냐하면 통행권, 일조권 및 그와 유사한 권리와 같은 부역의 권리는 시효적 권리의 주요한 종류를 구성하고 있고, 부역의 권리에 관한 영미법은 주로 로마법 계열이기 때문이다. 취득시효는 "완전히 개인적인 것이며, 그에 따라 취득시효는 시효를 완성한 사람의 인격, 즉 그 자신과 그가 가진 모든 재산이라고 항상 진술되었다. 그 결과 주교나 목사도 시효를 취득할 수 있다. … 왜냐하면 영구적 재산과 영구적 승계가 존재하며, 승계자는, 비록 사람은 바뀌어도 그 재산은 지속되므로, 피상속인과 상속인의 사례처럼 그

---

[101] "어떤 사람은 부당하지 않은 점유를 합산할 수 있다. 즉 부당하지 않은 사람은 부당하지 않은 사람의 점유를 합산할 수 있다." 로마법 대전의 『법률논평집』 41권 2장 13절 13항.

의 선임자가 가졌던 바로 그 동일한 재산을 보유하기 때문"이라고 판결되었다.[102] 따라서 성문법에 따라 20년간 점유되지 않는 것이 소유자의 권리 자격을 소멸시킨다는 현대적인 사례에서, 왕립법원은 "상속, 유언 혹은 양도에 의해 다른 사람에게서 권리를 승계했다고 주장하는 동일한

---

[102] *Hill v. Ellard*, 살켈드(W. Salkeld)의 『왕립법원의 판례집』 3권 279. 또한 *Withers v. Iseham*, 다이어(Dyer)의 『판례집』 70 a, 70 b, 71 a; *Gateward's Case*, 코크(Coke)의 『판례집』 6권 59b, 60b; 에드워드 1세 『연감』 20 & 21권 426; 에드워드 1세 『연감』 34권 205; 헨리 4세 『연감』 12권 7 등도 참고하라.
(옮긴이 주) *Hill v. Ellard*(1675): 소에 대한 압류물건회복소송. 피고는 소를 원고의 목장에 방목하여 손해를 끼친 것을 인정했다. 원고는 4.5마리 소에 대한 시효를 주장했다. 쟁점은 취득시효이며, 원고 승소 배심 평결이 내려졌다. 피고의 판결정지 요청으로 열린 재심에서, 취득시효 전체가 발견되지는 않았지만 충분한 것으로 보아서 한 마리의 소에 대해 취득시효가 완성되었다고 원고 승소 판결을 내렸다.
(옮긴이 주) *Withers v. Iseham*(1552): 피고가 원고의 개방된 목장에 침입하여 방목하고 초지를 훼손하여 목장을 자신의 용도로 사용한 데 대한 불법침해소송. 피고는, 목장에 침입한 것에 대해, F. A가 봉토를 보유하고 있고, 그의 날인증서에 의해 모든 봉토, 수익 및 관리사에 부속된 것 등을 포함해 그가 피고에게 목장 관리사를 피고의 생존 기간 동안 양도했으며, 그에 따라 피고가 그 관리사를 점유했다고 항변했다. 목장을 개방하는 것은 원고의 권리라는 데 모두 동의하지만, 피고는 관리사에 부속된 이득과 물자에 대해 보상받아야 한다고 판결되었다. 왜냐하면 20년 동안 개방된 목장이 있고, 소유자의 관리사가 그것에 부속된 이득과 함께 양도되었다면, 이 모든 것은 취득시효에 의해 관리사와 함께 이전하고, 관리사를 점유한 사람이 향유해야 하기 때문이다. 최종적으로 중재에 의해 피고는 재판에 따른 비용과 손해를 보상받았다.
(옮긴이 주) *Gateward's Case* 혹은 *Smith v. Gateward*(1606): 원고의 목장에 피고가 무단 침입하여 가축을 방목한 데 대한 불법침해소송. 피고는, 그 마을이 문제의 목장에 인접한 마을이고 기억할 수 없을 정도로 오래된 때부터 그 마을 내에서는 관습, 즉 그들이 거주한다는 이유로 20년 이상 된 주택의 주민들이 문제의 목장에 그들의 가축을 방목하곤 하는 관습이 존재해 왔다고 항변하면서, 불법침해를 정당화했다. 주민들이 타인의 토지에서 이득을 취할 수 있는 관습은 존재할 수 없지만, 봉토 등본소유자 혹은 생존 기간 동안의 등본소유자는 장원의 관습에 의해 영주의 점유지에서 공유지를 가질 수 있다고 판결되었다. 왜냐하면 등본소유자는 주택에서 관습적인 이해관계를 갖고 있고, 그에 따라 그는 영주의 황무지에서 관습적인 공유지를 가질 수 있기 때문이다.

사람 혹은 몇몇 사람이 20년 동안 점유 상태에 있었다면" 그 권리는 점유자에게 이전한다고 판결했다. "그러나 … 여기의 사례는 아니지만, 다른 사람에게서 권리를 승계했다고 주장하는 동일한 사람 혹은 몇몇 사람이 20년 동안 점유해야 한다."[103]

한마디로 말해서, 권리 자격에서 동일한 권리관계를 가진 당사자들의 지속적인 점유 혹은 로마법 용어로 승계자의 지속적인 점유가 한 사람의 지속적인 점유의 모든 효력을 가진다는 것은 마찬가지로 분명하며, 그런 효력은 권리 자격의 동일한 사슬에 묶이지 않은 상이한 사람의 지속적인 점유에는 기인하지 않는다는 것이다. 다른 사람의 토지를 탈취한 사람은 그의 부동산점유피침탈자가 도로를 사용한 기간을 자신의 사용 기간에 추가할 수는 없지만, 토지를 구입한 사람은 기존 소유자의 도로 사용 기간을 자신의 사용 기간에 추가할 수 있다.[104]

---

[103] *Doe v. Barnard*, 『잉글랜드 판례집』, 「여왕의 법원」 13권 945, 952, 953에 있는 패터슨(Patteson) 판사의 법정 진술. 또한 *Asher v. Whitlock*, 『잉글랜드 판례집』, 「여왕의 법원」 1권 1, 3, 6, 7도 참고하라.
(옮긴이 주) *Doe v. Barnard*(1849): 권리 자격이 없는 A가 부동산을 18년간 점유하고 아들이 무료로 사용하도록 허용했으나 아들이 먼저 사망했고, 아들은 처와 자녀를 남겼다. 그 후 A가 사망했고, 아들의 처와 자녀를 배제한 상태에서 A의 아내가 13년 동안 점유하면서 원고에게 임대했으나 원고가 정당한 소유자(피고)에 의해 축출되었으며, 원고가 정당한 소유자를 상대로 부동산점유회복소송(ejectment)을 제기했으나 패소했다. 패터슨(Patteson) 판사는 "점유는 권리 자격의 명백한 증거이다. … 원고의 임대인이 그 자신 이전에 18년 동안 남편의 점유를 입증했고, 그 18년은 봉토에 대한 그의 특별점유권(seisin)에 대한 명백한 증거였으며, 남편이 점유 상태에서 사망하고 자녀를 남겼으므로, 그것은 원고의 임대인이 아니라 그 남편의 상속인이 가지는 권리 자격에 대한 명백한 증거이다. 그 증거에 따라 원고의 임대인의 13년 동안의 점유는 유효할 수 없고, 그에 따라 그녀는 이득을 취할 권리 자격이 피고에게 있다는 것을 스스로 입증했다"라고 진술했다.

[104] 추가로 *Sawyer v. Kendall*, 『매사추세츠주 판례집』 64권 (10 Cush.) 241; 블랙스톤(W. Blackstone)의 『잉글랜드법에 대한 주석』 2권 263 이하; 치티(Chitty)의 『변론』 3권 판결문 1119 (미국 판본 6판); 켄트의 『미국법에 대한 주석』 3권 444, 445; 앙겔(J. K. Angell)의 『형평법과 해사법에서 소송의 한계에 관한 논문』(*A*

방금 인용된 선례들은 로마법과 동일한 이론 위에서 잉글랜드법이 발전해 왔다는 것을 명백하게 밝히고 있다. 다른 사람의 토지를 구매한 사람은 그에게 판매한 판매자가 가졌던 바로 그 동일한 재산을 얻는다. 그는 동일한 봉토 혹은 **상속재산**에 있으며, 그것은 내가 이미 보여주었듯이 그가 동일한 **인격**을 지탱하고 있다는 것을 의미한다. 다른 한편, 부당하게 다른 사람의 것을 탈취한 사람(부동산점유침탈자)은 상이한 재산을 얻는다. 또한 그는 비록 토지는 동일하다 해도 새로운 봉토에 있으며, 상당히 전문적인 추론은 이런 학설에 기초하고 있다.

따라서 취득시효 문제에서 구매자와 판매자는 상속인과 피상속인처럼 동일화된다. 그러나 이런 동일화가 다른 분야의 법에서 역시 열매를 맺을 것인가 혹은 그 동일화가 로마법이 잉글랜드법에 이식된 특정한 한 분야

Treatise on the Limitations of Actions at Law and Suits in Equity and Admiralty, 1846) 31장 413절 등을 보라. 물론, 부동산점유침탈이 이루어지기 전에 이미 취득되었다면, 상이한 항목이 적용될 것이다. 주장되는 권리가 토지에 부수되는 것으로 간주되는 권리 중 하나라면, 다음 강의에서 설명하듯, 부동산점유침탈자는 그 권리를 가지게 될 것이다. 젠킨스(Jenkins)의 『잉글랜드 재정법원의 800개 판례집』(*Eight Centuries of Reports, English Exchequer*, 1734) p. 12, 첫 100개 판례 중 21번째 판례.

(옮긴이 주) *Sawyer v. Kendall*(1852): 동일한 권리관계(privity)에 관한 소송. 원고와 피고는 토지를 분할하여 인접한 지역에 토지를 가지게 되었고, 피고가 결혼하여 피고의 남편이 피고와 원고의 토지를 12년간 점유했다. 남편이 사망한 후 피고가 자신과 원고의 토지를 18년간 점유했고, 원고가 소송을 제기했다. 원고 승소가 판결되었다. 피고의 남편이 12년간 처의 권리로서가 아니라 자신의 행위로 원고의 토지에 부동산점유침탈을 저지른 것이며, 남편과 처 사이에는 동일한 권리관계를 갖지 않으므로 남편의 상속인이 승계를 하지 않는 한, 원고의 점유가 회복된다고 판결되었다.

(옮긴이 주) 젠킨스의 『잉글랜드 재정법원의 800개 판례집』첫 100개 판례 중 21번째 판례(1340): A는 자신의 정기부동산임차권 옆에 있는 B의 토지에 속하는 공유지를 30년간 시효에 의해 취득했고, C에게 정기부동산임차권을 양도했다. B는 C가 공유지를 사용한다고 C를 상대로 불법침해소송을 제기했다. 피고 승소가 평결되었다. 왜냐하면 피고의 임차권은 공유지를 보유하고 유지할 수 있는 재산이라고 인정되었기 때문이다.

에 한정될 것인가 하는 문제가 여전히 남아 있다.

어느 답변이 타당할 가능성이 가장 높은가에 대해서는 의심이 전혀 있을 수 없지만, 그 답변은 아무런 난관 없이 입증될 수는 없다. 이미 언급했듯이, 이미 초기에 상속인은 그의 피상속인의 일반적인 대변자로 인정받지 못하게 되었다. 그리고 심지어 그가 동일화되는 범위도 핵심 쟁점이 되었다. 여기서도 건전한 상식은 보통법의 다른 곳에서와 마찬가지로 의제의 적용을 제한했다. 그러나 재산과 직접 관련된 문제에서 상속인과 피상속인의 동일화가 오늘날까지 지속되고 있다는 데에는 의심이 있을 수 없다. 그리고 조건 없는 봉토(fee simple)[105]라는 재산은 별개의 **인격**으로 간주되고 있으므로, 우리는 재산법 분야에서 재산의 구매자와 판매자의 유사한 동일화를, 어딘가에 있다면, 찾을 수 있을 것으로 기대할 수 있다.

토지가 유언에 따라 유증되는 경우, 부동산 유증수혜자와 상속인 간에 유추를 적용하는 것은 특별히 용이했다. 왜냐하면 비록 유언에 따른 토지 한 필지의 유증과 날인증서에 의한 토지의 양도 간에는 원칙적으로 차이가 전혀 없다 해도, 부동산 유증수혜자와 상속인 간의 극적인 유사성은 양수인과 상속인 간의 유사성보다는 더 강력하기 때문이다. 로마 법학자 중 한 사람이 **유산상속인**(동산 유증수혜자 혹은 부동산 유증수혜자)이 어떤 의미에서는 **준상속인**이라고 언급했다는 것은 상기할 만하다.[106] 잉글랜드 법정은 유사한 표현을 종종 사용했다. 유언자가 임대료를 받을

---

[105] (옮긴이 주) 조건 없는 봉토(fee simple)는 소유기간이 무한이라는 성질을 갖는 자유보유부동산(freehold)의 한 형태이고, 소유자의 권리는 정부의 과세권, 강제구매권, 몰수권 등에 의해 제한받을 수 있다.
[106] (옮긴이 주) 유산상속인(동산이나 부동산 유증수혜자)은 유언자와는 혈연관계가 없는 사람이며 유언자의 유언에 따라 동산이나 부동산을 유증받는 사람을 지칭한다.

권리를 소유하고 그 권리를 유언에 따라 아들들에게 분할한 경우와 그때 아들 중 하나가 그의 입장에서 채무소송을 제기한 경우, 판사 중 둘은 유언자가 그의 생전에 양도 또는 날인증서에 의해 임차인의 임대료 분담액을 나눌 수 없다는 것을 인정하면서도 유언에 따라 분할하는 것과 관련해서는 그 내용이 달라질 수 있다고 생각했다. 그들의 추론에 따르면, "유증은 법률행위에 **준하는** 것이며, 그 행위는 채무자의 승인 없이도 효력을 발휘할 것이고 또한 동일한 권리관계를 충분하게 만들 것이며, 그에 따라 임대료 분담액은 이런 수단에 의해 잘 나눌 수 있다."[107] 그리하여 임대인과 그의 상속인들이 통보를 통해서 임대를 종료시킬 자격이 있는 사례에서, 엘렌보로 경은 부동산 유증수혜자나 사실상의 상속인이 동일한 권리를 가진 것으로 이해한다고 판결했다.[108]

---

[107] *Ards v. Watkin*, 크록(Croke)의 『판례집』 엘리자베스 1세 637; 앞의 사건, 앞의 책 651. 또한 헨리 7세 『연감』 5권 18, 판결문 12; 다이어(Dyer)의 『판례집』 4 b, 주 (4) 등을 참고하라.
(옮긴이 주) *Ards v. Watkin*(1597): 30년 동안의 토지 임대인이 그 토지를 28년 동안 임대하면서 연간 34파운드의 임대료를 수령했고, 그 후에 그 임대료의 28파운드에 해당하는 토지를 그의 세 아들에게 각각 1/3씩 유증했다. 그들 중 한 아들이 그 임대료 중 자신의 몫에 대해 채무소송을 제기했다. 이 소송은 성립할 수 있다고 판결되었다. 그 임대료가 유증될 수 있고, 상속권에서 분할될 수 있다는 것은 분명하기 때문이다. 그리고 또한 본문의 인용문은 판결에 대한 다른 이유로 제시되었다.

[108] *Roe v. Hayley*, 이스트(E. H. East)의 『형사소송』 12권 464, 470 (1810).
(옮긴이 주) *Roe v. Hayley*(1810): 21년 동안의 임대에서 조건이 존재하는 경우, 즉 당사자 중 어느 한 당사자가 7년 혹은 14년 내에 그 임대를 종결하길 원한다면 그들 중 어느 한 당사자, 그의 유언집행자 혹은 유산관리인이 다른 당사자, 그의 상속인, 유언집행자 혹은 유산관리인에게 12개월 전에 통고하여 그렇게 하는 것이 합법적이라는 조건이 존재하는 경우, 임대인의 부동산 유증수혜자는 그런 통고를 보낼 자격이 있다고 판결되었다. 왜냐하면 유언집행자 혹은 유산관리인은 일반적으로 본인을 대변하는 것으로 이해되고, 또한 그 통고도 자신, 유언집행자 혹은 유산관리인뿐만 아니라 상속인, 부동산 유증수혜자 혹은 양수인이 보낼 수 있기 때문이다.

그렇지만 토지에 대한 유언은 헨리 8세 시대까지만 관습에 의해 예외적으로 허용되었으며, 양도에 관한 주요 학설들은 그 시기보다 훨씬 이전에 정착되었으므로, 우리는 그 학설들을 설명하려면 되돌아가서 다른 원천들을 조사해야 한다. 우리는 물건보증의 역사에서 그 원천들을 찾을 수 있을 것이다. 이 학설과 토지도 함께 다루는 날인계약에 관한 현대법은 다음 강의에서 다룰 것이다.

제11강
승계: 생전 승계(2)

A. 물건보증
   (a) 양수인이 준상속인이라는 의제에 의해 확대되는 양수인의 직접적인 혜택
   (b) 권리 자격을 확대시키는 현대적 날인계약의 유추
B. 지역권
   (a) 로마법
   (b) 잉글랜드법
   (c) 승계와는 무관하게, 모순되는 원칙들에 의거하는 권리의 유형
C. 임대료
   (a) 지역권과 유사하게, 장원의 일부일 때
   (b) 승계에 의해서만 양도되는 계약의 구제책
D. 지역권법을 추종하는 계약과 유사한 취득시효권리
E. 토지에 대한 보증
F. 사례들에 의해 예시되는 B, C, D, E의 원칙과 A(승계)의 원칙 사이의 필연적인 만남과 갈등
G. 현대법
   (a) 모순점에 대한 판단 착오에서 기인하고 또한 모순적인 두 원칙을 적용하려는 시도에서 기인하는, "토지와 함께 이전하는 날인계약"에 관한 결론
   (b) 결과들
H. 승계의 다른 사례들: 수익권과 신탁

노르만 정복 이후 1세기가 지났을 때 보통법에서 인정되고 왕립법원에서 제소할 수 있는 주요 계약들은 채무보증과 채무였다. 피상속인의 권리와 의무의 일반적인 대변자로서 상속인은 피상속인의 채무에 대해 책임이 있으며, 상속재산에 기인하는 채무소송을 제기할 수 있는 적격자이다. 에드워드 3세 때 이것은 급변했다. 채무소송은 2차적인 경우를 제외하면 상속인과 관련이 없어졌다. 유언집행자는 채무의 추심과 지급에 대해 상속인의 지위를 대신했다. 심지어 상속인이 책임이 있을 때조차도, 유언집행자가 아무런 자산을 가지지 못한 경우를 제외하면, 상속인은 소송을 당할 수 없다고 판결되었다.[1]

그러나 고대로부터 내려온 의무 중에서 역사가 상이한 다른 의무가 있다. 이 의무는 재산의 이전에서 발생하는 물건보증을 말한다. 우리는 그 물건보증을 계약이라고 불러야 하지만, 그 물건보증은 아마 글랜빌보다 앞선 시대 사람들에게, 상이한 관점에서, 법에 따라 거래에 부여되는 단순한 의무로 보였을 것이다. 즉 지금은 보관수탁자의 인수에서 발생하는 것으로 간주되는 책임은 제삼자에 대해 그가 처한 위치에서 법으로 원래 제기되었던 책임과 매우 유사하다.

노르만 정복 이후에, 우리는 토지와 관련된 경우를 제외하면 물건보증에 관해 논의한 내용을 많이 찾지 못했으며, 이런 사실관계는 그것이 채무와는 상이한 역사를 가졌음을 즉각적으로 설명한다. 물건보증의 의무는 권리 자격을 방어하려는 것이며, 그 방어가 실패한다면 물건보증의 의무는 물건을 회복하려는 소유자에게 동일한 가치의 다른 토지를 제공해야 한다. 피상속인이 물건보증과 함께 토지를 양도했다면, 그의 유언집행자는 이런 의무를 충족시킬 수 없으며 그의 다른 토지를 상속받은 그

---

[1] *Boyer v. Rivet*, 벌스트로드(E. Bulstrode)의 『왕립법원의 판례집』 3권 317, 321.

의 상속인만이 오로지 그 의무를 충족시킬 수 있다. 그 반대로, 사망한 양수인에게 제공된 물건보증의 혜택과 관련하여 그 토지는 그의 상속인에게 이전되었으므로, 그는 그런 보증을 강제하는 데 이해관계를 갖는 유일한 사람이다. 따라서 그 이전 시대에 상속인이 모든 관점에서 그의 피상속인을 대변했듯이, 유언집행자가 채무로부터 상속인을 해방시킨 이후에는, 상속인은 피상속인의 권리와 의무에 있어서 물건보증의 방식에 의해 그의 피상속인을 지속적으로 대변했다.

어떤 사람이 다른 사람에게서 사들인 재산 때문에 제소를 당한다면, 소송의 정상적인 과정에 따르면, 피고는 방어를 맡을 사람으로서 그에게 재산을 판매한 사람을 소환하고, 그런 다음에는 그 판매자가 그 앞에 다른 판매자가 있다면 그 또한 다른 판매자를 소환하며, 스스로가 소송의 부담을 감당할 당사자가 권리 자격의 연쇄에서 최종적으로 등장할 때까지 이런 과정은 지속되었다. 롬바르드족 법과 로마법 사이에 일찍이 언급되었던 대비는 앵글로-색슨법과 로마법 간에도 똑같이 존재했다. 롬바르드족은 그의 양도인을 내세우지만, 로마인은 그의 양도인의 신발을 신는다고 언급되었다: **랑고바르디족**(Langobardi)² **은 그의 양도인을 내세우고, 로마인은 양도인의 지위에 선다.**³

이제 A가 B에게 토지를 주었고, B가 C에게 그것을 양도했다고 가정하자. C가 더 나은 권리 자격을 주장하는 D에 의해 소송을 제기당한다면, C는 A의 물건보증 혜택을 실제로 얻게 된다.⁴ 왜냐하면 C가 B를 소환했

---

2   (옮긴이 주) 랑고바르디(라틴어; Langobardi, 영어 Lombard)는 568년부터 774년까지 이탈리아 반도의 대부분을 지배했던 게르만족 일파인 롬바르드족을 지칭한다.
3   『앵글로-색슨법에 관한 논문』 219.
4   "중간 과정을 거쳐서," 브랙턴(Bracton)의 『잉글랜드의 법과 관습에 관한 연구』 원문 페이지 37 b, 10항 마지막까지.

을 때, B는 A를 소환할 것이고, 그에 따라 A는 궁극적으로 그 소송을 방어하기 때문이다. 그러나 B가 C에게 양도하는 시점과 소송이 시작되는 시점 사이에 B가 사망하는 일이 발생할 수도 있다. B가 상속인을 남겼다면, C는 아직도 보호받을 수 있다. 그러나 B가 상속인을 남기지 않았다고 가정한다면, C는 다른 경우에는 그의 소송을 방어했을 A에게서 아무런 도움도 받지 못한다. 이것은 분명히 앵글로-색슨 시대의 법이지만, 확실히 불만족스럽다. 구제를 가능하게 만들어주는 제도가 생성되자마자, 우리는 그 구제책이 발견 가능하다고 상당한 믿음을 갖고서 추정할 수 있다. 그 제도는 로마법이 제공했다. 그 제도에 따르면, 구매자는 판매자의 위치에 서게 된다는 것이며, 로마법과 앵글로-색슨법의 융합만이 필요한 전부이다.

중세 로마 법학자들의 저술에 근거하여 자신의 책을 구상했던 브랙턴은 이런 사상이 어떻게 사용되는지를 보여주었다. 우선 그는 양수인과 그의 상속인들에게 보증을 제공하고 또한 그들을 방어하기 위해 양도인과 그의 상속인들을 구속하는 통상적인 조항을 갖춘 양도의 사례를 제시한다. 그때 그는 계속해서 다음과 같이 언급한다. "환언하면, 어떤 사람이 증여를 언급할 때처럼, 비록 다른 사람들이 사실상 상속인들이 아니라 해도, 그의 양수인과 그의 상속인들 또한 문제의 토지를 증여하거나 양도하기로 선택한 사람이면 누구든 그들이 가지고 보유하도록 하기 위해, 그는 그의 증여를 더 확대할 수 있으며, 다른 사람들을 (그의 양수인의) 준상속인들로 만들 수도 있다. 그리고 나와 내 상속인들은 언급된 그렇고 그런 사람들, 그의 상속인들 혹은 그가 언급된 토지를 증여하거나 양도하기로 선택한 사람이면 누구든 그 사람들과 그들의 상속인들에게 모든 사람에 대항할 수 있도록 보증할 것이다. 최초 양수인이 그 토지를 증여하거나 양도하고 그런 다음 상속인 없이 사망한다면, (최초) 양도인과 그의 상속인들은 최초의 양수인과 그의 상속인들의 지위를 가지기 시작할 것이며, 최초 증여에서 양도에 관한 언급이 없어서는 안 될 조항, 즉 최초 양도인의 양도증서에 포함된 조항에 따라 최초 양수인의 그다음 양수인들과 그들의 상속인들에 대한 보증과 관련되는 한, (최초) 양도인과 그의 상속인들은 최초 양수인의 상속인(**대리 상속인**)(pro herede) 지위를 갖게 된다. 그러나 최초 양수인이 생존해 있거나 그의 상속인들이 살아있는 한, 최초 양도인이 아닌 그들이 물건보증에 책임을 진다."[5]

여기서 양수인들이 최초 양도인의 물건보증 혜택에 대한 자격을 얻으려면, 우리는 원래의 양도증서와 날인계약에 양수인들이 언급되어야 한다는 것을 알 수 있다. 고대 의무의 범위는 보증자의 승낙 없이는 확대되지 않았다. 그러나 그 범위가 확대되었을 때, 그 확대되는 방식은 현대의 신용장과 유사한 장치에 의해서가 아니었다. 신용장과 같은 그런 개념은 법의 발전단계 중 그 단계에서는 불가능했을 것이다. 최초 양도인은 양수인들을 언급함으로써 그 이후에 토지를 매입한 어떤 사람에게 날인계약을 제공하지 않아도 되었다. 물건보증이 그런 개념이었다면, 토지가 팔리자마자 최초 양도인을 양수인들에게 직접적으로 구속하는 계약이 존재할 것이며, 그에 따라 동일한 조항에서 야기하는 두 가지 물건보증, 즉 하나는 최초 양수인, 다른 하나는 그 이외의 양수인에 대한 물건보증이 있을 것이다. 그러나 다른 양수인들은 사실상 최초 양수인에 대한 원래의 물건보증에 따라 배상받는다.[6] 다른 양수인은 그의 바로 앞의 양도인의

---

[5] 브랙턴(Bracton)의 『잉글랜드의 법과 관습에 관한 연구』 원문 페이지 17 b. 또한 『플레타』 3부 14조 6항도 참고하라.

[6] 추가로 본서 아래의 pp. 538~539에 언급된 *Middlemore v. Goodale*, 크룩(Croke)의 『판례집』 찰스 1세, 503을 보라.
(옮긴이 주) *Middlemore v. Goodale*(1638): 피고는 톱니계약서(indenture)에 의해 A에게 영지를 수여하고, 피고 자신과 그의 상속인을 위해 영지양수인(A), 그의

상속인이 없는 경우에만 최초의 양도인에게 책임을 물을 수 있다. 최초의 양도인은 단순히 양수인들을 언급함으로써 그의 양수인들의 승계의 한계를 확대했다. 양수인은 오직 승계의 원칙에 따라서 최초의 양도인을 보증인으로 소환할 수 있다. 즉 최초 양수인의 상속인이 없을 경우 최초 양도인에 대한 최초 양수인의 봉건적인 관계, 즉 최초 양도인의 **인격**이 양수인에게 온전히 이전되었을 때만, 그 양수인은 최초 양도인을 증인으로 채택할 수 있다.[7]

이것은 의제가 잉글랜드법에서 일반적으로 사용되듯이 특수한 일관성을 가지면서 의제를 실행할 뿐만 아니라, 또한 건전한 상식에 입각해 의제를 활용한다. 관행적으로 의제는 양수인이 최초 양도인의 물건보증 혜택을 향유하고 있다면, 간접적으로 혹은 직접적으로 향유하는지에 관해서는 거의 차이를 만들지 않는다. 양수인이 중간에 있는 양도인을 소환할 수 없는 경우 어려운 점이 발생했으며, 새로운 권리가 그 경우에만 그에게 주어졌다. 나중에, 양수인은 그의 바로 앞의 양도인의 후계자가 끊기

상속인들 및 그들의 양수인들과 추가적인 보증을 위해 날인계약을 맺었다. 최초 양수인 A가 원고에게 토지를 양도했다. 원고는 피고에게 토지의 양도를 요청했으나 피고는 거절했고, 원고가 소송을 제기했다. 날인계약은 토지와 함께 움직이며, 보통법에서 혹은 적어도 성문법에서 양수인들은 그 계약의 혜택을 향유할 것이라고 원고 승소가 판결되었다.

[7] 또한 브랙턴(Bracton)의 『잉글랜드의 법과 관습에 관한 연구』 원문 페이지 380 b, 381을 보라. "그리고 그는 상속인으로 언급되고 있으므로, 동일한 사람이 양수인으로 언급될 수 있다, … 또한 물건보증이 증여의 형식에 따라 양수인에게 귀속되어야 한다는 것은 재판기록부에 있는 롤리(W. de Ralegh)의 순회재판의 판결에서 입증된다. 재판기록부의 끝부분에서 물건보증 그리고 무엇보다도 이 물건보증에 의해서, 그가 왕에게 충성하는 최초의 영주와 최초의 영지수여자(옮긴이 주: 왕)라고 한다면, 그는 양수인의 충성과 부역을 받게 될 것이다." 그리고 『플레타』 6부 6조; 무어(F. Moore)의 『판례집』 93, 판결문 230; 셰퍼드(W. Sheppard)의 『일반 보험의 기준』 199, 200도 참고하라. 양도의 언급을 유도하는 이유에 관해서는, 브랙턴(Bracton)의 『잉글랜드의 법과 관습에 관한 연구』 원문 페이지 20 b, 1항; 『브리턴』(Britton, Nichol 편집) 1권 223, 312 등을 참고하라.

는 것을 기다릴 필요도 없이, 처음부터 최초 양도인의 물건보증 혜택을 향유할 수 있다.[8]

방금 언급된 것이 보증해야 할 최초 양도인의 의무가 양수인이 그의 신하가 되고 또한 충성할 의무가 있다는 데서 발생한다는 것을 보여주는 데까지 나아간다면, 그 대답은 충성의 선서가 있든 없든 최초 증여자가 그의 양도증서에 양수인들을 언급하지 않는 한 책임이 없다는 것이다. 이 문제에 있어서 브랙턴의 견해는 나중의 모든 선례에 의해 지지받고 있다.[9]

망각된 지식의 방대한 저장고에 있는 다른 규칙은 의제가 초기 법과 얼마나 정확하게 맞아떨어지는지를 보여줄 것이다. 원래 물건보증을 제공받았던 사람과 재산상에서 동일한 권리관계를 갖는 그런 사람만이 원래의 물건보증인을 증인으로 소환할 수 있다. 초기의 소송절차를 돌이켜 보면, 권리 자격의 동일한 연결고리에 있는 사람들만이 당연히 그 전 소유자의 물건보증 혜택을 간접적인 중개를 통해서도 향유할 수 있었다. 어떤 사람이 물건을 보증할 책임이 있다는 근거는 그를 소환한 사람에게 그가 재산을 양도했다는 것이다. 따라서 어떤 사람은 그에게 물건을 양도한 사람을 제외하면 누구도 소환할 수 없다. 그리고 마지막 피보증인(vouchee)이 그에게 상품을 팔았던 다른 판매자를 소환할 수 없을 때[10] 보증

---

[8] 나는 이것이, 양수인이 최초 증여자에게 직접 책임을 물을 수 있는, 구매자에 관한 성문법에서 기인하는가 혹은 어떤 다른 설명이 발견되어야 하는가 하는 문제를 계속 탐구하고자 한다. 또한 브랙턴(Bracton)의 『잉글랜드의 법과 관습에 관한 연구』 원문 페이지 37 b; 『플레타』 3부 14조, 6항, 11항; 『플레타』 6부 28조 4항; 『브리턴』(Britton, Nichol 편집) 1권 256, [100 b] 등을 참고하라.

[9] 『플레타』 3부 14조 6항, 원문 페이지 197; 『브리턴』(Britton, Nichol 편집) 1권 223, 233, 244, 255, 312; 코크(Coke)의 『리틀턴에 관한 주석』 384 b; 에드워드 1세 『연감』 20권 232; 『판례 모음집』, 원문 페이지 308, 2nd col., Dunelm 사건 43; 헨리 4세 『연감』 14권 5, 6.

인(voucher)의 연속적인 고리는 종착역에 이르게 된다. 이제 그 과정이 종착역에 이르렀을 때, 그 전에 책임이 없었던 사람은 누구도 소환에 대한 책임을 지지 않게 되었다. 현재의 소유자는 다른 사람들이 아니라 그의 권리 자격을 방어하도록 모든 점에서 간접적으로 책임을 지는 그런 사람을 직접 증인으로 소환하도록 허락받았다. 따라서 그는 그의 양도인에게 그의 권리 자격을 제공했던 사람만을 소환할 수 있다. 그러나 이것은 채택된 의제에 의해 마찬가지로 잘 표현할 수 있다. 증인을 소환하기 위해, 현재 소유자는 물건보증을 제공받았던 그 사람의 재산을 가지고 있어야 한다. 모든 법률가가 알고 있듯이, 재산은 토지만을 의미하지는 않는다. 그것은 다른 사람에 의해 그 전에 유지되었던 그 토지에 관련된 **신분** 혹은 **인격**을 의미한다. "그와 그에게 재산을 물려준 사람들은 기억할 만한 시간 동안 반대하지 않았다"는 동일한 문구가 취득시효에 의한 권리를 주장하는 데 사용되었다. 그리고 우리는 재산이란 그 용어가 거기서 승계의 동일한 필요조건에 대응함을 상기할 것이다.

브랙턴으로 돌아가서, 양수인들을 **준상속인들**로 묘사한 것은 우연이 아니었음도 이해해야 한다. 그는 그들을 언급할 기회가 있을 때마다 그들을 그런 방식으로 묘사한다. 심지어 그는 상속에 대한 유추에서 끌어낸 추론을 극단으로까지 몰고 갔으며, 그것을 무수히 많은 페이지에서 언급한다. 예컨대, "상속인 중 일부는 진정한 상속인이고 일부는 상속인을 대신하는 준상속인이며, 진정한 상속인은 승계의 방식에 의해서 준상속인은 양도와 같은 증여의 형태에 의해서 구별된다는 점도 주목해야 한다."[11]

---

[10] (옮긴이 주) '그(피보증인)에게 상품을 팔았던 다른 판매자를 소환할 수 없다'는 것은 그 피보증인이 특정한 물건을 최초로 공급한 사람(왕이나 최초 영지수령자)이라는 것을 의미한다.

브랙턴의 문구가 단지 중세 스콜라 철학의 일부일 뿐이라고 추정한다면, 이에는 몇 가지 반론을 제시할 수 있다. 우선 그 문구는 문제의 권리가 첫 출현한 시기와 거의 동시대이다. 이것은 논쟁의 여지가 있을 수 있는 어떤 것에 대해 그가 인용하는 선례들에 의해서도 입증된다. 그는 "그리고 그 물건보증이 증여의 형식에 따라 양수인들에게 제공되어야 한다는 것은 롤리(Ralegh)[12]의 순회재판 재판기록부 끝부분에서 (사례에 의해) 입증된다"고 언급한다.[13] 새로운 규칙에 관한 당시의 설명이 그 규칙의 출현과는 아무런 관련이 없다고 추정하는 것은 정당화가 불가능하다. 환언하면, 앞에서 보여주었듯이, 양수인들이 최초 양수인에게 주어진 물건보증의 혜택을 향유하는 것이지, 자기 자신에게 주어지는 새로운 혜택을 향유하는 것이 아니라는 사실은 명백하며, 이것이 어떻게 성취되었는가에 관한 브랙턴의 설명은 게르만법과 앵글로-색슨법의 발전과정에 관해 보여준 것과 부합하고 또한 로마법의 지배적인 견해와도 일치한다. 최종적으로 가장 중요한 것으로, 양수인이 최초 양수인의 재산을 보유하고 있어야 한다는 필요조건은 그 당시부터 지금까지도 그대로 필요조건으로 남아 있다. 동일한 물건이 취득시효처럼 동일한 필요조건으로 요구된다는 사실관계는 더 나아가서 동일한 전문적인 견해가 두 가지 모두를 규제하고 있음을 보여준다.

내가 언급했듯이, 글랜빌의 선임자들은 물건보증을 계약으로 보았다

---

[11] 브랙턴(Bracton)의 『잉글랜드의 법과 관습에 관한 연구』 원문 페이지 67 a. 또한 앞의 책 54 a도 참고하라.
[12] (옮긴이 주) William de Ralegh(혹은 William de Raley: ?~1250)는 중세 왕립법원의 판사(1229~1250), 민사법원의 재판장(1233~1234), 행정가 및 윈체스터 주교(1242~1250)를 지냈다.
[13] 브랙턴(Bracton)의 『잉글랜드의 법과 관습에 관한 연구』 원문 페이지 381; 본서의 앞에 있는 p. 532, 주 7.

기보다는 오히려 양도에서 부수적인 의무로 간주했던 것 같다. 그러나 날인증서나 영지수여[14]증서(charter of feoffment)에 보증의 인수를 삽입하는 것이 일상적이 되었을 때, 그 물건보증은 스스로 독립적이었던 의무로서의 그 전의 어떤 특수한 의미를 상실했고 일반적 의미를 수용했다. 그 물건보증은 날인증서에 의한 약속이었으며, 그 약속은 날인계약이었다.[15] 이것은 분명히 그에 부수하는 특별한 결과들을 갖는 날인계약이다. 여기 이후부터 보여주듯이, 그 물건보증은 그 보증 의무의 범위에서 다른 날인계약과 역시 달랐다. 그러나 여전히 그것은 날인계약이며, 종종 그런 계약에 의거해 제소될 수도 있다. 그것은 에드워드 3세의 『연감』에서 "혈연관계로 책임이 부여되는" 날인계약[16]으로 언급되었고, 그 계약은 의무면제(acquittance)[17]가 사람에게 부여되지 않고 토지에 부여되는 날인계약[18]

---

[14] (옮긴이 주) 영지수여(feoffment 혹은 enfeoffment)는 어떤 사람이 충성과 부역에 대한 선서의 대가로 토지를 취득하는 것이며, 이것은 새로운 소유자에게 그의 상속인들에게 상속할 권리뿐만 아니라 다른 사람에게 팔 권리까지 부여한다.

[15] *Pincombe v. Rudge*, 호바트(H. Hobart)의 『판례집』 3; 브룩(Brooke)의 『판례 요약문』, 「물건보증서」, 판결문 8; 앞의 사건, 헨리 4세 『연감』 2권 14, 판결문 5 등을 참고하라.
(옮긴이 주) *Pincombe v. Rudge*(1613): Rudge(피고)는 그의 톤니계약서(indenture)에 의해 D의 영지를 H에게 21년 동안 권리를 양도했고, 그 후 '준다, 양도한다, 확실히 넘겨준다' 등의 문구를 사용하면서 동일한 영지를 생존 기간 동안만 원고에게 양도했다. 원고가 그 영지에 진입하려 했으나 첫 양수인 H에 의해 쫓겨났다. 원고는 날인계약소송을 제기했고 H가 원고를 축출하는 한 계약 위반이라고 주장했다. 이 소송의 판결에서 실질적인 날인계약(real covenant)과 개인적인 날인계약(personal covenant)을 구분하면서, 전자는 토지와 물건보증을 수반하는 계약, 즉 자유보유부동산(freehold)에 관한 계약이고, 반면에 후자는 손해를 배상받을 수 있는 계약, 즉 생존 기간 동안의 임대(동산으로 간주한다)에 관한 계약이라고 보았다. 원고는 생존 기간 동안의 임차인이고, 그것에 대해서는 물건보증에 근거한 날인계약을 가질 수 없고, 그에 따라 소유기간이 무한한 자유보유부동산(freehold)의 상실에 대한 보상은 불가하고, 개인적 손해에 대한 손실만 보상받을 수 있다고 판결되었다.

[16] 에드워드 3세 『연감』 50권 12b & 13.

과는 구별되었다.

이런 상황의 중요성은 물건보증 역할을 대신하고 있는 다른 날인계약에 대한 물건보증법의 작용에 있다. 토지에 대한 옛날 소송들이 보다 현대적이면서도 더 신속하게 진행되는 방식으로 나아가고 있을 때, 물건보증인은 피고가 방어하는 데 더 이상 증인으로 소환되지 않았으며, 양수인이 토지에서 쫓겨났다면 그 손해는 물건보증인이 다른 토지를 양도함으로써 보상되었다. 고대의 물건보증은 사라졌으며, 그 보증은 특별점유권을 위한 날인계약, 양도권을 위한 날인계약, 부동산부담(encumbrance)[19]을 제거하기 위한 날인계약, 안식향유(quiet enjoyment)[20]를 위한 날인계약, 물건보증 및 추가적인 보증을 위한 날인계약 등을 포함하여 우리의 날인증서에서 아직도 볼 수 있는 날인계약으로 대체되었다. 그러나 양수인들이 이런 날인계약의 혜택을 누릴 수 있다는 원칙들은 초기의 판례들을 검토하면 누구나 알 수 있듯이 물건보증을 규제했던 원칙들에서 유도되었다.

예컨대, 안식향유를 위한 날인계약의 혜택을 양수인들에게 주기에 충분한 양도는 무엇인가 하는 문제는 물건보증에 관한 사례 중 권위 있는 과거 선례를 예시하면서 논의되고 판결되었다.[21]

---

[17] (옮긴이 주) 의무는 영지수여로 인해 발생하는 부역, 임대료 등에 관련된 의무이며, 영지의 양도로 인해 양도인의 의무가 면제된다.

[18] 에드워드 3세 『연감』 42권 3, 판결문 14에서 벨크냅(Belknap)이 밝히고 있음.

[19] (옮긴이 주) 부동산부담(encumbrance)은 재산의 권리 자격을 양도하는 것은 방해하지 않지만 그 재산의 가치를 떨어뜨리는 실물부동산에 대한 이해관계 권리 혹은 법적인 채무를 의미한다. 이를테면 부동산에 대한 담보권 혹은 지역권 등을 말한다.

[20] (옮긴이 주) 안식향유(quiet enjoyment)는 부동산을 보유한 사람이 보통법의 부당행위에 해당하는 불법방해(nuisance), 즉 침해, 성가심, 곤란 혹은 상해 등을 유발하는 불쾌감에서 자유로울 권리를 나타낸다. 이런 불법방해는 불쾌한 냄새, 소음, 오염 혹은 다른 위험한 것들에 의해 야기된다.

[21] *Noke v. Awder*, 크록(Croke)의 『판례집』 엘리자베스 1세 373; 앞의 사건, 앞의 책

물건보증처럼, 양수인들은 최초 날인계약 인수자의 날인계약에 묶여 있는 것이지, 자신의 어떤 새로운 권리를 취득하는 것이 아니다. 따라서 추가적 보증을 위한 양수인들의 날인계약소송에서, 피고는 소송이 시작된 이후에 원래의 날인계약 인수자에 의해 채무[22]가 면제되었다고 주장

---

436. 또한 *Lewis v. Campbell*, 톤턴(W. P. Taunton)의 『민사법원과 다른 법원의 판례집』 8권 715; 앞의 사건, 무어(J. B. Moore)의 『민사법원과 재정법원의 판례집』 (*Reports of Cases in the Courts of Common Pleas and Exchequer Chamber*, 1817~1831) 3권 35 등도 참고하라.

(옮긴이 주) *Noke v. Awder*(1595): 원고의 진술에 따르면, 존 킹(John King)은 그가 보유하지도 않은 토지를 피고에게 연간 단위로 임대했으며, 피고는 에이블(Abel)과 그의 양수인들이 어떤 사람의 방해도 받지 않으면서 평화롭게 향유할 수 있다는 날인계약과 함께 에이블에게 그 토지를 양도했고, 에이블은 J. S.에게 그 토지를 양도했으며, J. S.는 원고에게 그 토지를 양도했다. 또한 원고의 진술에 따르면, 존 킹이 토지를 가지기 전에 로버트 킹(Robert King)이 봉토를 탈취했고, 그 후 사망하고 토머스 킹(Thomas King)이 그 토지를 상속받아서, 원고를 축출했다는 것이다. 배심은 원고 승소 평결을 내렸으나, 판결 정지가 취해졌다. 그 판결 정지에 따르면, 피고의 위장된 권리 자격보다 더 우월한 권리 자격에 의해 내쫓긴 원고는 피고의 날인계약에 근거해 손해를 배상받을 수 없다. 왜냐하면 피고는 토지에 대해 아무런 재산권, 권리 자격, 이해관계 등을 가지고 있지 않았고, 그는 원고에게 아무것도 넘겨주지 않았으며 날인계약만 양도했기 때문이다. 또한 토지와 날인계약이 동반되어야 하므로, 그 계약은 아무런 가치가 없기 때문이다.

(옮긴이 주) *Lewis v. Campbell*(1819): 피고는 B에게 21년 동안 임대하겠다는 톱니계약서와 함께 B, 그의 유언집행자, 유산관리인 및 양수인에게 소유자로부터 임대받은 부동산을 양도했다. 피고는 자신, 그의 상속인들, 유언집행자, 유산관리인을 위해 B 등과 날인계약, 즉 B 등이 21년 동안 평화롭고 조용하게 부동산에 진입하여 보유·점유·사용·향유하는 것이 합법적이라는 계약을 체결했고, B는 그 양도에 의해 부동산에 진입했다. 그 후 B는 원고와의 톱니계약서에 의해 피고에게서 양도받은 부동산을 21년의 나머지 기간에 대해 원고에게 양도했고, 원고는 그 부동산에 진입하고 점유했으나, 피고 등에 의해 추방되고 몰수당했으며, 그 부동산의 이용, 이득 등을 상실했고, 또한 부동산의 변경과 개선 등에 투입된 비용을 손해보게 되었다. 임대인(피고)의 양수인(B)의 양수인(원고)은, 첫 양수인(B)과 그의 양수인(원고)과 함께 임대인에 의해 방해받은, 안식향유에 대한 날인계약소송을 유지할 수 있다고 판결되었다. 그리고 양수인(B 혹은 원고)이 그에게 양도된 토지를 유원지로 변형시키고 그 위에 건물을 세운다면, 그가 그의 진술서에서 특별히 그 특별한 손해를 진술하지 않는 한, 그는 안식향유에 대한 날인계약소송으로 그 개선의 가치를 배상받을 수 없다고 판결되었다.

한다. 법정은 양수인들이 날인계약의 혜택을 누려야 한다고 판결했다. "법정의 판결에 따르면, 비록 계약 위반이 양수인의 취득시점에서 일어났다 해도, 어떤 계약 위반이 발생하기 전에 혹은 소송이 시작되기 전에 그 채무면제가 날인계약 인수자(이 사람은 날인증서의 당사자이고 또한 이 사람에게서 원고가 파생되었다)에 의해 이루어진다면, 그 채무면제는 양수인들이 날인계약소송 영장을 발부받는 것을 방해하는 커다란 걸림돌이 된다. 그러나 날인계약 위반이 양수인의 취득 시점에서 발생하고, … 그리고 소송이 양수인에 의해 제기되고 그에 따라 그 소송이 그의 인격으로 귀속된다면, 그 날인계약 인수자는 양수인이 이해관계를 갖는 이 소송을 포기할 수 없다."23 심지어 양도가 이루어진 이후에도 날인계약 인수자는 그 계약의 법적인 당사자로 남아 있다. 양수인은 계약 인수자의 통제 하에 남아있으며, 그의 양도인의 **인격**에서 유도되는 권리와는 별도로, 계약 위반과 소송에 의해 새로운 권리가 양수인의 인격에 귀속될 때까지, 양수인은 그 계약에 대한 그의 통제를 종식시키지 않는다. 더 나중에, 양수인의 권리의 원초적 근거가 점진적으로 시야에서 멀어짐에 따라,24 양수인은 더 독립적인 지위를 습득했으며, 양도 이후의 채무면제는 적어도 임대료를 지급하는 날인계약의 경우 효력이 없게 된다.25

---

22 (옮긴이 주) 여기서 채무는 최초 양수인(날인계약 인수자)이 영지를 증여받음으로써 봉건적 신분관계로 인해 발생하는 부역, 임대료 등에 대한 의무를 언급한다.
23 *Middlemore v. Goodale*, 크록(Croke)의 『판례집』 찰스 1세, 503; 앞의 사건, 앞의 책 505, 윌리엄 존스(W. Jones)의 『보관관계법에 관한 논문』 406.
24 (옮긴이 주) 계약의 양도와 양수가 빈번하게 이루어짐에 따라 최초의 날인계약 인수자는 마지막 양수인의 시야에서 멀어진다는 의미이다.
25 *Harper v. Bird*, 토머스 존스(Sir T. Jones)의 『왕립법원과 민사법원의 판례집』 102 (찰스 2세 30년). 이 사례들은 양도 불가능한 다른 계약들의 양도에 관한 역사에 대응하는 발전의 순서를 보여준다.
(옮긴이 주) *Harper v. Bird*(판례집 게재 연도, 1729): 부동산 임대인은 날인계약에 의해 임차인에게서 임대료를 받기로 약속했고, 그런 다음 복귀기대재산을 원고에

재산권에서 최초 날인계약 인수자와 동일한 권리관계에 있는 사람들만이 권리 자격에서 날인계약의 혜택을 누릴 수 있다. 고대 물건보증의 역사를 검토해보면, 양수인의 소송이 허용되기 전에 날인계약의 혜택과 유사한 한계가 고대 물건보증의 혜택에서도 필요했다는 것과 양수인이 물건보증에 대한 권리를 취득한다는 의제가 그 한계를 넘어서서 그 권리를 확장할 수 없었다는 것도 이미 나와 있다. 또한 다음의 유추가 뒤따랐다. 예컨대, 아들이 있으면 상속한다는 조건으로 신탁한 신탁봉토(in tail male)[26]의 임차인은 임차권과 안식향유에 대한 날인계약과 함께 임차권을 획득했으며, 그 이후 그 임차인은 아들 없이 사망했다. 임차인[27]은 임차권을 원고에게 양도했다. 원고는 즉각 쫓겨났으며, 그에 대해 신탁봉토의 원래 임대인의 유언집행자를 상대로 날인계약소송을 제기했다. 원고는 재산권에서 원래의 날인계약 인수자와 동일한 권리관계에 있지 않기 때문에, 그는 손해를 배상받을 수 없다고 판결되었다. 왜냐하면 원래 날인계약 인수자의 재산권이었던 임차권은, 원고가 임차권을 양도받기 전에, 임대인[28]의 사망에 의해 그리고 임차권이 양도되는 조건인 아들의 부재

게 양도했다. 원고는 피고가 임대료를 지급하지 않자 제소했고, 피고는 임대인이 모든 임대료 채무를 면제해주었다고 항변했다. 피고가 임대료를 지급하겠다는 날인계약은 복귀기대재산과 함께 이전하므로, 비록 임대인이 임대료를 면제해주었다 해도, 복귀기대재산의 양도 이후에는 임대료를 지급하지 않은 것에 대해서는 소송이 성립한다고 판결되었다.

[26] (옮긴이 주) 신탁봉토(in tail, fee tail 혹은 fee entail)는 날인증서에 의해 확립된 토지의 신탁 형식이며, 날인증서에 의해 사전에 결정된 상속인에게는 자동적으로 상속이 가능하지만, 그렇지 않으면 판매, 상속 및 양도 등이 제한을 받는 봉토를 의미한다. 여기서 in tail male은 아들에게만 상속 가능하다는 조건이 추가된 신탁봉토이다. 그런 제한이 없는 조건 없는 봉토(fee simple)에 대비되는 개념이다.

[27] (옮긴이 주) 이 임차인은 원래의 임차인, 즉 원래의 날인계약 인수자에게서 신탁봉토를 임차한 제2의 임차인이다.

[28] (옮긴이 주) 원래의 임차인, 즉 원래의 날인계약 인수자.

에 따른 재산권의 종결에 의해 소멸되었기 때문이다.[29]

권리 자격을 위한 날인계약과 물건보증 간의 유추를 완성하기 위해 유일하게 남아있는 핵심은 양수인들이 소송을 제기하기 위해 양수인들이 언급될 필요가 있다는 것이다. 물론 현대에 이르러서 그런 필요조건이 있어야 한다면 그 필요조건은 순수하게 형식적일 것이며, 한 학설의 역사를 추적하는 특징으로서 사용되는 것을 제외하면 별로 중요하지 않을 것이다. 양수인들이 재산권에서 날인계약 인수자와 동일한 권리관계에 있는 당사자로서 그 계약의 혜택을 향유해야 하는 경우이면 어느 경우든 그 양수인들이 날인계약에 언급되어야 한다면, 그 필요조건은 우리의 연구에 도움을 줄 것이다. 그런 필요조건이 정말로 있는가 하는 문제는 판결들만을 인용하면서 언급하기는 곤란할 것이다. 보통은 필요조건이 없는 것으로 추정된다. 그러나 이런 사소한 문제에 대한 대중적인 견해는 이제 설명되어야 하는 법의 중대한 이율배반 중 하나를 이해하는 데 실패한 데서 유래한다.

우리가 가능한 범위에서 발견한 바에 따르면, 다른 사람의 권리나 의무가 법적 결과들이 되는 사실들에 관한 상황을 차례로 충족시키지 않으면서, 한 당사자가 다른 사람의 권리나 의무의 위치로 들어서는 경우라면

---

[29] *Andrew v. Pearce*, 보즌켓(J. B. Bosanquet)과 풀러(C. Puller)의 『민사법원과 다른 법원의 판례집』(*Reports of Cases in the Court of Common Pleas and Other Courts*, 1796~1807) 4권 158 (1805년).
(옮긴이 주) *Andrew v. Pearce*(1805): 신탁봉토의 원래 임차인은 안식향유권에 대한 날인계약으로 99년 동안 임차했고, 그는 다른 사람에게 임대했다. 그 이후 원래 임차인이 아들 없이 사망하여 신탁봉토 임대조건이 무효화되었고, 계속 점유 상태에 있는 임차인이 그의 토지 재산을 원고에게 양도했으며, 원래 임차인의 사망으로 실효된 권리를 회수하게 된 피고(신탁봉토의 원래 임대인)가 원고를 축출하고 점유를 회복했다. 원래 임대인의 유언집행자를 상대로 날인계약에 근거하여 소송이 제기되었으나, 원고가 패소했다.

어떤 경우든, 다른 당사자로 교체되는 것은 상속에 대한 유추에서 유도되는 두 개인의 의제적 동일화에 의해 설명할 수 있다는 것이다. 이런 동일화는, 전반적인 지위가 그 동일화에 의해 규제되는 유언집행자를 창조하는 과정에서, 의식적으로 만들어진 것처럼 보인다. 그 동일화는 더 협의적인 영역의 상속인에 대해 여전히 의식적으로 적용되고 있다. 구매자와 판매자 간의 관계에 관한 역사를 충분히 파헤치면, 그 동일화는 취득시효와 물건보증이라는 적어도 두 가지 사례에서 구매자와 판매자 간의 관계의 근저에 숨어 있음을 알 수 있다.

그러나 비록 이런 분석이 그 주제를 남김없이 다루면 그 동일화가 더 균형 잡힌다 해도, 전적으로 상이한 차원에서 권리의 이전이 발생하는 다른 부류의 사례들도 있다. 이웃 토지를 경유하여 매매된 토지로 건너가는 통행권과 같은 취득시효적 권리를 창출할 목적으로 구매자와 판매자 사이에서 성취되는 승계를 설명하는 데 있어서, 그 토지를 구매하는 대신에 물리적인 힘에 의해 그 토지를 스스로 부당하게 점유했던 사람은 승계자로 간주되지 않을 것이며, 그는 그의 부동산점유피침탈자가 그 통행로를 과거에 사용한 것에서는 아무런 혜택도 얻지 못할 것이다. 그러나 과거의 점유자가 그가 축출되기 전에 통행권을 이미 취득했다면, 새로운 원칙이 작동한다. 통행로가 지나는 토지를 보유한 소유자가 그 통행로를 차단하고 부당한 점유자에 의해 제소를 당한다면, 부동산점유침탈자가 과거 점유자의 권리를 승계하지 못했다는 근거에 의존하는 피고의 항변은 성공하지 못할 것이다. 그 부동산점유침탈자는 정당한 소유자를 제외하고 나머지 모든 사람에 대해서는 그 토지의 점유에서 보호받을 것이며, 그는 그 통행로 사용에서도 마찬가지로 보호받을 것이다. 법의 이 규칙은 부당한 점유자와 소유자 간의 승계, 즉 전혀 있을 수 없는 승계에 의거하지 않는다. 이 규칙은 토지 자체를 점유한 데 대한 보호와 유사한 근거에서 방어할 수도 없다. 그 규칙의 근거는 그 법이 더 우월한 권리 자격을 제외하면 그 점유를 모든 것에 대항하도록 방어한다는 것이다. 그러나 앞에서 언급했듯이 보통법은 통행로 점유를 인정하지 않는다. 권리 자격 없이 10년간 통행로를 이용했던 사람은 누군가가 그 통행로를 막더라도 그 막은 사람이 심지어 제삼자라 해도 그를 제소할 수 없다. 그는 처음부터 불법침해자였고, 아직도 불법침해자에 불과할 뿐이다. 다른 어떤 사람에 대항하는 권리가 존재하기 이전에, 종속적 부동산[30] 소유자에 대항하는 권리가 존재해야 한다. 동시에, 아무도 통행로에 대한 권리가 없다면 아무도 점유할 수 없듯이, 다른 어떤 사람이 통행로에 대한 권리를 가지고 있으므로 통행로가 더 이상 점유될 수 없다는 것은 분명하다.

그러면 권리 자격도 점유도 보유하지 않은 사람이 그렇게 보호받게 되는 것은 어떻게 된 일인가? 그 해답은 추론에서 발견되어야 하는 것이 아니라 추론의 실패에서 발견되어야 한다.[31] 콩트(Comte)[32]의 잘 알려진 표

---

[30] (옮긴이 주) 종속적 부동산(servient estate) 혹은 종속적 토지(servient land)는 지역권을 제공하는 부동산을 지칭하고, 지역권을 향유하는 토지는 지배적 부동산(dominant estate) 혹은 지배적 토지(dominant land)라고 부른다.

[31] (옮긴이 주) 아래에서 설명되고 있듯이 직유와 은유에 의해 지역권을 추론하려 했으나 논리적으로 지역권의 추론에 실패하였으며, 결국 지역권의 규칙은 지역권에 관한 직유와 은유가 아무것도 입증하지 못하고 또한 어떤 결론도 도출하지 못한다는 것을 모른 채 직유와 은유의 겉모습에서 유도되었다는 것이다.

[32] (옮긴이 주) Isidore Auguste Marie François Xavier Comte(1798~1857)는 사회학의 창시자이며, 실증주의(positivism)를 창안한 프랑스의 과학철학자이다. 그는 인간이 3단계를 거쳐야 사회에 관한 진리를 탐구할 수 있다고 주장한다. 첫째로, 신학적 단계는 사회에서 인간의 지위와 인간에 대한 사회의 제약이 신에 의해 규제되는 단계이다. 둘째로, 형이상학적 단계는 당시 프랑스 대혁명과 나폴레옹 시기에 권위의 부정에 따른 보편적인 동등한 권리를 주장하던, 환언하면 권위와 종교에 의문을 제기하던 과도기 단계, 즉 신학적 단계와 실증주의 단계 사이의 과도기 단계이다. 과도기로 보는 이유는 '초자연적인 힘 혹은 원인'이 '추상적인 주체 혹은 힘'으로 대체되어서 첫 단계의 수정으로 보기 때문이다. 마지막으로, 실증주의적 단계는 대혁명과 나폴레옹의 실패 이후의 시기이며, 인간행동을 규제하는 법칙

현을 빌린다면, 첫 강의에서 우리가 다루어야 했던 신학적 단계의 사상은 도끼를 형사소송절차의 대상물로 만들었으며, 또한 형이상학의 단계에서는 의인화 표현이 여전히 있었지만 그 표현은 추론의 혼란만 유발한 채로 잔존했다. 앞에 언급된 지역권 사례는 형이상학적 단계를 예시하는 것으로 생각된다. 지역권에 관한 법의 구절은, **가해자 인도**가 여전히 익숙했던 시기에, 사람들에게서 유도한 개념을 토지에 직접 비유하면서 만들어졌으며, 그때 종종 발생하듯이 그 구절은 사상에 반응을 보였고 그에 따라 권리 자체에 대한 결론은 권리가 표현되었던 용어에서 유도되었다. 어떤 재산이 다른 재산에 예속되었다고 할 때 혹은 통행로에 대한 권리가 이웃 토지의 속성이나 부수적인 권리라고 할 때, 사람들의 심리는 이런 구절들이 의인화적 은유(이 은유는 말의 모습이 진실하지 않은 한 아무것도 설명하지 못한다)일 뿐이라는 것을 간파할 정도로 기민하지 못했다.

로그롱(Rogron)[33]은 **사람이 아니라 토지가 부역을 제공한다**는 규칙에서 부역의 소극적 본질을 유도했다. 왜냐하면 로그롱의 언급에 따르면 토지만 홀로 의무에 묶여 있으므로, 부역은 수동적으로만 묶일 수밖에 없기 때문이다. 오스틴은 이것을 "터무니없는 표현"이라고 불렀다.[34] 그러나 지역권에 관한 영미법을 우리에게 물려준 법률가들은 이런 추론에도 만족했다. 파피니아누스(Papinianus)[35] 자신도, 부역이 사람에서 기인하는 것이 아니라 토지에서 기인하기 때문에, 그 부역이 부분적으로는 소멸

이 존재한다고 보고 그런 법칙을 합리적인 이성과 관찰적인 증거에 의거해 설명하려는 과학적 단계이다.

[33] (옮긴이 주) Joseph André Rogron(1793~1871)은 프랑스의 법률가이다.

[34] 오스틴의 『판결된 법체계』 II. p. 842 (3d ed.).

[35] (옮긴이 주) Aemilius Papinianus(혹은 Papinian, 142~212)는 로마 법학자 중 제1인자로 평가되고 있으며, 남아있는 저서로, 『탐구』(*Quaestiones*), 『답변』(*Responsa*), 『정의』(*Definitiones*), 『간통에 관하여』(*De adulteriis*) 등이 있다.

수 없다고 저술했다.[36] 예컨대 켈수스도 내가 예시했던 사례에 대해 다음과 같이 결말짓는다. 비록 물리적인 힘으로 소유자를 쫓아내면서 지배적 부동산의 점유가 취득된다 해도, 그 부동산은 취득되었을 때 그런 특성과 조건으로 점유되었으므로, 통행로는 계속 사용할 수 있다.[37] 법 주석가인 고드프로이는 노예 상태와 자유 상태라는 두 가지 조건이 존재한다고 간결하게 첨언한다. 그리고 그의 대비법은 키케로의 대비법만큼이나 오래되었다.[38] 그리하여 다른 문구에서 켈수스는 그 토지의 속성 이외에 그 토지에 귀속되는 권리는 다른 어떤 것이 있는가 하고 질문한다.[39] 또한 유스티니아누스 법전의 『법학개요』는 건물에 본래부터 존재하는 부역의 권리를 언급한다.[40] 또한 파울루스는 신체에 부속하는 그런 권리에 관해 언급한다. 고드프로이는 "그리고 그에 따라 권리는 무생물에 속할 수도 있다"[41]라고 부언한다. 구매자가 판매자의 지위를 승계하기 때문이

---

[36] "사람이 아니라 토지가 의무에 묶여 있으므로, 부분적으로는 자유도 취득될 수 없고 부역도 제공될 수 없을 것이다." 로마법 대전의 『법률논평집』 8권 3장 34절 서언.

[37] "다른 사람의 토지를 선의로 매입한 사람은 그 사람의 토지에 묶여 있는 통행로를 사용할 수 있다. 즉 그의 통행권은 유지된다. 또한, 스스로 그렇게 보유하듯이 그가 소유자로부터 가점유나 힘에 의한 침탈로 토지를 사실상 점유한다면, 그 토지는 그의 소유로 점유되었으므로, 그 권리는 박탈되지 않으며, 그리고 그런 것을 점유한 사람이 정당하게 점유했는가는 중요하지 않다." 로마법 대전의 『법률논평집』 8권 6장 12절.

[38] 바로 앞에서 인용된 로마법 대전의 『법률논평집』(Elzevir ed.) 8권 6장 12절 주 51; 키케로(Cicero)의 『농지법에 관하여』(*de Legibus Agrariis*) 3. 2. 9.

[39] 로마법 대전의 『법률논평집』 50권 16장 86절. 또한 로마법 대전의 『법률논평집』 41권 1장 20절 1항에 있는 울피아누스의 진술; 로마법 대전의 『법률논평집』 8권 3장 23절 2항 등도 참고하라.

[40] 로마법 대전의 『법학개요』 2부 3절 1항.

[41] 로마법 대전의 『법률논평집』 8권 1장 14절 서언. 또한 다음을 참고하라: 로마법 대전의 『법률논평집』 8권 1장 14절 주 58 (Elzevir ed.), "따라서 권리는 … 신체의 부속물이 될 수 있다."

아니라, 토지는 토지에 묶여 있기 때문에, 지배적 부동산이 기존의 지역권과 함께 판매된다는 것은 이 모든 것에서 손쉽게 나온다.⁴²

오스틴이 인정하듯, 이 모든 묘사는 토지가 권리를 보유할 수 있다는 것을 함축한다. 사실상, 심지어 그는 토지가 "법적이거나 의제적인 **인간**으로 정립되고, 또한 '**지배적 부동산**'으로 만들어진다"고 말하기도 한다.⁴³ 그러나 이것이 로마법의 은유에 의해 내포된 의미를 설명하는 것 이상 더 많은 어떤 것을 의미한다면, 그것은 너무 지나치게 과도한 것이다. 지배적 부동산은 의식적인 의제에 의해 혹은 초기 신념의 결과로서 결코 "법적인 인간으로 정립되지" 못한다.⁴⁴ 지배적 부동산은 해사법의 선박처럼 제소할 수도 제소당할 수도 없다. 상속인이 **임자 없는 상속재산**(Hereditas jacens)⁴⁵을 침해한 데 대해 소송을 유지할 수 없듯이, 토지의 점유자는 점유기간이 완성되기 전에 지역권을 간섭받는 데 대해 소송을 유지할 수도 없다. 토지가 권리를 취득할 수 있다고 심지어 제도적으로 취급된다면, 이 사람이나 저 사람이 아닌 그 토지가 지역권을 취득한다는 근거에서 또한 특권의 향유와 토지 간의 오래된 연관성이 충분하다는 근거에서, 부동산점유피침탈자의 기간도 부당한 점유자의 기간에 합산될 수 있지만, 그 근거들은 결코 법으로 인정된 적이 없다.

---

⁴² "토지는 토지에 예속되어 있으므로." 로마법 대전의 『법률논평집』 8권 4장 12절 또한 로마법 대전의 『법률논평집』 8권 5장 20절 1항; 로마법 대전의 『법률논평집』 41권 1장 20절 1항 등도 참고하라.
⁴³ 오스틴의 『판결된 법체계』 II. p. 847 (3d ed.).
⁴⁴ 빈트샤이트(Windscheid)의 『법총론 강의』 57절 주 10 (4th ed.), p. 150을 참고하라.
⁴⁵ (옮긴이 주) 임자 없는 상속재산(Hereditas jacens)은 로마법에서 어떤 상속인들이 그들의 상속을 거부할 수 있는 상황에서 발생했다. 그들이 상속을 수락할 것인가 혹은 거부할 것인가를 결정하기 전까지 시간이 경과하는 동안, 그 유산은 '임자 없는 유산'(vacant inheritance)으로 묘사되었다. 법은 불완전한 인격화를 이런 부동산의 탓으로 돌렸다.

언급 가능한 전부는 다음과 같다. 즉 지역권에서 채택된 은유와 직유는 현재 널리 통용되고 있는 규칙을 자연스럽게 유도했다는 것이며, 이런 규칙은 어떤 다른 규칙들만큼 상당히 훌륭하거나 적어도 흠잡을 데 없으므로, 주의를 기울이지 않은 채 그리고 그 문구의 겉모습이 아무것도 입증하지 못하고 또한 어떤 결론도 정당화하지 못하는 단지 겉모습일 뿐이라는 것을 누구도 알아채기 전에, 그 규칙은 그 문구[46]의 겉모습에서 유도되었다는 것이다.

지역권은 지배적 부동산에 속한다고 여겨지므로, 결과적으로 누가 그 토지를 점유하든 그 사람은 토지에 부수하는 것에 대해 동일한 정도의 권리를 갖는다. 그것의 진정한 의미가 통행로나 다른 지역권이 점유를 허용하고 또한 그 통행로가 지나가는 토지와 함께 점유된다는 것이었다면, 또한 그 향유가 다른 경우들의 점유처럼 동일한 근거에서 보호받는다는 것이었다면, 그 생각은 이해 가능할 것이다. 그러나 그것은 로마법이 의미하는 바도 아니었으며, 이미 보여주었듯이 영미법의 학설도 아니다. 우리는, 토지의 일부가 권리를 가질 수 있다는 무의식적이면서도 비이성적인 가정에 의해서, 지역권이 토지의 부속물이 되었다는 것을 받아들여야 한다. 비록 그것에 기초하고 있는 법 규칙들이 불합리하지 않다 해도, 이런 생각이 불합리하다고 말할 필요는 없을 것이다.

불합리하든 그렇지 않든, 로마법의 원칙만 아니라 직유가 브랙턴의 저서에 재등장한다. 그는 "어떤 토지가 (다른) 토지에 부속되는 부역은 인간이 인간의 노예가 되는 것과 유사한 근거에서 만들어졌다"고 언급한다.[47] "왜냐하면 권리는 유형의 물건뿐만 아니라 자유보유부동산(free

---

[46] (옮긴이 주) '문구'란 앞에서 언급된 '사람이 아니라 토지가 서비스를 제공한다' 혹은 '토지가 법적이거나 의제적인 인간으로 정립되고 지배적 부동산으로 만들어진다' 혹은 '토지가 권리를 보유한다' 등과 같은 은유·직유를 지칭한다.

tenement)⁴⁸에도 속하기 때문이다. … 그것들은 보유되는 부동산에 관련해서는 권리나 자유라고 불릴 수 있지만, 종속되는 부동산에 관련해서는 부역이라 불릴 수 있다. … 어떤 부동산은 자유이며, 다른 부동산은 노예 상태로 종속된다."⁴⁹ "(부역은) 주택이 주택에 예속되고, 농장이 농장에 예속되고, 보유가 보유에 예속되는 제도라고 불릴 수 있다."⁵⁰ 브랙턴이 지역권이 부동산점유침탈에 의존하는 지배적 부동산과 병행한다고 명확하게 판단을 내렸던 어떤 문구도 나는 찾지 못했지만, 그가 언급한 것은 이 경우나 다른 경우에 로마법을 추종했다는 데는 거의 의심의 여지가 없다.

부동산점유침탈자를 상대로 발부되는 영장은, 토지를 심지어 부당하게 가지고 있는 사람이 그 부속물도 가지고 있음을 의미해야 하는, "그만한 토지와 그것의 부속물"⁵¹에 대한 것이다. 그리하여 브랙턴은, "어떤 사람이 통행권에 대해 제소할 때처럼, … 이런 종류의 권리는 모두 비물질적인 것이고 또한 준점유되고 있고 또한 몸통에 귀속되고 있으며, 그렇게 내재된 몸통 없이는 취득되거나 유지될 수도 없고 또한 그렇게 귀속된 몸통 없이는 어떤 방식으로도 보유되지 않으므로, … 그 소송이 주요

---

[47] 브랙턴(Bracton)의 『잉글랜드의 법과 관습에 관한 연구』 원문 페이지 10b, 3항.
[48] (옮긴이 주) 자유보유부동산(free tenement, freehold)은 실물 자산이나 토지에 대한 소유권이며, 임대기간이 종료되면 소유자에게 귀속되는 부동산임차권(leasehold)에 대비되는 개념이다. 자유보유부동산은 토지처럼 고정적이어야 하고 또한 소유의 기간이 무한이라는 두 가지 성질을 갖는다. 1925년 재산법 이전에는 소유자의 상속인과 양수인에게 양도 가능한 자유보유부동산은 조건 없는 봉토(fee simple)였고, 혈연 직계 아들에게만 상속되는 자유보유부동산은 신탁봉토(fee tail)였다. 상속이 불가능한, 즉 생존 기간 동안만 보유가 허용되는 자유보유부동산도 있었다.
[49] 브랙턴(Bracton)의 『잉글랜드의 법과 관습에 관한 연구』 원문 페이지 220b, 1항.
[50] 브랙턴(Bracton)의 『잉글랜드의 법과 관습에 관한 연구』 원문 페이지 221.
[51] 브랙턴(Bracton)의 『잉글랜드의 법과 관습에 관한 연구』 원문 페이지 219a, b.

한 물건에 대한 것이든 그것에 부속되어 있는 권리에 대한 것이든," 소송이란 **대물**에 대한 소송이라고 언급한다.[52] 환언하면 "권리는 인도를 허용하지 않지만 그 권리가 내재되어 있는 물건, 즉 몸통과 함께 양도되므로, 그 권리를 양도받은 사람은 그 권리가 내재된 몸통을 가지는 순간 즉각적으로 그 권리에 대한 준점유를 보유하게 된다."[53]

처음에 언급되었듯이 후대의 법에 관해서는 아무런 의심의 여지도 없다.

우리는 영미법에서 경쟁적이면서 상호 모순적인 두 가지 원칙들을 그렇게 추적해 왔다. 한편으로는 승계나 동일한 권리관계의 개념이 있었고, 다른 한편으로는 물건에 내재하는 권리의 개념이 있었다. 브랙턴은 두 개념이 갈등할 가능성을 느끼고 약간 주저한 것 같다. 물건보증의 혜택은 양수인의 행위와 승낙에 의해 그의 지위를 승계한 사람들에게 한정되었다. 양수인들이 언급되지 않는 한, 그 혜택은 양수인들에게 넘겨지지 않았다. 브랙턴은 양수인을 언급하거나 언급하지 않은 지역권의 양도를 상정하면서 그 차이가 지역권과 관련해서는 역시 중요할 수 있다고 생각한 것 같다. 그가 추가로 언급하듯이, 지역권이 A와 그의 상속인들 및 양수인들에게 양도되었다면, 양도의 형식에 의해 그 사람들 모두는 승계로 그 권리를 이용할 수 있게 허락받으며, 나머지 모든 사람은 전적으로 배제된다.[54] 하지만 그는 부동산점유침탈자의 권리가 그보다 더 우월한 권리 자격을 갖지 않은 사람에 대해 무엇이 될 것인지에 관해서는 언급하

---

[52] 브랙턴(Bracton)의 『잉글랜드의 법과 관습에 관한 연구』 원문 페이지 102a, b.
[53] 브랙턴(Bracton)의 『잉글랜드의 법과 관습에 관한 연구』 원문 페이지 226 b, 13항. 이 모든 문구는 권리가 토지로 취득되고 토지에 내재한다고 가정한다.
[54] 브랙턴(Bracton)의 『잉글랜드의 법과 관습에 관한 연구』 원문 페이지 53 a. 또한 59 b, 마지막까지, 242 b 등도 참고하라.

지 않는다. 그리고 그는 그 권리가 물질적인 대상물에 속하는 물질적인 대상물에 대한 권리라고 추가로 언급한다.

양수인들에 대한 언급이 토지에 지역권을 부여하는 데 정말로 필요한가 여부는 의문스럽고 또한 그것이 그렇게 오랫동안 남아있지 못했다는 것은 매우 확실하지만, 앞에서 언급된 그 난점[55]은 시간이 지남에 따라 점점 더 커져만 갔다. 토지에 부속될 수 있는 권리가 통행권과 같은 지역권뿐이었다면, 그 난점은 손쉽게 결말지어졌을 것이다. 그렇다면 이런 권리는 토지에 속한 어떤 제한된 이해관계이며, 소유권보다는 더 좁은 범위에 있고, 그 종류에 있어서 유사하며, 그에 따라 소유권과 마찬가지로 동일한 수단에 의해 적절히 양도될 수 있다고 언급할 수도 있다. 통행권은 계약의 관점에서 접근해서는 안 된다고 주장할 수도 있다. 통행권은 종속적 부동산 소유자 입장에서 어떤 약속을 전제하지 않는다. 그의 의무는 다른 사람들에게보다는 자기 자신에게 더욱 귀찮은 일이지만, 모든 다른 사람의 의무와 유사하다. 그 의무는 재산권을 방해하거나 간섭해서는 안 된다는 순수하게 소극적인 의무이다.[56]

---

[55] (옮긴이 주) 승계나 동일한 권리관계의 개념과 물건에 내재하는 권리의 개념에 관련된 문제를 지칭한다.

[56] *Blundell v. Catterall*, 번월(Barnewell)과 앨더슨(Alderson)의 『왕립법원의 판례집』 5권 268, 277에서 헤일(Hale)의 『마리스 강의 권리에 관해』(*De Jure Maris*) p. 32에서 인용된 문장, "점유되지 않는다면, 어떤 권리도 주장될 수 없다."
(옮긴이 주) *Blundell v. Catterall*(1821): 해안가와 강가에 있는 원고의 울타리 경내로 침입한 불법침해에 대해, 피고는 첫째로, 보행 등을 위한 통행로에 대한 공적인 권리, 둘째로, 왕의 모든 신하는 울타리 인근, 울타리 경내 일부 혹은 전체를 이용하고 즐길 자유와 권리가 있다는 것, 셋째로, 수영하고 도보로 통과할 권리 등을 항변으로 제기했다. 원고는 호텔 종업원인 피고가 피고의 주장과는 달리 추가로 해안가와 강가에서 물놀이 기구 등을 이용하여 돈을 벌고 있다고 항변했다. 첫 배심은 피고 측 승소 평결을 내렸고, 원고의 항변에 대해서는 원고 승소 판결을 내렸으며, 최종심도 원고 승소 판결을 내렸다. 특정한 지역(예컨대 통행로)을 제외하곤 일반인들의 출입이 금지되어야 한다는 데는 다수가 동의했으나, 소수는 바다

그러나 토지에 부속된 권리의 기준은 토지의 본질에 관한 어떤 것일 수 있지만, 이것은 우리가 상당한 설명 없이는 사례들을 이해하는 데 도움을 주지 않는다. 왜냐하면 그런 권리는 종속적인 부동산을 소유한 사람이 수행해야 하는 적극적인 서비스에 따라서 존재할 수 있기 때문이다. 계약과는 구별되는 재산권으로 불리는 권리, 즉 어떤 개인에게서 서비스를 제공받을 권리는 우리 귀에는 낯설게 들린다. 이것은 아직도 우리가 그런 권리를 바라보는 방식이다. 브랙턴은, 토지가 어떻든 누구에게 넘어가든 **토지**가 부역에 묶여 있고 부역을 부과당한다는 근거에서, 임차인이 자유로우면서도 완전한 증여에 의해 보유되는 토지를 양도하는 것이 영주에게는 부당하지 않다고 주장한다. 영주는 충성과 부역을 수반하는 봉토를 갖는다고 여겨지며, 그에 따라 그런 것들을 교란하지 않는 사람이 그 토지에 들어오면 그 사람은 영주에게 손해를 끼치지 않는다.[57] 충성의 의무를 부과하는 것은 바로 부동산이며,[58] 농노와 다른 봉건적 부역에 대해서도 마찬가지로 진실이다.[59]

봉건적 부역이 임대료 형식을 취하게 되었을 때도 법은 바뀌지 않았다.[60] 심지어 임대료를 연간으로 지급하게 된 우리의 현대적인 조건에서

와 강에서 수영하거나 놀이를 즐길 수 있는 보통법적 권리를 무시해서는 안 될 것 같다는 반대 견해를 피력했다.
[57] 브랙턴(Bracton)의 『잉글랜드의 법과 관습에 관한 연구』 원문 페이지 46b. 또한 앞의 책 17b, 18, 47 b, 48도 참고하라.
[58] 브랙턴(Bracton)의 『잉글랜드의 법과 관습에 관한 연구』 원문 페이지 81, 81 b, 79 b, 80 b.
[59] 브랙턴(Bracton)의 『잉글랜드의 법과 관습에 관한 연구』 원문 페이지 24 b, 26, 35 b, 86, 208 b, & c. 또한 피츠허버트(Fitzherert)의 『잉글랜드법의 새로운 본질』 123, E; 라블리(E. de Laveleye)의 『재산과 그것의 초기 형태』 67, 68, 116 등을 참고하라.
[60] 『판례 모음집』 110; rot. 22, Devon 사건. (헨리 3세).

도 임대료는 아직도 임대된 토지에서 나오는 어떤 것으로 취급되며, 그에 따라 오늘날까지도 당신이 주택 전체를 임대받고 그것이 불타버렸다면, 당신은 임대료가 발생하는 토지를 보유하고 있으므로 임대료 삭감 없이 임대료 전액을 지급해야 하지만, 그럼에도 당신이 방 일부만 빌렸고 집 전체가 타버렸다면, 당신은 임대료가 나오는 부동산이 더 이상 없으므로 더 이상 임대료를 지급하지 않아도 된다.[61]

앞의 추론은, 명백하게도, 임차인의 부동산점유침탈자가 임차인 자신과 마찬가지로 동일한 의무에 얽매어 있다는 결론을 끌어내며, 이런 결론은 초기 법에서 채택되었다. 영주는 토지를 보유한 어떤 사람에게 부역을 요구할 수 있거나[62] 임대료를 거둘 수 있다.[63] 왜냐하면 브랙턴의 표현과 매우 유사한 표현으로 언급되듯이, "임대료의 부과는 토지에 부속되기"[64] 때문이다.

이제 임대료에 대한 권리를 검토해보자. 임대료는 초기 법에서 물권(real right)[65]으로 취급되었고, 그런 권리의 침탈은 가능하며, 그에 대해서는

---

[61] *Stockwell v. Hunter*, 『매사추세츠주 판례집』 52권 (11 Met.) 448.
(옮긴이 주) *Stockwell v. Hunter*(1846): 원고가 주택의 일부 방을 임차했는데 불타서 주택이 전소했고, 다른 사람이 대지를 인수하여 새로 건물을 지었다. 원고가 새 건물에 입주하려고 했으나 피고에 의해 쫓겨났다. 피고 승소가 판결되었다. 건물의 일부 임대에는 전체 건물 임대에 통상적으로 적용되는 원칙과는 상이한 원칙이 적용되며, 새로운 임대 건물의 신축은 이해관계의 종식 혹은 파괴로 인해 그 임대차계약을 소멸시킨다.
[62] 케일웨이(R. Keilway)의 『판례집』 130 b, 판결문 104.
[63] 케일웨이(R. Keilway)의 『판례집』 113 a, 판결문 45; 다이어(Dyer)의 『판례집』 2b.
[64] 케일웨이(R. Keilway)의 『판례집』 113a, 판결문 45. 또한 에드워드 1세 『연감』 33~35권 70; 에드워드 3세 『연감』 45권 11, 12 등도 참고하라.
[65] (옮긴이 주) 물권 혹은 실물적 권리(real right 혹은 right in rem)는 보통법에서 물건에 대한 이해관계로 알려진 재산상의 권리이며, 사람과 재산의 관계에 내재하는 실물재산을 지배할 수 있는 사람에게 귀속되는 권리이다. 주요한 실물적 권리는 자유보유부동산, 임차권 같은 소유권이며, 이외에도 지상권, 지역권, 전세권, 저당

점유적 소송이 제기될 수 있다. 매우 종종 나타나듯이 임차한 토지가 장원 내에 있다면, 임대료는 장원의 한 부분이 되었으며,[66] 그 결과 장원의 주인이 점령한 토지를 점유한 임차인들에게 영주로 인식되는 사람, 즉 장원을 합법적으로 점유한 사람은 거기에 부수되는 것으로서 임대료를 보유한다고 말하는 어떤 근거가 있다. 예컨대, 헨리 7세 때 잉글랜드의 브라이언 재판장은 "본인이 장원을 침탈당하고, 임차인들이 부동산점유침탈자에게 그들의 임대료를 지급하며, 그런 다음 본인이 다시 점유한다면, 본인은 그들이 부동산점유침탈자에게 지급한 과거의 임대료를 임차인들에게서 징수하지 않겠지만, 그 부동산점유침탈자는 불법침해소송이나 순회재판에서 모두를 변상해야 한다"[67]고 언급한다. 이런 견해는 임대료가 지역권과 같이 주요 토지에 귀속된다는 개념에 분명히 근거했다. **그것은 물건에 의해 물건에 묶이게 되는 것처럼 그렇게 된다.**[68]

임대료가 장원의 일부가 아니고 복귀기대재산의 일부일 뿐일 때, 즉 임대차 계약된 영주의 봉토 혹은 재산의 일부일 때, 상이한 원칙이 적용될 수 있다. 임대와 임대료가 단순히 그 부동산의 내부적인 분할이라면, 그 부동산에 대해 동일한 권리관계를 갖는 사람을 제외하면 누구도 임대료를 청구할 수 없다. 부동산점유침탈자가 취득한 봉토는 새롭고 상이한 봉토이며, 임대료가 일부를 구성하는 그런 부동산을 가지지 않을 것이다. 그에 따라 그런 경우 임차인은 그에게 임대료 지급을 거절할 수 있으며, 그 부동산점유침탈자에 대한 임대료 지급은 진정한 소유자에 대한 방어

권, 점유권 등이 있다.
[66] 리틀턴(Littleton)의 『부동산보유권에 관한 논문』 589항.
[67] 케일웨이(R. Keilway)의 『판례집』 2 a, 판결문 2 마지막까지(헨리 7세 12년). 그러나 헨리 7세 『연감』 6권 14, 판결문 2 마지막까지를 참고하라
[68] 라페리에르(Laferrière)의 『프랑스법의 역사』 4권 442; 브랙턴(Bracton)의 『잉글랜드의 법과 관습에 관한 연구』 원문 페이지 53a.

가 되지 않는다.[69] 그럼에도 임차인이 그 부동산점유침탈자를 인정한다면, 그 부동산점유침탈자는 더 우월한 권리 자격을 보여줄 수 없는 그런 사람들에 대항해 보호받을 것이다.[70] 더욱이 임대료는 토지에 그렇게 부속되어 있으므로, 복귀재산(escheat)[71]의 경우에는, 상위에 있는 영주를 포함하여 복귀기대재산을 합법적으로 취득한 사람은 누구나 임대료를 징수할 수 있다.[72] 그럼에도 복귀재산은 임대와 임대료가 그 일부를 구성하는 봉토의 소멸을 의미했으며, 비록 브랙턴이 영주가 동일한 권리관계에 있는 **대리 상속인**으로 임대인의 권리 자격을 가졌다고 생각했다 해도 그것은 얼마 가지 않아서 즉각 상속인의 논리에 따르지 않고 최고 권위자로서 승계한다는 것으로 결말이 났다. 따라서 이런 사례는 부동산점유침탈자의 경우에 매우 가깝다.

법은 그 당시 부역과 임대료를 재산의 관점에서 다루었고, 아직도 상당한 범위까지는 그렇게 다루고 있다. 부역과 임대료는 다른 재산과 유사하게 소유할 수 있고 또한 양도할 수 있는 물건들이었다. 그것들은 심지

---

[69] 코크(Coke)의 『리틀턴에 관한 주석』 322 b, 이하; 헨리 7세 『연감』 6권 14, 판결문 2 마지막까지 등을 참고하라.
[70] *Daintry v. Brocklehurst*, 『잉글랜드 판례집』 재정법원 3권 207.
(옮긴이 주) *Daintry v. Brocklehurst*(1848): 원고는 목장을 피고에게 임대하여 임대료를 받고 있었고, 피고가 목장에 있는 나무를 벌채하여 자신의 용도로 사용하여 복귀기대재산에 손해를 끼쳤다고 손해배상을 청구했다. 피고는 그 목장이 21년 전에 이미 다른 사람에게 이전되었다고 항변했다. 비록 원고가 복귀기대재산권을 갖지 못했다 해도, 원고는 피고에게서 임대료를 받고 있으므로 진정한 소유자가 아닌 그 누구도 원고보다 더 우월한 권리를 주장할 수 없다고 원고 승소가 판결되었다.
[71] (옮긴이 주) 복귀재산(escheat)은 상속인 없이 사망한 사람의 재산을 영주, 왕 혹은 국가에 이전시키는 것을 지칭한다. 이것은 재산이 소유 없이 방치되는 것을 방지하는 기능을 가지며, 법에 의해 토지의 법적인 이해관계가 파괴되는 상황에서 토지의 소유권이 상위에 있는 봉건 영주에게 즉각 복귀하게 만든다.
[72] 헨리 7세 『연감』 5권 18, 판결문 12.

어 부당행위에 의해 소유할 수도 있으며, 그런 부당행위에는 점유적 구제책이 제공되었다.

그와 같은 재산의 개념은 물건보증에도 적용되지 않았고 또한 계약의 관점에서 전적으로 고려되는 어떤 권리에도 적용되지 않았다. 그리고 우리가 계약의 관점에서 이해하는 임대료에 대한 그런 구제책의 역사를 검토했을 때, 우리는 그것들이 재산의 관점에서 다루어졌음을 알 수 있다. 채무소송과 날인계약소송은 동일한 권리관계 없이는 유지될 수 없었다. 헨리 6세 9년 『연감』에서,[73] 상속에 의해 복귀기대재산을 보유한 상속인이 채무소송을 제기할 수 있는가는 의문시되었으며, 복귀기대재산의 양수인은 비록 임대료 청구권을 갖는다 해도 임대료에 대한 구제를 받을 수 없다고 판결되었다. 몇 년 후 상속인은 채무소송을 유지할 수 있다고 판결되었으며,[74] 헨리 7세 때 위에서 언급했듯이 양수인보다는 상속인에게 더 가까워 보이고 또한 상속인에 더 쉽게 비유되는 부동산 유증수혜자[75]에게까지 그 구제책이 확대되었다. 그때 양수인들에게 동일한 소송권리를 부여하는 것이 논리적으로 필요했고 동일한 소송권리가 부여되었다.[76] 계약의 동일한 권리관계는 부동산을 수반하며, 그에 따라 복귀기대재산의 양수인은 일정 기간 임대된 그 복귀기대재산을 그때 점유하고 있는 사람을 상대로 소송을 제기할 수 있다.[77] 유사한 근거에서

---

[73] 헨리 6세 『연감』 9권 16, 판결문 7.
[74] 헨리 6세 『연감』 14권 26, 판결문 77.
[75] 헨리 7세 『연감』 5권 18, 판결문 12.
[76] 서로얼(Theloall)의 『법률논평집』(*Digest*, 1579) 1권 c. 21, 판결문 9를 참고하라.
[77] *Buskin v. Edmunds*, 크룩(Croke)의 『판례집』 엘리자베스 1세 636.
(옮긴이 주) *Buskin v. Edmunds*(1594~1596), 크룩(Croke)의 『판례집』 엘리자베스 1세 415: A는 런던 거래소에서 임대료를 지급하는 조건으로 벅스에 있는 토지를 B에게 임대했고, 임대료는 제날짜에 요구되지도 않았고 지급되지도 않았으며, 임대인이 재진입했다. 쟁점은 임대료 요구가 없는 경우 그의 진입이 가능한가 하는

복귀기대재산의 양수인은 그 후에 날인계약소송을 유지하는 것도 허용되었다.[78] 그러나 이런 소송은 재산에서 각각 임대인이나 임차인과 동일한 권리관계를 갖지 못하는 사람들에 대해서는 결코 허용되지 않았다. 왜냐하면 계약에서 동일한 권리관계는 권리 자격에 대한 승계 없이는 결코 성취될 수 없기 때문이다.[79]

것이다. 고디(Gawdy) 판사는 가능하다고 판결했다. 왜냐하면 토지에서의 이익이 유보되었으므로 어떤 요구도 필요하지 않기 때문이다. 다른 모든 판사는 임대료가 지급 가능한 곳(토지가 있는 곳)에서 요구되어야 한다고 판결했다. 왜냐하면 임대료는 본질적으로 임대인이 요구 가능한 상태로 여전히 잔존하기 때문이다. 최종 판결로는 임대인의 진입은 합법적이지 않다고 평결되었다.
Buskin alias living v. Edmunds(?), 크룩(Croke)의 『판례집』 엘리자베스 1세 636: 켄트에 소재하는 복귀기대재산의 양수인이 일정 기간 임대된 그 복귀기대재산을 점유한 양수인을 상대로 제기한 런던에서의 임대료 채무소송. 피고가 책임 없다는 항변에 대해 원고 승소가 평결되었다. 그 후, 소송이 토지가 있는 곳이 아닌 다른 곳(런던)에서 진행되었고, 양 당사자가 토지에 대해 제삼자라는 이유 등으로 피고가 판결 보류를 신청했다. 계약의 동일한 권리관계는 재산과 함께 움직이지만, 동일한 권리관계가 없으므로 첫 임차인을 상대로 하는 채무소송은 성립하지 않는다는 이유로 일부 판사가 피고 승소를 판결했으나 받아들여지지 않았다. 그러나 계약이 체결된 곳(토지가 있는 곳이 아니라)에서 그 계약은 언제나 재판 가능하며, 그에 따라 거기서의 소송은 잘 유지될 수 있다고 원고 승소가 판결되었다.

[78] *Harper v. Bird*, 토머스 존스(Sir T. Jones)의 『왕립법원과 민사법원의 판례집』 102 (찰스 2세 30년).

[79] *Bolles v. Nyseham*, 다이어(Dyer)의 『판례집』 254 b; *Porter v. Swetnam*, 스타일(Style)의 『왕립법원의 현대 판례집』 406; 앞의 사건, 앞의 책 431.
(옮긴이 주) *Bolles v. Nyseham*(1565~1566): 임차인의 양수인을 상대로 한 임대인의 임대료 채무소송. 원고의 진술에 따르면, 원고는 어떤 봉토를 점유하고 있고, 톱니계약서에 의해 동일한 토지를 일정한 기간 동안 A에게 임대했으며, A는 봉토를 점유하면서 유언으로 전체 기간과 이득을 C에게 유증하고 사망했다는 것이다. 그의 사후에 임대료 연체로 원고는 채무소송을 제기했으나, 원고는 임차인이 유언집행자를 지정했음을 보여주지 못했고, 또한 피고가 유언집행자의 허락과 승인 하에 진입했음도 보여주지 못했다. 즉 임차인과 피고 간의 동일한 권리관계에 있다는 것을 보여주지 못했다. 이런 이유로 원고 진술서는 잘못되었다고 판결되었다. 그리고 피고도 그 진술서에 대해 항변했고, 그는 비록 '점유했다'는 용어를 사용했지만 '어떻게 해서 누구의 유증으로 진입했는지'를 명확하게 언급하지 않았으며, 그럼에도 그는 유언자의 사망 이후에 다른 권리 자격의 힘으로 진입했을 가능성이

그러나 이런 모든 멋진 이론은 봉건시대의 옛날 자유보유부동산 임대료에는 전혀 적용되지 않았다. 왜냐하면 계약적인 구제책은 앤 여왕(Queen Anne)[80] 때까지는 그런 임대료에 적용되지 않았기 때문이다.[81] 자유보유부동산에 대한 임대료는 토지의 일정 부분처럼 바로 실물 부동산이었으며, 그 임대료는 점유회복을 요구하는 순회재판에서 유사한 구제책에 의해 제소당하기도 했다.

계약적 구제책을 허용하는 데서 알 수 있듯이, 임대료와 그런 성격의 봉건적 부역은 비록 점유 가능한 물건처럼 취급되고 또한 계약의 관점보다는 재산의 관점에서 일반적으로 고려된다 해도 아직도 통행로를 간섭하지 않아야 하는 그런 단순한 의무보다는 계약의 성격에 훨씬 더 가깝다. 다른 사례들도 여전히 계약의 성격에 더 가깝다. 적극적인 의무를

있으며, 그에 따라 오히려 고의적일 수 있으며, 그때 피고가 임차인의 양수인으로서보다는 (앞의 원고 진술서의 잘못 때문에) 다른 사람의 부동산 혹은 다른 권리자격을 갖는 상태에 있게 된다면, 그에 대한 채무소송은 동일한 권리관계에 있지 않으므로 성립하지 않는다고 판결되었다.
(옮긴이 주) Porter v. Swetnam(1654): 임대료도 지급하지 않고 또한 보수도 하지 않은 정기부동산소유권 임차인의 지정 유언집행자를 상대로 제기된 날인계약소송에서 날인계약에 관한 아무런 정보도 없다는 판결(피고 승소)을 번복하기 위한 오류심사소송. 임대계약서에 "날인계약"이란 단어가 없고 "이익 발생과 지급"(yieldin and paying: 토지에서 이익이 발생하므로 임대료를 지급한다는 의미)이란 단어만 삽입된 데에 대해, "이익 발생과 지급"이 임대인과 임차인의 합의이고 그에 따라 명시적인 날인계약(express covenant)을 구성하고 그것이 바로 법적인 날인계약이며, 결과적으로 그 단어는 임차인의 양수인(지정 유언자 포함)을 구속한다고 원고 승소가 판결되었다.
[80] (옮긴이 주) 앤(Anne, 1665~1714, 재위 1702~1714)은 제임스 2세(1633~1701, 재위 1685~1688)의 딸이고, 명예혁명 이후 윌리엄 3세(1650~1702, 재위 1689~1702)의 공동통치자이면서 왕비인 메리 2세(1662~1694, 재위 1689~1694)의 동생으로, 1707년 연합법에 따라 잉글랜드, 스코틀랜드 및 아일랜드 연합 왕국의 여왕이 되었다. 이 시기에 왕위계승과 관련된 분란 및 전쟁을 종식하기 위한 왕위계승법이 성문법으로 만들어졌다.
[81] 블랙스톤(W. Blackstone)의 『잉글랜드법에 대한 주석』 3권 231, 232.

부과하는 데 있어서 취득시효와 관습의 영역은 초기 법에서 광범위했다. 의무는 어떤 토지의 소유권에 종종 수반되고, 권리도 토지의 소유권에 종종 수반되며, 두 가지 모두가 지역권처럼 그 소유권에 종종 수반된다. 그 부역이 다른 토지에게 혜택이 되었을 때, 대중적인 용어로 그 부담이 토지의 한 부분에 부과된다는 사실관계는 그 자체가 다른 토지에게 혜택을 주기 위한 이유였다.

계약의 성격과는 상이한 종류의 사례들은 이런 것들이다. 성직자는 관습으로 그의 교구에서 활용할 목적으로 소와 돼지를 기를 의무를 가질 수 있다.[82] 장원의 예배당에서 성가를 부를 권리는 취득시효에 의해 장원에 귀속될 수도 있다.[83] 이웃 토지의 소유자에 의해 어떤 토지에 울타리

---

[82] *Yielding v. Fay*, 크록(Croke)의 『판례집』 엘리자베스 1세 569.
(옮긴이 주) *Yielding v. Fay*(1594): 교구민들이 이용할 동물들을 키우는 것이 관습상 성직자의 의무라고 주장하면서, 소와 돼지를 키우지 않아 발생한 손해를 회복하기 위해 성직자를 상대로 하는 소송. 그 의무는 훌륭하면서도 합리적인 관습이고 또한 그런 의무를 실행하지 않아 손해를 입은 주민들은 소송을 제기할 수 있다고 판결되었다.

[83] *Pakenham's Case*, 에드워드 3세 『연감』 42권 3, 판결문 14; *Prior of Woburn's Case*, 헨리 6세 『연감』 22권 46, 판결문 36; *Williams's Case*, 코크(Coke)의 『판례집』 5권 72 b, 73 a; *Slipper v. Mason*, 루트위치(E. Lutwyche)의 『판례집』(*Lutwyche, or Nelson's Lutwyche*, 1682~1704) 43, 45 (맨 위).
(옮긴이 주) *Pakenham's Case*(1368): 현재 장원 소유자가 이전의 장원 소유자와 체결된 날인계약을 강제할 수 있다고 판결한 잉글랜드의 판례이다. 날인계약은 성직자들과 수도원 원장이 장원 예배당에서 매주 성가를 부른다는 계약이었다.
(옮긴이 주) *Prior of Woburn's Case*(1443): 원고의 예배당에서 관습에 따라 찬송했던 것을 중단시킨 수도원 부원장에 대한 소송은 성립한다고 판결되었다.
(옮긴이 주) *Williams's Case*(1592): 영주, 일반인, 임차인, 하인 등에게 장원의 예배당 내에서 종교적인 행사를 거행해야 하는 성직자를 상대로 하는 그의 의무 위반에 대한 특례소송은 성립하지 않는다고 판결되었다. 적절한 구제책은 종교재판소에 제소하는 것이지만, 예배가 장원 내에서 오직 영주, 그의 하인 및 가족들을 위한 사적인 것이라면, 오로지 영주만이 특례소송을 제기할 수 있다. (예배로 인한) 불법방해를 야기한 사람이 어떤 특별한 상해를 입히지 않는 한, 불법방해에 대한 소송은 성립하지 않는다고 판결되었다.

를 두르도록 할 권리는 유사한 수단에 의해 취득할 수 있다.[84] 이제, 이미 인정되고 있는 것은, 마지막 두 가지 권리[85]조차도 토지에 귀속되어 있을

(옮긴이 주) *Slipper v. Mason*(1702): 원고는 소송비용 이외에 십일조를 내지 않은 것에 대해 종교재판소에서 J. S.에게 210파운드의 벌금을 선고하게 만들었고, 그 선고에 복종하지 않은 것에 대해 J. S.가 파문되고 체포되어 카운티 집행관인 피고가 J. S.를 구금하고 있다가 J. S.가 도망가도록 허용했다. 죄가 없다는 피고의 항변에 대해 원고가 210파운드의 평결로 보상을 받았다. 몇 번에 걸쳐 이의를 제기했으나, 민사법원의 모든 판사는 만장일치로 이 소송이 잘 성립한다고 판결했다.

[84] 피츠허버트(Fitzherert)의 『잉글랜드법의 새로운 본질』 127; *Nowel v. Smith*, 크룩(Croke)의 『판례집』 엘리자베스 1세 709; *Star v. Rookesby*, 살켈드(W. Salkeld)의 『왕립법원의 판례집』 1권 335, 336; *Lawrence v. Jenkins*, 『잉글랜드 판례집』, 「여왕의 법원」 8권 274.

(옮긴이 주) *Nowel v. Smith*(1599): 원고의 불법침해소송에 대한 피고의 항변에 따르면, 원고와 피고가 인접한 토지를 교환했고, 교환에 따라 원고는 울타리를 만들고 그것을 언제나 유지·보수해야 한다고 합의했으며, 피고에게 양도된 토지의 울타리가 부식되었고, 그에 따라 피고의 가축이 원고의 목장으로 탈출했고, 원고에게 손해를 입혔다. 원고가 시효취득에 의해 울타리를 보수할 책임이 있다고 피고가 항변할 수 있으나, 합의(agreement)에 의해 원고가 보수해야 한다고 말하는 것은 충분하지 않다고 원고 승소(불법침해소송)가 판결되었다. 왜냐하면 피고는 날인계약에 의거해 구제책을 가질 수 있기 때문이다. 즉 피고는 날인계약소송에 의해 원고에게 울타리를 유지·보수하도록 할 수 있고 또한 그렇게 하지 않은 것에서 발생한 손해에 대해 구제를 받을 수 있기 때문이다.

(옮긴이 주) *Star v. Rookesby*(1711): 특례소송에서 오류심사소송이 제기되었는데, 원고의 진술에 따르면, 그가 피고의 목장에 인접한 곳에 목장을 소유하고 있고, 피고 목장의 임차인과 점유자가 옛날부터 원고 목장과 피고 목장 사이의 울타리를 만들고 보수해 왔으며, 그 보수가 제대로 되지 않은 곳을 통해 피고의 가축들이 원고의 목장으로 들어와서 손해를 끼쳤다는 것이다. 원고 승소 판결이 확정되었는데, 중요한 이유로 임차인들이 때때로 울타리를 만들고 보수했다는 것은 시효취득의 훌륭한 증거라는 것이다.

(옮긴이 주) *Lawrence v. Jenkins*(1835): 임차인은 임대료를 지급하기로 하고 지주인 피고에게서 토지를 임차하고, 경작하여 곡물을 수확했으며, 그중 일부를 원고에게 판매했으나, 피고가 임대료가 지급되지 않았다는 이유로 원고의 물건을 상대로 소송을 제기했다. 피고 승소가 평결되었으나 재심에서 각하되었고, 원고는 판결오류심사소송(error)을 제기했다. 지주(피고)가 자신에게 납부해야 할 임대료에 대해 임차인을 상대로 한 판결을 우선적으로 얻어낼 때까지는, 지주는 임차인이 거두어들인 곡식을 구매한 원고를 상대로 소송을 유지할 수 없다고 원고 승소가 판결되었다.

때, 그 권리는 재산으로 간주되고 또한 양도의 대상으로 언급될 수도 있다는 것이다.[86] 그런 진술이 현대인들에게는 매우 낯설게 들리는 많은 사례에서, 우리가 인정 가능한 것은 그 의무가 임차한 사람에게 부과되는 것이 아니라 토지에만 부과된다고 생각한다는 것이다. 그리고 이런 견해는 종속적 토지에서 실행되는 동산압류를 제외하면 그런 부역의 이행을 강제할 구제책이 원래 없었다는 데서 자연스럽게 또한 합리적으로 발생했다고 추정할 수도 있다.[87] 그러나 초기 구제책이 오로지 동산압류뿐인 의무와 다른 의무 간의 어떤 구분은 그것이 어떻든 존재한다면 즉각 사라져갈 것으로 추정되며, 재산권이라고 간주할 수 있는 권리와 단순한 계약에 불과한 권리 간의 경계선도 마지막 사례 이후부터 구분하기가 어려워졌다. 집을 수선하겠다는 날인계약은 보통 순수한 계약문제라고 생각한다. 수선할 의무와 울타리를 칠 의무 간의 차이는 무엇인가? 그 난점은 경쟁적인 양도 원칙(즉 한 측면에서는 승계, 다른 측면에서는 종속적 토지에 대한 지배적 토지의 점유) 간의 경계선을 어떻든 발견해야 하는 난제와 거의 비슷할 정도로 어렵다. 지역권의 본질에서 권리가 취득시효에 의해 토지에 귀속할 수 있다면, 그것은 양도에 의해서도 마찬가지로 귀속할 수 있다. 그 권리가 심지어 부동산점유침탈자의 수중에 있는 경우에도 한 사례에서 토지와 함께 수반하여 움직였다면, 그것은 다른 사례에서도 그렇게 되어야 한다. 어떤 만족스러운 구분도 취득방식에 근

---

[85] (옮긴이 주) 장원에서 성가를 부를 권리와 울타리를 두르도록 할 권리.
[86] 다이어(Dyer)의 『판례집』 24 a, 판결문 149; 피츠허버트(Fitzherert)의 『잉글랜드법의 새로운 본질』 180 주.
[87] 피츠허버트(Fitzherert)의 『잉글랜드법의 새로운 본질』 128 D, E; 코크(Coke)의 『리틀턴에 관한 주석』 96 b. 의무가 토지에 부과되는 것으로 이야기될 때, 그것은 말로 표현된 겉치레에 불과할 뿐이다. 당연히 권리와 의무는 인간에게 한정해 부여되거나 부과된다.

거할 수 없으며,[88] 또한 그런 어떤 구분도 시도되지 않았다. 권리는 양수인들에게만 한정되지 않으므로, 양수인들을 언급할 필요도 없다.[89] 그런 권리가 초기 법에서는 양도나 날인계약에 의해 창조될 수 없었지만, 적어도 현대에는 그런 권리가 양도나 날인계약에 의해 창조될 수도 있다.[90]

---

[88] 케일웨이(R. Keilway)의 『판례집』 145 b, 146, 판결문 15; *Sir Henry Nevil's Case*, 플로우든(Plowden)의 『주석』 377, 381; *Chudleigh's Case*, 코크(Coke)의 『판례집』 1권 119 b, 122 b.
(옮긴이 주) *Sir Henry Nevil's Case* 또는 *Goodcrome v. Moor*(1570): 네빌(Nevil)이 광대한 장원을 봉토로 보유하고 있고, G가 네빌의 관습적 영주(customary lord)의 등본(copy; 영주 법정에서 교부된 등본)에 의한 양도에 의해 등본보유를 주장했으며, 법정은 관습적 장원이 존재한다고 원고 승소를 평결했다. 정식법정(totam curiam)을 통해서, 관습적 장원이 등본에 의해 보유될 수 있고, 그런 관습적 영주는 장원 안에서 자체적으로 법정을 보유하면서 등본을 교부할 수 있으며, 그런 관습적 장원은 양도와 허가에 의해 이전될 수 있고 또한 세습과 마찬가지로 양도에 대해서는 세금이 부과된다고 판결되었다. 또한 관습적인 중간 영주와 관습적인 임차인이 존재할 수 있고, 관습적 장원에서 과세된다면, 영주는 자체의 관습을 가질 수 있고 그에 따라 부역을 부과할 수 있다고 판결되었다.

[89] 피츠허버트(Fitzherert)의 『잉글랜드법의 새로운 본질』 180 N.; 코크(Coke)의 『리틀턴에 관한 주석』 385 a; *Spencer's Case*, 코크(Coke)의 『판례집』 5권 16 a, 17 b; *Pakenham's Case*, 에드워드 3세 『연감』 42권 3, 판결문 14; 케일웨이(R. Keilway)의 『판례집』 145 b, 146, 판결문 15; 코민(Comyn)의 『잉글랜드법에 대한 논평집』, 「날인계약」 (B, 3).
(옮긴이 주) *Spencer's Case*(1583): 스펜서(Spencer)는 톱니계약서에 의해 주택과 토지를 S에게 21년 동안 임대했으며, 그 계약서에 의해 S는 스펜서 자신과 그의 유언집행자와 유산관리인을 위해 S가 임대받은 토지에 벽을 쌓기로 날인증서로 계약했다. S는 그의 임대조건을 J에게 양도했고, J는 피고에게 양도했다. 그리고 벽을 쌓지 않은 것에 대해, 원고는 양수인으로서의 피고를 상대로 날인계약소송을 제기했다. 이 판결은 두 가지 내용을 갖는다. 첫째, 날인계약이 직접 만질 수 있고 실제 존재하는 임대된 물건에 관련된다면, 양수인이 거론되든 되지 않든, 그 계약은 양수인을 구속하지만, 둘째로, 그 계약이 존재하지 않는 물건과 관련된다면, 즉 그 물건이 임대된 토지에 건설되는 것이라면, 양수인이 언급된 경우에만 그 계약은 구속력이 있고, 언급이 없다면 그 계약은 양수인을 구속하지 못한다. 본 사건은 후자에 속하므로 피고는 책임이 없다고 판결되었다.

[90] *Holms v. Seller*, 레빈츠(C. Levinz)의 『판례집』 3권 305; *Rowbotham v. Wilson*, 『상원 판례집』 8권 348; *Bronson v. Coffin*, 『매사추세츠주 판례집』 108권 175, 180. 또한 브룩(Brooke)의 『판례 요약문』, 「날인계약」, 판결문 2도 참고하라.

다른 한편, 날인계약소송은 옛날 법에서는 양도증서란 법률 문서에 의거해 유지될 수 있었다.[91] 이 모든 것의 결과에 따르면, 양수인들을 언급하는 것이 물건보증 혜택을 제공받는 데에 핵심적이었던 시기에, 비록 양수인들을 언급하지 않는다 해도, 날인계약에 의해 창조된 권리뿐만 아니라 날인계약소송 자체도 그런 경우 양수인들에게 넘어갈 수 있었다. 논리적으로 이런 사항들은 한 단계 더 나아가고 있으며, 그리고 지명되지 않은 양수인들만이 아니라 부동산점유침탈자들도 계약에서 발생하는 권리를

(옮긴이 주) *Holms v. Seller*(1690): 피고는, 원고와 그의 상속인들 및 양수인들과, 그들이 언제나 피고의 목장을 경유하는 도로를 가지고 사용하는 것이 합법적이라는 계약을 맺었고, 그 계약에 대한 약인으로 원고는 피고와 그의 상속인들 및 양수인들에게 매년 일정액을 지급하고 또한 원고와 피고 목장 사이의 문을 보수하기로 합의했다. 그리고 피고는 그의 아들이 21세가 되면 그 계약을 승인해야 한다고 계약을 맺었다. 원고는 아버지의 농장을 임대하고 있는 피고의 아들이 원고에게 양도된 도로를 차단했다고 진술했고, 피고는 모든 계약사항을 준수했고 자신의 아들이 21세가 되지 않았다고 항변했다. 본 사건은 계약이 잘 이행되고 있으므로, 날인계약소송이 아니라 불법침해소송이며, 원고는 불법침해소송을 통해 배상을 받을 수 있다고 판결하면서, 피고 승소가 판결되었다.

(옮긴이 주) *Rowbotham v. Wilson*(1860): 사실관계는 검색되지 않음. 지표면을 소유한 사람은 확실히 지표면과 그 아래 있는 지구 중심까지의 모든 것에 대해 권리자격을 가지고, 광산 위의 토지가 함몰되지 않는다면 광산의 소유자는 그 행위에 대해 책임지지 않으면서 모든 광석을 가져갈 수 있으며, 또한 광물이 날인증서에 의해 양도된 경우, 광물들이 향유될 수 있고 그에 따라 그 광물을 취득할 권한이 필요한 부대조건으로 양도되거나 혹은 확보된 것으로 보아야 한다고 판결되었다.

(옮긴이 주) *Bronson v. Coffin*(1871): 피고는 '본인은 본인의 농장을 통과하는 철로길 전체에 걸쳐서 충분한 울타리를 만들고 보수할 것을 약속하며, 울타리를 유지하겠다는 날인계약은 언급된 철로길 양쪽의 소유자가 되는 본인과 모든 사람에게 영구적이면서도 의무적인 계약이 될 것이다'라는 구절을 포함하는 날인증서에 의해 철도회사에 기다란 땅을 양도했다. 피고는 그 구절이 토지에 대한 부동산부담(encumbrance)을 구성하지 않고, 단지 개인적인 의무를 창조할 뿐이라고 주장했다. 원심은 그 구절이 피고가 현재 소유하는 토지 전체에 대해 부동산부담을 구성한다고 원고 승소를 판결했다.

[91] 에드워드 3세 『연감』 21권 2, 판결문 5; 피츠허버트(Fitzherert)의 『잉글랜드법의 새로운 본질』 180 주.

갖기 때문에 그들도 계약에 의거하는 소송을 유지하도록 허용되어야 한다. 사실상 원고가 양도에 의해 권리를 취득할 때 날인계약소송에 대한 권리를 취득한다면, 비록 임대료 사례에서 보여주었듯이 어떤 사람이 권리에 대한 계약적 구제책을 보유했다는 것이 그가 권리를 보유했다는 것에서 실제로 결과하지 않는다 해도, 원고가 취득시효에 따라 권리를 가졌을 때 그에게 날인계약소송을 허용해야 한다는 것은 논의의 여지가 있다.[92] 날인계약은 날인증서를 요구하지만, 취득시효는 충분히 훌륭한 날인증서로 볼 수 있다고 판결되었다.[93] 그러면 승계자에게만 승계되는 날인계약과 토지와 함께 넘겨지는 날인계약 간의 경계는 어디인가?

 초기 법을 추가로 검토하면 그 난점은 더욱 경이적이게 된다. 왜냐하면 여기까지 논의한 인적인 물건보증과 병행하여, 아직은 언급하지 않은 다른 물건보증, 즉 특별한 토지에만 책임이 부여되는 물건보증이 있기 때문이다.[94] 인적인 물건보증은 물건보증인과 그의 상속인들만을 구속했다. 에드워드 1세 때 사례에서 판결되었듯이, "물건보증은 양도가 아니라 승계에 의해 주장하는 상속인들에게 언제나 확장되었으므로, 누구도 양수인을 물건보증에 구속할 수 없다."[95] 그러나 특정한 토지가 보증 책임을 질 때, 물건보증은 심지어 왕의 수중으로 가는 경우에도 토지와 함께 이전했다. 왜냐하면 브랙턴이 언급하고 있듯이 물건은 그 물건의 부담과

---

[92] 그 소송은 *the Prior of Woburn's Case*(헨리 6세 『연감』 22권 46, 판결문 36)에 있는 사례이다. 피츠허버트(Fitzherert)의 『잉글랜드법의 새로운 본질』 128 E, 주 (a)에서, **법정의 결정**만이 오로지 시효적 권리를 명령한다고 판결되었고 또한 울타리를 쳐야 하는 의무가 톱니계약서에 의해 만들어졌다면, 원고는 날인계약소송 영장을 발부받게 된다고 판결되었다. 그러나 아래에 있는 본서의 pp. 565~567, 570~572를 참고하라.
[93] 에드워드 1세 『연감』 32 & 33권 430.
[94] 에드워드 1세 『연감』 20권 360.
[95] 에드워드 1세 『연감』 32 & 33권 516.

함께 모든 사람 각자에게 이전하기 때문이다.[96] 『플레타』는 모든 점유자가 책임진다고 서술한다.[97] 부동산점유침탈자도 합법적으로 점유한 사람과 마찬가지로 확실히 책임진다.

이제 우리는 에드워드 3세 때의 한 판례[98]를 검토할 준비가 되었다. 그 사례는 피츠허버트와 코크의 시대부터 세인트 레너즈 경(Lord St. Leonards)[99]과 헨리 롤 씨(Mr. Rawle)[100]에 이르기까지 논의되었고 여전히 법으로 인정되고 있으나 아직은 명쾌하게 설명되지 못한 채 남아있다고 언급되는 사례이다.[101] 그 사례는 판사들이 본 강의에서 심혈을 기울이는

---

[96] "왜냐하면 물건은 사람(분명히 '**부담**'의 오타이다)과 함께 누군가에 의해 양도되기 때문이다." 브랙턴의 『잉글랜드의 법과 관습에 관한 연구』 원문 페이지 382, 382 b.
[97] 『플레타』 6부 23조 17항.
[98] *Pakenham's Case*, 에드워드 3세 『연감』 42권 3, 판결문 14.
[99] (옮긴이 주) 서그든(Edward Burtenshaw Sugden, 1st Baron Saint Leonards, 1781~1875)는 잉글랜드의 법률가, 판사 및 보수적인 정치인이고, 아일랜드 및 잉글랜드의 대법관을 역임했으며, 『부동산 판매자와 구매자 법에 관한 간단한 실무지침서』(*Concise and Practical Treatise on the Law of Vendors and Purchasers of Estates*, V & P, 1805), 『수익권에 관한 길버트의 견해』(*Gilbert on Uses*, Sugden ed.) 등을 저술했다.
[100] (옮긴이 주) William Henry Rawle(1823~1889)은 미국의 법률가이며, 『권리 자격에 대한 날인계약법의 실무지침서』(*A Practical Treatise on the Law of Covenants for Title*, 1852), 『계약법』(*The law of contracts*, 1855), 『실물재산법의 원칙』(*Principles of the law of real property*, 1857) 등을 저술했다.
[101] 서그든(Sugden)의 『부동산 판매자와 구매자 법에 관한 간단한 실무지침서』(14th ed.) 587; 윌리엄 롤(W. H. Rawle)의 『권리 자격에 대한 날인계약법의 실무지침서』(4th ed.) p. 314. 또한 *Vyvyan v. Arthur*, 번월(Barnewell)과 크레스웰(Creswell)의 『왕립법원의 판례집』 1권 410; *Sharp v. Waterhouse*, 엘리스(T. F. Ellis)와 블랙번(C. Blackburn)의 『왕립법원과 재정법원의 판례집』 7권 816, 823 등도 참고하라. (옮긴이 주) *Vyvyan v. Arthur*(1823): 날인계약소송. 임대료가 지급되는 어떤 토지가 원고에게 양도되었고, 원고는 피고에게 토지를 임대했으며, 임차인(피고)은 자신과 양수인을 위해 이웃에 있는 임대인(원고와 그의 양수인)의 방앗간에서 토지에서 자란 모든 곡물을 도정한다는 계약을 맺었다. 법정은, 방앗간과 복귀기대재산(즉 토지)이 동일한 사람(원고)의 수중에 있는 한, 날인계약은 토지와 함께 움직여

두 개념 사이에서 주저하고 있음을 보여준다. 두 개념을 이해한다면, 나는 그 설명이 명쾌해질 것이라고 생각한다.

수도원 원장의 선임자와 원고의 증조부 간에 체결한 날인계약의 위반, 즉 수도원 원장과 성직자들이 원고의 장원 예배당에서 원고와 원고의 가신들을 위해 매주 성가를 부른다는 계약을 위반한 데 대해, 파켄엄(Pakenham)은 날인계약 인수자의 상속인으로서 수도원 원장을 상대로 날인계약소송을 제기했다. 우선 피고는 원고와 원고의 가신들이 그 장원 내에 살고 있지 않다고 진술했지만, 피고는 그 사실에 의존해서는 그 사건을 승소할 수 없다고 판단하여 원고가 상속인이 아니라 그의 형이 상속인이라고 진술했다. 원고의 항변 진술에 따르면, 원고는 장원의 점유자이며, 원고의 증조부가 제삼자에게 영지를 증여했고, 그 제삼자가 원고와 원고의 아내에게 증여했으며, 그에 따라 원고는 증여에 의한 장원의 점유자이며, 피상속인과 동일한 권리관계에 있는 사람이고, 또한 그 성가 서비스는 기억이 나지 않을 정도로 오랜 기간 제공되어 왔다는 것이다.

이런 변론 진술에서 분명한 것은 양수인들이 날인계약에 언급되지 않

야 하고, 두 재산 모두의 양수인(원고)은 날인계약소송을 유지할 수 있다고 판결했다.
(옮긴이 주) *Sharp v. Waterhouse*(1857): S는 L과 W에 의해 영지를 침탈 및 점유당하고 있고, W는 폐기물을 양산하는 방앗간의 주인이며, W는 S가 지닌 면허에 의해 L의 토지 위에 폐기물을 걸러낼 저수지를 만들었고, W는 (토지의 거름으로 쓰이는) 폐기물을 W 자신에게로 운반하도록 허락받기 위한 L의 면허의 약인으로 S에게 깨끗한 물을 공급하는 데 동의했다. 그리고 증거에 따르면 S(자신과 양수인 등)는 (가축에게 필요한) 깨끗한 물과 폐기물을 공급받고 그 폐기물을 거름으로 사용할 권리에 대한 약인으로 W(자신과 그의 양수인 등)가 저수지를 사용하고 배수할 수 있도록 면허를 주는 날인계약을 W와 체결했다. S에게 깨끗한 물을 공급한다는 날인계약이 물을 공급받아야 하는 토지와 함께 움직인다는 것은 법정에 의해 받아들여졌지만, 법정은 폐기물을 처음 언급된 저수지로 보내거나 배수시키도록 W를 **강제**할 수 있는 명시적이거나 암묵적인 날인계약은 존재하지 않는다고 판결했다.

았다는 것이며, 그에 따라 그런 계약이 언제나 그런 형태를 취했다는 것이다.[102] 또한 원고는 두 가지에 근거하려고 노력한 것으로 드러난다. 첫째, 날인계약 인수자의 상속인과 양수인으로서의 동일한 권리관계, 둘째, 성가 서비스는 날인계약이나 취득시효에 의해 장원에 귀속된다는 것과 어떤 원천에서 그 의무가 발생하든 그가 장원점유자로서 날인계약을 유지할 수 있다는 것.

핀치든 판사(Finchden)[103]는 공동상속인들이 토지를 분할하면서 서로에 대해 소송을 포기할 것을 날인계약으로 약속한 사례를 제시했다. 구매자는 날인계약의 혜택을 향유한다. 피고의 대리인인 벨크냅(Belknap)은 동의하면서도 구분을 시도한다. 그 사례에서 의무면제(acquittance)는 사람에게 적용되는 것이 아니라 토지에 적용된다.[104] (즉 그런 의무는 지역권의 유추를 따르며, 그 부담은 준종속적 부동산에 부과되므로, 그 혜택은 지배적 토지와 함께, 언급되었든 그렇지 않든, 양수인에게 돌아가며, 그런 것들은 계약의 관점에서는 전혀 고려되지 않는다. 다른 한편, 물건보증은 순수하면서도 단순한 계약이며, 혈연관계에 따라 이전한다. 즉 물건보증은 토지와 관계되는 것이 아니라 사람과 관계된다.[105])

핀치든에 따르면, 이 사례에는 **더욱 유력한 이유**가 있다. 그 경우 소송은 유지된다. 왜냐하면 원고는 소송이 얼마든지 가능한 토지의 점유자이며, 여기서 그는 예배당이 있는 장원의 점유자이기 때문이다.

위칭엄 판사(Wichingham)에 따르면, 왕이 장원의 점유자인 어떤 사람에

---

[102] 코크(Coke)의 『리틀턴에 관한 주석』 385 a.
[103] (옮긴이 주) William de Finchden은 1366년 에드워드 3세 때 민사법원의 판사로 임명되었다.
[104] 에드워드 3세 『연감』 45권 11, 12에서 임대료에 관한 핀치든(Finchden) 판사의 진술을 참고하라.
[105] 에드워드 3세 『연감』 50권 12, 13, 판결문 2를 참고하라.

게 수렵 허가권을 허락한다면 그는 수렵 허가권을 보유하지만, 그 수렵 허가권은 (장원을) 양도해도 이전되지 않는다. 왜냐하면 수렵 허가권은 장원에 부속되어 있지 않기 때문이다. 더욱이 성가 서비스는 여기서 장원에 부속되어 있는 것 같지 않다.

벨크냅의 견해에 대한 소프 재판장(Thorpe)의 견해에 따르면, "날인계약의 당사자나 그의 상속인을 제외하면 누구도 소송을 제기하지 못하는 날인계약들이 더러 있으며, 날인계약 중 다른 일부는 토지의 상속을 향유하고 그에 따라 양도에 의해 혹은 **다른 방식으로** 토지를 보유한 사람은 누구나 날인계약소송을 제기할 수 있다. (혹은 피츠허버트의 판례 요약문에서 언급하듯이,[106] **토지를 보유한 모든 사람**뿐만 아니라 그 토지의 거주자들도 날인계약소송을 제기할 수 있다.) 그리고 그가 상속인이 아니라고 당신[107]이 말할 때, **그는 혈연관계로 동일한 권리관계에 있는 사람이고, 상속인이 될 수 있다**.[108] 또한 그는 토지의 임차인이며, 그 토지는 장원에 있는 **예배당에 부속되어 있는 물건**이고, 그 결과 장원에 부속되어 있으며, **그에 따라 그 성가 서비스가 기억이 존재하는 모든 기간에 걸쳐서 언제나 제공되었고, 그러므로** 이 소송이 유지되어야 한다고 **그는 언급했다**." 벨크냅은 원고가 그런 취득시효에 의존했다는 것을 부인했지만, 소프는 그가 취득시효에 의존했다고 판결했으며, 우리는 그에 관한 기록을 가지고 있고, 그 사건은 그것으로 끝났다.[109]

지금까지의 논의는 변론 진술에 의해 명시되는 경계선을 따르고 있음을 알 수 있다. 어떤 한 판사는 원고가 장원의 점유자로서 배상받을 자격

---

[106] 피츠허버트(Fitzherert)의 『판례 요약문』, 「날인계약」, 판결문 17.
[107] (옮긴이 주) 피고 혹은 피고의 대리인인 벨크냅.
[108] 『연감』의 두 판본에는 여기에, 새로운 논리의 시작을 알리는, 콜론(:)이 있다.
[109] *Pakenham's Case*, 에드워드 3세 『연감』 42권 3, 판결문 14.

이 있다고 생각했다. 아래 직급의 다른 판사는 의문을 제기했지만, 그 사례가 지역권의 유추에 의거해 논의되어야 한다는 데 동의했다. 재판장은, 원고가 혈연관계로 동일한 권리관계에 있는 사람이고 상속인이 될 수 있다는 근거에서 충분한 동일한 권리관계를 제시한 이후에, 더 유망한 다른 논리에 관심을 기울였으며, 명백하게 그는 그의 견해를 그 다른 논리에 근거한다.[110] 그는 그 소송을 지지하기에 충분할 정도로 취득시효적 권리를 거의 고려한 것처럼 보이며, 매우 분명한 것은 그가 부동산점유침탈자가 원고처럼 동일한 권리를 갖는다고 생각했다는 것이다.

헨리 4세 때, 마지막으로 언급된 사례와 매우 유사한 다른 사례[111]가 날인계약과 관련하여 발생했다. 그러나 이번에는 사실관계들은 역전되었다. 원고는 상속인에 의존했지만, 자신이 장원의 점유자라고 진술하지는 않았다. 피고는 원고의 혈통을 부정하지는 않은 채 본질문제에서 원고가 스스로 권리를 가진 장원의 점유자가 아니라고 변론 진술했다. 따라서 변론 진술에 의해 제기된 문제는, 장원의 점유자가 아닌 날인계약 인수자의 상속인이 소송을 제기할 수 있는가 하는 문제이다. 날인계약을 계약의 측면으로만 접근해야 한다면, 상속인은 날인계약 인수자를 대변하는 그 계약의 당사자이다. 다른 한편, 그 계약을 지역권과 같은 부역의 양도에 해당하는 것으로 취급한다면, 그 계약은 장원의 영주와 맺어진다면 자연

---

[110] 브룩(Brooke)의 『판례 요약문』, 「날인계약」, 판결문 5. 또한 *Spencer's Case*, 코크(Coke)의 『판례집』 5권 16 a, 17 b, 18 a도 참고하라.
[111] *Horne's Case*, 헨리 4세 『연감』 2권 6, 판결문 25.
(옮긴이 주) *Horne's Case*(1400): 원고는 그의 피상속인과 피고의 선임자 사이의 날인계약이 예배당에서 성가를 부르는 것이라고 진술했으며, 원고가 예배당을 아마 소유하지 않았을 것이므로, 비록 그가 얼마만큼 배상받을 것인지는 명확하게 드러나지 않는다 해도, 소송은 허용되었다. 그 계약이 원고에게 속하지 않는 예배당에서 성가를 부르는 것이라면, 그 계약은 토지와 함께 가지 않는다고 판결되었다.

스럽게 장원과 함께 이전할 것이다. 그 날인계약을 장원의 점유자와 체결했는가 혹은 제삼자와 체결했는가에 따라 그런 날인계약은 상이한 방향으로 갈 수 있다. 판사 중 한 사람인 마컴(Markham)[112]이 언급한 바에 따르면, "날인계약소송 영장에서, 어떤 사람이 날인계약소송 영장을 발부받거나 날인계약으로 도움을 받으려 한다면, 그는 날인계약에 대해 동일한 권리관계를 가진 사람이어야 한다. 그러나 뜻밖에도 날인계약을 장원을 상속한 장원의 영주와 체결했다면, 그 계약은 달라질 것이다[113]"라고 말했으며, 그의 주장은 받아들여졌다.[114] 날인계약은 장원에 부속되도록 체결되지 않은 것으로 전제되었으며, 법정은 성가 서비스가 세속적이라기보다는 영적인 것이라고 주장하면서 상속인이 제소할 수 있다고 생각하려는 경향을 보였다.[115] 이렇게 되자 피고는 항변을 끝내고 권리를 포기

---

[112] (옮긴이 주) John Markham(?~?)은 헨리 4세(재위 1399~1413) 통치 시기 전후에 활동했던 민사법원의 판사이다. 왕립법원의 재판장(1461~1469)을 역임한 Sir John Markham(?~1479)의 부친이다.

[113] (옮긴이 주) 날인계약은 장원과 함께 이전하므로 동일한 권리관계를 따질 필요도 없다는 의미이다.

[114] "그것은 받아들여졌다." 또한 *Spencer's Case*, 코크(Coke)의 『판례집』 5권 16 a, 18 a도 참고하라.

[115] 두 가지 의무가 병행해 존재할 수 있다. 브룩(Brooke)의 『판례 요약문』, 「날인계약」, 판결문 32; *Brett v. Cumberland*, 크룩(Croke)의 『판례집』 제임스 1세 521, 523.
(옮긴이 주) *Brett v. Cumberland*(1616): 엘리자베스 1세가 특허장(patent)에 의해 W. Cumberland(임차인)에게 31년간 물방앗간을 임대하면서 보수하도록 했고, 제임스 1세가 복귀재산을 원고에게 양도했으며, 임차인이 점유한 상태에서 사망했다. 복귀재산이 원고에게 양도된 이후에, 임차인이 생전에 그리고 그의 사후에는 유언집행자(피고)가 물방앗간을 보수하지 않았고 그에 따라 목재 등이 부식되었다. 피고는 임차인이 그 물방앗간을 다른 사람에게 양도했고, 그가 그것을 인수하여 여왕에게 그리고 그 후에는 제임스 1세에게 임대료를 지급했고, 그 이후 복귀재산이 원고에게 양도된 이후에는 원고에게 임대료를 지급했다고 항변했다. 본 소송의 첫째 쟁점, 여왕의 인장이 찍혀있는 특허장에 있는 '보수해야 한다'는 조항 등이 임차인과 그의 양수인을 구속하는가 하는 쟁점에 대해서는, 비록 그 조항이

했다. 이 사례가 앞의 사례와 얼마나 완전히 일치하는지는 이제 보게 될 것이다.

마컴이 취한 구분은 코크 경이 보고한 사례에서 아주 명확하게 언급되었다. **처들레이 사건**[116]에 관한 논의에서 경계선이 다음과 같이 그어졌다. "보증인에 관한 물건보증은 그 재산이 귀속되는 동일한 권리관계를 언제나 요구하며,"(즉 최초 날인계약 인수자로부터의 승계) "그리고 수익권에 관한 동일한 법도 그렇다. … 그러나 토지에 부속되는 물건 중 공동이

임대인이 제시한 조항이기는 하지만, 임차인이 그 혜택을 누리고 있으므로 특허장은 톱니계약서와 같이 임차인과 그의 양수인을 강력하게 구속한다고 판결되었다. 둘째 쟁점, 복귀재산의 양수인은 임대조건의 양도 이후에 그리고 복귀재산의 양도 이후에 드러난 날인계약의 위반에 대해 임차인(혹은 그의 유언집행자)과 그의 양수인들을 제소할 수 있는가 하는 쟁점에 대해서는, 상당한 논쟁을 거친 이후에, 특허장은 사실상 날인계약이고, 또한 그 조항들은 토지와 함께 움직이기 때문에, 복귀재산의 양수인은 임차인(그의 유언집행자)과 그의 양수인들을 날인계약의 위반으로 제소할 수 있지만, 그는 단지 배상만 받을 수 있다고 원고 승소가 판결되었다.

[116] (옮긴이 주) *Chudleigh's Case*(1594): 중범죄로 장남이 기소될 가능성 때문에, 증여자는 가족 토지의 몰수를 회피하고자 복잡한 이전을 통하여 자신과 그의 상속인들을 토지 수익권자(cestui que use)로 지정하고 영지수령자들에게 양도했는데, 10년 동안은 자신의 의지에 따라, 다음으로 본인이 살아있는 동안은 영지수령자들을 수익권자로, 그리고 본인 사망 후에는 장남의 손자들을 수익권자로 지정했다. 그가 사망했으나 장남의 부인들에게서 손자가 태어나지 않았다. 영지수령자들은 장남에게 영지를 양도했다. 핵심 쟁점은, 증여자에 의해 창조된 미확정적인 이익(contingent interest), 즉 미래의 토지 수익권이 양도에 의해 만들어지는 미래재산권(remainder)이라면 영지수령자들이 장남에게 영지를 되돌려줌으로써 미확정적인 이익은 제거되었는가 하는 것이다. 이 사건은 헨리 8세 때 만들어졌고 토지 수익권을 제거하고자 했던 수익권 법령(Statute of Uses, 1535)을 처음 적용한 사건이었고, 이 법령은 영지증여를 통해서 토지 소유를 줄이면서 세금을 덜 내고 토지 수익권은 유지하려는 것을 막고자 했다. 이 법령에 따르면 장남에게 토지가 회수되는 순간 태어나지 않은 장남의 아들들의 토지 수익권은 제거된다는 것이다. 즉 판사들은, 미확정적인 미래재산권(contingent remainder)이 존재하기 이전에, 영지수여 혹은 양도에 의한 특별한 재산권의 파괴는 미확정적인 미래재산권을 파괴한다고 판결했다. 이 판례는 토지 수익권에 관한 중세봉건적인 보통법의 전환점을 이루고 있다.

용권(초지, 물 등), 성직 수여권, 및 유사한 부속물과 부대 권리 등에 대해서는 달리 취급될 것이다. … 따라서 부동산점유침탈자, 유산불법점유자, 주거침입자, 혹은 복귀재산을 취득한 영주 등은 그런 권리를 토지에 부속된 물건으로서 소유할 것이다. 그러므로 토지 수익권이나 물건보증, 동일한 권리관계에 있는 토지재산에 부속된 유사한 물건들, 그리고 토지점유에 부속되는 공동이용권, 성직 수여권 및 다른 상속재산 등 간의 다양성을 주목하라."[117] 그리고 이것은 진리에 다가갈 수 있는 가장 가까운 접근법인 것처럼 보인다.

그의 『리틀턴에 관한 주석』(385 a)에서, 코크 경은 보상으로 토지를 양도하도록 당사자를 구속하는 물건보증과 손해만을 배상하게 만드는 토지에 부속된 날인계약을 구분한다. 코크 경의 구분이 물건보증 그리고 영미법상 완화된 현대적 의미에서 토지와 함께 이전한다고 여겨지는 모든 날인계약만 구분한다는 의미라면, 이 진술은 앞의 진술보다는 덜 만족스럽다.

물건보증은 이전에 손해만을 종종 배상하는 날인계약이며, 옛날 법에서 날인계약은 종종 토지로 배상했다. 옛날의 사례들을 검토해보면, 우리는 원고의 청구가 물건으로 존재하는 재산권에 기초하는가 혹은 재산권에 대한 계약에 단순히 근거하는가가 중요하지 않았던 아주 오래된 게르만의 소송절차를 떠올리게 된다.[118] 날인계약소송은 에드워드 1세 때 자유보유부동산에 대해 제기되었으며,[119] 에드워드 3세 때는 방앗간이 날인

---

[117] 코크(Coke)의 『판례집』 1권 122 b; 동일한 사건의 다른 이름인 *Dillon v. Fraine*, 팝햄(Popham)의 『판례집』 70, 71.
  (옮긴이 주) *Dillon v. Fraine*(1594)는 *Chudleigh's Case*(1594)라고 불리기도 한다.
[118] 『앵글로-색슨법에 관한 논문』 248.
[119] 에드워드 1세 『연감』 22권 494, 496.

계약에 의해 창조된 지역권에 적합하지 않을 때 그 방앗간은 날인계약소송에 의해 철거할 수도 있었다.[120] 그러나 코크는 어떤 결정적인 학설을 만들려고 의도한 것 같지는 않다. 왜냐하면 그의 결론은 "**많은 사례에서** 날인계약은 물건보증 외에도 다양한 영역으로 더 확대되었다"였기 때문이다. 추가로, 이런 진술은 코크 경이 의미한 것처럼 물건보증과 지역권 성격의 권리 혹은 그런 권리를 창조하는 날인계약 간의 다른 더욱 중요한 구분과 완전하게 일치했다. 왜냐하면 코크 경의 예시는 사실상『연감』에서 바로 언급되는 그런 사례만을 나타내는 날인계약, 즉 지역권을 창조하는 날인계약에 한정되었기 때문이다.

그러나 후대의 저술가들은 문제의 구분을 전적으로 망각했고, 그에 따라 모순적인 원칙들 간에 논란 많은 경계선을 확정하는 데 실패했다. 물건보증을 유추함으로써 출발했던 날인계약들과 지역권의 용어와 그 추론을 적용했던 다른 날인계약들은 토지와 함께 이전하는 날인계약이란 제목 하에서 함께 혼용되었다. "토지와 함께 이전한다"는 문구는 지역권처럼 이전되는 날인계약에만 적절하다. 그러나 우리는 그 구절이 어떻게 더 느슨하게 사용되었는지를 쉽게 알 수 있다.

이미 보여주었듯이, 권리 자격에 대한 날인계약은, 물건보증처럼, 원래 날인계약 인수자의 승계자에게만 양도되었다. 그 규칙에 대한 전문적인 표현에 따르면, 그 계약들은 동일한 권리관계에 있는 부동산에 부속되어 있다. "부동산"이란 용어의 전문적인 용도를 간과하기는 아주 용이하고, 또한 그런 날인계약이 토지와 함께 이전한다고 말하기도 쉽다. 이런 일이 실제로 저질러졌고, 모든 구분은 즉각적으로 의문스럽게 되어버렸다. 양

---

[120] 에드워드 3세『연감』4권 57, 판결문 71; 앞의 사건, 에드워드 3세『연감』7권 65, 판결문 67.

수인에 대한 언급은 양수인에게 고전적인 물건보증의 혜택을 확실히 부여했으므로, 권리 자격에 대한 날인계약에서도 양수인을 아마 언급해야 했다.[121] 왜냐하면 이것은 동일한 권리관계가 있는 당사자에게만 허용되는 그런 날인계약의 공식적인 특징이었던 것 같기 때문이다. 그러나 지역권과 그에 유사한 것을 토지에 부속시키려면 양수인을 언급할 필요는 없다. 토지와 함께 이전하는 날인계약에 대해서는 다른 어떤 계약보다 양수인을 왜 언급해야 했는가? 그리고 언급해야 했다면, 다른 모든 날인계약에 대해서는 언급할 필요가 없었는가?[122] 현대에 그런 언급의 필요성은 코크 경의 기발한 규칙에 의해 규제된다고 생각되었다.[123] 다른 한편,

---

[121] 브랙턴(Bracton)의 『잉글랜드의 법과 관습에 관한 연구』 원문 페이지 17 b, 37 b; 『플레타』 3부 14조 6항; 『브리틴』(Britton, Nichol 편집) 1권 223, 233, 244, 255, 312; 『판례 모음집』 p. 308, col 2, Dunelm 사건 43 (33 I.); 에드워드 1세 『연감』 20권 232; 코크(Coke)의 『리틀턴에 관한 주석』 384 b.

[122] *Hyde v. Dean of Windsor*, 크룩(Croke)의 『판례집』 엘리자베스 1세 552.
(옮긴이 주) *Hyde v. Dean of Windsor*(1594): 수석사제와 수도회 총회가 톱니계약서에 의해 A에게 주택을 일정 기간 임대했고, A는 임대기간 동안 필요할 경우 주택을 보수하기로 계약했다. A가 하이드(Hyde)에게 그의 재산을 양도하고는 사망했다. 주택을 보수하지 않은 데 대해 하이드를 상대로 날인계약소송이 제기되었고, 원고 승소가 판결되었다. 판결오류심사소송이 진행되었지만, 양수인을 상대로 하는 날인계약소송은 성립한다고 판결되었다. 왜냐하면 날인계약은 토지와 함께 이전하기 때문이다.

[123] *Spencer's Case*, 코크(Coke)의 『판례집』 5권 16 a. 또한 *Minshull v. Oakes*, 헐스톤(Hurlstone)과 노먼(Norman)의 『잉글랜드 재정법원의 판례집』 2권 793, 807도 참고하라.
(옮긴이 주) *Minshull v. Oakes*(1858): 톱니계약서에 의해서, A는 63년 동안 B(와 그의 유언집행자, 유산관리인, 양수인)에게 가옥과 토지를 임대하기로 계약했고, B에게 토지에 어떤 건축물을 세울 자유와 더불어, B는 자신과 그의 상속인, 유언집행자 및 유산관리인(양수인은 언급되지 않음)을 위해 그와 그의 상속인, 유언집행자, 유산관리인 혹은 양수인이 예약된 임대료를 지급할 것을 계약했으며, 그, 그의 유언집행자 혹은 유산관리인은 가옥, 농장, 헛간, 마구간, 그 외에 임대기간에 세울 모든 건축물을 보수하기로 계약했다. 피고는 가옥 등과 임대기간에 세워진 건축물들을 보수하지 않은 채로 원고에게 양도했다고 제소되었다. 날인계약은 새로운 어떤 것을 하라는 계약이 아니고, 조건적으로 어떤 것을 한다는 계약, 즉 새로

동일한 권리관계와는 무관하게 양도되는 날인계약이 물건보증을 규제하는 동일한 규칙에 의해 규제되지는 않겠는가 하는 문제가 제기되었다.

이런 문제는 그 문제의 중요성을 상실하지는 않았다. 권리 자격에 대한 날인계약은 모든 날인증서에 있으며, 다른 부류에 속하는 다른 날인계약들은 오히려 덜 일반적이다. 이에 대해서는 앞으로 설명할 것이다.

이런 계약 중에서 최우선인 것은 보수하겠다는 날인계약이다. 울타리를 치는 것과 관련된 지역권은 토지에 부속될 수 있다고 이미 주장되었으며, 그때 다른 사람에게 그런 구조물을 건축하도록 요구할 권리와 이미 건축된 구조물을 그에게 보수하도록 요구할 권리 간에 존재하는 종류의 차이가 무엇인가 하는 의문이 제기되었다. 유사성이 인정될 만한 증거는 부족하다. 그런 보수와 관련된 날인계약은 있다고 해도 임차인의 경우를 제외하면 거의 체결되지 않기 때문에, 동일한 권리관계는 원래의 당사자들에게만 항상 존재한다. 왜냐하면 임차는 부동산점유침탈에 의해서는 취득될 수 없고, 복귀기대재산도 그런 침탈에 의해서는 취득되지 않기 때문이다.

윈저 성 수석사제 사건은 그런 날인계약이 비록 이름이 거명되지는 않는다 해도 그 조건의 양수인을 구속한다고 판결한다. 그것은 가장 권위

운 건물을 임대된 부동산에 세운다면, 보수한다는 계약이고, 건물이 세워지면 그 건물은 임대된 부동산의 일부를 구성하므로, 양수인은 비록 거명되지 않았다 해도 보수할 책임이 있다고 판결되었다. 환언하면 존재하거나 존재할 수 있는 그런 건물을 보수한다는 날인계약은, 비록 양수인이 명시적으로 언급되지 않는다 해도, 토지와 함께 이전한다고 원고 승소가 판결되었다.
(옮긴이 주) 코크 경 시대의 *Spencer's Case*(1583)에 따르면, 실제 존재하는 물건에 대해서는 양수인이 언급되지 않아도 날인계약은 양수인을 구속하지만, 존재하지 않은 물건에 대해서는 양수인이 언급되어야만 날인계약은 양수인을 구속한다. 반면 현대 판례인 *Minshull v. Oakes*(1858)에 따르면, 존재하지 않은 물건에 대해서도 양수인이 언급되지 않아도 날인계약은 양수인을 구속한다.

있는 두 저서, 하나는 판례기록원이었던 코크 경의 저서, 다른 하나는 역시 판사였던 크록의 저서에 실려 있다. 크록은 그 이유를 다음과 같이 제시한다. "왜냐하면 비록 양수인이 그 날인계약에 거명되지 않았다 해도, **토지는 그 부담과 함께 이전하므로**, 토지와 함께 이전하고 또한 토지와 함께 머무르는 날인계약은 보통법에서 양수인을 위하거나 양수인에 대항하여 효력을 갖기 때문이다."[124] 이것은 지역권을 규제하는 이유이고, 날인계약이 토지의 일부를 물건보증에 구속함으로써 모든 점유자가 책임을 지도록 만드는 것을 설명하려고 사용된 바로 그 문구이다. 코크는 "임대된 물건을 유지하는 데까지 확장된 그런 날인계약은 **어느 정도까지는** 임대된 물건의 부속물이며, 그 물건과 함께 움직인다"라고 말한다. 이는 환언하면 지역권의 표현이다. 그리고 이것을 더 명백하게 만들기 위해, 필요할 경우, "어떤 사람이 집을 수선하려고 자기 토지에서 자라는 목재를 다른 사람에게 양도한다면, 그 목재는 그 집에 부속된다"[125]는 것

---

[124] *Hyde v. Dean of Windsor*, 크록(Croke)의 『판례집』 엘리자베스 1세 552, 553; 앞의 사건, 앞의 책 457. 또한 *Bally v. Wells*, 윌슨(G. Wilson)의 『왕립법원의 판례집』 3권 25, 29도 참고하라.
(옮긴이 주) *Bally v. Wells*(1769): 날인계약에 의해서, 원고는 농장과 토지에서 나오는 십일조 수익(tith)을 6년 동안 W와 그의 상속인, 유언집행자, 유산관리인 및 양수인에게 양도하고 임대료를 받기로 약속했다. 추가로 원고의 승낙 없이는 W와 그 양수인 등은 현재 점유하고 있는 농장을 임대하지 않기로 약속했다. 다음 해에 W는 그의 임대 십일조 수익을 피고에게 양도했고, 피고는 원고의 승낙도 없이 여러 농부에게 농장을 임대했다. 피고를 상대로 날인계약 위반 소송이 제기되었다. 원고 승소가 평결되었고, 피고는 임대 십일조 수익이 실체가 없는 것(incorporeal)이므로 날인계약과 십일조 수익은 함께 이전할 수 없다고 이의를 제기했다. 재심에서 날인계약은 토지와 함께 이전할 수 있듯이 무형의 상속재산(incorporeal hereditament)도 함께 이전할 수 있다고 판결되었다.

[125] *Dean of Windsor's Case*, 코크(Coke)의 『판례집』 5권 24 a; 앞의 사건, 무어(F. Moore)의 『판례집』 399. 또한 브룩(Brooke)의 『판례 요약문』, 「날인계약」, 판결문 32도 참고하라. 추가로 *Conan v. Kemise*, 윌리엄 존스(W. Jones)의 『보관관계법에 관한 논문』 245(찰스 1세 7년)도 참고하라.

이 추가되었다. 코크 경이 우리에게 말했듯이, 수선을 위한 목재는 다른 공동사용권과 유사하게[126] 부동산점유침탈자에게 양도된 토지와도 함께 움직였다.

그 다음 왕 시대[127]에는 복귀기대재산의 양수인도 유사한 방식으로 날인계약의 혜택을 향유할 자격이 있다고 판결되었다. 왜냐하면 "토지와 함께 이동하는 것은 날인계약이기" 때문이다.[128] 동일한 판결은, 더욱더 명백한 이유를 가지고, 15에이커를 방목장 용도로 개간하지 않은 상태로 남기려 하는 날인계약에 적용되었으며, 그 날인계약은 거명되지 않은 양

(옮긴이 주) *Conan v. Kemise*(1631): 사실관계는 검색되지 않음. 부동산의 분할은 토지와 함께 이전되는 날인계약의 부담에서 부분적인 양수인의 책임을 면제시켜 주지 않으며, 그에 따라 양수인이 부분만을 양수했다면, 그는 그 부분을 보수하지 않은 것에 대한 날인계약소송에 책임이 있다고 판결되었다.

[126] 피츠허버트(Fitzherert)의 『잉글랜드법의 새로운 본질』 181 N; *Sir Henry Nevil's Case*, 플로우든(Plowden)의 『주석』 377, 381.

[127] (옮긴이 주) 제임스 1세.

[128] *Ewre v. Strickland*, 크록(Croke)의 『판례집』 제임스 1세 240. 또한 *Brett v. Cumberland*, 헨리 롤(H. Rolle)의 『왕립법원의 판례집』 1권 359, 360 "그들이 법을 수용할 때"; 앞의 사건, 크록(Croke)의 『판례집』 제임스 1세 399, 521 등도 참고하라.

(옮긴이 주) *Ewre v. Strickland*(1609): 엘리자베스 1세는 자신의 봉토와 건물 등을 그녀 자신의 인장이 찍힌 특허장에 의해 21년간 피고에게 임대했고, 그 특허장에 의해 피고, 그의 유언집행자 및 양수인들은 때때로 건물과 울타리 등을 보수하고 임대기간 말에는 그것들을 충분히 보수된 상태로 만들 의무가 있었다. 그리고 여왕은 인장이 찍힌 특허장에 의해 복귀기대재산을 B와 A 및 그들의 상속인들에게 양도했고, 이들은 톱니계약서에 의해 복귀기대재산을 원고 등에게 매각했으며, 봉토와 건물을 보수하지 않은 것에 대해 원고가 피고를 상대로 날인계약소송을 제기했다. 원고 승소가 판결되었지만, 그 후 여왕의 특허장은 임차인이 수용만 했을 뿐이고 자신이 작성하지 않았기 때문에, 보수해야 한다는 조항이 임차인의 입장에서 자신과 양수인들을 구속하는 날인계약으로 받아들여지고 또한 그렇게 해석되어야 하는가 하는 문제로 이의가 제기되었다. 그렇게 받아들이고 해석되어야 한다고 판결되었다. 왜냐하면 임차인이 그것을 수용할 때, 그는 그 특허장에 있는 모든 조항을 승낙한 것이고, 건물과 울타리를 유지·보수한다는 문장의 그 용어들은 그에 의해 언급된 것으로 인정되며, 날인계약은 토지와 함께 이전하기 때문이다.

수인을 구속한다고 판결되었다.[129] 그리고 그 판결은 토지를 적절히 비옥하게 유지하려는 날인계약에도 적용되었다.[130]

이런 유형의 판결을 유도했던 지역권의 유추가 철저히 추구되는 경우, 만약 다른 사실관계들이 날인계약에 관련된 문제를 제기한다면, 부동산점유침탈자도 그 날인계약에 의거해 제소하거나 제소당할 수 있다. 날인계약에 관한 새로운 주장을 제외하면,[131] 그 주장의 수용을 방해할 만한 것은 전혀 없다. 위에서 언급했듯이, 날인계약의 용어들은 지역권을 토지에 부속시킬 수 있으며, 양도의 용어들은 날인계약을 함축할 수 있다. 권리가 하나이고 동일한 용어들이 양도증서와 날인계약을 만드는 데 사용된 경우, 부동산점유침탈자에게 한 가지 구제책을 주면서 그에게 다른 구제책을 거부하는 것은 오히려 편협한 생각일 것이다.[132]

---

[129] *Cockson v. Cock*, 크록(Croke)의 『판례집』 제임스 1세 125.
(옮긴이 주) *Cockson v. Cock*(1606): 임대에 관한 톱니계약서에 의해 원고는 자신, 그의 유언집행자, 유산관리인을 위해 일정한 크기의 목장을 매년 경작되지 않은 상태로 남겨두기로 D와 계약했고, D는 피고에게 그의 부동산을 양도했지만, 피고는 목장 전부를 매년 경작했고, 원고는 계약 위반을 이유로 소송을 제기했다. 피고는 양수인이 거명되지 않았으므로, 어떤 날인계약도 양수인을 구속하지 않는다고 항변했다. 이 날인계약은, 비록 양수인이 거론되지 않았다 해도, 피고가 준수해야 한다고 판결되었다. 왜냐하면 새로운 것을 세우는 것과 같이 부차적인 날인계약(collateral covenant)을 수행하는 것은 거명되지 않는 한 양수인을 구속하지 않지만, 이 날인계약은 토지의 성격에 따라 부동산의 혜택을 위해 존재하기 때문이다.

[130] *Sale v. Kitchingham*, 호지스(Hodges)의 『민사법원 판례집』(*Reports, Common Pleas*) 10권 158 (앤 12년).
(옮긴이 주) *Sale v. Kitchingham*(1713): 6년의 임대기간 동안 임차인이 토지에 석회를 뿌리고 비료를 주어야 한다는 날인계약의 위반을 이유로 임대인의 상속인으로서 원고가 소송을 제기했다. 피고는 날인계약은 개인적인 소송이며, 그에 따라 유언집행자가 본 소송을 제기할 자격이 있는 적절한 사람이라고 이의를 제기했다. 날인계약이 토지와 관련되는 경우, 날인계약은 토지와 함께 이전되고, 복귀기대재산도 함께 이전되며, 상속인은 날인계약소송을 제기할 수 있다고 판결되었다.

[131] (옮긴이 주) 여기서 새로운 주장은, 날인계약이 존재하는 물건에 대해서는 거명되지 않은 양수인을 구속한다는 것이다.

그러나 공통적으로 사용되는 문구[133]는 그 주제와 연관된 이런 문제와 모든 다른 문제에 대해 의문과 불명확성을 던져준다. 이미 언급했듯이, 그것은, 토지와 함께 이동한다는 날인계약이란 이름 하에서, 권리 자격에 대한 날인계약과 방금 논의된 부류의 계약들을 혼동한 결과일 뿐이다. 일반적인 견해에 따르면, 날인계약자의 양수인들을 구속하려면, 후자 부류[134]의 사례에서 날인계약자와 날인계약 인수자 간에 부동산에 대한 동일한 권리관계가 있어야 한다. 일부 학자들은 이런 동일한 권리관계가 보유관계라고 생각하고, 다른 학자들은 날인계약자의 토지에서 날인계약 인수자의 이해관계라고 생각한다.[135] 첫째 개념은 거짓이고, 둘째 개념은 오류이며, 그 개념들이 적용된 주장은 근거가 없다. 부동산의 동일한 권리관계는, 보통법에서 날인계약과 관련하여 사용되듯이, 보유관계나 지역권을 의미하지는 않는다. 그것은 권리 자격의 승계를 의미한다.[136] 동일한 권리관계는, 현재의 소유자와 원래의 날인계약 인수자 사이를 제외하면, 날인계약자와 날인계약 인수자 혹은 어떤 다른 사람들 간에는 결코 필요하지 않다. 그리고 날인계약이 계약의 측면에서 전적으로 고려될 때 그 혜택이 토지와 함께 가는 것이 아니라 승계의 방식에 의해 이동

---

[132] 본서의 앞에 있는 pp. 560~563, 566~567, 570~572. 그러나 *Rowbotham v. Wilson*, 『상원 판례집』 8권 348, 362에서 웬즐리데일(Wensleydale) 경의 진술을 참조하고, 임대료에 관해서는 본서의 앞에 있는 pp. 557~558을 참고하라.
[133] (옮긴이 주) '동일한 권리관계.'
[134] (옮긴이 주) 토지 이외의 물건과 관련된 날인계약을 지칭한다.
[135] 켄트의 『미국법에 대한 주석』 4권(12th ed.) 480, 주 1.
[136] 동일한 권리관계(privity)는 평생 혹은 몇 년 동안의 임차인과 복귀기대재산 소유자 사이의 관계를 묘사하는 데에 있어서 약간 상이한 관점에서 사용되었다. 그들 간의 동일한 권리관계는 그들이 동일한 한 사람의 임차인이라는 것과 그들 간에 유일한 **인격**을 유지한다는 것의 우연적인 결과로서 나타난다(옮긴이 주: 봉건시대에 왕을 제외하면 모든 사람이 임차인의 지위를 갖는다. 즉 영주는 왕의 임차인이고, 영주의 신하는 영주의 임차인이며, 최말단의 농노도 역시 임차인이다).

하는 경우, 그 동일한 권리관계는 (물건보증과 아마도 권리 자격에 대한 날인계약과 같은) 그런 날인계약에서 현재 소유자와 원래의 날인계약 인수자 간에만 원칙적으로 필요하다.

날인계약의 이런 두 부류 사이에 경계선이 어디에서 그어져야 하는가 하는 문제를 이 긴 논의 마지막에서 이제 다시 제기해야 한다면, 그 대답은 권위 있는 선례들을 검토해보면 필연적으로 모호할 수밖에 없다. 다음의 명제들은 이 문제를 해결하는 데 어느 정도 도움이 될 수 있다.

A. 토지(land)와 함께 움직이는 날인계약과 관련하여.

(1) 간단히 언급하면, 전통이나 건전한 상식에 의해 의무가 날인계약자의 토지에 부과된다고 언급할 경우, 그런 부담의 발생은 이론적으로 날인계약 인수자에게로 그 토지에 있는 부분적인 이해관계를 양도하거나 이전함을 의미한다. 그렇게 발생한 재산권은 토지의 모든 점유자에 대항하여 주장할 수 있으므로, 재산권을 날인계약소송에 의해 주장하도록 허용하는 것은 터무니없지도 불합리하지도 않다.

(2) 그런 권리를 이웃 토지에게 혜택을 주기 위해 이웃 토지 소유자에게 양도하는 경우, 그 권리는 토지에 부속될 것이며, 그 권리는 토지와 함께 모든 사람의 수중으로 이동한다. 날인계약소송은 거명되지 않은 양수인에게도 허용될 것이며, 그 권리를 부동산점유침탈자에게 제공하는 것도 불합리하지 않다.

(3) 어떤 서비스의 한 사례에 따르면, 그 서비스의 부담은 심지어 이론적으로도 토지에 부과되지는 않지만, 그 서비스의 혜택은 보통법에서 그 혜택을 받는 토지와 함께 이동할 수 있다. 이 사례는 날인계약에 의해 성가를 부르는 사례와 유사한 사례이다. 그 서비스는, 비록 토지에 부과되지는 않을지라도, 이웃에 영원히 위치해 있는 어떤 단체에 의해 수행되

어야 한다고 주장할 수 있다. 그와 유사한 사례들은 이제는 나타날 것 같지 않다.

B. 토지부동산보유권(estate in the land)[137]과 오로지 함께 이동하는 날인계약에 관하여.

일반적으로 그 혜택이 양도증서에는 비견될 수 없고 또한 그 부담이 토지에 떨어지지 않는 날인계약의 혜택은 날인계약 인수자와 그의 **인격**을 유지시킬 수 있는 사람들, 즉 그의 유언집행자나 상속인들에 한정된다. 원래의 모습과 그 형태가 고대의 물건보증이었고 또한 권리 자격에 대한 현대적인 날인계약이 현재의 예시라고 할 수 있는 어떤 사례들에서, 승계할 수 있는 범위는 양수인을 언급함으로써 확대되었으며, 양수인들은 그 계약의 목적을 위해 원래의 날인계약 인수자를 대변하도록 아직도 허용되고 있다. 그러나 계약의 당사자 이외의 어떤 다른 사람은, 승계의 방식에 의해서만, 그 계약에 의거해 제소할 수 있다. 따라서 원고는 언제나 부동산에서 날인계약 인수자와 동일한 권리관계에 있는 당사자여야 한다.

C. 그러나 잉글랜드법에서 토지와 함께 움직이는 날인계약)의 부류에 속하기 위해서는 어떤 권리를 보유해야 할 것인가 혹은 두 가지 부류를 어떻게 구분할 것인가를, 일반적 추론에 의해, 언급하는 것은 불가능하다. 권위 있는 판례들은 임의적인 사실관계로서만 참조되어야 한다. 첫째

---

[137] (옮긴이 주) 토지부동산보유권(estate in the land)은 부동산 보유와 관련되는 권리 및 이해관계들을 총칭한다. 대표적인 토지부동산보유권으로 소유기간이 무한대인 자유보유부동산(freehold), 임대기간이 종료되면 소유자에게 귀속되는 부동산임차권(leasehold)이 있다.

부류의 판단 기준은 그 서비스가 본질적으로 양도 가능한 것인가 여부이며 그 결과 그 서비스가 순수하게 날인계약에 의존한다면, 그 서비스는 토지를 따라 움직이지 않는 것처럼 종종 보인다고 해도,[138] 그럼에도 만약 이런 첫째 부류의 판단기준이 수용된다면, 전통과는 별도로, 토지와 함께 정말로 움직이는 어떤 서비스는 날인계약의 내용에 따라 오로지 결정된다는 것은 이미 보여주었다. 일조권과 통풍권의 양도, 즉 잘 확립된 지역권은 일조권이 침해되므로 종속적 토지에 건물을 짓지 않겠다는 날인계약이라고 파크 남작이 명명했다.[139] 그리고 이런 견해가 의문스러울 수 있다 해도,[140] 이미 보여주었듯이, 울타리 설치를 요구할 수 있는 지역권처럼 종속적 토지로부터 부여받은 잘 확립된 지역권을 검토해보면, 보통법이 수많은 서비스를 유사한 방식으로 토지에 부속시키도록 허락한다면 단지 계약의 문제일 뿐이라고 할 수 있는 그런 수많은 서비스[141]가, 적어도, 그런 지역권보다는 더 적절한 권리라고 할 수 있다. 수선할

---

[138] *Rowbotham v. Wilson*, 『상원 판례집』 8권 348, 362에 있는 웬즐리데일(Wensleydale) 경의 진술.

[139] *Harbidge v. Warwick*, 『잉글랜드 판례집』 재정법원 3권 552, 556.
(옮긴이 주) *Harbidge v. Warwick*(1849): 원고는 이웃집에서 울타리를 쌓아올림으로써 60년 이상 거주한 자신의 주택의 일조권이 침해되었다고 주장하면서 20년의 일조권 시효취득을 이유로 울타리를 철거하라는 소송을 제기했다. 피고의 토지는 원고와 원고의 부친 등이 보유했던 토지이고, 그들에게서 임차해온 토지였다. 두 토지를 동일인이 소유해 왔으므로, 두 토지의 소유가 다르다는 전제에서 시효취득을 인정하는 법리상 원고는 시효취득을 주장할 수 없다고 판결되었다.

[140] *Rowbotham v. Wilson*, 엘리스(T. F. Ellis)와 블랙번(C. Blackburn)의 『왕립법원과 재정법원의 판례집』 8권 123, 143, 144.

[141] (옮긴이 주) 이를테면 날인계약으로 토지에 울타리를 설치하거나 석회를 살포하거나 토지의 임대료를 내는 것 등과 같은 서비스가 날인계약으로 유추될 수 있는 지역권보다는 더 나은 권리라는 의미이다. 그렇지만 날인계약으로 유추되는 지역권도 판례들에 따르면 날인계약으로 인정되고 있고 또한 날인계약에 의한 일부 서비스도 지역권에서 유추되기도 하므로 어느 서비스가 더 나은 권리냐에 대해선 불분명할 수도 있다.

의무는 날인계약의 방식으로만 존재하며, 그럼에도 선도 판례들의 추론은 지역권에 관한 법에서 유도되고 있다. 다른 한편 임차된 토지에 임차인이 울타리를 설치한다는 날인계약은, **스펜서의 사례**에서, 거명되지 않는 한 양수인을 구속할 수 없다고 판결되었지만,[142] 코크 경은, 그 계약이 구속하려는 목표를 갖는다면, 그 계약이 양수인들에게 구속력을 갖는다고 언급한다. 물건보증을 날인계약에 유추하는 것은 그런 현상을 유발했으며, 그 사례의 기본 원칙에 의문을 제기하게 만들었다. 우리는, 관습에 의해 또한 새롭고 색다른 부담들이 토지에 부과될 수 없다는 규칙에 의해, 그 법의 적용을 제한받는다고만 말할 수 있을 뿐이다.

이 강의의 일반적인 목적은, 특별한 권리를 발생시키는 사실관계들이 어떤 사람에게 진실이 아닐 때, 그 사람이 그 특별한 권리를 향유하게 하려면 어떤 원칙이 필요한지를 설명하는 이론을 발견하는 것이다. 지역권의 양도는 설명해야 할 한 가지 사례로서 등장했고, 그것은 현재 분석되었으며, 지역권이 법에 어떤 영향을 미쳤는지도 추적되었다. 그러나 그런 양도의 원칙은 분명히 이례적이고, 법의 일반적인 학설에는 영향을 미치지 않았다. 여기서 일반적인 학설이란 취득시효, 물건보증, 그리고 물건보증을 날인계약에 유추하는 것 등에서 예시한 학설을 말한다. 아직 언급하지 않은 다른 예시는 수익권법에서 찾을 수 있다.

옛날에 수익권은 재산소송권(chose in action)[143]이었다. 즉 그것은 계약의

---

[142] 코크(Coke)의 『판례집』 5권 16, a.
[143] (옮긴이 주) 재산소송권(chose in action)은 기본적으로 소송할 권리를 지칭하며, 법으로 인정되고 보호받는 무형의 재산권이지만, 법의 인식과는 별도로 실체가 없는 권리이다. 이를테면 법적인 소송절차에 의해 채무의 변제를 강제할 권리, 계약에 따른 손해배상 소송절차를 거쳐 돈을 취득할 권리, 혹은 부당행위에 대해 보상을 수취할 권리 등을 지칭한다.

관점과 매우 유사한 관점에서 검토되었으며, 그것은 다른 사례들과 유사한 역사를 거쳤다. 그런 비밀스러운 신탁의 증거자료를 법적으로 상속인들에 대해서도 심지어 허용해야 하는가가 처음에는 의문스러웠다.[144] 그러나 그것은 결국 허용되었으며,[145] 그 다음에 승계의 원칙은 양수인에게까지 확대되었다. 그러나 승계의 원칙은 결코 더 이상 확대되지 않았다. 부동산 수익권과 관련해 원래의 영지수령자(feoffee)와 동일한 권리관계에 있는 당사자들만 수익권에 의해 구속받았다. 부동산점유침탈자는 그의 부동산점유피침탈자의 보증인을 증인으로 내세울 자격이 없는 것과 마찬가지로, 그의 부동산점유피침탈자의 신뢰(confidence)[146]에 의해서도 구속받지 않는다. 헨리 8세 때 판결에 따르면, "수익권이 존재하기 위해서는, 신뢰와 동일한 권리관계 두 가지가 있어야 한다. … 본인이 언급했듯이, 동일한 권리관계나 신뢰가 없다면, 그때 수익권도 존재할 수 없다. 따라서 영지수령자들이 그 수익권을 통보받은 사람에게 영지를 제공한다면, 최초 영지수여자(feoffor)와 마지막 영지수령자 간에는 동일한 권리관계가 충분히 존재하므로, 이제 법은 마지막 영지수령자가 최초 수익권을 얻어 점유하고 있다고 판결할 것이다. 왜냐하면 그(즉 최초의 영지수여자)가 보증을 했다면, 그(마지막 영지수령자)는 동일한 권리관계를 입증하는 양수인으로서 증언해야 하기 때문이며, 마지막 영지수령자는 중간 영지수령자들을 **경유하여** 동일한 권리관계에 있게 되기 때문이다. 그러나 복

---

[144] 에드워드 4세 『연감』 8권 5, 6, 판결문 1; 에드워드 4세 『연감』 22권 6, 판결문 18. 또한 에드워드 4세 『연감』 5권 7, 판결문 16도 참고하라.

[145] 케일웨이(R. Keilway)의 『판례집』 42 b, 46 b; 블랙스톤(W. Blackstone)의 『잉글랜드법에 대한 주석』 2권 329 등을 참고하라.

[146] (옮긴이 주) 신뢰(confidence)는 신탁과 관련하여 피신탁인이 신탁받은 부동산을 잘 관리하고 그에 따른 수익을 동일한 권리관계에 있는 사람에게 전달하는 것 등에 대한 신탁인의 믿음을 의미한다. 이런 신뢰가 존재하지 않는다면 신탁은 성립될 수 없다.

귀재산의 영주나 부동산점유침탈자처럼 어떤 사람이 **나중에** 토지를 점유하게 되면, 그때 동일한 권리관계가 없으므로 수익권은 변질되고 변동한다."[147]

오늘날까지 신탁은 동일한 권리관계로 사람과 재산에 부속된다(이것은 **인격**에 부속됨을 의미한다)고 판결되었다.[148] 신탁은 임대료처럼 토지에서 발생하는 것으로 간주되지 않으며, 그에 따라 임대료가 토지를 보유한 모든 사람을 어떻든 구속하는 반면에, 부동산점유침탈자는 신탁에 의해 구속받지 않는다.[149] 영주가 복귀재산을 취득한 사례에 대해서는 의문이 제기되었으며,[150] 그 영주가 **준상속인**으로서 등장하는가 혹은 제삼자

---

[147] 헨리 8세 『연감』 14권 6, 판결문 5. 또한 *Chudleigh's Case*, 코크(Coke)의 『판례집』 1권 120a, 122 b; 앞의 사건의 다른 이름인 *Dillon v. Fraine*, 팝햄(Popham)의 『판례집』 70~72 등도 참고하라.

[148] 르윈(Lewin)의 『신탁』(*Trusts*, 1837) 1장(7th ed.) pp. 16, 15.

[149] 로마법 대전의 『법학개요』 4부 85절; 서그든(Sugden) 편집 『수익권에 관한 길버트의 견해』 429, 주 (6); 르윈(Lewin)의 『신탁』(7th ed.) 1장 pp. 15, 228.

[150] *Burgess v. Wheate*, 이든(R. H. Eden)의 『고등법원의 판례집』(*Reports of Cases in the High Court of Chancery*, 1757~1827) 1권, 177, 203, 246.
(옮긴이 주) *Burgess v. Wheate, Attorney General v. Wheate*(1759): 부친의 봉토를 상속받고 소유하고 있는 A는 그녀 자신, 그녀의 상속인 및 양수인들을 위해 피신탁인에게 신탁 용도로 자신의 부동산을 양도했고, A는 재산귀속에 대한 지정도 하지 않은 채 그리고 부친 쪽의 상속인도 없이 사망했다. 원고 버제스(Burgess)는 A의 모친 쪽의 상속인이었고, 피신탁인과 그의 사망 이후에는 그의 대변자(피고)를 상대로 소송을 제기했으며, 법무장관도 복귀재산을 위해 왕을 대리하여 피고를 상대로 소송을 제기했다. 판사 다수는 ① 모친 쪽의 상속인은 (피신탁인 등이 어떤 때 A의 요청에 따라 양도하기로 계약한) 일부의 부동산을 제외하면 소유할 자격이 없고, 그에 따라 나머지 부동산에 대한 원고의 청구는 기각되어야 하며, ② 토지 임차인이 존재하는 경우 신탁이 결정적으로 확정되므로, 복귀재산을 청구하는 왕은 피신탁인에게서 양도를 강제할 수 있는 자격을 갖지 못한다(그러나 피신탁인의 권리에 대해서는 아무런 견해도 제시되지 않았다)는 이유로, 왕의 대리인(법무장관)의 청구도 전적으로 기각되어야 한다고 원고(버제스와 법무장관) 패소를 판결했다. 그러나 맨스필드(Mansfield) 재판장은 복귀재산(escheat)에 의해 왕이 토지에 대한 자격이 있다는 소수의 의견을 제시했다.

로서 등장하는가에 관해 브랙턴과 후대의 저술가들 사이에 차이가 있음은 상기할 수 있을 것이다.

그러면 수익권의 혜택에 관해 살펴보자. **상속인은 피상속인과 동일한 인격**이라는 근거에서 **벌칙부소환장**(subpœna)[151]을 청구할 권리는 사실상 상속인에게 승계되지만, 그 권리가 자산이 아님을 우리는 알고 있다.[152] 초기 성문법은 **수익권자**(cestui que use)[153]에게 자신의 권리를 매각할 권한을 부여했다.[154] 그러나 신탁과 관련한 코크 경의 진술에 따르면, 엘리자베스 여왕 때 잉글랜드의 모든 판사는 신탁은 양도될 수 없다고 판결했다. "왜냐하면 그것은 그들 간의 동일한 권리관계의 문제이고, 또한 그것은 **재산소송권**의 성질을 갖고 있기 때문이다."[155] 그러나 수익권과 신탁은

---

[151] (옮긴이 주) 벌칙부소환장(subpœna)은 정부 혹은 법정에 의해 발부되며, 소환에 불응하는 경우 벌칙을 부과한다고 경고하면서 증인이 법정에 직접 출두하여 증언을 하도록 강제하거나 법정이 요구하는 증거자료를 제출하도록 강제하는 영장이다.

[152] 르윈(Lewin)의 『신탁』 서문(7th ed.) p. 3.

[153] (옮긴이 주) 수익권자(cestui que use)는 신탁 행위의 혜택을 얻을 자격을 가진 사람이나 사람들을 지칭하며, 현재는 수익권자를 'beneficiary'라고 부른다.

[154] 리처드 3세 법 1권 1조. 또한 *Rex v. Holland*, 알린(Aleyn)의 『왕립법원의 판례집』 14에 있는 메이나드(Maynard)의 진술; 브룩(Brooke)의 『판례 요약문』, 「영지수여와 수익권」, 판결문 44; 서그든(Sugden) 편집 『수익권에 관한 길버트의 견해』 26*(50) 등도 참고하라.

(옮긴이 주) *Rex v. Holland*(1647): 외국인이 자신과 자신의 상속인을 위해서 J. S.의 이름으로 봉토(fee)에 대한 등본보유권을 매입했고(이렇게 함으로써 J. S.가 등본보유권을 보유한 것으로 위장할 수 있고, 실제로는 외국인이 J. S.에게 등본보유권을 신탁한다), 신탁이 발각되면서 등본보유권이 왕에게로 몰수되었다. J. S.가 와서는 왕의 승소를 평결하게 만들었던 신탁을 부인했다. 법정은, 기본적인 부동산 보유권인 등본보유권의 특수성을 근거로, 왕은 토지 자체를 되찾을 수 없다고 판결했다. 왜냐하면 왕이 토지를 되찾아 보유한다면 왕은 영주의 임차인 및 신하가 되어야 하기 때문이다.

[155] 로마법 대전의 『법학개요』 4부 85절; 앞의 『법학개요』에 있는 동일한 사건, 다이어(Dyer)의 『판례집』 869, 판결문 50; 젠킨스(Jenkins)의 『잉글랜드 재정법원의 800개 판례집』 6번째 100개 판례 중 30번째 판례. 또한 서그든(Sugden) 편집 『수

모두 초기 시대부터 유증할 수 있었으며,[156] 현재 신탁은 다른 어떤 재산과 마찬가지로 양도할 수 있다.

단순한 권리가 근원했던 사실관계의 위상이 변경될 수 없을 때, 초기 법의 역사는 단순한 권리 양도조차도 상당히 어려웠다는 것을 어디에서나 볼 수 있다. 분석은 그 어려움이 실질적임을 보여준다. 그런 양도를 가능하게 만들었던 의제는 이제 설명되었으며, 그 의제가 일반적인 사고방식이 될 때까지 그것의 역사를 이제까지 따라가 보았다. 구매자가 판매자의 신발을 신는다는 것, 혹은 옛날 법률서적의 표현에서[157] "양수인은 어떤 의미에서는 양도인의 준승계자라는 것"은 이제 절차의 문제이다. 영미법의 어떤 특수성이 그 가정에 의존하든, 그 어떤 특수성도 이제는 이해할 수 있다.

익권에 관한 길버트의 견해』 198*(399)도 참고하라.

(옮긴이 주) 젠킨스의 『잉글랜드 재정법원의 800개 판례집』 6번째 100개 판례 중 30번째 판례(1579): 남편이 정기부동산임차권을 보유했고, 자신과 아내를 위해 그것을 신탁 조건으로 B에게 양도했다. 남편은 이런 신탁을 양도할 수 없다고 판결되었다. 왜냐하면 신탁은 법에 없기 때문이고, 수익권이 폐지되고 점유에 통합되었으므로 이런 신탁은 수익권이라고 말할 수 없기 때문이다. 또한 신탁의 양도는 분쟁과 논란을 초래하고, 법률적으로 무효이기 때문이다.

[156] 서그든(Sugden) 편집 『수익권에 관한 길버트의 견해』 35*(70).
[157] 서로얼(Theloall)의 『법률논평집』 1권 16, 판결문 1.

| 옮긴이 해제 |

올리버 웬들 홈스 2세의 생애와 보통법

1. 생애

1841년 3월 8일 올리버 웬들 홈스 2세는 저명한 저술가이면서 의사인 아버지 올리버 웬들 홈스 1세와 노예폐지론자인 어머니 아밀리아 리 잭슨의 아들로 매사추세츠주 보스턴에서 태어났으며, 1935년 3월 6일 워싱턴 D. C.에서 사망했다. 1861년 하버드 컬리지를 졸업한 후 매사추세츠 민병대에 징집되어 미국의 남북전쟁 기간(1861~1865)에 3번에 걸쳐서 부상당했고 1864년 장교로 제대했다.

1864년 하버드 법학전문대학원에 입학하여 1866년까지 법학을 공부했고, 그해에 변호사 시험에 통과했으며, 보스턴에서 법률실무에 들어갔을 때 학문에 관심을 두게 되면서 특히 15년 동안 주로 해사법과 상법에 관련된 법률 실무에 전념했다. 이 시기에 그는 『미국 법학 평론지』(*American Law Review*)의 편집자(1870~1873)로서 봉사했고, 판례보고서를 수집하여 작성하는 일에도 봉사하면서 James Kent의 『미국법에 대한 주석』(*Commentaries on American Law*, 12th ed.)를 편집했다. 특히 1881년 『보통법』(The Common Law)을 발간하면서 법학자로서의 명성을 얻었을 뿐 아니라, 다음 해에 하버드 법학전문대학원 교수로 지명되었고, 얼마 안 되어 매사추세츠 대법원 부원장으로 지명되어 교수직을 사임하고 부원장으로 1882년부터 1899년까지 봉직했으며, 1899년부터 1902년까지는 매사추세츠 대법원장으로 봉직했다.

매사추세츠 법정에서는 선례를 추종하면서 『보통법』에 개진한 자신의 견해를 적용하고 발전시켰다. 그러나 노동자들이 노조를 조직할 권리를 부정하는 선례를 추종하길 거부했고, 고용주와 동등한 기반 위에서 결사할 수 있어야 한다고 주장하면서 가장 강력한 노동조합 형태인 클로즈드 샵을 옹호했으며, 폭력이 포함되지 않고 강제가 행사되지 않는 한 파업의 권리까지도 지지했다. 이런 그의 견해는 일부 법학자들에 의해 그를 급진파로 간주하게 만들기도 했다. 그는 어떻든 노동자들의 이익을 위해 그들이 결사하는 것을 막아야 할 이유를 우리는 전혀 발견할 수 없다고 주장했다.

노동조합에 대한 이런 개혁적인 견해는 시어도어 루스벨트 대통령이 당시에 경제와 정치 분야에서 추진하던 개혁정치와 부합하는 것으로 판단되었고, 1902년 루스벨트 대통령은 그를 미국 연방대법원 부원장으로 지명했으며, 1932년까지 30년간 봉직했다. 그러나 1903년 대다수 판사가 Northern Securities가 셔먼 독점금지법을 어겼다는 시어도어 루스벨트 대통령의 신념에 의견을 같이할 때, 홈스는 반대 견해를 표명하여 시어도어 루스벨트 대통령을 실망시켰다. 이때도 그의 견해는 자유주의적 판사로서 모든 사람은 자신의 이익을 추구할 수 있다는 노동조합에 대한 그의 신념에 근거했다. 그는 개인적으로 개혁의 많은 부분에 대해 자유주의적 견해에 따라 반대 의견을 표명하긴 했지만, 그렇더라도 대다수 견해에 반대하는 사례는 적었으며, 어떻든 대중은 그를 개혁에 반대하는 "위대한 반대자"(great dissenter)로 생각하기에 이르렀다.

2. 주목할 만한 판결

Otis v. Parker(1903)는 "어떤 회사 혹은 조합의 주식을 신용으로 팔거나 혹은 미래에 인도한다는 모든 계약은 무효이며, 그런 계약에 따라 지급된 돈은 관할 법정에서 소송에 의해 그 돈을 지급한 당사자가 회복할 수 있다"라는 캘리포니아 주법이 미국 연방헌법에 위배되지 않는다는 미국 연방대법원의 판결이다. 홈스가 전달한 판결문에서, 이후에 선물이나 옵션처럼 주식을 투기적으로 거래하는 일을 합법적이라고 판결할 수 있음을 인정하면서도, 그런 투기적인 거래를 불법화하는 이유를 당시의 캘리포니아 상황을 고려하면서 설명한다. "비록 우리 앞에 놓인 조항이 그것이 통과된 시기의 캘리포니아에 지역적으로 존재했던 상황에 의해 정당화되지 않은 것처럼 보인다 해도, 그 조항은 그 조항의 공서양속이 요구했던 것에 관련된 사람들의 입장에서 뿌리 깊은 신뢰감을 표현한 것으로 여겨진다. 그 공서양속에 대한 뿌리 깊은 신뢰감은 상당한 존중을 받을 만한 자격이 있다. … 이런 조항이 투기 대상의 전부가 아닌 단지 일부에만 타격을 입힌다는 반론과 관련해서는, 아마도 캘리포니아에서 이 조항으로 중단시키려는 해악이 주로 주식에 한정했다고 언급하는 것으로 충분하다. 캘리포니아는 광산이 주요 산업인 주이며, 광산은 재빨리 부자가 되려는 사람들에게 가장 놀랄만한 유혹을 제공한다. 광산은 일반적으로 주식으로 대변된다. 주식은 다른 이유도 있지만 손쉽게 이전될 수 있다는 편의성 때문에 투기 목적에 편리하다. 신용에 의한 주식 매매를 금지함으로써 캘리포니아에서 방지하려는 도박을 중단시킬 수 있다

면, 캘리포니아 사람들은 금지한 곳으로 가지 않을 것이다. 그 상황은 그런 분류에 대한 합리적인 근거를 밝히고 있으며, … 우리는 주식을 특별한 제한의 대상으로 취급하는 것이 부당한 차별이거나 법의 동등한 보호를 거부하는 것이라고 말할 수 없다"라고 진술했다. 당시에 캘리포니아 광산에 대한 투기 열풍과 그 광산의 소유권을 나타내는 주식에 대한 투기 열풍이 사회에 악영향을 미친다고 믿는 입법자들이 공서양속적으로 그 조항을 제정했다고 홈스는 본 것 같으며, 그 조항은 완전히 정당화할 수는 없어도 존중해야 한다고 본 것 같다. 이 판결에 대해서는 판사 두 사람이 소수의견을 제시했다.

Lochner v. New York(1905)은 자유주의자로서 또한 "위대한 반대자"로서의 홈스의 명성이 최초로 나온 판례이다. 본 사건에서 제과점의 피고용인이 1주일에 60시간 이상, 하루 평균 10시간 이상을 노동하지 못하도록 제한하는 1897년 뉴욕 주 노동법은, 계약의 자유를 축소하고 또한 (노사 간의 단체교섭 등과 같은 당사자들에게 주어지는 모든 합법적인 권리를 주 혹은 국가가 존중해야 한다는) 합당한 과정(due process)을 침해한다는 위헌 판결이 나왔다. 그 판결은 대다수 사람이 받아들이지도 않는 경제 이론에 근거하고 있다고 주장하면서, 홈스는 소수 반대 의견으로 "주 정부들은, 무분별하거나 독재적인 것처럼 보일 수 있으며 계약할 자유에 간섭할 수도 있는, 여러 가지 방법으로 시민의 삶을 규제할 수 있다. 일요일 법(일요일에는 종교적인 이유로 쇼핑 등의 활동을 금지하는 법)과 고리대금법이 고전적인 사례이다. 더 현대적인 사례는 복권 금지다. … 광부들을 위해 8시간 노동 법을 지지하는 판결은 아주 최근에 있었다. 이런 법의 일부는 판사들이 공유하는 것처럼 보이는 신념이나 편견을 체화한다. 일부는 그렇지 않을 수도 있다. 그러나 헌법은 온정주의와 시민과 국가 간의 유기적 관계 혹은 자유방임주의 등에 관한 특정한 경제 이론

을 체화하려고 의도하지 않는다. … 합리적인 사람들은 건강 때문에 그것이 적절한 조치라고 생각할 수 있다. 내가 확실히 비합리적이라고 천명할 수 없는 사람들은 그것을 노동시간의 일반적인 규제에 대한 첫 단추로서 지지할 것이다"라고 진술했다.

 Schenck v. United States(1919)는 제1차 세계대전 동안 Schenck의 전단지가 신병 모집과 징집 과정을 방해하려는 의도에서 발송되었으므로 그가 유죄라는 판결을 확정한 미국 연방대법원 판결이었으며, 그 판결은 다시 말하면 1917년의 간첩법이 미국 연방 수정헌법 제1조를 위반하지 않았다는 판결이다. 유명한 사회주의자인 Schenck는 전단지를 징집대상자들에게 발송했고, 그 전단지는 제1차 세계대전이 자본가의 탐욕에서 유발되었다고 주장하면서 "그 모병에 응하지 말라"고 촉구했으며, 징집법을 폐지할 것을 호소하는 것과 같은 평화적인 행동을 조언했다. 홈스가 전달한 미국 연방대법원의 전원일치 판결에서 그는 세 가지 기소 소인으로 "미국이 독일과 교전 상태에 있을 때, 첫째는 미국의 육군과 해군에서 불복종 등을 유발함으로써 또한 미국의 신병 모집과 징집을 방해함으로써 1917년의 간첩법을 위반하는 음모를 저지른 것을 기소 소인으로 내세운다. … 둘째는 미국에 대한 공격을 저지르려는 음모를 기소 소인으로 내세운다. … 셋째는 전단지의 전달을 위해 우편을 불법적으로 사용한 것을 기소 소인으로 내세운다"라고 진술하면서, "많은 곳에서 평상시에 우리는 피고들이 전단지에서 언급한 것 모두를 언급할 헌법적 권리가 있음을 인정한다. 그러나 모든 행동의 특성은 그 행위를 행한 상황에 의존한다. … 언론의 자유를 가장 엄격하게 보호하더라도 그 보호는 극장에서 불이 났다고 거짓으로 외치고 혼란을 유발하는 사람을 보호하지는 않을 것이다. … 국가가 전쟁 상태에 있을 때, 평화 시에 언급할 수 있는 많은 것이 언급되지 않도록 그렇게 막을 것이며, 그에 따라 그런 언급은 전쟁하는 동안은 보호되지 않을 것이고, 또한 어느 법정도 그런 것들이 헌법적 권리에 의해 보호받는다고 간주하지 않을 것이다. 신병 모집을 현실적으로 방해했음이 입증된다면, 그런 효과를 일으킨 말에 대한 책임이 강제될 수 있음은 수용할 수 있는 일처럼 보인다"라고 진술했다. 그러므로 그 판결은, 소위 미국 연방헌법으로 보장하는 표현의 자유는, 비록 그 표현이 침해를 유발한다 해도, 보통법적인 언론의 자유를 표방할 뿐이지만, 악의가 보이거나 해를 유발할 의도가 있다고 판단된다면, 그 특권은 무효화될 것이라는 판결이다.

Abrams v. United States(1919)는 1917년의 간첩법을 지지하는 미국 연방대법원 판결이다. 제1차 세계대전 동안 미국과 러시아가 독일에 대항하여 전쟁을 수행할 때 러시아에서 볼셰비키들이 정권을 장악하고 독일과 평화조약을 체결하자, 미국은 해군 함정을 러시아로 파견했다. 러시아 이민자 집단인 피고들은 함정 파견을 미국이 볼셰비키 혁명을 억압하려는 시도로 인식했고, 두 종류의 전단을 비행기로 살포했다. 첫째 전단은 "대통령의 비겁함," 자본주의 및 독일 군국주의에 대한 비난이었으며, 둘째 전단은 "노동자여, 깨어나라"로 시작하여 노동자들로 하여금 거짓된 군사적 선전에 침을 뱉도록 지시했다. 피고들은 미국에 대한 저항을 선동하고 부추기는 음모를 꾸민 것으로 그리고 미국이 전쟁을 수행하는 것을 방해하려고 음모를 꾸민 것으로 기소되었고 유죄 판결을 받았으며, 대법원은 다수의견으로 유죄 판결을 확정했다. 홈스는 각각에 대해 반대 견해를 표명했다. 첫째로, 즉각적인 해악의 위험이 현재 있거나 해악을 발생시킬 의도가 있는 경우에만, 의회는 의사 표현에 제한을 가할 수 있지만, 첫째 전단이 즉각적인 위험을 제공할 수 있거나 정부의 전쟁 수행을 방해할 수 있음을 우리는 심각하게 확신할 수 없다고 주장했다. 둘째로, 전단에 있는 문구들에서는 유죄 입증에 필요한 의도를 유추할 수 없

다고 진술하면서, 그 전단의 유일한 목적은 미국의 전쟁 노력을 방해하려는 것이 아니라, 미국과 함께 전쟁하지 않으려는 러시아를 돕고 또한 러시아에 대한 미국의 간섭을 막으려는 것이었다고 주장했다. 표현의 자유와 관련하여 홈스는 "의사 표현에 대한 박해는 본인에게 완전히 논리적으로 합당한 것처럼 보인다. 당신이 당신의 전제 혹은 당신의 힘에 대해 확신하고 있고 진심으로 어떤 결과를 원한다면, 당신은 자연스럽게 법률적으로 당신의 소망을 표현하고 모든 반대 의견을 쓸어버릴 것이다. … 그러나 시간이 흘러감에 따라 많은 경쟁적인 신념들이 잘못되었다는 것을 사람들이 깨달았을 때, 원하는 궁극적인 선은 사상을 자유스럽게 교류함으로써 더 잘 성취된다는 것을 사람들은 깨닫게 되었다. … 진리에 대한 최선의 시금석은 시장의 경쟁에서 저절로 수용되는 사상의 힘이며, 그 진리는 그들의 희망이 안전하게 이루어질 유일한 근거이다"라고 진술했다.

Silverthorne Lumber Co. v. United States(1920)는, S가 탈세를 시도했고 연방 세무당국이 S에게서 세금 관련 서류를 불법으로 확보한 사건에서, 법정이 그 서류들의 복사본을 증거로 인정할 것인가에 관한 미국 연방대법원의 판례이다. S와 그의 부친은 회사의 회계장부와 각종 서류를 제출하라는 법정의 명령을 거부했고, 그 결과 법정모욕죄로 체포·구금되었다. 원고들이 구금된 동안, 법무부 직원과 경찰들이 영장도 없이 회사 사무실에 진입하여 모든 서류를 거두어 갔다. 이 사건은 제삼자의 부당한 행위를 통해 얻은 지식에 관한 사건이 아니라, 정부가 전체 과정을 계획하거나 전적으로 인정한 것으로 추정되어야 한다. 홈스가 전달한 판결문에서 그는 수정헌법 제4조와 관련하여 "어떤 방식으로든 증거 획득을 금지하는 조항의 핵심은 그렇게 획득된 증거가 법정에서 사용되지 않는다는 것뿐만 아니라 그 증거가 전혀 사용되어서는 안 된다는 것이다. …

정부 자신의 부당한 행위로 얻은 지식은 제안된 방식으로 정부에 의해 사용될 수 없다. … 비록 동일한 결과를 합법적인 방식으로 성취할 수 있다 해도, 불법적인 조사 및 탈취로부터 보호받을 회사의 권리는 보호되어야 한다"라고 진술했다. 이 선례는 나중에 "독과(fruit of the poisonous tree)" 학설로 알려졌으며, 위법으로 수집된 증거를 배제한다는 배제의 규칙(exclusionary rule)이 되었다. 이 판결에 대해 두 판사가 소수의견을 개진했다.

Buck v. Bell(1927)는 지적 장애인을 포함하여 건강하지 않은 사람에 대한 강제적인 불임을 허용하는 주법이 미국 연방헌법을 위반하지 않았다는 미국 연방대법원의 판례이다. Buck는 주 정신병원에 입원해 있는 정신박약 여성이며, 그녀의 정신 상태는 지난 3세대에 걸친 가족력에도 나타난다. 그리고 버지니아 주법은 "환자의 건강과 사회복지"를 증진하기 위해 병원 입원환자의 불임을 허용했다. 홈스는 다수의견을 전달하면서 "(하급법원의) 판결은 Buck가 '유사하게 고통받을 사회적으로 부적절한 후손의 아마도 잠재적인 부모이고, 그녀가 그의 일반적인 건강에 아무런 지장도 없이 불임이 될 수 있으며, 그녀의 복지와 사회의 복지가 그녀의 불임에 의해 증진될 것이다'라고 평결했고 그에 따라 불임을 명령했다. 입법의 일반적인 선언과 법정의 특별한 평결의 관점에서, 분명히, 우리는, 법의 문제로서, 그 근거가 존재한다고 말할 수 없으며, 존재한다 해도 그 근거가 그 결과를 정당화한다고 말할 수도 없다. 우리는 공공복지가 선량한 시민들에게 그들의 생명을 요구할 수 있음을 수없이 경험해 왔다. 우리가 무능력 상태로 쇠락하는 것을 방지하기 위해, 국가의 힘을 이미 서서히 해치고 있는 사람들에게 그들에게는 그렇게 크게 느껴지지 않을 이 정도의 적은 희생도 요구할 수 없다면, 그 자체가 이상할 것이다. 후손들이 범죄자로 퇴락하기까지 기다리는 대신 혹은 무능력으로 그들이 아사할 때까지 기다리는 대신, 사회가 명백히 부적절한 사람들이 그 성질을

유지하는 것을 방지할 수 있다면, 그것이 온 세상을 위해 더 나을 것이다. 강제적인 예방접종을 지속한다는 원칙은 자궁관의 절단을 수용하게 하는 데도 아주 충분하다. … 3세대에 걸친 정신박약은 충분하다"고 진술했다. 물론 그 견해는 현재 폐기되었고 우생학 이론도 폐기되기는 했지만, 홈스가 당시의 사회적 분위기와 관습 및 공서양속 등을 고려하여 판결했다고 우리는 평가할 수 있다.

3. 『보통법』의 법철학

홈스는 법과 도덕의 논리적 연결을 강조하고 완전한 법이라고 할 수 있는 자연법사상에 대해서는 부정적인 생각을 갖고 있다. 그는 도덕이 법을 형성하는 데 영향을 준다는 것은 확실히 인정하지만, 법이 만들어진 이후에는 도덕의 내용은 사라지고 오로지 법의 외형적인 결과만이 남는다고 주장한다. 따라서 인식론적 차원에서 보통법에 대한 홈스의 견해는 상대주의적 견해를 취한다. 즉 인간이 완전한 법, 소위 누구도 부정할 수 없는 법을 발견할 수 있는가, 환언하면 진리에 해당할 법을 발견할 수 있는가에 대해서, 환경이 변함에 따라 인간의 본능, 관습, 도덕, 건전한 상식, 국가나 사회의 공서양속 등도 달라지고, 그에 따라 그에 적용해야 하는 법도 달라질 수 있다는 견해를 견지한다. 그렇지만 인간의 본능, 관습, 도덕, 건전한 상식, 공서양속 등과 같은 조건이 전혀 변하지 않는다면 법은 최종적으로 논리적 일관성을 갖추게 되고 완전한 법이 탄생할 가능성이 있다고 인정하지만, 현실은 그런 조건이 불변으로 유지될 가능성이 전혀 없기 때문에 자연법 같이 완전한 법이 탄생할 가능성을 부인한다.

법의 역할과 관련하여 "인간의 본능이 남아 있는 한, 사람들이 본능을 스스로 충족하도록 방임하기보다는 법이 본능을 질서정연하게 충족하게 하는 것"이 더욱더 편안하고 바람직할 것이라고 생각한다. 특히 법의 목적은 사람들의 사악한 성향을 단순히 억제하는 데 있는 것이 아니라, 사람들이 위험한 행동을 삼가도록 강제하는 데 있다고 본다. 달리 말하면 법의 목적은 어떤 사람이 이웃에 의해 손해를 당하는 것을 방지하는 데 있거나 손해를 당한 것에 대한 보상을 보장하는 데 있다. 따라서 법은 사람들이 법을 알아야 한다고 요구하듯이 사람들이 자신의 책임 하에 공동의 경험에 따른 교훈을 알아야 한다고 요구한다. 이를테면 모살에 대한 판단은, 그 사건의 알려진 환경에서 그 행위에 수반되는, 생명에 대한 위험이 어느 정도인지에 따라 달라진다고 할 수 있다.

그는 사회에서 발생하는 분쟁을 평화적으로 해결하는 방법을 발견해 온 역사가 바로 형법의 역사이고, 나아가서는 사실상 법의 역사라고 생각한다. 이런 법의 역사, 특히 보통법의 역사를 검토한 결과 얻은 결론으로 홈스는 실체법을 발견하는 방법에 대해 "법의 생명은 논리가 아니라 경험이었다." 즉 논리적 추론을 부정하지는 않지만 그 한계를 인정하면서, 환언하면 이성의 한계를 인정하면서 경험과 점진적인 개혁을 표방하는 잉글랜드의 경험주의적 전통을 고수하는 법실증주의 견해를 표방한다.

그는 "법의 최초의 모습은 … 사적인 불화를 해결하기 위한 대체물이었다"고 주장하면서, 개인의 특별한 성격, 능력, 지식 등과 같은 개개인의 다양성, 개인의 양심, 고의, 의도 등과 같은 개개인의 심리적인 현상, 그리고 인간의 모든 행위에 대해 법은 중립적이어야 한다고 보았다. "법은 외형적인 것을 따라야 한다"고 주장하면서, 특히 법의 역사에서는 손해 혹은 상해에 관련한 민사 및 형사적 책임에 대해 도덕적 기초 위에서 책임 문제를 확립하려 했으나, 최종적으로는 도덕적인 내용은 사라지고,

책임의 외형적인 혹은 객관적인 기준만 남아서 변화해 나아간다고 주장한다. 그리고 객관적인 기준을 설정하기 위해 일반인들의 견해를 반영하는 배심제도가 도입되었다고 보고 있으며, 특히 배심제도의 중요성을 강조한다.

그러나 홈스는 실체법의 형성 과정에는 그 외에도 여러 요인이 영향을 미친다고 보았다. 보통법에서는 성문법이 그리 많지는 않지만 그 성문법에 입법자의 공서양속적 의지가 많이 반영되며, 판례를 통해서도 판사들의 공서양속적 의지가 실체법에 반영되기도 한다. 또한 관습도 급격히 변하진 않지만 보통법은 그 사회의 관습을 존중하려는 경향을 보인다. 또한 건전한 상식이나 편리성도 실체법에 지대한 영향을 미친다. 심지어 판사의 개인적인 편견조차도 실체법에 영향을 미친다. 실체법이 형성되는 데에는 여러 가지 요인이 영향을 미치지만 도덕의 경우처럼 모두 잊히고 오로지 외형적인 법만이 남아서 미래의 환경 변화에 부응하여 변모해 나아간다. 이런 관점에서 그는 사회제도진화론적인 견해를 표방하고 있다고 평가할 수 있다.

또한 홈스는 어떤 문제든 전체 문제의 판단 기준은 건전한 상식이고 법정의 판단 역시 건전한 상식에 가까워지려고 노력한다고 보았다. 건전한 상식은 결코 불변적인 것이 아니며 시대에 따라 변할 수 있고, 도덕, 관습, 공서양속, 편의성 등의 영향을 받는다고 보았다.

홈스는 금융법은 다루지 않았는데, 아마도 금융기법이 빠르게 변하고 금융에서 부당행위의 유형이 너무나도 다양하기 때문이었던 것 같다. 현재 영국은 판례 중심 국가이지만, 금융행위를 판례로만 통제하기에는 너무나 어려우므로 금융 분야의 법률은 금융법 전문가들에 의해 성문법화되는 경향을 보이고 있다.

┃판례 색인┃

주석에 해설이 있는 페이지는 강조하기 위해 **고딕체**로 표기했다.

Adams v. Jones / 337, **338**
Andrew Baker's case / **163**
Andrew v. Pearce / **541**
Anglo-Egyptian Navigation Co. v. Rennie / **475**
Anonymous / **119**
Ards v. Watkin / **525**
Armory v. Delamirie / **352**
Arnold v. Jefferson / **355**
Asher v. Whitlock / 307, **308**, 356, 522

Back v. Stacey / **178**
Bain v. Cooper / 490, **497**, 502
Bainbridge v. Firmstone / **417**
Bally v. Wells / **575**
Barker v. Bates / **318**
Barker v. Halifax / **427**
Barnett v. Brandão / **209**
Barron v. Mason / **197**
Barwick v. English Joint Stock Bank / 332, 334, **335**
Basely v. Clarkson / **136**
Basset v. Maynard / **342**
Bayntine v. Sharp / 162, **163**
Beadel v. Perry / **178**

Behn v. Burness / 467, **468**, 472, 473, 477
Berndtson v. Strang / **339**
Besozzi v. Harris / **163**
Bessey v. Olliot / 119, **120**, 142
Bird v. Astcock / **286**
Bizzell v. Booker / 146, **147**
Blades v. Higgs / **318**
Blundell v. Catterall / **550**
Blyth v. Birmingham Waterworks Co. / **148**
Bolingbroke v. Swindon Local Board / **331**
Bolles v. Nyseham / **556**
Bonomi v. Backhouse / 134, **135**
Boorman v. Brown / **276**
Bosden v. Thinne / **409**, 428
Boson v. Sandford / **263**, 276, 277, 329
Boyer v. Rivet / 490, **491**, 496, 528
Brandão v. Barnett / **209**
Braunstein v. Accidental Death Ins. Co. / **453**
Brett v. Cumberland / **569**, 576
Bridges v. Hawkesworth / 315, **316**
British Columbia Saw-Mill Co. v. Nettleship / **434**, 435

Bronson v. Coffin / 561, 562
Brooker's Case / 496, 501
Brown v. Collins / 146, 147
Brown v. Foster / 452
Brown v. Kendall / 144, 145
Browne v. Dawson / 343
Brucker v. Fromont / 329, 330
Burgess v. Wheate, Attorney General v. Wheate / 584
Burr v. Wilcox / 421
Burton v. Fulton / 199
Burton v. Hughes / 242
Bush v. Steinman / 333
Buskin v. Edmunds / 555
Buster v. Newkirk / 310, 311
Buxendin v. Sharp / 162
Byne v. Playne / 418, 419
Byrne v. Boadle / 173

Callahan v. Bean / 176
Calye's Case / 208
Canham v. Barry / 429
Card v. Case / 160, 162, 214
Carter v. Towne / 177
Cartwright v. Green / 322
Castle v. Duyree / 118, 119
Chamberlain v. Cooke / 265, 277
Chambers v. Taylor / 157
Chanter v. Hopkins / 477
Cheale v. Kenward / 437
China / 42, 43
Chudleigh's Case / 561, 570, 571, 584

City of London Brewery Co. v. Tennant / 178
Clapp v. Kemp / 330
Clark v. Chambers / 126, 128
Clark v. Maloney / 345
Clay v. Snelgrave / 47
Cocker v. Crompton / 444
Cockson v. Cock / 577
Coggs v. Bernard / 165, 246, 251, 258, 262, 263, 264, 278, 280, 282, 288, 289, 407, 417, 420
Cole v. Turner / 146, 147
Collett v. Foster / 332
Commonwealth v. Hallett / 81
Commonwealth v. Sawin / 64
Commonwealth v. Walden / 86
Conan v. Kemise / 575, 576
Cornfoot v. Fowke / 333, 334
Cort v. Ambergate, Nottingham & Boston & Eastern Junction Railway Co. / 457
Coward v. Baddeley / 146, 147
Cox v. Burbidge / 35, 164
Crabbe v. Moxey / 421, 422
Crafton v. Metropolitan Railway Co. / 167
Craig v. Gilbreth / 337
Crouch v. London & N. W. R. Co. / 208
Cundy v. Lindsay / 448

Daintry v. Brocklehurst / 554

Dalston v. Janson / <u>271</u>
Detroit & Milwaukee R. R. Co. v. Van Steinburg / <u>170</u>
Dickenson v. Watson / <u>118</u>, 120
Dillon v. Fraine / <u>570</u>, 571, 584
Dimech v. Corlett / <u>467</u>
Doe v. Barnard / <u>522</u>
Doe v. Dyball / <u>356</u>
Drake v. Royman / <u>251</u>, 259
Drope v. Theyar / <u>325</u>
Durfee v. Jones / <u>321</u>, 323

Ellen v. Topp / <u>475</u>, 479
Ellis v. Clark / <u>423</u>
Ellis v. Loftus Iron Co. / <u>164</u>
Evans v. Yeoman / <u>261</u>
Ewre v. Strickland / <u>576</u>

Farina v. Home / 340, <u>341</u>
Fennings v. Lord Grenville / <u>303</u>
Fisher v. Mellen / <u>464</u>
Fitch v. Snedaker / <u>424</u>
Fleming v. Manchester, Sheffield, Lincolnshire Railway Co. / <u>276</u>
Forward v. Pittard / 252, <u>283</u>, 289
Fouldes v. Willoughby / <u>199</u>
Freeman v. Rosher / <u>332</u>

Gardiner v. Thibodeau / <u>348</u>
Gardner v. Lane / <u>445</u>
Gateward's Case / <u>521</u>
Gauntlett v. King / <u>332</u>

Gee v. Lancashire & Yorkshire Railway Co. / <u>433</u>
George v. Wiburn / 265, <u>266</u>
Gibbons v. Pepper / <u>126</u>, 128
Gibson v. Stevens / <u>209</u>
Gilbert v. Stone / <u>204</u>, 205, 206
Gillett v. Ball / <u>337</u>
Goddard v. Monitor Ins. Co. / <u>447</u>
Goodcrome v. Moor / <u>561</u>
Goodman v. Pocock / <u>458</u>
Gordon v. Harper / 238, <u>240</u>
Gorham v. Gross / <u>168</u>, 217
Graham v. Peat / <u>356</u>
Graves v. Legg / 481, <u>482</u>
Grill v. General Iron Screw Collier Co. / <u>166</u>

Hackett v. Baiss / <u>178</u>
Haigh v. Brooks / <u>418</u>, 419
Hall v. Fearnley / 114, <u>115</u>, 146
Halliday v. Holgate / <u>320</u>
Hammack v. White / <u>129</u>, 173, 218
Harbidge v. Warwick / <u>581</u>
Harper v. Bird / <u>539</u>, 556
Hart v. Miles / <u>418</u>, 419
Harvey v. Dunlop / <u>130</u>, 146
Haseler v. Lemoyne / <u>332</u>
Hawkins v. Cardy / 209, <u>210</u>, 211
Heyworth v. Hutchinson / <u>478</u>
Higgs v. Holiday / <u>325</u>
Hill v. Ellard / <u>521</u>
Hill v. Morey / 330, <u>331</u>

Hobart v. Hagget / 133
Hogarth v. Jackson / 303
Holiday v. Hicks / 325, 327
Holmes v. Mather / 146, 147
Holms v. Seller / 561, 562
Horne v. Midland Railway Co. / 434
Horne's Case / 568
Hunt v. Bate / 409, 427
Hunt v. Bate에 소개된 무명의 판례 / 409
Hunt v. Livermore / 453
Hyde v. Dean of Windsor / 573, 574
Hydraulic Engineering Co. v. McHaffie / 433

Isack v. Clarke / 231

Jefferies v. Great Western Railway Co. / 352
Jones v. How / 429
Justin v. Ballam / 50

Kearney v. London, Brighton, & S. Coast Ry. Co. / 172
Keighley's Case / 286
Kennedy v. Panama, & c. Mail Co. / 470
Kenrig v. Eggleston / 270, 274
Kincaid v. Eaton / 317
King v. Viscount Hertford / 275
Knapp v. Salsbury / 114
Knight v. German / 195

Knight v. Jermin / 157
Kyle v. Kavanagh / 443

Lampleigh v. Brathwait / 169, 428
Lane v. Cotton / 262, 278, 288
Lawrence v. Jenkins / 559
Leame v. Bray / 121, 143
Leather v. Simpson / 189
Lee v. Riley / 164
Lewis v. Campbell / 538
Lewis v. The State / 93
Lipson v. Harrison / 49
Little v. Fossett / 238, 239
Littledale v. Scaith / 303
Lord North v. Butts / 490
Lord v. Price / 238, 243
Losee v. Buchanan / 146
Lotan v. Cross / 240, 241
Louisa Jane / 49
Lovett v. Hobbs / 277
Lovett v. Salem & South Danvers R. R. Co. / 177
Lucas v. Mason / 332, 333
Lyle v. Barker / 234
Lyon v. Bertram / 470

Mackay v. Commercial Bank of New Brunswick / 332, 334
Malek Adhel / 45
Manders v. Williams / 238, 240, 242
Marsh v. Rainsford / 411
Marshall v. Welwood / 216

판례 색인 | 601

Marvin v. Wallis / 340
Mason v. Keeling / 35, 36, 161, 162
Matthews v. Hopkins / 270, 271
May v. Burdett / 17, 34, 162
McAvoy v. Medina / 316
McGahey v. Moore / 342
Mears v. London South-Western Railway Co. / 240, 241
Merry v. Green / 321, 322
Metropolitan Railway Co. v. Jackson / 123, 172
Middlemore v. Goodale / 531, 539
Middleton v. Fowler / 277
Millen v. Fawdrye / 141
Millen v. Hawery / 161
Milman v. Dolwell / 114
Minor v. Sharon / 168, 171
Minshull v. Oakes / 573, 574
Mitchell v. Jenkins / 196, 197
Mitchil v. Alestree / 33, 34, 129, 218
Mitten v. Fandrye / 161
Moran v. Portland S. P. Co. / 242, 243
Mores v. Conham / 355, 356
Morgan v. Ide / 238, 239
Morris v. Platt / 145, 158
Morse v. Slue / 262, 265, 266, 271, 281, 327
Mosley v. Fosset / 259, 260
Mouse's Case / 285
Muggridge v. Eveleth / 238
Mulgrave v. Ogden / 257, 258

Murray v. Currie / 330, 331
M'Manus v. Crickett / 123, 124, 329
M'Pherson's Case / 94

Neal v. Gillett / 151
Nicholls v. Moore / 270
Nickolson v. Knowles / 337, 338
Nicolls v. Bastard / 238, 239
Nitro-Glycerine Case / 146
Noke v. Awder / 537, 538
Nowel v. Smith / 559
Nugent v. Smith(1875, 1876, 1875~1876) / 253

Oates v. Frith / 496
Overton v. Sydall / 490, 496

Pakenham's Case / 558, 561, 564, 567
Parrot v. Wells / 146
Patten v. Rea / 329, 330, 331
(The) Pawashick / 209
Pearcy v. Walter / 114
(The) Peerless case / 443
People v. Shearer / 308
Pickas v. Guile / 411, 412, 417
Pickering v. Barkley / 210, 247
Pierson v. Post / 310, 311
Pillans v. Mierop / 377
Pincombe v. Rudge / 536
Porter v. Swetnam / 556, 557
Powtuary v. Walton / 279, 406, 417
Price v. Jenkins / 421, 422

Printing and Numerical Registering Co. v. Sampson / 290
Prior of Woburn's Case / 558, 563
Proctor v. Adams / 318

Raffles v. Wichelhaus / 443
Railroad Co. v. Lockwood / 166
Ratcliff v. Davis / 246
Read v. Edwards / 35, 161, 164
Reader v. Moody / 342
Reg. v. Davies / 448, 449
Reg. v. Dilworth / 90
Reg. v. Hibbert / 80
Reg. v. Hicklin / 203
Reg. v. Jacobs / 448, 449
Reg. v. Jones / 90, 91
Reg. v. Middleton / 320, 448, 449
Reg. v. Prince / 81
Reg. v. Roberts / 91
Reg. v. Rowe / 319, 322
Reg. v. Swindall / 82, 83
Reg. v. Taylor / 91
Rex v. Cabbage / 99
Rex v. Dixon / 203
Rex v. Furnival / 100
Rex v. Hayward / 85
Rex v. Holland / 585
Rex v. Mastin / 82, 83
Rex v. Mucklow / 448, 449
Rex v. Oneby / 85, 169
Rex v. Shaw / 85
Rich v. Kneeland / 258, 259, 265, 277

Richards and Bartlet's Case / 410
Riches and Briggs / 411, 412, 417
Roberts v. Brett / 479
Roe v. Hayley / 525
Rogers v. Head / 258, 260, 261
Rogers v. Spence / 302
Rooth v. Wilson / 242
Rowbotham v. Wilson / 561, 562, 578, 581
Rylands v. Fletcher / 159, 216, 218

Safe Deposit Company of Pittsburgh v. Pollock / 287
Sale v. Kitchingham / 577
Sands v. Trevilian / 407
Sawyer v. Kendall / 522, 523
Scott v. Shepherd / 120, 126, 142, 206
Shadwell v. Shadwell / 420, 421
Sharington v. Strotton / 377, 408
Sharp v. Powell / 128
Sharp v. Waterhouse / 564, 565
Sidenham v. Worlington / 407, 410, 428
Sir Henry Nevil's Case / 561, 576
Skinner v. Chapman / 303
Skinner v. London, Bridghton, & S. Coast Ry. Co. / 173, 174
Slipper v. Mason / 558, 559
Smith and Smith's Case / 411
Smith v. Gateward / 521
Smith v. Hughes / 445

Smith v. Kendall / 210, **211**
Smith v. London South-Western Railway Co. / **127**, 148
Smith v. Pelah / 162, **163**
Smith v. Smith / 318, **319**
Southcote v. Bennett(Southcote's case) / 247, **249**, 251, 252, 254, 255, 256, 259, 260, 262, 263, 267, 268, 269, 270, 272, 273, 274, 275, 278, 280, 282, 287, 288
Southcote v. Stanley / **324**
Southern v. How / 327, **328**, 329
Spencer's Case / **561**, 568, 569, 573, **574**
Spofford v. Harlow / **155**
Star v. Rookesby / **559**
Stockport Water Works v. Potter / 350, **351**
Stockwell v. Hunter / **552**
Strong v. Adams / 238, **239**
Sutton v. Buck / **242**
Swift v. Gifford / **304**, 311
Swift v. Jewsbury / 334, **335**
Swift v. Winterbotham / 334, **335**
Symons v. Darknoll / 260, 262, 263, **268**, 282

Theed v. Debenham / 178, **179**
Thomas v. Cadwallader / 478, **479**
Thomas v. Thomas / **421**, 422
Ticonderoga / **42**

Tuberville v. Stampe / 329, **330**
Turner v. Ambler / **196**

Udell v. Atherton / 333, **334**
Underwood v. Hewson / **118**
United States v. Holmes / **69**
Upshare v. Aidee / **277**

Vincent v. Stinehour / **127**, 146
Vyvyan v. Arthur / **564**

Wakeman v. Robinson / **143**
Ward v. Macaulay / **339**
Weaver v. Ward / **118**, 142, 157
Webb v. Fox / **302**
Wegerstoffe v. Keene / **210**
Weir v. Bell / 189, **190**, 334
Western Bank of Scotland v. Addie / 334, **335**
Wheatley v. Low / 418, **419**
White v. Webb / 234, **235**
Wilbraham v. Snow / **233**, 242, 352
Wilkinson v. Oliveira / **418**, 419
Williams v. Hide / 260, **269**, 286
Williams v. Jones / 146, **147**
Williams v. Pott / 337, **338**
Williamson v. Allison / **188**
Williams's Case / **558**
Williams v. Carwardine / **424**
Winsmore v. Greenbank / **169**
Withers v. Iseham / **521**

Woodlife's Case / 247, <u>254</u>, 256, 268, 275, 327

Yielding v. Fay / <u>558</u>
Young v. Hichens / <u>310</u>

젠킨스(Jenkins)의 『잉글랜드 재정법원의 800개 판례집』(Eight Centuries of Reports, English Exchequer, 1734) 6번째 100개 판례 중 30번째 판례 / 585, <u>586</u>
젠킨스(Jenkins)의 『잉글랜드 재정법원의 800개 판례집』(Eight Centuries of Reports, English Exchequer, 1734) 첫 100개 판례 중 21번째 판례 / <u>523</u>

▮한글 용어 색인▮

주석에 용어 해설이 있는 페이지는 강조하기 위해 **고딕체**로 표기했다.

12표법 / <u>15</u>, 18, 23, 25, 367, 486

가해자 인도, 가해자 인도 소송 / <u>15</u>, 18, 20, 22, 24, 25, 28, 32, 46, 216, 544
개연적 근거 / <u>157</u>, 194, 196, 197
결백의 선서 / <u>259</u>, 380, 382
고대 로마 10인 위원회 / <u>3</u>
고대 배심제도 / <u>105</u>, 140, 156
고살 / <u>35</u>, <u>59</u>, 82, 83, 85, 90, 95, 511
고소 / <u>58</u>, 111, 126, 178, 197, 200, 364, 369, 396
고의 / <u>9</u>, 74, 75, 87, 88, 89, 90, 96, 97, 102, 108, 113, 117, 122, 148, 184, 185, 186, 192, 194, 195, 200, 202, 203, 212, 219, 309, 400, 596
공모 / 31, <u>184</u>, 195, 198
공시최고 / <u>358</u>
공적 직업 / <u>109</u>, 260, 262, 263, 264, 267, 268, 269, 276, 281, 287, 289
과실 / <u>10</u>, 25, 36, 86, 108, 110, 111, 119, 123, 142, 143, 146, 148, 153, 154, 155, 156, 166, 167, 168, 169, 172, 176, 179, 202, 203, 212, 214, 218, 234, 257,

263, 274, 278, 284, 288, 330, 399, 403, 406
구두에 의한 명예훼손 / <u>184</u>, 192, 193, 219
금지적 약 / <u>67</u>
기소 / <u>12</u>, 39, 42, 58, 86, 100, 113, 140, 166, 197, 198, 258, 260, 354, 396, 398, 400
기소장 / <u>50</u>, 86
기한제한법 / <u>134</u>

날인계약 / <u>362</u>, 370, 377, 384, 394, 395, 397, 398, 403, 405, 408, 413, 416, 426, 439, 491, 526, 531, 536, 537, 538, 540, 541, 555, 560, 565, 566, 567, 568, 570, 571, 572, 574, 576, 577, 578, 579, 580, 582
날인문서 / <u>186</u>, 307, 402
날인증서 / <u>174</u>, 350, 376, 377, 379, 382, 384, 385, 394, 398, 403, 426, 491, 495, 508, 524, 536, 537, 539, 563, 574
내성 / <u>66</u>
농노토지보유권 / <u>273</u>

담보계약 / <u>49</u>
담합 / <u>289</u>

대가관계 / **255**, 370, 376, 379, 384, 388, 389, 390, 406, 407, 458
대동증인 / **374**, 375, 380, 381, 382, 384, 393
대리인 / 12, **26**, 43, 46, 322, 327, 328, 329, 330, 334, 335, 337, 340, 341, 439, 443, 566
대물 / **358**, 519, 549
동산 유증수혜자 / **486**, 489, 513, **524**
동산압류 / **53**, 560
동산횡령회복소송 / **135**, 184, 199, 205, 240, 241, 271, 300, 302, 322, 345, 352
동일한 권리관계 / **497**, 522, 525, 533, 540, 541, 549, 553, 555, 565, 566, 567, 568, 569, 570, 572, 574, 578, 580, 583, 584, 585

랑고바르디 → 롬바르드족
레기암 마제스타템 / **494**
로마법 대전 / **386**
롬바르드족 / **507**, **529**
리푸아리안 프랑크족 / **507**
린치 / **59**

마그나 카르타 / **382**
마셜시 감옥 / **247**
매사추세츠 권리장전 / **295**, 297, 301
모살 / **59**, 73, 74, 75, 77, 78, 79, 80, 82, 83, 85, 86, 87, 89, 90, 93, 95, 100, 400
무고 / **157**, 184, 194, 195, 196, 197, 198
무과실책임 / **124**, 229, 253, 280, 287

무상대여 / **244**
무상신탁 / **244**
무효 / 206, **442**, 443, 445, 447, 450, 451, 469, 473
무효화 가능한 / **442**, 447, 452, 462, 466, 467, 468, 469
문서에 의한 명예훼손 / **51**, 184
물건보증 / **378**, 379, 468, 472, 474, 526, 528, 529, 531, 532, 533, 535, 537, 538, 540, 541, 542, 549, 555, 562, 563, 566, 570, 571, 572, 575, 579, 580, 582
물권 / **552**
미래잔여부동산 / **500**
미수 / **89**, 90, 91, 93, 94, 95, 97

『박사와 학생』 / **255**
방화 혹은 방화죄 / **5**, 87, 95
법 / **2**, 3, 4, 8, , 11, 13, 16, 24, 30, 37, 45, 53, 60, 69, 80, 96, 100, 104, 106, 132, 149, 152, 178, 187, **205**, 213, 222, **251**, 268, 287, 290, 294, 299, 301, 305, 313, 369, 389, **399**, 404, 431, 447, 462, 473, 485, 507, 520, 542, 582
법 규칙 / **65**, 249, 547
법률논평집 / **517**
법학개요 / **245**, 517, 545
변론 진술 / **12**, 111, 113, 144, 155, 257, 262, 263, 444, 454, 455, 456, 565, 567, 568
보관관계 / **165**, 230, 236, 238, 241, 244, 246, 250, 251, 253, 254,

255, 256, 258, 259, 260, 261, 268, 269, 273, 274, 275, 276, 287, 288, 290, 291, 315, 320, 355
보관기탁자 / **135**, 228, 232, 233, 236, 237, 241, 243, 244, 249, 300, 320
보관수탁자 / **135**, 166, 226, 228, 229, 230, 232, 233, 237, 241, 243, 244, 246, 247, 248, 252, 255, 257, 259, 260, 261, 262, 264, 269, 270, 275, 277, 280, 281, 282, 283, 285, 287, 289, 299, 300, 312, 314, 315, 320, 322, 326, 338, 340, 353, 354, 355, 413, 439, 528
보석보증인 / **364**, 365, 367, 427
보통법 / **2**, 26, 37, 43, 68, 98, 100, 104, 108, 110, 122, 184, 188, 191, 226, 232, 243, 268, 273, 278, 287, 289, 300, 308, 314, 346, 370, 376, 385, 431, 436, 524, 528, 543, 575, 578, 579
보험 / 131, 132, **283**, 450
복귀기대재산 / **501**, 553, 555, 574, 576
복귀재산 / **554**, 571, 583, 584
부당행위 / **6**, 11, 18, 21, 23, 24, 25, 26, 28, 42, 44, 46, 49, 50, 58, 59, 60, 62, 63, 66, 67, 76, 77, 83, 87, 107, 108, 138, 139, 153, 175, 182, 184, 192, 198, 202, 205, 206, 218, 219, 221, 222, 223, 226, 235, 236, 248, 260,

267, 329, 364, 390, 391, 397, 399, 417, 460, 555
부동산 유증수혜자 / **486**, 513, 524, 555
부동산부담 / **537**
부동산임차권 / **421**
부동산점유침탈 / **349**, 548, 574
부동산점유침탈 순회재판 / 299, **300**
부동산점유침탈자, 부동산점유피침탈자 / **297**, 351, 522, 523, 542, 546, 548, 549, 552, 553, 560, 564, 568, 571, 576, 577, 579, 583, 584
부동산점유회복소송 / **356**
부역 / **431**, 499, 520, 544, 547, 551, 552, 554, 557, 560, 568
부작위 / **110**, 152, 153, 156, 167, 168, 201, 257, 258, 259, 398, 400, 401, 402, 404, 405, 408, 428
불법방해 / **109**
불법유치 / **257**, 300
불법점유동산반환청구소송 / **232**, 245, 250, 254, 257, 259, 261, 267, 285
불법침해 / **6**, 8, 9, 32, 36, 86, 96, 97, 98, 100, 104, 108, 111, 112, 113, 114, 118, 121, 123, 124, 126, 131, 132, 134, 136, 138, 139, 140, 142, 143, 144, 145, 148, 158, 160, 161, 212, 215, 232, 234, 236, 237, 241, 248, 249, 250, 257, 264, 282, 300, 318, 320, 324, 337, 354, 356, 368,

395, 396, 397, 398, 399, 400, 404, 503, 504, 543, 553
불법행위 / <u>16</u>, 23, 51, 56, 75, 104, 105, 106, 107, 108, 122, 127, 153, 154, 170, 179, 200, 201, 202, 221, 258, 260, 261, 263, 266, 269, 276, 278, 326, 328, 329, 397, 398, 403, 404, 406, 433, 497
브리턴 / <u>494</u>
비난 가능성 / <u>72</u>, 78, 101, 147, 149, 158, 174, 201, 207, 215, 222

사고사 / <u>78</u>, 83
사기 / <u>107</u>, 182, 183, 184, 186, 187, 188, 191, 194, 219, 296, 305, 333, 442, 443, 445, 446, 451, 460, 461, 462, 463, 465, 467, 468, 481
사변 / <u>294</u>, 295
살리이 프랑크족 / <u>510</u>
살리카법 / <u>26</u>, 227, 230, 365, 493, 506, 507, 510
살인 / 5, <u>12</u>, 29, 39, 70, 71, 73, 74, 78, 80, 84, 89, 94, 95
살인배상금 / <u>508</u>
삼니움족 / <u>20</u>, 21
삼단논법 / <u>3</u>, 53, 54
서포트 전쟁 / <u>226</u>
성문법 / <u>46</u>, 47, 86, 87, 128, 153, 154, 155, 156, 175, 208, 217, 264, 301, 366, 383, 489, 521, 585
성문법 범죄 / <u>78</u>, 80, 101

소송절차 / <u>3</u>, 4, 12, 18, 19, 23, 41, 51, 55, 58, 105, 139, 195, 197, 227, 228, 230, 232, 242, 252, 257, 259, 298, 353, 357, 364, 367, 368, 369, 371, 376, 378, 382, 384, 385, 511, 533, 544, 571
소유권적 소송 / <u>298</u>
소인 / <u>8</u>, 140, 198, 278, 371, 376, 406, 408, 454
소환장 / <u>585</u>
속죄물 / <u>12</u>, 38, 40, 52
송사 / <u>373</u>
수익권 / <u>408</u>, 570, 582, 585
수익권자 / <u>585</u>
순회재판 / <u>105</u>, 140, 156, 236, 240, 349, 356, 535, 553, 557
승인 / 53, <u>139</u>, 175, 209, 372, 383, 391, 439, 469
신의 행위 / <u>252</u>, 282, 285
신탁봉토 / <u>540</u>
실체법 / 104, <u>105</u>, 111, 167, 369, 370, 376, 385, 392, 394, 412
실체적 범죄 / <u>89</u>, 90, 92, 95, 101

아인법 / <u>29</u>
아퀼리아법 / <u>8</u>, 25
악의 / 30, <u>73</u>, 74, 86, 87, 89, 98, 102, 107, 182, 183, 192, 193, 194, 195, 196, 198, 200, 202, 218
안식향유 / <u>537</u>, 540
알프레드 대왕 법 / <u>29</u>, 31, 32, 37, 153, 154, 227
압류물건회복소송 / <u>352</u>

한글 용어 색인 | 609

앵글로-색슨족 / 5, 227, 373, 493, 505, 529, 530, 535
약인 / 186, 255, 260, 269, 275, 279, 307, 308, 344, 348, 369, 370, 376, 378, 379, 380, 381, 387, 388, 389, 390, 391, 392, 394, 395, 406, 407, 408, 411, 413, 416, 417, 419, 420, 421, 422, 423, 424, 425, 427, 436, 438, 439, 443, 459, 477, 484
약정 / 456, 457, 481
양도증서 / 392, 393, 394, 508, 510, 531, 533, 562, 577, 580
연감 / 7, 117, 121, 140, 148, 159, 232, 233, 236, 237, 248, 251, 275, 279, 282, 283, 286, 321, 323, 324, 370, 391, 397, 427, 536, 555, 572
영구구속금지규칙 / 176
영장 / 113, 138, 139, 140, 232, 234, 236, 237, 264, 266, 268, 282, 284, 353, 368, 395, 396, 398, 399, 400, 403, 491, 539, 548, 569
영주 법정 / 32
영지수여 / 536, 583
올레론 법전 / 31, 41
원천적 악 / 67
유산관리인 / 488, 492, 498
유스티니아누스 법전 / 245, 311, 494, 517, 545
유언집행자 / 485, 486, 488, 489, 490, 492, 493, 495, 497, 498, 502, 503, 520, 528, 540, 542, 580

유죄 / 8, 25, 33, 38, 71, 81, 93, 94, 97, 126, 149, 152, 169, 195, 201, 463
유치권 / 42, 47, 50, 238, 300, 315, 319, 355
응보이론 / 66, 69, 94
의무불이행 / 257, 267, 273, 408, 413
의제 / 186, 203, 320, 335, 485, 488, 490, 491, 501, 503, 505, 510, 512, 513, 514, 516, 524, 532, 533, 540, 542, 546, 586
이런 특별한 경우 / 327, 337
인도 계약법 / 428
인수 혹은 인수소송 / 109, 135, 251, 258, 260, 262, 269, 270, 271, 275, 276, 278, 288, 339, 355, 363, 369, 370, 383, 388, 390, 395, 397, 398, 402, 403, 404, 405, 406, 407, 408, 410, 411, 413, 416, 417, 427, 450, 457, 460, 466, 467, 511, 528, 536, 538, 540, 541, 565, 566, 568, 570, 572, 578, 579, 580
일반의지 / 347
일조권 / 177, 520, 581
임석한 1심 판사 / 171, 175
임자 없는 상속재산 / 546

자유보유부동산 / 547, 548, 557, 571
작위 / 110, 152, 153, 156, 167, 168, 201, 258, 259, 405
잔여재산 / 489
잔여재산 조항 / 489
재산강제관리 영장 / 236

재산관재인 / 299
재산소송권 / 582, 585
적대적 보유 / 307, 358
전면부인 / 105, 114, 139, 144
절대적 박애 / 65
절대적 책임 / 122, 143, 244, 252
절도죄 / 23, 89, 94, 95, 96, 97, 98, 99, 199, 246, 256, 262, 282, 285, 320, 323, 354, 373, 375
점유적 소송 / 243, 298, 299, 356, 553
정기부동산소유권자 / 312
정의의 거울 / 365
제소 / 5, 6, 58, 73, 88, 138, 197, 198, 212, 229, 250, 261, 458, 459, 475, 528, 529, 536, 542, 546, 548, 557, 569, 577, 580
제소조항 / 263, 266, 271, 272
조건 없는 봉토 / 524
종교재판소 / 371, 385, 388, 495
종속적 부동산 / 543, 550, 551, 566
주거침입죄 / 99, 100, 571
주인 / 11, 14, 17, 18, 25, 26, 27, 28, 29, 31, 32, 33, 76, 79, 111, 129, 133, 134, 135, 137, 200, 213, 214, 312, 314, 315, 317, 327, 328, 329, 333, 336, 337, 375, 553
중범죄 / 67, 74, 79, 81, 99, 116, 118, 249, 366, 373
중상해 / 5, 138
지배적 부동산 / 350, 545, 546, 547, 548
지역권 / 349, 351, 518, 544, 546, 547, 548, 549, 550, 553, 558, 560

566, 568, 572, 573, 574, 575, 577, 578, 581, 582
질권 / 244, 245, 246, 299, 300, 355, 379

착오 / 442, 443, 444, 445, 451, 467, 504
채무면제 / 387, 405, 497, 539
채무보증 / 362, 365, 378, 379, 383, 384, 390, 403, 411, 528
추밀원 / 43
취득시효 / 134, 307, 318, 350, 358, 504, 513, 520, 523, 534, 535, 542, 558, 566, 567, 568, 582

켄트법 / 29

태만 / 10, 113, 114, 140, 143, 149, 150, 213, 257, 259, 262, 267, 272, 273, 275, 284, 398, 400, 402, 404, 405
토지관리인 / 327
토지부동산보유권 / 580
토지불법침해 / 111, 115, 136, 137, 163, 237, 300, 302
토지양도제도 / 358
튀링겐족 / 28
튜턴족 / 26
특례소송 / 104, 105, 108, 119, 122, 124, 143, 146, 198, 237, 241, 254, 257, 258, 259, 261, 263, 266, 270, 271, 272, 284, 396, 397, 398, 399, 400, 403, 406
특별점유권 / 357, 537

특별한 부동산 / **500**
특별한 설시 / **169**
특별한 임차인 / **501**
특별한 재산 / **352**, 354, 355
특약 / **260**, 266
특정한 증여 / **489**

파테르 파트라투스 / **22**
『판결 모음집』 / **8**
판결오류 혹은 판결오류심사소송 / **266**, 501
편의성 / **301**, 302, 438, 480
평결진위심사 / **501**
평화와 상해의 제소 / **5**, 7, 88, 138
폭력 / **7**, 23, 88, 104, 116, 125, 144
폭행 / 112, **125**, 144
프래터 칙령 / **281**, 286, 512
플레타 / **370**, 386, 494, 564

항소 / **5**, 43, 118, 120, 146, 159, 171, 199, 203, 216, 238, 304, 326, 331, 421, 445, 464
항소법원 / **43**, 118
해사관습법 / **48**
해사법 / **39**, 41, 42, 44, 46, 48, 49, 51, 132, 166, 273, 274, 357, 546
『해사법 편람』 / **41**, 44, 46, 48
행동 / 8, 10, 12, 26, 52, 59, 65, 74, 89, 92, 101, 108, **110**, 111, 121, 131, 150, 182, 183, 212, 219, 222, 401
허위표시 / **442**, 447, 451, 461, 464
형평법원 / **189**, 353, 369, 432, 464
횡령 / 104, **131**, 132, 134, 199, 205, 283, 322, 323, 324, 351
후온 드 보르도 / **363**, 365

┃ 영문 용어 색인 ┃

주석에 용어 해설이 있는 페이지는 강조하기 위해 **고딕체**로 표기했다.

Abbreviatio Placitorum
(『판결 모음집』) / **8**
absolute liability (절대적 책임) / **122**, 143, 244, 252
absolute unselfishness (절대적 박애) / **65**
act (작위 혹은 행위) / **110**, 152, 153, 156, 167, 168, 201, 258, 259, 405
act of God (신의 행위) / **252**, 282, 285
action (행동) / 8, 10, 12, 26, 52, 59, 65, 74, 89, 92, 101, 108, **110**, 111, 121, 131, 150, 182, 183, 212, 219, 222, 401
action of assumpsit (인수소송) / **109**, 135, 258, 262, 278, 369, 370, 388, 390, 395, 397, 406, 408, 410, 413, 417, 427
action on the case (특례소송) / 104, **105**, 108, 119, 122, 124, 143, 146, 198, 237, 241, 254, 257, 258, 259, 261, 263, 266, 270, 271, 272, 284, 396, 397, 398, 399, 400, 403, 406
administrator (유산관리인) / **488**, 492, 498

Admiralty (해사법) / **39**, 41, 42, 44, 46, 48, 49, 51, 132, 166, 273, 274, 357, 546
adverse holding (적대적 보유) / **307**, 358
agent (대리인) / 12, **26**, 43, 46, 322, 327, 328, 329, 330, 334, 335, 337, 340, 341, 439, 443, 566
Alfred's Law (알프레드 대왕 법) / **29**, 31, 32, 37, 153, 154, 227
ancient lights (일조권) / **177**, 520, 581
Anglo-Saxon (앵글로-색슨족) / **5**, 227, 373, 493, 505, 529, 530, 535
appeal (제소 혹은 항소) / **5**, 6, 43, 58, 73, 88, 118, 120, 138, 146, 159, 171, 197, 198, 199, 203, 212, 216, 229, 238, 250, 261, 304, 326, 331, 421, 445, 458, 459, 464, 475, 528, 529, 536, 542, 546, 548, 557, 569, 577, 580
Appeals de pace et plagis (평화와 상해의 제소) / **5**, 7, 88, 138
appellate court (항소법원) / **5**, 43, 118
arson (방화 혹은 방화죄) / **5**, 87, 95

영문 용어 색인 | 613

assault (폭력) / <u>7</u>, 23, 88, 104, 116, 125, 144
assize (순회재판) / <u>105</u>, 140, 156, 236, 240, 349, 356, 535, 553, 557
assize of novel disseisin (부동산점유침탈 순회재판) / 299, <u>300</u>
assumpsit (인수 혹은 인수소송) / <u>109</u>, 135, 251, 258, 260, 262, 269, 270, 271, 275, 276, 278, 288, 339, 355, 363, 369, 370, 383, 388, 390, 395, 397, 398, 402, 403, 404, 405, 406, 407, 408, 410, 411, 413, 416, 417, 427, 450, 457, 460, 466, 467, 511, 528, 536, 538, 540, 541, 565, 566, 568, 570, 572, 578, 579, 580
attaint (평결진위심사) / <u>501</u>
attempt (미수) / <u>89</u>, 90, 91, 93, 94, 95, 97

bail (보석보증인) / <u>364</u>, 365, 367, 427
bailee (보관수탁자) / <u>135</u>, 166, 226, 228, 229, 230, 232, 233, 237, 241, 243, 244, 246, 247, 248, 252, 255, 257, 259, 260, 261, 262, 264, 269, 270, 275, 277, 280, 281, 282, 283, 285, 287, 289, 299, 300, 312, 314, 315, 320, 322, 326, 338, 340, 353, 354, 355, 413, 439, 528

bailiff (토지관리인) / <u>327</u>
bailment (보관관계) / <u>165</u>, 230, 236, 238, 241, 244, 246, 250, 251, 253, 254, 255, 256, 258, 259, 260, 261, 268, 269, 273, 274, 275, 276, 287, 288, 290, 291, 315, 320, 355
bailor (보관기탁자) / <u>135</u>, 228, 232, 233, 236, 237, 241, 243, 244, 249, 300, 320
Baron Court (영주 법정) / <u>32</u>
battery (폭행) / 112, <u>125</u>, 144
Black Book of Admiralty (『해사법 편람』) / <u>41</u>, 44, 46, 48
blameworthiness (비난 가능성) / <u>72</u>, 78, 101, 147, 149, 158, 174, 201, 207, 215, 222
Britton (브리턴) / <u>494</u>
burglary (주거침입죄) / 99, <u>100</u>, 571

cause (소인) / <u>8</u>, 140, 198, 278, 371, 376, 406, 408, 454
cestui que use (수익권자) / <u>585</u>
charge (기소장) / <u>50</u>, 86
charter (양도증서) / <u>392</u>, 393, 394, 508, 510, 531, 533, 562, 577, 580
chose in action (재산소송권) / <u>582</u>, 585
collusion (담합) / <u>289</u>
commodatum (무상대여) / <u>244</u>
common law (보통법) / <u>2</u>, 26, 37, 43, 68, 98, 100, 104, 108, 110, 122,

184, 188, 191, 226, 232, 243, 268, 273, 278, 287, 289, 300, 308, 314, 346, 370, 376, 385, 431, 436, 524, 528, 543, 575, 578, 579

consideration (약인) / **186**, 255, 260, 269, 275, 279, 307, 308, 344, 348, 369, 370, 376, 378, 379, 380, 381, 387, 388, 389, 390, 391, 392, 394, 395, 406, 407, 408, 411, 413, 416, 417, 419, 420, 421, 422, 423, 424, 425, 427, 436, 438, 439, 443, 459, 477, 484

conspiracy (공모) / 31, **184**, 195, 198

Consulate of the Sea (해사관습법) / **48**

convenience (편의성) / **301**, 302, 438, 480

conversion (횡령) / 104, **131**, 132, 134, 199, 205, 283, 322, 323, 324, 351

Corpus Juris (로마법 대전) / **386**

count (제소조항) / 263, **266**, 271, 272

court of equity (형평법원) / **189**, 353, 369, 432, 464

covenant (날인계약) / **362**, 370, 377, 384, 394, 395, 397, 398, 403, 405, 408, 413, 416, 426, 439, 491, 526, 531, 536, 537, 538, 540, 541, 555, 560, 565, 566, 567, 568, 570, 571, 572, 574, 576, 577, 578, 579, 580, 582

culpability (유죄) / **8**, 25, 33, 38, 71, 81, 93, 94, 97, 126, 149, 152, 169, 195, 201, 463

Decemvirs 혹은 Decemviri (고대 로마 10인 위원회) / **3**

deed (날인증서) / **174**, 350, 376, 377, 379, 382, 384, 385, 394, 398, 403, 426, 491, 495, 508, 524, 536, 537, 539, 563, 574

deodand (속죄물) / **12**, 38, 40, 52

depositum (무상신탁) / **244**

detainer (불법유치) / **257**, 300

detinue (불법점유동산반환청구소송) / **232**, 245, 250, 254, 257, 259, 261, 267, 285

devisee (부동산 유증수혜자) / **486**, 513, 524, 555

Digesta (법률논평집) / **517**

disseisee (부동산점유피침탈자) / **297**, 522, 542, 546, 583

disseisin (부동산점유침탈) / **349**, 548, 574

disseisor (부동산점유침탈자) / **297**, 351, 523, 542, 548, 549, 552, 553, 560, 564, 568, 571, 576, 577, 579, 583, 584

distress (동산압류) / **53**, 560

Doctor and Student (『박사와 학생』) / **255**

dominant estate (지배적 부동산) / **350**, 545, 546, 547, 548

영문 용어 색인 | 615

easements (지역권) / **349**, 351, 518, 544, 546, 547, 548, 549, 550, 553, 558, 560, 566, 568, 572, 573, 574, 575, 577, 578, 581, 582
ejectment (부동산점유회복소송) / **356**
elegit (재산강제관리 영장) / **236**
encumbrance (부동산부담) / **537**
error (판결오류 혹은 판결오류심사소송) / **266**, 501
escheat (복귀재산) / **554**, 571, 583, 584
estate in the land (토지부동산보유권) / **580**
executor (유언집행자) / 485, **486**

fee simple (조건 없는 봉토) / **524**
felony (중범죄) / 67, **74**, 79, 81, 99, 116, 118, 249, 366, 373
feoffment (영지수여) / **536**, 583
fiction (의제) / **186**, 203, 320, 335, 485, 488, 490, 491, 501, 503, 505, 510, 512, 513, 514, 516, 524, 532, 533, 540, 542, 546, 586
fine (토지양도제도) / **358**
Fleta (플레타) / **370**, 386, 495, 564
fraud (사기) / **107**, 182, 183, 184, 186, 187, 188, 191, 194, 219, 296, 305, 333, 442, 443, 445, 446, 451, 460, 461, 462, 463, 465, 467, 468, 481

Fray O' Suport (서포트 전쟁) / **226**
free tenement (자유보유부동산) / 547, **548**, 557, 571

general issue (전면부인) / **105**, 114, 139, 144
general will (일반의지) / **347**

Hereditas jacens (임자 없는 상속재산) / **546**
homicide (살인) / 5, **12**, 29, 39, 70, 71, 73, 74, 78, 80, 84, 89, 94, 95
Huon de Bordeaux (후온 드 보르도) / **363**, 365
hypothecation (담보계약) / **49**

in rem (대물) / **358**, 519, 549
in tail, fee tail 혹은 fee entail (신탁봉토) / **540**
Indian Contract Act (인도 계약법) / **428**
indictment (기소) / **12**, 39, 42, 58, 86, 100, 113, 140, 166, 197, 198, 258, 260, 354, 396, 398, 400
Institutiones (법학개요) / **245**, 517, 545
instrument under seal (날인문서) / **186**, 307, 402
insurance (보험) / 131, 132, **283**, 450
intent (고의) / **9**, 74, 75, 87, 88, 89, 90, 96, 97, 102, 108, 113, 117, 122, 148, 184, 185, 186, 192,

194, 195, 200, 202, 203, 212, 219, 309, 400, 596

judge to sit at nisi prius (임석한 1심 판사) / <u>171</u>, 175
jurata (고대 배심제도) / <u>105</u>, 140, 156
Justinian code (유스티니아누스 법전) / <u>245</u>, 311, 494, 517, 545

Kentish Law (켄트법) / <u>29</u>

Langobardi (랑고바르디족) → Lombards (롬바르드족)
larceny (절도죄) / 23, <u>89</u>, 94, 95, 96, 97, 98, 99, 199, 246, 256, 262, 282, 285, 320, 323, 354, 373, 375
law (법) / <u>2</u>, 3, 4, 8, , 11, 13, 16, 24, 30, 37, 45, 53, 60, 69, 80, 96, 100, 104, 106, 132, 149, 152, 178, 187, <u>205</u>, 213, 222, <u>251</u>, 268, 287, 290, 294, 299, 301, 305, 313, 369, 389, <u>399</u>, 404, 431, 447, 462, 473, 485, 507, 520, 542, 582
laws of Ine (아인법) / <u>29</u>
leasehold (부동산임차권) / <u>421</u>
legatee (동산 유증수혜자) / <u>486</u>, 489, 513, <u>524</u>
Lex Aquilia (아퀼리아법) / <u>8</u>, 25
libel (문서에 의한 명예훼손) / <u>51</u>, 184
lien (유치권) / <u>42</u>, 47, 50, 238, 300, 315, 319, 355

litigation (송사) / <u>373</u>
Lombards (롬바르드족) / <u>507</u>, <u>529</u>
lynch (린치) / <u>59</u>

Magna Carta (마그나 카르타) / <u>382</u>
malice (악의) / 30, <u>73</u>, 74, 86, 87, 89, 98, 102, 107, 182, 183, 192, 193, 194, 195, 196, 198, 200, 202, 218
malicious prosecution (무고) / <u>157</u>, 184, 194, 195, 196, 197, 198
malum in se (원천적 악) / <u>67</u>
malum prohibitum (금지적 악) / <u>67</u>
manslaughter (고살) / <u>35</u>, <u>59</u>, 82, 83, 85, 90, 95, 511
Marshalsea (마셜시 감옥) / <u>247</u>
Massachusetts Bill of Rights (매사추세츠 권리장전) / <u>295</u>, 297, 301
mayhem (중상해) / <u>5</u>, 138
Mirror of Justices (정의의 거울) / <u>365</u>
misadventure (사고사) / <u>78</u>, 83
misrepresentation (허위표시) / <u>442</u>, 447, 451, 461, 464
mistake (착오) / <u>442</u>, 443, 444, 445, 451, 467, 504
murder (모살) / <u>59</u>, 73, 74, 75, 77, 78, 79, 80, 82, 83, 85, 86, 87, 89, 90, 93, 95, 100, 400

neglect (태만) / 10, <u>113</u>, 114, 140, 143, 149, 150, 213, 257, 259,

262, 267, 272, 273, 275, 284,
398, 400, 402, 404, 405
negligence (과실) / <u>10</u>, 25, 36, 86,
108, 110, 111, 119, 123, 142,
143, 146, 148, 153, 154, 155,
156, 166, 167, 168, 169, 172,
176, 179, 202, 203, 212, 214,
218, 234, 257, 263, 274, 278,
284, 288, 330, 399, 403, 406
nonfeasance (의무불이행) / <u>257</u>, 267,
273, 408, 413
noxœ deditio, noxal, noxal action
(가해자 인도, 가해자 인도
소송) / <u>15</u>, 18, 20, 22, 24, 25,
28, 32, 46, 216, 544
nuisance (불법방해) / <u>109</u>

omission (부작위) / <u>110</u>, 152, 153,
156, 167, 168, 201, 257, 258,
259, 398, 400, 401, 402, 404,
405, 408, 428

particular estate (특별한 부동산) /
<u>500</u>
particular tenant (특별한 임차인) /
<u>501</u>
pater patratus (파테르 파트라투스) /
<u>22</u>
petitory action (소유권적 소송) / <u>298</u>
Pignus (질권) / 244, <u>245</u>, 299, 300,
355, 379

pleading (변론 진술) / <u>12</u>, 111, 113,
144, 155, 257, 262, 263, 444,
454, 455, 456, 565, 567, 568
pledge (질권) / 244, <u>245</u>, 246
possessory action (점유적 소송) /
<u>243</u>, 298, 299, 356, 553
prescription (취득시효) / <u>134</u>, 307,
318, 350, 358, 504, 513, 520,
523, 534, 535, 542, 558, 566,
567, 568, 582
presentment (고소) / <u>58</u>, 111, 126,
178, 197, 200, 364, 369, 396
principal (주인) / 11, 14, 17, 18, 25,
<u>26</u>, 27, 28, 29, 31, 32, 33, 76,
79, 111, 129, 133, 134, 135, 137,
200, 213, 214, 312, 314, 315,
317, 327, 328, 329, 333, <u>336</u>,
337, 375, 553
privity, privy (동일한 권리관계) /
<u>497</u>, 522, 525, 533, 540, 541,
549, 553, 555, 565, 566, 567,
568, 569, 570, 572, 574, 578,
580, 583, 584, 585
Privy Council (추밀원) / <u>43</u>
pro hac vice (이런 특별한 경우) / <u>327</u>,
337
probable cause (개연적 근거) / <u>157</u>,
194, 196, 197
procedure (소송절차) / <u>3</u>, 4, 12, 18,
19, 23, 41, 51, 55, 58, 105, 139,
195, 197, 227, 228, 230, 232,
242, 252, 257, 259, 298, 353,
357, 364, 367, 368, 369, 371,

618 | 보통법

376, 378, 382, 384, 385, 511, 533, 544, 571
proclamation (공시최고) / 358
Prætor's Edict (프래터 칙령) / 281, 286, 512
public calling (공적 직업) / 109, 260, 262, 263, 264, 267, 268, 269, 276, 281, 287, 289

quid pro quo (대가관계) / 255, 370, 376, 379, 384, 388, 389, 390, 406, 407, 458
quiet enjoyment (안식향유) / 537, 540

real right (물권) / 552
recognition (승인) / 53, 139, 175, 209, 372, 383, 391, 439, 469
Regiam Majestatem (레기암 마제스타템) / 494
release (채무면제) / 387, 405, 497, 539
remainder (미래잔여부동산) / 500
replevin (압류물건회복소송) / 352
residuary clause (잔여재산 조항) / 489
residue (잔여재산) / 489
retribution theory (응보이론) / 66, 69, 94
reversion (복귀기대재산) / 501, 553, 555, 574, 576
Ripuarian Frank (리푸아리안 프랑크족) / 507

Rolls of Oleron (올레론 법전) / 31, 41
rule against perpetuities (영구구속금지규칙) / 176
rules of law (법 규칙) / 65, 249, 547

Salian Franks (살리이 프랑크족) / 510
Salic Law (살리카법) / 26, 227, 230, 365, 493, 506, 507, 510
Samnites (삼니움족) / 20, 21
secta (대동증인) / 374, 375, 380, 381, 382, 384, 393
seisin (특별점유권) / 357, 537
self-inspection (내성) / 66
sequester (재산관재인) / 299
servient estate (종속적 부동산) / 543, 550, 551, 566
servitude (부역) / 431, 499, 520, 544, 547, 551, 552, 554, 557, 560, 568
slander (구두에 의한 명예훼손) / 184, 192, 193, 219
socage (농노토지보유권) / 273
special instruction (특별한 설시) / 169
special promise (특약) / 260, 266
special property (특별한 재산) / 352, 354, 355
specific gift (특정한 증여) / 489
speculation, speculative philosophy (사변 혹은 사변철학) / 294, 295

spiritual tribunal (종교재판소) / <u>371</u>, 385, 388, 495

statute (성문법) / <u>46</u>, 47, 86, 87, 128, 153, 154, 155, 156, 175, 208, 217, 264, 301, 366, 383, 489, 521, 585

statute of limitation (기한제한법) / <u>134</u>

statutory crime (성문법 범죄) / <u>78</u>, 80, 101

stipulation (약정) / <u>456</u>, 457, 481

strict liability (무과실책임) / <u>124</u>, 229, 253, 280, 287

subpœna (소환장) / <u>585</u>

substantive crime (실체적 범죄) / <u>89</u>, 90, 92, 95, 101

substantive law (실체법) / 104, <u>105</u>, 111, 167, 369, 370, 376, 385, 392, 394, 412

suit (대동증인) / <u>374</u>, 375, 380, 381, 382, 384, 393

suretyship (채무보증) / <u>362</u>, 365, 378, 379, 383, 384, 390, 403, 411, 528

syllogism (삼단논법) / <u>3</u>, 53, 54

termor (정기부동산소유권자) / <u>312</u>

Teuton (튜턴족) / <u>26</u>

Thuringians (튀링겐족) / <u>28</u>

tort (불법행위) / <u>16</u>, 23, 51, 56, 75, 104, 105, 106, 107, 108, 122, 127, 153, 154, 170, 179, 200, 201, 202, 221, 258, 260, 261, 263, 266, 269, 276, 278, 326, 328, 329, 397, 398, 403, 404, 406, 433, 497

trespass (불법침해) / <u>6</u>, 8, 9, 32, 36, 86, 96, 97, 98, 100, 104, 108, 111, 112, 113, 114, 118, 121, 123, 124, 126, 131, 132, 134, 136, 138, 139, 140, 142, 143, 144, 145, 148, 158, 160, 161, 212, 215, 232, 234, 236, 237, 241, 248, 249, 250, 257, 264, 282, 300, 318, 320, 324, 337, 354, 356, 368, 395, 396, 397, 398, 399, 400, 404, 503, 504, 543, 553

trespass quare clausum fregit (토지불법침해) / <u>111</u>, 115, 136, 137, 163, 237, 300, 302

trover (동산횡령회복소송) / <u>135</u>, 184, 199, 205, 240, 241, 271, 300, 302, 322, 345, 352

Twelve Tables (12표법) / <u>15</u>, 18, 23, 25, 367, 486

use (수익권) / <u>408</u>, 570, 582, 585

void (무효) / 206, <u>442</u>, 443, 445, 447, 450, 451, 469, 473

voidable (무효화 가능한) / <u>442</u>, 447, 452, 462, 466, 467, 468, 469

wage his law 혹은 wage of law (결백의 선서) / <u>259</u>, 380, 382

warranty (물건보증) / <u>378</u>, 379, 468, 472, 474, 526, 528, 529, 531, 532, 533, 535, 537, 538, 540, 541, 542, 549, 555, 562, 563, 566, 570, 571, 572, 575, 579, 580, 582

wergeld (살인배상금) / <u>508</u>

writ (영장) / <u>113</u>, 138, 139, 140, 232, 234, 236, 237, 264, 266, 268, 282, 284, 353, 368, 395, 396, 398, 399, 400, 403, 491, 539, 548, 569

wrong (부당행위) / <u>6</u>, 11, 18, 21, 23, 24, 25, 26, 28, 42, 44, 46, 49, 50, 58, 59, 60, 62, 63, 66, 67, 76, 77, 83, 87, 107, 108, 138, 139, 153, 175, 182, 184, 192, 198, 202, 205, 206, 218, 219, 221, 222, 223, 226, 235, 236, 248, 260, 267, 329, 364, 390, 391, 397, 399, 417, 460, 555

Year Books (연감) / <u>7</u>, 117, 121, 140, 148, 159, 232, 233, 236, 237, 248, 251, 275, 279, 282, 283, 286, 321, 323, 324, 370, 391, 397, 427, 536, 555, 572

인명 색인

주석에 해설이 있는 페이지는 강조하기 위해 **고딕체**로 표기했다.

가이우스(Gaius) / **16**, 18, 20, 486
간스(Gans, Eduard) / **296**
고드프로이(Godefroy, Denis) / **335**, 545
고디(Gawdy, Francis) / **250**, 255, 256, 262
글랜빌(Glanvill, Ranulf de) / 6, **7**, 113, 138, 244, 367, 373, 374, 375, 379, 380, 381, 385, 386, 391, 492, 494, 499, 528, 535

넬슨(Nelson, Samuel) / **130**
니알(Njal) / **88**, 510

다윈(Darwin, Charles Robert) / **471**
댄비(Danby, Robert) / **248**
댈러스(Dallas, Robert) / **143**
데모스테네스(Demosthenes) / **14**
도드리지(Doderidge, John) / **161**
드라콘(Draco) / **15**

라반트(Laband, Paul) / **368**, 492
라페리에르(Laferrière, Louis-Firmin Julien) / **363**, 506
랑델(Langdell, Christopher Columbus) / **438**, 476, 477
레이먼드(Raymond, Sir Thomas) / 119, **120**, 142

로(Edward Law) → 엘렌보로
로그롱(Rogron, Joseph André) / **544**
로웰(Lowell, John) / **304**, 311
롤(Rawle, William Henry) / **564**
롤(Rolle, Henry) / **204**, 206, 237
롤리(Ralegh, William de) / **535**
루소(Rousseau, Jean-Jacques) / **295**
리드(Rede, Robert) / **117**, 148
리브즈(Reeves, John) / **113**
리비우스(Livius Patavinus, Titus) / **20**, 21
리처드 2세(Richard II) / **387**
리틀턴(Littleton, Thomas de) / **117**, 120, 248, 571

마셜(Marshall, John) / **44**
마컴(Markham, John) / **569**, 570
만키누스(Mancinus, Gaius Hostilius) / **22**
매콜리(Macaulay, T. B.) / **60**
맨스필드(Mansfield, William Murray, 1st Earl of) / 210, **211**, 283, 288, 289, 304, 377
메인(Maine, Sir Henry James Sumner) / **336**

버틀러 주교(Butler, Joseph) / **60**

베젤러(Beseler, Carl Georg Christoph) / 506
벤담(Bentham, J.) / 60
보마누아(Beaumanoir, Philippe de) / 229, 233
브라이언(Bryan, Thomas) / 116, 142, 553
브랙턴(Bracton, Henry de) / 7, 31, 37, 138, 230, 231, 244, 278, 353, 381, 386, 493, 494, 495, 499, 500, 530, 533, 534, 535, 547, 548, 549, 551, 552, 554, 563, 585
브룩(Brooke(Broke, Brook), Robert) / 237
브룬스(Bruns, Karl Georg) / 296, 297, 301, 348
블랙스톤(Blackstone, William) / 12, 120, 142, 327, 498
비숍(Bishop, Joel Prentiss) / 96
빈트샤이트(Windscheid, Bernhard) / 297
빌다(Wilda, Wilhelm Eduard) / 27

사비니(Savigny, Friedrich Carl von) / 294, 295, 312, 323, 343, 346, 367, 485, 517
샤를마뉴(Charlemagne) / 363, 365, 499
세인트 레오나즈(Saint Leonards, 1st Baron) / 564
소프(Thorpe, William de) / 398, 400, 567
솔론(Solon) / 13

스캐볼라(Scævola Pontifex, Quintus Mucius) / 515, 516
스토리(Story, Joseph) / 44, 165
스티븐(Stephen, James Fitzjames) / 61, 73, 74, 75, 322
스피거넬(Spigurnel, Henry) / 39

아가시즈(Agassiz, Jean Louis) / 471
아에스키네스(Aeschines) / 14, 19
아인 왕(Ine) / 29
안토니누스(Pius, Antoninus) / 515
알프레드 대왕(Alfred the Great) / 29, 31, 32, 37, 153, 154, 227
앤 여왕(Anne) / 278, 557
에드워드 1세(Edward I) / 38, 39, 388, 396, 496, 563, 571
에드워드 2세(Edward II) / 245
에드워드 3세(Edward III) / 236, 246, 283, 365, 379, 384, 387, 388, 390, 397, 402, 404, 405, 408, 491, 528, 536, 564, 571
에뱅(Hévin, Pierre) / 506
엘렌보로(Ellenborough, Baron) / 120, 121, 240, 525
엘리자베스 1세(Elizabeth I) / 38, 39, 119, 252, 253, 254, 256, 279, 370, 376, 390, 408, 410, 421, 585
예링(Jhering, Rudolf von) / 294, 297
오스틴(Austin, John) / 11, 69, 74, 110, 148, 544, 546
울피아누스(Ulpianus, Gnaeus Domitius Annius) / 11, 16, 18, 515, 516, 517

윌리엄 1세(William the Conqueror) / 5
윌리엄 3세(William III) / 47, 278
이드릭 왕(Eadric) / 29

제임스 1세(James I) / 51, 253, 265, 410, 497, 576
존스(Jones, Sir William) / 165, 251
좀(Sohm, Gotthold Julius Rudolph) / 492

찰스 1세(Charles I) / 268, 270, 282, 406, 407
찰스 2세(Charles II) / 270, 271, 275

카누트(크누트) 대왕(King Canute, Canut the Great) / 365
카사레지스(Casaregis, Giuseppe Lorenzo Maria) / 138
칸트(Kant, I.) / 63, 294, 295, 296, 298, 299, 301, 312, 313
커티스(Curtis, Benjamin Robbins) / 145
켄트(Kent, James) / 165
켈수스(Celsus) / 18, 545
코크(Coke, Sir Edward) / 250, 251, 260, 275, 284, 285, 355, 564, 570, 571, 572, 575, 582, 585
콩트(Comte, Isidore Auguste Marie François Xavier) / 543
크록(Croke, George) / 250, 251, 266, 268, 575
크루(Crew, Ranulph) / 141
클렌치(Clench, John) / 250, 262

키케로(Cicero, Marcus Tullius) / 22, 545

타일러(Tylor, Edward Burnett) / 30, 52
타키투스(Tacitus, Publius (or Gaius) Cornelius) / 488
트위스(Twiss, Travers) / 48
티렐(Tyrrel, Walter) / 221

파르데수스(Pardessus, Jean Marie) / 50
파우사니아스(Pausanias) / 15
파울루스(Paulus Prudentissimus, Julius) / 486, 545
파크(Parke, James) / 240, 481, 497, 581
파피니아누스(Papinianus, Aemilius) / 544
파피우스(Papius, Brutulus) / 20
팝햄(Popham, John) / 255
페리암(Peryam, William) / 251
펨버턴(Pemberton, Francis) / 275
포스투미우스(Postumius Albinus, Spurius) / 21
푸흐타(Puchta, Georg Friedrich) / 296
플라톤(Plato) / 13, 19
플루타르코스(Plutarchus, Lucius Mestrius) / 13, 15
피츠허버트(Fitzherbert, Anthony) / 246
핀치든(Finchden, William de) / 566

하이드(Hyde, Nicholas) / 269

행크포드(Hankford, William) / 233
헤겔(Hegel, G. W. F.) / 62, 294, 295, 296
헤일(Hale, Matthew) / 274, 275
헨리 1세(Henry I) / 31, 365
헨리 2세(Henry II) / 372, 373, 374, 378, 380, 385, 393
헨리 4세(Henry IV) / 387, 399, 568
헨리 5세(Henry V) / 387
헨리 6세(Henry VI) / 41, 51, 247, 278, 388, 390, 404, 408, 410, 412, 555
헨리 7세(Henry VII) / 121, 406, 408, 553, 555
헨리 8세(Henry VIII) / 38, 158, 526, 583
호바트(Hobart, Henry) / 267, 271
홀트(Holt, John) / 34, 164, 246, 251, 254, 258, 264, 272, 277, 279, 280, 281, 285, 287, 288, 289, 420
흐로드헤어 왕(Hlothhere) / 29

지은이 올리버 웬들 홈스 2세(Oliver Wendell Holmes, Jr., 1841~1935)
하버드 법학전문대학원(1864~1866)에서 수학했고, 『미국 법학 평론지』(*American Law Review*)의 편집자(1870~1873)로 봉사했으며, 1881년 『보통법』(*The Common Law*)을 발간했다. 하버드 법학전문대학원 교수(1882)로 임명되었고, 매사추세츠 대법원 부원장(1882~1899), 대법원장(1899~1902) 및 미국 연방대법원 부원장(1902~1932)으로 봉직했다. 그는 자유주의적 견해를 가진 판사로서 시어도어 루스벨트 대통령의 개혁적인 견해에 부분적으로 반대하기도 했던 "위대한 반대자"(great dissenter)로 기억되고 있다. 주목할 만한 판결로는 Otis v. Parker(1903), Lochner v. New York(1905), Schenck v. United States(1919), Abrams v. United States(1919), Silverthorne Lumber Co. v. United States(1920), Buck v. Bell(1927) 등이 있다.

옮긴이 박상수
제주대학교 경영학과를 졸업하고 서울대학교에서 경제학석사 및 경제학박사를 취득했다. 한국은행 조사1부 행원을 거쳐 국제경제연구원(현 KIET) 종합분석실 연구원, 충남대학교 및 제주대학교 경제학과 교수로 재직했다. 제주대학교 경상대학장 겸 경영대학원장을 역임했고, Western Washington University에 교환교수로 다녀왔고, 현재 제주대학교 명예교수다. 저·역서로는 『거시경제이론』(공저), 『개인주의와 경제질서』(역서), 『경제학방법론』(역서), 『경제철학』, 『'세계평화의 섬 제주'와 평화산업-기회와 도전』(공저), 『신용화폐론』(역서), 『알기쉬운 경제학 입문』(공저), 『개미입장에서 바라본 주식시장은 허가받은 도박장이다!: 즐거운 주식투자로 가는 지름길』이 있으며, 논문으로는 "하이에크의 정치철학에 대한 비판적 검토", "자유, 재산권 및 로크의 단서", "운평등주의에 대한 비판" 등이 있다.

옮긴이 다니엘 김
University of Minnesota-Twin Cities 경제학과를 졸업하고 Virginia Tech에서 통계학석사, Dallas Theological Seminary에서 신학석사, University of Notre Dame에서 경제학석사 및 경제학박사를 취득했다. 현재 제주대학교 경제학과 부교수로 재직하고 있다. 논문으로는 "How Economics Became a Consumption Science," "The 20th-Century Revival of Neoclassical Economics as Mainstream Economics: An Economic Historiography" 등 다수가 있다.